Gegenwartsgeschichte der deutschen Wirtschaft

독일 동시대 경제사
1945-2020

Gegenwartsgeschichte der deutschen Wirtschaft

독일 동시대 경제사
1945-2020

게르트 하다흐 지음   **김형률** 옮김

· 목 차 ·

제1장 분단된 독일의 재건 1945-1949

제2장 사회적 시장경제 1949-1990

제3장 국가사회주의적 계획경제 1949-1990

제4장 사회적 시장경제 1990-2019

제5장 위기

이 책은 1945년에서 2020년까지 전쟁과 위기 사이의 75년 독일경제를 통과하는 여행으로 초대합니다. 서술 중심에는 경제질서와 구 독일연방공화국의 사회적 시장경제, 독일민주공화국의 국가사회주의적 계획경제와 통일독일의 사회적 시장경제 발전에 미친 경제질서의 의미가 자리합니다. "동시대사"라는 표현은 먼 시대에 관한 것이 아니라는 것을 의미합니다. 사회적 시장경제나 국가사회적 계획경제 초기에 관해 말해줄 수 있는 증인들이 아직 살아 있습니다.

한 사회의 부의 원천은 경제질서가 아닌 노동입니다. 자본주의 시장경제 초기에 아담 스미스는 "한 국가의 연간 노동은 매년 소비하는 모든 생활 필수품과 안락함을 기본적으로 제공하는 기금입니다"라고 기술하였습니다.[1] 그러나 경제질서는 노동과 소득, 고용, 생산과 소득분배에 본질적인 영향을 끼칩니다. 카를 마르크스 표현에 따르면 모든 생산은 "특정한 사회형태로 인해 그 안에서" 발생합니다.[2]

1948년 6월 독일 내 미국과 영국 점령지역의 경제개혁과 함께 실시된 경제질서는 "사

---

1   Adam Smith, An inquiry into the nature and causes of the wealth of nations (1776), 2 Bde., London 1976, Bd. 1, S. 11.

2   Karl Marx, Grundrisse der Kritik der Politischen Ökonomie. Rohentwurf (1857 – 1858), Berlin 1953, S. 9.

회적 시장경제"로 명명되었습니다. 이 경제개혁은 미국과 영국의 두 점령지역(Bizone)을 총괄하는 프랑크푸르트 행정청의 경제 책임자인 루트비히 에르하르트(Ludwig Erhard)가 주도하였습니다. 에르하르트의 목표는 당시 존재하고 있던 경제계획을 해체하고 시장경제로 전환하는 것이었습니다. 1948년 4월 이래 서독경제를 세계경제로 이끈 유럽재건 프로그램과 1948년 6월 20일 서독 내 3개 점령지역의 서방연합국이 실시한 통화개혁(Währungsreform) 이후 경제개혁은 초기 평화시기의 계획경제에서 시장경제로의 전환점을 완성하였습니다.[3]

당시 서독에서는 미래의 경제질서에 대한 격렬한 논쟁이 있었습니다. 정치권과 공론 장에서는 자본주의 시장경제 재건이 아닌 새로운 질서가 목표가 되어야 한다는 의견이 널리 퍼져 있었습니다. 독일사회민주당은 과거의 자본주의 경제뿐만 아니라 당시 소련 점령지역에서 구축되고 있던 국가사회주의적 계획경제와 구별되는 민주적 사회주의를 요구하였습니다.[4] 새로운 부르주아 연합당인 기민당 내에서도 자본주의와 공산주의를 넘어선 새로운 경제질서에 대한 요구가 있었습니다.[5] 1947년 영국 점령지역 내 기민당(CDU)의 "알렌강령"(Ahlener Programm)은 자본주의 경제체제가 독일국민의 국가적, 사회적 생존이익에 적합하지 않다고 선언하였습니다. 독일국민은 공동경제질서를 통해 인간의 권리와 존엄성에 부합하는 경제사회법을 가져야 한다고 선언하였습니다.[6]

---

3 Gerold Ambrosius, Die Durchsetzung der Sozialen Marktwirtschaft in Westdeutschland 1945‒1949, Stuttgart 1977; Christoph Buchheim, Die Errichtung der Bank deutscher Länder und die Währungsreform in Westdeutschland, in: Deutsche Bundesbank (Hrsg.), Fünfzig Jahre Deutsche Mark. Notenbank und Währung in Deutschland seit 1948, München 1998, S. 91‒131; Gerd Hardach, Der Marshall-Plan. Auslandshilfe und Wiederaufbau in Westdeutschland 1948‒1952, München 1994.

4 Kurt Schumacher, Was wollen die Sozialdemokraten? Neubau nicht Weideraufbau! Rede in Kiel am 27. Oktober 1945. Zitiert nach Susanne Miller, Die SPD vor und nach Godesberg. Kleine Geschichte der SPD, Bd. 2, Bonn-Bad Godesberg 1974, S. 75.

5 Andreas Metz, Die ungleichen Gründungsväter. Adenauers und Erhards langer Weg an die Spitze der Bundesrepublik, Konstanz 1998, S. 91‒94.

6 Das Ahlener Programm. Programmatische Erklärung des Zonenausschusses der CDU der britischen Zone auf der Tagung vom 1. bis 3. Februar 1947 in Ahlen, in: Helmuth Pütz (Hrsg.), Konrad Adenauer und die CDU

이러한 상황에서 자본주의 시장경제를 위한 결단인 경제개혁은 상당한 비판을 받았습니다. 루트비히 에르하르트는 이러한 분쟁을 해소할 타협안을 위해 노력하였습니다. 1948년 8월 영국 점령지역 내 기민당 제2차 콘퍼런스에서 그는 새로운 경제질서는 지난 시대의 자유주의적 약탈(Freibeutertum) 같은 자유시장경제가 아닌 "사회적 의무가 지워진"(sozial verpflichtete Marktwirtschaft) 시장경제라고 선언하였습니다.[7] 1948년 9월, 프랑크푸르트 행정청의 부국장 에드워드 카우프만(Eduard Kaufmann)은 바덴뷔르템베르크주 기민당의 비판에 맞서 경제개혁을 옹호하면서 새로운 경제질서를 "사회적 시장경제"라고 명명하였습니다.[8] "사회적 시장경제"라는 개념은 경제학자 알프레드 뮐러-아막(Alfred Müller-Armack)으로 거슬러 올라갑니다. 1947년 그는 경제통제와 자유시장경제 사이의 "제3의 경제정치 형식"인 "사회적 시장경제"(Soziale Marktwirtschaft)를 제안하였습니다.[9] 뮐러-아막의 저서는 경제개혁에 영향을 미치지는 않았습니다. 그의 개입주의적 프로그램은 개혁의 자유주의적 기본사상과 모순이었습니다.

그러나 영국 점령지역의 영향력 있는 기민당 의장 콘라트 아데나워(Konrad Adenauer), 루트비히 에르하르트와 기민당의 정치인들은 "사회적 시장경제"라는 신조어의 정치적 잠재력을 인식하고 있었습니다. 1949년 8월 연방의회선거를 위한 강령으로 기민당(CDU)과 기사당(CSU)이 1949년 7월 채택한 "뒤셀도르프 원칙"(Düsseldorf Leitsätzen)에서 "사회적 시장경제"는 그 중심에 놓였습니다.[10]

1948년 6월의 경제개혁으로 새로운 경제질서가 탄생한 것은 아닙니다. 바이마르 공화

in der britischen Besatzungszone 1946 – 1949. Dokumente zur Gründungsgeschichte der CDU, Bonn 1975, S. 280 – 286.

7   Ludwig Erhard, Marktwirtschaft moderner Prägung. Referat auf dem Zweiten Parteitag der CDU für die Britische Zone am 28.-29. August 1948 in Recklinghausen, in: Pütz (Hrsg.), Konrad Adenauer und die CDU der britischen Besatzungszone, S. 657 – 678.

8   Eduard Kaufmann, Soziale Marktwirtschaft, in: Wirtschaftsverwaltung, 1 (1949), Heft 8, S. 2 – 7.

9   Alfred Müller-Armack, Wirtschaftslenkung und Marktwirtschaft, Hamburg 1947.

10   Düsseldorfer Leitsätze der CDU der Britischen Zone vom 15. Juli 1949, in: Pütz (Hrsg.), Konrad Adenauer und die CDU der britischen Besatzungszone, S. 866 – 880.

국에서 만들어졌던 경제질서는 계획경제의 폐지 이후에야 본질적으로 다시 세워졌습니다. 이 경제질서의 핵심은 1918년 11월 15일 노동조합과 고용자연합 간 "Stinnes-Legien 협정"에 기초한 노동과 자본의 사회적 파트너십(Sozialpartnerschaft)이었습니다. 사회적 파트너십은 자본에 대한 노동의 종속성을 없애지는 못했습니다. 그러나 협상을 통해 계급 갈등을 조정해야만 했습니다. 사회적 파트너십의 중심에는 기업 내 근로자들의 공동결정권(Mitbestimmung)과 임금과 노동조건에 관한 단체 임금협약(kollektiv Tarifvertrag)이 놓여 있었습니다. 나아가 사회적 파트너십에는 민주국가가 시장개입을 통하여 고용과 생산의 안정을 촉진하고 사회적 안전을 보장할 것이라는 기대가 포함되어 있었습니다.[11]

국가사회주의적 독재는 민주주의적 경제질서를 파괴하고 전쟁준비와 1939년 이후로는 전쟁수행을 위한 계획경제를 도입하였습니다.[12] 1945년 해방 이후 경제질서에서 국가사회주의적 요소는 사라졌습니다. 그러나 연합국들은 그들의 4개 점령지역에서 계획경제를 계속 실행하였는데 이는 극심한 결핍의 시기에는 생산과 분배에 대한 통제가 필수적인 것으로 간주되었기 때문입니다. 초기 평화기의 이 계획경제는 1948년 마셜플랜(Marshall-Plan), 화폐개혁, 경제개혁으로 중지되고 시장경제로 대체되었습니다.

1949년 5월 독일연방공화국의 기본법(Grundgesetz)은 미래 경제질서를 위해 중요한 몇 가지 규칙을 정의했습니다.[13] 특정한 경제질서를 확정하지 않아 헌법의 범주 내에서 다양한 경제질서가 가능하였습니다. 1954년 연방헌법재판소는 헌법의 규제중립성(ordnungspolitische Neutralität)을 확인하였습니다.[14] 콘라트 아데나워(Konrad Adenauer) 수상

---

11   Dieter Krüger, Das Stinnes-Legien-Abkommen 1918 – 1924. Voraussetzungen, Entstehung, Umsetzung und Bedeutung, Berlin 2018.

12   Albrecht Ritschl (Hrsg.), Das Reichswirtschaftsministerium in der NS-Zeit. Wirtschaftsordnung und Verbrechenskomplex. Wirtschaftspolitik in Deutschland 1917 – 1990, B. 2, Berlin 2016; Adam Tooze, Ökonomie der Zerstörung. Die Geschichte der Wirtschaft im Nationalsozialismus, München 2007.

13   Grundgesetz für die Bundesrepublik Deutschland vom 23. Mai 1949. Bundesgesetzblatt 1949, S. 1 – 19.

14   Urteil des Bundesverfassungsgerichts vom 20. Juli 1954. Entscheidungen des Bundesverfassungsgerichts, Bd. 4,

은 1949년 9월 의회연설(Regierungserklärung)에서 사회적 시장경제를 독일연방공화국의 경제질서로 묘사하였습니다.[15]

당시 서독의 경제질서는 근본적으로는 여전히 초기 바이마르 공화국의 경제질서와 일치하였습니다. 1950년대 이후 사회적 시장경제는 경쟁정책, 경기와 성장정책, 구조정책, 금융정책, 사회정책, 환경정책과 외교정책을 통해 고유한 윤곽을 갖추었습니다. 사회적 시장경제는 자본주의 세계의 패권국인 미국의 경제질서보다는 덜 시장경제적이었지만 프랑스, 네덜란드, 스칸디나비아 국가들과 일본의 경제질서만큼 개입주의적이지는 않았습니다.[16]

사회적 시장경제는 시장을 경제성장과 생활수준 향상을 위한 기반으로서 촉진해야만 했습니다. 1957년 연방 경제부 장관 루트비히 에르하르트는 그의 유명한 저서《모두를 위한 번영》(Wohlstand für alle)에서 "모든 번영을 달성하고 유지하기 위한 가장 유망한 수단은 경쟁입니다."라고 확신하며 선언했습니다.[17] 그러나 사회적 시장경제는 경쟁뿐만 아니라 국가적 개입을 통해서도 경제발전을 공고화하고 신뢰할 수 있는 사회보장을 유지해야만 했습니다.[18]

사회적 시장경제에 대한 대항모델은 국가사회주의적 계획경제로, 1945년부터 1949년까지 소련 점령지역에서 실시되었고 1949년 독일민주공화국에 의해 지속되었습니다. 국가사회주의적 계획경제는 사회주의적 전통에서 생산수단의 사회화와 중앙집권적 계획을 계승했지만 기본가치로서의 민주주의는 계승하지 않았습니다.[19] "민주적 중앙집중주

S. 7 – 27.

15 Bundestagssitzung vom 20. September 1949. Verhandlungen des Deutschen Bundestages. Stenographische Berichte, 1. Wahlperiode 1949, Bd. 1, S. 24.

16 Herman van der Wee, der gebremste Wohlstand. Wiederaufbau, Wachstum und Strukturwandel 1945 – 1980. Geschichte der Weltwirtschaft im 20. Jahrhundert, Bd. 6, München 1984, S. 317 – 354.

17 Ludwig Erhard, Wohlstand für alle, Düsseldorf 1957, S 7.

18 Werner Abelshauser, Deutsche Wirtschaftsgeschichte. Von 1945 bis zur Gegenwart, 2. Aufl., München 2011.

19 Jacques Droz (Hrsg.), Histoire générale du socialisme (1972 – 1978), 4 Bde., Paris 1997.

의"(demokratischer Zentralismus)라고 불리는 정부형태는 독일 사회주의통일당(Sozialistische Einheitspartei)이란 국가당(Staatspartei)이 영도하는 독재였습니다.

사회적 시장경제에 대한 국가사회주의적 계획경제의 우월성은 더 강력한 경제성장과 더 높은 수준의 소비로 입증해야만 했습니다. 독일 사회주의통일당(Sozialistische Einheitspartei Deutschlands/SED) 총서기 발터 울브리히트(Walter Ulbricht)는 1950년 제3차 전당대회에서 동독 경제는 "우리의 새로운 민주적 질서를 근거로" 어떤 자본주의 국가도 달성할 수 없는, 연간 산업성장을 달성하게 될 것이라고 선언하였습니다.[20] 1958년 제5차 사회주의통일당 전당대회에서 그는 동독의 모든 중요한 식료품과 소비재의 1인당 소비량이 "몇 년 안에" 서독의 1인당 소비량에 도달하거나 초과할 것이라고 약속했습니다. 그러나 성장 목표는 결코 달성되지 않았습니다.[21] 경제 문제는 1989-1990년의 평화적 혁명과 정권 전복에 본질적으로 기여했습니다.[22]

통일은 독일민주공화국 주들이 독일연방공화국에 편입(Beitritt)되는 형식으로 합의되었습니다. 공동의 새로운 경제질서는 고려되지 않았고 사회적 시장경제가 새로운 연방주들로 이전되었습니다. 1990년 4월 동독 텔레비전과의 인터뷰에서 콜(Kohl) 수상은 동독의 사회적 시장경제로의 진입을 1948-1949년 서독 경제질서의 수립과 연이은 "경제 기적"(Wirtschaftswunder)에 비유했습니다. 독일연방공화국이 동독 경제의 성장을 지원할 것이기 때문에 조건은 이제 훨씬 더 유리할 것입니다. 따라서 독일민주공화국은 1995년까

---

20 Walter Ulbricht, Der Fünfjahrplan und die Perspektiven der Volkswirtschaft. Protokoll der Verhandlungen des III. Parteitages der Sozialistischen Einheitspartei Deutschlands, 20. bis 24. Juli 1950, 2 Bde., Berlin 1951, Bd. 1, S. 340.

21 Walter Ulbricht, Der Kampf um den Frieden, für den Sieg des Sozialismus, für die nationale Wiedergeburt Deutschlands als friedliebender, demokratischer Staat. Protokoll der Verhandlungen des V. Parteitages der Sozialistischen Einheitspartei Deutschlands, 10. bis 16. Juli 1958, 2 Bde., Berlin 1959, Bd. 1, S. 68.

22 Dierk Hoffmann (Hrsg.), Die zentrale Wirtschaftsverwaltung in der SBZ / DDR. Akteure, Strukturen, Verwaltungspraxis. Wirtschaftspolitik in Deutschland 1917 – 1990, Bd. 3, München 2016; André Steiner, Von Plan zu Plan. Eine Wirtschaftsgeschichte der DDR, Berlin 2007.

지 "꽃이 만발한 나라"(blühendes Land)가 될 것입니다.[23] 독일민주공화국은 통일을 준비하기 위하여 1990년 5월 화폐, 경제, 사회연합 창설에 관한 조약과 함께 사회적 시장경제의 경제질서를 채택하고 1990년 7월 발효되었습니다.[24] 1990년 10월 이후 사회적 시장경제는 통일독일의 경제질서가 되었습니다.[25]

그러나 형식적 연속성에도 불구하고 새로운 사회적 시장경제는 기존 사회적 시장경제와 본질적인 차이를 보였습니다. 무엇보다도 경제정책의 중요한 영역의 유럽화는 새로운 경제질서를 창출하였습니다. 1992년 마스트리히트 조약(Vertrag von Maastricht)으로 당시 유럽경제공동체(Europäische Wirtschaftsgemeinschaft)의 12개 회원국이었던 벨기에, 덴마크, 독일, 프랑스, 그리스, 영국, 아일랜드, 이탈리아, 룩셈부르크, 네덜란드, 포르투갈, 스페인은 유럽연합(Europäische Union) 창설을 결정하였습니다.[26] 공동시장(Gemeinsame Markt)이 통일된 내부시장(Binnenmarkt)으로 확대되어야만 했습니다. 모든 회원국에 적용되는 공통 경제질서의 기본틀이 확정되었습니다. 1999년부터 2002년까지 공통 통화인 유로(Euro)가 도입되어 유럽연합의 전부는 아니지만 많은 회원국에서 국가통화를 대체하였습니다. 통화정책(Währungspolitik) 이외에도 경쟁정책(Wettbewerbspolitik)과 환경정책(Umweltpolitik)도 유럽연합으로 이전되었습니다.[27]

주권의 상실에도 불구하고 유럽의 경제질서는 본질적으로 사회적 시장경제의 독일 모

---

23 Interview von Bundeskanzler Dr. Helmut Kohl im DDR-Fernsehen, 27. April 1990. Presseund Informationsamt der Bundesregierung, 28. April 1990. Konrad-Adenauer-Stiftung, Archiv für Christlich-Demokratische Politik.

24 Vertrag über die Schaffung einer Währungs-, Wirtschafts- und Sozialunion zwischen der Bundesrepublik Deutschland und der Deutschen Demokratischen Republik vom 18. Mai 1990. Bundesgesetzblatt (BGBl.) 1990 II, S. 537-544.

25 Vertrag zwischen der Bundesrepublik Deutschland und der Deutschen Demokratischen Republik über die Herstellung der Einheit Deutschlands vom 31. August 1990. BGBl. 1990 II, S. 889-905.

26 Vertrag über die Europäische Union, unterzeichnet zu Maastricht am 7. Februar 1992. Amtsblatt der Europäischen Gemeinschaften, 29. Juli 1992, S. 1-112.

27 Berthold Rittberger, Die Europäische Union. Politik, Institutionen, Krisen, München 2021.

델에 의해 형성되었기 때문에 경제질서의 유럽화는 독일에서 널리 받아들여졌습니다. 2007년 12월 리스본 조약(Vertrag von Lissabon)에서 사회적 시장경제는 유럽연합의 경제질서로 선언되었습니다. 그것은 경제성장, 물가안정, 완전고용, 사회발전 및 환경보호를 보장해야만 했습니다.[28]

2019년 12월 중국에서 발생해 2020년 초부터 전 세계적으로 확산된 코로나 팬데믹은 사회적 시장경제 역사에서 긴 안정기를 종식시켰습니다. 전염병은 독일 역시 심각하게 타격을 입은 세계 경제위기를 초래하였습니다. 국내총생산(Bruttoinlandsprodukt)은 감소하고 실업률은 높아졌습니다. 전염병의 확산을 막기 위한 국경통제와 입국금지는 국제분업을 중단시켰습니다. 국가가 사회와 경제의 중심기관이 되었습니다. 국가가 지금까지 알려지지 않은 팬데믹으로부터 사람들을 보호하고, 팬데믹으로 촉발된 심각한 경제위기를 극복하고, 그에 따른 사회적 결과를 해결해야만 했습니다.

2021년 경제 회복이 시작되었습니다. 그러나 팬데믹은 2년이 지난 2022년 초까지도 끝나지 않았습니다. 2022년 2월 우크라이나에 대한 러시아의 공격으로 성장은 중단되었습니다. 미래는 불확실합니다.

이 책은 분단된 독일의 재건부터 구독일연방공화국, 독일민주공화국, 통일독일의 경제와 코로나 위기까지 총 5개 장으로 나누어집니다. 각 장은 네 가지 주요주제로 나누어집니다. 처음 두 주요주제는 경제질서와 인구입니다. 세 번째 주요주제인 생산에는 생산 요소인 노동, 자본 및 토지, 경제성장, 경제의 구조적 변화, 환경 및 국제관계가 포함됩니다. 네 번째 주요주제인 전반적인 경제적 수익 분배는 공공재정, 직업 또는 자산으로부터의 시장소득, 사회소득(Sozialeinkommen) 및 마지막으로 소비를 다룹니다. 아담 스미스(Adam Smith)의 말을 다시 인용하자면 소비는 "모든 생산의 유일한 목표이자 목적"이기 때문입

---

28 Vertrag von Lissabon zur Änderung des Vertrages über die Europäische Union und des Vertrages zur Gründung der Europäischen Gemeinschaft, unterzeichnet in Lissabon am 13. Dezember 2007, Art. 3, Abs. 3. Amtsblatt der Europäischen Union, 17. Dezember 2007, S. 1 – 271.

니다.[29] 마지막 장에서는 사회적 시장경제 역사에서 2020년 코로나 팬데믹과 2022년 2월 러시아의 우크라이나 공격으로 촉발된 구조적 단절을 설명합니다.

많은 동료들이 부여한 자극이 독일 경제의 75년 역사 여정에 기여했습니다. 그분들 모두에게 감사드립니다. 특히 그녀의 중요한 조언에 대해 Irene Hardach-Pinke에게 감사드립니다.

---

29   Smith, Wealth of nations, Bd. 2, S. 660.

제 **1** 장

분단된 독일의 재건
1945-1949

1. 독일의 분단

1.1 포츠담 협정

해방은 점령으로 왔습니다. 1945년 5월 8일, 독일군이 항복한 후 연합군은 1945년 6월 5일 베를린 선언(Berliner Erklärung)으로 제국정부를 해산하고 독일정부를 장악했습니다. 전쟁이 끝나기 전부터 연합국은 새로운 민주정부가 수립될 때까지 전환기를 위해 독일을 4개의 점령지역 즉 남쪽에는 미국, 북서쪽에는 영국, 동쪽에는 소련, 남서쪽에는 작은 프랑스 점령지역으로 나누는 데 동의했습니다. 베를린은 점령군이 공동 관리하기로 되어 있었습니다. 독일이 점령지역으로 분할되었을 때 오데르(Oder)와 나이세(Neiße) 동쪽 지역은 폴란드와 소련에 의한 합병이 계획되었기 때문에 더 이상 고려되지 않았습니다. 전쟁 후 대부분 지역은 폴란드에 합병되었고 쾨니히스베르크(Königsberg)를 포함한 북부 동프로이센(Ostpreußen)은 소련으로 넘어갔습니다. 점령지역은 4개국의 군사정부가 관리했습니다. 1945년 6월 공동체로서 4명의 군정관이 대표하는 연합국관리위원회(Alliierte Kontrollrat)가 설치되었습니다. 연합국 관리위원회는 네 개의 점령지역 모두에 영

항을 미치는 결정을 내려야 했습니다.[1]

연합군은 휴전 당시 최전선에 해당하는 지역을 잠시 점령했습니다. 소련군은 베를린의 서부 3개 지역을 통제했고, 계획된 소련 점령지역의 서쪽에 있는 넓은 영토는 미국과 영국군이 점령했습니다. 점령군들은 일시적으로 점령된 지역에서 아무것도 하지 않은 것은 아니었습니다. 소련은 배상목적으로 베를린 서부 구역을 광범위하게 해체했습니다. 영국과 미국은 원자재, 기계, 설계도면을 가져갔고 전쟁 중 수도 공습으로 튀링겐(Thüringen)과 작센안할트(Sachsen-Anhalt)의 소금광산(Salzbergwerke)으로 대피한 베를린 박물관의 수많은 예술 작품도 압수했습니다.[2] 1945년 7월 초 연합군은 합의된 지역경계선으로 철수했습니다. 점령지역은 정치적으로뿐만 아니라 경제적으로도 분리되었습니다. 세관 국경은 점령된 독일을 관통했습니다. 베를린은 점령지역의 축소판 그림처럼 남서쪽에는 미국구역, 서쪽에는 영국 구역, 북서쪽에는 프랑스 구역, 동쪽에는 소련 구역의 네 구역으로 나뉘었습니다.

3대 강대국인 영국, 소련, 미국은 이미 1943년 11월과 12월 테헤란과 1945년 2월 얄타에서 그들의 미래 독일정책을 계획하기 위해 전쟁 중에 두 차례 회의를 열었습니다. 국가사회주의 독일에 승리한 후 세 동맹국은 1945년 7월 17일부터 8월 2일까지 포츠담 회의에서 독일 정책의 기본방향에 관해 합의하였습니다.

연합국 독일정책의 공동목표는 독일 침략전쟁의 위험을 영원히 추방하는 것이었습니다. 국가사회주의 조직은 해체되었고 독일군은 금지되었습니다. 제2차 세계대전은 군사적 제한과 국제조약만으로는 침략에 대한 충분한 안전장치가 될 수 없음을 보여 주었습

---

1 Gunther Mai, Der Alliierte Kontrollrat in Deutschland 1945–1948. Alliierte Einheit – deutsche Teilung? München 1995.

2 Lothar Baar / Rainer Karlsch / Werner Matschke, Kriegsfolgen und Kriegslasten Deutschlands. Zerstörungen, Demontagen und Reparationen, Berlin 1993, S. 33–36; Irene Kühnel-Kunze, Bergung – Evakuierung – Rückführung. Die Berliner Museen in den Jahren 1939–1959. Jahrbuch Stiftung Preußischer Kulturbesitz, Sonderband 2, Berlin 1984.

니다. 따라서 미래에 독일의 산업잠재력은 독일이 다시는 이웃 국가에 위협이 되지 않을 정도로 제한되어야 했습니다. 연합국이 국가사회주의 독재 수립에 크게 기여했다고 여겼던 경제력의 집중은 해체되어야만 했습니다.

독일제국이 피침략국에 입힌 피해에 대한 배상이 요구되었습니다. 그러나 배상의무 이행에 대해서는 합의에 이르지 못했습니다. 미국은 다른 연합국보다 전쟁피해가 적었고 그들의 배상정책은 주로 안보 측면에 기반하였습니다. 독일의 산업잠재력은 감소되어야 했습니다. 허용된 양을 초과한 생산시설은 해체되어 배상금으로 분배될 수 있었습니다. 또한 상선(Handelsflotte) 이양과 독일 외국자산 몰수를 통해 배상금을 지불해야 했습니다.

영국과 프랑스는 산업설비 해체를 통한 배상을 기대했습니다. 그들은 또한 주로 석탄과 목재 같은 자원공급과 재건을 위한 전쟁포로의 강제노동을 요구했습니다. 서부 연합국들은 배상 범위와 기간이 제한되어야 한다고 생각하였습니다. 장기적인 배상은 전후에 구축될 다자간 세계경제에 부담으로 여겨졌습니다.

소련은 기계, 기관차, 자동차, 선박 및 기타 생산수단을 가져가는 데 관심이 있었을 뿐만 아니라 생산되는 제품을 무료로 이송하는 데도 관심이 있었습니다. 국가사회주의적 계획경제에서 배상은 자신의 산업에 대한 경쟁의 관점이 아닌 부가적인 자원으로 사용된다는 것을 의미하였습니다.[3]

연합국이 배상정책에 대한 합의에 도달하지 못한 후 포츠담 회의에서 배상집행을 나누기로 결정했습니다. 소련과 폴란드는 소련 점령지역으로부터 배상받아야 했습니다. 그들은 또한 서부 점령지역 배상의 25%를 받고 그중 15%는 소비에트 점령지역의 식량과 원자재와 교환하고 10%는 무상으로 받았습니다. 압수된 독일 상선 절반과 소련 영향권 국가들의 독일 자산도 소련과 폴란드에 주어졌습니다. 다른 모든 연합국은 서부 점령지역에서 배상을 받아내야 했습니다.

---

3   Gerd Hardach, Der Marshall-Plan. Auslandshilfe und Wiederaufbau in Westdeutschland 1948 – 1952, München 1994. S. 21.

독일의 재건은 포츠담 의정서에서 단지 간단하게만 언급되었습니다. 독일은 점령지역으로 나누어져 있음에도 불구하고 경제적 통일체(Einheit)로 취급되었습니다. 산업잠재력의 제한과 배상의무로 인한 제한된 틀 내에서 독일의 평화로운 경제재건이 약속되었습니다. 프랑스 정부는 포츠담 회의에 참석하지 않았지만 추후 결과를 받아들였습니다.[4]

포츠담 협정은 독일의 미래 경제질서를 열어 놓았습니다. 따라서 기본적인 경제정책 결정은 프랑스, 영국, 소련, 미국 정부와 4개 점령지역의 군정관에게 맡겨졌습니다.[5]

국가사회주의 독재는 재무장과 전쟁경제를 목적으로 포괄적인 경제계획을 도입했습니다. 이러한 경제계획으로 생산수단의 처분과 노동자의 권리는 심각하게 제한되었지만 자본주의 경제질서는 폐지되지 않았습니다. 중앙기관이 해체된 후 국가사회주의 계획경제는 무너졌습니다. 그러나 연합군 군사정부는 즉시 점령지역에 새로운 경제계획을 도입했습니다. 황폐한 경제 상황을 고려하여 세 개의 서방 연합국들은 생산을 조직하고 소수의 상품을 현명하게 분배하며 점령비용을 청구하고 배상이전을 조직하기 위해 경제계획이 필요하다고 생각했습니다. 생산파악과 경제 및 사회적 우선순위에 따른 분배 그리고 임금, 가격, 임대료, 이자 및 교통요금에 대한 일반적인 통제와 같은 통제기구가 있었습니다. 그러나 경제계획이 자본주의적 경제질서를 근본적으로 폐지해서는 안 되었습니다.[6] 소련은 점령지역에서 체계적으로 국가사회주의적 계획경제를 발전시켰습니다.[7]

연합국관리위원회(Alliierte Kontrollrat)는 점령된 독일에 대한 공통된 경제질서를 도입하지는 않았지만 다양한 경제정책적 주제를 다루고 모든 점령지역에 적용되는 몇 가지

---

4 Mitteilung über die Dreimächtekonferenz von Berlin, in: Amtsblatt des Kontrollrats in Deutschland, Ergänzungsblatt Nr. 1, S. 13 – 20.

5 Mai, Der Alliierte Kontrollrat.

6 Werner Abelshauser, Deutsche Wirtschaftsgeschichte. Von 1945 bis zur Gegenwart, 2. Aufl., München 2011, S. 87 – 89; Otmar Emminger, Wirtschaftsplanung in der Bizone, in: Deutsches Institut für Wirtschaftsforschung (Hrsg.), Wirtschaftsprobleme der Besatzungszonen, Berlin 1948, S. 143 – 178.

7 Marcel Boldorf, Planwirtschaft, Ordnungs- und Preispolitik, in: Dierk Hoffmann (Hrsg.), Die zentrale Wirtschaftsverwaltung in der SBZ/DDR. Akteure, Strukturen, Verwaltungspraxis. Wirtschaftspolitik in Deutschland 1917 – 1990, Bd. 3, Berlin 2016, S. 133 – 164.

결정에 동의했습니다. 다루어졌던 주제로는 노사관계, 사회보장, 재정정책 및 통화개혁이 포함됩니다. 국가사회주의 정권이 노사관계를 규제하기 위해 만든 기관인 노동신탁(Treuhänder der Arbeit)과 독일노동전선(Deutsche Arbeitsfront)은 해방 이후 해체됐습니다. 일부 기업에서는 전직 노조원들이 노동자대표의 재편을 준비하였습니다. 1946년 7월 연합국관리위원회의 결정에 따라 4개 점령지역에서 민주적 노동조합 설립이 촉진되었습니다. 그러나 조직원칙에 대해서는 합의에 이르지 못했습니다. 소련 군사정부는 이미 1945년 7월 자유독일노동조합연맹(Freie Deutsche Gewerkschaftsbund) 설립을 승인했습니다. 그것은 독일 공산당의 통제하에 있는 중앙 집권적 단일노조였습니다. 반면에 서부 점령지역의 군사정부는 노동조합의 분권화된 조직을 선택했습니다. 1947년 4월 영국 점령지역에서 독일노동조합연맹(Deutsche Gewerkschaftsbund)이 결성되었습니다. 그것은 각각 상당한 자율성이 있는 여러 산별노조의 상위조직이었습니다. 미국 점령지역과 프랑스 점령지역에서 군사정부는 주 차원에서의 합병(Zusammenschluss)만을 승인했습니다. Bi-Zone 설립 이후 미국 점령지역과 영국 점령지역의 노조는 1947년 8월부터 Bi-Zone의 노조조직을 구성하기 위해 협상을 진행했습니다. 서독의 분리국가 수립이 명백해지자 프랑스 점령지역의 노동조합도 1948년 5월부터 협상에 참여했습니다. 그러나 합병은 독일노동조합연맹(Deutsche Gewerkschaftsbund) 설립과 함께 독일연방공화국에서만 이루어졌습니다. 민주주의와 독재 사이의 점점 벌어지는 격차에도 불구하고 1946년 11월부터 4개 점령지역 노동조합의 협력에 관한 점령지역 간 대화가 있었습니다. 그러나 대화는 1948년 8월 결과 없이 단절되었습니다.[8]

1946년 관리위원회(Kontrollrat)는 직원평의회법(Betriebsrätegesetz)을 제정하였습니다. 그것은 1920년 바이마르 공화국에서 제정되었으나 국가사회주의 하에서 해체되었던 직

---

8 Michael Fichter, Einheit und Organisation. Der Deutsche Gewerkschaftsbund im Aufbau 1945 bis 1949, Köln 1990; Siegfried Mielke, Die Neugründung der Gewerkschaften in den westlichen Besatzungszonen - 1945 bis 1949, in: Hans-Otto Hemmer / Kurt Thomas Schmitz (Hrsg.), Geschichte der Gewerkschaften in der Bundesrepublik Deutschland. Von den Anfängen bis heute, Köln 1990, S. 19 - 83.

원들의 직장내부 공동결정권(Mitbestimmung)을 회복시켰습니다.[9]

국가 임금규정(Lohnregulierung)은 모든 점령지역에서 유지되었습니다. 그러나 그것은 군사정권 책임 하에 수행되었습니다. 임금과 물가는 국가사회주의 계획경제가 확정한 수준에서 안정적으로 유지되어야 했습니다. 그러나 예외적으로 광업과 같은 중요한 부문에서는 임금이 인상될 수 있었습니다. 여성의 임금은 같은 일을 하는 남성의 임금으로 인상되어야 했습니다.[10] 근무 시간은 1946년 1월 관리위원회에서 6일 동안 48시간으로 확정했습니다. 1946년 7월 소련 군사정부 주도로 관리위원회는 노동연령의 모든 성인에게 보편적 노동의무(Arbeitspflicht)를 도입했습니다. 여성은 이전에 남성의 직업으로 여겨졌던, 특히 건설업에도 의무가 지워져야 했습니다.[11]

독일의 공공과제로서의 사회보장은 독일제국(Kaiserreich)의 사회입법(Sozialgesetzgebung) 이래로 주로 사회보험에 기반을 두었으며, 정도는 덜하지만 국가로부터의 직접 지불에도 기반을 두었습니다. 공적의료보험(Krankenversicherung)은 1883년, 상해보험(Unfallversicherung)은 1884년, 공적연금보험(Rentenversicherung)은 1889년에 도입되었습니다. 바이마르 공화국에서는 1927년에 실업보험(Arbeitslosenversicherung)이 추가되었습니다. 국가사회주의 독재하에서 사회보험은 사회보장의 핵심적인 중요성을 유지했지만 자체관리는 폐지되었습니다. 전쟁이 끝날 무렵, 사회보험 역시 일반 행정 붕괴로 인해 영향을 받았습니다.[12]

해방 후 사회보험의 다양한 부문은 곧 업무를 재개하고 약간의 지원을 제공할 수 있게 되었습니다. 소련의 주도로 1946년 관리위원회는 사회보험 개혁을 결정했습니다. 건강

---

9   Mielke, Neugründung der Gewerkschaften, S. 60 – 62.

10   Dietrich Müller, Die Lohnpolitik in Deutschland in den Jahren 1945 bis zur Währungsreform (20.6.1948), Meisenheim 1952.

11   Gesetz vom 10. Juli 1946. Amtsblatt des Alliierten Kontrollrats in Deutschland, Nr. 9, 31. Juli 1946, S. 166 – 167.

12   Johannes Frerich / Martin Frey, Handbuch der Geschichte der Sozialpolitik, Bd. 1, Von der vorindustriellen Zeit bis zum Ende des Dritten Reiches, 2. Aufl., München 1996.

보험, 연금보험, 상해보험은 하나의 단일보험으로 통합되어야 했습니다. 실업보험은 제외되었습니다. 실업보험은 지금까지와 마찬가지로 취업알선과 함께 관리되어야 했습니다. 그러나 서방 연합국은 그 결정을 외면하고 개혁을 실행하지 않았습니다.[13]

관리위원회는 정부지출을 건전하게 하기 위해 1946년 재정개혁을 실행했습니다. 모든 중요한 세금은 더 높은 세율 또는 세금우대 폐지를 통해 크게 증가했습니다. 소득세, 법인세, 재산세, 상속세 같은 직접세와 판매세, 자동차세, 맥주세, 주정세, 담배세, 설탕세 같은 간접세 모두에서 세금이 인상되었습니다.[14]

국가사회주의 정권은 막대한 인플레이션을 남겼습니다. 세금인상은 인기가 없는 것으로 간주되었기 때문에 전쟁은 대부분 대출(Kredite)로 자금을 조달했습니다. 방위산업을 위해 민간생산이 제한되었기 때문에 명목상 상대적으로 높은 임금과 이윤은 점점 더 축소되는 민간소비재와 자본재 공급으로 상쇄되었습니다. 임금 및 물가통제와 종합적인 관리로 인해 구매력 잠식은 숨겨졌습니다. 가계와 기업은 사용할 수 없는 명목소득을 신용기관에 예치하고, 신용기관은 국가에 무제한 신용을 부여할 의무가 있었습니다.

소련 점령군은 독일이 항복하기 전인 1945년 4월 말 베를린의 모든 은행 폐쇄를 명령했습니다. 이것은 독일 중앙은행인 제국은행(Reichsbank)에도 적용되었습니다. 제국은행지점은 세 개의 서부 점령지역에 남아 있었습니다. 폐쇄된 베를린 중앙은행을 대체하기 위해 개별 제국은행지점의 작업을 조정하기 위해 지역사무소가 만들어졌습니다. 분산된 제국은행시스템의 영업활동이 제한되었습니다. 제국은행 지역사무소는 무현금 지불거래

---

13 Marcel Boldorf, Sozialpolitik, in: Wolfgang Benz (Hrsg.), Deutschland unter alliierter Besetzung 1945 – 1949/55, Berlin 1999; Udo Wengst (Hrsg.), Sozialpolitik zwischen Kriegsende und der Gründung zweiter deutscher Staaten. Dokumente. Geschichte der Sozialpolitik in Deutschland seit 1945, Bd. 2/2, Baden-Baden 2001.

14 Jutta Muscheid, Die Steuerpolitik in der Bundesrepublik Deutschland 1949–1982, Berlin 1986, S. 27–28; Jens van Scherpenberg, Öffentliche Finanzwirtschaft in Westdeutschland 1944–1948. Steuer- und Haushaltswesen in der Schlussphase des Krieges und in den unmittelbaren Nachkriegsjahren, dargestellt unter besonderer Berücksichtigung der Entwicklung in der britischen Zone, Frankfurt 1984, S. 201–247.

를 중개하고 대출을 승인했습니다. 그러나 지폐를 발행하지는 않았습니다.

통화는 독일제국의 종식 이후까지 살아남았습니다. 1924년에 도입된 제국마르크화 (Reichsmark)는 모든 점령지역에서 법정통화로 남아 있었습니다. 그밖에 연금마르크지폐 (Rentenmarkschein)의 잔여분도 아직 남아 있었습니다. 제국마르크화(Reichsmark)는 1923 년 10월 부풀려진 마르크화에 대한 안정적인 병렬통화로 도입되었으며 제한된 수량으로 제국마르크화(Reichsmark)와 함께 유통되었습니다. 연합군은 제국은행(Reichsbank) 사무 실에서 많은 양의 현금을 압수하여 자신들의 목적을 위해 사용하고 유통했습니다. 새로 운 돈을 제공하는 중앙은행시스템(Notenbanksystem)이 없더라도 처음에는 충분한 유동성 이 있었습니다. 또한 연합국은 필요에 따라 새로운 국가지폐(Staatspapiergeld)인 군사마르 크(Militärmark)를 발행했습니다. 서부 점령지역을 위한 지폐는 미국에서, 소련 점령지역 을 위한 지폐는 소련에서 인쇄되었습니다. 새 화폐는 독특하고 거의 정사각형에 가까운 모양과 새로운 디자인을 지니고 있었고 제국마르크(Reichsmark)가 아니라 마르크(Mark)로 명명되었지만 제국마르크와 함께 무차별적으로 유통되었습니다. 군사마르크(Militärmark) 는 연합군에 의해 대규모 유통되었습니다. 그것은 전쟁자금조달로 인한 인플레이션을 증 가시켰습니다. 그러나 군사정권이 물가와 임금을 계속 통제하면서 인플레이션은 계속해 서 감춰졌습니다. 그러나 조만간 통화 기능을 회복하려면 인플레이션 문제를 해결해야 했습니다.

1946년 8월 미군정 부사령관 클레이(General Clay) 장군은 미국 정부의 요청으로 전 문가 게르하르트 콜름(Gerhard Colm), 조셉 닷지(Joseph Dodge), 레이몬드 골드스미스 (Raymond Goldsmith)가 작성한 통화개혁 계획안을 연합군관리위원회에 제출했습니다. 기 본 생각은 물가와 임금과 같은 진행 중인 모든 거래에서 제국마르크(Reichsmark)가 일대 일 비율로 새 통화로 변환되어야 한다는 것이었습니다. 해당 상품과 일치하지 않는 제국 마르크로 표시된 통화자산의 대부분은 취소되어야만 했습니다. 전문가들은 90%의 평가 절하가 필요하다고 추정했습니다. 통화계획은 관리위원회에서 장기간의 협상을 유발했습니다. 물가와 임금의 통제·관리를 폐지할 생각이 없는 한 통화개혁은 특별히 시급하다고 생각되지 않았습니다.[15]

1.2 정치적 새 출발

경제정책 역량을 갖춘 최초의 독일기관은 게마인데(Gemeinde)와 란트크라이스(Landkreis)였습니다. 당시는 점령국의 감독하에 주민들을 돌보았지만 종종 그들 자신의 주도권을 행사하는 시장(Bürgermeister)과 지방 행정관(Landräte)의 시대였습니다. 그들은 식량을 확보해 나누어 주었고, 집을 잃은 지역주민과 많은 난민과 실향민을 위해 주택을 할당하고, 물 공급을 조직했습니다. 전기와 가스, 지역 대중교통이 다시 운행되었습니다. 시장과 지방행정관은 처음에는 군정청장(Militärgouverneur)이 임명했습니다. 정치적 혐의를 받은 사람들은 해고되었습니다. 국가사회주의 법률, 조례, 법령 및 기타 규정은 폐지되었습니다. 그러나 대부분의 공무원은 개편된 행정기구에서 계속 일할 수 있도록 허용되었습니다.

연합국은 독일이 연방국가(Bundesstaat)가 되기를 원했습니다. 지방행정구조는 연합국 행정부 하에서 재편되었습니다. 1945년 7월, 메클렌부르크-휘폼메른(Mecklenburg-Vorpommern), 작센(Sachsen), 튀링겐(Thüringen)의 3개 주(Land)와 브란덴부르크(Brandenburg)와 작센-안할트(Sachsen-Anhalt)라는 2개 지방(Provinzen)이 소련 점령지역에 설립되었습니다. 지방행정부의 임무는 주정부와 상응했습니다. 주와 지방 모두 제한된 자치권만을 갖고 있었습니다. 1947년 연합군이 프로이센(Preußen)을 공식적으로 해체한 후 브란덴부르크와 작센안할트는 주(Land) 지위를 부여받았습니다. 메클렌부르크-휘폼

---

15 Christoph Buchheim, Die Errichtung der Bank deutscher Länder und die Währungsreform in Westdeutschland, in: Deutsche Bundesbank (Hrsg.), Fünfzig Jahre Deutsche Mark. Notenbank und Währung in Deutschland seit 1948, München 1998, S. 91 – 131.

메른(Mecklenburg-Vorpommern)주는 메클렌부르크로 이름이 바뀌어 프로이센의 휘폼메른 지방에 대한 기억을 지우게 되었습니다.[16] 미국 점령지역에는 먼저 바이에른(Bayern), 헤센(Hessen), 뷔르템베르크-바덴(WürttembergBaden)의 세 주가 설립되었습니다. 1947년에 도시국가인 브레멘(Bremen)은 영국 점령지역에서 미국 점령지역으로 이전되었습니다. 영국 점령지역에서는 이전 프로이센 지방과 일부 작은 주로부터 니더작센(Niedersachsen)주, 노르트라인-베스트팔렌(Nordrhein-Westfalen)주, 슐레스비히-홀슈타인(Schleswig-Holstein) 주가 새롭게 설립되었습니다. 도시국가인 함부르크(Hamburg)는 유지되었습니다. 프랑스 점령지역엔 바덴(Baden), 라인란트-팔라티나테(Rheinland-Palatinate) 및 뷔르텐베르크-홀헨쫄러른(Württemberg-Hohenzollern)이란 세 개의 작은 주가 설립되었습니다. 당초 프랑스 점령지역에 속했던 자를란트(Saarland)는 1948년 정치적, 경제적으로 독일과 분리되어 프랑스 지배하에 있는 별도 영토로 설정되었습니다. 네 구역(Sektor)으로 나누어진 베를린은 특별한 지위를 유지했습니다.

통일된 경제 및 사회 정책을 관철시키기 위해 소련 점령지역에선 일찍부터 중앙독일기관이 만들어졌습니다. 1945년 7월 산업, 에너지, 농업, 무역 및 조달, 운송, 통신, 금융, 노동 및 사회복지, 점령지역 간 무역 및 대외무역을 위한 중앙행정부가 설립되었습니다. 그들의 임무는 소련 군사정부와 협력하여 주와 지방정부를 지원하는 것이었습니다. 영국 점령지역에는 다양한 전문분야를 위한 중앙독일행정사무소가 설치되어 군사정부의 감독하에 운영되었습니다. 미국 점령지역에서는 주를 대표하는 주의회(Länderrat)가 구성되었습니다. 그러나 독일중앙행정사무소는 허용되지 않았습니다. 프랑스 정부는 점령지역에서 엄격한 정치적 분권화를 고수했습니다. 중앙독일행정부도, 각 주의 공동 대표도 없었습니다.[17]

---

16   Dieter Staritz, Die Gründung der DDR. Von der Sowjetischen Besatzungsherrschaft zum sozialistischen Staat, München 1995.

17   Wolfgang Benz, Auftrag Demokratie. Die Gründungsgeschichte der Bundesrepublik Deutschland und die Entstehung der DDR 1945–1949, Berlin 2009; Christoph Kleßmann, Die doppelte Staatsgründung.

정당이 결성되었을 때 소련과 서방 연합국 간 조직갈등(Systemkonflikt)이 드러났습니다. 1945년 6월 소련 점령지역에서 정당이 허용되었습니다. 처음에는 4당 구조가 형성되었습니다. 국가사회주의의 정당금지 이전의 두 정당인 독일사회민주당(Sozialdemokratische Partei Deutschlands/SPD)과 독일공산당(Kommunistische Partei Deutschlands/KPD)이 재건되었습니다. 바이마르 공화국에서 좌익 자유주의 독일민주당(Deutsche Demokratische Partei)과 우익 자유주의 독일인민당(Deutsche Volkspartei)으로 분열된 자유당은 독일자유민주당(Liberal-Demokratischen Partei Deutschlands/LDPD)을 건립하기 위해 합병되었습니다.

독일기독민주연합(Christlich-Demokratische Union Deutschlands/CDU)이 새로 창설되었습니다. 기대했던 민주적 의사결정 기관으로서의 정당의 자율성은 곧 실망으로 이어졌습니다. 1946년 4월, 독일공산당(KPD)과 독일사회민주당(SPD)을 합병하여 독일사회주의통일당(Sozialistischen Einheitspartei Deutschlands/SED)을 구성하라는 명령이 내려졌습니다. 새로운 독일사회주의통일당에서 공산주의 간부들은 결정적인 영향력을 행사했습니다. 다른 군소정당들도 유지되었지만 독일사회주의통일당(SED)의 지도력에 종속되어야만 했습니다. 소련 점령지역에서는 자유선거가 허용되지 않았습니다. 지배적 정당으로서 주정부와 지방행정에 결정적인 영향력을 행사하는 독일사회주의통일당(SED)에 권력이 집중되었습니다.

서부 점령지역에서는 1945년 8월에 미국 점령지역에서, 1945년 9월에는 영국 점령지역에서, 1945년 12월에는 프랑스 점령지역에서 민주적 정당들이 결성되었습니다. 서부 점령지역의 정당 설립은 소련 점령지역에서도 형식적으로 수립된 4당 모델(Vier-Parteien-Modell)을 따랐습니다. 독일사회민주당(Sozialdemokratische Partei Deutschlands/SPD)과 독일공산당(Kommunistische Partei Deutschlands/KPD)이 재창립되었습니다. 보수적 연합정당이 새로 창당되어 대부분의 주에서는 기민당(Christlich-Demokratische Union/CDU)으로, 바이에른에서는 기독사회당(Christlich-Soziale Union/CSU)으로 창설되었습니다. 자유민주당

Deutsche Geschichte 1945–1955, 5. Aufl., Göttingen 1991.

(Freie Demokratische Partei/FDP)이라는 이름이 합의된 1948년까지 자유민주당은 처음에는 주마다 다른 정당명을 사용했습니다. 나중에는 더 많은 소규모 정당과 정치적 그룹들이 나타났습니다.

1946년 1월 미국 점령지역에서 지방선거가 실시되었습니다. 영국 점령지역과 프랑스 점령지역에서 지방선거가 이어졌습니다. 1946년부터 1947년까지 주 의회선거와 주 헌법에 대한 국민투표가 실시되었습니다.

영국과 미국 정부는 독일의 분열을 재건의 장애물로 보았습니다. 1946년 말, 영국과 미국 정부는 그들의 점령지역을 내부경계선이 폐지된 "통합경제지역"(Vereinigtes Wirtschaftsgebiet)으로 결정했습니다. 합병은 1947년 1월 1일부터 발효되었습니다. 군정청장(Militärgouverneur)의 통제하에 새로운 미국과 영국의 "비존"(Bizone)을 담당하는 다양한 경제 부문에 대한 독일 전문행정부가 설립되었습니다. 포츠담 협정에 위배되는 서독국가가 건국된다는 인상을 피하기 위해 새로운 기관들은 미국과 영국의 점령지역으로 분산되었습니다. 식량농업청은 슈투트가르트(Stuttgart)에, 재정청은 바트홈부르크(Bad Homburg)에, 우편통신청은 프랑크푸르트(Frankfurt)에, 교통청은 빌레펠트(Bielefeld)에, 경제청은 민덴(Minden)에 두었습니다.

1.3 이중적 국가설립

연합국도 독일인도 독일의 분할을 원하지는 않았습니다. 독일의 분할은 독일통일에 관한 포츠담 회의의 결정이 포기되는 일련의 누적된 결정의 결과였습니다. 분단의 출발점은 시스템경쟁(Systemkonkurrenz)이었고, 이는 네 연합국 간 이해가 점점 어려워졌다는 것을 의미했습니다. 돌이켜보면 불협화음에서 분단으로 가는 결정적인 단계는, 비록 당시 행위자들에 의해 충분히 인식되지 않았을지라도, 유럽재건프로그램(Europäisches Wiederaufbauprogramm)이었습니다.

1947년 3월 10일부터 4월 24일까지 모스크바 외무장관회의(Moskauer Außenministerkonferenz)에서 조지 마셜(George Marshall) 미국 국무장관과 그의 영국 동료 어니스트 베빈(Ernest Bevin)은 4개 점령군에 의한 공동의 건설적인 재건정책을 촉구했습니다. 소련 정부는 승인에 대한 대가로 서부 점령지역, 특히 루르지역(Ruhrgebiet)으로부터의 추가 배상을 요구했습니다. 합의에 이르지 못하자 마샬과 베빈은 이미 모스크바에 있는 동안 비존(Bizone)에서 자체적 재건정책을 시작하기로 결정했습니다. 그들은 조만간 프랑스 정부가 그들의 작은 점령지역과 함께 합류할 것이라고 예상했습니다.[18]

1947년 5월 미국과 영국의 점령지역을 위한 중앙경제행정부가 설립되었습니다. 식품 및 농업, 금융, 우편 및 통신, 운송 및 경제에 관한 행정부가 프랑크푸르트(Frankfurt)에 집결되었습니다. 행정부는 두 개의 의회기관, 즉 각 정당의 의석수에 따라 주의회에서 52명의 위원을 선출하는 경제위원회(Wirtschaftsrat)와 주정부를 대표하는 집행위원회로 보충되었습니다. 비존(Bizone)의 "프랑크푸르트 행정부"는 의회정부와 비슷했지만 군정청의 감독하에 있었고 그 권한은 경제문제로 국한되었습니다. 경제위원회가 단순히 결함을 관리하는 것이 아니라 미래를 위한 방향을 설정하는 것이라는 사실은 부르주아연합이 근소한 차이로 이전에 주 경제부처들을 장악하고 있던 사회민주당에 맞서 승리할 수 있었던 이사 선출에서 나타났습니다.[19]

모스크바 외무장관 회의 이후 미국 국무부는 독일의 가속화되는 재건을 세계경제 재건에 통합하려는 기획안을 작성했습니다. 1930년대의 대공황은 미국경제의 지속적인 번영이 국내시장으로만 달성될 수 있는 것이 아니라 판매 시장과 안정적인 원자재 공급, 그리고 열린 자본시장으로의 접근과 함께 안정적인 국제질서의 틀 안에서만 달성될 수 있다는 것을 미국 정부에 확신시켰습니다. 따라서 미국은 초기 단계에서 세계경제 재건에 주도적인 역할을 하기 위해 노력했습니다.

18　Hardach, Marshall-Plan, S. 17‒18.
19　Benz, Auftrag Demokratie, S. 153‒252.

이미 1944년 뉴햄프셔주 브레턴우즈(Bretton Woods)라는 작은 마을에서 전후 개방적 세계경제의 기반이 될 새로운 국제통화체제가 합의되었습니다. 그것은 고정환율로 통화 태환성(Konvertierbarkeit der Währungen)을 제공했습니다. 브레턴우즈 통화체제는 1945년 발효되었습니다. 그러나 태환 가능한 통화를 사용하는 국가범위는 작았습니다. 미국 외에 원자재, 석유, 식품 등의 수출로 국제수지 흑자를 달성한 국가들이 주로 포함되었습니다. 개방적 세계경제 재건에 필수인 서유럽 산업국가들은 대규모 국가개입으로 재건을 촉진해야만 했던 경제정책을 추구했습니다. 이 정책은 내부시장에 집중하였고 양적 수입 제한, 관세 및 외환통제를 통해 해외경제로부터 내부시장이 보호되었습니다. 통화태환성으로의 급속한 전환은 미국을 상대로 높은 수입초과를 우려했기 때문에 배제되었습니다. 처음에는 소련과 그 영향권에 있는 국가들이 개방적 세계경제로 통합될 준비가 되었는지 여부가 불분명했습니다. 일부 동중부유럽국가들은 브레턴우즈 협상에 참여해 다국적 협력에 관심을 보였습니다. 냉전은 이러한 시도에 종지부를 찍었습니다.[20]

1945년 초에 "국제무역기구"(International Trade Organization)에 대한 협상이 시작되었습니다. 국제무역기구는 양적 무역제한 철폐와 관세인하를 도모했습니다. 1947년 미국의 주도로 제네바에서 "관세와 무역에 관한 일반협정"(General Agreement on Tariffs and Trade/GATT)이라는 일반 무역협정이 체결되었습니다. GATT를 관리할 국제무역기구(International Trade Organization) 설립은 실패했습니다. 따라서 GATT는 새로운 세계무역 질서의 제도적 중심으로서 제네바에 사무국을 둔 상설기구가 되었습니다. GATT의 틀 내에서 회원국들은 양적 무역장벽의 철폐와 관세인하를 협상해야 했습니다. 수많은 관세 인하가 이미 제네바에서 합의되었습니다. 추가 협상이 뒤따랐습니다.[21]

---

20 Barry Eichengreen, Vom Goldstandard zum Euro. Die Geschichte des internationalen Währungssystems, Berlin 2000, S. 132 – 143; Herman van der Wee, Der gebremste Wohlstand. Wiederaufbau, Wachstum, Strukturwandel 1945 – 1980, S. 476 – 492 .

21 Karin Kock, International trade policy and the GATT 1947 – 1967, Stockholm 1969; van der Wee, Der gebremste Wohlstand, S. 389 – 395.

미국 정부는 계획된 개방적 세계경제의 전제조건으로 유럽국가들의 빠른 경제회복을 목표로 삼았습니다. 점령된 독일은 석탄, 철강, 자본재의 공급자이자 이웃국가의 판매시 장으로서 유럽의 경제호황에 포함되어야만 했습니다. 독일은 더 이상 세계평화에 대한 위협이 아닌 산업잠재력으로 중요한 경제파트너로 인식되었습니다. 또한 독일이 유럽프 로그램에 긴밀히 참여함으로써 독일 경제력회복에 대한 주변국의 의구심을 완화시켜야 만 했습니다.

1947년 6월 5일 미국무장관 마셜(Marshall)은 유럽 재건프로그램(Wiederaufbauprogramm) 을 제안했습니다. 목표는 유럽국가 간 경제협력을 촉진하는 것이었습니다. 관세와 무역 제한은 전쟁과 그 여파로 중단된 국제분업을 회복하기 위해 해체되었습니다. 미국 관점 에 따르면 더 큰 시장은 유럽경제의 생산성을 향상시키고 다자간 세계경제로의 통합을 촉진할 것이었습니다. 많은 유럽정부가 국경이 개방되면 경상수지적자가 발생할 것을 우 려했기 때문에 미국은 해외 원조를 제공하여 프로그램을 지원할 것입니다.

마셜은 자신의 제안이 소련과 그 영향권에 있는 국가를 포함한 모든 유럽국가를 향한 것임을 강조했습니다. 그러나 1947년 7월 소련은 유럽재건프로그램 참여를 거부했고 소 련에 의존하는 국가들도 거부하게 했습니다. 유럽프로그램은 서유럽프로그램이 되었습 니다. 유럽재건프로그램에 대한 논쟁은 1947년 이래로 "냉전"(Kalter Krieg)으로 알려진 체제 간 갈등을 심화시켰습니다.[22]

유럽재건프로그램은 발기인의 이름을 따서 마셜플랜(Marshall-Plan)으로 명명되었고 미 국과 유럽 16개국이 함께 실행했습니다. 이 프로그램은 1948년 4월 4일에 발효되었습니 다. 4년 동안 지속될 것으로 제안되었습니다. 그때까지 유럽참가국들은 브레턴우즈 통화 시스템과 GATT의 개방적 세계경제에 통합할 준비를 해야 했습니다. 마셜플랜을 이행 하기 위해 새로운 기관이 설립되었는데, 미국 측에는 모든 참가국에 해외대표부를 두고 있는 경제협력청(Economic Cooperation Administration)이, 유럽 측에는 유럽경제 협력기구

---

22   Hardach, Marshall-Plan; Ben Steil, The Marshall Plan. Dawn of the Cold War, Oxford 2018.

(Organization for European Economic Cooperation/OEEC)가 공동기구로 설립되었습니다.[23]

서독이 유럽재건프로그램에 포함된 후, 1948년 2월 비존(Bizone)에서 독일행정부 역할을 하던 "프랑크푸르트 행정청"(Frankfurter Verwaltung)이 확대되었습니다. 경제위원회는 104명의 의원으로 확대되었고 집행위원회는 주평의회(Länderrat)로 이름이 변경되었습니다. 행정부의 국장들은 "수석국장"(Oberdirektor)이 이끄는 내각과 같은 조직을 구성했습니다. 1948년 3월 CDU의 헤르만 퓐더(Hermann Pünder)가 수석국장으로 선출되었습니다. 동시에 요하네스 셈러(Johannes Semler)가 1948년 1월 연합군의 점령정책에 대한 심한 비판으로 해임된 후 경제위원회는 새로운 경제국장도 선출했습니다. 그 자리에 루트비히 에르하르트가 경제국장으로 행정청에 합류했습니다.

프랑스정부는 독일연방공화국이 수립될 때까지 점령지역의 정치적 독립을 주장했습니다. 물론 경제영역에서는 긴밀한 협력이 있었습니다. 1948년 6월의 화폐개혁은 서방 3개 점령지역에서 공동으로 실행되었습니다. 처음엔 비존(Bizone)을 위해 1948년 3월에 처음 설립된 독일주은행(Bank deutscher Länder)은 통화개혁 이후 프랑스 점령지역으로 관할권을 확장했습니다. 1948년 10월 서독의 내부경제 경계선이 폐지되었습니다. 비존(Bizone)과 프랑스 점령지역은 "트리존"(Trizone)으로도 알려진 통합적 경제영역이 되었습니다. 새로운 카니발 시즌을 맞아 1948년 11월 11일 카를 베르뷔어(Karl Berbuer)가 발표한 히트곡〈우리들은 트리존의 원주민〉(Wir sind die Eingeborenen von Trizonesien)은 서독의 새로운 시대적 감각과 만나 대성공을 거두었습니다.

1948년 3월부터 1948년 6월까지 런던에서 열린 6개국 회의는 서독 국가수립을 준비했습니다. 참가국은 벨기에, 룩셈부르크, 네덜란드와 세 개의 서방 연합국이었습니다. 회의는 기존 주를 기반으로 하는 연방국가 설립을 권장했습니다. 1948년 7월, 서방 연합국은 국가건국을 준비하라는 공문을 주 총리들에게 보냈습니다. 이에 따라 1948년 8월 바이에른의 헤렌킴제(Herrenchiemsee) 섬에서 주 대표들과 전문가들이 포함된 헌법회의가

---

23   Alan S. Milward, The reconstruction of Western Europe 1945–51, London 1984, S. 168–179.

미래 헌법의 초안을 작성했습니다. 미래헌법은 서독 국가건국의 잠정적 성격을 강조하고 독일통일을 배제하지 않기 위해 "기본법"(Grundgesetz)이라고 불러야 했습니다. 1948년 9월, 주 의회의 각 정당에서 선출된 의회 헌법제정 위원회(Parlamentarischer Rat)가 소집되었습니다. 의회 헌법제정 위원회는 1949년 5월 독일연방공화국 기본법을 통과시켰습니다. 1949년 8월, 첫 연방의회(Bundestag)선거가 실시되었습니다. 1949년 9월 독일연방공화국이 건국되었습니다.[24]

소련정부는 1947년 7월 유럽재건프로그램 참여를 거부한 후 프로그램에 서부 점령지역을 포함시키는 것이 독일 분단을 향한 행보라고 비판하였습니다. 독일사회주의통일당(SED)은 독일 전체 인구를 대표한다는 주장을 정당화하기 위해 1947년 소련 점령지역에서 인민의회운동(Volkskongressbewegung)을 시작했습니다. 제1차 인민의회(Volkskongress)는 1947년 12월에 개최되었습니다. 신중하게 선택된 참가자 중에는 서부 점령지역 대표들도 있었습니다. 1948년 3월에 소집된 두 번째 인민의회는 소련 점령지역과 서방 점령지역 대표를 포함하는 "독일인민평의회"(Deutschen Volksrat)를 설립했습니다.

그 직후 1948년 6월에 처음에는 서방 점령지역에서, 다음에는 소련 점령지역에서 시행된 이중 통화 개혁(Währungsreform)이 독일분단을 심화시켰습니다. 1949년 5월 의회 위원회의 기본법 채택에 대한 대응으로 제3차 인민의회가 소련 점령지역에서 소집되었습니다. 이번에는 대의원이 선출되었지만 독일사회주의통일당(SED)은 조작된 선거를 통해 상당한 영향력을 확보했습니다. 5월 말 인민의회는 헌법 초안을 제출하였습니다. 1949년 10월 7일, 인민위원회(Volksrat)가 소집되었으며, 그 구성원은 이제 소련 점령지역 정당과 대중 조직에서 독점적으로 차출되었습니다. 인민위원회는 스스로 "임시인민의회"(Provisorische Volkskammer)라고 명명하고 독일민주공화국(Deutsche Demokratische Republik)을 설립했습니다. 소련 군사정부는 해산되었고 "소련 통제위원회"(Sowjetische

---

24   Benz, Auftrag Demokratie, S. 325 – 465; Kleßmann, Die doppelte Staatsgründung, S. 193 – 202.

Kontrollkommission)가 새로운 국가를 감독했습니다.[25]

독일연방공화국은 전쟁 전 독일 영토의 52%, 독일민주공화국은 그보다 훨씬 작은 23%와 함께 폴란드와 소련이 병합한 동부 영토의 25%를 물려받았습니다.[26]

2. 변화하는 사회

초기 평화시기에 독일의 4개 점령지역 사회는 전쟁과 박해의 결과로 인해 끊임없이 변화했습니다. 국가사회주의 독재 치하에서 독일로 이송되어 온 "이주민"(Displaced Persons)이라고 불렸던 사람들은 집으로 돌아갔습니다. 많은 독일군(Wehrmacht)병사들이 여전히 전쟁포로수용소에 갇혀 독일로 돌아가기를 기다리고 있었습니다.

많은 사람이 집을 잃었습니다. 1944년 말부터 동독인구의 상당 부분이 소련군을 피해 서쪽으로 피신했습니다. 1944-1945년의 비정상적으로 혹독한 겨울에 시골길을 따라 긴 행렬이 이루어졌습니다. 난민들은 또한 과밀한 배를 타고 위험한 여정을 시작했습니다. 탈출행렬은 소련군의 진격으로 중단되었습니다. 휴전 후 폴란드와 소련정부는 오데르(Oder)강과 나이세(Neiße)강 동쪽지역에 남아 있던 독일인 대부분을 추방했습니다.

동독인구의 추방은 포츠담협정(Potsdamer Abkommen)에서 확정되었습니다. 슐레지엔(Schlesien), 동프로이센(Ostpreußen), 폼메른(Pommern) 및 동부 브란덴부르크(Brandenburg)의 수백만 명의 사람들이 고향을 떠나야 했습니다. 포츠담협정은 또한 폴란드, 체코슬로바키아, 헝가리에서 독일어를 사용하는 소수민족을 추방하기로 결정했습니다. 또한 유고슬라비아, 루마니아, 불가리아와 소련에 합병된 발트 3국의 수많은 독일 소수민족이 추방되었습니다. 추방자들은 연합국에 의해 미국, 영국 및 소련 점령지역에 분배되었습니

---

25 Staritz, Gründung der DDR.

26 Statistisches Jahrbuch für die Bundesrepublik Deutschland 1952, S. 12.

다. 소련 점령지역에서는 추방자들을 "이주민"(Umsiedler)이라고 불렀습니다. 오직 프랑스정부만이 열악한 식량상황을 이유로 추방자 수용을 거부했습니다.

1946년 10월 연합군관리위원회는 인구조사를 실시했습니다. 이에 따르면 독일 4개 점령지역에는 총 6600만 명의 주민이 거주하고 있었습니다(표 1). 독일 인구는 전쟁 전보다 훨씬 적었습니다. 1939년 5월, 독일제국에는 당시, 이미 합병된 지역을 제외하고 6,900만 명의 주민이 있었습니다. 그 이후로 많은 새로운 주민이 태어났지만 더 많은 사람이 죽었습니다. 독일에서 시작된 전쟁은 독일에도 끔찍한 폭력을 초래하였습니다. 1946년 10월까지 200만 명의 독일군이 사망한 것으로 보고되었습니다. 많은 숫자가 실종자로 간주되었습니다. 그들 중 많은 사람이 죽었습니다. 총 400만 명의 독일군이 목숨을 잃었습니다. 전쟁은 또한 민간인에게도 큰 영향을 미쳤습니다. 전쟁의 결과로 300만 명의 민간인이 목숨을 잃었습니다. 또한 동부지역에서 탈출하거나 전쟁이 끝난 후 시작된 추방 과정에서 많은 사람이 사망했습니다.[27]

표 1. 1946년 독일 인구(백만)

미국 점령지역	17
영국 점령지역	22
프랑스 점령지역	6
소련 점령지역	17
베를린	3

출처: Wilhelm Bauer, Der allgemeine wirtschaftliche Charakter der Zonen, in: Deutsches Institut für Wirtschaftsforschung, Hg., Wirtschaftsprobleme der Besatzungszonen, Berlin 1948, S. 11.

---

27 Bundesministerium für Vertriebene (Hrsg.), Dokumentation der Vertreibung der Deutschen aus Ost-Mitteleuropa, 5 Bde., Bonn 1955 – 1961; R. M. Douglas, „Ordnungsgemäße Überführung". Die Vertreibung der Deutschen nach dem Zweiten Weltkrieg, München 2012; Statistisches Bundesamt, Die deutschen Vertreibungsverluste. Bevölkerungsbilanzen für die deutschen Vertreibungsgebiete 1939/50, Wiesbaden 1958.

눈에 띄게 줄어든 인구집단은 유대인이었습니다. 1933년 6월 인구조사에 따르면 500,000명의 유대인이 독일에 살고 있었습니다. 그 숫자는 그때까지 종교공동체에 기록된 숫자를 가리키는데, 유대인 정체성의 유일한 기준은 종교였기 때문입니다. 국가사회주의 이데올로기에 따르면 유대종교공동체에 속해 있든 없든 유대인 조상의 후손은 모두 유대인으로 간주되었습니다. 이러한 국가사회주의 정책에 의해 최소 60,000명의 유대종교공동체에 속하지 않았던 독일인이 유대인으로 확정된 것으로 추정됩니다. 많은 유대인 혈통의 독일인들은 국가사회주의 독재 아래 박해를 피해 해외로 피신했습니다. 국가사회주의 유대인 규정에 따라 처음으로 등록된 1939년 5월 인구조사에 따르면 독일에는 여전히 234,000명의 "유대인"(Juden)이 살고 있었습니다. 1941년 11월부터 독일과 독일군이 점령한 국가의 대부분의 유대인 후손들은 강제수용소(Konzentrationslager)로 이송되어 살해당했습니다.[28] 독재정권이 끝난 후 독일에는 박해시기에 숨어있었거나 강제수용소에서 살아 돌아온 소수의 유대인 후손만이 독일에 살았습니다.[29]

막대한 손실에도 불구하고 라인(Rhein)강과 오데르(Oder)강 사이의 축소된 "관리위원회독일"(Kontrollratsdeutschland)의 인구밀도는 전쟁 전보다 더 높았습니다. 이러한 증가는 주로 동독과 동유럽국가로부터의 난민과 실향민 유입에 기인합니다. 1946년 10월 인구조사 당시 대규모 난민수송이 점령된 독일에 이미 도착한 상태였습니다. 더 많은 난민수송이 뒤따랐습니다. 1950년까지 독일 동부지역에서 680만 명이 추방되었고 동유럽국가에서 320만 명이 추방되었습니다.[30]

1946년 10월 인구조사 이후, 출생아가 사망자보다 더 많았고, 여전히 많은 실향민이

28   Wolfgang Benz, Der Holocaust, 3. Aufl., München 1997; Bundesarchiv, Gedenkbuch. Opfer der Verfolgung der Juden unter der nationalsozialistischen Gewaltherrschaft in Deutschland 1933–1945, 4 Bde., 2. Aufl., Koblenz 2006, Bd. 1, S. IX; Moshe Zimmermann, Die deutschen Juden 1914–1945, München 1997, S. 13.

29   Margarete Myers-Feinstein, Holocaust survivors in postwar Germany, 1945–1957, Cambridge 2010; Monika Richarz, Leben in einem gezeichneten Land: Juden in Deutschland seit 1945, in: Arno Herzig / Cay Rademacher (Hrsg.), Die Geschichte der Juden in Deutschland, Hamburg 2007, S. 238–249.

30   Statistisches Bundesamt, Die deutschen Vertreibungsverluste.

수용되면서 인구는 점차 증가했습니다. 1949년 독일의 인구는 6,800만 명이었습니다. 이 중 4,900만 명이 서부 3개 점령지역과 서베를린에 거주했고 1,900만 명이 소련 점령지역과 동베를린에 거주했습니다.[31]

3. 서부 점령지역의 재건

3.1 경제질서

3.1.1 경제 신질서 논쟁

서독에서는 초기 평화시기에 미래의 경제질서에 대한 격렬한 논쟁이 있었습니다. 지배적인 견해에 따르면 독재와 전쟁과 인종학살(Völkermord) 이후 정치적 새로운 질서뿐만 아니라 경제적 새로운 질서가 필수였습니다. 양 주요 정당인 독일사회민주당(Sozialdemokratische Partei Deutschlands/SPD)과 기독교민주연합(Christlich-Demokratische Union/CDU)은 일찍이 새로운 경제질서를 위한 초안을 공표하였습니다.

독일사회민주당(SPD)은 초기 프로그램에 의거한 경제계획, 산업집단(Industriekonzern)과 대형은행(Großbank)의 사회화(Sozialisierung), 토지개혁(Bodenreform)에 기반한 사회주의적 경제질서를 요구했습니다.[32] 서독에서 새로 설립된 독일사회민주당(SPD) 당수 쿠르트 슈마허(Kurt Schumacher)는 1945년 10월 경제의 사회주의적 변형(Umgestaltung)을 통해서만 곤경에서 벗어날 수 있다고 선언했습니다. "오늘날 의제에서 결정적인 것은 자본

---

31 Statistisches Bundesamt, Bevölkerung und Wirtschaft 1872 – 1972, Stuttgart 1972, S. 90; Statistisches Jahrbuch der Deutschen Demokratischen Republik 1955, S. 8.

32 Susanne Miller, Die SPD vor und nach Godesberg. Kleine Geschichte der SPD, Bd. 2, Bonn 1974, S. 12 – 18.

주의적 착취의 철폐와 생산수단을 대부호의 손에서 사회적 재산으로 이전하는 것, 그리고 전체 경제를 사적 이익이 아닌 국민경제에 필수적인 계획의 원칙에 따라 운용하는 것입니다."[33] 민주사회주의는 당시 소련 점령지역에 건설되고 있던 국가사회주의적 계획경제와 엄격히 구별되었습니다. 슈마허의 비판에 따르면 소련 점령지역에는 사회주의(Sozialismus)가 없었고 "중앙집권적이고 독재적인 국가자본주의(Staatskapitalismus)"가 있었습니다.[34]

1947년 2월의 "알렌 프로그램"(Ahlener Programm)에서 영국 점령지역의 기민당(CDU)은 자본주의와 공산주의를 넘어선 새로운 경제질서를 요구했습니다. 자본주의 경제체제는 "독일국민의 국가적, 사회적 핵심이익(Lebensinteresse)을 제대로 이행하지 않았습니다." 독일국민은 "공동경제질서"를 통해 "인간의 권리와 존엄성에 부합하는" 경제사회헌법을 가져야 합니다. 사회경제적 새로운 질서의 내용과 목표는 "더 이상 자본가의 이윤과 권력추구가 아니라 오직 국민의 복지"여야 합니다. 광업과 철강산업은 사회화되어야 했습니다. 대기업직원의 공동결정(Mitbestimmung)과 이익공유는 물론 "경제의 자치운영체"를 통한 기업가, 직원 및 소비자 간 협력이 요구되었습니다. 경제를 계획하고 운영하는 것은 그 자체가 목적이 아니라 평상시에도 어느 정도 필요한 것이어야 했습니다. 몇 가지 유사점에도 불구하고 "알렌 프로그램"(Ahlener Programm)은 사민당(SPD)의 민주적 사회주의와 구별되었습니다. 재산은 보호되어야 하며 사적 자본주의(Kapitalismus)는 정치적, 경제적 자유를 제한하는 국가자본주의(Staatskapitalismus)로 대체되어서는 안 되었습니다.[35]

---

33 Kurt Schumacher, Was wollen die Sozialdemokraten? Neubau nicht Weideraufbau! Rede in Kiel am 27. Oktober 1945. Zitiert nach Susanne Miller, Die SPD vor und nach Godesberg. Kleine Geschichte der SPD, Bd. 2, Bonn-Bad Godesberg 1974, S. 75.

34 Kurt Schumacher, Aufgaben und Ziele der deutschen Sozialdemokratie. Rede auf dem 1. Parteitag der SPD im Mai 1946 in Hannover, in: Arno Scholz / Walter G. Oschilewski (Hrsg.), Turmwächter der Demokratie. Ein Lebensbild von Kurt Schumacher. Band 2, Reden und Schriften, Berlin 1953, S. 85.

35 Das Ahlener Programm. Programmatische Erklärung des Zonenausschusses der CDU der britischen Zone auf der Tagung vom 1. bis 3. Februar 1947 in Ahlen, in: Helmuth Pütz (Hrsg.), Konrad Adenauer und die CDU in der britischen Besatzungszone 1946 – 1949. Dokumente zur Gründungsgeschichte der CDU, Bonn 1975, S.

새로운 주헌법(Landesverfassung)에는 다양한 경제질서가 정의되어 있었습니다. 1945년 이후 독일 최초의 민주헌법인 1946년 12월 헤센주헌법(Verfassung des Landes Hessen)에서 개혁 노력은 더욱 심화되었습니다. 헌법의 복지국가 조항에는 노동할 권리, 결사의 자유, 기업과 관청의 직장평의회, 여성과 청년의 동일 임금에 대한 요구권, 유급연차에 대한 권리, 포괄적인 사회보험이 포함되어 있었습니다. 경제는 국민의 복지와 필요충족에 기여해야 했으며 생산과 분배의 통제를 받았습니다. 경제력 남용을 허용하게 했던 막대한 재산은 공동자산(Gemeineigentum)으로 이전되었습니다. 광업, 철강산업, 에너지공급 및 운송수단의 일부와 같은 중요한 부문은 즉시 공동자산으로 이전되고 대형은행 및 보험회사는 국가의 감독을 받게 되었습니다. 농지개혁(Bodenreform)은 대규모 토지소유를 허용하여 독립적인 기업농을 촉진하기 위한 것이었습니다.[36] 경제통제, 사회화, 농지개혁에 관한 규정을 통해 헌법은 "사회주의적 특징"(sozialistische Züge)을 가졌습니다.[37] 헤센주헌법(Verfassung des Landes Hessen)은 유효 투표의 77%로 국민투표(Volksabstimmung)에서 승인되었습니다. 특별히 투표에 부쳐진 사회화 조항에선 유권자의 72%가 동의했습니다. 물론 사회화의 실행은 미군정에 의해 금지되었고 결정은 미래의 독일정부를 위해 유보되어야 했습니다.[38]

사회화 요구는 다른 주 헌법에도 포함되어 있었습니다. 1948년 8월, 노르트라인-베스트팔렌(Nordrhein-Westfalen) 주의회는 재건을 위한 핵심산업으로 간주되었던 석탄광산을 사회화하기로 결정했습니다. 그러나 주헌법의 사회화 규정과 광업의 사회화에 관한 노르트라인-베스트팔렌 법률의 실행은 미국과 영국의 군사정부에 의해 금지되었습니다. 경제질서의 중심문제인 사회화(Sozialisierung)에 대한 결정은 미래의 독일정부를 위해 유보

280 – 286.

36　Martin Will, Die Entstehung der Verfassung des Landes Hessen von 1946, Tübingen 2009.

37　Will, Verfassung des Landes Hessen, S. 515.

38　Detlev Heiden, Sozialisierungspolitik in Hessen 1946 – 1967. Vom doppelten Scheitern deutscher Traditionssozialisten und amerikanischer Industriereformer, 2 Bde., Münster 1997.

되어야 했습니다.[39]

3.1.2 통화개혁

초기 평화기의 계획경제에서 마셜플랜(Marshall-Plan)으로 인하여 서부 3개 점령지역
에서 시장경제로의 전환이 시작되었습니다. 마셜플랜의 실행준비가 구체화 단계에 접
어들자 서방 연합국들은 1947년 9월 분리된 통화개혁을 준비하기 시작했습니다. 통
화개혁은 군사정부에 의해 수행되었습니다. 이미 1947년 7월에 프랑크푸르트 행정부
(Frankfurter Verwaltung)는 자체적인 통화개혁을 준비하기 위해 "돈과 신용을 위한 특별사
무소"(Sonderstelle Geld und Kredit)를 설립했습니다. 1948년 4월 특별사무소는 통화개혁을
위한 "홈부르크 계획"(Homburger Plan)을 제시했습니다. 그러나 연합국은 통화개혁에 대
한 책임을 이양할 준비가 되어 있지 않았습니다.[40]

1948년 3월, 독일주은행(Bank deutscher Länder)이 우선 비존(Bizone)을 위한 새로운 중앙
은행으로 설립되었습니다. 프랑스 점령지역은 1948년 3월부터 소급하여 1948년 6월에
독일주은행에 합류했습니다. 1948년 4월 21일부터 6월 8일까지 북부 헤센 로스웨스턴
(Rothwesten)에서 비공개회의가 열렸는데, 이 회의에서 군사정부 대표들과 독일 전문가들
이 통화개혁의 세부사항을 논의하고 개혁법을 기안하였습니다. 비밀유지를 위해 회의는
외부세계와 격리된 이전 군대막사에서 열렸습니다. 그래서 그것은 로스웨스턴 추기경회
의(Konklave von Rothwesten)로 역사에 기록되었습니다. 심의는 군사정부 대표가 감독했습
니다. 클레이(Clay) 군정청장의 경제고문인 에드워드 테넨바움(Edward A. Tenenbaum)이 주
관하였습니다. 이제 서독 재건에 매우 중요한 역할을 할 테넨바움(Tenenbaum)은 3년 전

---

39   Abelshauser, Deutsche Wirtschaftsgeschichte, S. 102 – 103.

40   Arne Weick, Homburger Plan und Währungsreform. Kritische Analyse des Währungsreformplans der
      Sonderstelle Geld und Kredit und seiner Bedeutung für die westdeutsche Währungsreform von 1948, St.
      Katharinen 1998.

에 국가사회주의 독일의 범죄를 목격했습니다. 그는 1945년 4월에 부헨발트(Buchenwald) 강제수용소에 도착한 미군에 중위계급으로 속해 있었고 에곤 프렉(Egon W. Fleck)과 함께 수용소에 대한 끔찍한 보고서를 작성했습니다.[41]

통화개혁의 기초는 1946년의 "콤-닷지-골드스미스 계획"(Colm-Dodge-Goldsmith Plan) 이었습니다. 그는 물가, 임금, 임대료 등 경상거래를 일대일 비율로 새 통화로 전환하고, 금융자산을 90% 평가절하하여 통화과잉을 해소할 새로운 통화 도입을 구상했습니다. 실 망스럽게도 돈과 신용을 위한 특별사무소에 속한 대부분의 독일 전문가들에게는 통화개 혁에 대한 의견을 묻지도 않았습니다. 그들은 연합국이 제시한 통화개혁안의 실행만을 준비해야 했습니다.[42]

1948년 6월 20일 일요일, 서부 3개 점령지역의 군정청장들은 다음날부터 실행되는 독 일마르크(Deutsche Mark)를 도입했습니다. 제국마르크(Reichsmark)는 무효화되었습니다. 가격, 임금 및 임대료는 1 제국마르크에서 1 독일마르크로의 환율로 변환되었습니다. 모 든 사람은 기본금으로 처음에 1:1 비율로 40독일마르크(DM)를 받았고 1948년 10월에 20마르크(DM)를 추가로 받았습니다. 또한 회사와 관청도 지속적인 활동을 위해 기본금 을 받았습니다. 금융 자산은 제국마르크(Reichsmark) 가치의 5%로 급격하게 평가절하되 었습니다. 또한 제국마르크(Reichsmark) 가치의 최대 10%까지 환율을 인상하겠다고 약속 했지만 이는 통화 안정의 발전에 달려 있었습니다. 통화개혁 후 인플레이션이 급등한 후 1948년 10월에 1.5%의 소폭 인상만이 승인되어 금융자산에 대한 전체 환율이 100 제국 마르크에서 6.50 독일마르크가 되었습니다.[43]

새로운 통화는 베를린 서부구역에도 도입되었습니다. 그러나 베를린의 4강 지위(Vier-

---

41 Buchenwald: A preliminary report by Egon W. Fleck and 1st Lt. Edward A. Tenenbaum, 24 April 1945. Harry S. Truman Presidential Library, Independence MO, Tenenbaum Papers.

42 Eckhard Wandel, Die Entstehung der Bank deutscher Länder und die deutsche Währungsreform 1948, Frankfurt 1980; Wieck, Homburger Plan, S. 63 – 76.

43 Buchheim, Bank deutscher Länder, S. 91 – 138.

Mächte Status)를 고려하여 주중앙은행은 설립되지 않고 주독일은행(Bank deutscher Länder)과 밀접하게 연결된 별도의 고유한 베를린 중앙은행이 설립되었습니다. 서베를린에 독일 마르크가 도입되면서, 도시의 4개 구역이 아직 경제적으로 분리되지 않았기 때문에, 특별한 문제가 발생했습니다. 소련 군사정부는 며칠 후 자신도 고유한 독일마르크를 발행하여 제국마르크를 대체하기 위하여 소련 점령지역과 베를린 동부 구역에 대한 통화개혁을 수행해야 함을 인식하게 되었습니다. 베를린 동부구역에서는 공식적인 교환을 위해 1DM West에서 1DM East의 등가가 설정되었지만 일상생활에서는 의미가 없었습니다. 베를린 서부구역에서는 수많은 사설환전소의 환율이 시장을 따랐습니다. DM-Ost는 빠르게 평가절하되었습니다. 1949년 3월까지 DM-West의 가격은 5.70 DM-Ost까지 상승했습니다. 1949년 3월까지 DM-Ost는 서부구역에서도 일부 결제에 사용할 수 있었지만 현재 일일 환율로만 사용할 수 있었습니다. 1949년 3월 DM-West는 베를린 서부구역의 유일한 지불 수단으로 선언되었습니다.[44]

주택금융부채(Hypothekenschulden)는 다른 부채와 함께 통화개혁으로 평가절하되었습니다. 그러나 그 이익은 집주인에게 귀속되지 않고 국고로 귀속되어 주택건설에 쓰였습니다.[45] 국가사회주의 독일이 남긴 막대한 국가부채는 무효로 선언되었습니다. 은행들은 자산의 상당 부분을 차지하는 국채를 탕감하면 부실이 될 것이기 때문에 보상청구권을 부여받았습니다. 총 210억 마르크에 달하는 보상청구권의 채무자는 연방주들이었습니다.[46]

44　Sebastian T. Pollems, Der Bankplatz Berlin zur Nachkriegszeit. Transformation und Rekonstruktion des Ost- und Westberliner Bankwesens zwischen 1945 und 1953, Berlin 2006, S. 189-197.

45　Karl Christian Führer, Mieter, Hausbesitzer, Staat und Wohnungsmarkt. Wohnungsmangel und Wohnungszwangswirtschaft in Deutschland 1914-1960, Stuttgart 1995, S. 260-264.

46　Bundesministerium der Finanzen, Chronologie zur Finanzgeschichte, S. 35-36.

3.1.3 경제개혁

마셜플랜(Marshall-Plan)은 관련된 유럽국가들의 경제질서에 대한 어떠한 요구사항도 포함하지 않았습니다. 그러나 서독에서 연합국은 통화개혁으로 자본주의 경제를 위한 중요한 예비결정을 내렸습니다. 미국과 영국 정부는 통화개혁이 계획경제에서 시장경제로 한 걸음 더 나아가는 과정을 수반할 것이라고 예상했지만, 이 문제에 대해 특별한 관심을 두지는 않았습니다. 1948년 3월부터 "프랑크푸르트 행정부"(Frankfurter Verwaltung)의 경제국장으로서 의도적으로 비존(Bizone)의 경제개혁을 위해 노력해 온 루트비히 에르하르트(Ludwig Erhard)는 이 활동공간을 활용했습니다. 1948년 3월 19일 그는 프랑크푸르트 행정부와 주정부들의 자문회의인 "쾨니히슈타인 회의"(Königsteiner Konferenz)에서 시장경제 재건을 위한 자신의 프로그램을 발표했습니다.[47] 4월 초에 마셜 플랜이 공식적으로 시작된 후 루트비히 에르하르트는 1948년 4월 21일 경제위원회에서 경제개혁이 임박했음을 알렸습니다.[48]

마셜플랜과 통화개혁으로 경제계획(Wirtschaftsplanung) 폐지의 전제조건이 생겼습니다. 1948년 6월 24일의 경제개혁법은 경제국장에게 가격규제 및 다른 관리조치들을 도입하거나 폐지할 수 있는 권한을 부여했습니다. 경제정책의 새로운 원칙은 "관리부터의 해방이 그것을 유지하는 것보다 우선되어야 한다"라는 것이었습니다.[49] 즉시 많은 상품에 대한 시장이 열렸습니다. 그러나 기본식품, 석탄, 철강, 전기공급, 수많은 서비스 및 대외무역은 당분간 국가규제의 대상이었습니다. 모든 통제가 해제되고 시장경제가 광범위하게

---

47 Königsteiner Konferenz vom 19. März 1948. Bundesarchiv Koblenz (BArchK) Z 13/68.

48 Wörtliche Berichte und Drucksachen des Wirtschaftsrates des Vereinigten Wirtschaftsgebietes 1947–1949, Bd. 2, München 1977, S. 436–438.

49 Gesetz über Leitsätze für die Bewirtschaftung und Preispolitik nach der Geldreform. Vom 24. Juni 1948. Gesetz- und Verordnungsblatt des Wirtschaftsrates des Vereinigten Wirtschaftsgebietes, 7. Juli 1948, S. 59–60.

관철되려면 아직 몇 년이 더 걸려야 했습니다.[50]

시장경제로의 도약은 기민당(CDU)에서 논란거리였습니다. 노동자분파 (Arbeitnehmerflügel)는 새로운 시장경제가 1947년 2월 영국 점령지역 기민당(CDU)의 "알렌 강령"(Ahlener Programm)에서 요구했던 "공공경제질서"가 명백히 아니라고 비판했습니다.

따라서 루트비히 에르하르트는 분쟁을 해소할 타협안을 찾으려고 노력했습니다. 1948년 8월 영국 점령지역 기민당(CDU)의 두 번째 회의에서 에르하르트는 새로운 경제질서는 "지난 시대의 약탈적 자유시장경제"가 아니라 "사회적 의무를 지는 시장경제"가 될 것이라고 선언했습니다.[51] 1948년 9월 경제부국장 에두아르트 카우프만(Eduard Kaufmann)은 뷔르템베르크-바덴 기민당(CDU)의 비판에 맞서 경제개혁을 옹호하며 새로운 경제질서를 "사회적 시장경제"(Soziale Marktwirtschaft)라고 명명하였습니다.[52]

'사회적 시장경제'라는 개념은 초기 평화기에 신질서논의에서 나왔습니다. 1947년 알프레드 뮐러-아막(Alfred Müller-Armack)은 경제통제와 자유시장경제 사이의 "제3의 경제정책 형식"으로 "사회적 시장경제"를 제안했습니다.[53] 뮐러-아막(Müller-Armack)의 출판물은 경제개혁에 영향을 미치지 않았습니다. 그의 개입주의적 프로그램은 경제개혁의 자유주의 근본원칙과 모순되었습니다. 1948년에 변호사이자 평론가인 하롤드 라쉬(Harold Rasch)도 "사회적 시장경제"가 될 경제질서를 제안했습니다.[54] 기민당과 기사당(CDU/CSU)의 정치인들은 "사회적 시장경제"라는 신조어에서 무엇보다도 1948년 6월의 경제

---

50   Gerold Ambrosius, Die Durchsetzung der Sozialen Marktwirtschaft in Westdeutschland 1945–1949, Stuttgart 1977; Andreas Metz, Die ungleichen Gründungsväter. Adenauers und Erhards langer Weg an die Spitze der Bundesrepublik, Konstanz 1998.

51   Ludwig Erhard, Marktwirtschaft moderner Prägung. Referat auf dem Zweiten Parteitag der CDU für die Britische Zone am 28.-29. August 1948 in Recklinghausen, in: Pütz (Hrsg.), Konrad Adenauer und die CDU der britischen Besatzungszone, S. 657–678.

52   Eduard Kaufmann, Soziale Marktwirtschaft, in: Wirtschaftsverwaltung, 1 (1949), Heft 8, S. 2–7.

53   Alfred Müller-Armack, Wirtschaftslenkung und Marktwirtschaft, Hamburg 1947.

54   Harold Rasch, Grundfragen der Wirtschaftsverfassung, Godesberg 1948.

개혁에 대한 사회적으로 받아들여질 수 있는 개념을 보았습니다. 기민당과 기사당(CDU/ CSU)이 1949년 8월 연방의회선거 프로그램에 포함시킨, 1949년 7월 영국 점령지역 기사당(CDU)의 "뒤셀도르프 원칙"에서 "사회적 시장경제"는 그 중심에 놓였습니다.[55]

프랑크푸르트 경제위원회에서 야당인 사민당(SPD)은 사회적 시장경제를 거부했습니다. 1948년 9월 뒤셀도르프에서 열린 사민당(SPD) 제3차 회의에서 의장 쿠르트 슈마허 (Kurt Schumacher)의 비판에 따르면 "사회적 의무를 지는 시장경제"는 "화려한 거짓말"이자 "국민경제적으로 순전히 헛소리"였습니다.[56] 사회민주당은 기민당의 경제개혁이 실패할 것이라고 기대하고, 그러면 자신들이 정치적 책임을 넘겨받아 생산 및 소비 계획을 복원할 기회를 갖게 될 것이라고 예상했습니다.

마셜플랜, 통화개혁, 경제개혁을 통해 미래 경제질서에 대한 방향성이 결정되었습니다. 그것은 민주적 사회주의나 알렌 강령의 공동경제질서가 아닌 개혁된 자본주의였습니다. 그러나 그 결정이 지속될 것인지 여부는 1949년 8월 최초의 독일 연방의회선거에 달려 있었습니다.[57]

3.1.4 사회적 파트너십

바이마르 공화국(Weimarer Republik)으로부터 넘겨받아 독일 서부 점령지역에서 채택된 경제질서의 기초는 자본주의 경제의 모순을 평화로운 협상을 통해 해결하려는 목적의 자

---

55 Düsseldorfer Leitsätze der CDU der Britischen Zone vom 15. Juli 1949, in: Pütz (Hrsg.), Konrad Adenauer und die CDU der britischen Besatzungszone, S. 866 – 880.

56 Kurt Schumacher, Sozialismus als integrierende Kraft der europäischen Demokratie. Referat für den 3. Parteitag der SPD in Düsseldorf am 12. September 1948. In: Arno Scholz / Walter G. Oschilewski (Hrsg.), Turmwächter der Demokratie. Ein Lebensbild von Kurt Schumacher. Band 2, Reden und Schriften, Berlin 1953, S. 157.

57 Hans Karl Rupp, Politische Geschichte der Bundesrepublik Deutschland, 3. Aufl., München 2000, S. 73 – 76.

본과 노동 간의 상호이해였습니다. 그 후에 독일연방공화국(Bundesrepublik Deutschland)에서는 이러한 이해를 낙관적으로 사회적 파트너십(Sozialpartnerschaft)이라고 명명하였습니다.

사회적 파트너십의 역사적인 선구자는 1918년 11월 15일 노동조합과 고용주협회 간 스틴네스 레기엔(Stinnes-Legien) 합의였습니다. 혁명의 기운 아래 기업가들은 타협 준비가 되었습니다. 자유노조는 경제의 사회주의적 변혁이라는 목표를 뒤로 미루고 현재의 개혁에 초점을 맞췄습니다. 노동조합과 기업협회는 정당한 이익단체로서 서로를 존중했습니다. 자본과 노동의 이해상충은 협상을 통해 해결되어야 했습니다. 인민대표(Volksbeauftragten)정부는 11월 합의를 지지했습니다. 국가는 노동조합과 고용주협회 간의 합의에 법적 보증을 제공했으며 이해충돌을 완화시켜야 했습니다. 1891년 에르푸르트 강령(Erfurter Programms)의 사회주의는 독일사회민주당(Sozialdemokratische Partei Deutschlands)과 1917년에 분리된 독립사회민주당(Unabhängige Sozialdemokratische Partei)의 장기 목표로 남아 있었습니다.[58] 그러나 제1차 세계대전이 끝난 뒤 위기가 닥쳤을 때 인민대표정부는 혁명이 아닌 개혁이 시급하다고 여겼습니다. 민주주의 국가는 사회적 파트너십(Sozialpartnerschaft)을 확정하고 시장경제(Marktwirtschaft)와 공동경제(Gemeinwirtschaft)의 통합을 보장해야 했습니다. 여기에는 노사관계 규제와 공적 중재를 통한 사회적 안정 촉진도 포함됩니다.

노동과 자본의 사회적 파트너십에 대한 기대는 처음 11월 혁명기에는 인플레이션으로 인해, 그다음 상대적인 안정기에는 높은 실업률과 힘든 분배투쟁으로 인하여 실망으로 이어졌습니다. 1929-1932년의 세계대공황은 자본과 노동의 양극화를 악화시켰습니다. 이미 허약해진 사회적 파트너십은 기업가들에 의해 종료되었습니다. 이로써 바이마르 공

---

58   Das Programm der Sozialdemokratischen Partei Deutschlands, Erfurt 1891. In: Heinrich Potthoff, Die Sozialdemokratie von den Anfängen bis 1945. Kleine Geschichte der SPD, Bd. 1, Bonn 1974, S. 178 – 181.

화국 파괴와 국가사회주의 독재로 가는 길이 시작되었습니다.[59]

독재가 종식된 후 서부 점령지역에서는 연합군의 통치하에서 사회적 파트너십의 필수 요소가 재건되었습니다. 노동조합과 고용주협회는 군사정부의 감독하에 지방 및 지역 조직으로 이른 시기에 신설되었습니다.

노동조합은 신설 당시 새로운 조직모델을 도입했습니다. 더 이상 방향성이 있는 노조(Richtungsgewerkschaft)가 아니라 서로 다른 정치적 성향을 가진 노조원들의 통합노조(Einheitsgewerkschaft)로 조직되어야 했습니다. 직업별노조(Fachverband) 대신 산업별노조(Industriegewerkschaft)가 설립되어 모든 산업별 노동자들을 대변하였습니다. 1946-1947년에 주 차원에서 노동조합연맹(Gewerkschaftsbund)이 상위조직으로서 결성되었습니다. 노조활동을 조정하기 위해 점령지역회의와 점령지역 간 회의가 열렸습니다. 1949년 2월, 서부 3개 점령지역의 개별 노동조합 대표와 노동조합연맹은 산별노동조합의 상급 조직으로서 서독 노동조합연맹의 설립을 준비하기로 결정했습니다.[60]

연합국이 재승인한 최초의 기업가협회는 국가사회주의 독재 아래에서는 가우상공회의소(Gauwirtschaftskammer)로 명명되었던 상공회의소(Industrie und Handelskammer)였습니다. 영국 점령지역과 프랑스 점령지역의 상공회의소는 독재 이전에 시행되었던 주법에 근거했습니다. 상공회의소 조직의 전통적인 기반에는 공법적 지위와 상공회의소 지역에 있는 기업의 의무회원제가 포함되었습니다. 반면에 미국 점령지역인 바이에른, 브레멘, 헤센, 뷔르템베르크-바덴 주에서는 미국의 "상공회의소"(Chambers of Commerce)를 모델로 한 상공회의소가 자발적인 회원들로 구성된 민간단체로만 허용되었습니다.[61] 나중에는 산업별협회(Branchenverband)와 고용주협회(Arbeitgeberverband)도 연합국의 승인을 받았습니

---

59   Dieter Krüger, Das Stinnes-Legien-Abkommen 1918 – 1924. Voraussetzungen, Entstehung, Umsetzung und Bedeutung, Berlin 2018.

60   Fichter, Einheit und Organisation; Mielke, Die Neugründung der Gewerkschaften.

61   Gerd Hardach, Der Deutsche Industrie- und Handelskammertag 1861 – 2011. Der Spitzenverband der Industrie- und Handelskammern im Wandel der Zeit, Berlin 2011, S. 96 – 101.

다.[62]

국가의 임금규제는 과도기적 조치에 불과했습니다. 미국과 영국의 비존(Bizone)에서는 1949년 4월의 단체협약법(Tarifvertragsgesetz)과 함께 노동조합과 기업가협회의 자율성이 회복했습니다. 결사권(Koalitionsrecht)과 파업권(Streikrecht)은 기업가에 대한 노동자의 협상력을 강화했습니다. 근로조건과 임금에 관한 논쟁은 제도적 채널을 통해 이루어져야 하며, 협상결과는 단체협약에 기록되어야 했습니다. 바이마르 공화국에서 가능했던 국가적 중재(Schlichtung)는 더 이상 제공되지 않았습니다.[63] 사회학자 테오도르 가이거(Theodor Geiger)는 1949년의 단체협약법을 "계급갈등의 제도화"(Institutionalisierung des Klassenkonflikts)라고 묘사했습니다.[64]

바이마르 공화국에서 1920년 직장평의회법(Betriebsrätegesetz)으로 도입되었다가 국가사회주의 독재하에서 폐지된 새로운 직장평의회 설립은 1946년 연합국관리위원회(Alliierten Kontrollrat)의 승인을 받았습니다. 노동조합의 경우 기업 간 공동결정도 사회적 파트너십의 일부가 되어야 했습니다. 그러나 비존(Bizone)의 프랑크푸르트 행정부는 이러한 요구를 거부했습니다. 공동결정(Mitbestimmung)에 관한 논쟁은 독일연방공화국에서 이어졌습니다.[65]

---

62 Johannes Bähr / Christopher Kopper, Industrie, Politik, Gesellschaft. Der BDI und seine Vorgänger 1919 – 1990, Göttingen 2019; Alexander Barthel, 50 Jahre Interessenvertretung für die Unternehmer in Deutschland, in: Reinhard Göhner, 50 Jahre BDA – 50 Jahre Politik für die Wirtschaft, Berlin 1999.

63 Jürgen P. Nautz, Die Durchsetzung der Tarifautonomie in Westdeutschland. Das Tarifvertragsgesetz vom 9. April 1949, Frankfurt 1985.

64 Theodor Geiger, Die Klassengesellschaft im Schmelztiegel, Köln 1949, S. 182.

65 Leo Kißler / Ralph Greifenstein / Karsten Schneider, Die Mitbestimmung in der Bundesrepublik Deutschland. Eine Einführung, 2. Aufl., Baden-Baden 2011.

3.2 생산

3.2.1 노동

교육. 독일의 교육시스템은 전통적으로 초기 사회적 분화(frühe soziale Differenzierung)로 이끌었습니다. 대부분의 어린이와 청소년은 8년 동안 초등학교(Grundschule)에 다니고 나서 바로 직업생활을 시작했습니다. 직업적 자격에 대한 가장 중요한 경로는 이중적 직업교육(Berufsausbildung)이었습니다. 그것은 직업학교(Berufsschule)와 기업이나 도제훈련소에서 가르치는 산업적 또는 상업적 견습과정을 결합했습니다. 오직 소수의 청소년들만이 중등학교나 고등학교(Abitur)로 진학하였고 전문대학(Hochschule)이나 대학(Universität)에 진학하는 사람은 그보다도 훨씬 적었습니다.

독재가 끝난 후 학교와 전문대학 교육에 대한 국가사회주의의 영향은 사라졌습니다. 교과과정과 교재가 검토되었고 정치적으로 책임이 있는 교사들은 떠나야 했습니다. 그러나 교육시스템 구조와 초기 사회적 분화(frühe soziale Differenzierung)는 그대로 유지되었습니다. 아비투어(Abitur)는 전문대학이나 대학 진학의 가장 중요한 전제조건으로 남아 있습니다.[66]

취업. 모든 4개 점령지역에서 재건을 위한 가장 중요한 기반은 농업, 산업, 수공업 및 서비스 분야에서 전문적 자격을 갖춘 노동력이었습니다. 재건 초기에는 취업자 수가 꾸준히 증가했습니다. 포로수용소에서 돌아온 전직군인들은 일자리를 찾고 있었고 많은 난민과 추방자들도 새로운 삶을 시작하기를 원했습니다.

---

66 Christoph Führ, Deutsches Bildungswesen seit 1945. Grundzüge und Probleme, Neuwied 1997; Gero Lenhardt / Manfred Stock, Bildung, Bürger, Arbeitskraft: Schulentwicklung und Sozialstruktur in der BRD und der DDR, Frankfurt 1997; Peter Lundgreen, Sozialgeschichte der deutschen Schule im Überblick, Bd. 2, Göttingen 1981; Walter Schulze / Christoph Führ, Das Schulwesen in der Bundesrepublik Deutschland, Weinheim 1973.

1946년 연합국관리위원회는 남성과 여성 모두를 위한 보편적 노동의무(allgemeine Arbeitspflicht)를 결정했습니다. 그러나 서부 3개 점령지역에서는 연합국관리위원회에서 결정한 노동의무가 적용되지 않았습니다. 곤궁한 시기에 기업은 충분한 노동력을 찾는 데 거의 어려움이 없었으며, 따라서 군사정부는 관리 위원회의 노동조례를 적용할 필요가 없다고 생각했습니다.[67]

인구 중 여성의 비율이 전쟁 전보다 훨씬 더 높았지만, 취업자 중 여성의 비율은 영국과 프랑스 점령지역에서 전쟁 전과 비교하여 약간 증가했을 뿐이며, 미국 점령지역에서는 감소하기도 했습니다(표2). 서부 점령지역에서 여성의 취업률이 낮은 가장 중요한 이유는 전후의 고난 속에서 가계살림의 중요성이 컸기 때문입니다. 개인소비는 경제관리를 통해 제한되었습니다. 많은 가정에서 임금이나 급료는 가구당 할당된 빈약한 배급량을 지불할 정도였습니다. 따라서 특히 기혼여성은 취업을 포기하고 일상적인 생존을 위한 사적 경제로 전환하는 경우가 많습니다.[68]

표 2. 서독의 여성고용 1939–1947(퍼센트)

	1939년 5월	1947년 12월
미국 점령지역	32	31
영국 점령지역	27	28
프랑스 점령지역	27	29

출처: Anteil der Frauen an den unselfständigBeschäftigten. Charlotte Arnold, Der Arbeitsmarkt in den Besatzungszonen, in: DeutschesInstitutfürWirtschaftsforschung (Hrsg.), Wirtschaftsprobleme der Besatzungszonen, Berlin 1948, S. 60.

미국과 영국 점령지역에서는 많은 난민과 실향민들이 노동시장에 통합되어야 했습

---

67 Charlotte Arnold, Der Arbeitsmarkt in den Besatzungszonen, in: Deutsches Institut für Wirtschaftsforschung (Hrsg)., Wirtschafsprobleme der Besatzungszonen, Berlin 1948, S. 47, 61 – 64.

68 Arnold, Der Arbeitsmarkt in den Besatzungszonen, S. 36 – 64.

니다. 새 이주자들의 대부분이 거주하고 있는 농촌지역에서는 일자리 전망이 거의 없었습니다. 따라서 실업률은 난민과 실향민 사이에서 특히 높았습니다. 직업적 전문자격과 상관없이 미숙련 근로자가 가장 많았습니다. 단순한 저임금 노동은 종종 수입을 얻기 위한 임시방편의 해결책으로 받아들여졌습니다. 당시 보고서는 사회적 탈계급(soziale Deklassierung)문제를 지적했습니다. "대학을 졸업한 여성 엔지니어는 자신의 직업군에서는 자리를 찾을 수 없었습니다. 그녀는 거주권을 유지하기 위해 농부의 아내를 위해 가정부로 일해야 했습니다. 도자기화가는 공사장에서 일하고, 변호사는 서기로 일하고, 도서관사서는 석공으로 일을 했습니다. 세 자녀를 둔 젊은 지주의 과부는 훈련되고 매우 재능 있는 물리치료사로서 자신과 자녀들을 위해 새로운 삶을 창조할 수 있었지만 그녀는 시골에 살고 있고 인근 도시로 이사할 수 없었습니다."[69]

노동시간은 4개 점령지역 모두에 대해 연합군관리위원회에 의해 통일적으로 규제되었습니다. 노동시간은 1일 최대 8시간, 주 48시간으로 확정되었습니다. 예외는 가능했습니다.[70] 원자재, 중간제품, 석탄 및 전기가 부족하여 많은 공장에서 생산이 느리게 진행되었으므로 실제 노동 시간은 종종 더 짧았습니다. 미국과 영국의 비존(Bizone)에서 1948년 6월의 평균 주당 노동시간은 41시간이었습니다.[71]

3.2.2 자본

낡은 체제가 무너지고 많은 사람이 생계를 잃었던 격변의 시기에, 정치경제적 신질

---

69   Wirtschafts-Zeitung, 14. Mai 1948. Zitiert nach Rolf Messerschmidt, „Wenn wir nur nicht lästig fallen ...". Aufnahme und Eingliederung der Flüchtlinge und Vertriebenen in Hessen 1945–1955, Frankfurt 1991, S. 127.

70   Direktive vom 26. Januar 1946. Amtsblatt des Alliierten Kontrollrats in Deutschland, Nr. 5, 31. März 1946, S. 115–116.

71   Wirtschaft und Statistik, 1 (1949/50), Zahlenteil, S. 33.

서가 논란이 되던 시기에, 서부 점령지역에는 눈에 띄는 자본의 연속성(Kontinuität des Kapitals)이 있었습니다. 1945년 5월 이전에 존재했던 대부분의 회사는 1945년 5월 이후에도 농업, 수공업 또는 무역 분야의 소규모 기업에서 대기업에 이르기까지 존속했습니다.

기업은 새로운 정치적 현실에 적응했습니다. 베를린에 본사를 두었던 대기업들은 본사를 서부 점령지역으로 옮겼습니다. 산업그룹, 은행, 보험회사는 폴란드와 소련이 합병한 지역과 소련 점령지역에서 생산시설이나 지점을 잃었습니다. 제국, 프로이센주 또는 국가사회주의 기관 중 하나에 속했던 기업의 소유권은 재편되었습니다. 잘 알려진 예로 잘츠기터제철소(Stahlwerke Salzgitter)와 폭스바겐공장(Volkswagenwerk)이 있습니다.

오랫동안 미뤄왔던 시급한 과제는 국가사회주의 독재 기간 동안 유대인 재산이기 때문에 몰수되어 새로운 소유주에게 이전된 기업의 환수였습니다.[72]

많은 기업에서 재건은 군비전환(Rüstungskonversion), 군비생산(Rüstungsproduktion)에서 평시생산(Friedensproduktion)으로의 전환으로 시작되었습니다. 농업, 수공업 또는 군비생산과 부분적으로만 연결된 서비스 부문의 많은 소기업에 전환은 간단했습니다. 대기업의 경우는 전환이 훨씬 어려웠습니다. 많은 산업기업(Industriebetriebe)들이 무기, 탄약 및 장비 생산자, 무기산업을 위한 공급업체 또는 원자재 생산자로서 주로 군비 생산을 담당하였습니다. 일부 산업기업은 인종학살(Völkermord)을 위해 독가스와 기타 재료를 공급했습니다. 회사가 살아남으려면 생산 프로그램을 혁신해야 했습니다. 대포 대신 공작기계가 제조되었고, 탱크 대신 트럭이 공장에서 나왔고, 화약과 폭발물 대신 화학 산업이 농업용 비료를 공급했으며, 강제수용소의 독극물 대신 살충제가 제조되었습니다. 항공기산업 같은 일부 생산부문은 완전히 종료되었습니다.

포츠담 협정에서 결정된 경제력집중의 해체(Auflösung wirtschaftlicher Machtkonzentration)는 연합국에 따라 다르게 해석되었습니다. 세 개의 서방 연합국들은 자본주의 경제질서

72　Constantin Goschler / Philipp Ther (Hrsg.), Raub und Restitution. „Arisierung" und Rückerstattung des jüdischen Eigentums in Europa, Frankfurt 2000.

에 의문을 제기하지 않았습니다. 대기업을 해산하고, 회사의 합병을 통제하고, 카르텔을 금지함으로써 경제력 집중을 막고자 했습니다. 시장지배적 대기업을 해체하고 독점 또는 과점 시장구조를 해체하기 위해 석탄광산, 철강산업, 화학산업, 은행, 영화 산업의 5개 부문에서 특별한 탈집중화 프로그램(Dekonzentrationsprogramme)이 수행되었습니다.

서독 석탄광산에서는 탄광의 상당 부분을 석탄공급을 확보하려는 철강회사가 소유했습니다. 나머지 탄광은 민간기업 또는 국가소유였습니다. 석탄의 생산과 유통은 라인-베스트팔렌 석탄신디케이트(Kohlensyndikat)에 의해 규제되었는데, 이는 국가사회주의 정권 하에서 서독의 다른 탄전들과 합병하여 서독 석탄 신디케이트로 확장되었습니다. 연합국 입장에서 볼 때 석탄과 철강, 석탄신디케이트의 긴밀한 연결은 경제력의 과도한 집중을 증명했습니다. 영국 점령지역에 위치한 광산회사들은 1945년 12월 군사 정부에 의해 압수되어 북독석탄통제그룹(North German Coal Control Group)에 귀속되었습니다. 철강 대기업에서 분리되어 여러 후계회사로 나뉘었습니다. 기업 경영진은 군사정부의 감독하에 계속 근무하였습니다. 비존(Bizone)의 형성 이후 영국과 미국의 합동통제가 확립되었습니다. 경쟁조건의 시행은 연기되었습니다. 연합군의 관점에서 볼 때, 중앙 집중식 조직이 생산량을 늘리고 특히 부족한 석탄을 현명하게 분배하는 데 더 적합했습니다. 따라서 1947년에 "독일석탄 판매"(Deutsche Kohlenverkauf)가 설립되었는데, 이는 연합군이 통제 하에 석탄과 갈탄의 분배를 보장하기 위한 것이었습니다. 기업구조와 소유권에 대한 최종적 규정이 연기되었습니다.[73]

철강산업선 대기업 과점이 시장을 장악했습니다. 가장 중요한 기업은 1926년 푀닉

---

73 Werner Abelshauser, Der Ruhrkohlenbergbau seit 1945, München 1945, S. 20 – 29; Juliane Czierpka, Die Organisation des Ruhrkohlen-Absatzes zwischen Alliierter Hoher Kommission aus Sicht des Ruhrbergbaus, in: Juliane Czierpka / Lars Blume (Hrsg.), Der Steinkohlenbergbau in Boom und Krise nach 1945. Transformationsprozesse in der Schwerindustrie am Beispiel des Ruhrgebiets, Berlin 2021, S. 165 – 184; Michael Farrenkopf, Wiederaufstieg und Niedergang des Bergbaus in der Bundesrepublik, in: Dieter Ziegler (Hrsg.), Geschichte des deutschen Bergbaus, Bd. 4, Münster 2013, S. 197 – 250.

스(Phoenix), 라인엘베 유니온(Rheinelbe Union), 라인 철강(Rheinische Stahlwerke)과 티센 (Thyssen)의 합병을 통해 설립된 연합철강(Vereinigte Stahlwerke AG)이었습니다. Flick KG, Gutehoffnungshütte, Hoesch, Ilseder Hütte, Klöckner Werke AG, Krupp, Mannesmann, 국가사회주의 4개년 계획의 일부로 설립된 Reichswerke 및 Otto Wolf Group은 연합철 강(Vereinigte Stahlwerke AG) 외부에 남아 있었습니다. 1946년 영국군정은 분권화에 대비 해 영국 점령지역의 철강대기업들을 몰수했습니다. 철강대기업들은 24개의 후계회사로 나뉘었고 대부분의 광산은 철강대기업에서 분리되었습니다. 미국과 영국 군사정부의 공 동통제하에 회사경영진은 업무를 계속하였습니다. 자르(Saar)의 철강산업은 1948년 프랑 스가 자르지역을 정치적, 경제적으로 서독과 분리했기 때문에 연합국의 탈집중정책에서 벗어났습니다.[74]

화학산업의 대기업들은 일반적으로 줄여서 "IG Farben"으로 알려진 "Interessengemein schaft Farbenindustrie AG" 그룹집단으로 통합되었습니다. IG Farben에 속한 가장 중요 한 회사 중 레버쿠젠(Leverkusen)의 Farbenwerke Bayer AG와 화학공장 Hüls GmbH는 영 국 점령지역에 있었고 루트비히하펜(Ludwigshafen)과 오파우(Oppau)에 공장이 있는 Badis che Anilin- und Sodafabrik은 프랑스 점령지역에 있었고 Farbwerke Hoechst와 Cassella Farbwerke AG는 미국 점령지역에 있었습니다. 연합국은 IG Farben을 해체하고 그들의 구역에 있는 화학회사를 수탁기관(Treuhänder)이 관리하도록 했습니다.[75]

독일 은행시스템은 상업은행(Geschäftsbanken), 저축은행(Sparkassen), 협동조합은행 (Genossenschaftsbanken)과 무엇보다 주택담보은행(Hypothekenbanken)이 속한 전문은행

---

74   Die Neuordnung der Eisen- und Stahlindustrie im Gebiet der Bundesrepublik Deutschland. Ein Bericht der Stahltreuhändervereinigung, München 1954; Isabel Warner, Steel and sovereignty. The deconcentration of the West German steel industry, Mainz 1996.

75   Werner Abelshauser, Die BASF seit der Neugründung von 1952, in: Werner Abelshauser (Hrsg.), Die BASF. Eine Unternehmensgeschichte, München 2002, S. 359 - 374; Walter Teltschik, Geschichte der deutschen Großchemie. Entwicklung und Einfluss in Staat und Gesellschaft, Weinheim 1992, S. 185 - 212.

(Spezialbanken) 네 그룹으로 분할되는 특징이 있습니다. 은행그룹은 조직원칙, 개별기관의 규모 및 사업 전문분야에서 차이가 있었지만 많은 시장영역에서는 서로 경쟁관계에 있었습니다. 1934년 은행법(Bankengesetz)으로 모든 은행그룹에 대한 공통규정이 처음으로 도입되었습니다. 금융기관이나 지점의 설립은 정부의 승인을 필요로 했고, 금리와 수수료는 정부의 감독 하에 설정되었으며, 신용기관의 안정성을 향상시키기 위해 명확한 유동성 규칙이 마련되었습니다.[76] 은행법은 1931년 은행위기에 대한 반응이었으며 이데올로기적으로 부과된 것으로 간주되지는 않았습니다. 따라서 그것은 연합국의 지배 하에서도 계속 유효했습니다.[77]

연합국의 비판은 자본과 광범위한 지점네트워크로 상당한 경제력을 행사한 3대 은행인 상업은행(Commerzbank), 독일은행(Deutsche Bank), 드레스덴은행(Dresdner Bank)을 겨냥했습니다. 1947-1948년에 대형은행은 여러 후속 은행으로 나뉘었고 각 기관은 한 주에서만 운영되었습니다. 상업은행(Commerzbank)은 9개 지역은행, 독일은행(Deutsche Bank)은 10개 지역은행, 드레스덴은행(Dresdner Bank)은 11개 지역은행으로 나뉘었습니다. 지역은행은 그 지역에서 은행업무를 자체적으로 책임지고 수행해야 했습니다.[78]

미국과 영국 군사정부의 명령에 따라 국영 Universum Film AG(UFA)는 여러 개의 후계회사로 나뉘었고 이후 개별적으로 민영화되었습니다.[79]

---

76   Reichsgesetz über das Kreditwesen. Vom 5. Dezember 1934. Reichsgesetzblatt 1935 I, S. 1203 – 1214.

77   Gerd Hardach, Zwischen Markt und Macht: Die deutschen Banken 1908 – 1934, in: Wilfried Feldenkirchen / Frauke Schönert-Röhlk / Günther Schulz (Hrsg.), Wirtschaft, Gesellschaft, Unternehmen, 2 Bde., Stuttgart 1995, Bd. 2, S. 914 – 938, .

78   Ralf Ahrens, Die Dresdner Bank 1945 – 1957. Konsequenzen und Kontinuitäten nach dem Ende des NS-Regimes, München 2007, S. 133 – 193; Theo Horstmann, Die Alliierten und die deutschen Großbanken. Bankenpolitik nach dem Zweiten Weltkrieg in Westdeutschland, Bonn 1991; Stephan Paul / Friederike Sattler / Dieter Ziegler, Hundertfünfzig Jahre Commerzbank 1870 – 2020, München 2020, S. 221 – 231; Werner Plumpe / Alexander Nützenadel / Catherine Schenk, Deutsche Bank. Die globale Hausbank 1870 – 2020, Berlin 2020, S. 387 – 389.

79   Jörg Schöning, „Ein Stück peinlicher deutscher Wirtschaftsgeschichte". Das Erbe der UFA 1949 – 1969. Entflechtung, Neuverflechtung, Abwicklung, in: Peter März / Rainer Rother / Klaudia Wick (Hrsg.), Die

1947년 1월 대기업해체(Konzernentflechtung)와 병행하여 미국과 영국 군사정부는 거의 동일한 일반 분산법(Dekonzentrationsgesetze)을 발표했습니다. 독일 경제의 과도한 집중을 금지하는 것은 독일이 이웃 국가의 안보를 위태롭게 하거나 국제 평화를 위협하는 것을 방지하기 위한 것이었고 독일 재건이 평화적이고 민주적인 목표와 일치하도록 보장하기 위한 것이었습니다. 시장 지배를 목적으로 하는 카르텔과 계약은 금지되었습니다. 직원 1만 명 이상의 대기업은 심사를 받고 경제력 남용 의혹이 확인되면 분할해야 했습니다.[80] 1947년 6월, 프랑스 군사정부는 이와 비슷하게 엄격한 집중해제 조례를 발표하였습니다. 카르텔은 금지되었고, 10,000명 이상의 직원을 고용한 대기업은 경제력 남용이 확인되면 분할되어야 했습니다.[81]

반자본주의적 전환은 대기업해체와 분산법과는 관련이 없었습니다. 미국 군정부도 탈집중 정책을 통해 미국의 반독점 정책을 모델로 자유 기업경제를 설립하고 경쟁을 촉진하는 목표를 추구하였습니다. 1949년 7월까지 1,200개의 카르텔이 미국 점령지역에서 해체되었습니다. 영국과 프랑스의 군사정부는 반독점정책에 덜 적극적이었습니다. 그들은 탈집중화의 안보정책적 측면에 자신을 국한시켰고, 경쟁규칙(Wettbewerbsordnung) 개혁에는 전혀 관심을 보이지 않았습니다.[82]

연합국의 경제력 통제정책과 관련하여 독일 측에서는 1947년부터 처음에는 미국 점령지역의 주평의회(Länderrat)에서, 다음에는 경제국에서 경쟁법에 대한 다양한 초안을

UFA Geschichte einer Marke, Berlin 2017, S. 36 – 49.

80 Law No. 56, Prohibition of Excessive Concentration of German Economic Power. Amtsblatt der Militärregierung, Deutschland, Amerikanisches Kontrollgebiet, Ausgabe C, 1. April 1947, S. 2 – 6; Ordinance No. 78, Prohibition of Excessive Concentration of German Economic Power. Amtsblatt der Militärregierung, Deutschland, Britisches Kontrollgebiet, 1947, Nr. 16, S. 412 – 415.

81 Ordonnance No. 96, prohibitant toute concentration excessive de la puissance économique allemande, 9. Juni 1947. Amtsblatt des französischen Oberkommandos in Deutschland, S. 784 – 785.

82 Gerd Hardach, Wettbewerbspolitik in der Sozialen Marktwirtschaft, in: Werner Abelshauser (Hrsg.), Das Bundeswirtschaftsministerium in der Ära der Sozialen Marktwirtschaft. Der deutsche Weg der Wirtschaftspolitik. Wirtschaftspolitik 1917 – 1990, Bd. 4, München 2016, S. 199 – 202.

작성했습니다. 1949년 3월 미국과 영국의 군사정부는 프랑크푸르트 행정부에 독일 카르텔법(Kartellgesetz) 준비를 요청했습니다. 카르텔에 대한 제한은 의도적이었습니다. 기업집단해체(Entflechtung von Konzernen)와 대기업의 분할에 대한 결정권은 계속해서 연합군이 갖고 있었습니다. 1949년 7월 전문가위원회는 법률초안을 제출했습니다. 경쟁법은 완전한 경쟁을 보장해야 했습니다. 카르텔과 시장지배적 대기업은 금지되어야 했습니다. "독점청"(Monopolamt)은 카르텔금지(Kartellverbot) 준수 여부를 감시하고 합병통제(Fusionskontrolle)와 시장지배적 회사의 해체에 관한 전권을 부여받았습니다.[83] 경제국은 합병을 통제하고 대기업을 해체할 수 있는 독점청의 전권이 경제에 대한 국가의 강력한 개입을 의미하기 때문에 전문가위원회의 법률초안을 거부했습니다. 그 후 카르텔법은 독일연방공화국 건국 이후로 연기되었습니다.[84]

수공업(Handwerk)과 소매업(Einzelhandel)에서 시장진입(Marktzugang)을 제한하는 중산층보호주의(Mittelstandsprotektionismus)가 논란이 되었습니다. 미군정은 수공업과 소매업의 보호를 경쟁의 제한으로 보았고 일관된 사업자유(Gewerbefreiheit)를 견지하였습니다. 반면에 주 정부들은 수공업에 대한 자격요건과 모든 사업에 대한 자격심사를 유지하기를 원했습니다. 주들이 사업개혁(Gewerbereform)을 지연시킨 후, 미군정은 1948년 자체 조례를 통해 미군 점령지역에서 일반적인 사업자유(Gewerbefreiheit)를 도입했습니다. 반면에 영국과 프랑스의 군사정부는 주 정부들의 중산층정책 주장을 수용하고 수공업과 소매업에서의 시장진입제한을 유지하도록 허용했습니다.[85]

---

83 Bundesministerium für Wirtschaft (Hrsg., Entwurf zu einem Gesetz zur Sicherung des Leistungswettbewerbs und zu einem Gesetz über das Monopolamt, Juli 1949. Bonn 1949.

84 Hardach, Wettbewerbspolitik, S. 198 – 207.

85 Ursula Beyenburg-Weidenfeld, Wettbewerbstheorie, Wirtschaftspolitik und Mittelstandsförderung 1948 – 1963. Die Mittelstandspolitik im Spannungsfeld zwischen wettbewerbstheoretischem Anspruch und wirtschaftspolitischem Pragmatismus, Stuttgart 1992, S. 228 – 230; Abdolreza Scheybani, Handwerk und Einzelhandel in der Bundesrepublik Deutschland. Sozialökonomischer Wandel und Mittelstandspolitik 1949 – 1961, München 1996, S. 244 – 246.

3.2.3 토지

대부분의 토지는 농업과 임업에 사용되었고 작은 부분이 주거지, 산업부지와 도로로 사용되었습니다. 1949년에 농지와 산림은 서독 전체면적의 88%를 차지했고 주거지, 산업단지와 도로는 8%를 차지했습니다. 나머지 지역은 황무지나 내륙수(Binnengewässern)로 구성되어 사용할 수 없었습니다.[86] 서독의 농지는 주로 그것을 사용하는 농장이 소유했습니다. 농업이 아닌 순수 대규모 토지소유는 각 지역에서만 의미가 있었습니다.

4대 승전국은 대토지소유를 무력화하기 위해 토지개혁이 필요하다고 생각했습니다. 포츠담 협정에서는 토지개혁을 요구하지 않았습니다. 그러나 역사적으로 대토지소유는 반민주적이라고 여겨졌기 때문에 토지개혁은 민주화의 원칙으로 정당화되었습니다. 대토지소유는 동독뿐만 아니라 서독에서도 흔했습니다. 1938년에는, 나중에 독일연방공화국이 된 영토에, 100 헥타르 이상의 부지를 가진 14,534개의 농장이 있었습니다. 그것은 전체 농업의 1% 미만이었습니다. 그러나 그들은 토지의 28%를 소유했습니다.[87]

소련 점령지역에서는 일찍이 1945년 9월에 토지개혁이 실시되었습니다. 그것은 소련이 강요한 자본주의에서 국가사회주의적 경제로의 체제전환의 일환이었습니다. 그러나 소련 점령지역의 토지개혁은 서방 연합국을 위한 모델은 아니었습니다. 서방 연합국은 소련 점령지역의 토지개혁과 연관된 체제변경을 거부했습니다. 토지개혁이 생산과 식량 공급을 악화시키는 것도 피해야 했습니다. 토지개혁의 주도권은 연합국에서 나왔습니다. 그러나 민주주의 제도가 수립된 후 주정부와 주의회는 토지개혁의 계획과 실행에 관여했습니다.

서방 연합국은 같은 목표를 추구했지만 점령지역별로 토지개혁을 따로 추진했습니다. 이미 1945년 10월 초에 미군정은 바이에른, 헤센, 뷔르템베르크-바덴 주의 토지개혁에

---

86 Statistisches Jahrbuch 1952, S. 12, 130 – 131.

87 Statistisches Jahrbuch 1952, S. 98 – 99.

관한 법률 초안을 미국 점령지역 주의회에 제출했습니다. 토지개혁은 대토지소유의 정치적 영향력을 없애고, 가족농을 강화하여 농촌의 민주적 조건을 촉진하고, 집약적 토지이용을 달성하고, 농업생산량을 늘리기 위한 것이었습니다. 농지소유는 100헥타르로, 산림소유는 500헥타르로 제한되어야 했습니다. 미국 점령지역의 주들은 이를 바탕으로 자체적인 법률초안을 작성해야 했습니다. 미국 점령지역의 주들은 군사정권의 요구에 응하기를 망설였습니다. 토지개혁에 대한 대중의 지지는 매우 낮았습니다. 식량공급에 대한 고민이 일상을 결정했습니다. 대토지소유의 몰수로 인한 개선이 기대되지 않았습니다. 토지개혁의 사회적 의미를 강조하기 위해 몰수는 정착프로그램(Siedlungsprogramm)과 결합되어야 했습니다. 군정부의 상당한 압력 끝에 1946년 9월 주평의회들(Länderrat)은 "정착지 확보와 토지개혁에 관한 법률"(Gesetz zur Beschaffung von Siedlungsland und zur Bodenreform)을 통과시켰습니다. 주정부는 법을 시행할 책임이 있었습니다.

1947년 9월 영국 점령지역에서 군정부는 토지개혁의 기본을 규정하는 조례를 선포하였습니다. 150헥타르 농경지 이상의 토지소유는 몰수되어야 했습니다. 몰수된 토지는 정착지 확보를 위해 사용되어야 했습니다. 토지개혁이 농업생산에 영향을 미치지 않도록 주의해야 했습니다. 주들은 군정부의 규정에 따라 토지개혁 시행법을 제정해야 했습니다. 슐레스비히-홀슈타인(Schleswig-Holstein)과 노르트라인-베스트팔렌(Nordrhein-Westfalen)주는 1948-1949년에 토지개혁시행법을 통과시켰습니다. 니더작센(Niedersachsen)주에서는 정당들이 합의할 수 없었기 때문에 영국군정은 1949년 6월 독일연방공화국 건국 이전에 토지개혁을 완료하라는 행정명령을 내렸습니다.

1947년 10월 프랑스 군사정부는 행정명령을 통해 프랑스 점령지역 3개 주에 토지개혁법을 제정하도록 위임하였습니다. 토지개혁법의 근간은 150 헥타르 이상의 대규모 대토지소유는 보상을 받는 대가로 몰수되어야 한다는 것이었습니다. 토지개혁의 세부사항은 주법에서 다루어져야 했기 때문에 주는 대토지소유 경제선을 낮게 확정할 수 있었습니다. 1948년에 바덴(Baden), 라인란트-팔츠(Rheinland-Pfalz)와 뷔르템베르크-호엔촐레른

(Württemberg-Hohenzollern)은 각각 자체적으로 토지개혁법을 통과시켰습니다. 그들은 보상의 대가로 100 헥타르를 초과하는 대토지소유를 몰수하는 데 동의했습니다. 몰수된 토지는 정착지 목적으로 사용되었습니다.

독일 행정부는 세 개의 서부 점령지역 모두에서 토지개혁에 마지 못해 참여했습니다. 부르주아 정당은 토지개혁이 사유재산보호와 모순된다는 이유로 토지개혁을 비판했습니다. 무엇보다 토지개혁은 경제적인 이유로 정치와 여론에 의해 거부당했습니다. 당시 가장 큰 문제는 배고픔이었습니다. 농업 소유권의 변화로 일상생활의 개선을 기대할 수 없었습니다. 반대로 생산량이 감소하여 배급이 더욱 줄어들 것을 우려했습니다.

거부하는 주민들의 태도는 토지개혁을 원칙적으로 찬성했던 사민당(SPD)과 공산당(KPD)이 자신들의 주장을 뒷받침할 대중운동을 조직할 수 없었음을 설명합니다. 토지개혁에 대한 부정적인 태도는 행정조치에서 뚜렷이 나타났습니다. 주의 개혁법은 수많은 예외를 허용했으며 이러한 예외적 가능성은 광범위하게 사용되었습니다. 대토지소유의 극히 일부만 파악되었고 실제로 몰수조치는 훨씬 더 작은 부분에서 실시되었습니다. 독일 행정부가 주저하는 토지개혁 적용은 세 지역의 군정부에 감춰지지 않았습니다. 대토지소유의 일관된 몰수를 강요하기 위해 군정부가 직접 개입해야 했을 것입니다. 그러나 독일 행정부에 대한 그러한 개입은 당시에는 적합하지 않았을 것입니다.

유럽재건프로그램이 1947년 발표되고 1948년에 시작되면서 연합국의 정책 우선순위는 서독경제의 경제력 통제에서 재건으로 바뀌었습니다. 대토지소유를 무력화시키려는 연합국의 관심은 약해졌습니다. 1949년 여름까지는 토지개혁을 형식적으로 종료하는 것만이 문제였습니다. 토지개혁은 초기 평화기 서독에서 가장 중요한 정치적 쟁점이었지만 그 영향은 놀라울 정도로 작았습니다.[88]

---

88 Ulrich Enders, Die Bodenreform in der amerikanischen Besatzungszone 1945 – 1949 unter besonderer Berücksichtigung Bayerns, Ostfildern 1982; Karin Graf, Die Bodenreform in Württemberg-Hohenzollern nach dem Zweiten Weltkrieg, Marburg 2003; Günter J. Trittel, Die Bodenreform in der Britischen Zone 1945 – 1949, Stuttgart 1975.

토지개혁의 비효과성은 농지소유 통계로 확인됩니다. 1949년 독일연방공화국에는 100 헥타르 이상의 토지를 보유한 14,414개 농장이 있었습니다. 그것은 전체 농업의 1% 미만이었습니다. 그러나 그들은 토지의 28%를 소유했습니다. 이는 전쟁 전인 1938년의 소유권구조와 정확히 일치했습니다.[89]

3.2.4 재건

주민의 식량이 농업에 의존했기 때문에 농업은 재건을 위한 핵심이었습니다. 농장은 공중전의 목표물은 아니었지만, 많은 지역에서 전쟁 말기의 전투로 많은 건물이 파괴되었습니다. 독일의 지역적 분업은 새로운 국경으로 인해 중단되었습니다. 1945년 이전, 4개 점령지역에서는, 1945년 이후 폴란드와 소련의 통치하에 있던 동독지역에서 상당량의 식량을 확보했습니다. 그밖에 식료품과 사료도 해외에서 수입되었습니다. 점령된 독일에서는 이러한 보급이 사라졌습니다.[90]

독일제국의 산업적 유산은 점령지역에 고르지 않게 분배되었습니다. 재건 기반으로 여겨졌던 석탄산업과 철강산업은 영국 점령지역에 집중되어 있었습니다. 중요한 광업이 있는 자르지역(Saargebiet)은 프랑스 점령지역에서 분리되어 정치적, 경제적으로 프랑스에 특별한 영토로 붙어 있었습니다.

대체로 산업기반은 폐허와 잔해의 사진이 암시하는 것보다 전쟁에서 더 잘 살아 남았습니다. 전쟁 기간인 1943년까지 여전히 상당한 투자가 이루어졌는데, 이는 파괴와 경제적 가치하락보다 더 컸습니다. 1943년 이후에야 공중전(Luftkrieg)으로 막대한 피해가 발

---

89 Statistisches Jahrbuch 1952, S. 98 – 99.

90 Karl Eckart, Agrargeographie Deutschlands. Agrarraum und Agrarwirtschaft Deutschlands im 20. Jahrhundert, Gotha 1998, S. 162 – 196; Hans Liebe, Agrarstruktur und Ernährungspotential der Zonen, in: Deutsches Institut für Wirtschaftsforschung, Hg., Wirtschaftsprobleme der Besatzungszonen, Berlin 1946, S. 22 – 35.

생했습니다. 도시, 공장, 도로가 파괴되었습니다. 이후 추정치에 따르면, 전쟁으로 인한 피해에도 불구하고 1945년에 서독 산업의 고정자산은, 불변 가격으로 평가하면, 국가사회주의 군비호황(Rüstungsboom)이 시작된 1936년보다 21% 더 높았습니다.[91] 그러나 핵심장비의 파괴가 공장 전체 생산에 영향을 미칠 수 있기 때문에 산업능력은 자산가치가 제시하는 것보다 더 큰 정도로 손상되었습니다.

운송시스템은 열악한 상태였습니다. 많은 곳에서 철도연결이 중단되었습니다. 교량, 터널과 기차역은 공중전과 지상전으로 파괴되었습니다. 전쟁이 끝날 무렵, 독일군은 연합군의 진격을 막기 위해 다리와 터널을 폭파했습니다. 기관차, 화차와 승용차의 재고는 전쟁의 영향으로 크게 감소했습니다. 내륙수로는 무너진 교량과 침몰한 선박으로 막혔습니다.

포츠담 의정서에서 연합국은 독일 군수산업을 파괴하기로 합의했습니다. 군비공장으로서 기업 전체가 해체되었을 뿐만 아니라 주로 무기와 탄약 생산에 사용되었고 평화적 목적을 위한 군비 전환에 적합하지 않거나 필요하지 않은 공장의 개별 부분도 해체되었습니다. 비행기, 합성휘발유, 합성고무 생산과 같이 전쟁에 필수적인 산업도 금지되었습니다.[92]

1946년 1월, 독일 서부 3개 점령지역에 대한 요구를 청구할 배상채권자들은 그들을 대표할 "연합군 간 배상기관"(Inter-Allied Reparation Agency/IARA)을 설립했습니다. 1946년 3월, 4개 연합국은 산업계획에 관한 합의를 했습니다. 독일의 산업생산은 1936년 수준의 75%로 제한되었습니다. 이 생산량은 적절한 생활수준을 유지하고, 연합국의 점령비용을

91　Rolf Krengel, Anlagevermögen, Produktion und Beschäftigung der Industrie im Gebiet der Bundesrepublik von 1924 bis 1956. Deutsches Institut für Wirtschaftsforschung, Sonderhefte N.F. 42, Berlin 1958.

92　Lutz Budruß / Stefan Prott, Demontage und Konversion. Die Einbindung rüstungsindustrieller Kapazitäten in technologiepolitische Strategien im Deutschland der Nachkriegszeit, in: Johannes Bähr / Dietmar Petzina (Hrsg.), Innovationsverhalten und Entscheidungsstrukturen. Vergleichende Studien zur wirtschaftlichen Entwicklung im geteilten Deutschland 1945 – 1990, Berlin1996, S. 303 – 339.

지불하고, 최소한의 원자재와 식료품수입을 허용하는 데 필수적인 수출을 하는데 충분해야 했습니다. 독일 산업잠재력의 기반으로 여겨졌던 철강산업의 생산능력은 연간 750만 톤으로 제한되었습니다. 비록 매우 낮은 수준이지만 대외무역은 1949년까지 균형을 이루어야 했습니다. 수출과 수입은 각각 1936년의 자급자족 수준의 3분의 1 이하로 유지될 것입니다. 허용된 산업능력을 초과하는 모든 생산시설은 해체되어 배상채권자에게 분배되었습니다. 따라서 배상정책과 독일 산업잠재력의 감소는 밀접하게 연관되어 있었습니다.

1946년 5월 미군정은 4개 점령지역에 대한 공동 대외무역정책에 대한 합의를 강제하기 위해 미국 점령지역에서의 배상물품의 인도를 중단했습니다. 소련과 "연합군 간 배상기관"(Inter-Allied Reparation Agency/IARA) 배상채권자들의 강력한 항의 이후, 1946년 10월 미국 점령지역으로부터의 배상은 재개되었으나 더 이상의 배상물품은 소련에 전달되지 않았습니다.[93]

전쟁에서 평화로 전환되는 과정에서 생산이 완전히 중단된 적은 없었습니다. 농업에서는 일상적인 작업이 계속되었습니다. 소는 돌봐야 했습니다. 농토는 대부분 전쟁이 끝나기도 전인 1945년의 비정상적으로 온화한 봄에 때맞게 경작되기 시작하였습니다. 그러나 초기 평화기의 농업생산량은 전쟁 전보다 훨씬 낮았고, 전쟁 전보다 더 많은, 실향민의 유입으로 지속적으로 증가하는 인구에 식량을 공급해야 했습니다.

농업은 노동력이 부족하지는 않았지만 비료, 농업기계 또는 부속품, 기계용 연료와 전기뿐만 아니라 말굽과 말굽못과 같은 단순한 것조차 부족했습니다. 또한 경직된 계획시스템이 병목현상을 일으켰습니다. 농장이 공급을 늘릴 인센티브가 부족했기 때문에 계획시스템은 생산량 증가를 방해했습니다. 규제된 구매가격은 낮았고 그 수익금으로는 너무 낮은 할당량 외에는 농업용 소비재, 자본재 또는 운영품을 구매할 수 없었습니다. 1946년 초기 추정치에 따르면 1인당 농업생산량은 미국 점령지역에서 전쟁 전 수준의 58%,

---

93   Hardach, Marshall-Plan, S. 22-23.

영국 점령지역에서 61%, 프랑스 점령지역에서 63%였습니다. 1947년에는 상황이 더욱 악화되었습니다.[94] 낮은 농업생산량은 연합국이 식량수입으로 국내생산을 보충했지만 광범위한 기아를 초래했습니다.[95]

대부분의 공장은 전쟁이 끝날 무렵, 교통이 붕괴되고 분업(Arbeitsteilung)이 무너져, 생산을 중단했습니다. 전후 평화 시에 잔해를 치우고 생산재개를 조직하려는 시도가 있었습니다. 공장이 다시 시작하려면 군정부의 허가가 필요했습니다. 일단 허가를 받으면 노동자를 고용할 수 있었고, 공장들은 원자재, 중간제품, 석탄, 전기 할당을 놓고 경쟁해야 했습니다.

중노동자들에게조차 부족한 배급은 직원들의 생산성을 약화시켰습니다. 여기에 원자재, 중간재, 석탄, 전기 등이 부족해 생산중단이 반복됐습니다. 해체와 대체투자 부족으로 인한 산업능력 감소도 재건을 억제하였습니다. 1948년 서독 산업의 고정자산은 여전히 1938년 수준보다 6% 높았습니다.[96] 그러나 개별 생산설비의 고장으로 인해 생산재개가 마비될 수 있기 때문에 피해는 계산된 고정손실을 훨씬 넘어섰습니다.[97]

평화의 첫해인 1946년에 나중에 미국과 영국의 공동 점령지역, 비존(Bizone)이 된 곳의 산업생산은 1936 수준의 34%에 불과했습니다.[98] 1946-1947년의 비정상적으로 혹독한 겨울에 침체가 왔습니다. 1947년 봄에 새로운 상승세가 시작되었습니다. 그러나 전쟁이 끝난 지 2년이 지났지만 여전히 결핍경제(Mangelwirtschaft)가 지배적이었습니다. 가장 큰

94   Liebe, Agrarstruktur und Ernährungspotential, S. 30 – 31.
95   Liebe, Agrarstruktur und Ernährungspotential, S. 30 – 31. Karl-Heinz Rothenberger, Die Hungerjahre nach dem Zweiten Weltkrieg. Ernährungs- und Landwirtschaft in Rheinland-Pfalz 1945 – 1950, Boppard 1980; Karl-Heinz Rothenberger, Ernährungs- und Landwirtschaft in der Französischen Besatzungszone 1945 – 1950, in: Claus Scharf / Hans-Jürgen Schröder (Hrsg.), Die Deutschlandpolitik Frankreichs und die Französische Zone 1945 – 1949, Wiesbaden 1983, S. 185 – 209; Günter J. Trittel, Hunger und Politik. Die Ernährungskrise in der Bizone 1945 – 1949, Frankfurt 1990.
96   Krengel, Anlagevermögen, S. 94.
97   Abelshauser, Ruhrkohlenbergbau, S. 45.
98   Wirtschaft und Statistik, 1 (1949 – 5), Zahlenteil, S. 15.

문제는 모든 곳에서 생산을 마비시키는 지속적인 기아위기(Hungerkrise)였습니다. 1947년 까지 비존(Bizone)의 산업생산은 1936년 수준의 39%로 증가했습니다.[99]

교통시스템도 재건의 병목현상에 속했습니다. 연합국이 합동행정부에 동의할 수 없었기 때문에 제국철도(Reichsbahn) 조직이 해체되었습니다. 4개의 점령지역에서 개별적으로 고유한 철도관리가 이루어졌습니다. 공동행정부가 해체되면서 철도 운영도 분권화되었습니다. 화물이나 여객운송을 위한 4개 점령지역의 공동계획이 없었고 점령지역 경계에 구역경계가 설정되었으며 각 점령지역은 기관차와 화물차 재고를 보호하기 위해 주의를 기울였습니다.[100] 그럼에도 불구하고 철도운영은 계속되었습니다. 철로와 다리는 수리되었지만 철로와 기관차와 화물차도 배상물로 넘겨졌습니다. 화물운송과 여객운송은 점령국의 감독하에 재개되었습니다. 그러나 운송 운영에 대한 제한은 분업의 회복을 막았습니다. 1945-1946년과 1946-1947년 겨울에는 대량의 루르지방 석탄이 가공산업과 소비자에게 운송될 수 없었기 때문에 영국 점령지역의 광산에 쌓여 있었습니다.

재건기간 동안 도로건설에선 우선 지방도로, 간선도로와 고속도로가 수리되었습니다. 전쟁의 영향으로 손상되었거나 연합군의 진격을 막기 위해 독일군에 의해 파괴된 수많은 다리가 복구되었습니다.

소매점은 짧은 휴식 후에 문을 열었습니다. 상업은행, 저축은행, 협동조합은행은 일찌감치 영업활동을 재개했습니다. 그들은 저축을 받고 대출을 하고 점차적으로 무현금결제를 재개했습니다. 연속성의 예는 프랑크푸르트의 독일은행(Deutsche Bank) 지점이었습니다. 은행건물은 전쟁 중에 심하게 손상되었습니다. 은행업무는 몇 개의 보존된 공간에서 임시변통으로 계속되었습니다. 3월 말 프랑크푸르트가 미군에 점령되자 며칠간 영업이 중단됐습니다. 그러나 이미 1945년 4월 3일, 독일의 많은 지역에서 전투가 계속되고 있

99 Wirtschaft und Statistik, 1 (1949 - 5), Zahlenteil, S. 15.

100 Anthony James Nicholls, Zusammenbruch und Wiederaufbau: Die Reichsbahn während der Besatzungszeit, in: Lothar Gall, Manfred Pohl (Hrsg.), Die Eisenbahn in Deutschland. Von den Anfängen bis zur Gegenwart, München 1999, S. 245 - 258.

을 때, 은행은 창구업무를 재개할 수 있었습니다.[101] 보험사들도 짧은 휴식 후 업무를 이어갔습니다. 1945년 5월 11일 미군정의 허가를 받아 프랑크푸르트 보험회사(Frankfurter Versicherungs-AG)가 업무를 재개했습니다.[102]

업무재개와 병행하여 은행과 보험회사는 기업구조와 대차대조표를 새로운 정치와 경제상황에 맞게 조정했습니다. 연합국이 분권화를 선언한 후 대형은행은 다시 지역은행으로 출발했습니다. 상업은행, 저축은행, 협동조합은행의 사업규모는 초기 평화기에 매우 천천히 증가했습니다. 생산회복이 더디고 통화과잉(monetär Überhang)이 커서 유동성이 풍부했기 때문에 대부분 기업의 신용수요가 작았습니다. 우선 연기된 문제는 은행의 대차대조표 정리였습니다. 저축은행과 협동은행 자산 대부분은 제국에 대한 청구권으로 구성되었습니다. 청구권은 연합국에 의해 무효로 선언되었지만 여전히 액면가로 기재되어 있었습니다. 아직 장부에 남아 있던 베를린 중앙은행에 대한 청구권도 취소되었습니다.[103] 베를린이나 소련 점령지역의 대형 보험회사는 경영본부를 서부 점령지역으로 이전했습니다. 1947년 3월 연합군관리위원회의 법령에 의해 보험회사의 해외사업은 금지되었습니다.[104]

마셜플랜, 통화개혁, 경제개혁은 재건을 가속화할 수 있는 여건을 조성했습니다. 미국 정부는 이미 유럽재건프로그램의 준비단계에서 배상프로그램을 끝내기 위해 노력하고 있었습니다. 미국이 서독 경제를 재건하기 위해 해외원조를 제공하는 동안 생산시설을 계속해서 해체해야 한다는 것은 어리석다고 생각했습니다. 그러나 프랑스와 영국은 경쟁적으로 추가 배상금을 주장했습니다. 타협안으로 1947년 7월 비존(Bizone)에 대한 새로

---

101   Reinhard Frost / Angelika Raab-Rebentisch, Die Deutsche Bank in Frankfurt am Main, München 2005, S. 109–113.

102   Peter Borscheid, 100 Jahre Allianz, München 1990, S. 76.

103   Deutsche Bundesbank, Deutsches Geld- und Bankwesen in Zahlen 1876–1975, Frankfurt 1976, S. 124–127.

104   Peter Koch, Geschichte der Versicherungswirtschaft in Deutschland, Karlsruhe 2012, S. 323–360.

운 산업계획이 합의되어 산업생산 한도를 1936년 수준의 100%로 높였습니다. 당시 산업생산은 상당히 낮았습니다. 새로운 산업계획의 의미는 더 많은 생산을 허용했다는 것에 놓여있다기보단, 더 높은 산업능력에서 배상목적으로 사용할 수 있는 생산시설이 더 적었다는 것입니다. 1947년 10월 프랑스, 영국, 미국은 배상프로그램을 대폭 축소하기로 결정했습니다. 1949년 4월에 배상금에 대한 추가적인 제한이 결정되었습니다. 재건의 핵심산업으로 꼽히는 철강산업의 생산한도가 1100만 톤으로 상향 조정되었습니다.[105]

안정적인 통화의 도입과 관리경제의 축소로 낮은 농업생산과 산업생산의 무력한 사이클이 깨졌습니다. 수입은 농산물 가격통제로 인해 제한되었다 해도, 농장은 농산물을 판매하고 완전하게 기능하는 돈을 받았습니다. 그들은 생산을 늘리기 위해 비료와 기계를 구할 수 있었습니다. 1948년 여름 이후 비존(Bizone)의 식량상황은 크게 개선되었습니다. 산업노동력은 식료품을 더 잘 공급받았고 노동생산성은 증가했습니다.[106] 비존(Bizone)의 산업생산은 1948년 6월부터 12월까지 51%에서 1936년 수준의 79%로 증가했습니다. 1948년 6월부터 12월까지 관리경제가 폐지되지 않은 프랑스 점령지역에서는 회복이 다소 느려 1936년 수준의 49%에서 67%로 증가했습니다.[107] 1948년 서독의 철강생산량은 680만 톤으로 1947년 수정된 산업계획의 한도 바로 아래에 있었고 1949년에는 1009만 톤으로 새로운 한도에 거의 도달했습니다.[108]

많은 가격통제가 폐지된 후 상승세는 급격한 가격상승과 관련이 있습니다. 통화개혁 이후 많은 가정에서 오랫동안 결핍되었던 식품과 소비재를 구입하기 위해 독일마르크

105　Hardach, Der Marshall-Plan, S. 21-23,77-82; Werner Plumpe, Die Reparationsverpflichtungen Westdeutschlands nach dem Zweiten Weltkrieg, in: Karl Eckart / Jörg Roesler (Hrsg.), Die Wirtschaft im geteilten und vereinten Deutschland, Berlin 1999, S. 31-46.

106　Trittel, Hunger und Politik, S. 185-189.

107　Albrecht Ritschl, Die Währungsreform von 1948 und der Wiederaufstieg der westdeutschen Industrie, in: Vierteljahrshefte für Zeitgeschichte, 33 (1985), S. 162-164.

108　Alena Brüstle / Hans-Karl Starke, Zeitreihen zur Stahlmarktentwicklung im der Bundesrepublik Deutschland 1948 bis 1989. RWI Papers, Nr. 22, Essen 1991, S. 93.

(Deutscher Mark)를 사용했습니다. 1948년 10월에 조건부로 인정된 금융자산에서 추가로 1.5%가 해제되면서 인플레이션은 더욱 높아졌습니다. 통화전환으로 인한 유동자금 외에도 은행시스템에 의해 상당한 신용창출이 있었습니다. 1948년 6월부터 12월까지 3개 서부 점령지역의 생활비는 15% 증가했습니다.[109] 임금통제가 1948년 10월까지 유효했기 때문에 실질임금은 크게 떨어졌습니다. 상당한 사회적 불안이 뒤따랐습니다. 임금동결은 11월 초에 해제되었습니다. 그럼에도 불구하고 1948년 11월 12일 경제개혁에 반대하는 총파업이 일어났습니다. 노조는 관리경제로의 복귀를 촉구했습니다.[110]

독일주은행(Bank deutscher Länder)은 제한적인 통화정책으로 인플레이션을 종식시키는 데 성공했습니다. 1948년 11월 신용 볼륨(Kreditvolum)을 10월 수준으로 제한하기로 결정했습니다. 경제의 유동성을 제한하기 위하여, 신용한도(Kreditplafondierung)와 더불어 지급준비율(Mindestreservesätze)이 높아졌습니다. 미국의 마셜플랜 기관인 경제협력청(Economic Cooperation Administration)은 수입을 위해 독일 수입업자들이 마셜플랜으로 지불한 자금을 투자에 쓰지 않음으로써 디플레이션을 악화시켰습니다. 또한 통화전환으로 인한 소비재 붐도 막을 내렸습니다. 저축이 고갈된 후 주민들은 매달 적은 임금과 급여로 소비를 제한해야 했습니다. 제한이 영향을 나타내기 시작하였습니다. 인플레이션이 끝나고 오랜 물가하락이 시작되었습니다.[111] 1948년 12월부터 1949년 9월까지 생활비는 7% 하락했습니다.[112]

제한정책으로 인해 1949년 초부터 상승세는 둔화되었습니다. 총생산량은 계속 증가했지만 증가율은 감소했습니다. 실업률이 상승했습니다. 계획경제 시절 노동자를 아낌없이 고용하던 기업들은 통화개혁 이후 엄격한 원가계산과 합리화로 전환했습니다. 동

---

109 Gerhard Fürst / Peter Deneffe, Der neue Preisindex für die Lebenshaltung, in: Wirtschaft und Statistik, 4 (1952), S. 448.

110 Gerhard Beier, Der Demonstrations- und Generalstreik vom 12. November 1948, Frankfurt 1975.

111 Hardach, Marshall-Plan, 252–256.

112 Fürst / Deneffe, Der neue Preisindex, S. 448.

시에 많은 실향민과 난민으로 인해 구직자 수가 증가했습니다. 충분한 일자리를 창출하려면 상당히 강력한 경제성장이 필요했습니다. 1949년 3월부터 독일주은행(Bank deutscher Länder)은 경기(Konjunktur)를 지원하고 실업과 싸우기 위해 통화정책을 변경했습니다. 신용제한이 해제되고 할인율이 2단계로 4%로 인하되었으며 지불준비금도 낮아졌습니다. 1949년 8월 독일주은행(Bank deutscher Länder)은 새로운 상승세의 조짐을 보았습니다. 그러나 경제협력청(Economic Cooperation Administration)은 계속해서 상대자금(Gegenwertmittel) 차단을 주장했습니다.[113]

디플레이션에도 불구하고 총생산량은 계속해서 증가했습니다. 1949년 서부 3개 점령지역의 산업생산은 1936년 수준의 평균 89%였습니다.[114] 그러나 경제성장은 증가하는 노동력을 위한 충분한 일자리를 창출하기에 충분하지 않았습니다. 1949년 9월 독일연방공화국이 건국되었을 때 서베를린을 제외한 서부 점령지역에는 130만 명의 실업자가 있었습니다. 실업률은 9%였습니다. 난민과 실향민은 일자리를 찾기가 특히 어려웠습니다. 이들의 실업률은 원주민 실업률의 두 배 이상이었습니다.[115]

3.2.5 서베를린 경제

1948년 6월부터 1949년 5월까지의 봉쇄(Blockade)로 인해 베를린 서부 점령지역은 특별한 조건이 지배했습니다. 신질서를 위한 초기 계획에서 연합국은 독일을 4개 점령지역으로 분할하고 수도 베를린을 4개 점령 구역으로 분할하는 것은 오직 새로운 민주국가가 수립될 때까지의 과도기 동안만 적용되어야 한다고 가정했습니다. 냉전이 동서국경을 확정하고, 가까운 장래에 독일문제 해결이 예상되지 않자, 소련정부는 서방 연합국을

---

113 Hardach, Marshall-Plan, S. 266 - 274.

114 Wirtschaft und Statistik, 8 (1956), S. 141.

115 Wirtschaft und Statistik, 1 (1949/50), Zahlenteil, S. 1352, 1359.

베를린에서 몰아내려고 했습니다. 1948년 6월 24일 소련은 베를린에서의 통화개혁 시행을 둘러싼 논쟁을 서베를린과 서독 사이의 도로, 철도, 수상교통을 차단할 기회로 삼았습니다. 합의된 공중회랑(Luftkorridore)만 열려 있었습니다. 봉쇄는 서방 연합국이 베를린에서 철수하도록 하기 위한 것이었습니다. 미국, 영국, 프랑스는 하늘길을 통해 서베를린에 물자를 공급하기로 결정했습니다. 미국과 영국 수송기가 수행한 공수(Luftbrücke)는 식량, 석탄과 자본재를 베를린으로 날랐습니다. 베를린의 공장에서 고용을 유지하기 위해 베를린에서 생산된 제품을 돌아오는 길에 항공화물로 서독으로 운송했습니다. 서베를린 주민의 대다수는 빈약한 식량배급, 1948-1949년 겨울의 추운 주택, 정전에도 불구하고 베를린에서의 서방 연합국 존속을 지지했습니다. 소련의 봉쇄정책(Blockadepolitik)은 실패했습니다. 1949년 3월부터 4월까지의 집중적인 협상 끝에 1949년 5월 12일 봉쇄가 해제되었습니다.[116]

봉쇄가 해제된 후에도 서베를린의 재건은 심각한 전쟁피해와 해체, 고립된 상황으로 인해 서부 점령지역의 발전보다 뒤처졌습니다. 베를린 동부와 소련 점령지역과의 경제관계는 독일분단에 의해 제한되었고 서부 점령지역의 호황과의 연결은 긴 운송경로로 인해 어려워졌습니다. 이중 통화개혁 이후 은행은 분리되었습니다. 별도의 우편수표국(Postscheckamt)이 서베를린에 설치되었고, 1948년 12월 서방 연합국은 서베를린의 Sparkasse der Stadt Berlin, Berliner Stadtkontor 및 Berliner Volksbank 지점을 위한, 서부 점령지역의 은행법과 일치하는, 새로운 기관을 승인했습니다. 공공기관으로서의 원래 기능이 새로운 은행환경에 적합하지 않았던 Stadtkontor는 1950년에 Berliner Bank AG로 전환되었습니다. 1949년 8월부터 10월까지 서부 지역에서 고도로 분권화된 대형은행들도 서베를린에 새로운 기관을 설립할 수 있었습니다.[117]

---

116   Uwe Förster / Stephanie von Hochberg / Ulrich Kubisch / Dietrich Kuhlgatz, Auftrag Luftbrücke. Der Himmel über Berlin 1948 – 1949, Berlin 1998.

117   Pollems, Bankplatz Berlin, S. 298 – 378.

1948년 11월 특별 재정균등화 목적에서 "베를린 곤경특별세"(Berlin Notopfer)가 도입되었습니다. 그것은 소득세와 법인세에 대한 추가요금과 모든 우편물에 대한 2페니히의 특별부담금으로 구성되었습니다. 모든 엽서, 편지와 소포에 부착해야 하는 파란색 추가요금스탬프는 "베를린 곤경특별세"(Berlin Notopfer)를 널리 알려지게 했습니다. 서부 지역의 지원에도 불구하고 서베를린의 경제상황은 여전히 어려웠습니다. 생활수준은 서부 지역에 비해 낮았고 폐허가 많고 일자리가 적었습니다. 1949년 9월 베를린 서부 3개 지구의 실업률은 22%였습니다.[118]

3.2.6 가계생산

자본주의 발전과정에서 일과 가정이 제도적으로 분리된 이후 국민계정에 포함되는 시장지향적 생산과 화폐로 평가되지는 않지만 가정의 존속에 필수인 가계생산(Haushaltsproduktion)이 구분되었습니다. 가계생산의 중점은 음식만들기, 집안일, 아이 돌보기, 그리고 종종 연로한 가족 돌보기였습니다.

초기 평화기에 가계생산의 중요성이 급격히 증가했습니다. 가계생산의 다양한 영역은 주부의 전통적인 작업영역을 따르지만 훨씬 더 광범위해졌습니다. 여성들은 날씨에 관계없이 상점 앞에서 줄을 서서 기다렸고, 식물, 허브, 열매로 대체식품을 얻으려 노력했고, 군복에서 남성, 여성 및 어린이를 위한 평화의 옷을 꿰매고, 작은 정원을 가꾸고, 닭이나 토끼와 같은 작은 동물을 기르고, 농부들과 식량을 교환하기 위해 도시에서 시골까지 먼 거리를 오갔습니다.[119] 후세와 달리 당시 가계생산의 가치는 기록되지 않았습니다. 많은 활동이 너무 혼란스럽고, 어떤 경우에는 불법이어서 평가할 수 없었습니다. 하지만 그

---

118 Wirtschaft und Statistik 1 (1949/50), Zahlenteil, S. 1361.

119 Doris Schubert, Frauenarbeit 1945 – 1949. Quellen und Materialien. Frauen in der deutschen Nachkriegsgeschichte, Bd. 1, Düsseldorf 1984; Michael Wildt, Der Traum vom Sattwerden. Hunger und Protest, Schwarzmarkt und Selbsthilfe in Hamburg, Hamburg 1986, S. 85 – 91.

범위는 상당했습니다. 가계생산의 중요성은, 1946년 연합국관리위원회의 노동의무조례 (Arbeitspflichtverordnung)가 적용되지 않는 서부 3개 점령지역에서, 여성의 취업이 낮은 중요한 원인으로 여겨졌습니다. 성인 2명과 자녀 2명으로 구성된 당시의 전형적인 가정에서 여성의 가계생산은 두 번째 수입보다 더 많은 효용을 가져왔습니다.[120]

통화개혁과 경제개혁 이후에는 새 화폐의 구매력으로 인해 취업이 가사노동보다 더 가치있게 되었습니다. 상점에서 식료품을 살 수 있게 된 후, 물물교환과 시골로의 고단한 "햄스터 여행"(Hamsterfahrten)이 사라졌습니다. 변형된 군복 대신 새 옷이 있었습니다. 많은 가계가 계속해서 텃밭을 가꾸고 작은 동물을 기르며 근로소득을 보충했지만 부업 노동량은 줄어들었습니다. 집안일, 아이 돌보기, 연로한 가족 돌보기는 여전히 가계생산의 중요한 영역으로 남아 있었습니다.

3.2.7 무역

전쟁의 결과로 독일과 다른 국가 간 경제관계가 중단되었습니다. 점령지역 경계는 추가적인 내부장벽을 만들었습니다. 점령지역 간 무역과 대외무역은 양자 협정에 따라 군정부에 의해 조직되었습니다. 독일의 전통적인 지역 간 노동분업이 독일분단에 의해 해체되었기 때문에 점령지역 간 무역이 매우 중요했습니다. 미국 점령지역, 프랑스 점령지역, 소련 점령지역은 재건을 위해 영국 점령지역의 석탄과 철강이 필요했습니다. 영국 점령지역의 산업중심지는 반면 다른 점령지역으로부터 식량공급을 받았습니다. 점령지역 간 무역량은 적었습니다. 어느 점령지역에서도 식량, 원자재, 공산품의 잉여분은 없었습니다.

자체 농업 수확량으로는 주민들을 먹여 살릴 수 없었기 때문에, 대외무역 재개는 서부 3개 점령지역 모두의 재건을 위한 필수 전제조건이었습니다. 이미 1945년 말에 영

---

120   Arnold, Der Arbeitsmarkt in den Besatzungszonen, S. 36－64.

국과 미국은 두 점령지역의 수출자금이 유입되고 공동 수입자금이 조달되는 수출 풀 (Exportpool)을 구축했습니다. 미국과 영국정부가 1947년 1월부터 효력을 발휘하는 통합경제지역을 수립하기 위해 점령지역을 통합한 후 "공동수출입기관"(Joint Export-Import Agency/JEIA)이라는 합동대외무역관리국이 설립되었습니다. 두 점령국은 더 큰 경제영역에서 보다 집중적인 교환의 결과로 공급이 개선될 것을 기대하였으며, 또한 대외무역 증가와 독일이 국제노동분업에 재통합될 더 큰 기회를 예상하였습니다. 1949년 말까지 비존(Bizone)은 각각 9억 달러의 수출과 수입으로 균형 잡힌 무역에 도달해야 했습니다. 프랑스 점령지역에는 자체적인 대외무역사무소(Office du Commerce Extérieur/OFFICOMEX)가 있었습니다.

대외무역의 시작은 지난했습니다. 독일 기업들은 수출품에 대해 고정가격으로 제국마르크(Reichsmarks)화로 지급받았습니다. 군정부에서는 외환시장 상황에 따라 외화를 받고 수출품을 해외로 팔았습니다. 따라서 통일된 환율이 아니라 개별 제품그룹에 대해 여러 환율이 적용되었습니다. 독일 기업들은 해외에서 수요가 있는 양질의 제품을 거의 제공하지 못했습니다. 미국 점령지역과 영국 점령지역으로부터의 수출에 있어서 달러조항(Dollarklausel)은 추가 장애물이었습니다. 두 점령국은 당시 세계경제 상황에서 독일의 식량수입은 달러권(Dollarraum)에서만 가능하다고 가정했고, 따라서 이를 조달하기 위해 달러수입이 필요했습니다. 또한 달러조항은 계획된 새로운 세계경제질서로의 독일통합을 준비하기 위한 것이었습니다. 그러나 교역상대국은 서독으로부터의 수입보다 달러권으로부터의 중요한 수입에 그들의 희소한 달러 수입이 더 필요했습니다. 프랑스 점령지역의 대외무역은 프랑스의 기본틀인 "계획"(Planification)과 밀접하게 관련되어 조직되었습니다. 수출은 달러조항에 의존하지 않았기 때문에 훨씬 더 빨리 증가했습니다. 무엇보다 석탄, 목재, 고철 같은 원자재가 수출되었으며, 전기도 수출되었습니다. 연합국은 독일의 원자재와 전기 수출가격을 세계시장 가격보다 훨씬 낮게 설정하여, 수출이 일부 숨겨진 배상금으로 여겨질 수 있었습니다. 수출 수익금은 주로 식품수입에 사용되었습니다.

수출 수익금을 통해 식품수입 자금을 조달한다는 목표는 전혀 달성되지 않았습니다. 1946년부터 미국과 영국은 절박한 필요를 완화하기 위해 상당한 양의 원조를 통해 점령지역을 지원해 왔습니다. 긴급하게 필요한 식량수입의 대부분은 미국의 "점령지역의 정부와 구호"(Government and Relief in Occupied Areas/GARIOA) 프로그램에서 자금을 조달했으며, 이 프로그램은 오스트리아와 일본에도 식량을 전달했습니다. 정도는 덜하지만 영국도 해외원조를 제공했습니다. GARIOA 프로그램에 따라 서독은 1946년부터 1950년까지 대부분 식품인 16억 달러 상당의 수입품을 받았습니다. 영국의 대외원조는 4억 2천만 달러로 평가되었습니다.[121]

서독의 대외무역의 새로운 국면은 1948년 유럽재건프로그램과 함께 시작되었습니다. 1948년 10월 비존(Bizone)과 프랑스 점령지역 사이의 국경이 폐지되고 "공동수출입기관"(Joint Export-Import Agency/JEIA)이 대외무역사무소(Office du Commerce Extérieur/OFFICOMEX) 업무를 인수했습니다.

유럽 재건프로그램을 준비할 때 미국 정부는 재정수요를 170억 달러로 추정했습니다. 그러나 이는 구속력 없는 예측에 불과했습니다. 미의회는 해외원조가 더 이상 필요하지 않은 안정단계로의 전환을 준비하기 위해 매년 감소하는 개별 연간계획을 승인했습니다. 프로그램의 첫해인 1948년 4월부터 1949년 6월까지 의회는 60억 달러를 승인했습니다. 프로그램의 두 번째 해인 1949-1950년에 미국의 대외원조는 35억 달러로 줄었습니다. 따라서 미국은 유럽파트너들이 균형 잡힌 무역이라는 목표에 근접해야 한다는 분명한 신호를 보냈습니다. 서독은 프로그램 첫해에 6억 1,400만 달러, 프로그램 2년 차에 4억 5,700만 달러를 받았습니다. 전체적으로 마셜플랜의 첫 2년 동안 서독은 영국, 프랑스, 이탈리아에 이어 네 번째 수혜국이었습니다. GARIOA 프로그램은 1950년까지 마셜플랜과 병행하여 계속되었습니다.[122]

---

121   Hardach, Marshall-Plan, S. 326.

122   Bundesministerium für den Marshall-Plan, Wiederaufbau im Zeichen des Marshallplanes 1948 - 1952,

1948년 6월 유럽재건계획의 지원을 받아 첫 번째 수입품이 서독에 도착했습니다. 수입량은 처음에는 미약했고 매우 천천히 증가했습니다. 1949년 초부터 수입절차가 상당히 개선되었고 수입이 증가했습니다. 수입품의 대부분은 식품이었습니다. 2위는 원자재, 특히 섬유산업을 위한 면화였습니다. 완제품은 수입의 극히 일부에 불과했습니다.[123]

중요한 것은, 마셜플랜이 추가 수입을 가능하게 했을 뿐만 아니라 마셜플랜의 틀 내에서 상업적 대외무역의 길을 닦았다는 것이었습니다. 통화개혁 이후 독일마르크(Deutschen Mark/DM)의 달러에 대한 환율은 1DM에 30센트, 1달러에 3.33DM로 고정되었습니다. 1948년 4월 유럽경제협력기구(Organisation for European Economic Cooperation/OEEC) 회원국은 유럽 내 지불거래를 개선하고 양적 무역제한을 제거하며 관세를 낮추겠다는 의지를 표명했습니다. 1949년 7월 유럽경제협력기구(OEEC)는 자유화프로그램을 결정했습니다. 1951년까지 회원국들은 양적 무역제한을 최대로 줄여야 한다고 규정했습니다. 그 후 관세는 무역장벽으로 남아 있었습니다. 관세는 GATT의 틀 내에서 축소되어야 했습니다. 공동수출입기관(Joint Export-Import Agency/JEIA)은 서유럽, 동유럽과 라틴아메리카 국가들과 수많은 무역협정을 체결했습니다.[124] 프랑크푸르트 행정부는 미국이 규정한 자유무역정책을 지지했습니다. 1949년 8월, 책임이 연방정부에 이양되기 전에 프랑크푸르트 행정부 수석국장 퓐더(Pünder)는 서독이 정치적, 경제적 이유로 스스로를 "무역장벽 제거에 대한 미국의 견해의 선구자"로 만들어야 한다고 강조했습니다.[125]

서독의 수출은 증가했고 다양화되었습니다. 서독이 석탄, 고철, 목재만 수출하던 시대는 끝났습니다. 석탄은 여전히 중요했지만 서독경제는 점차 완제품도 많이 수출했습니다. 그러나 재건은, 유럽재건프로그램 및 GARIOA 프로그램에 따라, 주로 미국으로부터

Bonn 1953, S. 23-24; Mutual Security Agency, European Program. Procurement authorizations and allotments, Washington 1953, S. 4.

123　Hardach, Marshall-Plan, S. 256-269.

124　Hardach, Marshall-Plan, S. 153, 170; Milward, Reconstruction of Western Europe, S. 299-303.

125　Pünder an Erhard, 30. August 1949. BArchK Z 6 / 175.

의 대규모 식품수입에 계속 의존했습니다. 1948년 4월부터 1949년 6월까지 유럽재건프로그램의 첫해에 서독의 수입은 총 20억 달러, 수출은 10억 달러였습니다. 서독 경제는 유럽 내 무역에서 수출흑자를 달성했지만 미국과의 대서양횡단 무역에서는 여전히 상당한 적자를 외국 원조로 상쇄했습니다. 프로그램 2년 차인 1949년 7월부터 1950년 6월까지, 대부분이 독일연방공화국에 속한 시기에, 수입은 23억 달러로 증가하고, 수출은 14억 달러였습니다. 큰 문제는 대서양횡단 무역의 불균형이었습니다.[126]

1948년 10월 유럽경제협력기구(OEEC)는 마셜플랜의 틀 내에서 유럽 내 대외원조 시스템을 확립하는 유럽지불협정을 통과시켰습니다. 다른 회원국과의 양자무역에서 수출흑자를 기대하는 국가는 이러한 흑자의 일부를 대외원조로 무료로 제공해야 했습니다. 이러한 유럽 내 상호원조는 유럽재건프로그램의 추가자금으로 보상받아야 했습니다. 목표는 유럽경제협력기구(OEEC) 참가국 간 무역을 촉진하는 것이었습니다. 협정은 처음에 1년 동안 체결되었고 1949년 7월에 1년 더 연장되었습니다. 서유럽 시장에서 서독 경제의 경쟁력은 단기간에 크게 향상되어 서독이 두 개의 유럽결제협정에서 공여국으로 등장했습니다. 유럽내부 경제원조가 실제로 마셜플랜의 추가자금으로 상쇄되었는지 또는 미국의 대외원조에서 공제를 의미하였는지 여부는 불분명했습니다. 그럼에도 불구하고 비존(Bizone)의 프랑크푸르트 행정부는 서독 기업들이 이러한 방식으로 새로운 수출관계를 구축하고 유럽시장에서 경쟁적 위치를 강화할 수 있기 때문에 유럽내부 해외원조가 유리하다고 생각했습니다.[127]

수입업자들은 마셜플랜으로부터의 수입을 독일통화로 지불했습니다. 대외원조가 어느 정도까지 차관이 될지 또는 보조금이 될지는 초기에는 정해지지 않았습니다. 수입품 매각대금은 서독 재건을 촉진하기 위한 특별투자자금으로 적립됐습니다. 1948년 11월, 프

---

126 Bundesministerium für den Marshall-Plan, Wiederaufbau im Zeichen des Marshallplanes, Bonn 1953, S. 23–24, 83–85; Hardach, Marshall-Plan, S. 275–276, 293–295.

127 Hardach, Marshall-Plan, S. 155–162.

랑크푸르트 행정부와 주들에 의해 공법에 따른 법인으로서 재건신용기관(Kreditanstalt für Wiederaufbau)이 설립되었습니다. 재건신용기관은 마셜플랜의 상대자금에서 투자대출을 해주어야 했습니다. 경제협력국(Economic Cooperation Administration)은 재건신용기관의 투자 프로그램에 대한 통제권을 유지했습니다. 경제협력국은 서부 독일의 경기호황을 억제하기 위해 투자자금의 출시를 연기했습니다. 그들의 관점에서 너무 강력한 호황은 원하는 국제수지균형을 위태롭게 할 것이었습니다. 재건신용기관은 첫 대출을 승인하기 위해 1949년 9월까지 기다려야 했습니다.[128]

3.3 분배

3.3.1 국가의 몫

정부지출의 자금조달은 모든 점령지역에서 주요한 문제였습니다. 연합국관리위원회(Allied Control Council)가 1946년에 모든 점령지역에 대해 결정한 세금인상은 예산의 균형을 맞추기 위한 것이었습니다. 그러나 생산과 소득이 극도로 낮았기 때문에 높은 세율에도 불구하고 세입은 지출에 뒤처졌습니다. 연합국은 군마르크(Militärmark) 통화를 발행하여 적자를 충당했습니다. 그러나 이것은 억눌렸던 인플레이션을 심화시켰습니다.[129]

미국과 영국의 비존(Bizone)에서는 시장경제로의 전환을 지원하기 위해 1948년 6월 세금개혁이 시행되었습니다. 세금개혁은 이미 경제개혁 과정에서 확연히 드러났던 사회적 비대칭성을 강화시켰습니다. 1946년 연합국관리위원회(Allied Control Council)가 도입한 높은 세금은, 투자를 장려하기 위해, 무엇보다 기업과 중산층과 고소득층의 가계를 위해

---

128 Hardach, Marshall-Plan, S. 264−266, 269−274.

129 Bundesministerium der Finanzen (Hrsg.), Chronologie zur Finanzgeschichte 1945−1969. Daten und Erläuterungen, Bonn 1993, S. 16−17; Muscheid, Steuerpolitik, S. 27−28; van Scherpenberg, Öffentliche Finanzwirtschaft, S. 182−247.

감면되어야만 했습니다. 세율이 인하되었고 우호적인 감가상각규정(Abschreibungsregeln)이 기업에 세금을 줄일 수 있는 기회를 제공했습니다.[130]

3.3.2 근로소득

임금은 1948년 11월까지 세 개의 서부 점령지역에서 규제되었습니다. 국가사회주의 정부가 도입한 임금동결은 계속해서 적용되었습니다. 새로운 생산공정에서는 임금변경이 허용되었습니다. 임금동결은 시급과 관련되었기 때문에, 근로시간을 늘리면 월 소득이 증가할 수 있었습니다.[131]

1946년 6월 미국과 영국 점령지역의 산업노동자들은 월 평균 152제국마르크(RM)를 벌었습니다. 1948년 6월 통화개혁과 경제개혁 당시 비존(Bizone)의 월급은 178 제국마르크(RM)로 증가하였습니다. 따라서 명목임금은 전쟁 전 수준보다 높았습니다. 그러나 물가통제에도 불구하고 물가수준이 전쟁 전보다 높았기 때문에 실질임금은 전쟁 전 수준보다 뚜렷하게 낮은 수준을 유지하였습니다.[132]

1948년 6월의 통화개혁과 경제개혁 이후 임금통제는 처음에는 그대로 유지되었습니다. 1948년 11월 임금통제가 해제된 후에야 비로소 더 높은 임금이 시행될 수 있었습니다. 1949년 서독 산업노동자의 평균 월급은 241독일마르크(DM)였습니다. 이로써 전쟁 전인 1938년보다 45%나 높았습니다. 그러나 생활비가 훨씬 높아 실질임금은 전쟁 전 수준의 86%에 불과했습니다.[133]

---

130 Bundesministerium der Finanzen, Chronologie zur Finanzgeschichte, S. 36; van Scherpenberg, Öffentliche Finanzwirtschaft, S. 355 – 361.

131 Direktive vom 31. Januar 1946. Amtsblatt des Alliierten Kontrollrats in Deutschland, Nr. 3, 31. Januar 1946, S. 40 – 41.

132 Wirtschaft und Statistik, 1 (1949/50), Zahlenteil, S. 35.

133 Statistisches Jahrbuch 1952, S. 405, 412.

3.3.3 자산

국가사회주의 독재 하에서 비자발적 저축이 번성했습니다. 저축은행(Sparkasse), 협동조합은행(Genossenschaftsbank), 상업은행Geschäftsbank)과 1938년에 도입된 우편저축은행(Postsparkasse)의 저축예금은 1932년 말 130억 제국마르크(RM)에서 1944년 말 1050억 (RM)으로 증가했습니다. 여기에 유가증권 투자가 추가되었지만, 물론 국가사회주의 계획경제에서는 엄격하게 제한되었습니다. 대부분의 저축은 전쟁기간 동안 이루어졌습니다.[134] 저축의 큰 증가는 전시경제정책의 결과였습니다. 군비생산에 우선순위를 두어 소비가 대대적으로 제한되었기 때문에 가계에 상당한 비자발적 저축을 남겼습니다. 제1차 세계대전과 달리 정부는 전쟁채권을 발행하지 않고 대신 간접적이고 덜 눈에 띄는 전쟁자금 조달방법을 선택했습니다. 국민들에게 예금계좌에 저축하도록 촉구되었습니다. 신용기관은 대부분의 예금을 정부증권에 투자하도록 의무지워졌습니다. 정부는 저축이 안전한 투자라고 선전했습니다. 물가수준은 정부의 물가통제에 의해 안정적으로 유지되었기 때문에, 억눌린 인플레이션을 통한 저축의 실질적인 평가절하는 즉각적으로 나타나지 않았습니다.[135]

초기 평화기에는 저축에 대한 환상이 지속되었습니다. 국민들은 상당한 예금을 갖고 있었지만, 소비재 배급 때문에 명목상의 부로 할 수 있는 일이 거의 없었습니다. 1947년 말에 3개 서부 점령지역의 예금액은 630억 제국마르크(RM)였습니다.[136] 1948년 6월 금융개혁으로 저축에 대한 각성이 찾아왔습니다. 제대로 작동하는 통화를 만들기 위해 저축과 모든 금전청구권이 대폭 평가절하되었습니다. 국민들은 이제 견고한 독일마르크 (Deutsche Mark/DM)로 예금을 갖게 되었지만 매우 적은 금액이었습니다. 관리경제가 폐

---

134   Deutsche Bundesbank, Geld- und Bankwesen, S. 74, 120, 293.

135   Johannes Bähr, „Dein Sparen hilft dem Führer". Sparen in der Zeit des Nationalsozialismus, in: Robert Muschalla (Hrsg.), Sparen. Geschichte einer deutschen Tugend, Berlin 2018, S. 91 – 106.

136   Deutsche Bundesbank, Geld- und Bankwesen, S. 125.

지된 후 저축의 상당 부분이 오랫동안 결핍됐던 소비재를 구입하기 위해 사용되었기 때문에 저축은 곧 더 줄어들었습니다. 1948년 말 서부 점령지역의 저축액은 16억 독일마르크(DM)에 불과했습니다.[137]

금융자산의 평가절하와 비교할 때 주식에서의 자본전환은 매우 잘 된 경우가 많았습니다. AEG(Allgemeine Elektricitäts-Gesellschaft) 회사는 제국마르크(Reichsmark) 주식의 명목 가치 33%를 독일마르크(Deutsche Mark/DM)로 전환했으며 로버트 보쉬(Robert Bosch GmbH) 회사는 심지어 100% 전환했습니다.[138]

두 차례의 세계대전으로 인한 몰수에도 불구하고 저축자들은 낙담하지 않았습니다. 1948년 6월 통화개혁과 경제개혁에 뒤이은 짧은 소비물결 이후, 국민들은 다시 저축하기 시작했습니다. 1949년 말까지 서부 점령지역 은행시스템의 저축액은 이미 30억 독일마르크(DM)로 증가했습니다.[139]

3.3.4 사회소득

서부 3개 점령지역의 사회보장제도는 바이마르 공화국(Weimar Republik)의 복지국가(Sozialstaat) 전통을 따랐습니다. 사회소득은 주로 사회보험에 의해 제공되었습니다. 서방 연합국이 연합국관리위원회에서 결정한 사회보험개혁을 거부한 후에도 서독에는 실업보험, 건강보험, 연금보험, 산재보험의 제도가 남아 있었습니다. 정부지원은 특수한 분야만을 대상으로 했고, 무엇보다 공무원과 복지를 대상으로 했습니다. 기업이 제공한 사회소득은 기업 연금제도(Altersversorgung)였습니다. 청년세대는 가족 연대(Solidarität)에 의존했습니다. 약간의 정부지원은 부모를 위한 세금감면의 형태로 이루어졌습니다.

---

137   Deutsche Bundesbank, Geld- und Bankwesen, S. 136.

138   Josef Reindl, Wachstum und Wettbewerb in den Wirtschaftswunderjahren. Die elektrotechnische Industrie in der Bundesrepublik Deutschland und in Großbritannien 1945 – 1967, Paderborn 2001, S. 110 – 111.

139   Deutsche Bundesbank, Geld- und Bankwesen, S. 136.

실업보험. 실업보험은 1946년에 지급을 재개했습니다. 실업보험은 임금수준에 따라 제한된 기간 동안 실업수당을 지불했습니다. 보험료의 절반은 근로자가, 절반은 회사에서 지불했습니다. 실업수당은 도움이 필요한 시기에 많은 가정의 생계수단이 되었습니다.[140]

건강보험. 공공의료보험은 소득에 관계없이 모든 시민에게 외래 및 입원치료, 약, 스파 숙박 및 임금대체로서의 병가수당을 보장하는 의료시스템의 핵심이었습니다. 건강보험은 소득이 의무보험 한도액 이상인 근로자를 제외한 모든 근로자와 공무원을 위한 의무보험이었습니다. 건강보험은 분권적으로 조직되었습니다. 일반지역건강보험뿐만 아니라 기업건강보험, 동업조합건강보험, 전통적 광부건강보험, 해상보험 및 직원 및 일부 생산직을 위한 대체보험이 있었습니다. 처음에는 보험료의 3분의 2는 근로자가, 3분의 1은 회사에서 지불했습니다. 1949년 5월 미국과 영국의 비존(Bizone)에서 공공의료보험의 자치가 복원되었습니다. 그 이후로 보험료는 회사와 근로자가 균등하게 납부해야 했습니다.[141]

연금보험. 공공연금보험의 연금은 노후세대에 가장 중요한 생계수단이었습니다. 연금보험은 65세부터 또는 일할 수 없는 경우에 연금을 제공했습니다. 연금금액은 취업기간과 급여금액에 연동되어 있었습니다. 보험료의 절반은 근로자가, 절반은 기업이 부담했습니다. 연금보험이 사실상 기금방식(Kapitaldeckungsverfahren)이 아닌 순환방식(Umlaufverfahren)으로 운영되었습니다. 1948년 6월의 통화개혁으로 연금보험의 축적된 자본은 평가절하되었으나 연금수급권은 진행 중인 보험료에서 조달되었기 때문에 1제국마르크(Reichsmark) 대 1독일마르크(Deutschen Mark)의 비율로 전환될 수 있었습니다. 1949년에 연금이 인상되었고 50 독일마르크(Deutschen Mark/DM)의 최저연금이 도입되

140   Boldorf, Sozialpolitik; Johannes Frerich / Martin Frey, Handbuch der Geschichte der Sozialpolitik in Deutschland. Bd. 3: Sozialpolitik in der Bundesrepublik Deutschland bis zur Herstellung der Deutschen Einheit, 2. Aufl., München 1996, S. 5 – 9.

141   Frerich / Frey, Geschichte der Sozialpolitik, Bd. 3, S. 4 – 5, 63 – 64.

었습니다.

일부 직업에 대한 특별 노후보험제도가 있었습니다. 직업적 노후보장에는 국가연금제도, 농민과 자유직을 위한 노후보장제도, 교회연금기관, 일부 기업이 제공하는 회사연금제도가 포함되었습니다. 기업연금제도에서 연금은 기업의 영업수익에서 직접 자금을 조달했으며 통화개혁 시 대부분 1 제국마르크(Reichsmark) 대 1 독일마르크(Deutschen Mark)의 비율로 전환되었습니다. 그러나 지원보험, 연금보금, 보험회사의 단체보험으로부터의 연금수급권은 제국마르크(Reichsmark) 금액의 10%로 평가절하되었습니다.[142]

산재보험. 산재보험은 산업재해 발생 시 의료, 연금, 유족연금 등을 제공했습니다. 보험은 유사한 직업 위험성을 가진 회사들이 공동운영하는 직업협동조합에서 부담했습니다. 보험료는 오로지 회사들에 의해서만 조달되었습니다.[143]

복지. 복지는 다른 소득이 없을 경우 기본적 보장을 제공하는 책임이 있었습니다. 1938년에 도입된 다자녀 가족을 위한 아동수당(Kindergeld)은 국가사회주의 인구정책의 도구로 간주되었기 때문에 모든 점령지역에서 중단되었습니다. 가족지원은 오직 소득세 감면만이 있었습니다.[144]

---

142 Boldorf, Sozialpolitik; Frerich / Frey, Geschichte der Sozialpolitik, Bd. 3, S. 5–7; Winfried Schmähl, Sicherung bei Alter, Invalidität und für Hinterbliebene, in: Udo Wengst (Hrsg.), Sozialpolitik zwischen Kriegsende und der Gründung zweiter deutscher Staaten. Geschichte der Sozialpolitik in Deutschland seit 1945, Bd. 2/1, Baden-Baden 2001, S. 454–457.

143 Frerich / Frey, Geschichte der Sozialpolitik, Bd. 3, S. 64.

144 Ursula Münch / Gisela Helwig / Barbara Hille, Familien-, Jugend- und Altenpolitik, in: Udo Wengst (Hrsg.), Sozialpolitik zwischen Kriegsende und der Gründung zweier Deutscher Staaten. Geschichte der Sozialpolitik in Deutschland seit 1945, Bd. 2/1, Baden-Baden 2001, S. 656–657; Dagmar Nelleßen-Strauch, Der Kampf ums Kindergeld. Grundanschauungen, Konzeptionen und Gesetzgebung 1949–1964, Düsseldorf 2003, S. 28.

3.3.5 소비

재건 초기에 개인의 소비는 소득과 물가뿐만 아니라 무엇보다도 배급에 의해 결정되었습니다. 개인마다 발행되는 월별 배급카드(Lebensmittelkarte)에는 빵, 감자, 곡식, 우유, 지방, 육류 및 기타 식료품에 대한 항목이 인쇄되어 있었습니다. 구매할 때마다 꼼꼼히 분리하여 구매가격과 함께 지불하였습니다. 식당을 방문하거나 호텔조식을 먹으러 갈 때도 배급표를 사용하는 것이 의무였습니다. 의복, 신발, 가전제품에 대해서도 유사한 원칙에 따라 할당이 이루어졌습니다.[145]

배급 카드에 할당된 배급량은 항상 너무 적었습니다. 1948년 여름까지 초기 평화시기에 항상 존재했던 문제는 굶주림이었습니다. 농업생산은 연합국의 원조 프로그램, 미국의 GARIOA 프로그램 및 영국의 지원으로 보완되었습니다. 그러나 식량은 인구를 충분히 먹일 만큼 충분하지 않았습니다. 영양기준은 1일 칼로리 섭취량으로 측정하였습니다. 1946년에 비농민 인구를 위한 식량배급은 미국 점령지역의 모든 가구에 대해 1인당 평균 1,610 킬로칼로리, 영국 점령지역에서 1,535 킬로칼로리, 프랑스 점령지역에서 1,340 킬로칼로리였습니다. 평균 칼로리 섭취량은 전쟁 전 기준과 비교할 때 미국 점령지역은 55%, 영국 점령지역은 52%, 프랑스 점령지역은 45%로 떨어졌습니다.[146] 라인란트팔츠 (Rheinland-Pfalz)주에서 성인 "평균소비자"(Normalverbraucher)는 1946-1947년에 매주 감자 2.8kg, 빵 1.6kg, 고기 121g, 지방 46g을 받았습니다.[147] 계획경제의 틈새에서 물물교환경제가 발전했습니다. 식품과 인기 있는 상품에 대해 통제가격의 몇 배로 지불되는 "암

---

145 Ludolf Herbst, Von der NS-Kriegswirtschaft zur Sozialen Marktwirtschaft und zur zentralen Planwirtschaft, in: Haus der Geschichte der Bundesrepublik Deutschland (Hrsg.), Markt oder Plan. Wirtschaftsordnungen in Deutschland 1945–1961, Frankfurt 1997, S. 18.

146 Wirtschaftsstatistik der deutschen Besatzungszonen 1945–1949 in Verbindung mit der deutschen Produktionsstatistik der Vorkriegszeit. Dokumente und Berichte des EuropaArchivs, Bd. 3, Oberursel 1948, S. 112.

147 Rothenberger, Hungerjahre, S. 6.

시장"(Schwarzer Markt)도 생겼습니다.

여러 국가에서 개인적으로 기부한 식량으로 많은 가정이 최악의 상황을 완화할 수 있었습니다. "CARE-Pakete"가 가장 유명했습니다. 1947년부터 미국과 캐나다의 여러 복지단체들이 "유럽으로의 미국 송금을 위한 협동조합"(Cooperative for American Remittances to Europe/CARE)을 통해 독일을 포함한 많은 유럽 국가로 "CARE-Pakete"을 보냈습니다. 서독이 건국된 이후에도 1963년까지 "CARE-Pakete"는 도움이 필요한 가족을 지원했습니다.[148]

살 곳을 찾는 것도 많은 사람에게 시급한 문제였습니다. 많은 대도시에서는 주택의 절반 이상이 파괴되었습니다. 중소형 도시와 마을에선 주택 파괴가 덜 심각했습니다. 대도시에서는 인구밀집지역이 교외 별장지역보다 피해가 더 컸습니다. 줄어든 생활공간은 집이 폐허가 된 사람들, 시골 피난처에서 도시로 돌아온 가족, 그리고 무엇보다도 많은 실향민을 수용했습니다.

실향민의 대부분은 농촌지역, 소도시, 마을에 정착했는데, 이는 파괴된 도시보다 숙박이 더 용이하고 식량조건이 상대적으로 더 좋았기 때문입니다. 슐레스비히홀슈타인(Schleswig-Holstein), 니더작센(Niedersachsen), 헤센(Hessen), 바이에른(Bayern)주는 많은 새로운 주민을 수용했습니다. 대부분의 실향민들은 소지품이 거의 없고 돈도 거의 없이 도착했습니다. 수송열차가 도착하면 매일 숙소를 마련하고 음식과 의복, 가구를 조달하고 아이들을 위한 의료와 교육을 조직해야 했습니다.

새로 온 사람들은 원주민과 동등한 대우를 받았고 복지와 식량과 기타 소비재에 대한 배급카드를 받을 자격이 있었습니다. 미국과 영국 점령지역의 군정부는 지역 주민들이 부족한 생활공간을 공유하고 실향민을 받아들여야 한다고 선포했습니다. 그러나 숙소배정은 모든 곳에서 일관되게 수행되지 않았습니다. 독일 관청은 종종 지역주민들의 요구

---

148 Gioia-Olivia Karnagel, CARE. Cooperative for American Remittances to Europe, in: Wolfgang Benz (Hrsg.), Deutschland unter alliierter Besatzung 1945 - 1949/50, Berlin 1999, S. 335 - 336.

를 배려했습니다. 그 결과 많은 실향민 가정이 캠프와 긴급대피소에 수용되었습니다. 수용소를 해체하고 기존 주택에 실향민을 수용하고 가능한 한 빨리 새 건물을 짓기 위해 노력했습니다. 그러나 독일연방공화국이 건국되었을 때 많은 실향민들은 여전히 수용소와 긴급대피소에서 생활하고 있었습니다.[149]

사회학자 힐데 투른발트(Hilde Thurnwald)는 1946년 2월부터 1947년 여름 사이에 파괴된 베를린에서 수행한 연구에서 재건 초기 베를린 가족의 어려움을 보여주었습니다.[150] 많은 가족이 파괴된 집의 보존된 방을 임시 거처로 삼았습니다. 일부는 또한 "이전에는 리젠제(Lietzensee) 또는 쿠르퓌르스텐담(Kurfürstendamm)에 있는 웅장한 다층저택"이었던 서부교외의 빌라에도 배정되었습니다.[151] 주택은 가정마다 한두 개의 방으로 나누어졌습니다. 난방은 첫 평화 시 겨울이었던 1945-1946년엔 충분하였지만 1946-1947년 겨울에는 상황이 악화되었습니다. 보통 방 하나만 난방을 했고 방 온도는 15도 이하로, 때로는 10도 이하로 떨어졌습니다. 많은 가족이 색다른 방식으로 연료를 얻었습니다. 폐허에서 대들보를, 숲에서 나무를, 심지어 기차나 저장고에서 석탄을 훔쳤습니다. 암시장에서 연탄은 50 킬로당 40-50 제국마르크(RM)였습니다. 잦은 정전으로 비상등으로 촛불이 필요했습니다. 대부분의 가정은 식량부족을 겪었습니다. 주택조건뿐만 아니라 식량공급도 두 번째 평화 시 겨울인 1946-1947년에 악화되었습니다. 일상식단은 감자, 빵, 묽은 야채 수프로 구성되었습니다. 고기, 지방, 우유와 신선한 과일은 드물었습니다. 숙련공이나 사무원의 월소득은 일반적으로 소량의 배급식료품 구매로 소진되었습니다. 그러나 그것은 건강과 능률을 유지하기에 충분하지 않았습니다. 다른 가족 구성원이 일정한 수입이 있거나 신고되지 않은 일을 통해 돈을 벌면 암시장에서 구매가 가능했습니다. 자녀를 둔 대부분의 여성은 고용되지 않았습니다. 재건을 위해 일할 의무가 있는 "잔해 여

---

149   Führer, Mieter, Hausbesitzer, Staat und Wohnungsmarkt, S. 350‒370.

150   Hilde Thurnwald, Gegenwartsprobleme Berliner Familien. Eine soziologische Untersuchung an 498 Familien, Berlin 1948.

151   Thurnwald, Gegenwartsprobleme, S. 39.

성"(Trümmerfrauen)은 예외였습니다. 여성의 임무는 무엇보다도 배급경제를 보완하는 데 필수적인 가족경제 조직이었습니다. 생존기술에 대한 개인적 기술 외에도 가족구조는 생활수준에 영향을 미쳤습니다. 특히 어린 자녀를 둔 가정은 어려움을 겪었습니다. 아이들이 나이가 들고 가족소득에 기여할 수 있을 때 상황이 더 유리했습니다. 남편의 죽음 이후 어머니가 홀로 자녀를 양육하는 불완전한 가정은 종종 강한 연대공동체를 형성했습니다. 아이들은 어릴 때부터 책임감을 갖고 하루하루 생존을 위해 최선을 다했습니다. 청소년들이 가족결속에서 떠날 때 일부 가정에서 문제가 발생했습니다. 하지만 그건 예외였습니다. 가족의 건강상태는 제한된 주거환경과 부족한 영양섭취로 인해 종종 열악했습니다.[152]

1948년 여름, 마셜플랜, 통화개혁, 경제개혁으로 더 나은 소비재공급으로의 전환이 시작되었습니다. 가장 중요한 기본식량은 계속 배급되었고 가격유지가 적용되었습니다. 그러나 많은 소비재에 대한 배급제와 가격유지제는 폐지되었습니다. 이것은 과일과 채소, 특히 의류와 신발 같은 산업소비재에 해당됐습니다. 당시 사진에는 오랫동안 사라졌던 소비재를 진열하고 있는 상점 쇼윈도 앞에 모인 어른들과 아이들의 모습이 담겨 있습니다. 그러나 상점 쇼윈도 앞에 서 있던 모든 사람이 그들이 본 것을 살 수 있었던 것은 아닙니다. 가격유지가 해제된 후 가격이 크게 상승했습니다. 임금이 1948년 10월까지 고정되어 있었기 때문에 유혹적인 소비재를 많은 가정에서는 감당할 수 없었습니다.[153] 미군정이 실시한 여론조사는 가계관리의 극적인 변화를 보여줍니다. 초기 평화기에는 대부분의 응답자가 식량, 의복 또는 신발을 얻는 것이 가장 큰 관심사라고 말했습니다. 통화개혁과 경제개혁 이후 절대다수의 응답자가 돈 걱정을 가장 시급한 문제로 꼽았습니다.[154]

통화개혁, 경제개혁, 마셜플랜 등으로 높아진 기대와 물가상승, 임금정체, 증가하는

---

152 Thurnwald, Gegenwartsprobleme, S. 38 – 95.

153 Trittel, Hunger und Politik, S. 182 – 210; Wildt, Der Traum vom Sattwerden, S. 65 – 75.

154 Anna J. Merritt / Richard L. Merritt, Public opinion in occupied Germany. The OMGUS Surveys, 1945 – 1949, Urbana IL 1970, S. 15 – 17.

실업률이란 일상적 경험과의 간극은 사회불안으로 이어져 결국 1948.11.12 총파업으로 이어졌습니다.[155] "프랑크푸르트 행정부"(Frankfurter Verwaltung)는 시장경제를 위한 근본적인 결정을 수정하기를 거부했습니다. 하지만 시장개입으로 가격상승 억제를 시도하였습니다. 공개가격표는 소비자를 위한 시장투명성을 개선하였습니다. 바가지가격(Preiswucher)은 처벌 가능한 범죄가 되었습니다. 그러나 법은 소수의 경우에만 적용되었습니다. 국영 공공재 수집회사(Staatliche Erfassungsgesellschaft für öffentliche Güter/StEG)는 독일군대의 재고품과 더 이상 필요하지 않은 미군의 재고품과 특히 섬유와 신발을 저렴한 가격으로 시장에 가져왔습니다. 1948년 11월 경제청이 조직한 "만인사업"(Jedermann-Programm)은 의류, 신발 등 생활용품을 합리적인 가격으로 가정에 제공하기 위한 것이었습니다. 규정된 가격으로 표준화된 "만민상품"(Jedermannswaren) 생산에 의무지워진 기업은 무엇보다 마셜플랜으로 수입된 원자재 공급에 있어 특혜를 받았습니다. 따라서 시장은 국가적 개입에 의해 일시적으로, 상당한 정도로 조정되었습니다. 그러나 1949년 봄에, 인플레이션이 끝난 후, "만인사업"과 기타 가격통제 조치의 의미는 사라졌습니다.[156]

당시의 예산기록은 식량지출의 중요성을 보여줍니다. 주택관리로 인하여 주거비용은 많이 들지 않았습니다. 그러나 임대료 외에도 난방과 전기 비용은 여전히 상대적으로 높았습니다. 평균적으로 1949년의 모든 가구는 수입의 40%를 식료품에, 16%를 주택, 난방과 전기에, 11%를 의류에, 5%를 가정용 가구에 사용했습니다. 교통, 개인위생 또는 레저 같은 다른 모든 용도에는 예산의 28%가 남았습니다.[157]

155　Beier, Der Demonstrations- und Generalstreik.

156　Gioia-Olivia Karnagel, Jedermann-Programm, in: Wolfgang Benz (Hrsg.), Deutschland unter alliierter Besetzung 1945-1949, 10. Aufl., Berlin 2009, S. 351-353.

157　Statistisches Jahrbuch 1952, S. 446-447.

4. 소련 점령지역의 재건

4.1 경제질서

소련정부는 소련의 점령지역에서 독일공산당(KPD)과 1946년부터는 독일사회주의통일당(SED)의 지원을 받아 자본주의 경제를 국가사회주의적 계획경제로 전환했습니다. 전환의 본질적인 요소는 대부분의 산업과 금융부문의 국유화, 토지개혁, 계획경제의 확장이었습니다. 경제질서의 형성에 관한 정치적 논쟁은 허용되지 않았습니다. 그 길은 소련 군정부와 독일공산당(KPD)과 1946년부터는 SED에 의해 설정되었습니다.[158]

사회화. 1945년 여름 이후 소련 점령지역의 많은 산업기업(Industrieunternehmen)이 국유화되었습니다. 1946년 2월 작센(Sachsen)주에서 산업기업몰수법(Gesetz zur Enteignung der Industriebetriebe)에 대한 주민투표가 실시되었습니다. 산업기업몰수법은 광범위한 지지를 받았습니다. 작센(Sachsen)주 주민투표는 선례로 선언되어 다른 주들(Ländern)과 지방들(Provinzen)에서는 산업기업이 더 이상의 추가 주민투표 없이 주법에 의해 몰수되었습니다. 몰수된 기업의 대부분은 주와 지방의 소유가 되었고 일부는 마을 소유가 되기도 했습니다.[159]

제국은행(Reichsbank)은 해체되었고 상업은행, 저축은행, 협동조합은행, 민간과 공공 주택은행은 폐쇄되었습니다. 1945년 5월 9일 이전의 은행계정과 자산은 동결되었습니다. 1945년 8월에 주립은행(Landesbank) 또는 지방은행(Provinzialbank)이 주 및 지방에 공기업으로 설립되었습니다. 이 은행들은 주정부나 지방정부의 감독하에 금전과 신용거래를 규제하고 새로 설립된 신용기관의 지로센터(Girozentrale) 역할을 할 뿐만 아니라 기업과 주

---

158   Boldorf, Planwirtschaft, S. 133 – 164; Steiner, Von Plan zu Plan, S. 39 – 49.

159   Boldorf, Planwirtschaft, S. 140 – 149; Wolfgang Mühlfriedel / Klaus Wießner, Die Geschichte der Industrie der DDR bis 1965, Berlin 1989.

민과의 은행거래도 담당했습니다. 포츠담의 공동 지로센터(Girozentrale)는 전체 소련 점령지역을 위한 출입금결재(Zahlungsverkehr)를 중재해야 했습니다.[160] 몇 개월의 중단 후에 저축은행과 협동조합은행이 새롭게 설립되었습니다. 일부 민간은행도 재개가 허용되었으나 1952년까지 국유화되었습니다.[161]

베를린의 상황은 특별했습니다. 1945년 5월 말, 베를린시은행(Berliner Stadtkontor)이 처음으로 베를린의 유일한 은행으로 설립되었습니다. 베를린시은행은 서부구역(Westsektoren)에서도 운영되었습니다. 3개 서방 연합국의 군사령관은 1945년 7월 자신의 구역에서 행정을 인계받을 때 시은행(Stadtkontor)의 지위를 인정했습니다. 시은행은 베를린시청이 관할하였습니다. 베를린시은행은 심하게 손상된 도시에서 다양한 은행서비스를 제공했습니다. 베를린의 소련 구역에서 시은행은 소련 점령지역의 주와 지방의 주은행과 지로센터와 유사한 공적 기능을 가졌습니다. 1945년 8월 베를린시의 저축은행은 영업을 재개할 수 있었고, 1946년에는 이전에 개별 도시구역에 존재했던 국민은행(Volksbank)의 후속 기관으로 베를린 국민은행(Berliner Volksbank)이 설립되었습니다.[162]

은행과 마찬가지로 보험회사도 1945년 7월 소련 군정부에 의해 폐쇄되었습니다. 주와 지방의 국영보험회사는 공기업 형태의 새로운 보험기관으로 설립되었습니다. 1947년에 브란덴부르크(Brandenburg)와 작센안할트(Sachsen-Anhalt)의 두 지방보험회사는 주보험회사로 이름이 변경되었습니다. 주와 지방 보험회사는 개인보험, 재산보험 및 책임보험의 완전한 프로그램을 제공했습니다. 해체된 보험회사에서 생명보험 청구는 제한적으로 인정되었고 새로운 주와 지방 보험회사에 의해 처리되었습니다.[163]

---

160   Pollems, Bankplatz Berlin, S. 73 – 81.

161   Günther Kohlmey / Charles Dewey, Das Geldsystem der Deutschen Demokratischen Republik. Gesetzessammlung und Einführung, Berlin 1956; H. Jörg Thieme, Notenbank und Währung in der DDR, in: Deutsche Bundesbank (Hrsg.), Fünfzig Jahre Deutsche Mark. Notenbank und Währung in Deutschland seit 1948, München 1998, S. 610 – 612.

162   Pollems, Bankplatz Berlin, S. 51 – 73.

163   Betriebsgeschichte der Staatlichen Versicherung der DDR, Teil I, 1945 – 1952, Berlin 1985; Heinrich

토지개혁. 1945년 9월 소련 점령지역에서 전면적인 토지개혁이 실시되었습니다. 100 헥타르 이상의 농장과 국가사회주의 고위당원 소유의 모든 농장은 보상 없이 몰수당했습니다. 땅은 대부분 5-10헥타르 규모의 소규모 농지로 나뉘어 농업노동자와 실향민 (Vertriebene)-공식 용어로 "이주민"(Umsiedler)-에게 주어졌습니다. 국유농장은 몰수된 토지의 일부로 형성되었으며, 나중에는 모범농장 역할을 하게 될 "인민고유재"(Volkseigene Güter)로 불렸습니다.

토지개혁은 수많은 새로운 농장의 출현을 가져왔습니다. 800,000명 이상의 자영 농민들이 계획경제에 통합되어야 했습니다. 토지개혁을 통해 땅을 받은 신규농부들 (Neubauern)은 주거용건물, 농장건물, 농기구, 가축구입에 있어 약간의 국가지원을 받았습니다. 그러나 많은 신규농부들은 할당된 소량의 농지로는 매우 검소한 생활 수준만을 달성할 수 있었습니다.[164]

경제계획. 생산수단의 사회화와 함께 중앙계획(zentrale Planung)은 국가에 경제에 대한 광범위한 통제권을 부여했습니다. 불분명하고 불확실한 경제상황에서는 장기적 계획을 위한 전망이 불가능했기 때문에 소련군정은 처음엔 단기적인 사분기별 계획을 작성했습니다. 1947년 6월 독일경제위원회(Deutsche Wirtschaftskommission)가 설립되었습니다. 독일경제위원회의 임무는 소련군정의 지시에 따라 소련 점령지역에 대한 생산계획과 분배계획의 수립과 실행, 원자재, 중간제품, 완제품 확보, 광업, 전기와 석유 관리통제였습니다.

1948년 2월 독일경제위원회의 지위가 강화되었습니다. 독일경제위원회는 자체적 결

Bader, Hg., Die staatliche Versicherung in der DDR. Sach-, Haftpflicht- und Personenversicherung, 3. Aufl., Berlin 1980, S. 497–507; Barbara Eggenkämper / Gerd Modert / Stefan Pretzlik, Die staatliche Versicherung der DDR. Von der Gründung bis zur Integration in die Allianz, München 2010.

164 Arnd Bauerkämper (Hrsg.), „Junkerland in Bauernhand"? Durchführung, Auswirkungen und Stellenwert der Bodenreform in der Sowjetischen Besatzungszone, Stuttgart 1996; Boldorf, Planwirtschaft, S. 138–140; Elke Scherstjanoi, SED-Agrarpolitik unter sowjetischer Kontrolle 1949–1953, München 2007.

정권을 가진 중심적 행정부로서 이전까지의 중앙행정부와 주경제부처 상위에 위치했습니다. 1948년 봄, 독일경제위원회는 1948년 하반기를 위한 6개월 계획과 1949-1950에 대한 2개년 계획을 작성했습니다.[165]

계획의 통계적 기반은 1945년 10월에 설립된 중앙통계청에 의해 만들어졌습니다. 중앙통계청은 대부분 국가사회주의 계획당국이 수집한 문서를 기반으로 업무를 수행했습니다. 노동력, 원자재, 에너지공급에서 완제품에 이르기까지 통계를 작성하는 것은 컴퓨터 시대 이전에는 비록 그것이 항상 정확하지는 않았지만 존경할 만한 노고였습니다.[166]

통화개혁. 1948년 초까지 소련정부는 4개 점령지역에 대한 공동의 통화개혁이라는 목표를 추구했습니다. 1948년 3월 초 서부 점령지역에 독일주은행(Bank deutscher Länder)이 설립되어 전체 독일을 위한 중앙은행 프로젝트에 기대가 무산되자, 같은 달에 소련 점령지역에선 중앙은행으로 "발권과 지로은행"(Deutsche Emissions- und Girobank)이 설립되었습니다. 그러나 당시에도 유효했던 제국마르크(Reichsmark) 지폐는 발행되지 않았습니다.

1948년 6월 서독의 통화개혁으로 서독에서 무효가 된 제국마르크(Reichsmark)가 국경을 넘어 소련 점령지역으로 들어가 여전히 그곳에서 사용될 수 있었기 때문에 소련 군정은 궁지에 몰렸습니다. 1948년 6월 24일, 서독의 통화개혁 며칠 후, 제국마르크(Reichsmark)는 소련 점령지역에서 독일마르크(Deutsche Mark/DM)로 대체되었습니다. 임금, 물가 및 기타 경상계정 지급액은 서부 점령지역에서와 같이 1 제국마르크에서 1 독일마르크로 전환되었습니다. 금융 자산은 100 제국마르크 대 10 독일마르크의 비율로 평가절하되었습니다.

---

165 Andreas Malycha, Die Staatliche Plankommission (SPK) und ihre Vorläufer 1945 bis 1990, in: Dierk Hoffmann (Hrsg.), Die zentrale Wirtschaftsverwaltung in der SBZ/DDR. Akteure, Strukturen, Verwaltungspraxis. Wirtschaftspolitik in Deutschland 1917–1990, Bd. 3, Berlin 2016, S. 17–31.

166 Rainer Fremdling, Wirtschaftsstatistik und der Aufbau der Planwirtschaft, in: Dierk Hoffmann (Hrsg.), Die zentrale Wirtschaftsverwaltung in der SBZ/DDR. Akteure, Strukturen, Verwaltungspraxis. Wirtschaftspolitik in Deutschland 1917–1990, Bd. 3, Berlin 2016, S. 216–248.

초기 기부금으로 각 가구는 1 독일마르크당 1 제국마르크 비율로 1인당 70 마르크를 받았습니다. 소련군정은 서방 연합국들의 통화개혁에 놀랐고 아직 새로운 지폐를 준비하지 못했습니다. 따라서 제국마르크 지폐에 우선 새로운 통화 역할을 하는 쿠폰을 부착하여 표시하였습니다. "발권과 지로은행"(Deutsche Emissions - und Girobank)은 독일중앙은행(Deutsche Notenbank)으로 개명되었습니다. 독일중앙은행은 7월 25일부터 28일까지 새 돈을 발행했습니다. 1948년 6월의 이중 통화개혁 이후 점령지 독일은 두 개의 통화지역으로 분할되었습니다.[167]

노동관계. 소련군정은 이미 1945년 6월 10일 노동조합 설립을 승인했습니다. 그 결과 주와 지방에서 수많은 기업노동조합과 결사체가 생겨났습니다. 1946년 관리평의회법(Kontrollratsgesetz)에 따라 직장평의회(Betriebsrat)가 설립되었습니다. 1946년 2월, 자유독일노동조합연맹(Freie Deutsche Gewerkschaftsbund/FDGB)이 소련 점령지역의 중앙협회로 설립되었습니다. 노조지도부에 대한 민주적 선거는 허용되지 않았습니다. 지도적 자리는 공산당(KPD)과 나중에는 독일사회주의통일당(SED)이 차지했습니다. 직장평의회는 1947년에 폐지되었고 자유독일노동조합연맹(FDGB)과 마찬가지로 독일사회주의통일당(SED)의 영향을 받는 직장노조 지도자들로 대체되었습니다. 통합노동조합의 주된 임무는 당과 국가의 정책을 지원하고 노동자들을 국가사회주의 계획경제에 통합시키는 것이었습니다.[168]

임금과 월급은 자본과 노동의 대표들이 협상하는 것이 아니한 국가가 확정했습니다.

167　Karsten Broosch, Die Währungsreform 1948 in der sowjetischen Besatzungszone Deutschlands. Eine Untersuchung zur Rolle des Geldes beim Übergang zur sozialistischen Planwirtschaft in der SBZ/DDR, Herdecke 1998.

168　Christoph Kleßmann, Arbeiter im „Arbeiterstaat" DDR. Deutsche Traditionen, sowjetisches Modell, westdeutsches Magnetfeld (1945 bis 1971), Bonn 2007, S. 102 - 129; Werner Plumpe, Arbeitsorganisation zwischen sowjetischem Muster und deutscher Tradition - die Industriellen Beziehungen, in: André Steiner (Hrsg.), Überholen ohne Einzuholen. Die DDRWirtschaft als Fußnote der Geschichte? Berlin 2006, S. 74 -75.

독일경제위원회 주도로 1948년에 노동조합지도부와 기업운영진이 동수로 구성된 임금위원회가 기업에 설치되었습니다. 임금위원회는 계획이 요구하는 임금과 근로자의 요구 사이에서 균형을 찾아야 했습니다.[169]

4.2 생산

4.2.1 노동

교육. 유치원에서의 공적 유아교육은 소련 점령지역에서 규칙이 되었습니다. 공적 유아교육은 조직적으로는 청소년복지에서 분리되어 교육시스템으로 통합되었습니다. 1949년 8월 독일사회주의통일당(SED)이 결정한 학교정책지침에 따르면, 유아를 위한 공교육은 "학교교육의 유기적인 예비단계"가 되어야 했습니다.[170] 국가적으로 조직된 일반적인 유아교육은 사회적 분화를 상쇄하기 위한 것이기도 했지만, 어린 시절부터 청소년들을 세뇌시키는 역할도 했습니다.

소련 점령지역에서는 전통적인 다단계 학교시스템이 채택되었지만, 1946년 교육개혁이 시행되어 교육경로를 보다 투명하게 만들었습니다. 이러한 변화는 바이마르 공화국 시대의 개혁안과 일치했습니다. 부유하고 교육받은 중산층 출신이 아닌 아이들이 더 나은 교육기회를 가질 수 있도록 중등학교로의 진학이 연기되었습니다. 8년제 초등학교는 7세에서 14세 사이의 모든 어린이들을 위한 의무교육이 되었습니다. 중등학교로 4년제 고등학교를 졸업할 수 있었습니다. 중학교는 폐지되었습니다.

---

169   Peter Hübner, Das Tarifsystem der DDR zwischen Gesellschaftspolitik und Sozialkonflikt, in: Karl Christian Führer (Hrsg.), Tarifbeziehungen und Tarifpolitik in Deutschland im historischen Wandel, Bonn 2004, S. 249 – 257; Kleßmann, Arbeiter im „Arbeiterstaat", S. 664.

170   Zitiert nach Gert Geißler, Geschichte des Schulwesens in der Sowjetischen Besatzungszone und in der Deutschen Demokratischen Republik 1945 bis 1962, Frankfurt 2000, S. 248.

노동계급과 소농가정 자녀들의 대학진학을 촉진하기 위하여, 1949년 대학수업 준비를 위한 "노동자와 농민학부"(Arbeiter- und Bauernfakultät)가 대학에 신설되었습니다. 그러나 개인의 접근기회 개선이 긴 교육경로의 일반적인 개방이 되어서는 안되었습니다. 아비투어(Abitur)까지의 고등학교와 그 이후의 대학교육은 소수의 어린이와 청소년만이 참여하는 특수한 교육경로로 남아 있었습니다.[171]

취업. 1946년 연합국관리위원회가 공포한 노동의무는 오직 소련 점령지역과 베를린의 4개 구역에서만 시행되었습니다. 따라서 여성의 노동참여는 전쟁 전 기간보다 더 높았으며, 또한 서부 점령지역보다 더 높았습니다(표 3). 대도시에서는 수천 명의 여성들이 전쟁의 잔해를 치우는 일을 도왔습니다. 1946년 말 베를린에서는 청소작업에 40,000명의 "잔해여성"(Trümmerfrauen)이 고용되었습니다. 1947년 말에는 그 수가 21,000명으로 줄었습니다. 전체 취업자수에서 "잔해여성"은 소수였습니다. 1946년 12월 베를린에는 130만 명의 노동자가 있었고 그중 164,000명이 베를린 건설산업에 종사했습니다.[172] 전통적으로 여성고용이 적은 건설업에 여성의 취업은 큰 변화를 의미했습니다. 남성 근로자 부족으로 인한 예외로 간주되었습니다. 특히 "잔해여성"의 노고가 높이 평가되었습니다. 그 당시에 "남자가 파괴하는 것을 여자는 재건한다"라는 말이 회자되었습니다.[173] 나중에 역사적 기억 속에서 "잔해여성"은 동독과 서독에서 초기 재건기의 신화가 되었습니다.[174]

171 Geißler, Geschichte des Schulwesens, S. 264–267; Lenhardt / Stock, Bildung, Bürger, Arbeitskraft, S. 148–150.

172 Arnold, Der Arbeitsmarkt in den Besatzungszonen, S. 45–47.

173 Irmgard Weyrather, „Was Männer zerstören, bauen Frauen wieder auf". Frauenarbeit am Bau in den Trümmerjahren, in: Arno Klönne / Hartmut Reese / Irmgard Weyreuther / Bernd Schmitt (Hrsg.), Hand in Hand. Bauarbeit und Gewerkschaften. Eine Sozialgeschichte, Köln 1989, S. 280–295.

174 Leonie Treber, Mythos Trümmerfrauen. Von der Trümmerbeseitigung in der Kriegs- und Nachkriegszeit und der Entstehung eines deutschen Erinnerungsortes, Essen 2014.

표 3. 동독의 여성고용 1939-1947(퍼센트)

	1939년 5월	1947년 12월
소련 점령지역	32	41
베를린	39	44

출처: Anteil der Frauen an den unselfständigBeschäftigten. Charlotte Arnold, Der Arbeitsmarkt in den Besatzungszonen, in: DeutschesInstitutfürWirtschaftsforschung (Hrsg.), Wirtschaftsprobleme der Besatzungszonen, Berlin 1948, S. 60.

4.2.2 기업

토지개혁, 대기업 국유화, 은행과 보험회사 폐쇄의 결과로 소련 점령지역에는 이질적인 경제구조가 생겼습니다. 농업에는 몰수되지 않은 중형 농장과 토지개혁으로 생겨난 수많은 소규모 농장이 있었습니다. 대기업은 주와 지방 또는 마을의 국유기업으로 전환되었습니다. 소매 부문에는 새로 설립된 수많은 개인상점과 소비자협동조합이 있었습니다. 1948년에 국영상점(Staatliche Handelsorganisation/HO)이 창설되어 매장에서 배급과 무관한 탐나는 상품들을 과도하게 높은 가격에 판매했습니다. 국영상점(HO)은 레스토랑도 운영했습니다. 금융 부분에서는 은행이 폐쇄된 후 새로운 주은행이나 지방은행, 새로운 저축은행과 협동조합은행이 설립되고, 약간의 민간은행도 생겼습니다. 상업은행과 마찬가지로 보험회사도 해체되고 지역적인 주보험회사로 대체되었습니다. 특별한 형태의 기업은 소련이 몰수한 소련 주식회사였습니다.

1947년 소련 점령지역의 경제정책 중앙기관으로 독일경제위원회가 설립된 후 국영부문이 새롭게 조직되었습니다. 주 소유 기업과 일부 마을이 관리하던 기업은 국영기업(Volkseigene Betrieb/VEB)으로 지정되어 경제위원회의 통제를 받게 되었습니다. 수많은 국유기업의 계획과 통제를 단순화하기 위해 경제위원회와 기업 사이의 중계기관으로 비슷한 유형의 모든 생산공장들이 소속된 새로운 국영기업(VVB)협회가 만들어졌습니다;

1948년 말에는 총 1,631개 기업과 75개 국영기업 협회가 있었습니다.[175]

소유권의 전화의 표본적인 예는 소련 점령지역에서 오랜 전통을 가진 차량제조기업에서 볼 수 있습니다. 자동차산업의 거의 모든 기업이 국유화되었습니다. 국유화된 기업은 1948년 차량제조기업청(Industrieverwaltung Fahrzeugbau/IFA)에 통합되었습니다. 개별기업은 처음에는 전통적인 이름을 유지했습니다. 동독 자동차생산의 중심은 1932-1933년에 Audi, DKW, Horch와 Wanderer 자동차 회사들이 쯔비카우(Zwickau)와 쯔쇼파우(Zschopau)에 공장을 두고 설립한 자동차연합(Auto-Union)이었습니다. 자동차연합(Auto-Union)은 Audi, Horch, DKW 자동차공장으로 분할되었습니다. Wanderer 브랜드는 사라졌습니다. 국유화된 상용차량 제조업체는 켐니츠(Chemnitz) 근처 하이니첸(Hainichen)에 있던 프라모(Framo)와 지타우(Zittau)에 있던 페노멘(Phänomen)이었습니다. 또한 트랙터, 농업용 트랙터, 자전거 공장과 수많은 부품업체가 차량제조기업에 속했습니다. 오직 소수의 차량제조업체만이 개인소유로 남았습니다. 예외 중 하나는 버스를 제조하는 프라이셔(Fleischer) 회사였습니다. 차대와 엔진은 다른 회사에서 공급받았습니다.[176]

배상의무의 일환으로 소련정부는 1946년 중요한 산업기업을 해체하지 않고 소련 점령지역에 남겨두고 소련 경제를 위해 사용하기로 결정했습니다. 몰수된 산업기업은 "소련주식회사"(Sowjetische Aktiengesellschaften/SAG)로 전환되었습니다. "소련 주식회사"(SAG)는 소련의 국가자산이었으며 소련 각료회의 소속의 특별한 관청에서 관리했습니다. 그들은 소련의 지시에 따라 소련을 위한 배상품을 생산하기로 되어 있었습니다. 무엇보다도 화학산업, 전기산업, 에너지산업, 자동차제조 및 중공업이 해당되었습니다. 화학산업에

---

175 Wolfgang Mühlfriedel / Klaus Wießner, Die Geschichte der Industrie der DDR bis 1965, Berlin 1989, S. 47–59.

176 Peter Kirchberg, Plaste, Blech und Planwirtschaft. Die Geschichte des Automobilbaus in der DDR, 3. Aufl., Berlin 2005; Wolfgang Schröder, AWO, MZ, Trabant und Wartburg. Die Motorrad- und PKW-Produktion der DDR.

서 이전 IG Farben의 공장은 소련 주식회사가 되었습니다.[177] 차량제조산업에서는 아이젠나흐(Eisenach)에 있던 바이에른 자동차공장(Bayrischen Motorenwerke AG) 지점과 슐(Suhl)에 있던 심슨공장(Simson-Werke)은 소련 주식회사 "Awtowelo"로 전환되었습니다. 기관차 제조공장 베르다우(Werdau) 또한 짧은 기간 동안 소련 주식회사였습니다.[178] 소련 주식회사의 주요 업무는 소련에 배상품을 전달하는 것이었습니다. 그러나 생산량의 일부는 동독경제 재건에도 사용되었습니다.

4.2.3 재건

소련 점령지역의 산업구조는 제조산업으로 형성되었습니다.[179] 엘베(Elbe)강과 오데르(Oder)강 사이의 산업유산에는 무엇보다도 비터펠트(Bitterfeld), 메르제부르크(Merseburg)와 피에스테리츠(Piesteritz) 주변 지역의 화학산업과 기계공학, 섬유산업, 의류산업, 차량제조, 정밀기계와 광학산업이 포함되었습니다. 루르(Ruhr)지역과 상부 슐레지아(Oberschlesien)에서 석탄과 철강을 끌어온 중부독일 산업의 역사적 유대는 동부 영토의 분리와 독일 분할로 인해 끊어졌습니다. 따라서 석탄과 강철은 재건의 걸림돌이었습니다. 작센(Sachsen)에는 갈탄과 소량의 석탄 채굴만 있었습니다.[180] 철강산업에는 상대적으로 작은 제련소와 선철공급에 의존하는 몇 개의 압연공장만 있었습니다.[181] 동독산업은 서독산업보다 공습의 영향을 다소 덜 받았습니다. 동독산업의 고정자산은 1936년보다 1945

---

177 Friederike Sattler, Unternehmensstrategien und Politik. Zur Entwicklung der mitteldeutschen Chemieindustrie im 20. Jahrhundert, in: Hermann-Josef Rupieper / Friederike Sattler / Georg Wagner-Kyora (Hrsg.), Die mitteldeutsche Industrie und ihre Arbeiter im 20. Jahrhundert, Halle 2005, S. 144-149.

178 Kirchberg, Plaste, Blech und Planwirtschaft, S. 37-47, 93.

179 Hans Barthel, Die wirtschaftlichen Ausgangsbedingungen der DDR. Zur Wirtschaftsentwicklung auf dem Gebiet der DDR 1945-1949/50, Berlin 1979.

180 Heinz Kaschade, Kohle- und Energiewirtschaft in der Sowjetisch Besetzten Zone 1945 bis 1949, Berlin 2015.

181 Helmut Kinne, Geschichte der Stahlindustrie der Deutschen Demokratischen Republik, Düsseldorf 2002.

년에 23% 증가한 것으로 추정됩니다.[182]

소련 점령지역은 서부 점령지역보다 훨씬 더 많은 배상금을 지불해야 했습니다. 배상을 목적으로 수많은 생산시설이 해체되었습니다. 해체의 결과 소련 점령지역 산업의 고정자산이 크게 감소했습니다. 당시 가능했던 소액 투자로는 손실을 보상할 수 없었습니다. 1948년 산업의 고정자산은 1938년 수준의 74%에 불과했습니다. 철도선로의 해체로 운송망이 크게 약화되었습니다. 또한 기존 재고에서 수많은 기관차와 열차가 소련으로 인도되었습니다. 차량 인도로 인해 도로에서 화물 운송능력이 감소했고, 내륙항해와 해상운송은 선박의 인도로 인해 심각하게 제한되었습니다.[183]

많은 산업기업의 해체와 소련 주식회사로의 전환으로 인한 손실에도 불구하고, 소련 군정은 점령국의 수요를 확보하고 주민의 식량과 의복, 생활용품, 가구와 같은 산업소비재의 공급을 개선하기 위해 경제 재건을 추구하였습니다.[184]

식량부족은 오랫동안 재건의 걸림돌이었습니다. 토지개혁 이후 동독의 농업은 토지개혁으로 만들어진 많은 소규모 농장을 비롯하여 거의 모두 가족농장이었습니다. 새로운 농업으로 인한 수익은 대부분 생계를 유지하기 위해 쓰였고 대부분의 수입이 필요했고 약간의 이익만을 남겼습니다. 농장의 개별 상황에 따라 결정되는 납부의무는 식량과 농산물원료의 최소한의 공급을 보장해야 했습니다. 생산을 늘리기 위한 인센티브로 농부

182 Rainer Karlsch, Die Reparationsleitungen der SBZ/DDR im Spiegel deutscher und russischer Quellen, in. Karl Eckart / Jörg Roesler (Hrsg.), Die Wirtschaft im geteilten und vereinten Deutschland, Berlin 1999, S. 11.

183 Rainer Karlsch, Allein bezahlt? Die Reparationsleistungen der SBZ/DDR 1945–53, Berlin 1993; Karlsch, Reparationsleistungen, S. 9–30; Jochen Laufer, Politik und Bilanz der sowjetischen Demontagen in der SBZ/DDR 1945–1950, in: Rainer Karlsch / Jochen Laufer (Hrsg.), Sowjetische Demontagen in Deutschland 1944 bis 1949. Hintergründe, Ziele und Wirkungen, Berlin 2002, S. 31–77; Steiner, Von Plan zu Plan, S. 31.

184 Lothar Baar / Simone Winkler / Horst Barthel / Waltraud Falk / Katrin Rheder / Jörg Roesler, Die Gestaltung der Industriezweigstruktur der DDR durch die Partei der Arbeiterklasse und der staatlichen Organe, in: Jörg Roesler (Hrsg.), Industriezweige in der DDR 1945 bis 1985, Berlin 1989, S. 7–8.

들은 초과생산분을 정상보다 높은 가격에 판매할 수 있었습니다. 1948년부터 계획당국은 생산에 더 큰 영향력을 미치기 위해 농부들에게 경작계획을 요구했고, 당국은 이를 통제하고 수정할 수 있었습니다. 1946년 1인당 농업생산량은 1936년 전쟁 전 수준의 50%에 불과했고 1947년에는 전쟁 전 수준의 46%로 계속 감소했습니다. 그 후 상황은 점차 개선되어 1948년 국민 1인당 생산량이 전쟁 전 수준의 55%, 1949년 65%로 증가했습니다.[185]

산업 부문에서는 종종 파괴된 생산 장비를 복원하고 해체된 장비를 교체하여 생산을 시작했습니다. 재건을 위한 주요 에너지원이었던 갈탄광산은 전쟁피해가 적었지만 컨베이어 장비의 상당 부분이 배상금으로 인도되어 교체해야만 했습니다.[186] 자동차 부문에서는 자동차연합(Auto-Union)에 속했던 공장들은 해체되었지만 다시 재건되었습니다. 전쟁 전에 고급 리무진으로 유명했던 츠비카우(Zwickau)의 호르흐(Horch) 공장은 트럭을 제조했습니다. DKW(Dampf Kraft Wagen) 브랜드의 잘 알려진 소형차는 아우디(Audi) 공장에서 제조되었습니다. 츠쇼파우(Zschopau)에 있는 DKW 공장은 오토바이 생산에만 국한되었습니다. 아이제나흐(Eisenach)에 있던 이전 BMW 공장에는 더 유리한 생산조건이 있었는데, 소련 주식회사로서 주로 원자재, 중간제품과 에너지를 공급받았습니다.[187] 새로운 생산 부문은 1946년 소련이 주문한 우라늄 채굴이었습니다. 비스무트(Wismut AG) 광산회사는 소련 소유였습니다. 우라늄의 군사적 중요성 때문에 동독의 계획당국은 비스무트(Wismut AG) 광산회사에 노동자를 할당하고 우선적으로 자재와 에너지를 공급해야 했습니다.[188]

185　Barthel, Die wirtschaftlichen Ausgangsbedingungen, S. 163; Helga Kanzig / Hans Müller / Rolf Stöckigt (Hrsg.), Zur Wirtschaftspolitik der SED. Bd. 1, 1945 bis 1949, Berlin 1984, S. 205–207; Scherstjanoi, SED-Agrarpolitik, S. 47–77.

186　André Steiner, Bergbau in der DDR – Strukturen und Prozesse, in: Dieter Ziegler (Hrsg.), Geschichte des deutschen Bergbaus, Bd. 4, Münster 2013, S. 309–312.

187　Kirchberg, Plaste, Blech und Planwirtschaft, S. 21–133.

188　Rainer Karlsch, Uran für Moskau. Die Wismut – eine populäre Geschichte, Berlin 2007.

식량공급 부족은 모든 부문에서 낮은 노동생산성의 주요 원인으로 간주되었습니다. 1946년 산업생산은 1936년 수준의 43%에 불과했습니다.[189] 그러나 재건의 걸림돌은 독일의 분단과 석탄과 철강 부족의 결과이기도 했습니다. 소량의 석탄숯(Steinkohle Koks)은 루르 지역에서 계속해서 얻을 수 있었습니다. 폴란드와 소련으로부터의 석탄, 철광석, 선철 수입이 점차 진행되기 시작했습니다.[190] 1947년 산업생산은 1936년 수준의 51%로 증가했습니다.[191]

독일경제위원회는 1948년부터 계획을 개선하기 위해 노력해 왔습니다. 1948년 하반기의 반년 계획과 1949-1950년의 2개년 계획으로 처음으로 장기적인 구조정책에 관한 고려가 시작되었습니다. 갈탄을 위한 새로운 노천광산을 개발하고 석탄생산을 늘리고, 새로운 제철소를 건설하고, 새로운 발전소를 복원 및 건설하고, 화학산업을 확장하고, 다양한 기타 걸림돌을 없애는 데 중점을 두었습니다. 소비재산업은 기간산업의 확장 우선 정책에 밀려 후퇴하였습니다.[192]

독일사회주의통일당(SED)과 정부기관은 노동자들에게 개인적 노력을 통해 열악한 근로조건을 상쇄하기를 호소했습니다. 소련이 본보기가 되었습니다. 소련에서 1935년 광부 알렉세이 스타하노프(Alexej Stakhanov)는 신중하게 준비된 교대근무에서 계획된 목표를 훨씬 초과했습니다. 그의 초과달성은 전국적으로 실행된 스타하노프운동(Stachanow-Bewegung)에서 선전 목적으로 사용되었습니다. 소련 점령지역에서는 석탄광부 아돌프 헤네케(Adolf Hennecke)가 작센에서 유사한 캠페인을 시작하도록 선택되었습니다. 1948년 10월 13일 헤네케(Adolf Hennecke)는 신중하게 준비된 교대근무에서 계획된 목표의 3배 이상을 달성했습니다. 곧바로 노동 생산성을 높이기 위한 "헤네케 운동"(Hennecke-Bewegung)이 전국적으로 선전되었습니다. 헤네케는 최고의 공식적인 명예를 얻었지만 동

---

189   Barthel, Die wirtschaftlichen Ausgangsbedingungen, S. 171.

190   Kinne, Stahlindustrie, S. 69 - 568.

191   Barthel, Die wirtschaftlichen Ausgangsbedingungen, S. 171.

192   Baar / Winkler / Barthel / Falk / Rheder / Roesler, Die Gestaltung der Industriezweigstruktur, S. 7 - 11.

료들은 물론 그를 "기준 파괴자"(Normbrecher)라고 비난했습니다.[193]

그러나 재건이 진행된 것은 활동가운동 때문이라기보다는 농업, 공업, 운송분야의 생산조건 개선 때문이었습니다. 소련 점령지역의 연평균 산업생산은 1948년에 60%, 1949년에는 1936년 수준의 72%로 증가했습니다. 특별 지원을 받은 소련 주식회사는 생산증가에 중요한 역할을 했습니다. 그러나 생산품의 대부분은 배상금으로 소련으로 이전되었습니다.[194]

4.2.4 국제관계

1946년 2월 폴란드와 소련 점령지역 최초의 대외무역협정이 체결되었습니다. 그 이유는 소련 점령지역의 산업에 석탄 수입이 절실히 필요했기 때문입니다. 루르(Ruhr) 지역과 아울러 무엇보다도 폴란드는 상부 실레지아 탄광을 통해 동독산업에 석탄을 공급하였습니다. 그 후 몇 년 동안 다른 많은 양자 간 무역협정이 뒤따랐습니다. 소련 점령지역의 주요 관심사는 공산품수출을 통해 필요한 식량과 원자재수입을 가능하게 하는 것이었습니다. 또한 산업구조의 구조적 결함을 보완해야 하는 것이었습니다. 가공산업을 위한 석탄, 철강 및 기타 예비제품의 수입은 산업소비재 또는 자본재와 교환하여 조직되어야 했습니다. 대외무역의 특별한 부분은 현재 생산 중인 물품을 배상품으로 수출하는 것이었습니다.

1949년 1월 소련, 불가리아, 폴란드, 루마니아, 체코슬로바키아, 헝가리는 상호경제원조위원회(Rat für Gegenseitige Wirtschaftshilfe/RGW)를 설립했습니다. 소련이 지배하는 이

---

193 Waltraud Falk / Horst Barthel, Kleine Geschichte einer großen Bewegung. Zur Geschichte der Aktivisten- und Wettbewerbsbewegung in der Industrie der DDR, Berlin 1966, S. 53-60; Gabriele Meißner, Helden dringend gesucht! Die Inszenierung proletarischer Vorbilder im Bergbau der frühen DDR, in: Paul Kaiser (Hrsg.), Arbeit! Ostdeutsche Arbeitswelt im Wandel 1945-2015, Dresden 2015, S. 164-171.

194 Barthel, Die wirtschaftlichen Ausgangsbedingungen, S. 171.

조직은 1948년 유럽재건프로그램에 대한 대응이었지만 그 목표는 훨씬 작았습니다. 개방시장으로 이어져야 하는 다자간 무역관계와 결제방식은 추구되지 않았으며 오직 무역협정을 개선하기 위한 것이었습니다. 독일의 소련 점령지역은 아직 상호경제원조위원회에 가입되지 않았습니다.[195]

4.3 분배

4.3.1 국가의 몫

소련 점령지역에서 금융정책은 1945년 7월에 창설된 중앙재정행정국(Zentralfinanzverwaltung)뿐만 아니라 주와 1947년까지 존재했던 지방의 임무였습니다. 세금은 주와 지방에 의해 부과되었습니다. 본질적으로 바이마르 공화국에서 발전된 직간접세 제도가 적용되었습니다. 무엇보다 점령비용과 배상금은 공적 예산에 큰 부담이었습니다. 1945년 가을부터 임금세, 소득세, 법인세가 크게 인상되었습니다. 그 후 1946년 연합국관리위원회는 4개 점령지역 모두에 대해 더 높은 세율을 도입했습니다. 중앙재정행정국(Zentralfinanzverwaltung)은 주의 재정정책을 조정하고 소련 점령지역에서의 공동 책임에 대한 비용을 지불했습니다. 점령비용과 배상금 외에도 우편, 교통 및 중앙재정행정국 자체 인건비 및 재료비용이 포함되었습니다. 공동지출에 대한 자금조달을 위해 주와 지방은 세입의 상당 부분을 중앙재정행정국에 납부해야 했습니다.

독일경제위원회가 설립된 후 중앙재정행정국은 1948년 중앙집권적 계획으로 통합되기 위해 중앙집권화되었습니다. 독일중앙재정행정국(Deutsche Zentralfinanzverwaltung)은

195　Michael C. Kaser, Comecon. Integration Problems of the Planned Economies, 2. Aufl., London 1967; Gerd Neumann, Die ökonomischen Entwicklungsbedingungen des RGW. Versuch einer wirtschaftshistorischen Analyse, Bd. 1, Berlin 1980.

경제위원회(Wirtschaftskommission)로 이전되고 "재정행정부"(Hauptverwaltung Finanzen)로 개명되었습니다. 주는 재정자율성을 상실했습니다. 세금징수는 독일경제위원회로 이관되었습니다. 주는 독일경제위원회로부터 재정자금을 할당받았습니다. 마을에는 약간의 마을자치세가 유지되었지만 그 밖에도 독일경제위원회로부터 할당받았습니다.[196]

4.3.2 근로소득

소련 점령지역에서는 초기에 국가사회주의 계획경제에서 도입되었던 임금동결이 계속 적용되었습니다. 처음에는 시간제 임금이 널리 퍼졌습니다. 노동운동은 항상 성과급 임금제(Akkordlohn)를 반대해 왔습니다. 그것은 자본주의적 착취의 도구로 여겨졌습니다. 그러나 일찍이 1947년 10월에 소련 군정부는 임금정책의 변화를 도입했습니다. 소련 군정부는 경제정책의 주요 임무는 노동생산성을 높이는 것이어야 한다고 규정했습니다. 이를 위해서는 일반적으로 성과급이 도입되어야 했습니다. 성과급 임금은 임금동결을 넘어설 수 있었습니다. 독일사회주의통일당(SED), 당이 통제하는 자유독일노동조합연맹(Freier Deutscher Gewerkschaftsbund/FDGB)과 주정부는 소련 군사정부의 요구를 지지했습니다. 그럼에도 불구하고 성과급 도입은 상당한 반발을 불러일으켰습니다. 기업회의(Betriebsversammlungen)에서 당대표와 단일노조는 강한 비판을 받았습니다.[197] 1948년 10월 13일 작센 탄광에서 아돌프 헤네케(Adolf Hennecke)의 화려한 초과생산으로 시작된 국

196 Broosch, Währungsreform, S. 41–46; Frank Zschaler, Das Finanzsystem der frühen SBZ/DDR. Effizienzprobleme aus institutionenökonomischer Sicht, in: Johannes Bähr / Dietmar Petzina (Hrsg.), Innovationsverhalten und Entscheidungsstrukturen. Vergleichende Studien zur wirtschaftlichen Entwicklung im geteilten Deutschland 1945–1990, Berlin 1996, S. 281–301; Frank Zschaler, Die Entwicklung einer zentralen Finanzverwaltung in der SBZ / DDR 1945–1949/50, in: Hartmut Mehringer (Hrsg.), Von der SBZ zur DDR. Studien zu Herrschaftssystem in der Sowjetischen Besatzungszone und in der Deutschen Demokratischen Republik, München 1995, S. 97–138.

197 Peter Hübner, Konsens, Konflikt und Kompromiß. Soziale Arbeiterinteressen und Sozialpolitik in der SBZ/DDR 1945–1970, Berlin 1995; Kanzig / Müller / Stöckigt, Wirtschaftspolitik der SED, S. 164–169.

가 선전 대중운동에 대한 비판도 있었습니다. 엄청난 기준초과를 근거로 일상 업무 기준도 증가할 수 있다는 것이 정당화되어야 했습니다.[198]

근로자의 승인을 얻기 위해 사회적 개선도 포함된 통합적 재건계획의 일환으로 성과급 도입이 제시되었습니다. 노동자들에게 12일의 연차휴가가 주어졌습니다. 과중한 작업이나 건강에 유해한 작업에 대해서는 추가 휴가일수를 제공했습니다. 기업은 직원들을 위해 따뜻한 점심을 제공하고 의료서비스와 주택을 제공해야 했습니다. 신발, 직물, 양복, 드레스와 같은 공산품이 기준을 초과하는 생산성과에 대한 보너스로 약속되었습니다.

국가의 임금규제는 국가사회주의 계획경제의 중요한 도구로 발전했습니다. 1948년 9월부터 기업노조 지도자들은 기업의 임금책정에 있어 발언권을 갖게 되었습니다. 노동자들은 더 높은 임금을 기대했습니다. 그러나 독일경제위원회(Deutsche Wirtschaftskommission)는 임금인상이 시급히 필요한 투자에 부담이 되지 않도록, 상승하는 명목임금 대신 그에 상응하는 소비재를 공급할 수 있도록 노력하였습니다. 임금수준은 점차 인상되었습니다. 1949년 국영기업 근로자의 월평균 소득은 295 독일마르크(DM)였습니다. 더 높은 생활비 때문에 실질임금은 전쟁 전 수준보다 훨씬 낮았습니다.[199]

---

198   Falk / Barthel, Kleine Geschichte einer großen Bewegung, S. 60.

199   Statistisches Jahrbuch der Deutschen Demokratischen Republik 1990, S. 144; Wilhelm Riegel, Zur Frage der Berechnung des Realeinkommens; in: Wirtschaftswissenschaft, 4 (1956), S. 744‒758.

4.3.3 사회소득

사회소득은 주로 사회보험에 의해 제공되었습니다. 1945년 7월 베를린에서는 사회보험의 다양한 부문이 베를린 사회보험기관(Sozialversicherungsanstalt Berlin)으로 통합된 단일 보험시스템이 형성되었습니다. 1946년 연합국관리위원회가 사회보장개혁을 결정한 후 1947년 소련 점령지역에 단일보험체제가 도입되었습니다. 건강보험, 사고보험, 연금보험이 통합되었습니다. 이전에 건강보험과 연금보험에 존재했던 노동자와 사무원의 구분이 폐지되었습니다. 공무원과 구중산층인 자영업자도 사회보험에 포함됐습니다. 실업보험은 다른 보험들과 제도적으로 분리되어 주고용부(Landesarbeitsamt)에서 관리했습니다. 사회보험 관리평의회는 근로자 2/3, 기업 1/3로 구성되었습니다.

사회보험 기여금은 총소득의 20%로 정하고 근로자와 기업이 균등하게 부담했습니다. 기업은 사고보험에 대해 특별 기여금을 지불했습니다. 국가보조금은 처음에는 계획되지 않았습니다.[200]

건강보험. 중요한 사회소득은 공공건강보험(Öffentlichen Krankenversicherung) 혜택이었습니다. 1947년부터 국가 의료시스템이 확립되었습니다. 시와 주는 물론 개별 공기업에서도 외래진료를 위해 폴리클리닉(Poliklinik)과 외래진료소(Ambulatorien)를 운영하였습니다. 폴리클리닉은 병원에 부속되어 있거나 독립적인 기관이었습니다. 폴리클리닉에는 다양한 전공 의사가 있었습니다. 특히 병원과의 연계를 통해 이전에 독일에서 흔히 볼 수 있었던 외래진료와 입원진료의 제도적 분리가 폐지되었습니다. 외래진료소는 규모가 작았고 기본적인 진료만 가능했습니다. 폴리클리닉과 외래진료소 외에도 프리랜서 의사가 여전히 많았습니다.

대부분의 입원환자 치료 병원은 주와 시에서 운영했습니다. 그 밖에 교회에서 운영하

---

200 Dierk Hoffmann, Sozialpolitische Neuordnung in der SBZ/DDR. Der Umbau der Sozialversicherung 1945‑1956, München 1994, S. 67‑170.

는 진료소와 개인 진료소도 있었습니다. 프리랜서 의사와 교회 또는 개인 진료소는 국가 사회주의 경제체제 건설에 맞지 않았고 환영받지 못했지만 주민의 건강관리에 없어서는 안 될 필수요소였습니다.

의료비는 공공의료보험으로 충당됐습니다. 건강보험은 정치적 이유로 낮게 유지된 보험료 수입을 연금보험과 공유해야 했습니다. 사회보험 혜택에는 외래와 입원치료, 휴양, 의약품과 보조제 그리고 손실된 임금을 보상하기 위한 병가수당이 포함되었습니다.[201]

연금보험. 연금보험은 전쟁이 끝난 직후 지불을 재개했습니다. 1947년부터는 통합보험시스템의 일부가 되었습니다. 공무원연금과 사무직을 위한 특별 연금보험은 폐지되었습니다. 기업 연금제도도 중단되었습니다. 그것은 적절한 사회보장연금으로 필요없게 되었습니다. 공무원연금 폐지는 사회보장연금에 더해 국가공무원을 위한 특별보충연금으로 일부 상쇄되었습니다. 예술가, 당원, 학자 같은 일부 다른 직업군도 추가연금을 받았습니다.[202]

퇴직연령은 1947년에 여성의 경우 60세로 낮아졌고 남성의 경우 65세로 유지되었습니다. 장애연금은 건강진단에 따라 달랐습니다. 연금수급의 전제조건은 장애연금의 경우 5년, 노령연금의 경우 15년이 가입기간이었습니다. 연금은 매월 30 제국마르크(RM)의 균일한 기본금액과 근무기간 및 임금에 따라 인상되는 금액으로 구성되었습니다. 또한 연금에 대한 다양한 추가금이 부여될 수 있었습니다. 의무보험 근로자는 기본금액보다 약간 높은 최저연금을 받을 자격이 있었습니다. 피보험자가 사망한 경우 일을 할 수 없는 친척이 유족연금을 받을 자격이 있었습니다. 과부나 홀아비는 전액연금의 50%, 부모를

---

201 Horst Spaar / Dietmar Funke (Hrsg.,), Dokumentation zur Geschichte des Gesundheitswesens der DDR, Bd. 1: Die Entwicklung des Gesundheitswesens in der Sowjetischen Besatzungszone 1945 – 1949, Berlin 1996.

202 Klaus-Peter Schwitzer, Die Lebenssituation der älteren und alten Generation in der DDR und deren Bedarf bei Aufgabe der Preissubventionen, in: Sozialer Fortschritt, 39 (1990), S. 126.

잃은 사람은 35%, 부모 중 한 사람을 잃은 사람은 25%를 받았습니다.[203]

1948년 6월, 통화개혁 직전에 연금수급자의 최저연금은 50제국마르크(RM), 과부와 고아는 40 제국마르크(RM), 고아는 20 제국마르크(RM)였습니다. 기본액과 증액액의 합이 작았기 때문에 대부분의 연금수급자는 최저연금을 받았습니다.[204] 통화개혁에서 연금은 1제국마르크(Reichsmark/RM)에서 1 독일마르크(Deutsche Mark/DM)로 전환되었습니다. 최악의 노년빈곤을 완화하기 위해 최저연금이 1949년 55 독일마르크(DM)로 인상되었습니다.[205]

사회복지. 사회복지는 다른 소득이 없을 경우 생계를 유지하기 위한 복지였습니다. 1947년에 복지(Fürsorge)는 "사회복지"(Sozialfürsorge)로 전환되었습니다. 그러나 이것은 이름변경에 불과했고, 임무는 변경되지 않았습니다. 복지 혜택은 낮았습니다. 주수혜자는 한 달에 30제국마르크(RM)를 받았고, 다른 가족을 위한 추가금도 있었습니다. 파시즘(Faschismus)의 희생자들에게는 약간 더 높은 지원금액을 주는 특별한 사회복지가 있었습니다. 1948년에는 특별한 전쟁희생자 복지가 도입되었습니다.[206] 1948년 통화개혁으로 복지율이 1 제국마르크(Reichsmark/RM)에서 1 독일마르크(Deutsche Mark/DM)로 바뀌었습니다.[207]

1946년에는 국가사회복지를 보충하기 위해 '인민연대'(Volkssolidarität)가 창설되었습니

203   Johannes Frerich / Martin Frey, Handbuch der Geschichte der Sozialpolitik in Deutschland, Bd. 2: Sozialpolitik in der Deutschen Demokratischen Republik, 2. Aufl., München 1996, S. 329 – 331.

204   Verwaltung für Arbeit und Sozialfürsorge, Die wichtigsten Gesichtspunkte der Neugestaltung der Sozialversicherung in der sowjetischen Besatzungszone Deutschlands, Juni 1948. Stiftung Archiv der Parteien und Massenorganisationen der DDR im Bundesarchiv Berlin (SAPM) DY 30 / IV 2 / 2.027/ 42.

205   Frerich / Frey, Geschichte der Sozialpolitik, Bd. 2, 329 – 350.

206   Marcel Boldorf, Sozialfürsorge in der SBZ / DDR 1945 – 1953. Ursachen, Ausmaß und Bewältigung der Nachkriegsarmut, Stuttgart 1998; Matthias Willing / Marcel Boldorf, Fürsorge/ Sozialhilfe (Westzonen) und Sozialfürsorge (SBZ), in: Udo Wengst (Hrg.), Sozialpolitik zwischen Kriegsende und der Gründung zweier deutscher Staaten. Geschichte der Sozialpolitik in Deutschland seit 1945, Bd. 2/1, Baden-Baden 2001.

207   Frerich / Frey, Geschichte der Sozialpolitik, Bd. 2,, S. 369.

다. 당파적이지 않은 독립적인 조직으로 간주되었지만 독일사회주의통일당(SED)에 의해 통제되었습니다. '인민연대'는 국가적 지원을 대체하는 것이 아니라 비상시 보충해야 하는 것이었습니다. 인민연대는 당과 정부가 통제하는 지도부와 핵심 전문인력 외에도 다수의 자원봉사자를 고용했습니다.[208]

4.3.4 소비

초기 평화기의 가장 큰 문제는 굶주림이었습니다. 식량공급은 열악했습니다. 1946년 하루 배급량은 1,430kcal로 전쟁 전 기준의 48%였습니다. 이는 미국 점령지역과 영국 점령지역보다 약간 적고, 프랑스 점령지역보다는 약간 많았습니다.[209] 그러나 식량뿐만 아니라 의복, 가구, 겨울에는 석탄도 부족했습니다. 1947년 소련 점령지역 자유독일노동조합연맹(Freie Deutsche Gewerkschaftsbund)은 "더 많이 생산하고, 적절하게 분배하고, 더 나은 삶을 살자"라는 슬로건을 내걸었습니다.[210]

1948년의 통화개혁은 통화과잉을 감소시켰고 독일마르크(Deutschen Mark)가 도입되었습니다. 배급과 통제된 가격으로 관리가 유지되었습니다. 통화인하가 서부 점령지역보다 덜 과격했고 가계가 상대적으로 많은 돈을 갖고 있었기 때문에 관리가 필요했습니다. 또한 서부 점령지역처럼 생산량이 증가하지도 않았습니다.[211] 기본적인 상품 가격은 국가사회주의 계획경제의 우월성을 대중에게 확신시키기 위해 계속해서 낮게 유지되었습니다.

208   Boldorf, Sozialfürsorge, S. 173 – 186.

209   Wirtschaftsstatistik der deutschen Besatzungszonen, S. 112.

210   Zit. nach Horst Barthel, Die wirtschaftlichen Ausgangsbedingungen der DDR, Berlin 1979, S. 126.

211   Jennifer Schevardo, Von der Kartenwirtschaft zum „Exquisit": Verbraucherpreise, Lebensstandard und Herrschaftslegitimation in der DDR der fünfziger Jahre, in: André Steiner (Hrsg.), Preispolitik und Lebensstandard. Nationalsozialismus, DDR und Bundesrepublik im Vergleich, Köln Wien 2006, S. 87 – 127.

그러나 이것은 또한 임금과 물가 사이의 긴장이 남아 있음을 의미하기도 했습니다.[212]

1948년 가을에 "국영상점"(Handelsorganisation/HO)이 설립되었습니다. 국영상점에서는 소비자들이 배급대상이 아닌 고급상품을 살 수 있었습니다. 다양한 상품과 함께 좋은 서비스와 쾌적한 쇼핑 분위기도 제공되어야 했습니다. 그러나 배급된 기본 상품보다 새로운 상품에 대해 훨씬 더 높은 가격을 지불해야 했습니다. 고급 상품은 통화개혁과 경제개혁 이후 소비가 증가한 서부 점령지역과의 비교에서 우위를 보이기 위함이었습니다. 또한 과잉통화를 줄이기 위해서는 높은 가격으로 구매력을 소진시켜야 했습니다. 1949년 4월 국영상점은 빵과 제과류에 대해 배급품 가격의 5배, 고기, 소시지, 생선에 대해 10배, 과자류에 대해 25배의 가격을 부과했습니다. 따라서 국영상점을 통해 중개되는 소비재의 비율은 낮았습니다. 기본생활이 어려운 환경에서 생활수준의 격차를 드러내는 국영상점의 감당할 수 없는 상품가격은 새로운 불만으로 이어졌습니다.[213]

주택 문제는 시급했습니다. 전쟁 말기에 시골로 이주했던 가족들이 파괴된 도시로 돌아왔습니다. 공식적으로 "이주민"(Umsiedler)으로 불렸던 실향민들(Vertriebene)은 주로 농촌지역에 배치되었습니다. 브란덴부르크(Brandenburg)와 메클렌부르크(Mecklenburg)는 많은 실향민을 받아들였습니다. 주택입주는 서부 점령지역보다 꾸준하게 이루어졌습니다. 1949년까지 대부분의 실향민은 주택에 수용되었습니다.[214]

재건 기간이 끝날 무렵 서부 점령지역과 소련 점령지역 사이에 경제적 격차가 있었습니다. 1인당 총 생산량은 동독이 서독보다 낮았습니다. 이러한 차이는 소비에서도 반영되었습니다.[215]

---

212   Steiner, Von Plan zu Plan, S. 232.

213   Schevardo, Von der Kartenwirtschaft zum „Exquisit", S. 90 – 93

214   Philipp Ther, Vertriebenenpolitik in der Sowjetischen Besatzungszone und in der DDR 1945 bis 1953, in: Christoph Kleßmann / Burghard Ciesla / Hans-Hermann Hertle, Hg., Vertreibung, Neuanfang, Integration. Erfahrungen in Brandenburg, Potsdam 2001, S. 89 – 111.

215   Steiner, Von Plan zu Plan, S. 79 – 80.

제 **2** 장

사회적 시장경제
1949-1990

1. 경제질서

1.1 토대

1949년 5월 의회에서 통과된 독일연방공화국 기본법(Grundgesetz)은 어떤 완전한 경제질서도 정의하지는 않았습니다. 그러나 경제 신질서에 관한 초기 평화기의 논쟁에서 나온 미래 경제질서에 대한 중요한 지침을 담았습니다.[1] 일부 기본법조항은 경제질서가 개인의 권리를 존중해야 한다고 요구했습니다. 여기에는 특히 인격의 자유로운 계발(제2조 1항), 교육과 직업의 자유로운 선택(제12조 1항), 재산보호와 상속권(제14조 1항)이 포함되었습니다. 결사의 자유는 사회적 파트너십의 기초였습니다(제9조 3항). 몇몇 조항은 경제질서의 사회적 조직을 다루었습니다. 독일연방공화국은 복지국가(Sozialstaat)여야 했습니다(제20조 1항). 재산의 사용은 또한 공동선(Wohl der Allgemeinheit)에 기여해야 하며 몰수(Enteignung)가 허용되었습니다. 몰수에 대한 보상은 공익과 관련자의 이익을 공정하게

---

1 Grundgesetz für die Bundesrepublik Deutschland. Vom 23. Mai 1949. Bundesgesetzblatt (BGBl.) 1949, S. 1 – 19.

고려하여 결정되었습니다(제14조 2항 및 3항). 토지, 천연자원 및 생산수단은 보상을 받는 대가로 공동재산 또는 다른 형태의 공동체관리로 이전될 수 있었습니다(제15조). 경제와 사회정책은 연방지역에서 평등한 생활조건의 창출을 보장해야 했습니다(제72조 2항). 일부 조항은 통화와 금융에 관한 것입니다. 연방은행(Bundesbank)은 화폐를 발행하는 중앙은행(Währungs- und Notenbank)으로 설립되어야 했습니다(88조). 금융 조항에는 연방, 주 및 지방에 세금을 할당하는 연방 시스템이 있어야 했습니다(조항 104-114). 차입은 소비가 아닌 투자를 위해서만 허용되었습니다. 이로써 과도한 국가부채를 방지해야 했습니다(115조).

기본법의 틀 내에서 경제질서를 형성할 수 있는 상당한 여유가 있었습니다. 1954년 7월 연방헌법재판소(Bundesverfassungsgericht)는 투자지원법(Investitionshilfegesetz)에 대한 판결에서 "특정한 경제체제는 기본법에 의해 보장되지 않는다"라고 헌법의 규제중립성을 확인하였습니다.[2] 경제질서는 연방, 주 및 지방 정부에서 영향력을 얻기 위한 정당 간 경쟁에서 정의되었습니다. 경제질서는 다수의 변화에 따라 바뀔 수 있었습니다.[3]

독일연방공화국에서 경제정책 결정은 연방, 주 및 지방정부 간의 협력으로 이루어졌습니다. 1949년에는 11개 주가 있었습니다: 바덴(Baden), 바이에른(Bayern), 브레멘(Bremen), 함부르크(Hamburg), 헤센(Hessen), 니더작센(Niedersachsen), 노르트라인-베스트팔렌(NordrheinWestfalen), 라인란트-팔츠(Rheinland-Pfalz), 슐레스비히-홀슈타인(Schleswig-Holstein), 뷔르템베르크-바덴(Württemberg-Baden), 뷔르템베르크-호엔촐레른(Württemberg-Hohenzollern) 연합국이 만든 주 구조는 남서부의 작은 주를 제외하곤 전반적으로 유지되었습니다. 1952년에 바덴(Baden), 뷔르템베르크-바덴(Württemberg-Baden), 뷔르템베르크-호엔촐레른(Württemberg-Hohenzollern)이 바덴뷔르템베르크(Baden-

---

2   Urteil des Bundesverfassungsgerichts vom 20. Juli 1954. Entscheidungen des Bundesverfassungsgerichts, Bd. 4, Tübingen 1956, S. 7 - 27.

3   Peter Bernholz / Friedrich Breyer, Grundlagen der Politischen Ökonomie, 3. Aufl., 2 Bde., Tübingen 1993 - 1994.

Württemberg)주로 합병되었습니다.

베를린은 1990년까지 프랑스, 영국, 소련, 미국 등 4개국이 최고 책임을 지는 특별한 지위를 유지했습니다. 따라서 서베를린은 연방주는 아니었지만 정치적 일상에서 줄곧 하나의 주로 활동했으며 독일연방공화국 경제에 밀접하게 연결되었습니다. 1957년 국민투표를 통해 자를란트(Saarland)는 독일연방공화국의 새로운 연방주로 승인되었습니다.

기본법은 살아있는 연방주의(Föderalismus)를 요구했습니다. 입법, 행정, 사법 및 재정정책에서 연방정부와 주정부 간에 균형이 이루어져야 했습니다. 주정부는 주정치뿐만 아니라 연방평의회(Bundesrat)를 통해 연방정치에도 영향력을 행사했습니다.[4] 그러나 경제정책에서 연방정부는 전속입법과 병합입법 목록에서 포괄적인 입법권한을 부여받았고, 이는 주가 경제정책에 대한 설계를 할 수 있는 여지를 거의 남기지 않았습니다. 또한 연방정부는 법적, 경제적 통합을 유지하기 위한 유연한 전권을 부여받았고, 이를 통해 병합입법의 틀 안에서 새로운 권한을 행사할 수 있었습니다.[5] 입법에서 연방의 비중이 커짐에 따라 연방주의의 원래 균형이 변하였습니다.[6]

주는 행정에서 강력한 지위를 유지했습니다. 연방은 작은 행정기구만을 가지고 있었습니다. 원칙적으로 연방법은 연방의 감독하에 주에서 실행되었습니다. 일부 지역에서는 주를 통한 연방법 집행을 위해 연방감독 대신 더 엄격한 형태의 연방명령이 시도되었습니다. 이러한 예는 연방 고속도로와 이후의 원자력 에너지를 들 수 있습니다. 연방주들은 1969년에 도입된 공동체과제(Gemeinschaftsaufgaben)에서 더 많은 발언권을 가졌습니다. 연방정부와 주정부가 공동으로 설계하고 자금을 조달해야 했습니다. 공동체과제는 대학

---

4 Josef Isensee, Idee und Gestalt des Föderalismus im Grundgesetz, in: Josef Isensee / Paul Kirchhof (Hrsg.), Handbuch des Staatsrechts der Bundesrepublik Deutschland, Bd. 4, Heidelberg 1999.

5 Hans-Werner Rengeling, Gesetzgebungszuständigkeit, in: Josef Isensee / Paul Kirchhof (Hrsg.), Handbuch des Staatsrechts der Bundesrepublik Deutschland, Bd. 4, Heidelberg 1999.

6 Hans-Karl Rupp, Politische Geschichte der Bundesrepublik Deutschland, München 2000, S. 169 – 170.

의 확장과 신축, 지역경제구조의 개선, 농업구조의 개선, 연안보호 등이었습니다.[7]

독일주은행(Bank deutscher Länder)은 1949년 국가 건국에 적응하였으며, 이로써 중앙은행의 독립성이 확정되었습니다. 독일주은행의 주요 업무는 통화안정이었습니다. 이는 물가안정을 위해 노력해야 한다는 의미였습니다. 이 주요 업무 외에도 중앙은행은 연방 정부의 경제정책에도 관여했습니다. 주중앙은행에 큰 영향력을 부여한 분산구조는 처음에는 그대로 유지되었습니다. 1957년 독일주은행(Bank deutscher Länder)은 독일연방은행 (Deutsche Bundesbank)으로 전환되었습니다. 주중앙은행은 그대로 유지되었으나 프랑크푸르트 본사의 권한은 강화되었습니다.[8]

1.2 "라인 자본주의"

1949년 8월 연방선거에서 기민당/기사당(CDU/CSU)은 31%의 득표율로 사민당(SPD)의 29%를 약간 앞질렀습니다. 영국 점령지역 기민당(CDU)의 지도자이자 의회평의회 의장인 콘라트 아데나워(Konrad Adenauer)는 자민당(FDP) 및 소규모 독일당(DP)과 함께 부르주아 연합정부를 구성했습니다.[9] 연방수상은 1949년 9월 20일 정부성명에서 독일연방공화국의 경제질서는 사회적 시장경제가 되어야 함을 강조하였습니다.[10] 서독의 고유한 자본주의 경제 형태로서의 사회적 시장경제 결정은 후에 "라인 자본주의"(Rheinischer Kapitalismus)라고 불렸던 발전을 이끌었습니다.[11]

---

7 Willi Blümel, Verwaltungszuständigkeit, in: Josef Isensee / Paul Kirchhof (Hrsg.), Handbuch des Staatsrechts der Bundesrepublik Deutschland, Bd. 4, Heidelberg 1999

8 Klaus Stern, Die Notenbank im Staatsgefüge, in: Deutsche Bundesbank (Hrsg.), Fünfzig Jahre Deutsche Mark. Notenbank und Währung in Deutschland seit 1948, München 1998, S. 141 – 198.

9 Rupp, Geschichte der Bundesrepublik Deutschland, S. 75.

10 Bundestagssitzung vom 20. September 1949. Verhandlungen des Deutschen Bundestages. Stenographische Berichte, 1. Wahlperiode 1949, Bd. 1, S. 22.

11 Hans Günter Hockerts / Günther Schulz (Hrsg.), Der „Rheinische Kapitalismus" in der Ära Adenauer, Paderborn 2016; Werner Plumpe, Das Kalte Herz. Kapitalismus: Die Geschichte einer andauernden

1949년 9월에는 사회적 시장경제의 체계적인 프로그램이 제공되지는 않았습니다. 1948년 6월의 경제개혁은 국가사회주의 독재하에서 계획경제로 대체되었던 바이마르 공화국의 경제질서를 근본적으로 회복시켰습니다. 그러나 화해법(Vergleichsrecht)이나 은행, 교통, 에너지 규제 같은 국가사회주의 시대의 개별적 규칙도 인계되었습니다. 1948년에 여전히 제외되었던 많은 상품과 서비스를 위한 관리가 점차적으로 해제되었습니다. 아데나워는 정부성명에서 사회적 시장경제는 변화할 수 있다는 점을 지적했습니다. 경제정책에서는 "물론 과거와 마찬가지로 경직된 교조주의(Doktrinarismus)에 굴복하지 않도록 주의해야 합니다. 과거와 마찬가지로 변화하는 환경에 적응해야 합니다."[12]

수많은 이익집단이 정치에 상당한 영향력을 행사했습니다. 연방정부는 로비(Lobbyismus)의 문을 활짝 열었습니다. 연방부처의 공동절차규칙은 이익단체의 문서가 법률준비에 사용될 수도 있다고 규정했습니다.[13] 정치인들은 종종 복잡한 경제적 맥락에 대한 정보를 얻기 위해 이익단체가 필요했습니다. 또한 정치인들은 경제정책 결정에서 이익단체의 지원을 받기 위해 이익단체와의 협력을 모색했습니다. 이익단체는 그들의 중요성을 인식하고 특정 이익 측면에서 정치적 결정에 영향을 미치려고 노력했습니다. 1950년대에 이미 "이익단체의 지배"(Herrschaft der Verbände)는 비판을 받았습니다.[14] 이익단체가 대중과 정치에 미치는 영향은 계속해서 문제가 되었습니다.[15]

이익단체 수는 빠르게 증가했습니다. 국가적 또는 지역적으로 중요한 수많은 크고 작은 이익단체들이 대중과 정치로 눈을 돌렸습니다. 1980년대에는 4000-5000개의 이익단

Revolution, Berlin 2019, S. 463 – 464.

12 Regierungserklärung vom 20. September 1949. Verhandlungen des Deutschen Bundestages, Stenographische Berichte, 1. Wahlperiode 1949, Bd. 1, S. 24.

13 Gemeinsame Geschäftsordnung der Bundesministerien. Besonderer Teil. Beschluss der Bundesregierung vom 1. August 1958, § 23. Hans Lechner / Klaus Hülshoff (Hrsg.), Parlament und Regierung, 3. Aufl., München 1971, S. 414 – 460.

14 Theodor Eschenburg, Herrschaft der Verbände? Stuttgart 1955; 2. Aufl. Stuttgart 1963.

15 Renate Mayntz (Hrsg.), Verbände zwischen Mitgliederinteressen und Gemeinwohl, Gütersloh 1992.

체가 있는 것으로 추정되었습니다. 이 중 1,251개는 연방의회에 공식 이익단체로 등록되었습니다.[16]

사회적 시장경제의 경제질서에 대한 경제학의 기여도는 흔히 생각하는 것보다 적었습니다. 루트비히 에르하르트(Ludwig Erhard)는 "사회적 시장경제"(Sozialen Marktwirtschaft)라는 용어를 발명한 알프레드 뮐러-아막(Alfred Müller-Armack)을 경제부 장관으로 임명했습니다. 그는 자신이 주장한 1947년의 개입주의 모델이 더 이상 시대에 적합하지 않다는 사실을 인식하고, 루트비히 에르하르트의 사회적 시장경제를 충실하게 대변하였습니다.[17] 에르하르트가 경제청에서 임명한 학문적 자문위원회는 연방 경제부에 의해 계속 유지되었습니다. 자문위원회는 보고서에서 경제정책과 경제발전에 대해 지속적으로 논평했지만 정치적 영향력은 거의 없었습니다.[18]

신자유주의(Neoliberalismus)의 서독 변형인 질서자유주의(Ordoliberalismus)는 당시 경제학에서 상당한 의미를 가졌습니다. 18세기와 19세기의 자유주의적 전통과 대조적으로, 질서자유주의는 국가가 우선적으로 경쟁을 가능하게 하는 완전한 경쟁의 경제질서를 창출하는 임무가 있다고 강조했습니다. 경제질서의 중요성을 강조하기 위해서 "ORDO"라는 이름을 붙였습니다. 질서자유주의의 창시자 중 한 사람인 발터 유켄(Walter Eucken)은 "질서정책"(Ordnungspolitik)과 "과정정책"(Prozesspolitik)을 구분했습니다. 질서정책은 무엇보다 경쟁질서의 창출과 보장을 위한 정당한 국가과업이어야 했습니다. 그런 다음 국가는 시장에 대한 신뢰 속에서 경제에 대한 지속적인 개입인 "과정정책"(Prozesspolitik)을 점차적으로 줄여나갈 수 있었습니다. 완전경쟁의 이상을 실현하기 위

---

16 Hans-Peter Ullmann, Interessenverbände in Deutschland, Frankfurt 1988, S. 166.

17 Alfred Müller-Armack, Soziale Marktwirtschaft, in: Handwörterbuch der Sozialwissenschaften, Bd. 9, Göttingen 1956, S. 390.

18 Jan-Otmar Hesse, Wissenschaftliche Beratung der Wirtschaftspolitik, in: Werner Abelshauser (Hrsg.), Das Bundeswirtschaftsministerium in der Ära der Sozialen Marktwirtschaft. Der deutsche Weg der Wirtschaftspolitik. Wirtschaftspolitik 1917–1990, Bd. 4, München 2016, S. 390–481.

해서는 독점청(Monopolam)이 카르텔금지(Kartellverbot)를 감시할 뿐만 아니라 기업합병(Unternehmensfusionen)을 방지하고 기존 대기업을 해산시켜야 했습니다.[19]

발터 유켄(Walter Eucken)이 1950년에 사망한 후, 경제정책에 대한 그의 권고는 질서자유주의 경제학자들에 의해 유지되었습니다. 그러나 점차적으로 국가로부터 자유로운 경제모델은 경제정책의 일상적인 관행과 모순되었습니다. 대기업은 없고 무수히 많은 소기업만의 완전경쟁이라는 개념은 20세기 산업자본주의에서 비세속적인 것처럼 보였습니다. 질서자유주의 경제학자들은 자유주의적 기본태도 때문에 정치인들에게는 높이 평가받았지만 사회적 시장경제의 형성에는 어떠한 영향력도 갖지 못했습니다. 가톨릭 사회교리의 저명한 대표자인 오스발트 폰 넬-브로이닝(Oswald von Nell-Breuning)은 질서자유주의를 당시의 경제정책에 대한 "이론적 반주음악"(theoretische Begleitmusik)이라고 적절하게 묘사했습니다.[20]

1950년대에는 사회적 시장경제가 구체화되기 시작했습니다. 1957년 연방 경제부장관 에르하르트(Erhard)가 끈질기게 추진한 경쟁제한에 반대하는 법률은 시장경제의 원칙을 강화했습니다.[21] 에르하르트는 경쟁법을 "경제적 자유의 기본법"이라고 묘사했습니다.[22] 1957년 아데나워(Adenauer) 총리가 많은 반대에도 불구하고 추진한 연금개혁은 사회적 시장경제의 복지국가 실현에 있어 중요했습니다.[23] 이후 사회적 시장경제는 바이마르공

---

19 Walter Eucken, Die Wettbewerbsordnung und ihre Verwirklichung, in: ORDO, 2 (1949), S. 1–99; Walter Eucken, Grundsätze der Wirtschaftspolitik, Bern / Tübingen 1952.

20 Oswald von Nell-Breuning, Neoliberalismus und katholische Soziallehre, in: Patrick M. Boarman (Hrsg.), Der Christ und die Soziale Marktwirtschaft, Stuttgart 1955, S. 107–108.

21 Gerd Hardach, Wettbewerbspolitik in der Sozialen Marktwirtschaft, in: Werner Abelshauser (Hrsg.), Das Bundeswirtschaftsministerium in der Ära der Sozialen Marktwirtschaft. Der deutsche Weg der Wirtschaftspolitik. Wirtschaftspolitik in Deutschland 1917–1990, Bd. 4, München 2016, S. 215–226.

22 Ludwig Erhard, Zehn Jahre Kartellgesetz, in: Studienvereinigung Kartellrecht (Hrsg.), Zehn Jahre Gesetz gegen Wettbewerbsbeschränkungen, Köln 1968, S. 21–22 .

23 Johannes Frerich / Martin Frey, Handbuch der Geschichte der Sozialpolitik in Deutschland, Bd. 3, 2. Aufl., München 1996, S. 46–49, 98–101; Gerd Hardach, Der Generationenvertrag. Lebenslauf und Lebenseinkommen in Deutschland in zwei Jahrhunderten, Berlin 2006, S. 292–295.

화국의 경제질서를 훨씬 뛰어넘었습니다. 경쟁정책, 경제와 성장정책, 구조정책, 환경정책, 대외무역정책, 금융정책과 사회정책은 점진적으로 새로운 경제질서를 형성했습니다.

가장 중요한 야당인 사민당(SPD)은 1948년의 경제개혁을 거부했고 독일연방공화국 수립 이후에도 사회적 시장경제를 비판했습니다. 1952년 9월의 도르트문트 행동강령에서 사민당(SPD)은 민주적 사회주의를 표명했습니다. 경제정책의 목표는 경제적 출발조건의 평등, 고용안정, 모든 형태의 착취극복, 국민총생산의 증대, 국가경제 수확의 공평한 분배였습니다. 석탄산업, 철강산업, 에너지산업의 사회화, 대기업에서의 평등한 공동 결정권 및 토지개혁과 같은 의제들은 초기 평화기 논의의 전통 속에 있었습니다. 그러나 경제계획은 더 이상 초기 프로그램 논의에서와 같은 중요성을 지니지 않았습니다. 새로운 목표는 경제계획과 미시경제적 경쟁의 결합이었습니다.[24] 도르트문트 행동 강령에서 "가능한 한 경쟁하고, 필요한 만큼 계획하라."라는 지침이 공식화되었습니다.[25]

1959년 고데스베르크(Godesberg)강령에서 사민당(SPD)은 민주적 사회주의의 관점을 확인했습니다.[26] 새롭고 더 나은 사회를 만들어야 했습니다. 기본가치는 자유(Freiheit), 정의(Gerechtigkeit), 연대(Solidarität)여야 했습니다. 사회민주적 경제정책의 목표는 "꾸준히 증가하는 번영, 국가경제의 이익에 대한 모든 사람의 공정한 몫, 합당하지 않은 종속과 착취가 없는 자유로운 삶"이었습니다.[27] 구체적인 요구사항은 경제력 통제, 국영기업과 공익기업 촉진, 소득과 자산의 공정한 분배, 대기업사원의 이익공유, 사회보장 확대였습니다. "자유경쟁과 자유로운 기업가적 이니셔티브"와 같은 사회적 시장경제 질서의 본

---

24 Aktionsprogramm der Sozialdemokratischen Partei Deutschlands. Beschlossen auf dem Parteitag in Dortmund 1952 und erweitert auf dem Parteitag in Berlin 1954. Programmatische Dokumente der deutschen Sozialdemokratie. Herausgegeben und eingeleitet von Dieter Dowe und Kurt Klotzbach, Berlin 1973, S. 297-348.

25 Aktionsprogramm, S. 317.

26 Grundsatzprogramm der Sozialdemokratischen Partei Deutschlands. Beschlossen auf dem Parteitag in Bad Godesberg 1959. Programmatische Dokumente der deutschen Sozialdemokratie. Herausgegeben und eingeleitet von Dieter Dowe und Kurt Klotzbach, Berlin / Bonn 1973, S. 349-371.

27 Grundsatzprogramm, S. 356

질적 요소는 "사회민주적 경제정책의 중요한 요소"로도 인식되었습니다.[28] 고데스베르크 (Godesberg) 강령은 1952년 도르트문트 행동강령 지침인 "가능한 만큼의 경쟁-필요한 만큼의 계획!"을 확인했습니다.[29]

1952년 도르트문트(Dortmund) 행동강령(Aktionsprogramm)과 1959년 고데스베르크 (Godesberg) 기본강령(Grundsatzprogramm)으로 사민당(SPD)은 사회적 시장경제의 차원을 본질적으로 확장했습니다. 경제질서는 1949년에 내려진 방향성 결정에 얽매이지 않았습니다. 사회적 시장경제는 또한 기본법이 보장하는 운영의 여지 내에서 민주적 사회주의와 양립할 수 있었습니다.

1.3 글로벌조종

1960년대 초 물가가 급등하자 시장의 자율규제에 대한 신뢰가 약해졌습니다. 미래지향적이고 체계적인 경제정책을 연방정부에 기대했습니다. 1963년에 연방정부로부터 독립된 전문가집단인 전문가위원회(Sachverständigenrat)가 전반적인 경제발전을 평가하기 위해 설립되었습니다. 자문위원회는 경제상황과 예측 가능한 미래 발전에 대한 연례보고서를 발행해야 했습니다. 필요한 경우 특별보고서를 제출할 수도 있었습니다. 자문위원회는 꾸준하고 적절한 성장과 동시에 시장경제 질서 안에서 어떻게 물가안정, 높은 고용수준, 대외무역균형이 보장될 수 있는지를 조사해야 했습니다.[30]

1966년 12월 Kurt Georg Kiesinger(쿠르트 게오르크 키징거) 연방수상 휘하의 기민당/기사당(CDU/CSU)과 사민당(SPD)의 대연정에 의해 구성된 정부는 사회적 시장경제의 케인즈식 개혁을 추구하였습니다. 새로운 개념은 1966년부터 1972년까지 연방 경제부장관

---

28 Grundsatzprogramm, S. 357.

29 Grundsatzprogramm, S. 358.

30 Gesetz über die Bildung eines Sachverständigenrates zur Begutachtung der gesamtwirtschaftlichen Entwicklung. Vom 14. August 1963. BGBl. 1963 I, S. 685 – 686.

이었던 카를 쉴러(Karl Schiller)는 이 새로운 개념을 "글로벌조종"(Globalsteuerung)이라고 명명하였습니다. 1967년에는 "경제안정과 성장촉진에 관한 법"이 통과되었습니다. 경제안정과 성장촉진에 관한 법은 연방, 주 및 지방정부의 경제와 재정정책을 "전반적 경제균형"의 요구사항에 종속시켰습니다. 전반적인 경제균형은 경제전문가위원회 구성에 관한 법률에서 이미 언급된 물가안정, 완전고용, 대외무역균형 및 경제성장이라는 네 가지 경제정책 목표로 정의되었습니다.[31] 경제발전의 효과적인 안정화는 재정정책과 통화정책의 상호작용을 통해 달성될 수 있다고 여겨졌습니다.

1967년에 도입된 일치된 행동(Konzertierte Aktion), 즉 정부대표와 전문가 참여하에 단체교섭 당사자들이 임금결정을 위한 기초자료를 공유하고 소통하는 협의체는 글로벌조종에 있어 중요한 보완으로 간주되었습니다. 기초자료는 근로자의 경제성장에 대한 참여와 투자와 경제성장을 위해 필요한 이익의 안정화 사이의 타협을 보여주어야 했습니다. 비평가들은 물론 일치된 행동(Konzertierte Aktion)이 노조의 임금요구를 억제하는 결과를 낳을 것이라고 우려했습니다. 기업단체와 노동조합 간 갈등 후, 일치된 행동(Konzertierte Aktion)은 이미 1977년에 중단되었습니다.[32]

글로벌조종은 사회적 시장경제의 새로운 국면을 열었습니다. 경제발전에 대한 국가의 책임이 강화되었습니다. 개혁은 주로 사회민주당 재무장관인 카를 쉴러(Karl Schiller)에 의해 설계되었습니다. 그러나 사회적 시장경제가 대연정 정부에 의해 도입되었다는 사실은 이제 사회적 시장경제가 광범위한 정치적 토대 위에 놓여 있음을 보여주었습니다. 1969년 9월 연방하원 선거 이후 사민당(SPD)과 자민당(FDP)은 빌리 브란트(Willy Brandt) 수상 아래, 1974년부터는 헬무트 슈미트(Helmut Schmidt) 수상 아래에서 사회자유주의적 연정

---

31 Gesetz zur Förderung der Stabilität und des Wachstums der Wirtschaft. Vom 8. Juni 1967. BGBl. 1967 I, S. 582 – 589.

32 Hans-Hermann Hartwich, Organisationsmacht gegen Kapitalmacht – Die Gewerkschaften in der Interessenstruktur der Bundesrepublik, in: Ulrich Bosdorf / Hans O. Hemmer / Gerhard Leminsky / Heinz Markmann (Hrsg.), Gewerkschaftliche Politik: Reform aus Solidarität, Köln 1977, S. 100.

을 구성하였습니다.[33] 사회 자유주의적 정부는 글로벌조종(Globalsteuerung) 정책을 계속했습니다.

1973-1975년 위기 이후, 물가상승과 실업률 증가가 결합되어 '스태그플레이션'을 형성하면서 글로벌조종에 대한 평판이 낮아졌습니다. 주의 규제권한에 대한 신뢰가 감소했습니다. 1980년 연방선거 이후, 사민당(SPD)이 주도했던 케인스식 경제정책은 연정 파트너인 자민당(FDP)으로부터 심한 비판을 받았습니다. 1982년 9월 초 경제부장관 오토 그라프 람스도르프(Otto Graf Lambsdorf)는 신자유주의적 정치전환을 요구하면서, 국가활동 제한, 투자 인센티브로 기업에 대한 세금감면, 복지제도에 대한 제한을 요구하는 프로그램을 공개했습니다. 헬무트 슈미트(Helmut Schmidt) 수상은 자민당(FDP)이 기본법의 민주적 복지국가로부터 등을 돌렸다고 비난했습니다. 자민당은 연정을 종료하고, 1982년 10월 1일 헬무트 콜(Helmut Kohl)이 건설적인 불신임투표로 새로운 연방수상으로 선출되었습니다.[34]

정부가 교체된 후 보수-자유 연합의 지지를 받는 헬무트 콜 수상은 경제정책의 전환을 약속했습니다. 시장지향 강화, 개인 책임 강조, 사회지출 제한을 통해 경제안정과 성장촉진에 관한 법에서 규정한 경제성장, 완전고용, 물가안정, 경상수지균형의 목표를 이전보다 더 잘 달성해야 했습니다. 글로벌조종과 50년대와 60년대 초반의 사회적 시장경제와 비교해 볼 때, 국가 역할의 총체적 축소가 계획되었습니다.

규제완화(Deregulierung)라 불렸던 이러한 새로운 정책은 국제적인 경향을 따랐습니다. 미국과 영국에서 추진한 규제완화정책은 모범적인 것으로 평가되었습니다. 일반적인 규제완화 바람이 불었고, 규제완화는 경제의 많은 부분에 영향을 미쳤습니다. 경쟁제한 철폐, 국유기업의 민영화, 노동시장의 규제완화 및 사회지출 감소가 그 중심이었습니다. 에

---

33 Bernd Faulenbach, Das sozialdemokratische Jahrzehnt. Von der Reformeuphorie zur Neuen Unübersichtlichkeit. Die SPD 1969 – 1982, Bonn 2011, S. 39 – 415.

34 Faulenbach, Das sozialdemokratische Jahrzehnt, S. 676 – 757.

너지, 은행 및 보험, 운송 및 통신, 공익사업 부문의 전통적인 경쟁제한이 철폐되었습니다.[35]

1.4 노사관계

"라인 자본주의"의 기초 중 하나는 사회적 파트너십 모델에 기반한 노사관계의 규제였습니다. 아데나워(Adenauer) 수상은 1949년 9월 20일 정부성명에서 고용인과 고용주의 관계를 "시대에 맞게 재구성"해야 한다고 강조했습니다. "사회적 대립의 합리적 균형"은 "우리 국민의 발전을 위한 필수 전제조건"입니다. 이러한 균형은 사회적 파트너를 통해 도출되어야 했습니다.[36]

노동조합. 1949년 10월 노동자를 대표하는 기관으로 독일노동조합연맹(Deutsche Gewerkschaftsbund/DGB)이 설립되었습니다. 독일제국과 바이마르 공화국의 노동조합운동에서는 이념적 노동조합(Richtungsgewerkschaft)이 형성되었습니다. 지배적인 사회주의노동조합과 함께 기독교와 자유주의 노동조합이 있었습니다. 이와는 반대로 독일노동조합연맹 신설에선 전체 노동자를 대표하는 단일노동조합(Einheitsgewerkschaft) 설립이 결정되었습니다. 독일노동조합연맹(Deutsche Gewerkschaftsbund)은 부문별 원칙(Branchenprinzip)에 따라 조직된 16개 개별 노동조합의 상위조직이었습니다. 16개 개별 노동조합 중에는 농업 및 서비스 부문의 노동자를 위한 노조도 있었지만 산업노조(Industriegewerkschaft)라고 불렸습니다. 개별 노조는 임금, 근무조건, 근무시간 및 휴일에 관한 임금정책을 담당

---

35 Hans K. Schneider (Hrsg.), Deregulierung als ordnungs- und prozeßpolitische Aufgabe, Berlin 1986; Hellmuth St. Seidenfus (Hrsg.), Deregulierung – Eine Herausforderung an die Wirtschafts- und Sozialpolitik in der Marktwirtschaft, Berlin 1989; Deregulierungskommission, Marktöffnung und Wettbewerb, Stuttgart 1991.

36 Bundestagssitzung vom 20. September 1949. Verhandlungen des Deutschen Bundestages. Stenographische Berichte, 1. Wahlperiode 1949, Bd. 1, S. 26.

했습니다. 독일노동조합연맹(DGB)은 상부조직으로서 노동자의 이익을 외부세계에 대변하고 노동조합업무를 조정하였습니다. 추구했던 단일노동조합(Einheitsgewerkschaft)은 제대로 이루어지지는 않았습니다. 독일노동조합연맹(DGB)과 그에 소속된 개별 노동조합 외에도 독일사무직노동조합, 독일공무원노동조합, 그다지 중요하지는 않았지만 1955년에 설립된 기독교노동조합 같은 특별한 전문직 노동조합이 있었습니다.[37]

노동조합을 조직할 권리도 있었지만 조직하지 않을 권리도 있었습니다. 노조와 고용주협회 사이에 협상된 집단적 단체협약은 경제적 관점에서 집단적 재화였습니다. 그들의 혜택은 조합원이 아닌 근로자들에게도 확대되었습니다. 노동조합회비는 보통 급여의 1%였습니다. 1950년에 노동조합은 총 600만 명의 조합원을 보유했으며 그중 91%가 독일노동조합연맹(DGB)에 속해 있었습니다. 조직률은 38%였는데, 이 숫자는 실업자와 연금수령자를 포함한 노동조합원 수를 나타냅니다.

노동자 수가 늘어남에 따라 노동조합원 수도 늘어났습니다. 독일노동조합연맹, 독일회사원노동조합, 독일공무원노동조합, 기독교노동조합연맹의 노동조합들도 확장되었습니다. 1970년까지 모든 노동조합의 조합원 수는 800만 명으로 증가했으며 그 중 82%가 독일노동조합연맹(DGB)에 속해 있었습니다. 회원 수는 증가하고 있지만 노동자 수 증가로 인해 조직도는 37%로 약간 떨어졌습니다.[38]

독일연방공화국 초기에 노동조합은 경제질서 형성에 대한 참여를 요구했습니다. 1949년 10월 뮌헨에서 열린 독일노동조합연맹(DGB) 창립대회에서 독일노동조합연맹은 경제계획, 공동결정권, 광업, 철강산업, 대규모 화학공장, 운송회사 및 은행의 사회화, 완전고

---

37 Werner Müller, Die Gründung des DGB, der Kampf um die Mitbestimmung, programmatisches Scheitern und der Übergang zum gewerkschaftlichen Pragmatismus, in: Hans O. Hemmer / Kurt Thomas Schmitz (Hrsg.), Geschichte der Gewerkschaften in der Bundesrepublik Deutschland. Von den Anfängen bis heute, Köln 1990, S. 85 – 147.

38 Bernhard Ebbinghaus, Die Mitgliederentwicklung deutscher Gewerkschaften im historischen und internationalen Vergleich, in: Wolfgang Schroeder / Bernhard Weßels (Hrsg.), Die Gewerkschaften in Politik und Gesellschaft der Bundesrepublik Deutschland. Ein Handbuch, Wiesbaden 2003, S. 174 – 203.

용 및 경제적 수익에 있어서의 노동자의 적절한 분배를 요구했습니다.[39]

공동결정권(Mitbestimmung)에 대한 논쟁은 1951년 광업공동결정법(Gesetz zur Montanm itbestimmung)과 1952년 기업법(Betriebsverfassungsgesetz)으로 종결되었습니다. 노동조합의 공동결정에 대한 실망스러운 규제를 가져온 기업법 투쟁 이후, 사회정치적 요구는 사회 적 시장경제의 공고화를 통해 추월당했습니다. 초기 경제성장과 실질임금 상승은 노동조 합의 실용주의로의 전환을 뒷받침했습니다. 1955년 독일노동조합연맹의 행동강령에서 가장 중요한 문제는 임금정책, 노동시간단축 및 완전고용이었습니다. 경제체제를 재편한 다는 "장기적 목표"(Fernziel)는 뒷전으로 밀려났습니다.[40] 1963년의 "기본강령"은 변화하 는 상황에서 사회적 시장경제를 기반으로 노동자의 경제적 이익을 보존하는 데 중점을 둔 실용적인 노동조합정책을 확인했습니다. 경제성장에 동참하기 위한 단체교섭과 사회 보장 확대에 중점이 놓였습니다.[41]

1970년대 후반 이후 산업에서 서비스업으로 경제구조가 변화하면서 노동조합의 정치 경제적 환경은 변화하였습니다. 많은 서비스 부문에는 개별적으로 고용된 중소기업이 있 었고 집단적 이익단체는 산업기업보다 조직하기가 더 어려웠습니다.

처음에는 강화된 조합원 모집으로 변화를 따라잡을 수 있었습니다. 조직률은 1980년 에 38%로 약간 증가했습니다. 그 후 노조는 조합원 수를 늘릴 수 있었습니다. 1990년에 는 1,000만 명의 조합원이 있었고 그중 83%가 독일노동조합연맹(DGB)에 속했습니다.

---

39   Müller, Die Gründung des DGB, S. 95–97.

40   Müller, Die Gründung des DGB, S. 145–147.

41   Helga Grebing, Gewerkschaften: Bewegung oder Dienstleistungsorganisation – 1955 bis 1965, in: Hans O. Hemmer / Kurt Thomas Schmitz (Hrsg.), Geschichte der Gewerkschaften in der Bundesrepublik Deutschland. Von den Anfängen bis heute, Köln 1990, S. 173–182; Helmuth C. F. Liesegang (Hrsg.), Gewerkschaften in der Bundesrepublik Deutschland. Dokumente zur Stellung und Aufgabe der Gewerkschaften in Staat und Gesellschaft, Berlin 1975, S. 38–45; Wolfgang Schroeder, Die Rolle der Gewerkschaften im „Rheinischen Kapitalismus", in: Hans Günter Hockerts / Günther Schulz (Hrsg.), Der „Rheinische Kapitalismus" in der Ära Adenauer, Paderborn 2016, S. 99–111.

그러나 조직률은 낮아져 1990년에는 35%에 그쳤습니다.[42] 계속되는 노동시장 위기는 1970년대 중반 이후 노동조합의 교섭력을 약화시켰습니다. 임금과 근로조건에 대한 단체교섭이 더욱 어려워졌습니다.[43]

기업가협회. 19세기 후반부터 등장한 삼자조직(Dreigliederung) 이후 기업가협회는 상공회의소(Kammer), 고용자협회(Arbeitgeberverband) 및 이익단체(Interessenverband)로 구성되었습니다. 미국과 영국의 군정부 하에서 이미 결성되어 있던 "통합경제지역 고용주의 사회정치 실무그룹"(Sozialpolitischen Arbeitsgemeinschaft der Arbeitgeber des Vereinigten Wirtschaftsgebietes)에서, 1949년 10월에 "고용주협회연합"(Vereinigung der Arbeitgeberverbände)이 탄생했습니다. 1950년 11월부터 고용주협회의 상위연합은 "독일 고용주협회연합"(Bundesvereinigung der Deutschen Arbeitgeberverbände/BDA)으로 활동했습니다.[44]

상공회의소(Industrie- und Handelskammer)는 한 지역의 모든 회사를 대표했습니다. 1949년 10월 그들은 1935년 국가사회주의 독재 하에서 해산되었던 상급조직인 "독일산업과 상업의회"(Deutscher Industrie- und Handelstag)를 재설립했습니다. "독일산업과 상업의회"는 잠시 프랑크푸르트(Frankfurt)에 기반을 두었지만 1950년에 연방수도인 본(Bonn)으로 옮겼습니다. "독일산업과 상업의회"(Deutscher Industrie- und Handelstag)의 임무는 "상공회의소의 협력을 확보하고 촉진하며, 질서있는 경험교환을 보장하며, 특히 독일산업과 상업의회의 모든 기업의 상업적 문제들을 상공회의소와 협의하여 연방영역의 관청들을 상대로 그들의 이익을 대변한다."[45]

42　Ebbinghaus, Die Mitgliederentwicklung deutscher Gewerkschaften.

43　Helmuth Wiesenthal / Ralf Clasen, Gewerkschaften in Politik und Gesellschaft: Von der Gestaltungsmacht zum Traditionswächter? In: Wolfgang Schroeder / Bernhard Weßels (Hrsg.), Die Gewerkschaften in Politik und Gesellschaft der Bundesrepublik Deutschland. Ein Handbuch, Wiesbaden 2003, S. 296 – 341.

44　Alexander Barthel, 50 Jahre Interessenvertretung für die Unternehmer in Deutschland, in: Reinhard Göhner (Hrsg.), 50 Jahre BDA – 50 Jahre Politik für die Wirtschaft, Berlin 1999, S. 65 – 126.

45　Satzung des Deutschen Industrie- und Handelstages nach dem Beschluss der Mitgliederversammlung vom

독일연방공화국 초기에 상공회의소는 여전히 군사정부에 의해 수행된 개혁과 함께 바이마르 공화국의 주법을 따라야 했습니다. 구 영국 및 프랑스 점령지역 주에서 상공회의소는 모든 기업의 가입과 회비가 의무화된 공법적 단체였습니다. 반면에 구 미국 점령지역 주에서는 상공회의소가 자발적인 회원의 민간단체로만 조직될 수 있었습니다. 오랜 정치적 논쟁 끝에 1956년 독일연방공화국의 의무가입으로 통일된 상공회의소법(Industrie- und Handelskammergesetz)이 통과되었습니다. 브레멘(Bremen)과 함부르크(Hamburg)의 상공회의소는 상공회의소(Handelskammer)라는 전통적인 명칭을 유지했습니다.[46]

또한 수공업, 일부 자유직업, 일부 연방주에서는 농업을 위해 의무적으로 가입해야 하는 공법적 이익단체도 있었습니다.[47]

개별 산업을 위한 이익집단은 연합국 통치 하에서 이미 허용되었습니다. 1949년 10월, 산업 지부조직들은 처음에는 "산업협회들의 경제문제를 위한 위원회"(Ausschuss für Wirtschaftsfragen der industriellen Verbände)라고 불린 상위조직을 설립했습니다. 1950년 1월 이것은 "독일산업연방협회"(Bundesverband der Deutschen Industrie/BDI)가 되었습니다. 독일산업연방협회(BDI)는 집중적인 로비활동으로 유명해졌습니다. 그러나 독일산업연방협회(BDI)의 영향력에는 한계가 있었습니다. 수년 동안 독일산업연방협회(BDI)는 에르하르트(Erhard) 연방 경제부장관이 추구하는 카르텔 금지에 격렬하게 맞서 싸웠지만 1957년의 경쟁법(Wettbewerbsgesetz)을 막을 수 없었습니다. 아데나워(Adenauer) 수상이 계획한 연금개혁도 독일산업연방협회(BDI)의 반대에 맞서 1957년에 도입되었습니다.

---

27. Oktober 1949, § 1; Gerd Hardach, Der Deutsche Industrie- und Handelskammertag 1861 - 2011. Der Spitzenverband der Industrie- und Handelskammern im Wandel der Zeit, Berlin 2011, S. 119.

46   Boris Gehlen. Die Industrie- und Handelskammern im Netzwerk der Kooperation von Wirtschaft und Staat, in: Hans Günter Hockerts / Günther Schulz (Hrsg.), Der „Rheinische Kapitalismus in der Ära Adenauer, Paderborn 2016, S. 51 -74; Hardach, Der Deutsche Industrie- und Handelskammertag, S. 119 - 154.

47   Ullmann, Interessenverbände in Deutschland, S. 255 - 259

1961년 3월 독일마르크(Deutschen Mark)의 평가절하도 독일산업연방협회(BDI)의 강력한 반발에도 불구하고 실행되었습니다.[48]

산업협회와 그 하부조직 이외에도 독일은행연방협회, 독일농민협회, 독일소매상협회 또는 독일수공업중앙협회와 같이 공공 및 정치에서 영향력을 행사하기 위해 경쟁하는 수 많은 다른 기업협회가 있었습니다.[49] 독일농민협회는 특히 성공적인 이익집단으로 간주 되었습니다. 독일농민협회 구조변화로 인해 급격히 감소하고 있는 소규모 인구집단을 대 표했지만 농업정책에 상당한 영향을 미쳤습니다.[50]

사회적 파트너십. 1949년 말, 독일노동조합연맹 회장 한스 베클러(Hans Böckler)와 기 업가단체연맹 회장 발터 레이먼드(Walter Raymond)는 노사관계 협상에 합의했습니다. 두 협상 파트너는 1918년 11월 바이마르 공화국의 사회적 파트너십을 수립한 스틴네스 레 기엔(Stinnes-Legien) 협정을 경험했으며 사회적 파트너십의 실패와 끔찍한 결과를 기억했 습니다. 베클러(Hans Böckler)는 74세, 발터 레이먼드(Walter Raymond)는 63세였습니다. 그 리고 두 협상 파트너는 사회적 파트너십 재건이 연방공화국의 경제적, 사회적 및 정치적 안정의 기반이 되어야 한다는 목표가 있었습니다.

베클러(Hans Böckler)와 발터 레이먼드(Walter Raymond)가 합의한 회담은 1950년 1월과 1950년 3월 하텐하임(Hattenheim), 1950년 5월 본(Bonn), 1950년 7월 마리아 라흐(Maria Laach)에서 여러 차례의 협상을 통해 이루어졌습니다. 기업협회는 1950년 3월 독일기업 경제합동위원회가 된 조정위원회를 통해 대표되었습니다. 하텐하임 회담에 대한 기대는 특히 노동조합원 측에서 높았습니다. 1950년 1월 그들은 독일노동조합연맹의 주간지인 〈노동의 세계〉(Welt der Arbeit) 기사에서 협상이 "경제에서 노동자들의 평등권 목표를 달

---

48 Johannes Bähr / Christopher Kopper, Industrie, Politik, Gesellschaft. Der BDI und seine Vorgänger 1919 – 1990, Göttingen 2019, S. 170 – 344.

49 Ullmann, Interessenverbände in Deutschland, S. 247 – 273.

50 Rolf G. Heinze, Verbandspolitik zwischen Partikularinteressen und Gemeinwohl. Der Deutsche Bauernverband, Bielefeld 1992.

성할 것"을 요구했었습니다.[51]

1950년 1월 노동조합과 기업가는 임금과 근로조건을 스스로 책임지겠다는 의지를 확인했습니다. 단체교섭에서 결과에 도달하지 못한 경우 자발적 중재가 발동되어야 했습니다. 바이마르 공화국에 존재했던 국가중재는 기각되었습니다. 그러나 노동조합의 핵심 쟁점인 공동결정 문제에 대해서는 합의가 이루어지지 않았다는 것이 곧 명백해졌습니다. 동등한 공동결정에 대한 노동조합의 요구는 기업가협회에 의해 단호하게 거부되었습니다.[52] 1950년 7월 협상은 아무런 결과 없이 결렬되었습니다.[53]

단체교섭의 자유는 노사관계의 핵심으로 1949년 미국과 영국 비존(Bizone)에서 도입되었습니다. 독일연방공화국 건국 이후에는 구 미국과 영국 점령지역의 영토에 적용된 연방법이 되었습니다. 1953년에 비존(Bizone)의 단체협약법이 이전 프랑스 점령징역의 영토를 포함하도록 확장되었습니다.[54] 단체협약은 단체교섭 당사자 간 합의였습니다. 단체교섭이 가능한 당사자로 고용자측에서는 개별고용자나 고용자단체를, 근로자측에서는 노동조합을 내세웠습니다. 단체협약은 임금, 근무조건 및 휴가자격을 규정했습니다. 계약은 단체교섭 당사자에게만 구속력이 있었습니다. 그러나 노동부장관이 대표하는 정부는 단체협약에 관련된 고용주가 관련 부문 노동자의 절반 이상을 고용하거나 공익에 관련된 경우 단체협약을 일반적 구속력이 있다고 선언할 수 있었습니다. 파업과 직장폐쇄는 단체교섭 요구를 관철하기 위한 노동쟁의로 허용되었습니다. 단체교섭 계약의 당사자들이 합의에 도달할 수 없는 경우 중재절차를 시작할 수 있었습니다. 단체교섭법에 근거

---

51   Um die Mitbestimmung, in: Welt der Arbeit, 13. Januar 1950.

52   Hattenheimer Gespräche unbefriedigend, in: Welt der Arbeit, 7. April 1950.

53   Johannes Bähr, Tarifautonomie, Lohnentwicklung und Konfliktregelung. Die BDA und die tarifpolitischen Weichenstellungen in der Geschichte der Bundesrepublik, in: Reinhard Göhner (Hrsg.), 50 Jahre BDA – 50 Jahre Politik für die Wirtschaft, Korbach 1999, S. 33 – 63; Rainer Kalbitz, Gewerkschaftliche Tarifpolitik in den Jahren des Wirtschaftswunders, in: Hans-Otto Hemmer / Kurt Thomas Schmitz (Hrsg.), Geschichte der Gewerkschaften in der Bundesrepublik Deutschland. Von den Anfängen bis heute, Köln 1990, S. 183 – 247.

54   Gesetz über die Erstreckung des Tarifvertragsgesetzes. Vom 23. April 1953. BGBl. 1953 I, S. 156.

하여 해마다 다양한 부문과 지역에서 수천 건의 단체협약이 체결되었습니다.[55]

에르하르트 연방경제장관은 1950년대 중반부터 일련의 "자제 호소"(Maßhalteappellen) 에서 단체교섭 당사자들의 집단이기주의로 인해 사회적 파트너십이 사회적 시장경제에 있어서 문제가 될 수 있음을 비판해 왔습니다. 경제성장과 완전고용 시기에 노동조합은 과도한 임금요구를 했고 고용주는 인상된 임금을 물가에 전가할 수 있기 때문에 기꺼이 임금을 인상하려 했다는 것이었습니다. 1956년 에르하르트는 "만약 경제에 연관된 사람 들이 자신을 위해서든 이익집단을 위해서든 임금 및 가격정책 측면에서 자신의 힘이나 경제적 기회를 최대한 활용할 수 있다고 믿는다면 고용과 생산이 위험에 처할 것"이라고 경고했습니다.[56]1960년대 초 가격이 더 급격하게 상승했을 때 에르하르트는 단체교섭 파 트너의 이기심에 대한 그의 경고가 확인되는 것을 보았습니다. 1962년에 그는 연방정부 가 "협상을 객관화하고 공적 교육을 통해" 단체교섭 파트너의 "고삐 풀린 자유"를 길들 이려고 노력할 것이라고 위협했습니다.[57]

1965년 뒤셀도르프에서 열린 기민당(CDU) 전당대회에서 에르하르트는 홍보담당자 뤼디거 알트만(Rüdiger Altmann)이 제안한 용어인 "형성된 사회"(Formierten Gesellschaft) 프 로그램을 발표했습니다. "형성된 사회"(Formierte Gesellschaft)는 1949년 제1차 연방의회 선거운동의, 다소 시대에 뒤떨어진, "사회적 시장경제"(Sozialen Marktwirtschaft)를 대신하 여 다가오는 연방선거운동의 아이디어로 여겨졌습니다. "형성된 사회"에서 에르하르트 는 "과도하게 커진 당파적 욕망"(überwuchernden partiellen Wünschen)을 강력한 국가로 대

---

55 Bähr, Tarifautonomie; Thomas Blanke, Koalitionsfreiheit und Tarifautonomie: Rechtliche Grundlagen und Rahmenbedingungen der Gewerkschaften in Deutschland, in: Wolfgang Schroeder / Bernhard Weßels (Hrsg.), Die Gewerkschaften in Politik und Gesellschaft der Bundesrepublik Deutschland. Ein Handbuch, Wiesbaden 2003, S. 144 – 173; Frerich / Frey, Geschichte der Sozialpolitik, Bd. 3, S. 93 – 98.

56 Ludwig Erhard, Besinnung und Verantwortung in der Volkswirtschaft. Rundfunksprache am 12. März 1956, in: Ludwig Erhard, Gedanken aus fünf Jahrzehnten. Reden und Schriften, hrsg. von Karl Hohmann, Düsseldorf 1988, S. 475.

57 Ludwig Erhard, Maßhalten! Rundfunkansprache am 21. März 1962, in: Erhard, Gedanken aus fünf Jahrzehnten, S. 735.

표되는 추상적인 "공동선"(Gemeinwohl)과 대조시키기를 원했습니다.[58] 그러나 '형성된 사회'는 곧 공허한 수식으로 인식되었고, 등장하자마자 정치적 논의에서 사라졌습니다.[59] 조직된 이해관계의 경쟁을 통한 갈등해결로서의 단체교섭 자율성은 도전받지 않은 채 남아 있었습니다.

노동조합과 기업가협회가 공동결정 문제에 대한 합의에 도달하지 못한 후 결정은 국가의 몫이 되었습니다. 치열한 정치적 논쟁 끝에 1951년 철강산업과 광산업의 공동결정에 관한 법이 통과되었습니다. 그것은 광범위한 공동결정으로 이어졌습니다. 직원들은 회사의 감독위원회에서 동등하게 대표되었고 이사회에 참석하였습니다.[60] 노동조합은 광업의 공동결정이 모든 대기업의 모델이 되어야 한다고 요구했지만 정부에 거절당했습니다.[61]

1952년 기업법(Betriebsverfassungsgesetz)은 직장평의회에 의한 일반적인 공동결정과 회사 경영진 내 노동자대표를 규정했습니다. 이 법은 본질적으로는 1920년의 직장평의회법(Betriebsrätegesetz) 조항을 직장평의회(Betriebsrat)를 위해 복원했습니다. 직원이 5명 이상인 회사에는 직장평의회가 설치되었습니다. 회사 경영진과 직장평의회는 회사와 회사원의 이익을 위해 협력해야 했습니다. 직장평의회는 경제적 사안에 대한 정보권과 사회적 사안에 대한 참여권을 가졌습니다. 주식회사의 직원대표는 광업공동결정(Montanmitbestimmung)에서만큼 멀리 가지는 않았습니다. 직원들은 회사 감독위원회에서

---

58   Ludwig Erhard, Formierte Gesellschaft. Rede vor dem 13. Bundesparteitag der CDU, 31. März 1965, in: Erhard, Gedanken aus fünf Jahrzehnten, S. 915 – 919.

59   Gerd Hardach, Krise und Reform der Sozialen Marktwirtschaft. Grundzüge der wirtschaftlichen Entwicklung in der Bundesrepublik Deutschland der 50er und 60er Jahre, in: Axel Schildt / Detlef Siegfried / Karl Christian Lammers (Hrsg.), Dynamische Zeiten. Die 60er Jahre in den beiden deutschen Gesellschaften, Hamburg 2000, S. 208 – 213; Volker Hentschel, Ludwig Erhard. Ein Politikerleben, München 1996, S. 561 – 562.

60   Gesetz über die Mitbestimmung der Arbeitnehmer in den Aufsichtsräten und Vorständen der Unternehmen des Bergbaus und der Eisen und Stahl erzeugenden Industrie. Vom 21. Mai 1951. BGBl. 1951 I, S. 347 – 350.

61   Karl Lauschke, Die halbe Macht. Mitbestimmung in der Eisen- und Stahlindustrie 1945 bis 1989, Essen 2007.

3분의 1의 의결권을 가졌으나 이사회에는 대표되지 않았습니다.[62]

공동 결정의 확대는 노동조합 정책의 목표로 남았습니다.[63] 1972년 개혁으로 직장평의회 활동범위가 확대되었습니다.[64] 대기업 경영진의 근로자 대표는 1976년 공동결정법 (Mitbestimmungsgesetz)에 의해 강화되었습니다. 기업의 감독위원회는 자본 측과 직원이 동등하게 채워야 했습니다. 회장은 감독이사회가 이사의 3분의 2 이상 찬성으로 임명하기로 되어 있었습니다. 따라서 회장 임명에는 직원대표의 동의가 필요했습니다.[65] 몇몇 기업가단체는 공동결정법에 대해 헌법소원을 제기했습니다. 그러나 연방헌법재판소는 이 법을 지지했습니다.[66]

1.5 경쟁질서

시장개방. 1950년대 초 연방경제부는 "경쟁은 사회적 시장경제의 지배적인 조직원리" 라고 선언했습니다.[67] 경쟁은 혁신과 생산성증가를 촉진하고 최적의 자원배분을 보장하며 성과기반 소득분배에 기여해야 했습니다. 좁은 의미의 경제적 기능을 넘어 경쟁은 또

---

62 Betriebsverfassungsgesetz. Vom 11. Oktober 1952. BGBl. 1952 I, S. 681 – 65.

63 Klaus von Beyme, Gewerkschaftliche Politik in der Wirtschaftskrise. 1973 bis 1978, in: Hans-Otto Hemmer / Kurt Thomas Schmitz (Hrsg.), Geschichte der Gewerkschaften in der Bundesrepublik Deutschland. Von den Anfängen bis heute, Köln 1990, S. 339 – 374; Klaus Lompe, Gewerkschaftliche Politik in der Phase gesellschaftlicher Reformen und der außenpolitischen Neuorientierung der Bundesrepublik 1969 bis 1974, in: Hans-Otto Hemmer / Kurt Thomas Schmitz (Hrsg.), Geschichte der Gewerkschaften in der Bundesrepublik Deutschland. Von den Anfängen bis heute, Köln 1990, S. 281 – 338; Walter Müller-Jentsch, Mitbestimmungspolitik, in: Wolfgang Schroeder / Bernhard Weßels (Hrsg.), Die Gewerkschaften in Politik und Gesellschaft der Bundesrepublik Deutschland. Ein Handbuch, Wiesbaden 2003, S. 451 – 477.

64 Betriebsverfassungsgesetz. Vom 15. Januar 1972. BGBl. 1972 I, S. 13 – 43.

65 Gesetz über die Mitbestimmung der Arbeitnehmer. Vom 4. Mai 1976. BGBl. 1976 I, S. 1153 – 1195.

66 von Beyme, Gewerkschaftliche Politik in der Wirtschaftskrise, S. 368 – 371.

67 Bericht über die wirtschaftliche Lage und die wirtschaftspolitischen Probleme und Aufgaben in der Bundesrepublik Deutschland. Vorgelegt vom Bundesministerium für Wirtschaft, 31. Oktober 1953, S. 13. Bundesarchiv Koblenz (BArchK) B 102/12540.

한 개인의 자유의 발전을 지원해야 했습니다.[68] 경쟁정책은 경쟁을 유지하고 촉진하는 임무를 가졌습니다. 시장구조나 시장참가자의 행동에 근거할 수 있는 경쟁에 대한 제한은 방지되어야 했습니다.

서독 경쟁질서는 중요한 역사적 전제조건을 지니고 있었습니다. 1872년 독일제국(Deutsches Reich)이 넘겨받은 1869년 북독일연방(Norddeutscher Bund)의 기업질서(Gewerbeordnung)는 경쟁질서(Wettbewerbsordnung)의 핵심으로서 기업의 자유(Gewerbefreiheit)를 보장했습니다.[69] 공정한 경쟁을 위한 규칙은 나중에 도입되었습니다.[70] 1923년 카르텔법(Kartellgesetz)은 경제력의 남용을 방지하기 위해 긴급조례로 제정되었습니다.[71] 1877년 독일제국의 파산규정(Konkursordnung)과 1935년 합의규정(Vergleichsordnung)은 경쟁에서 덜 성공한 공급자의 시장철수에 대한 질서 있는 절차를 규정했습니다.[72]

1948년 6월 경제개혁으로 시작된 시장개방은 독일연방공화국 수립 이후에도 계속되었습니다. 상업자유(Gewerbefreiheit)는 비록 지역적 차이는 있었지만 연합국 점령시대에 이미 회복되었습니다. 일반적인 상업자유(Gewerbefreiheit)는 이전 미국 점령지역에서 계속 적용되었습니다. 반면에 이전 영국과 프랑스 점령지역에서는 이전 독일전통에서 비롯된 수공업과 상업에 대한 진입 제한(Zugangsbeschränkung)이 그대로 유지되었습니다.[73]

---

68 Bundesministerium für Wirtschaft, Wettbewerbspolitik in der Sozialen Marktwirtschaft, Bonn 1990.

69 Gewerbeordnung für den Norddeutschen Bund. Vom 21. Juni 1869. Bundes-Gesetzblatt des Norddeutschen Bundes, S. 245–282; Gesetz, betreffend die Einführung der Gewerbeordnung des Norddeutschen Bundes vom 21. Juni 1869 in Bayern und die Abänderung einiger Strafbestimmungen der Gewerbeordnung. Vom 12. Juni 1872. Reichsgesetzblatt (RGBl.) 1872, S. 170–171.

70 Gesetz gegen den unlauteren Wettbewerb. Vom 7. Juni.1909. RGBl. 1909, S. 499–506.

71 Verordnung gegen den Mißbrauch wirtschaftlicher Machtstellungen. Vom 2. November 1923. RGBl. 1923 I, S. 1067–1070.

72 Konkursordnung. Vom 10. Januar 1877. RGBl. 1876, S. 351–389; Vergleichsordnung. Vom 26. Juni 1935. RGBl. 1935 I, S. 321–340.

73 Albrecht Ritschl, Soziale Marktwirtschaft in der Praxis, in: Werner Abelshauser (Hrsg.), Das Bundeswirtschaftsministerium in der Ära der Sozialen Marktwirtschaft. Der deutsche Weg der Wirtschaftspolitik. Wirtschaftspolitik in Deutschland 1917–1990, Bd. 4, Berlin 2016, S. 298–311.

수공업과 상업의 이익단체, 특히 소매업은 일반적인 상업자유에 격렬히 반대하였고, 수공업과 상업으로의 진입을 막기 위해 전체 연방영토에서 법적 효력이 있는 필수자격증을 위한 통일된 규정을 요구하였습니다. 1953년에는 수공업운영의 전제조건으로서 장인시험(Meisterprüfung)이 전국적으로 도입되었습니다. 1957년에는 소매업에서 자영업을 하기 위한 전제조건으로 능력증명서(Sachkundenachweis)가 필요했습니다. 그러나 연방헌법재판소는 능력증명을 직업자유(Berufsfreiheit)를 제한하는 것으로 판단하고 1965년 위헌선고를 하였습니다.[74]

1909년의 부정경쟁금지법(Gesetz gegen unlauteren Wettbewerb)은 여전히 독일연방공화국에서 공정경쟁의 기초였습니다. 경쟁업체의 "좋은 관습"(gute Sitte) 침해로부터 기업가를 보호하고 경쟁을 왜곡하는 부패를 방지하기 위한 것이었습니다. 무엇보다 공급자에게 품질, 수량, 가격에 대한 정확한 정보가 요구되었습니다. 1950년대에는 소비자보호(Verbraucherschutz)가 새로운 목표로 부각되었습니다.[75] 이러한 이유로 1965년에 공정한 경쟁을 유지하기 위해 소비자협회의 소송권이 도입되었습니다.[76]

경쟁제한 방지법. 서독의 경쟁법(Wettbewerbsgesetz)에 관한 독일과 연합국 간 협상은 이미 미국과 영국의 비존(bizone)에서 시작되었습니다. 무엇보다 연합국은 카르텔금지(Kartellverbot)와 합병통제(Fusionskontroll)를 통한 경제력제한을 기대했습니다. 1949년 여름, 협의가 중단되고 건국 이후로 연기되었습니다. 서독의 경쟁법이 통과될 때까지, 1947

---

74 Ursula Beyenburg-Weidenfeld, Wettbewerbstheorie, Wirtschaftspolitik und Mittelstandsförderung 1948–1963. Die Mittelstandspolitik im Spannungsfeld zwischen wettbewerbstheoretischem Anspruch und wirtschaftspolitischem Pragmatismus, Stuttgart 1992, S. 233–246; Abdolreza Scheybani, Handwerk und Kleinhandel in der Bundesrepublik Deutschland. Sozialökonomischer Wandel und Mittelstandspolitik 1949–1061, München 1996, S. 248–280.

75 Helmut Köhler / Joachim Bornkamm, Gesetz gegen den unlauteren Wettbewerb, 30. Aufl., München 2012, S. 37–43.

76 Gesetz zur Änderung des Gesetzes gegen den unlauteren Wettbewerb, des Warenzeichengesetzes und des Gebrauchsmustergesetzes. Vom 21. Juli 1965. BGBl. 1965 I, S. 625–626.

년 미국, 영국, 프랑스 점령지역의 군정부에 의해 제정된 경쟁법은 계속 유효했습니다.[77]

경제부 장관 에르하르트는 1949년 12월 경쟁법(Wettbewerbsgesetz)을 발표했습니다.[78] 법의 핵심은 카르텔금지였습니다. 에르하르트는 이 요구사항도 공표했습니다.[79] 카르텔금지는 상당한 비판을 받았습니다. 기업가협회와 연정의 다수 정치인은 1923년 카르텔조례에서와 같이 카르텔합의의 남용을 단순히 금지하는 것으로 충분하다고 생각했습니다. 독일 노동조합연맹도 카르텔금지에 반대했습니다. 카르텔은 남용의 위험이 있지만 이점이 위험보다 컸습니다. 카르텔은 가격과 시장발전을 안정시킬 수 있고 자본오용에 대한 효과적인 보호를 할 수 있으며 전문화, 대량생산 및 생산성 향상을 위한 중요한 전제조건이 될 수 있었습니다. 카르텔금지와 대기업방해는 진보적 형태의 경제조직발전을 불필요하게 어렵게 만들 수 있었습니다.[80] 사민당(SPD)은 카르텔금지를 지지하였습니다.

오랜 정치적 논쟁이 있은 후에야 에르하르트는 자신의 주장을 관철할 수 있었습니다. 1957년 7월 경쟁법이 연방의회(Bundestag)에서 통과되었습니다. 한편 사민당(SPD)은 그 사이 너무 많은 예외로 인해 경쟁원칙이 약화되었기 때문에 경쟁법을 거부했습니다. 1958년 1월 1일, 경쟁제한방지법(Gesetz gegen Wettbewerbsbeschränkung)이 발효되었습니다. 그것은 19세기 후반 독일에서 시작된 카르텔의 오랜 전통을 종식시켰습니다. 카르텔과 기타 경쟁을 제한하는 조치는 금지되었습니다. 카르텔금지를 집행하기 위해 연방카르텔관청(Bundeskartellamt)이라는 특별기관이 설립되었습니다.[81]

경쟁제한방지법은 다양한 예외를 규정했습니다. 독일주은행(Bank deutscher Länder)과 주중앙은행(Landeszentralbanken), 재건을 위한 국가신용기관 및 국가주정독점

---

77   Hardach, Wettbewerbspolitik, S. 215 – 216.

78   Protokoll der 3. Sitzung des Wirtschaftsausschusses des Deutschen Bundestags am 14. Dezember 1949. Amtliche Materialien, Nr. 121. BArchK B 102/316863, Bd. 2.

79   Ludwig Erhard, Kartelle im Blickpunkt der Wirtschaftspolitik, in: Der Volkswirt, 16. Dezember 1949.

80   Bundesvorstand des Deutschen Gewerkschaftsbundes an die Mitglieder des Wirtschaftspolitischen Ausschusses des Bundestages, 29. April 1953. BArchK B 102 / 17083, Bd. 1.

81   Gesetz gegen Wettbewerbsbeschränkungen. Vom 27. Juli 1957. BGBl. 1957 I, S. 1081 – 1103.

(Branntweinmonopol)은, 주의 권한을 앞세웠기 때문에, 경쟁법의 적용을 받지 않았습니다. 광업 및 철강산업의 경우 독일경쟁법이 적용되지 않고 유럽석탄철강공동체(Europäische Gemeinschaft für Kohle und Stahl)의 경쟁법이 적용되었습니다. 연방우체국, 연방철도 및 기타 운송회사와 전기, 가스 및 수도와 같은 공익사업은 기본적으로 공동사회원칙 (Gemeinwirtschaftsprinzip)에 기초해야 하므로 경쟁이 제한되어야 한다는 여론이 우세하였습니다. 농산물 시장은 국가가 규제하기 때문에 경쟁법을 농업에 적용할 수 없었습니다. 경제 전반에 대한 중요성으로 인해 은행 및 보험회사에는 특별 규정이 적용되었습니다.

카르텔사무소(Kartellamt)는 위기카르텔(Krisenkartell), 합리화카르텔(Rationalisierungskartell), 수출카르텔(Exportkartell) 및 수입카르텔(Importkartell)을 허용할 수 있었습니다. 또한 연방경제부장관은 예외적으로 경쟁제한이 경제 전체와 공동선(Gemeinwohl)에 전적으로 의미가 있을 경우 카르텔을 승인할 수 있었습니다. 중고제품의 가격유지는 품질을 보장하기 위한 것이었기 때문에 브랜드제품(Markenartikel)에 대해 계속 허용되었습니다.[82]

카르텔사무소(Kartellamt)는 지속적으로 카르텔금지를 시행했습니다. 단지 각종 위기카르텔, 합리화카르텔, 수출카르텔, 조건카르텔, 할인카르텔만이 승인되었습니다. 독점금지법 위반에 대해 상당한 벌금이 부과되었습니다.[83]

합병통제. 경제정책의 목표는 대기업과 중소기업이 경쟁하는 경쟁질서였습니다. 에르하르트 경제부장관은 자신이 대기업에 근본적으로 반대하거나 적대적이지 않다고 강조했습니다. 대기업이 "실제성과 및 동일한 시작조건을 기반으로 구축하거나 기술적 요구사항을 충족하는 경우(국제경쟁 상황도 고려해야 한다.)" 국가경제적 관점에서 완전히 긍정적으로 평가해야 합니다. 동일한 경쟁조건에서 중견기업은 성과를 통해 자신을 증명하고 승리할 수 있습니다. 그러나 에르하르트의 관점에서는 합병으로 인해 한 회사가 시장

---

82   Wolfgang Eichhorn, Vertikale Preisbindung, in: Franz Böcker (Hrsg.), Preistheorie und Preisverhalten, München 1982, S. 249 – 262.

83   Hans-Heinrich Barnikel, Marktwirtschaft. Kartelle, Konzentration, Kontrolle, Heidelberg 1989.

을 지배하는 것을 방지하기 위해 합병통제(Fusionskontroll)가 필요했습니다.[84] 에르하르트는 또한 1960년 기민당(CDU)의 전당대회에서 대기업이 경제성장에 상당한 기여를 했다는 자신의 확신을 언급하였습니다. 그의 관점에서 유일한 문제는 경제력의 남용이었습니다. "그것은 대기업 자체가 아니라 경제적으로 해롭고 사회정치적으로 바람직하지 않은 집중으로 우리의 저항을 유발하는 권력에 대한 통제되지 않은 굶주림입니다."[85]

에르하르트는 1957년 경쟁법(Wettbewerbsgesetz)에 기업합병의 남용을 방지하는 합병통제를 포함시키려 계획했지만 관철시킬 수는 없었습니다. 오직 사회자유주의 연정만이 합병통제를 정치적 의제로 다시 상정할 수 있었습니다. 1973년 합병통제가 결정되었습니다. 계획된 합병은 보고해야 하고 카르텔사무소(Kartellamt)는 시장지배적 지위로 이어질 합병은 금지되었습니다. 연방경제부장관은 합병의 전반적인 경제적 이익이 경쟁제한의 단점보다 크거나 합병이 지대한 공익에 의해 정당화되는 경우 예외를 승인할 수 있었습니다. 예외적으로 연방카르텔사무소(Bundeskartellamt)가 소급적으로 이의를 제기한 합병은 해산될 수 있었습니다. 기업집중도를 정기적으로 감시하기 위해 독점위원회(Monopolkommission)가 설립되었습니다.[86]

합병통제는 경쟁정책의 어려운 영역으로 남아있었습니다. 연방카르텔사무소(Bundeskartellamt)가 집중화 추세에 반대하는 경우는 매우 드물었습니다. 대부분 제안된 합병은 승인되었고 일부는 연방경제부장관의 예외적인 결정을 통해 승인되었습니다.[87] 상당한 경제력을 행사하는 기업의 해산은 법적 난관에 봉착해 거의 이뤄지지 않았습니

---

84 Erhard an Adenauer, 15. September 1958. Ludwig-Erhard-Stiftung (LESt) I. 1/6 Adenauer 1958.

85 Ludwig Erhard, Wirtschaftspolitik als Teil der Gesellschaftspolitik. Rede vor dem 9. Bundesparteitag der CDU, Karlsruhe, 28. April 1960, in: Erhard, Gedanken aus fünf Jahrzehnten, S. 614.

86 Zweites Gesetz zur Änderung des Gesetzes gegen Wettbewerbsbeschränkungen. Vom 3. August 1973. BGBl. 1973 I, S. 917-929.

87 Bericht des Bundeskartellamtes über seine Tätigkeit im Jahre 1974 sowie über Lage und Entwicklung auf seinem Aufgabengebiet. Deutscher Bundestag, Drucksache 7/3791, S. 8: Bericht des Bundeskartellamtes über seine Tätigkeit in den Jahren 1989/90 sowie über die Lage und Entwicklung auf seinem Aufgabengebiet. Deutscher Bundestag, Drucksache 12/847, S. 9-13.

다.[88]

파산. 기업에 경쟁은 기회이자 위험을 의미하였습니다. 1958년 연방카르텔사무소의 연례보고서는 "올바른 결정은 이익으로 보상되고 잘못된 결정은 손실과 파산으로 반영됩니다"라고 기록하였습니다.[89] 파산을 평가하는 데 있어 모순은 항상 있어왔고, 부분적으로는 오늘날에도 여전히 존재하기 때문에 기업가적 실패의 결과로서의 파산(Insolvenz)은 경쟁의 어두운 면이라고 할 수 있습니다. 한편으로 파산은 경쟁체계에 내재적인 결과로 경제의 일상에 속했습니다. 다른 한편으론 채무불이행자는 오랜 역사적 전통에 따라 '파산의 오점'(Makel des Konkurses)이라는 공적 비인정의 대상이었습니다.[90]

1877년의 엄격한 파산규정은 여전히 독일연방공화국에서도 적용되었습니다. 그것은 19세기의 엄격한 소유개념에 부합했습니다. 파산절차의 목적은 파산대상에 속하는 자산의 평가와 채권자 간 공정한 분배였습니다. 파산절차가 완료된 후 기업은 해산되었습니다. 채권자는 또한 파산절차가 끝난 후에도 실패한 수공업자 또는 소상인의 소유자와 같은 자연인에 대해 시간 제한 없이 나머지 청구를 주장할 수 있었습니다.[91] 1935년부터 부채가 너무 높지 않은 경우 권장되는 합의절차(Vergleichsverfahren)의 가능성이 있었습니다. 합의(Vergleich)를 통해 파산을 피할 수 있었습니다. 이를 통해 기업은 새로운 조건에서 지속될 수 있었습니다.[92]

파산의 위험은 경기(Konjunktur)에 달려 있었습니다. 파산건수는 1950년대 초에 상당히 많았고 서독경제의 장기성장기에 감소했지만 1974-1975년 위기와 경제성장 둔화 이

---

88   Wernhard Möschel, Entflechtungen im Recht der Wettbewerbsbeschränkungen. Eine vergleichende rechtspolitische Studie, Tübingen 1979.

89   Bericht des Bundeskartellamts über seine Tätigkeit im Jahre 1958 sowie über Lage und Entwicklung auf seinem Aufgabengebiet. Deutscher Bundestag, Drucksache 3/1000, S. 8.

90   Christoph G. Paulus, Insolvenzrecht, Frankfurt 2007, S. 31.

91   Konkursordnung. Vom 10. Februar 1877. RGBl. 1876, S. 351 – 389.

92   Vergleichsordnung. Vom 26. Februar 1935. RGBl. 1935 I, S. 321 – 340.

후 급격히 증가했습니다.[93] 1978년에 새로운 파산법을 마련하기 위한 위원회가 설립되었습니다. 새로운 파산법은 또한 파산으로 인한 국민경제적 피해와 사회적 위험을 고려해야 했습니다. 그러나 파산법 개편에 관한 심의는 수년에 걸쳐 질질 끌었고 독일통일이 되는 시점까지 완성되지 못했습니다.[94]

1.6 사회적 시장경제 수용

사회적 시장경제의 경제질서는 정치권에서 처음에는 여당의 선거승리를 통해, 그다음에는 가장 중요한 야당으로서 사민당(SPD)이 사회적 시장경제의 비판자에서 지지자로 변모하는 과정을 통해 정기적으로 확인되었습니다.

이러한 분명한 정치적 수용에도 불구하고 "사회적 시장경제"(Soziale Marktwirtschaft)는 대중에게 일반적으로 알려지지 않았습니다. 1950년 4월 여론조사에서 44%만이 "사회적 시장경제"가 의미하는 바를 알고 있다고 말했습니다. 1952년 11월 당시 여론조사 대상자의 52%가 "사회적 시장경제"에 대해 알고 있었습니다.[95]

1953년 연방선거에서 기민당/기사당(CDU/CSU)은 성공적이었습니다. 그들의 득표율은 45%로 증가했습니다.[96] 선거 후 CDU의 선거 성공이유에 대한 여론조사가 있었습니다. 질문을 받은 사람들의 41%는 현재 아데나워(Adenauer)보다 더 나은 정치인이 없다는 간단한 이유를 들었습니다. 또한 질문받은 사람 중 최소 38%는 아데나워가 경제적으로 상황이 나아지도록 했기 때문에 집권당이 성공했다고 생각했습니다.[97] 그러나 질문을 받

---

93 Statistisches Jahrbuch für die Bundesrepublik Deutschland 1953, S. 414; Statistisches Jahrbuch 1971, S. 364; Statistisches Jahrbuch 1983, S. 132.

94 Paulus, Insolvenzrecht, S. 24 – 25.

95 Elisabeth Noelle / Erich Peter Neumann (Hrsg.), Jahrbuch der öffentlichen Meinung, Bd. 2, 1957, Allensbach 1957, S. 100.

96 Dietrich Thränhardt, Geschichte der Bundesrepublik Deutschland, Frankfurt 1986, S. 227.

97 Institut für Demoskopie Allensbach (Hrsg.), Jahrbuch der öffentlichen Meinung, Bd. 1, 1947 – 1955,

은 사람들이 경제향상을 반드시 사회적 시장경제의 경제질서와 연관시키지는 않았습니다. 1955년 3월의 한 여론조사에서 "사회적 시장경제"가 무엇인지 알고 있는 사람의 비율은 다시 43%로 떨어졌습니다.[98]

1957년 연방선거는 사회적 시장경제의 정치적 확인으로 여겨졌습니다. 50.2%의 득표율로 기민당/기사당(CDU/CSU)은 거의 절대다수를 얻었습니다.[99] 대다수의 유권자들은 경제질서가 "사회적 시장경제"로 묘사된다는 사실을 알지 못했을지라도 분명히 경제와 사회정책에 동의했습니다.

에르하르트가 1963년 10월 수상이 되었을 때 그의 경제정책 전문성은 더 이상 도전받지 않는 상황은 아니었습니다. 1963년 11월의 설문조사에서 질문을 받은 사람 중 54%만이 에르하르트가 좋은 경제정책을 펼치고 있으며 국민을 경제적으로 잘 돌보고 있다는 의견이었습니다.[100]

사회자유주의적 개혁과 새로운 글로벌조종(Globalsteuerung)의 영향으로 사회적 시장경제의 개념은 대중의 인식에서 희미해졌습니다. 1973년 여론조사에서 응답자의 38%만이 "사회적 시장경제"가 무엇을 의미하는지 알고 있다고 답했습니다.[101]

1980년대 신자유주의의 경험은 양면적이었습니다. 국내총생산(Bruttoinlandsprodukt) 성장률은 1970년대보다 높았고 물가상승률은 완만했습니다. 그러나 실업률은 여전히 높았고 국가부채는 크게 증가했습니다. 노동시장 위기와 국가부채 증가에도 불구하고 사회적 시장경제의 경제질서는 확고했습니다. 1986년 설문조사에 따르면 "사회적 시장경제"

Allensbach 1956, S. 259.

98   Elisabeth Noelle / Erich Peter Neumann (Hrsg.), Jahrbuch der öffentlichen Meinung, Bd. 2, 1957, Allensbach 1957, S. 100.

99   Thränhardt, Geschichte der Bundesrepublik Deutschland, S. 227.

100 Institut für Demoskopie Allensbach (Hrsg.), Jahrbuch der öffentlichen Meinung 1965 – 1967, Allensbach 1967, S. 195.

101 Institut für Demoskopie Allensbach (Hrsg.), Jahrbuch der öffentlichen Meinung 1968 – 1973, Allensbach 1974, S. 362.

라는 개념은 그 어느 때보다 잘 알려져 있었으며 대다수가 긍정적으로 평가했습니다. 설문 대상자의 89%는 '사회적 시장경제'에 대해 이미 한 번쯤 들어본 적이 있다고 답했고, 74%는 사회적 시장경제가 좋은 경제질서라고 여겼습니다.[102]

2. 인구와 사회구조

2.1 인구변화

1950년 9월에 실시된 첫 번째 인구조사에 따르면 독일연방공화국의 인구는 5천만 명이었습니다. 1950년대와 1960년대에 인구가 크게 증가했습니다. 1972년 서독에는 6200만 명의 주민이 있었습니다. 그 이후로 인구는 정체되었습니다. 1989년 인구는 6200만 명으로 변동이 없었습니다. 성별인구구성은 여성이 훨씬 많았습니다. 1950년 인구에서 여성의 비율은 53%였습니다. 장기적으로 비교하면 전쟁에서 많은 남자들이 죽었기 때문에 여성이 상대적으로 높은 비율이었습니다. 그 후 몇 년 동안 여성의 비율은 약간 감소하여 1970년에는 52%, 1989년에도 역시 52%였습니다.[103]

1950년에 인구는 1,700만 개인가구와 소수의 기관가구(Anstaltshaushalt)로 분산되었습니다. 인구증가로 인해 그 수는 1989년까지 2,800만 가구로 증가했습니다. 가구 구성원은 점점 적어지는 경향이 있었습니다. 1950년에는 평균 3.0명의 가구로 구성되었지만 1989년에는 2.2명이었습니다. 가족은 줄어들고 1인 가구가 많아졌습니다. 1950년에는 1인가구가 전체가구의 19%를 차지했습니다. 1989년에는 그 비율이 35%로 증가했습니다.

---

102   Allensbacher Institut für Demoskopie (Hrsg.), Jahrbuch der öffentlichen Meinung 1984 – 1992, Allensbach 1993, S. 578 – 579.

103   Statistisches Bundesamt, Bevölkerung und Wirtschaft 1872 – 1972, Stuttgart 1972, S. 90; Statistisches Jahrbuch für das vereinte Deutschland 1991, S. 52, 66.

독신 젊은이도 더 많아졌지만, 무엇보다도 기대수명이 늘어난 결과 독신노인이 더 많아 졌습니다.[104]

인구증가의 주요 원인은 많은 수의 신생아였습니다. 서독 연방공화국 초기에 가족은 여전히 자연스러운 삶의 방식이었습니다. 대부분의 사람은 결혼했고, 대부분의 부부도 아이를 원했습니다.[105] 출생률은 1950년에 1.6%로 1920년대 후반보다 약간 낮았지만 1965년에는 1.8%로 증가했습니다.[106]

1960년대 이후, 남성은 직업에 종사하고 여성은 가족을 돌봐야 한다는 부르주아 가족 모델은 구속력을 상실했습니다.[107] 여성의 취업지향성이 높아졌습니다. 그러나 일과 가정 생활을 양립시키는 것은 어려웠습니다.[108] 가족의 매력이 떨어짐에 따라 1960년대 중반 부터 출생률이 감소했습니다. 1989년까지 출생률은 1.1%로 떨어졌습니다.[109]

기대수명은 지속적으로 증가했습니다. 1949-1951년에 출생 시 평균수명은 남아의 경우 65세, 여아의 경우 68세로 추정되었습니다. 1986-1988년까지 기대수명은 남아의 경우 72세, 여아의 경우 79세로 증가했습니다.[110] 여성의 높은 기대수명은 서독사회가 여성이 다수였던 이유를 설명합니다. 기대수명의 증가는 사회가 고령화되어 젊은 사회보다 사망자가 더 많다는 사실과 상쇄되었기 때문에 사망률은 거의 변하지 않았습니다. 1989년 사망률은 1.1%였습니다.[111]

---

104 Statistisches Jahrbuch 1991, S. 70.

105 Merith Niehuss, Familie, Frau und Gesellschaft. Studien zur Strukturgeschichte der Familie in Westdeutschland 1945 – 1960, Göttingen 2001.

106 Statistisches Bundesamt, Bevölkerung und Wirtschaft, S. 102 – 103.

107 Statistisches Bundesamt, Familien heute. Strukturen, Verläufe und Einstellungen, Stuttgart 1990.

108 Christine Amend-Wegmann, Vereinbarkeitspolitik in Deutschland aus der Sicht der Frauenforschung, Hamburg 2003.

109 Statistisches Jahrbuch 1991, S. 75.

110 Statistisches Bundesamt, Bevölkerung und Wirtschaft, S. 103, 110.

111 Statistisches Jahrbuch 1991, S. 75.

독일연방공화국 초기에 사회는 여전히 주로 피난과 추방으로 특징지어졌습니다.[112] 1950년 9월 인구조사에 따르면 구 동독영토에서 추방된 440만 명과 동유럽국가에서 추방된 320만 명이 베를린 서부지역을 포함한 서부독일에 거주했습니다. 추방자 수는 계속해서 증가했습니다. 1950년대에는 초기에 억류되었던 500,000명의 추방자가 그 뒤를 따랐습니다.[113]

"피난민"(Flüchtlinge)과 "추방자"(Vertriebene)라는 용어는 처음에는 동의어로 사용되었습니다. 1953년 연방추방자법(Bundesvertriebenengesetz) 이후 이전 독일 동부영토 또는 독일어를 사용하는 소수민족으로서 동유럽국가에서 도망쳤거나 추방된 사람들을 "추방자"(Vertriebene)라고 불렀습니다. 1944-1945년 겨울 이후 동부지역에서 도망친 독일인들은 단지 추방보다 먼저 온 것일 뿐이었기 때문에 "피난민"(Flüchtlinge)과 "추방자"(Vertriebene)의 삶의 운명은 동일하였습니다. 고향을 떠나야만 했던 사람뿐만 아니라 그들의 자녀와 손주들까지 "추방자"로 간주되었기 때문에 추방자 수는 새로 도착하지 않아도 계속 증가했습니다. 1949년 10월부터 1953년까지 바이에른(Bayern), 니더작센(Niedersachsen), 슐레스비히-홀슈타인(Schleswig-Holstein)주의 초기 수용소에 체류하던 추방자들을 독일 전역에 보다 고르게 분배하기 위해 많은 정착 프로그램(Umsiedlungsprogramme)이 수행되었습니다. 더 효과적인 것은 거주제한을 폐지한 것인데, 그 이후 추방자들은 자발적으로 일자리가 있는 지역으로 이주했습니다. 선호되었던 주는 호황 중인 루르(Ruhr)지역이 있는 노르트라인-베스트팔렌(Nordrhein-Westfalen)주였습니다.[114]

---

112 Siegfried Bethlehem, Heimatvertreibung, DDR-Flucht, Gastarbeiter-Zuwanderung. Wanderungsströme und Wanderungspolitik in der Bundesrepublik Deutschland, Stuttgart 1982.

113 Klaus Bade, Europa in Bewegung. Migration vom späten 18. Jahrhundert bis zur Gegenwart, München 2002, S. 284 – 300; Peter Marschalck, Bevölkerungsgeschichte Deutschlands im 19. und 20. Jahrhundert, Frankfurt 1984, S. 149.

114 Statistisches Bundesamt, Die deutschen Vertreibungsverluste. Bevölkerungsbilanzen für die deutschen Vertreibungsgebiete 1939/50, Wiesbaden 1958, S. 29 – 48.

연방추방자법(Bundesvertriebenengesetz) 이후 소련 점령지역에서, 이후 독일민주공화국에서 서독으로 온 사람들을 "난민"(Flüchtlinge)이라고 불렀습니다. 동서탈출(Ost-West-Flucht)은 이미 점령기간에 점령지역 경계선을 넘는 이주로 시작되었고 이중국가가 건국된 이후 급격히 증가했습니다. 처음에는 동독당국의 개인적인 박해를 피해온 "진정한"(echten) 난민과 더 나은 생활 조건을 찾아온 "경제적 난민"(Wirtschaftsflüchtlingen)으로 구분되었습니다. 그러나 개인적인 동기는 명확하게 밝힐 수 없었기 때문에, 이러한 구분은 유지될 수 없었습니다. 1961년 동독정부는 국경을 폐쇄했습니다. 그때까지 350만 명의 독일인이 동독에서 서독으로 이주했습니다.[115] 반대로 600,000명의 독일인이 서부에서 동부로 이주했습니다. 그중 약 2/3가 이전에 동부에서 서부로 이주했던 사람들이었습니다.[116]

서독 경제가 완전고용으로 전환되면서 남유럽으로부터의 노동이주가 시작되었습니다. 1955년 초에 연방정부는 이탈리아 노동자 채용에 관해 이탈리아와 협정을 체결했습니다. 1960년에는 스페인과 그리스, 1961년에는 터키, 1964년에는 포르투갈, 1968년에는 유고슬라비아와 채용계약이 체결되었습니다. 남부유럽으로부터의 이민은 1960년대 인구증가에 크게 기여했습니다. 1965-1967년의 위기로 일시적으로 이민이 중단되었지만 노동력은 1970년대에 다시 유입되기 시작했습니다.[117] 1989년에 거의 500만 명의 외국인이 독일연방공화국에 살았습니다. 이는 거주인구의 8%에 해당했습니다. 대부분의 이

---

115 Volker Ackermann, Politische Flüchtlinge oder unpolitische Zuwanderer aus der DDR? Die Debatte um den „echten" Flüchtling von 1945 bis 1961, in: Jan Motte / Rainer Ohliger / Anne von Oswald (Hrsg.), 50 Jahre Bundesrepublik – 50 Jahre Einwanderung. Nachkriegsgeschichte als Migrationsgeschichte, Frankfurt 1999, S. 76 – 87.

116 Andrea Schmelz, West-Ost-Migranten im geteilten Deutschland der fünfziger und sechziger Jahre, in: Jan Motte / Rainer Ohliger / Anne von Oswald (Hrsg.), 50 Jahre Bundesrepublik – 50 Jahre Einwanderung. Nachkriegsgeschichte als Migrationsgeschichte, Frankfurt 1999, S. 88 – 108.

117 Barbara Sonnenberger, Nationale Migrationspolitik und regionale Erfahrung. Die Anfänge der Arbeitsmigration in Südhessen 1955 – 1967, Darmstadt 2003.

민자들은 터키에서 왔으며, 유고슬라비아와 이탈리아가 그 뒤를 이었습니다.[118]

출산율의 감소와 기대수명 증가는 서독사회를 고령화시켰습니다. 전체인구에서 청년세대의 비중은 감소한 반면 노년세대의 비중은 증가하였습니다(표 4). 1980년대 이후 독일연방공화국은 "회색사회"(ergraute Gesellschaft)로 묘사되었습니다.[119]

표 4. 서독사회의 연령구조 1950-1989(퍼센트)

	1950	1989
14세까지	23	15
15-64 세	69	70
65세 이상	9	15

출처: StatistischesBundesamt, Bevölkerung und Wirtschaft 1872-1972, Stuttgart 1972, S. 95; StatistischesJahrbuchfür das vereinte Deutschland 1991, S. 64.

2.2 계급과 계층

서독사회의 계급과 계층구분은 서독 사회과학에서 많이 논의된 주제였습니다. 전통적으로 사회구조는 생산수단에 대한 사람들의 입장에서 도출되었습니다. 주요 계급은 자본과 노동이었습니다. 그들 사이에는 자립적인 수공업자, 상인, 농민이라는 구 중산층과 회사원과 공무원이라는 신중산층이 있었습니다. 1970년대에는 바이마르 공화국 시대 테오도르 가이거(Theodor Geiger) 모델에 의거해 서독 사회구조에 대한 실증적 연구가 발표되었습니다. 이 연구는 가이거와 기타 초기 계급모델의 전통에 의거해 사회 관리직을 맡지 않은 많은 회사원과 공무원을 포함하는 노동자 계급, 자립적인 수공업자, 소상공인, 농부로 구성되는 옛 중산층과 고위직 공무원, 자유로운 전문직 종사자로 이루어진 새로운 중

---

118   Statistisches Jahrbuch 1991, S. 72.

119   Deutsches Zentrum für Alternsfragen (Hrsg.), Die ergraute Gesellschaft, Berlin 1987.

산층과 자립적 기업과 대기업 중역으로 이루어진 극소 자본가 계급의 피라미드로 제시했습니다. 본 연구에 따르면 1970년 노동계급은 인구의 73%, 구 중산계급은 16%, 신중산계급은 8%, 자본가계급은 3%였습니다.[120]

계급모델(Klassenmodell)과는 대조적으로 주로 미국 사회학의 영향을 받은 새로운 계층모델(Schichtenmodell)은 생산수단에 대한 입장뿐만 아니라 다양한 기준에 따라 사회구조를 해석했습니다. 소득과 재산, 권력, 명성뿐만 아니라 교육이나 정신력과 같은 다른 특성도 사회적 불평등의 중요한 영역으로 간주되었습니다. 더 복잡한 사회 계층화는 근무조건, 주거상황, 환경 및 여가도 고려되었습니다.[121] 1960년대 널리 퍼진 카를 마틴 볼테(Karl Martin Bolte) 모델에서 인구는 아래에서 위로의 간단한 서열로 6개 계층으로 나뉩니다. 극하층은 인구의 5%, 하층은 17%, 중하층은 58%, 중산층은 14%, 중상층은 5%, 상층은 2%로 구성되어 있습니다.[122] 중간층으로 향하는 경향은 모델 구성 때문이기도 했지만 응답자의 자기이해와도 일치했습니다. 분명히 정상에 있는 사람은 거의 없었습니다. 사회는 추장보다 더 많은 인디언을 필요로 했습니다. 다른 한편으론 아무도 바닥에 있고 싶어 하지 않았습니다.

경제성장 과정에서 고용의 사회적 구조는 장기적으로 변해왔습니다. 종속적인 노동은 독일연방공화국 초기에 이미 지배적이었고 그 이후로 계속 증가했습니다. 노동력에서 자영업자와 가족 보조근로자의 비율이 급격히 떨어졌습니다. 노동력의 부문별 분배는 농업과 산업에서 서비스 부문으로 이동했습니다. 이것은 "노동자"(Arbeiter)와 "사무직 노동자"(Angestellten)라는 전통적인 지위집단의 비중을 변화시켰습니다. 사무실 및 판

---

120   Institut für marxistische Studien und Forschungen, Klassen- und Sozialstruktur der BRD 1950-1970, 3 Bde., Frankfurt 1973-1975.

121   Rainer Geißler, Die Sozialstruktur Deutschlands. Zur gesellschaftlichen Entwicklung mit einer Bilanz zur Vereinigung, 4. Aufl., Wiesbaden 2006; Stefan Hradil / Jürgen Schiener, Soziale Ungleichheit in Deutschland, 8. Aufl., Wiesbaden 2006.

122   Karl Martin Bolte, Hg., Deutsche Gesellschaft im Wandel, Opladen 1967.

매 직원은 주로 "사무직 노동자"로 분류되었습니다. 1950년에는 노동력의 51%가 노동자였고, 21%는 직원과 공무원이었으며, 29%는 자영업자와 보조가족노동자(mithelfende Familienangehörige)였습니다. 1989년에 노동자는 취업자(Erwerbsperson)의 38%에 불과했고 사무직 노동자(Angestellte)와 공무원은 49%, 자영업자와 보조가족노동자는 11%를 차지했습니다.[123]

산업사회에서 서비스사회로의 이행이 사회의 계급구조를 폐지한 것은 아니었습니다. 서비스사회에서는 새로운 사고방식(Mentalität), 생활양식, 환경(Milieu)이 출현하였으나, 많은 면에서 부르주아 사회의 계급구조를 옮겨놓은 듯하였습니다.[124] 따라서 주관적 사고방식이 항상 객관적 사회적 상황과 일치하지는 않았습니다. 많은 사무직 노동자와 공무원이 종속적 활동에 종사하고 있어, 객관적으로는 노동계급에 속하지만 정신적으로는 새로운 중산층에 속한다고 느꼈습니다. 랄프 다렌도르프(Ralf Dahrendorf)는 그의 사회적 계층화모델에서 객관적 상황과 주관적 사고방식(Mentalität) 사이의 긴장을 다루었습니다. 그는 아래에서 위로의 기본적 계층구조 외에도 정확하게 분류할 수 없는 일부 계층을 주목하였습니다. 그의 모델에 따르면 하층계급은 인구의 5%, 노동계급은 45%, 중산층은 20%, 엘리트는 1% 미만이었습니다. 노동계급과 중간계급 사이에 어디에도 명확히 속하지 않는 세 계층이 자리 잡았습니다. 인구의 5%는 노동계급과 중간계급 사이의 '노동계급 엘리트'(Arbeiterelite)에 속했고, 12%는 객관적으로 종속적 위치에 고용되었지만 사고방식(Mentalität)은 중산층에 편향된 하급 사무직 노동자와 공무원의 '가짜 중산층'(falscher Mittelstand)에 속했습니다. 그리고 부분적으로 노동계층에 해당하지만 대부분 중산층에 해당하는 중간 사무직 노동자와 공무원의 "서비스 계층"(Dienstklasse)(12%)이 12%였습니다.[125]

---

123   Statistisches Bundesamt, Bevölkerung und Wirtschaft, S. 142; Statistisches Jahrbuch 1991, S. 114 – 115.

124   Peter A. Berger / Stefan Hradil (Hrsg.), Lebenslagen, Lebensläufe, Lebensstile, Göttingen 1990.

125   Ralf Dahrendorf, Gesellschaft und Demokratie in Deutschland, München 1965.

3. 생산

3.1 노동

교육. 서독 학교는 오랫동안 오래된 구조를 견지해왔습니다. 대부분의 아이들은 초등학교(Volksschule) 8학년을 마치고 정규교육을 마쳤습니다. 초등학교 졸업 후 직업훈련이나 취업과 병행하여 직업학교(Berufsschule)가 뒤따랐습니다. 일부 연방주에서는 초등학교가 1950년대에 9년으로 연장되었습니다. 1964년에는 9년제 초등학교가 모든 연방주로 확대되었습니다. 중학교(Mittelschule)는 새로운 중산층인 사무직 노동자(Angestellte)와 공무원(Beamte) 진로를 준비했습니다. 김나지움(Gymnasium)은 보다 광범위한 일반교육을 제공했으며 일반적으로 대학(Universität)이나 기술대학(Technische Hochschule)을 준비했습니다.

1970년대 이래로 교육개혁이 시행되었습니다. 목표는 제국시대(Kaiserreich)에 기원한 구식학교(Klassenschule)를 극복하고, 젊은이들의 교육기회를 개선하고, 후기산업사회에서 증가하는 자격요건에 교육(Bildungswesen)을 적응시키는 것이었습니다. 중등학교와 전문대학(Fachhochschule)이나 대학교에 진학하는 청소년 수가 증가했습니다.[126]

교육의 확장은 청소년보호의 확장을 통해 지원되었습니다. 1976년의 청소년보호법(Jugendschutzgesetz)은 청소년 취업의 최소연령을 15세로 높였습니다. 청년의 노동시간을 제한하고 야간노동을 금지하였습니다.[127]

노동참여. 1950년대와 1960년대에 남성과 여성의 노동참여는 대체로 부르주아 가족모델에 기반을 두었습니다. 남성들은 취업부터 은퇴까지 이어지는 평생취업(vollständige Erwerbsbiographie)을 추구하였습니다. 반면에 여성은 결혼하거나 늦어도 첫 아이가 태어

126 Christoph Führ, Deutsches Bildungswesen seit 1945. Grundzüge und Probleme, Neuwied 1997; Peter Lundgreen, Sozialgeschichte der deutschen Schule im Überblick, Bd. 2, Göttingen 1981; Walter Schulze / Christoph Führ, Das Schulwesen in der Bundesrepublik Deutschland, Weinheim 1973.

127 Gesetz zum Schutz der arbeitenden Jugend. Vom 12. April 1976. BGBl. 1976 I, S. 965-984.

나면 직장을 그만두는 경우가 많았습니다. 1957년 이후 남편은 더 이상, 당시까지는 드물게 가능했던 것처럼, 아내가 직장이 있는 것을 금지할 수 없었습니다. 그러나 차별은 여전했습니다. 아내는 이제 "결혼과 가정에서 자신의 의무와 양립할 수 있는 한 일할 권리가 부여되었습니다."[128] 취업자(Erwerbsperson) 중에서 여성의 비율은 1950년과 1970년에 36%로 동일하게 유지되었습니다.[129]

1970년대 이후 여성 취업(Erwerbstätigkeit)이 증가했습니다. 경제의 구조변화는 여성의 노동참여(Erwerbsbeteiligung)를 촉진했습니다. 3차 산업 분야에서 여성에 대한 직업적 차별은 산업 분야보다 덜 두드러졌습니다.[130]

1976년 가족법 개정은 이러한 변화를 확인하였습니다. 이제 두 배우자 모두에게 명시적으로 취업의 권리가 부여되었습니다. 직업을 선택하고 실행할 때 그들은 가정사를 고려해야 했습니다.

일할 권리는 의무를 의미하지는 않았습니다. 배우자는 직업을 갖거나 가사를 돌봄으로써 가족부양에 기여할 수 있었습니다.[131] 취업에서 여성의 비율은 점차 증가하여 1989년에는 40%까지 증가했습니다.[132]

인구의 절반 미만이 고용되었습니다. 1950년에 고용률(Erwerbsquote)은 46%였습니다.

128 Gesetz über die Gleichberechtigung von Mann und Frau auf dem Gebiete des bürgerlichen Rechts. Vom 18. Juni 1957. BGBl. 1957 I, S. 609 – 640. Artikel 1, § 1356 BGB in neuer Fassung.

129 Statistisches Bundesamt, Bevölkerung und Wirtschaft, S. 90, 101 – 102, 140.

130 Hans-Peter Blossfeld, Kohortendifferenzierung und Karriereprozeß – eine Längsschnittstudie über die Veränderung der Bildungs- und Erwerbschancen im Lebenslauf, Frankfurt 1989; Hans-Peter Blossfeld,, Ausbildungsniveau, Berufschancen und Erwerbsverlauf. Der Wandel von Ausbildung und Berufseinstieg bei Frauen, in: Karl Ulrich Mayer / Jutta Allmendinger / Johannes Huinink (Hrsg.), Vom Regen in die Traufe: Frauen in Beruf und Familie, Frankfurt 1991; Hans-Peter Blossfeld, Berufsverläufe und Arbeitsmarktprozesse. Ergebnisse sozialstruktureller Längsschnittuntersuchungen, in: Karl Ulrich Mayer (Hrsg.), Lebensverläufe und sozialer Wandel, Opladen 1991.

131 Erstes Gesetz zur Reform des Ehe- und Familienrechts. Vom 14. Juni 1976. BGBl. 1976 I, S. 1421 – 1463. §§ 1356 und 1360 BGB in der neuen Fassung.

132 Statistisches Jahrbuch 1991, S. 118.

1950년대에는 고용률이 높아졌습니다. 더 높아진 고용률은 주로 동독에서 온 피난민들에 기인하며, 이들 중 다수는 노동연령(Erwerbsalter)에 속해 있었습니다.[133] 1960년 고용률은 48%에 이르렀습니다. 그런 다음 더 긴 교육기간과 조기은퇴로 인해 다시 감소하여 1970년에 사상 최저인 44%에 도달했습니다. 1970년대 이후 여성고용 증가는 고용률 증가로 이어졌습니다. 1989년에는 다시 48%로 증가했습니다.[134]

인구 증가와 고용률 증가로 인해 취업자와 구직자를 모두 합한 노동자(Erwerbsperson)는 1950년 2,300만 명에서 1960년 2,700만 명으로 증가했습니다. 인구는 1960년대에 계속 증가했지만 노동력 참여가 감소하여 고용이 정체되었습니다. 1970년에는 10년 전과 마찬가지로 노동력이 2,700만 명이었습니다. 인구는 1970년대 이후 정체되었지만 노동력 참여가 증가함에 따라 노동력은 1989년에 3천만 명으로 증가했습니다.[135]

노동경력. 산업사회에서는 전통적으로 노동경력(Erwerbsbiographie)의 뚜렷한 사회적 차별화가 있었습니다. 노동자들은 어린 나이에 직업에 들어섰습니다. 전문직 종사자들은 입사 후 수년간의 훈련을 받았고, 보통 이중제도(duale System)에서 시험을 통해 이수했습니다.[136] 숙련된 노동자는 생산작업을 위해 오직 몇 주에서 몇 달 동안 지속되는 교육만이 필요했습니다. 직업초년생으로서 그들은 견습기간보다 더 높은 임금을 받았지만 나중에는 전문노동자(Facharbeiter) 수준의 임금을 받지는 못했고 직업적으로 덜 유연했습니다. 비숙련 노동자는 상대적으로 적게 고용되어 단순 보조일을 했습니다.[137]

133 Bethlehem, Heimatvertreibung, S. 109 – 111.

134 Statistisches Jahrbuch 1991, S. 113.

135 Statistisches Bundesamt: Bevölkerung und Wirtschaft, S. 140; Statistisches Jahrbuch 1991, S. 116.

136 Ulrich Eisenbach, Duale Berufsausbildung in Hessen. Entstehung und Entwicklung seit dem 19. Jahrhundert, Darmstadt 2010, S. 229 – 380.

137 Wolf v. d. Decken, Zur Struktur der Arbeiterschaft. Ergebnis der Gehalts- und Lohnstrukturerhebung 1966, in: Wirtschaft und Statistik, 21 (1966); Martin Osterland / Wilfried Deppe / Frank Gerlach / Ulrich Mergner / Klaus Pelte / Manfred Schlösser, Materialien zur Arbeitssituation der Industriearbeiter in der BRD, Frankfurt 1973, S. 224; Friedrich Weltz / G. Schmidt / J. Sass, Facharbeiter im Industriebetrieb. Eine Untersuchung in metallverarbeitenden Betrieben, Frankfurt 1974.

노동자의 많은 노동경력에는 조기퇴직(frühes Altersabstieg) 문제가 있었습니다. 교육과정 이수 후 전문직 노동자와 숙련 노동자는 종종 20대 초반에 최고 수준의 생산성과 최고 임금을 달성했습니다. 그러나 제한된 시간 동안만 이 수준을 유지할 수 있었습니다. 50세 정도가 되면, 직업의 요구에 따라 성과가 떨어졌습니다. 대기업에서는 스트레스가 덜한 활동으로의 내부 이동이 일반적이었습니다. 그러나 이러한 이동은 물론 대부분 임금 손실과 관련됐습니다. 다른 직업을 찾지 못하면 고령 직원도 조기에 퇴직하도록 권장되었습니다. 고령에 노동시장에서 새로운 일자리를 찾는 것은 어려웠습니다.[138]

사무직 노동자와 공무원은 노동자보다는 늦은 나이에 취업하였습니다. 그들은 직업을 통한 안정적 고용, 소득 증가, 직업적 승진을 기대했습니다. 대기업의 경영진이 되기 위해서는 오랜 직업적 경험이 필요했습니다.[139] 반면에 자영업자의 노동경력은 선형적 과정을 따랐습니다. 자영업은 조기 퇴직을 방지하지만 정기적인 수입 증가는 기대할 수 없습니다. 경제의 구조변화로 인해 자영업 기회가 줄어들었습니다.

은퇴로의 전환은 공적연금보험의 퇴직정년 또는 공무원 정년으로 정의되었습니다. 연금에 대한 추가로 약간의 고용이 허용되기는 했지만 여전히 예외였습니다. 이는 퇴직자들의 관심 부족 때문만이 아니라 취업 기회도 부족했기 때문입니다. 옛날 노인들이 하던 가벼운 일들은 합리화를 통해 사라졌습니다.

경제성장은 노동시간을 상당히 단축할 수 있는 조건을 만들었습니다. 1950년에는 단체협약의 주당 노동시간이 48시간이었습니다. 1970년에는 41.5시간으로, 1990년에는 38.5시간으로 감소했습니다.[140] 휴가도 길어졌습니다. 1970년에 노동자는 평균 22일의

---

138 Knuth Dohse / Ulrich Jürgens / Harald Russig, Die gegenwärtige Situation älterer Arbeitnehmer im Beschäftigungssystem, in: Knuth Dohse / Ulrich Jürgens / Harald Russig (Hrsg.), Ältere Arbeitnehmer zwischen Unternehmensinteresse und Sozialpolitik, Frankfurt 1982; Martin Osterland, Lebensbilanzen und Lebensperspektiven von Industriearbeitern, in: Martin Kohli (Hrsg.), Soziologie des Lebenslaufs, Darmstadt 1978.

139 Helge Pross / Karl W. Boetticher, Manager des Kapitalismus, Frankfurt 1971, S. 76.

140 Statistisches Bundesamt, Bevölkerung und Wirtschaft, S. 255.

연차휴가를 받을 자격이 있었습니다. 1990년에는 연차휴가가 근무일 기준 31일로 늘어났습니다.[141]

3.2 자본

소수의 대기업, 다수의 중견기업, 셀 수 없이 많은 소기업이 서독의 기업 환경을 대표했습니다. 1950년에는 300만 개 기업이 있었습니다. 그중 대부분은 농업, 수공업 또는 상업 분야의 소규모 가족기업이었습니다.[142] 모든 부문에서 집중화 과정이 있었지만 기업 수는 여전히 많았습니다. 1987년에는 290만 개 기업이 있었습니다.[143] 그러나 사회적 파트너십이 실행되던 영역은 상당한 자본과 수천 명의 직원을 보유한 대기업이었습니다.

자본회사. 서독에 존재했던 수백만 개의 기업 중 자본회사(Kapitalgesellschaft)는 소수에 불과했습니다. 그러나 그들은 경제에 상당한 영향을 미쳤습니다. 연합국 점령 시대에 세 개의 서방 연합국은 독일경제의 가장 중요한 부문에서의 경제력집중 해체를 추구하였습니다. 따라서 그들은 광업, 철강, 화학산업, 은행 및 선전 목적의 중요한 영화산업을 위한 해체(Dekonzentration) 프로그램을 도입했습니다. 독일연방공화국 건국 후, 해체(Dekonzentration) 프로그램은 연합국과 연방정부 사이의 협상에서 완료되었습니다.

석탄과 철강산업이 주된 대상이었습니다. 대형 광산회사와 철강기업(Stahlkonzerne)은 수많은 후계회사로 나뉘었습니다. 일부 철강 철강기업은 코크스 및 석탄 수요의 일부를 자체 광산에서 조달할 수 있었지만 전반적으로 철강산업 채굴에 대한 통제력은 크게 감소했습니다.

1951년 서유럽 6개국(벨기에, 독일, 프랑스, 이탈리아, 룩셈부르크, 네덜란드)이 유럽석탄철

---

141 Susanne Wagner, Arbeitszeit und Arbeitsvolumen in der Bundesrepublik Deutschland 1970 – 1990, Nürnberg 2003, S. 23.

142 Statistisches Jahrbuch 1952, S. 98, 156.

143 Statistisches Jahrbuch 1990, S. 117, 144.

강공동체(Europäische Gemeinschaft für Kohle und Stahl)를 설립하고 1952년 발효되면서 광업 및 철강산업에 새로운 상황이 발생했습니다. 광산연합(Montanunion)이라고도 불렸던 유럽석탄철강공동체는 초국가적 기관인 "고위기관"(Hohe Behörde)의 감독하에 석탄과 철강의 공동시장을 만들었습니다. 따라서 서독의 광업 및 철강산업에 대한 연합군의 통제는 필요없게 되었습니다. "고위기관"(Hohe Behörde)이 경제권력의 오용을 감시하였습니다. 광산연합(Montanunion)에 속한 모든 회원국의 광업과 철강산업에 동일한 조건이 적용되기 때문에 연합국이 시행한 해체(Dekonzentration) 프로그램을 후계기업 간 합병을 통해 수정할 수 있는 기회도 열렸습니다. 왜냐하면 당시 광업과 철강산업의 집중도는 서독보다 다른 나라에서 훨씬 더 높았기 때문이었습니다. 따라서 석탄과 철강산업에서 많은 후계기업이 더 큰 기업으로 재결합하였습니다. 석탄과 철강의 기업연합(Verbundwirtschaft)으로의 복귀도 여러 번 "고위기관"(Hohe Behörde)의 승인을 받았습니다.[144]

화학산업에서 연합국의 해체(Dekonzentration) 프로그램은 1952년에 완료되었습니다. 연합군고등판무관(Alliierte Hohe Kommission)은 I.G. Farbenindustrie를 12개의 후계기업으로 분산하였습니다. I.G. Farbenindustrie의 가장 중요한 3개 후계기업은 루트비히스하펜(Ludwigshafen)의 Badische Anilin - & Sodafabrik AG, 레버쿠젠(Leverkusen)의

---

144   Werner Abelshauser, Der Ruhrbergbau seit 1945, München 1984, S. 50 - 57; Juliane Czierpka, Die Organisation des Ruhrkohlen-Absatzes zwischen Alliierter Hoher Kommission und Montanunion aus Sicht des Ruhrbergbaus, in: Juliane Czierpka / Lars Blume (Hrsg.), Der Steinkohlenbergbau in Boom und Krise nach 1945. Transformationsprozesse in der Schwerindustrie am Beispiel des Ruhrgebiets, Berlin 2021, S. 165 - 184; Die Neuordnung der Eisen- und Stahlindustrie im Gebiet der Bundesrepublik Deutschland. Ein Bericht der Stahltreuhändervereinigung, München / Berlin 1954; Michael Farrenkopf, Wiederaufstieg und Niedergang des Bergbaus in der Bundesrepublik, in: Dieter Ziegler (Hrsg.), Geschichte des deutschen Bergbaus, Bd. 4, Münster 2013, S. 197 - 250; Hermann Köster, Der Einfluss der Europäischen Integration auf die Entwicklung der Eisen- und Stahlindustrie in der Bundesrepublik Deutschland, München 1968; Isabel Warner, Steel and sovereignty. The deconcentration of the West German steel industry 1949 - 54, Mainz 1996; Tobias Witschke, Gefahr für den Wettbewerb? Die Fusionskontrolle der Europäischen Gemeinschaft für Kohle und Stahl und die „Rekonzentration" der Ruhrstahlindustrie 1950 - 1963, Berlin 2009.

Farbenwerke Bayer AG 및 프랑크푸르트-훽스트(Frankfurt-Hoechst)의 Farbwerke Hoechst AG이었습니다. 다른 잘 알려진 후계기업으로는 Mainkur의 Cassella Farbwerke AG, Marl 의 Chemische Werke Hüls GmbH, Duisburger Kupferhütte AG 및 WASAG-Chemie AG가 있습니다. 뒤셀도르프의 Henkel, 다름슈타트의 Merck, 베를린의 Schering 등 소수의 중간 규모 화학회사가 I.G. Farbenindustrie 외부에 남아 있었습니다.[145]

서방 연합국이 주도한 대형은행의 해체(Dezentralisierung)는 오래가지 못했습니다. 1952년에는 대형은행의 후계은행이 북부독일, 서부독일, 남부독일의 지역은행으로 합병되는 것이 허용되었습니다. 1956년에 새로운 은행법은 후계은행의 이전 대형은행으로의 합병을 허용했습니다. 1957년에 독일은행(Deutsche Bank)과 드레스덴은행(Dresdner Bank)이 복원되었고 1958년에는 상업은행(Commerzbank)이 복원되었습니다.[146]

국영 Universum Film AG(UFA)는 여러 개의 후계회사로 분할되어 개별적으로 민영화되었습니다. 그러나 연방정부는 영화산업에 영향을 미치기를 원했기 때문에 UFA를 유지하기를 원했습니다. 연방정부는 분할을 지연시키고 결국 분할을 저지하였습니다. 1956년에 UFA와 다른 두 영화회사는 은행컨소시엄에 매각되었고 1963년에 Bertelsmann 그룹에 인수되었습니다.[147]

대형 자본회사(Kapitalgesellschaft) 사이에는 자본연결과 개인연결이 있었습니다. 주식

145 Werner Abelshauser, Die BASF seit der Neugründung von 1952, in: Werner Abelshauser (Hrsg.), Die BASF. Eine Unternehmensgeschichte, München 2002, S. 359-637. Walter Teltschik, Geschichte der deutschen Großchemie. Entwicklung und Einfluss in Staat und Gesellschaft, Weinheim 1992, S. 199-349.

146 Ralf Ahrens, Die Dresdner Bank 1945-1957. Konsequenzen und Kontinuitäten nach dem Ende des NS-Regimes, München 2007, S. 133-193; Theo Horstmann, Die Alliierten und die deutschen Großbanken. Bankenpolitik nach dem Zweiten Weltkrieg in Westdeutschland, Bonn 1991; Stephan Paul / Friederike Sattler / Dieter Ziegler, Hundertfünfzig Jahre Commerzbank 1870-2020, München 2020, S. 231-269; Werner Plumpe / Alexander Nützenadel / Catherine Schenk, Deutsche Bank. Die globale Hausbank 1870-2020, Berlin 2020, S. 387-389.

147 Jörg Schöning, „Ein Stück peinlicher deutscher Wirtschaftsgeschichte". Das Erbe der UFA 1949-1969. Entflechtung, Neuverflechtung, Abwicklung, in: Peter März / Rainer Rother / Klaudia Wick (Hrsg.), Die UFA Geschichte einer Marke, Berlin 2017, S. 36-49.

회사의 감독위원회(Aufsichtsrat)에서 고용주 측은 종종 다른 회사의 이사로 채워졌습니다. 특히 대형은행은 수많은 주식회사의 감독위원회에서 그들의 경영진을 통해 대표되었습니다. 은행의 개인적인 영향력은 부분적으로는 그들 자신의 주식소유에 기반을 두었지만, 훨씬 더 큰 범위는 예금 의결권(Depotstimmrecht)에 기반했습니다. 많은 주주들이 의결권을 스스로 행사하지 않고 그들의 증권을 보관하고 있는 은행에 위임했습니다.[148]

일부 산업에선 상당한 집중이 있었습니다. 1960년 업계 전체매출에서 10대 기업의 점유율은 광유산업에서 92%, 담배산업에서 85%, 조선업에서 69%, 자동차 제조에서 67%, 고무산업에서 60%, 철강산업 58%, 유리산업 52%였습니다. 반면에 다른 업계에서는 분권화된 시장구조가 있었습니다. 업계 전체매출에서 가장 큰 10개 회사의 점유율은 기계 공학산업에서 13%, 식품산업에서 12%, 의류산업과 섬유산업에서 각각 7%였습니다.[149]

1973년 합병통제가 도입된 후에도 경제 집중은 증가했습니다. 산업별로 집중도는 여전히 상당한 차이가 있었습니다. 1989년에 10대 기업은 자동차 산업에서 98%, 항공기 제조에서 96%, 광유 산업에서 95%, 광업에서 87%, 철강 산업에서 76%를 차지했습니다. 그러나 다른 업계에서는 집중도가 상대적으로 낮았습니다. 의류 산업에서 상위 10대 기업의 매출 비중은 15%에 불과했고, 섬유 산업은 13%, 기계 공학 및 식품 산업은 각각 12%를 차지했습니다.[150] 3차 산업에서는 은행뿐 아니라 소매업에서도 집중이 증가했습니다.[151]

독일 내 자본은 반드시 독일 자본은 아니었습니다. 1980년에는 부가가치(Wertschöpfung)

---

148 Monopolkommission, Fortschreitende Konzentration bei Großunternehmen. Hauptgutachten 1976/1977, Baden-Baden 1978, S. 286 – 311; Monopolkommission, Fusionskontrolle bleibt vorrangig. Hauptgutachten 1978/1979, Baden-Baden 1980, S. 16 – 17, 111 – 120.

149 Bericht über das Ergebnis einer Untersuchung der Konzentration in der Wirtschaft vom 29. Februar 1964. Erstattet vom Bundesamt für gewerbliche Wirtschaft. Deutscher Bundestag, Drucksache 4/2320, S. 13.

150 Monopolkommission, Wettbewerbspolitik oder Industriepolitik. Hauptgutachten 1990/91, Baden-Baden 1992, S. 47 – 63.

151 Monopolkommission, Mehr Wettbewerb ist möglich. Hauptgutachten 1973/75, BadenBaden 1976, S. 191 – 297; Monopolkommission, Hauptgutachten 1976/77, S. 281 – 341.

로 정의되는 100대 독일 기업 중 21개 기업이 대부분 외국인 소유였습니다. 여기에는 무엇보다도 대형 다국적 기업의 모든 독일 지사가 포함됩니다. 예를 들면 자동차 제조업체 Ford 및 Opel, 전자 회사 Philips, 사무용 기계 제조업체 IBM, 식품 회사 Nestlé 및 대형 석유 회사입니다. 그러나 저명한 독일 기업에 대한 상당한 외국 자본 투자도 있었습니다. 예를 들면 Hoesch 제철소에 57%, Horten 백화점에 25% 이상, Krupp에 25%, Metallgesellschaft에 20%, Grundig에 19%, Daimler-Benz에서 14%, Allianz Versicherung에서 6% 입니다.[152]

국유기업. 역사적인 유산으로 연방, 주 및 지방 정부는 국가사회주의 자급자족 정책 (Autarkiepolitik)의 결과로 더욱 증가한 국유기업의 광범위한 지분을 보유하고 있었습니다. 연방은행(Bundesbank), 국가독점 연방철도(Bundesbahn) 및 연방우체국(Bundespost), 마셜플랜(Marshall Plan) 자금에서 나온 투자기금을 관리하는 재건신용기관(Kreditanstalt für Wiederaufbau) 및 다양한 산업이 연방정부의 소유였습니다. 연방정부는 이전 제국 소유였던 1923년에 설립된 VIAG(Vereinigte Industrieunternehmungen AG)를 인수했습니다. 여기에는 전기를 생산하고 사용하는 기업이 포함되었습니다. 산업 참여에는 알루미늄 산업 및 화학 산업 회사가 포함되었습니다. 이전 프로이센 국유재산에서 연방정부는 VEBA(Vereinigte Elektrizitäts- und Bergwerks-AG)를 얻었습니다. 이것은 1929년에 다양한 프로이센 광산회사와 전기회사의 지주회사(Dachgesellschaft)로 설립되었습니다. VEBA 그룹의 가장 중요한 지분참여는 프로이센 광업 및 야금회사 Preussag(Preußische Bergwerks- und Hütten-AG)이었습니다. 국가사회주의의 자급자족정책에서 연방정부는 1961년에 Salzgitter AG로 개명된 AG für Berg- und Hüttenbetriebe를 인수했습니다. 이 회사는 니더작센의 Salzgitter에 있던 광석을 제련하기 위하여 1937년에 광석 채광 및 제철소(Reichswerke AG für Erzbergbau und Eisenhütten)로 설립되었습니다. 1937년에 설립된

---

152 Monopolkommission, Ökonomische Kriterien für die Rechtsanwendung. Hauptgutachten 1982/1983, Baden-Baden 1984, S. 105 – 120.

Volkswagenwerk GmbH의 소유권은 연방정부와 니더 작센(Niedersachsen) 주가 공유했습니다.[153]

연방주는 주로 주은행과 전기공급회사의 지분을 소유했습니다. 일부 연방주에서는 모범농장을 운영했습니다. 그중에는 바덴뷔르템베르크, 바이에른, 헤센 및 라인란트팔츠의 잘 알려진 주립 와이너리가 있습니다.

지방자치단체는 물, 전기, 가스, 운송회사를 위한 공공시설과 저축은행을 소유했습니다.[154]

1950년대에는 연방, 주 및 지방의 국유기업이 전체 고용 및 생산의 상당 부분을 차지했습니다. 그럼에도 불구하고 연방경제부의 관점에서 볼 때 그들은 기본적으로 사회적 시장경제의 경제질서와 양립할 수 없으며 예외로 남아야 했습니다. 연방 재무부가 1953년에 "연방 소유 기업을 위한 은행"(Bank für bundeseigene Unternehmungen)을 설립할 계획을 세웠을 때 에르하르트 경제부 장관은 이 계획을 거부했습니다. 그의 견해로는 "경제 활동에 참여하여 시민들과 경쟁하는 것은 국가의 정당한 임무에" 속하지 않았습니다.[155] 경제 정책, 특히 구조정책과 공급안정은 규제정책 측면에서 국유기업의 예외적 위치에 대한 정당한 이유로 간주되었습니다. 1957년 경쟁법에 따르면 공기업은 특별한 경제정책적 과제를 가지지 않는 한 사기업과 동일한 규정을 적용받았습니다.[156]

1950년대 말, 연방 및 주 정부는 경제정책, 구조정책 또는 공급안정 측면에서 특별한 기능이 없는 개별 공기업을 민영화하기 시작했습니다. 독일 루프트한자(Deutsche

---

153 Gerold Ambrosius, Der Staat als Unternehmer. Öffentliche Wirtschaft und Kapitalismus seit dem 19. Jahrhundert, Göttingen 1986, S. 105 – 158: Manfred Pohl / Andrea Schneider, VIAGAktiengesellschaft. Vom Staatsunternehmen zum internationalen Konzern, München 1998: Heiner Radzio, Unternehmen Energie. Aus der Geschichte der VEBA, Düsseldorf 1990: Bernhard Stier / Johannes Laufer (Hrsg.), Von der Preussag zur TUI. Wege und Wandlungen eines Unternehmens, 1923 – 2003, Essen 2005.

154 Hans Pohl, Kommunale Unternehmen. Geschichte und Gegenwart, Stuttgart 1987.

155 Bundeswirtschaftsminister Ludwig Erhard an Bundesfinanzminister Fritz Schäffer, 15. Januar 1953. LESt Nachlass Erhard I. 1) 3 Adenauer 1952 – 1955.

156 Bundesministerium für Wirtschaft, Wettbewerbspolitik, S. 11.

Lufthansa)는 1953-1955년에 설립되었을 때 이미 소수의 개인 주주를 보유하고 있었습니다. 개인 투자자의 비율은 1960년대 이후 증가했습니다.[157] 다른 초기 사례로는 1959년 Preussag와 1960년 Volkswagenwerk AG의 부분 민영화가 있습니다. 나중에 VEBA(1965-1987)와 VIAG(1986-1988) 같은 대규모 연방 산업지주회사도 민영화되었습니다. 부분 민영화를 통해 국가가 대부분의 자본을 소유했지만 개인 투자자도 참여하는 혼합경제기업이 생겨났습니다.[158]

1980년대에는 일반 규제완화정책(Deregulierungspolitik)의 일환으로 공기업의 민영화가 계속되었습니다. 1989년의 우편개혁은 독일연방우체국(Deutsche Bundespost)을 국가독점에서 현대적인 서비스 회사로 전환하기 위한 것이었습니다. 이를 위해 독일연방우체국(Deutsche Bundespost)은 독립적으로 운영되는 3개의 부서로 나뉘었습니다: 편지 및 소포를 위한 DBP Postdienst(Gelbe Post), 통신을 위한 DBP Telekom(Graue Post) 및 우편수표 및 우편저축은행을 위한 DBP Postbank 사업(Blaue Post).[159] VEBA의 완전한 사유화와 다른 전력 공급업체의 공공소유 축소는 전력산업에서 민간자본의 영향력을 강화했습니다.[160]

협동조합. 협동조합은 자신들의 이익을 극대화하는 것이 아니라 조합원의 이익을 증진하는 것이 목표였기 때문에 기업 사이에서 특별한 지위를 차지했습니다. 협동조합의 목적에 따라 회원은 개인 또는 기업이 될 수 있습니다. 조합원들은 자신들의 협동조합이 자본주의적 영리기업보다 더 저렴하게 상품이나 서비스를 제공할 수 있기를 기대했습니다. 그럼에도 불구하고 협동조합은 시장 밖으로 나가지 않았습니다. 그들은 다른 공급자와

---

157   Sven Andreas Helm, Die Deutsche Lufthansa AG. Ihre gesellschafts- und konzernrechtliche Entwicklung. Eine wirtschaftsrechtlich-historische Analyse der Privatisierungsschritte, Frankfurt 1999.

158   Ambrosius, Staat als Unternehmer, S. 109-115; Radzio, Unternehmen Energie S. 163-164, 169-193; Stier / Laufer, Von der Preussag zur TUI, S. 446-488.

159   Alfred Boss et al., Deregulierung in Deutschland. Ine empirische Analyse, Tübingen 1996, S. 183-185.

160   Thomas Renz, Vom Monopol zum Wettbewerb. Die Liberalisierung der deutschen Stromwirtschaft, Opladen 2001, S. 63-109.

경쟁했고, 상품이나 서비스를 경쟁력 있는 가격에 공급하려면 혁신적이고 생산성을 향상시켜야 했으며, 자기자본을 강화하고 어려운 시기를 대비해 이익을 창출해야 했습니다.

소매업의 구매협동조합인 Edeka와 Rewe는 원래 소규모 소매업을 도매업으로부터 독립시키려는 목적이 있었습니다. 구매협동조합으로서의 기능 외에도 Edeka와 Rewe는 1960년대부터 자체 슈퍼마켓을 설립했습니다. 그것은 시장을 가지고 회원사들과 경쟁했습니다. 그러나 그룹의 구매물량 증가와 유리한 구매가격에 회원사가 참여할 수 있다는 점에서 장점이 있었습니다.[161]

노동조합이 설립한 전통적 소비자협동조합은 조합원들에게 좋은 상품을 합리적인 가격에 제공해야 했습니다. 1950년대에 "독일소비자협동조합 대규모구매회"(Großeinkaufsgesellschaft Deutscher Verbrauchergenossenschaften/GEG) 산하의 소비자 협동조합은 여전히 일상생활의 일부였습니다. 1960년대 이후 협동조합 상점의 중요성은 쇠퇴했습니다. 쇠퇴 원인은 소매업의 치열한 경쟁과 대형 상업회사의 효율성이었습니다. 낮은 가격과 협소한 거래마진은 소비자협동조합이 특히 값싼 공급자로서의 본연의 기능을 수행하기 점점 더 어렵게 만들었습니다. 종국적으로 소비자협동조합은 포기되어야만 했습니다.[162]

일반적으로 도시에서는 Volksbank로, 시골에서는 Raiffeisenbank로 알려진 협동조합은행은 가정과 기업을 위한 은행 서비스를 제공했습니다. Raiffeisen 은행은 종종 농부들을 위한 상품점도 운영했습니다. 상호보험조합과 Raiffeisen과 Volksbanken의 R+V 보험그룹을 포함하는 보험협동조합은 다양한 보험 서비스를 제공했습니다. 주택협동조합은 특히 대도시에서 저렴한 아파트를 만들어야 했습니다. 개별 직업그룹을 위한 특별 협동조합이 있었습니다. 포도 재배에서 포도재배자협동조합(Winzergenossenschaft)은 특히 소규

---

161   Eduard Gartmayr / Heinz-Dieter Mundorf, Nicht für den Gewinn allein. Die Geschichte des deutschen Einzelhandels, 2. Aufl., Frankfurt 1970, S. 147 – 148; Sebastian Kretschmer, Der institutionelle Wandel der Edeka-Gruppe, Aachen 2006; Scheybani, Handwerk und Kleinhandel, S. 82.

162   Klaus Kluthe, Genossenschaften und Staat in Deutschland, Berlin 1985, S. 153 – 154, 176 – 177.

모 포도주 양조장엔 상당히 중요했습니다. 그들은 포도 재배자들이 재배에 집중할 수 있도록 압착과 판매를 맡았습니다. 택시, 내륙 운송 및 장거리화물 운송을 위한 운송협동조합이 있었습니다. 세무사들은 1966년에 데이터 처리 조합 DATEV을 설립했습니다.[163]

공동체경제적 기업. 노동조합은 19세기 후반에 자체 기업을 설립하기 시작했습니다. 기업이윤을 추구하는 것이 아니라 일반 대중에게 합리적인 가격으로 재화나 용역을 제공하는 것이 목적이었기 때문에 "공동체경제적"(gemeinwirtschaftlich)이라는 꼬리표가 붙었습니다. 공동체경제적 기업은 시장의 대안은 아니지만 시장경제에 통합되었습니다. 그들은 임금과 기타 비용을 지불하고 영리 기업과 경쟁하여 상품이나 서비스를 제공했습니다. 그들은 창출할 사업 이익이 없었기 때문에 특히 낮은 가격에 상품과 서비스를 제공할 수 있다고 가정했습니다. 바이마르 공화국에서는 노조기업이 확장되었습니다. 일부 사회주의 이론가들은 공공서비스 부문에서 자본주의 경제체제를 극복할 수 있는 잠재력을 보았습니다. 국가사회주의 독재 하에서 노동조합기업은 몰수당했습니다.

해방 후 노조는 기업을 되찾았습니다. 1950년대와 1960년대 경제 확장기에 공공서비스 부문이 확대되었습니다. 그러나 공동체 경제(Gemeinwirtschaft)의 목표는 바이마르 공화국보다 더 신중하게 정의되었습니다. 공동체 경제는 자본주의체제를 극복하는 것이 아니라 "소비자 중심의 경제정책"을 촉진해야 했습니다.[164] 공동체경제적 기업은 최대 이윤이 아니라 공동선에 헌신했기 때문에 주택, 은행 서비스, 보험, 소비재 또는 휴가 여행을 자본주의 기업보다 낮은 가격에 제공해야 했습니다. 노동조합기업은 공동체경제를 위한 은행(Bank für Gemeinwirtschaft), 국민복지보험(Volksfürsorge Versicherung), 부동산 회사 Neue Heimat 및 관광 회사 G-U-T Reisen(Gewerkschaftliche Unternehmen für Tourismus)이었습니다. 소비자협동조합도 노동조합에 소속되지 않았지만 공동체경제적 기업으로 간

---

163 Jürgen Zerche / Reinhard Schultz, Genossenschaften als Kooperationen. Einführung in ein wirtschaftswissenschaftliches Sondergebiet, Regensburg 2000.

164 Walter Hesselbach, Die gemeinwirtschaftlichen Unternehmen. Der Beitrag der Gewerkschaften zu einer verbraucherorientierten Wirtschaftspolitik, Frankfurt 1966, S. 8 – 16.

주되었습니다.

자본주의 환경에서 공동체경제적 기업 모델은 실패했습니다. 어려운 시장 상황과 경영 실패가 결합되어 여러 노조회사에서 상당한 손실을 입었습니다. 1970년대 말 노동조합은 관광회사 G-U-T Reisen을 포기했고, 1980년대에는 공동체경제를 위한 은행(Bank für Gemeinwirtschaft), 부동산 회사 Neue Heimat, 국민복지보험(Volksfürsorge Versicherung)도 포기했습니다.[165]

3.3 토지

고전적 정치경제학에서 토지는 독립적인 생산요소로 간주되었고, 토지임대소득은 특별한 시장소득으로 국민계정에 포함되었습니다.[166] 카를 마르크스(Karl Marx)는 임금노동자, 자본가, 지주를 자본주의 사회의 3대 계급으로 정의했습니다.[167] 그러나 서독 산업사회에서 토지는 본질적으로 토지를 사용하는 기업이나 가계의 소유였습니다. 특수한 자본형태로서의 토지와 별도의 시장소득으로서의 임대소득은 예외였습니다. 1985년에는 전체 면적의 55%가 농업, 30%가 임업, 7%가 공업지역을 포함한 주거지, 5%가 교통에 사

165　Peter Kramper, Die ungeliebte Verwandtschaft. Gewerkschaftliche Unternehmen und die Deutschland AG 1960 – 1990, in: Ralf Ahrens / Boris Gehlen / Alfred Reckendrees (Hrsg.), Die „Deutschland AG". Historische Annäherungen an den bundesdeutschen Kapitalismus, Essen 2013, S. 277 – 295; Achim von Loesch, Die gemeinwirtschaftlichen Unternehmen der deutschen Gewerkschaften. Entstehung – Funktionen – Probleme, Köln 1979.

166　John Suart Mill, Principles of poltical economy, with some of their applications to social philosophy (1848), 2 Bde., Collected works, Bd. 2, Torono 1977, Bd. 1, S. 235 – 238, 416 – 429; David Ricardo, On the principles of political economy and taxation (1817), Works and correspondence, Bd. 1, Cambridge 1975, S. 66 – 84; Adam Smith, An inquiry into the nature and causes oft he wealth of nations (1776), 2 Bde., Oxford 1976, Bd. 1, S. 160 – 195.

167　Karl Marx, Das Kapital. Kritk der politischen Ökonomie, Bd. 3 (1894). Karl Marx / Friedrich Engels, Werke, Bd. 25, Berlin 1965, S. 892.

용되었습니다.[168]

3.4 성장과 경기

1949-1952년 노동시장 위기. 독일연방공화국이 설립되었을 때 재건은 상당한 진전을 이루었습니다. 하지만 도시에서 여전히 많은 폐허를 볼 수 있었습니다. 그러나 파괴된 생산설비는 대부분 수리하거나 새 기계로 교체한 상태였습니다. 연방정부는 연합국에 더 이상 새로운 정치상황에 맞지 않는 해체정책(Demontagepolitik)을 포기할 것을 촉구했습니다. 1949년 11월 페터스베르그협정(Petersberger Abkommen)에서 해체프로그램은 다시 한 번 크게 축소되었습니다.[169] 1951년 초에 해체작업이 마침내 중단되었습니다.[170] 오래된 건물의 복원과 병행하여 새로운 시설이 만들어졌습니다. 1952년에 서독경제의 자본집약도(Kapitalintensität)는 다시 1938년 독일제국에 대해 추정된 수준과 일치했습니다.[171]

1949년 봄의 불황 이후 1949년 8월 새로운 상승세가 시작되었습니다. 그러나 노동시장 위기는 끝나지 않았습니다. 1949년 10월 경제협력국(Economic Cooperation Administration)의 독일대표는 경제정책을 날카롭게 비판하며 연방정부가 실업극복을 위해 더 많은 노력을 기울일 것을 요구했습니다. 경제협력국은 유럽회복프로그램에 따라 독일 수입업자가 수입품에 대해 지불하는 상대자금을 차단함으로써 1949년 위기를 악화시켰습니다. 그러나 이제 경제협력국은 정책을 바꾸었고 이미 극복된 인플레이션과 싸우

---

168 Statistisches Jahrbuch 1990, S. 14.

169 Abkommen zwischen den Alliierten Hohen Kommissaren und dem Deutschen Bundeskanzler auf dem Petersberg am 22. November 1949. Horst Lademacher / Walter Mühlhausen (Hrsg.), Sicherheit – Kontrolle – Souveränität. Das Petersberger Abkommen vom 22. November 1949. Eine Dokumentation, Melsungen 1985, S. 87 – 91.

170 Gerd Hardach, Der Marshall-Plan. Auslandshilfe und Wiederaufbau in Westdeutschland 1948 – 1952, München 1994, S. 77 – 85.

171 Walther G. Hoffmann / Franz Grumbach / Helmut Hesse, Das Wachstum der deutschen Wirtschaft seit der Mitte des 19. Jahrhunderts, Berlin 1965, S. 204 – 206, 253 – 254.

는 대신 진행 중 노동시장 위기와 싸웠습니다. 경제협력국은 10월에는 상대자금을 공개했습니다. 자금은 이제 재건신용처(Kreditanstalt für Wiederaufbau)에 의해 서독경제에 대한 대출로 전달될 수 있었습니다. 그러나 마셜플랜(Marshall Plan) 기금의 투자 프로그램을 실행하는 데 시간이 걸렸고 단기적인 효과는 일어나지 않았습니다.

노동시장 위기에는 몇 가지 원인이 있었습니다. 많은 추방자(Vertriebene)와 난민으로 인해 일자리를 찾는 사람이 증가했고 노동력 참여가 증가했습니다. 그러나 통화개혁과 경제개혁 이후 기업들은 임금비용을 더 엄격하게 통제하고 직원을 더 적게 고용했습니다. 또한 1949-1950년 겨울에는 계절적 감소가 있었습니다.[172] 1950년 2월 서독과 서베를린에선 230만 명이 넘는 사람이 실업자였습니다.[173]

1949년 12월 연방정부는 마셜플랜의 일환으로 실업률의 추가증가를 가정한 재건 프로그램을 제시했습니다. 경제협력국의 경제전문가들은 이 프로그램을 날카롭게 비판했습니다. 그들은 정부대표들과의 회의에서 연방정부가 "독일의 자유시장경제정책은 실업문제보다 먼저 파산할 것"이라는 인상을 주었다고 설명했습니다.[174] 그들은 정부가 교리적 경직성을 통해 노동시장 위기에 공동 책임이 있다고 비난했습니다.

통제기관으로 새로운 서독의 시작을 감독했던 연합군고등판무관(Alliierte Hohe Kommission)은 경제협력국의 비판을 받아들였습니다. 미국고등판무관 존 J. 맥클로이(John J. McCloy)는 1933년과 유사점을 보았습니다. 그는 높은 실업률이 우익 극단주의를 촉진할 수 있다고 우려했습니다. 1950년 2월, 비정상적으로 가혹한 각서에서 존 J. 맥클로이는 "서독의 불타오르는 문제(예를 들어 주택문제와 실향민통합)는 다루지 않고, 장기적 관점

---

172   Erster Bericht der Deutschen Bundesregierung über die Durchführung des Marshallplanes, 1. Oktober 1949 bis 31. Dezember 1949, Bonn 1950, Anhang 17 a.

173   Zweiter Bericht der Deutschen Bundesregierung über die Durchführung des Marshallplanes, 1. Januar 1950 bis 31. März 1950, Bonn 1950, S. 46.

174   Bundesministerium für den Marshallplan, Vermerk vom 6.1.1950 mit Professor Bode und Professor Homburg. BArchK B 146/845.

에서의 생존가능성이나 생존가능성의 목표를 위한 일치된 의지도 전혀 보이지 않는 프로그램을 받아 보는 것은 당황스럽다"라고 설명하였습니다.[175]

루트비히 에르하르트(Ludwig Erhard) 연방경제부장관은 사회적 시장경제를 강력하게 방어했습니다. 연방정부의 경제정책은 교리적 경직성과는 아무런 관련이 없습니다. 뿌리까지 흔들렸던 독일경제는 "기업가와 노동자를 막론하고 모든 기업인이 자신의 일의 의미를 다시 믿고 오랜 곤궁과 고통의 세월이 지난 뒤 마침내 소비자가 다시 이 세상 재화의 작은 몫을 얻게 된다면 회복될 수 있다"라고 말했습니다. 이 세상의 재물에 불행과 고통이 주어질 것입니다. 가능한 최대의 자유, 기업가적 이니셔티브 및 소비선택의 자유만이 경제발전의 가장 깊은 힘이라는 믿음을 다시 일깨우고 강화하는 데 도움이 될 수 있습니다." 에르하르트에 따르면 실업은 구조적 이유에 기인한 것이므로 다소 긴 기간 동안에서만 해결될 수 있었습니다.[176]

이미 1950년 1월 국회에서 사민당(SPD)은 실업과 싸우기 위해 정부에 적극적인 경기정책을 요구했습니다. 사민당(SPD)의 결의안은 놀랍게도 다수의 동의를 얻었습니다. 의회 결의안과 연합군고등판무관의 이중 압력 하에서 연방정부는 1950년 2월 이전 투자 프로젝트와 새로운 투자 프로젝트를 결합한 일자리창출 프로그램을 결정했습니다. 그 효과는 머뭇거릴 뿐이었고 1950년 5월 경제협력국은 두 번째 일자리창출 프로그램을 요구했습니다. 얼마 지나지 않아 한국전쟁이 상황을 바꾸었습니다.[177]

1950년 6월 25일 북한군이 남한을 공격했습니다. 유엔은 미국 주도하의 여러 나라에서 온 군대로 한국을 지원했습니다. 중화인민공화국은 북한을 지지했습니다. 전쟁은 1953년 6월 27일 정전으로 3년 만에 끝났습니다. 분쟁은 미국의 유럽정책을 바꾸었습니

---

175 Memorandum der Wirtschafts- und Finanzberater der Alliierten Hohen Kommission vom 7.2.1950 (Übersetzung). BArchK B 102/12736.

176 Bundeswirtschaftsministerium, Stellungnahme zu dem Memorandum der Wirtschaftsund Finanzberater der der Alliierten Hohen Kommission, 15.2.1950. BArchK B 102/12736.

177 Hardach, Marshall-Plan, S. 284 – 292.

다. 더 이상 재건촉진이 아니라 군사협력이 전면에 섰습니다. 유럽복구프로그램은 1951년 10월에 새로운 상호안보프로그램으로 대체되었습니다. 그러나 독일연방공화국은 1952년까지 유럽재건계획으로부터 약속된 대외원조를 계속 받았습니다.[178]

독일연방공화국의 많은 사람은 전쟁이 유럽으로 확산되어 새로운 제한과 박탈의 시대가 뒤따를 것을 두려워했습니다. 1950년 6월 여론조사에서 질문받은 사람의 53%는 새로운 세계대전이 발발할지 모른다고 우려했습니다.[179] 가계는 식량과 기타 소비재를 비축했고 기업은 예방책으로 원자재와 중간재를 비축했습니다.

큰 수요가 호황(Aufschwung)을 가속화했습니다. 특히 소비재 산업은 생산량을 크게 늘렸습니다. 가격통제가 해제된 후 그들은 더 높은 가격을 밀어붙일 수 있었고 더 큰 이익을 얻었으며 자체 자원에서 투자자금을 조달할 수 있었습니다. 반면에 석탄산업과 철강산업은 여전히 가격유지 대상이었으며, 이윤도 낮았고 자체 자금조달을 통한 역량확대 기회가 없었기 때문에 미약한 성장에 그쳤습니다. 1950년 10월 연방정부는 일시적으로 석탄배급으로 돌아가야 했습니다.

강화된 호황(Aufschwung)은 수입증가와 상당한 수입과잉(Einfuhrüberschuss)으로 이어졌습니다. 1949-1950년 노동시장 위기에 이어 1950-1951년 국제수지 위기(Zahlungsbilanzkrise)가 뒤따랐습니다. 일반적으로 수입과잉(Einfuhrüberschuss)은 수입이 국내기업에서 시장의 일부를 빼앗기 때문에 호황(Aufschwung)이 둔화됐습니다. 그러나 소비재와 자본재에 대한 수요가 강해 호황(Aufschwung)을 이어갔습니다. 독일주은행(Bank deutscher Länder)은 1950년 9월 경기를 둔화시키고 국제수지 적자를 줄이기 위해 제한조치를 도입했습니다.[180]

한국전쟁의 영향으로 서독 재건에 대한 연합군고등판무관실과 경제협력국의 입장

---

178   Hardach, Marshall-Plan, S. 129 - 134.

179   Institut für Demoskopie Allensbach, Jahrbuch der öffentlichen Meinung 1947 - 1955, S. 354.

180   Hardach, Marshall-Plan, S. 297 - 321.

이 바뀌었습니다. 독일 산업은 무기와 탄약을 생산하는 것이 금지되었습니다. 그러나 연합국은 독일 경제가 원자재, 중간제품 및 자본재를 공급하여 미국과 동맹국의 군비 (Aufrüstung)를 지원할 것으로 기대했습니다. 연합군고등판무관실과 경제협력국은 독일의 수입과잉이 증가하는 것을 독일 산업이 내수시장에 집중하고, 수출을 통해 연합국 군비 (Aufrüstung)를 지원하는 데는 거의 관심이 없다는 신호로 보았습니다. 그들은 연방정부가 시장경제를 제한하고, 대서양 군비(Aufrüstung)를 위해 소비자 수요를 억제시킬 수 있는 직접 통제를 도입할 것을 요구했습니다.

아데나워(Adenauer) 수상은 시장 지향적인 경제장관이 정책변경을 이행할 것이라고 믿지 않았기 때문에 에르하르트의 권한이 제한되었습니다. 1951년 1월, 연방정부의 경제정책을 조정하기 위해 경제부, 마셜 플랜, 재무부 및 농업부, 독일주은행의 대표들로 내각에 부처 간 경제위원회가 구성되었습니다. 같은 달 의회(Bundestag)는 원자재 배분에 대한 국가개입을 허용하는 경제보장법(Wirtschaftssicherungsgesetz)을 통과시켰습니다. 1951년 2월에는 기존 기관에 추가하여 대외무역을 통제하기 위해 상품이동을 위한 연방사무소가 설립되었습니다. 1951년 3월 초 내각의 특별회의에서 아데나워(Adenauer)는 경제정책은 "교의(Doktrin)를 고수하고 원칙을 지키는 것이 아니라 경제 분야의 현재 상황이 요구하는 것을 실행하는 것"이라고 경고했습니다.[181] 이것은 아데나워(Adenauer)에게는 경제 문제일 뿐만 아니라 그가 연합국과 협력하여 노력하고 있던 독일연방공화국의 주권을 향한 길에 관한 것이었습니다. 연방정부가 연합국의 요구에 응하지 않을 경우 연합군 고등판무관실이 점령법에 의거하여 자체적으로 통제조치를 취할 위험이 있었습니다.

1951년 3월 초까지 취해진 조치로는 연합군고등판무관에 충분하지 않았습니다. 미국 고등판무관 맥클로이(McCloy)는 서독 경제정책의 근본적인 변화를 강하게 요구했습니다. 연방정부는 점령군과 미국 군수산업에 대한 납품이 우선순위가 되도록 경제적 통제를 사

---

181   Kabinettssitzung vom 6. März 1951. Die Kabinettsprotokolle der Bundesregierung. Herausgegeben für das
Bundesarchiv von Hans Boom, Bd. 4, 1951. Bearbeitet von Ursula Hüllbüsch, Boppard 1988, S. 205.

용해야 했습니다. 그는 구체적으로 희소한 자원의 사용에 대한 구속력 있는 우선순위 설정, 배급 및 가격 통제의 도입, 경제통제를 수행하기 위한 특별 행정기구의 설립을 촉구했습니다.[182]

미국 고등판무관 맥클로이(McCloy)에 대한 답변에서 아데나워(Adenauer) 수상은 이미 도입된 조종장치를 언급하고, 나아가 대서양 군비를 위한 점령수요와 수출이 향후 최우선순위가 될 것이며, 연방정부 자체가 이행을 보장할 것이라고 구체적으로 약속했습니다. 그리고 소비를 억제하고 원자재산업을 확장하기 위해 "적어도 서구 방위를 위한 독일의 더 높은 효율성을 위해" 국가적 투자조정이 도입될 것이라고 답변하였습니다.[183] 연합군을 위한 공급의 우선은 국가기관이 조직한 것이 아니라 연방정부의 통제 하에 있는 독일산업연합(Bundesverband der Deutschen Industrie)에 의해 보장되었습니다.[184]

연합군에 대한 경제적 지원은 재건이 뒷전으로 밀려났다는 것을 의미했습니다. 에르하르트 연방 경제장관은 이것이 불가피하다고 강조했습니다. 1951년 3월 그는 의회에서 한국전쟁으로 인해 "민주주의 세계 전체가 민주주의와 인간의 자유를 수호하기 위해 노동의 일부, 국가 생산물의 일부를 바칠 필요"가 생겼다고 언급했습니다.[185]

1952년 광업, 철강산업 및 기반시설을 강화하기 위해 투자지원법(Investitionshilfegesetz)이 통과되었습니다. 모든 기업은 강제채권(Zwangsanleihe)을 매입해야 했습니다. 액수는 판매 및 이익에 따라 달랐습니다. 1952년부터 1954년까지 강제채권 자금은 광업, 철강산업, 전기, 가스, 물 회사, 열차생산공장에 대한 저리 대출로 사용되었습니다.[186]

경제정책에 대한 치열한 논쟁에도 불구하고 재건은 독일연방공화국 초기에 상당한 진

---

182   McCloy an Adenauer, 7.3.1951. BArchK 102 / 12580, Bd. 3.

183   Adenauer an McCloy, 27.3.1951. BArchK R 102 / 12581.

184   Abelshauser, Deutsche Wirtschaftsgeschichte, S. 159 – 172.

185   Bundestagssitzung vom 14. März 1951. Verhandlungen des Deutschen Bundestages, I. Wahlperiode 1949, Stenographische Berichte, Bd. 6, S. 4800.

186   H. R. Adamsen, Investitionshilfe für die Ruhr. Wiederaufbau, Verbände und Soziale Marktwirtschaft 1948 – 1952, Wuppertal 1981.

전을 이루었습니다. 실질 국내총생산은 1950년부터 1952년까지 연평균 9.5%씩 증가했습니다.[187] 생산증가는 새로운 일자리를 창출했고 노동시장 위기는 점차 극복되었습니다. 1950년대 초반 재건은 강력한 경제성장으로 순조롭게 진행되었습니다. 1953년에 독일연방공화국의 주민 1인당 시장가격으로 계산한 실질 국민순생산은 전쟁 직전인 1938년 독일제국에서 달성한 수준을 초과했습니다.[188]

1953-1964년의 "경제기적". 노동시장의 위기를 극복한 후 1965-1967년의 위기까지 지속된 장기간의 성장이 시작되었습니다. 경제정책의 목표는 물가안정, 완전고용 및 국제수지 균형이었습니다. 3개 목표가 서로 경쟁할 수 있고, 동시에 달성하기는 매우 어렵기 때문에 "마법의 삼각형"(magisches Dreieck)이라고도 묘사되었습니다. 경제성장은 경제정책 목표로 명시적으로 언급되지 않았습니다. 완전고용과 물가수준이 안정되면 국가의 개입 없이도 시장역학이 경제성장을 보장할 것이라고 생각했습니다.[189]

처음에는 독일주은행(Bank deutscher Länder), 1957년부터는 독일연방은행(Deutsche Bundesbank)으로 불린 중앙은행의 목표는 물가수준의 안정성, 독일마르크(Deutsche Mark)의 태환성, 1958년부터는 자유로운 태환성에서의 고정환율의 유지였습니다. 중앙은행의 수단은 이자율수준과 경제유동성에 영향을 미치는 할인정책, 롬바르드정책, 공개시장정책 및 최소준비금정책이었습니다. 대내외 통화안정의 우선순위는 일반적으로 받아들여졌습니다. 그럼에도 불구하고 개별적인 경우에는 중앙은행과 연방정부 사이에 갈등이 있었는데, 연방정부는 제한적인 통화정책으로 인한 경제에 대한 위협을 두려워했습니다.

1956년 봄 독일주은행(Bank deutscher Länder)이 할인율을 인상하고 경기호황을 늦추고 물가를 안정시키기 위해 추가 제한조치를 취하자 독일산업연합(Bundesverband der Deutschen Industrie)은 날카로운 비판으로 대응했습니다. 아데나워 수상은 1956년 5월 쾰

---

187 Statistisches Bundesamt, Bevölkerung und Wirtschaft, S. 265.

188 Hoffmann / Grumbach / Hesse, Das Wachstum der deutschen Wirtschaft, S. 172 – 174, 827 – 828.

189 Helge Berger, Konjunkturpolitik im Wirtschaftswunder. Handlungsspielräume und Verhaltensmuster von Bundesbank und Regierung in den 1950er Jahren, Tübingen 1997.

른(Köln)의 "귀르제니히"(Gürzenich) 회의실에서 열린 독일산업연합 연례회의에서 독일 경기는 큰 타격을 입게 되었다며 비판에 동참했습니다. 가격상승은 얼마 지나지 않아 완화되어 독일주은행은 제한을 철회할 수 있었습니다. 정부와 중앙은행 간의 "귀르제니히"(Gürzenich)분쟁은 사라졌습니다. 아데나워 수상 위기에 대한 두려움은 근거가 없었습니다. 국내총생산은 1956년에 7% 증가했습니다.[190]

1957년에 설립된 독일연방은행(Deutsche Bundesbank)의 경제에 대한 영향력은 1958년 통화가 태환 가능하게 된 후 감소했습니다. 할인율 증가와 기타 제한은 개방경제에서 자본수입으로 이어져 원하는 효과를 무력화했습니다. 외환유입은 역작용을 불러일으켜 경제유동성을 강화할 수도 있었습니다. 1961년까지 연방정부와 연방은행은 수출경기가 중요시되었기 때문에 높은 수출과잉에도 불구하고 독일마르크가 절상되는 것을 막기 위해 협력했습니다.[191]

경제성장을 위한 구조적 여건이 매우 좋아, 안정적인 물가, 높은 고용과, 서독 경제정책에서 물론 구체적으로는 수출과잉을 의미했던, 국제수지 균형이라는 "마법의 삼각형"이 1950년대와 1960년대 초에 본질적으로 달성되었습니다. 국내 총생산량도 증가했습니다. 1953년부터 1964년까지의 "경제기적" 동안 국내총생산(Bruttoinlandsprodukt)은 연평균 7.2% 증가했습니다.[192] 1953년 실업률은 8.4%였습니다. 이후 경제성장으로 실업률이 하락했습니다. 완전고용은 1950년대 후반에 달성되었습니다. 1962년 실업률은 0.7%로 사상 최저치를 기록했습니다.[193] 경제발전은 경기순환의 리듬을 따랐지만, 경기 약화는 더 이상 초기와 같은 침체나 심지어 생산과 고용의 감소로 이어지지 않고 단지 국내

---

190 Statistisches Bundesamt, Bevölkerung und Wirtschaft, S. 265.

191 Carl-Ludwig Holtfrerich, Geldpolitik bei festen Wechselkursen (1948 – 1970), in: Deutsche Bundesbank (Hrsg.), Fünfzig Jahre Deutsche Mark. Notenbank und Währung in Deutschland seit 1948, München1998, S. 347 – 438.

192 Statistisches Bundesamt, Bevölkerung und Wirtschaft, S. 265.

193 Statistisches Bundesamt, Bevölkerung und Wirtschaft, S. 148.

총생산의 약간 낮은 성장률에 반영되었을 뿐입니다. 그래서 경기변동을 위해 성장주기 (Wachstumszyklen)라는 새로운 개념이 등장했습니다.[194]

재건에서 경제성장으로의 놀랍도록 빠른 전환은 "경제기적"(Wirtschaftswunder)으로 널리 알려졌습니다. 적어도 두 명의 저명한 동시대인은 이 용어를 좋아하지 않았습니다. 1949년부터 1963년까지 연방 경제부장관이었던 루트비히 에르하르트는 그에게 경제발전이 기적이 아니라 사회적 시장경제 정책의 결과이기 때문에 경제기적에 대해 아무 말도 듣고 싶어 하지 않았습니다. 1957년에 출판된 그의 유명한 저서《모두를 위한 번영》 (Wohlstand für alle)에서 그는 경쟁이 모든 형태의 번영을 달성하고 확보하는 가장 유망한 수단이라고 강조했습니다.[195] 그리고 같은 해 함부르크 전당대회에서 그는 "누구나 '모두를 위한 번영'이라는 명제를 긍정하는 사람은 누구나 시장경제를 원할 것임에 틀림없다"라고 주장했습니다.[196] 당시 독일노동조합연맹 부회장이었던 루트비히 로젠베르크 (Ludwig Rosenberg)도 역시 1959년 경제기적에 대한 이야기에 반대했습니다. 그는 "독일의 기적은 전혀 기적이 아니라 수백만 명의 부지런한 사람들의 노동의 결과"였다고 말했습니다.[197]

1960년대에는 '경제기적'의 명성이 시들해졌습니다. 더 강력한 물가상승으로 여론은 경기정책에 대해 비판적이었습니다. 수년간의 물가안정 이후 인플레이션율이 가속화되었습니다. 1961년에 생활비는 2.4% 증가했습니다. 후대의 관점에서 볼 때는 온건하지만, 안정을 의식하는 서독 대중 사이에 불만을 야기한 인플레이션의 원인은 1959-1960년의 강력한 호황과 서독 경제의 지속적인 수출 호황이었습니다. 1961년의 호황은 수출과잉

---

194 Ludger Lindlar, Das missverstandene Wirtschaftswunder. Westdeutschland und die westeuropäische Nachkriegsprosperität, Tübingen 1997.

195 Ludwig Erhard, Wohlstand für alle, Düsseldorf 1957, S. 7.

196 Ludwig Erhard, Wohlstand für alle. Referat auf dem 7. Bundesparteitag der CDU, Hamburg, 11. – 15. Mai 1957, Hamburg 1957, S. 142.

197 Deutscher Gewerkschaftsbund, Fünfter ordentlicher Bundeskongreß Stuttgart 1959, Protokoll, S. 397–398.

을 줄여 물가안정에 기여해야 했습니다. 그러나 이 목표는 달성되지 않았고 인플레이션율은 여전히 높았습니다. 에르하르트 연방 경제부장관은 "사회적 파트너 측의 규율결핍"이 과도한 임금인상에 책임이 있다고 했습니다.[198] 그러나 전반적인 경제발전을 평가하기 위해 1963년에 구성된 전문가위원회는 1965년에 발표된 연례보고서에서 인플레이션의 주요 원인을 단체교섭 파트너의 행태가 아니라 연방예산의 적자에서 보았습니다.[199]

위기와 안정 1965 - 1972. 경제기적 시기의 강력한 호황은 1965년 말에 불황으로 바뀌었습니다.[200] 그러나 경제정책에 있어서는 처음에는 공공재정의 건실화와 인플레이션의 통제가 우선이었습니다. 연방은행은 1965년에 제한적인 길을 택했습니다. 수출 호황이 일시적으로 멈춘 가운데 통화정책 규제가 효과를 내면서, 경기침체를 위기로 만드는 데 큰 역할을 했습니다. 재정정책 측면에서도 경기가 이제 확실히 둔화되고 있다는 사실에도 불구하고 여전히 예산건실화에 초점이 맞춰져 있었습니다.[201] 잘못된 통화정책과 재정정책은 1965-1967년 위기로, 한동안 끝났다고 생각했던 경기순환으로 되돌렸습니다. 1967년 독일연방공화국 역사상 처음으로 생산량이 절대적으로 감소했습니다. 주민 1인당 실질 국민총생산은 0.1% 감소했습니다. 실업률은 1967년에 2.1%로 상승했습니다.[202]

1967년 6월 안정법(Stabilitätsgesetz)이 통과되었습니다. 경제정책의 목표목록은 "마법의 삼각형"(magisches Dreieck)에서 "마법의 사각형"(magisches Viereck)으로 확장되었습니다. 물가수준안정, 완전고용, 대외무역수지균형 외에도 경제성장은 무엇보다도 통화정책과 금융정책의 상호작용을 통해 달성되어야 하는 전반적인 경제안정의 일부였습니다.[203] 안

198 Ludwig Erhard, Maßhalten! Rundfunkansprache am 21. März 1962, in: Erhard, Gedanken aus fünf Jahrzehnten, S. 735.

199 Sachverständigenrat zur Begutachtung der gesamtwirtschaftlichen Entwicklung, Stabilisierung ohne Stagnation. Jahresgutachten 1965/66, Stuttgart 1965, S. 105 - 125.

200 Günter Hagemann, Die staatliche Tätigkeit in der Bundesrepublik Deutschland 1965 - 1967, in: Finanzarchiv, 28 (1969).

201 Bundesministerium der Finanzen, Finanzbericht 1967, S. 32 - 33.

202 Statistisches Bundesamt, Bevölkerung und Wirtschaft, S. 148, 261.

203 Gesetz zur Förderung der Stabilität und des Wachstums der Wirtschaft. Vom 8. Juni 1967. BGBl. 1967 I, S.

정법은 체계적 케인스주의 경기정책인 "글로벌조종"(Globalsteuerung)의 시작으로 간주됐습니다.

그러나 안정법 이전부터 적극적인 경기정책은 시작되었습니다. 1967년 초에 연방정부는 경기부양 프로그램을 시작했으며 나중에 주와 지방도 참여했습니다. 민간투자에 대한 세금감면, 추가 공공투자와 정부지출의 전반적인 확대는 경기를 촉진해야 했습니다. 연방은행도 노선을 바꿔 1967년 1월부터 경기부양을 위해 쉬운 돈 정책(Politik des leichten Geldes)을 추구했습니다. 할인율과 최저지급준비율을 모두 낮췄습니다. 적극적인 경기정책과 더불어 수출증가도 위기극복에 크게 기여하였습니다.[204]

1967년 말에 경제회복이 시작되었고 1968년에는 강력한 확장으로 전환되었습니다. 1968-1969년의 호황에서 전반적인 경제생산과 완전고용의 높은 성장률이 다시 달성되었습니다. 실업률은 1970년까지 다시 0.7%로 떨어졌습니다.[205] 호황으로 인해 국고에 막대한 자금이 유입되어 1969년에는 연방, 주 및 지방 당국의 예산이 균형을 이룰 수 있었습니다.[206] 인플레이션율은 1969년 일시적인 안정세를 보이다가 다시 높아졌으나, 여전히 1960년대 초 수준을 밑돌았습니다.

안정법은 거시경제 균형의 실현을 측정할 수 있는 정량적 기준을 명시하지 않았습니다. 그러나 글로벌조종(Globalsteuerung)에 대한 동시대의 자신감은 1967년 11월 전문가위원회에서 제안한 목표에 반영되었습니다. 물가수준의 안정성은 국민총생산의 물가지수 상승 최대 1.0%, 완전고용은 실업률 최대 0.8%, 대외수지 균형은 국민총생산의 1% 수출과잉, 합리적인 성장은 실질 국민순생산 증가율 4%를 의미했습니다.[207]

---

582 – 589.

204　Bundesministerium der Finanzen, Finanzbericht 1968, S. 8 – 10. Geschäftsbericht der Deutschen Bundesbank für das Jahr 1967, S. 4 – 10.

205　Statistisches Bundesamt, Bevölkerung und Wirtschaft, S. 148.

206　Monatsbericht der Deutschen Bundesbank, August 1970, S. 13.

207　Sachverständigenrat zur Begutachtung der gesamtwirtschaftlichen Entwicklung, Stabilität im Wachstum. Jahresgutachten 1967/68, Stuttgart 1967, S. 128 – 150.

역사적으로 돌이켜보면 1949년부터 1972년까지의 기간은 긴 경제성장기였습니다. 1965-1967년 위기로 인한 중단에도 불구하고 1인당 실질 국민총생산은 크게 증가했습니다. 1950년부터 1972년까지 연평균 성장률은 5.4%였습니다.[208] 실업률은 1965-1967년 위기 이후 다시 떨어졌습니다. 1970년부터 1972년까지 평균 0.9%였습니다.[209] 서독 경제는 정기적으로 수출과잉을 달성했습니다. 지속적인 수출과잉은 대외수지 균형이라고 할 수 없었습니다. 그들은 국제통화시스템에 심각한 문제를 일으켰습니다. 그러나 서독에서는 거의 아무도 그것에 대해 걱정하지 않았습니다. 국민을 혼란스럽게 한 것은 물론 인플레이션율이었습니다. 오랜 기간의 물가안정 후, 물가는 1960년대 이후 급격하게 상승했습니다. 장기적 추세에서 생활비는 1950년부터 1972년까지 연평균 2.3%씩 증가했습니다.[210]

1949년부터 1972년까지의 성장기는 사회적 시장경제에만 국한된 것이 아니었습니다. 다른 경제 시스템을 가진 국가들도 유사한 경험을 했습니다. 거의 모든 서유럽 국가와 일본에서 1950년부터 1973년까지의 기간은 역사적으로 예외적인 성장 기간이었습니다. 경제성장의 "황금기"(Goldenes Zeitalter)라고도 묘사되었습니다.[211] 1950-1972년 1인당 실질 국내총생산 평균 성장률은 일본 8.1%, 스페인 5.6%, 이탈리아 5.0%, 오스트리아 4.9%, 프랑스 4.0%였습니다. 성장률은 미국에서 2.5%로 현저히 낮았고, 서유럽 국가 중 예외적으로 영국에서는 2.4%에 불과했습니다.[212] 경제성장은 노동 생산성의 장기적인 증가에 의해 뒷받침되었습니다. 기술적 진보는 1960년대 경제학에서 노동, 자본, 토지와

---

208 Statistisches Jahrbuch 1975, S. 34, 508.

209 Sachverständigenrat zur Begutachtung der gesamtwirtschaftlichen Entwicklung, Mut zur Stabilisierung. Jahresgutachten 1973/74, Stuttgart 1973, S. 206.

210 Statistisches Jahrbuch 1975, S. 34, 448, 508.

211 Wendy Carlin: West German growth and institutions, 1945–90, in: Nicholas Crafts / Gianni Toniolo (Hrsg), Economic growth in Europe since 1945, Cambridge 1996; N. F. R. Crafts, The golden age of economic growth in Western Europe, 1950–1973, in Economic History Review, 48 (1995); Lindlar, Das missverstandene Wirtschaftswunder.

212 Angus Maddison, Contours of the World Economy, 1–302030, Oxford 2007, S 383.

함께 "제4의 생산요소"로 발견되었습니다.[213]

돌이켜보면 경제성장의 "황금기"는 주로 역사적으로 유일한 따라잡기 과정 (Aufholprozess)으로 해석됩니다. 서유럽과 일본의 경제적 출발점은 미국에 비해 낮은 수준의 노동생산성과 1인당 국내총생산이었습니다. 강력한 확장은 자본주의 세계의 선도 경제가 지시한 장기 성장 경로에 접근을 의미했습니다.[214]

경제성장의 둔화 1973 – 1989. 확장의 긴 국면은 1973-1975년의 위기로 인해 중단되었습니다. 위기는 종종 1973년 가을의 "유가 충격"(Ölpreisschock), 즉 석유 수출국들을 통한 유가급등에 기인했습니다. 그러나 이 설명은 부족합니다. 독일은행은 인플레이션을 통제하기 위해 1973년에 규제정책을 시작했습니다.[215] 1973년부터 1975년까지 1인당 실질 국내총생산은 1.1% 감소했습니다.[216] 실업자 수는 1975년에 110만 명으로 증가하여, 1950년대 초 이후 처음으로 100만 명을 넘어섰습니다. 실업률은 4.7%였습니다.[217] 1974년부터 취임한 헬무트 슈미트(Helmut Schmidt) 수상 하에서 경기부양 프로그램이 시작되었습니다.[218] 차입을 통한 정부투자는 위기를 극복하는 데 도움이 되었습니다. 1976년에 새로운 호황이 시작되었습니다.

그러나 경제는 "황금기"의 높은 성장률로 돌아가지 않았습니다. 1973-1975년의 위기는 구조적 단절이었습니다. 산업의 역동성이 둔화되었습니다. 여기에는 여러 가지 요인

---

213 Edward F. Denison, Why growth rates differ. Postwar experience in nine Western countries, Washington 1967.

214 Lindlar: Das mißverstandene Wirtschaftswunder; Karl Gunnar Persson / Paul Sharp, An Economic History of Europe. Knowledge, Institutions and Growth, 600 to the Present, 2. Aufl., Cambridge 2015, S. 218 – 221; Mark Spoerer / Jochen Streb, Neue deutsche Wirtschaftsgeschichte des 20. Jahrhunderts, München 2013, S. 226 – 233.

215 Wolfgang Kitterer, Öffentliche Finanzen und Notenbank, in: Deutsche Bundesbank (Hrsg.), Fünfzig Jahre Deutsche Mark. Notenbank und Währung in Deutschland seit 1948, München1998, S. 219 – 228.

216 Statistisches Jahrbuch 1980, S. 50, 507.

217 Sachverständigenrat zur Begutachtung der gesamtwirtschaftlichen Entwicklung, Zeit zum Investieren. Jahresgutachten 1976/77, Stuttgart 1976, S. 24; Statistisches Jahrbuch 1980, S. 107.

218 Faulenbach, Das sozialdemokratische Jahrzehnt, S. 398 – 415.

이 함께 작용했습니다. 인구 통계학적 침체의 결과로 식품 및 직물과 같은 기본 소비재에 대한 수요는 더디게 증가했습니다. 기술적 소비재를 따라잡아야 할 필요성도 점차 약화되었습니다. 고용과 생산의 중점이 2차 산업에서 3차 산업으로 옮겨갔습니다. 그러나 서비스 부문의 성장률은 산업 부문보다 훨씬 낮았고, 그 결과 전반적인 경제성장률도 저조했습니다. 빠른 차선에서 몇 년 후 경제는 전체 경제생산의 성장률이 현저히 낮은 정상 차선으로 전환되었습니다. 1973년부터 1982년까지 주민 1인당 국민총생산은 연평균 1.7% 증가했습니다.[219] 실업률은 높게 유지되었습니다. 1979년 실업률은 여전히 3.8%였습니다.[220] 동시에 높은 예산적자를 동반한 확장적 재정정책은 높은 인플레이션율을 가져왔습니다. 연방, 주 및 지방 정부의 부채는 1973년에서 1982년까지 1,680억 독일마르크(DM)에서 6,150억 독일마르크(DM)로 증가했습니다.[221] 생활비는 1973년부터 1982년까지 연평균 4.9% 상승했습니다.[222] 상대적 스태그네이션(Stagnation)과 인플레이션(Inflation)의 결합인 "스태그플레이션"(Stagflation)이었다고 비판받았습니다.[223]

불완전한 회복은 1980-1982년 위기로 중단되었습니다. 1인당 실질국민총생산은 1981년 0.1%, 1982년 1.1% 감소했습니다. 실업의 증가는 생산의 침체보다 훨씬 더 무거웠습니다. 1982년에는 180만 명의 실업자가 있었습니다. 실업률은 7.6%까지 올랐습니다.[224]

1982년 헬무트 콜(Helmut Kohl) 수상이 이끄는 보수자유 연정은 사회적 시장경제의 새

---

219   Statistisches Jahrbuch 1984, S. 537.

220   Statistisches Jahrbuch 1984, S. 110.

221   Sachverständigenrat zur Begutachtung der gesamtwirtschaftlichen Entwicklung, Ein Schritt voraus. Jahresgutachten 1983/84, Stuttgart 1983, S. 331.

222   Statistisches Jahrbuch 1984, S. 518.

223   Tim Schanetzky, Von Keynes zu Friedman? Handlungsspielräume der bundesdeutschen Wirtschaftspolitik in den siebziger Jahren, in: Morten Reitmayer / Ruth Rosenberger (Hrsg.), Unternehmen am Ende des „goldenen Zeitalters". Die 1970er Jahre in unternehmens- und wirtschaftshistorischer Perspektive, Essen 2008, S. 149 - 168.

224   Statistisches Jahrbuch 1984, S. 52, 110, 537.

로운 국면을 약속했습니다. 물가안정, 완전고용, 경제성장 및 대외수지 균형으로 정의된
안정법의 목표는 경제정책에서 계속 적용되어야 했습니다. 그러나 목표는 시장의 힘과
국가간섭 억제를 더욱 강조함으로써 달성해야 했습니다. 확장적 재정정책은 물론 포기되
지 않았습니다. 1983년과 1987년에 연방선거가 있었고 연방정부는 엄격한 긴축조치로
유권자들을 놀래킬 의도는 없었습니다. 정부지출은 증가했고 연방, 주 및 지방의 예산은
정기적으로 적자를 기록했습니다.[225] 확장적 재정정책으로 경기안정을 이뤘습니다. 1983
년에 호황이 시작되어 1989년까지 지속되었습니다. 1982년부터 1989년까지 1인당 실질
국민순생산은 연간 2.6% 증가했습니다. 적자를 내는 금융 정책에도 불구하고 인플레이
션은 금지되었습니다. 생활비는 1982년부터 1989년까지 연평균 1.6% 상승했습니다.

주요 문제는 지속적으로 높은 실업률이었습니다. 경제성장은 완전고용을 보장하기에
충분하지 않았습니다. 1982년부터 1989년까지 연평균 실업률은 8.7%였습니다. 1989년
에는 200만 명의 실업자가 있었고 실업률은 7.9%였습니다. 대량실업은 지속적인 상황이
되었습니다.[226]

1970년대 중반 이후 성장속도가 둔화되기는 했지만 장기적으로 구 독일연방공화국의
총생산량은 상당히 증가했습니다. 1950년부터 1989년까지 주민 1인당 실질 국민총생산
은 연평균 3.7% 증가했습니다.[227]

225　Sachverständigenrat zur Begutachtung der gesamtwirtschaftlichen Entwicklung, Auf dem Weg zur
　　wirtschaftlichen Einheit Deutschlands. Jahresgutachten 1990/91, Stuttgart 1990, S. 374 – 375, 379.
226　Statistisches Jahrbuch 1987, S. 545; Statistisches Jahrbuch 1990, S. 43, 111, 548, 566.
227　Statistisches Jahrbuch 1995, S. 655.

3.5 경제구조 변화

3.5.1 창조적 파괴

경제성장은 경제의 지속적인 구조변화를 기반으로 했습니다. 구조변화는 계획된 것이 아니라 시장을 통해 조율된 기업과 가계의 무수한 개별 결정의 결과였습니다. 혁신적인 제품으로 경제 분야가 확장되었습니다. 경제의 다른 분야는 중요성을 잃었습니다. 자본주의 경제의 특징인 축출(Verdrängung)과 갱신(Erneuerung)의 과정은 경제학자 조셉 슘페터(Joseph Schumpeter)의 표현에 따르면 "창조적 파괴"(Schöpferische Zerstörung)라고 명명되었습니다.[228]

구조변화의 결정 요인은 노동생산성, 판매시장의 다른 발전, 위기부문의 구조보존이나 신기술 촉진을 위한 국가개입, 그리고 무엇보다도 수출시장이나 수입경쟁을 통해 경제구조에 영향을 미치는 대외무역이었습니다. 50년대와 60년대는 독일에서 산업성장의 후기였습니다. 1970년대 이후 총생산의 초점은 서비스 부문으로 옮겨갔습니다(표 5).

표 5. 서독의 국내총생산 1950-1989(퍼센트)

	1950	1970	1989
1차 산업	11	3	2
2차 산업	50	55	41
3차 산업	40	42	56

출처: StatistischesBundesamt, Bevölkerung und Wirtschaft 1972-1972, Stuttgart 1972, S. 264: StatistischesJahrbuchfür die Bundesrepublik Deutschland 1992, S. 659 - 660.

228　Joseph A. Schumpeter, Kapitalismus, Sozialismus und Demokratie (1942), 4. Aufl., München 1975, S. 134 - 142.

생산의 구조변화를 통해 고용구조가 변화하였습니다. 1950년대와 1960년대에 1차 산업 부문에서 일자리가 사라지고 2차 산업 및 3차 산업 부문에서 새로운 일자리가 창출되었습니다. 1970년대 이후 1차 산업 부문뿐 아니라 2차 산업 부문에서도 일자리가 사라졌습니다. 1980년대에 대다수 취업자(Erwerbstätige)는 더 이상 물건 생산에 종사하지 않고 서비스 생산에 종사했습니다(표 6).

표 6. 서독의 고용 1950–1989(퍼센트)

	1950	1970	1989
1차 산업	22	7	4
2차 산업	45	48	39
3차 산업	33	44	57

출처: StatistischesBundesamt, Bevölkerung und Wirtschaft 1972-1972, Stuttgart 1972, S. 142; StatistischesJahrbuchfür das vereinte Deutschland 1991, S. 118.

경제의 구조변화는 근로자(Beschäftigte)의 상당한 적응력을 요구했습니다. 직업에서 습득한 지식과 기술은 직업을 바꾸면 의미를 잃었습니다.[229]

구조변화는 사회적 시장경제의 경제질서에서 근본적으로 인정되었습니다. 그것은 노동과 자본이 효율적인 부문으로 향하게 하여 고용과 생산의 성장을 촉진해야 했습니다. 그럼에도 구조정책은 시장을 바로잡기 위해 구조변화에 상당 부분 개입했습니다. 국가개입은 위기 부문의 사회적 결과를 흡수하고, 구조변화에 대한 적응을 쉽게 하고, 미래 기술을 촉진하거나 공급안전을 보장해야 했습니다.[230] 구조변화는 사회적 파트너십의 중요한 개입영역이었습니다. 위기산업에 종사하는 기업경영진과 근로자(Beschäftigte)들은 국

---

229 W. Kleber, Sektoraler und sozialer Wandel der Beschäftigungsstruktur in Deutschland 1882 – 1978: Eine Analyse aus der Perspektive des Lebenslaufs, in: K. J. Bade (Hrsg.), Auswanderer – Wanderarbeiter – Gastarbeiter, Ostfildern 1984.

230 Peter Oberender (Hrsg.), Industriepolitik im Widerstreit mit der Wettbewerbspolitik, Berlin 1994.

가가 시장개입을 통해 일자리를 보존하거나 새로운 일자리로의 전환을 촉진할 것을 자주 공동으로 촉구했습니다.

지역적 구조변화는 부문별 구조변화와 연결되었습니다. 농업의 쇠퇴로 농촌은 인구와 경제력을 잃었습니다. 산업과 서비스는 도시권에 집중되어 있었습니다. 도시권은 소득이 평균적으로 더 높았을 뿐만 아니라 민간 및 공공서비스도 더 좋았습니다.

지역 구조정책의 목표는 기본법(Grundgesetz)에서 요구하는 "연방지역의 평등한 생활환경 조성"을 촉진하는 것이었습니다.[231] 낮은 산업화 수준, 불리한 교통연결 또는 기타 위치적 불이익으로 인한 지역적 격차를 보정해야 했습니다. 지역 구조정책의 특별한 중점은 내독국경을 따라 펼쳐진 넓은 땅이었습니다. 고립된 지역의 단점을 보완하기 위해 서베를린을 위한 복잡한 촉진프로그램(Förderprogramm)이 있었습니다.[232]

3.5.2 1차 산업

농업. 1950년 농업, 임업, 어업이 포함된 1차 산업에는 총 500만 명이 고용되었습니다. 그 이후로 극적인 감소가 있었습니다. 1970년에는 여전히 200만 명의 근로자(Beschäftigte)가 있었고 1989년에는 그 수가 100만 명으로 더 줄었습니다.[233] 1차 산업에 고용된 사람 대다수는 농업에 종사했습니다. 서독 농업에는 1950년에 거의 200만 개의 농장이 있었습니다. 대규모 농장, 가족농장 및 생계를 유지하기에 충분하지 않고 부업으로 운영되는 수많은 소농장이 있었습니다.[234]

---

231 Grundgesetz für die Bundesrepublik Deutschland. Vom 23. Mai 1949. BGBl. 1949, S. 1 – 19. Artikel 72, Absatz 1.

232 Ambrosius, Staat und Wirtschaft, S. 52 – 54.

233 Statistisches Bundesamt, Bevölkerung und Wirtschaft, S. 142; Statistisches Jahrbuch 1991, S. 118.

234 Bundesministerium für Ernährung, Landwirtschaft und Forsten, Der Grüne Plan 1956. Erster Grüner Bericht, Bonn 1956, S. 35 – 37.

독일연방공화국이 건국되었을 때 배고픈 도시 거주자들이 음식을 사거나 물물교환하기 위해 시골로 몰려들던 시대는 끝났습니다. 시장경제로의 전환 이후 서독의 농업은 생산량을 상당히 늘릴 수 있었고 곧 식량을 너무 적게 생산하기보다는 너무 많이 생산할 수 있었습니다. 인구는 늘었지만 농산물 공급이 수요를 초과했습니다. 농업정책은 부족관리에서 잉여규제로 갑자기 전환되었습니다.

서독의 농업은 국제경쟁에서 열세였습니다. 주로 자연적 생산조건과 불리한 농장구조로 인해 독일의 많은 농장은 세계 시장가격보다 훨씬 높은 비용으로 일했습니다. 따라서 독일연방공화국은 독일제국과 바이마르공화국 시대로부터 이어져온 전통적인 농업보호주의(Agrarprotektionismus)를 이어갔습니다. 농업정책의 목표는 소득평등이었습니다. 농부와 그 가족의 경제적, 사회적 상황은 비교가능한 직업그룹과 동등해야 했습니다. 농업정책의 가장 중요한 도구는 관세와 시장규제였습니다. 1950년 이래로 곡물, 설탕, 우유와 지방, 가축, 육류, 포도주를 위한 시장질서법(Marktordnungsgesetze)이 통과되었습니다. 수입과 저장 기관(Einfuhr- und Vorratsstelle)은 초과 공급(überschüssige Angebot)을 사서 가격을 안정시켜야 했습니다.[235]

1957년 유럽경제공동체(Europäische Wirtschaftsgemeinschaft/EWG)가 설립된 후 6개 회원국은 공동의 농업정책을 추구했습니다. 1968년에는 내부 관세(Binnenzoll)가 철폐되었고 통일된 대외 관세(Außenzoll)가 도입되었습니다. 유럽경제공동체는 세계 무역의 일반적인 자유화 과정에서 공산품에 대한 관세를 점진적으로 인하했지만 농업 관세(Agrarzoll)는 높은 수준을 유지했습니다. 이전 독일의 농업정책과 유사하게 보호주의적 관세정책은 비싼

235 Ulrich Kluge, Deutsche Agrarpolitik im 20. Jahrhundert zwischen Protektionismus und wirtschaftlicher Modernisierung: Ausklang des Agrarischen? In: Daniela Münkel (Hrsg.), Der lange Abschied vom Agrarland. Agrarpolitik, Landwirtschaft und ländliche Gesellschaft zwischen Weimar und Bonn, Göttingen 2000, S. 289–314; Ulrich Kluge, Vierzig Jahre Agrarpolitik in der Bundesrepublik Deutschland, 2 Bde., Hamburg 1989; Helmuth Röhm, Die westdeutsche Landwirtschaft. Agrarstruktur, Agrarwirtschaft, Landwirtschaftliche Anpassung, München 1964.

보조금 정책(Subventionspolitik)을 통해 보완되었습니다. 보조금 정책의 목적은 포괄적인 시장규제를 통해 생산자가격을 지원하는 것이었습니다. 1968년 유럽경제공동체는 적극적인 구조정책을 구상한 맨숄트 플랜(Mansholt Plan)을 통과시켰습니다. 그 목표는 더 큰 농장을 만들고, 농경지를 쉽게 함으로써 과잉생산을 줄이고, 농부들이 직업을 바꾸도록 장려하는 것이었습니다.[236]

협동조합은 농업의 현대화에 상당한 기여를 했습니다. 마을 중심에는 교회 옆에 대체로 물품협동조합이나 은행협동조합과 물품협동조합이 결합된 형태의 협동조합이 있었습니다. 그밖에 낙농, 가축 및 육류 또는 과일 및 채소를 위한 전문 협동조합과 더 넓은 집수지역(Einzugsbereich)을 위한 협동조합센터도 있었습니다. 포도재배에서는 특히 소농장들이 함께 모여 포도주양조장협동조합(Winzergenossenschaft)을 형성했습니다.[237]

농장 수와 농부는 장기적으로 급격히 감소했습니다. 1989년에는 649,000개의 농장이 있었습니다. 농장의 절반 미만이 전업농장(Vollerwerbsbetrieb)이었습니다. 집중과정의 결과 개별농장은 더 넓은 면적을 사용할 수 있게 되었습니다.[238] 농업의 생산성은 작업의 기계화, 비료와 살충제 사용의 증가, 축산, 곡류, 뿌리 작물 또는 과일, 와인, 아스파라거스 같은 특수 작물의 전문화를 통해 증가했습니다. 1980년대 농업은 독일연방공화국 초기보다 적은 수의 노동력으로 훨씬 더 많은 식량을 생산했습니다.

임업. 독일에서는 전통적으로 국가가 산림 소유권의 많은 부분을 차지했습니다. 독일연방공화국에서도 산림의 상당 부분이 연방, 주, 지방 당국에 속해 있었습니다.[239] 임업의 중요한 원칙은 지속 가능성이었습니다. 숲의 범위는 가능한 한 많이 보존되어야 했습니

236 Gerold Ambrosius, Wirtschaftsraum Europa. Vom Ende der Nationalökonomien, Frankfurt 1996, S. 95 – 107.

237 Bundesministerium für Ernährung, Landwirtschaft und Forsten, Grüner Bericht und Grüner Plan 1960. Fünfter Grüner Bericht der Bundesregierung, München 1960.

238 Statistisches Jahrbuch über Ernährung, Landwirtschaft und Forsten 1990, S. 31 – 49.

239 Statistisches Jahrbuch über Ernährung, Landwirtschaft und Forsten 1990, S. 357 – 360.

다. 따라서 경제적인 용도로 벌목된 나무는 상응하는 새로운 식목으로 대체되었습니다. 지속 가능성의 원칙은 1975의 연방산림법(Bundeswaldgesetz)에 의해 확인되었습니다.[240]

산림 이용은 목재생산으로 국가 계정에서 측정됩니다. 목재는 건축용 목재, 가구제조, 제지산업, 상자 및 팔레트와 같은 운송재 및 연료로도 사용되었습니다. 목재소비는 경제성장과 함께 증가했습니다. 목재의 국내 생산은 점점 더 수입으로 보충되었습니다. 1950년에는 국내 벌목이 소비의 84%를 차지했지만 1990년에는 28%에 불과했습니다.[241]

어업. 북해와 동해에서의 연안어업과 소규모 원양어업, 북대서양에서의 대규모 원양어업을 위한 서독 어선의 건조는 이미 평화체제 초기에 연합국의 지배하에서 시작되었습니다. 1950년대에는 어선이 크게 확장되고 현대화되었습니다. 증기선은 동력선으로 대체되었고 더 큰 어획 능력을 갖춘 더 큰 선박이 건조되었으며 항해 장비와 어획 기술이 향상되었습니다. 원양 어업은 북대서양 서부의 더 먼 어장으로 이동했습니다. 1960년대에는 공장선(Fabrikschiff)이 도입되어 공해상에서 트롤어선이 어획한 어획물을 인계, 가공 및 냉동했습니다. 생선은 식단의 중요한 부분으로 간주되었습니다. 1955년에 서독 어업의 어획량은 정점에 도달했습니다.[242] 여기에 강, 호수 및 양식업을 통한 내륙어업의 생산량이 추가되었습니다.[243]

1960년대에 서독 어업에서 지속적인 구조적 위기가 시작되었습니다. 어선단 간 세계적인 경쟁으로 인한 남획으로 많은 전통적인 어장에서 어류자원이 감소했습니다. 생선에 대한 수요도 천천히 증가했습니다. 협소한 시장에서 독일의 원양어업은 위치가 좋아, 어

---

240 Rolf Zundel / Ekkehard Schwartz, 50 Jahre Forstpolitik in Deutschland 1945 bis 1994, Münster 1996, S. 74–75.

241 Zundel / Schwartz, Forstpolitik, S. 92–97.

242 Erdmann Dahm / Rolf Steinberg, Deutsche Hochseefischerei 1947–1997, in: Hans Otto Boysen (Hrsg.), 50 Jahre Fischerei in Deutschland 1948–1998, Nürnberg 1998, S. 171.

243 Peter Dehus / Manfred Klein / Roland Rösch, Die Binnenfischerei in der BRD seit Ende des Zweiten Weltkrieges, in: Hans Otto Boysen (Hrsg.), 50 Jahre Fischerei in Deutschland 1948–1998, Nürnberg 1998, S. 35–49 .

장까지의 이동 거리가 짧으며, 인건비까지 저렴한 외국 어부들과의 경쟁에 시달렸습니다.[244]

1970년대에 전 세계 바다에서 자유어업이 끝났습니다. 해안 국가들은 해안선에서 200해리 떨어진 경제수역(Wirtschaftszone)을 도입하여 독점 어업권을 주장했습니다. 해양 경제수역은 유럽경제공동체의 공동 어업정책을 자극하였습니다. 1977년 유럽경제공동체는 해안에 200해리 공동수역을 설정하기로 결정했습니다. 모든 회원국의 어선은 이 구역에서 어획을 할 수 있었습니다. 그러나 어류자원을 보호하기 위해 어획량을 제한했습니다. 개별 회원국은 허용된 총량을 기준으로 고정 할당량을 분배받았습니다. 서독은 짧은 해안선 때문에 상대적으로 적은 어획 할당량을 받았습니다. 스페인과 포르투갈이 1986년에 유럽경제공동체에 가입했을 때 공동 어업구역이 크게 확장되었습니다. 그러나 새로운 회원국을 위한 어획 할당량도 합의해야 했습니다.[245]

유럽경제공동체의 공동어업정책과 서독의 어업정책은 어획량을 줄임으로써 위기를 극복해야 한다는 데 의견이 일치했습니다. 프리미엄을 통해 어선의 해체를 장려했습니다. 시장조건 악화와 정부의 해체 프리미엄은 서독의 대규모 원양어업에서 선박 수와 고용이 급격히 감소했음을 의미했습니다. 1985년에 연방기금과 연안 주의 주기금으로 대규모 원양어업에 여전히 존재하는 소수의 선박을 위해 두 개의 구조회사(Auffanggesellschaft)가 설립되었습니다. 북해와 동해의 연안어업과 소규모 원양어업에서도 선박 수와 고용이 감소했습니다.[246]

---

244 Der Bundesminister für Ernährung, Landwirtschaft und Forsten, Bericht über die Stellung und Lage der Seefischerei in der Bundesrepublik Deutschland, 28. Februar 1962. Deutscher Bundestag, 4. Wahlperiode, Drucksache IV/230.

245 Europäische Kommission, Die neue Gemeinsame Fischereipolitik, Luxemburg 1994.

246 Dahm / Steinberg, Deutsche Hochseefischerei, S. 178 – 182.

3.5.3 2차 산업

2차 산업은 1950년대와 1960년대 경제성장의 기반이었습니다. 1950년부터 1970년까지 2차 산업에 고용된 사람 수는 1,000만 명에서 1,300만 명으로 증가했습니다. 산업 발전은 수많은 분야별 호황으로 이루어졌습니다. 자동차산업, 화학산업, 전기산업, 기계산업 같은 성장산업 외에도 침체산업과 위축산업이 있었습니다. 1950년대 초 이미 제분산업에는 구조적 위기가 있었습니다. 1950년대 후반부터 광산위기와 의류산업, 섬유산업 및 조선산업의 구조적 위기가 뒤따랐습니다.

1970년대에는 산업발전에 구조적 단절이 있었습니다. 산업생산은 계속 증가했지만 성장률은 감소했습니다. 거의 모든 산업분야에서 고용이 감소했습니다. 생산증가는 더 높은 노동생산성을 통해 이루어졌습니다. 오직 자동차 산업에서만 고용이 증가했습니다. 특히 소비재산업, 의류산업, 식품산업, 섬유산업에서 감소폭이 컸습니다. 인구통계학적 변화의 영향은 여기에서 분명했습니다. 정체된 인구에서 시장은 좁아졌습니다. 소득이 증가하면서 시장이 여전히 확대되고, 자본재를 공급하고 수출에도 성공한 기술 소비재를 제조하는 산업에서는 고용감소가 덜 극적이었습니다. 여기에는 전기산업, 기계산업, 화학산업이 포함되었습니다. 1989년까지 2차 산업의 노동자 수는 1,100만 명으로 떨어졌습니다.[247] 2차 산업의 구조적 붕괴는 전반적인 경제성장 약화의 주요 원인이었습니다.

사회적 시장경제에서는 혁신을 촉진하는 시장과 경제발전의 안정을 담당하는 국가가 균형을 이루어야 했습니다. 다양한 산업 분야에 대한 예시적인 개요는 시장과 국가 간 관계에 대한 일반적인 규칙이 없음을 보여줍니다. 자동차산업, 화학산업 또는 기계산업과 같은 많은 분야에서는 국가개입이 적었습니다. 광업이나 항공기산업 같은 다른 분야에선 본질적으로 국가개입이 두드러졌습니다.

자동차산업. 후기 성장산업은 완만하게 시작되었습니다. 1950년에 자동차산업은

---

247 Statistisches Bundesamt, Bevölkerung und Wirtschaft, S. 142; Statistisches Jahrbuch 1991, S. 118.

171,000명을 고용했습니다.[248] 자동차산업은 주로 소비재로 쓰이던 승용차와 자본재로 쓰이던 트럭이나 버스, 특수차량을 생산했습니다. 승용차는 1950년대 초에 매우 비싼 소비재였으며 이에 따라 생산량도 적었습니다. 1950년에 서독 자동차산업은 104,000대의 승용차와 46,000대의 상용차를 생산했습니다.[249]

마이카 시대는 1950년대 초반에 오토바이를 타는 평균 소득자를 고객으로 시작되었습니다. 소득이 증가함에 따라 수요는 보다 정교한 자동차로 바뀌었고 1950년대 초반에도 여전히 잘 팔리던 오토바이 제조업체는 점차 시장에서 사라졌습니다. BMW만이 운송수단에서 레저용으로 브랜드 프로파일을 변경하여 자신을 주장할 수 있었고 경찰과 1956년 이후 독일군을 고정고객으로 확보할 수 있었습니다.

비좁지만 날씨로부터 보호되는 다음 단계의 편안함은 다양한 브랜드의 버블 카(Kabinenroller)였습니다. 매우 검소하고 가장 단순한 자동차는 50년대 초 보그워드(Borgward)회사의 인기 있던 소형 로이드(Lloyd)였습니다. 그러나 마이카 시대의 표준 차량은 폭스바겐(Volkswagen)이었습니다. 볼프스부르크(Wolfsburg)에 있던 국영 회사는 수년 동안 헨리 포드(Henry Ford) 회사 초기 모델을 따랐고 나중에 "딱정벌레"(Käfer)로 알려진 소형차인 단 하나의 모델만 시장에 출시했습니다. 대량생산으로 견고한 품질의 차량을 저렴하게 제공할 수 있게 되었습니다. 1950년대와 1960년대 초반의 도시 경관에서 거리는 "딱정벌레"로 가득했습니다. 중형차는 주로 Ford와 Opel이 제공했으며 한동안 Borgward도 제공했습니다. 고급차 등급에서는 메르세데스(Mercedes)와 함께 다임러 벤츠(Daimler-Benz AG)가 지배적이었습니다. 차량은 기업가들과 정치적 유명인사들에게 인기가 있었습니다. 아데나워(Adenauer) 수상은 큰 메르세데스(Mercedes)를 이용하였습니다. 견고한 메르세데스 디젤은 택시로도 널리 사용되었습니다. Opel과 BMW는 럭셔리 클래스에서 틈새 시장 개척을 시도하였습니다.

---

248   Statistisches Jahrbuch 1952, S. 156–159.
249   Statistisches Jahrbuch 1952, S. 206.

자동차산업에선 처음부터 높은 수준의 집중도(Konzentrationsgrad)가 있었습니다. 승용차 시장의 지배적 기업은 다임러 벤츠(Daimler-Benz)AG, Borgward, Goliath, Hansa 및 Lloyd 브랜드를 보유한 Borgward 가족그룹, 국영 Volkswagen 회사 및 미국 자동차 General Motors와 Ford의 독일 내 합자회사인 Opel이었습니다. 또한 DKW 브랜드의 Auto Union, Bayerische Motoren Werke(BMW), Neckarsulmer Fahrzeugwerke(NSU) 및 스포츠카 제조업체인 Porsche와 같은 소규모 회사도 있었습니다. Auto Union은 1932년 작센 자동차 공장인 Audi, DKW, Horch, Wanderer의 합병으로 설립되었습니다. 소비에트 점령지역에서는 기업이 국유화되었습니다. 그 결과 1949년 잉골슈타트(Ingolstadt)에 새로운 서독 Auto Union이 설립되었습니다.[250]

상업용 차량도 검소한 모델로 시작되었습니다. 1950년대 거리에서는 Borgward의 브랜드인 Goliath와 함부르크 회사 Tempo의 단순한 삼륜 배달차를 볼 수 있었습니다. 그들은 검소한 수공업자와 소매상들에게 높이 평가되었습니다. 덜거덕거리는 2 행정엔진으로 느리고, 그다지 강력하지도 않고, 커브에서 약간 흔들리지만 매우 저렴했습니다. 성능의 향상은 세발자전거로부터 승용차를 기반으로 개발된 폭스바겐의 인기 있던 밴(Transporter)으로 이어졌고, 보그워드(Borgward), 뷔싱(Büssing), 다임러-벤츠(Daimler-Benz), 파운(Faun), 포드(Ford), 하노맥(Hanomag), Henschel, Krupp, Maschinenfabrik Augsburg -Nuremberg(M.A.N.), Opel의 중대형 트럭으로 이어졌습니다.

실질 소득이 증가함에 따라 승용차는 대중소비재가 되었고 경제성장 또한 상용차에 대한 수요를 증가시켰습니다. 자동차산업은 산업적 시리즈생산(Serienproduktion) 모델로 간주되었습니다. 그러나 서독 자동차산업은 시리즈생산 모델인 미국 자동차산업에 비해 몇 가지 특징이 있었습니다. 독일 자동차 제조업체 간의 경쟁에서 가장 중요한 것은 미국차의 연간 모델변경 및 공간적 안락함이 아니라 차량의 기술적 품질과 내구성이었습니다.

---

250 Stephanie Tilly / Dieter Ziegler, Einleitung, in: Automobilwirtschaft nach 1945: Vom Verkäufer- zum Käufermarkt? Jahrbuch für Wirtschaftsgeschichte, 2010/1, S. 11 - 17.

개발 비용이 증가했습니다. 모델이 성공적으로 도입되면 시리즈 생산의 이점을 활용하여 생산성을 높이고 경쟁에서 생존할 수 있었습니다.[251]

모든 제조업체가 성공적인 모델을 개발할 수단이 있는 것은 아니었고 시리즈생산을 위한 값비싼 생산시설을 감당할 여력이 없었습니다. 보그워드(Borgward)도 실패했습니다. 브레멘 회사는 다양한 승용차와 상용차 모델을 보유하고 있었습니다. 소형차 로이드(Lloyd)는 1950년대 초에 성공을 거두었고, 그 뒤를 이어 우아한 중급차인 "이자벨라"(Isabella)가 출시되었습니다. 그러나 추가 모델 개발과 현대적인 생산시설을 위한 자본이 부족했습니다. 다양한 그룹 브랜드를 보유한 보그워드(Borgward)는 1962년에 파산했습니다.[252] 1950년대에 여전히 유명했던 대부분의 브랜드도 상용차 시장에서 사라졌고 마침내 Daimler-Benz, Ford, Opel 및 Volkswagen이 남게 되었습니다.

주요 승용차 제조업체는 1960년대부터 모델 범위를 확장해 왔습니다. Ford와 Opel은 소형차를 제공했고 Volkswagen은 중형차에 진입했습니다. 대기업 외에도 BMW와 Porsche는 고품질 프로그램으로 자신을 주장할 수 있었습니다. Auto Union은 그룹 브랜드로 남았습니다. 1958년 Daimler-Benz에 인수되었지만, 소형차는 슈투트가르트 (Stuttgart) 그룹의 프로필에 맞지 않아, 1964년 Volkswagen으로 넘어갔습니다. 볼프스부르크(Wolfsburg) 그룹은 Auto Union의 브랜드 프로필을 변경했습니다. DKW 브랜드 생산이 중단되었습니다. 덜거덕거리고 심하게 연기가 나는 2 행정엔진은 기술적으로 구식이었습니다. 대신 1965년 Auto Union은 중형 및 이후 고급차를 생산하기 시작했으며, 부활한 Audi 브랜드로 판매했습니다.

자동차산업의 기술발전으로 인해 성능, 안전성 및 사용 편의성이 향상되었습니다. 많은 기술적 개선에도 불구하고 자동차엔진은 근본적으로 변함이 없는 왕복엔진이었습니

---

251   Christopher Kopper, Der Durchbruch des PKW zum Massenkonsumgut 1950 – 1964, in: Jahrbuch für Wirtschaftsgeschichte, 2010/1, S. 19 – 36.

252   Klaus Brandhuber, Die Insolvenz eines Familienkonzerns. Der wirtschaftliche Niedergang der Borgward-Gruppe, 2. Aufl., Köln 1988.

다. 1960년대 이전에 오토바이와 소형 자동차로 유명했던 NSU AG는 엔지니어 펠릭스 방켈(Felix Wankel)이 개발한 로터리 피스톤 엔진(Kreiskolbenmotor)에 큰 기대를 걸었습니다. 방켈(Wankel) 엔진은 1963년 스포츠카로, 1967년에는 "Ro 80" 중형차로 출시되었습니다. Volkswagen은 관심을 보였고 1969년에 NSU AG를 인수했습니다. 그러나 방켈(Wankel) 엔진은 실제에선 실망스러웠습니다. 일상적인 작업에서 해결할 수 없는 기술적 문제가 발생했습니다. 1977년에 "Ro 80" 생산이 중단되었습니다.[253]

1970년까지 자동차산업은 807,000명을 고용하는 가장 큰 산업 중 하나가 되었습니다.[254] 350만 대의 승용차와 296,000대의 상용차를 생산했습니다.[255]

1970년대 자동차 시장이 약화되자 폭스바겐과 다임러-벤츠는 다각화를 시도하며 대응했습니다. 타 부문 기업인수는 그룹매출 강화를 위한 것으로, 이종 부문 간 상호작용을 통한 시너지 효과도 기대했습니다. Volkswagen은 1979년 사무용 기계 제조업체인 Triumph-Adler를 인수했습니다. 새로운 그룹 운영은 무엇보다 컴퓨터 개발을 통해 새로운 성장동력을 가져와야 했습니다. 그러나 기대는 빗나갔고 큰 손실을 입은 후에 Triumph-Adler는 1986년 이탈리아 회사인 Olivetti에 매각되었습니다.[256] 실패는 경고로 인식되지 않았습니다. 1980년대에 Daimler-Benz는 훨씬 더 큰 규모의 다각화 프로그램을 시작했습니다. 1984년에는 자동차 제조업체를 "통합 기술그룹"으로 발전시키기로 결정했습니다. 이 그룹은 중공업, 항공 우주 및 전자산업 회사를 인수했습니다. 가장 크

253 Thomas Haipeter, Arbeit und Kapital in der deutschen Automobilindustrie. Kontinuität und Wandel der industriellen Beziehungen, in: Stephanie Tilly / Florian Triebel (Hrsg.), Autoindustrie 1945 – 2000. Eine Schlüsselindustrie zwischen Boom und Krise, München 2013; Manfred Raisch, Die Konzentration in der deutschen Automobilindustrie. Betriebswirtschaftliche Bestimmungsfaktoren und Auswirkungen, Berlin 1973; H. C. Graf von Seherr-Thoss, Die deutsche Automobilindustrie. Eine Dokumentation von 1886 bis 1979, 2. Aufl., Stuttgart 1979.

254 Statistisches Jahrbuch 1973, S. 163 – 164.

255 Statistisches Jahrbuch 1972, S. 224.

256 Mark C. Schneider, Volkswagen. Eine deutsche Geschichte, München 2016.

고 가장 위험한 행보는 1985년 AEG를 인수한 것입니다.[257] 돌이켜보면 자동차산업의 종말에 대한 두려움은 과장이었습니다. 자가용으로 인해 종종 교통체증이 발생하고 화물운송이 철도에서 도로로 이동하면서 환경에 부정적인 영향을 미쳤지만 자동차는 계속해서 잘 팔렸습니다.[258] 고용은 1989년까지 계속해서 865,000명으로 증가했습니다.[259] 승용차 450만 대, 상용차 286,000대가 생산되었습니다.[260]

건설산업. 건설산업은 1950년에 150만 명의 직원을 둔 가장 큰 산업 분야였습니다.[261] 건설산업은 처음에는 재건(Wiederraufbau)에 대한 큰 수요로 인해 확장되었습니다. 건설업이 수작업 위주였기 때문에 근로자 수가 유난히 많았습니다. 1950년대에는 재건에서 주택신축, 산업시설 현대화 및 증설, 기반시설 확충으로 중점이 옮겨갔습니다. 1950년에서 1957년 사이에 건축물량의 48%는 주거용 건축에, 25%는 교통건설 및 기타 인프라 투자에, 23%는 상업용 건물에, 4%는 농업용 건물에 사용되었습니다.[262] 1970년까지 건설업 고용은 210만 명으로 증가했습니다.

건설산업의 팽창은 1970년대 이후 둔화되었습니다. 주택 건설, 산업 건설 및 인프라 건설을 위한 수요는 천천히 증가했습니다. 고용이 급격히 떨어졌습니다. 1989년 건설 산업에는 여전히 920,000명의 근로자가 있었습니다.[263] 그러나 기계화와 합리화는 생산성 향상으로 이어져 적은 인원으로도 생산량을 늘릴 수 있었습니다.[264]

---

257 Saskia Freye, Ein Rückzug aus der Deutschland AG? Die strategische Neuausrichtung von Daimler-Benz in den 1980er Jahren, in: Ralf Ahrens / Boris Gehlen / Alfred Reckendrees (Hrsg.), Die „Deutschland AG". Historische Annäherungen an den bundesdeutschen Kapitalismus, Essen 2013, S. 323 – 350.

258 Manfred Grieger / Markus Lupa, Vom Käfer zum Weltkonzern., Die Volkswagen Chronik, Wolfsburg 2014.

259 Statistisches Jahrbuch 1991, S. 195.

260 Statistisches Jahrbuch 1990, S. 195.

261 Statistisches Jahrbuch 1952, S. 156 – 159.

262 Günther Schulz, Wiederaufbau in Deutschland. Die Wohnungsbaupolitik in den Westzonen und der Bundesrepublik von 1945 bis 1957, Düsseldorf 1994, S. 333.

263 Statistisches Jahrbuch 1991, S., 195.

264 Werner Plumpe, Entwicklung und Struktur des deutschen Baugewerbes, in: Arno Klönne / Hartmut Reese / Irmgard Weyrather / Bernd Schütt (Hrsg.), Hand in Hand. Bauarbeit und Gewerkschaften. Eine

광업. 다양한 지역의 광업은 서독 경제에 상당히 중요했습니다. 석탄과 갈탄은 석유가 발달하기 전까지 가장 중요한 에너지원이었으며 탄소화학의 원료로도 사용되었습니다. 광석 채광과 칼륨 채광은 고용과 생산 측면에서 더 작았습니다.[265] 1950년 서독 광산에는 총 557,000명의 근로자가 있었고 그중 468,000명이 석탄 채굴에 종사했습니다.[266]

사람들이 초기 독일연방공화국에서 광업에 대해 이야기했을 때 그들은 석탄 광업을 의미했습니다. 신속한 재건으로 철강산업, 발전소, 가공산업, 철도 및 가정에서 석탄에 대한 수요가 증가했습니다. 또한 서독의 이웃 국가들에 대한 수출의무를 이행해야 했습니다. 석탄 가격은 국가에서 통제했습니다. 이는 저렴한 공급을 보장하기 위한 것이었지만 광산 회사가 투자 자금을 조달할 능력이 거의 없음을 의미했습니다. 1950-1951년에 에너지 위기가 있었습니다. 철도 교통량이 줄어들고 가정에 일시적인 정전이 명령되었습니다. 유량 증가가 필요한 것으로 간주되었습니다. 1952년부터 1955년까지 석탄 채굴은 투자지원프로그램으로부터 유리한 투자대출을 받았습니다.

석탄시장에 대한 규제는 1952년 유럽석탄철강공동체(Europäische Gemeinschaft für Kohle und Stahl)로 넘어갔습니다. 1953년부터 Montanunion은 모든 참가국의 석탄가격을 확정했습니다. 석탄 생산량이 증가했고 에너지 위기는 곧 극복되었습니다. 1956년 유럽석탄철강공동체는 석탄 가격을 자유화했습니다. 광업은 시장경제로 풀려났습니다. 광산업체 뿐 아니라 연방정부와 Montanunion도 석탄수요의 증가를 예상했습니다.

그러나 예상했던 팽창 대신 석유의 진입과 미국으로부터의 값싼 석탄수입으로 1958년 구조적 위기가 발생했습니다. 석탄 생산량이 감소하고 많은 광산이 문을 닫았으며 수천 명의 광부가 일자리를 잃었습니다. 광산 위기는 1957년 독일연방공화국의 일부가 된 노르트라인베스트팔렌(Nordrhein-Westfalen)과 자를란트(Saarland)의 석탄지역에 심각한 결과

Sozialgeschichte, Köln 1989, S. 364-373.

265   Michael Farrenkopf, Wiederaufstieg und Niedergang des Bergbaus in der Bunderepublik, in: Dieter Ziegler (Hrsg.), Geschichte des deutschen Bergbaus, Bd. 4, Münster 2013, S. 183-302.

266   Statistisches Jahrbuch 1952, S. 156.

를 가져왔습니다. 유럽석탄철강공동체는 회원국들의 이해관계가 너무 엇갈렸기 때문에 위기를 조정할 수 없었습니다. 광산에 대한 국가적 지원 프로그램은 서독에서 시작되었습니다. 지원은 생산성이 높은 현대식 탄광에 집중되었습니다. 수많은 탄광이 폐쇄되었습니다. 1969년에 22개의 광산회사가, 국가적 지원자금의 90% 이상을 받는, Ruhrkohle AG를 형성했습니다.[267]

갈탄은 거대한 노천광산에서 채굴되었습니다. 그것의 대부분은 광산 근처에 위치한 발전소에서 전기로 변환되었습니다. 대부분의 갈탄광산은 연방, 주 및 지방정부가 지분을 보유한 전력회사 소유였습니다. 장기적으로 유량과 고용이 감소했습니다.[268]

철광석 채굴은 오랜 전통이 있었고 국가사회주의 자급자족정책에서 촉진되었습니다. 그러나 채굴량은 적었고 비용은 국제 비교에서 매우 높았습니다. 따라서 천연광석은 수입광석에 비해 경쟁력이 없었습니다. 보조금이 점차 줄어들었습니다. 철광석 채굴과 마찬가지로 칼륨 채굴도 상대적으로 근로자가 적었습니다. 그러나 헤센 북동부의 거의 산업화되지 않은 지역에서는 약간의 경제적 중요성을 가졌습니다. 서독의 칼륨 채굴은 전 세계적으로 가장 중요한 생산자 중 하나였습니다. 칼륨은 대부분 농업용 비료로 가공되었습니다.[269] 전체 광업 고용은 1989년까지 188,000명으로 감소했습니다.[270]

화학산업. 1950년에 화학산업은 274,000명의 직원을 둔 소규모 산업 분야 중 하나였습니다.[271] 산업의 특징은 다양한 생산 프로그램, 주로 자동화된 프로세스를 갖춘 대규모

267 Werner Abelshauser, Der Ruhrkohlenbergbau seit 1945, München 1984; S. 64 – 164; Farrenkopf, Wiederaufstieg und Niedergang, S. 197 – 250; Christoph Noon, Die Ruhrbergbaukrise. Entindustrialisierung und Politik, 1958 – 1969, Göttingen 2001; Peter Schaaf, Ruhrbergbau und Sozialdemokratie. Die Energiepolitik der Großen Koalition 1966 – 1969, Marburg 1978.

268 Farrenkopf, Wiederaufstieg und Niedergang, S. 250 – 279.

269 Ulrich Eisenbach / Akos Paulinyi (Hrsg.), Die Kaliindustrie an Werra und Fulda. Geschichte eines landschaftsprägenden Industriezweigs, Darmstadt 1998; Farrenkopf, Wiederaufstieg und Niedergang, S. 184 – 197, 280 – 302.

270 Statistisches Jahrbuch 1991, S., 195.

271 Statistisches Jahrbuch 1952, S. 156 – 159.

생산시설, 높은 연구 개발 비용이었습니다. 생산 프로그램에는 농업용 비료 및 식물 보호 제품, 페인트 및 바니시, 사진 재료, 화장품, 플라스틱, 의약품 및 합성 섬유가 포함되었습니다. 건설 산업, 자동차 산업, 포장재, 가구, 가전 제품 및 스포츠 용품의 광범위한 용도를 위한 플라스틱 생산이 급속도로 증가했습니다.

특별한 사업분야는 사진 산업이었습니다. 이 분야의 선두 기업인 Agfa AG는 IG Farbenindustrie에 속해 있었고 화학 그룹이 해체된 후 Bayer AG에 인수되었습니다.[272] 1950년대와 1960년대에는 합성 섬유의 생산도 확대되었습니다. Perlon은 전쟁 전에 이미 IG Farbenindustrie에서, 나일론은 미국 Du Pont에서 개발했습니다. 난연사(Trevira)는 1957년 Hoechst에 의해 새로운 섬유로 소개되어 성공적으로 보급되었습니다. 많은 화학 제품의 원료인 석탄은 새로운 석유 기반 석유화학 제품으로 대체되었습니다. 1955년 독일조약(Deutschlandvertrag)으로 독일연방공화국이 원자력 분야에서 평화적인 연구의 기회를 얻은 후 화학산업은 원자력발전소 개발에 참여하게 되었습니다. 수출은 화학산업에서 상당히 중요했습니다. 1960년대부터 공장은 해외에 세워졌습니다.[273] 1970년까지 화학 산업의 고용은 644,000명으로 두 배 이상 증가했습니다. 그 후 고용은 1989년에 594,000명으로 약간 감소했습니다.[274]

전기산업. 전기산업은 1950년에 상대적으로 규모가 작았고, 고용인원은 319,000명으로 소비재 산업에 훨씬 못 미쳤습니다.[275] 지배적인 기업은 Allgemeine Elektricitäts-Gesellschaft(AEG)와 지멘스(Siemens)였습니다. 그러나 다른 많은 크고 작은 기업도 있었

---

272 Silke Fengler, Entwickelt und fixiert. Zur Unternehmens- und Technikgeschichte der deutschen Fotoindustrie, dargestellt am Beispiel der Agfa AG Leverkusen und des VEB Filmfabrik Wolfen (1945–1995). Bochum 2009.

273 Werner Abelshauser, Die BASF seit der Neugründung von 1952, in: Werner Abelshauser (Hrsg.), Die BASF. Eine Unternehmensgeschichte, München 2002, S. 359–637. Walter Teltschik, Geschichte der deutschen Großchemie. Entwicklung und Einfluss in Staat und Gesellschaft, Weinheim 1992.

274 Statistisches Jahrbuch 1973, S. 163–164; Statistisches Jahrbuch 1991, S. 195.

275 Statistisches Jahrbuch 1952, S. 156–159.

습니다. 전기산업은 1950년대 이후 비약적인 발전을 거듭해, 온 세계의 전기화를 위한 제품을 제공했습니다. 전기 모터는 산업에서 보편적인 원동력 역할을 했으며 자동화의 토대였습니다. 철도교통에서는 전기기관차가 증기기관차를 대체했습니다. 1950년대 이후 냉장고, 자동세탁기, 텔레비전 및 기타 전기기술 소비재는 자동차보다 탐나는 물건이었으며 실질소득이 증가함에 따라 접근이 가능해졌습니다. 데이터 처리의 발달은 삶의 모든 영역을 변화시켰습니다. 석탄, 수력 및 원자력 에너지를 기반으로 하는 발전소는 전력화를 위한 원료로 전기를 공급했습니다.[276] 1970년에는 근로자 수가 110만 명으로 크게 늘어났습니다. 1989년에 전기산업은 최대 산업 부문이 되었으며 여전히 110만 명의 근로자를 고용하고 있었습니다.[277]

에너지 산업. 에너지 산업은 사회적 시장경제에서 예외적인 영역이었습니다. 시장은 국가개입으로 상당한 정도로 후퇴했습니다. 국가의 개입은 한편으론 에너지기업 중에서 국유기업의 상당한 비중, 다른 한편으론 집중적인 규제에 근거했습니다. 또한 가스와 전기 공급은 파이프라인에 묶여 있어 경쟁을 피할 수 있는 "자연적 독점"이 있었습니다. 가스와 전기에 대한 지역 독점은 카르텔법에 의해 허용되었습니다.[278] 1950년에 에너지 산업은 701,000명을 고용했습니다.[279]

1950년대에는 석탄이 가장 중요한 에너지원이었습니다. 1950년에는 석탄이 1차 에너

---

276 Johannes Bähr / Paul Erker, Bosch. Geschichte eines Weltunternehmens, München 2013; Michael Breitenacher / Klaus-Dieter Knördel / Hans Schedel / Lothar Scholz, Elektrotechnische Industrie, Berlin 1974; Josef Reindl, Wachstum und Wettbewerb in den Wirtschaftswunderjahren. Die elektrotechnische Industrie in der Bundesrepublik Deutschland und in Großbritannien, Paderborn 2001.

277 Statistisches Jahrbuch 1973, S. 163 - 164; Statistisches Jahrbuch 1991, S., 195.

278 Frank Illing, Energiepolitik in Deutschland. Die energiepolitischen Maßnahmen der Bundesregierung 1949 - 2015, 2. Aufl., Berlin 2016, S. 27 - 162; Hans-Wilhelm Schiffer, Struktur und Wandel der Energiewirtschaft in der Bundesrepublik Deutschland, Köln 1985; Wolfgang Ströbele / Wolfgang Pfaffenberger / Michael Heuterke, Energiewirtschaft. Einführung in Theorie und Politik, 3. Aufl., München 2012.

279 Statistisches Jahrbuch 1952, S. 156 - 159.

지 공급의 77%, 갈탄이 15%, 수력 발전이 5%, 광유도 5%, 천연가스를 포함한 기타 에너지원은 3%에 약간 못 미쳤습니다. 2차 에너지인 전기는 석탄 발전소와 갈탄 발전소에서 생산되었습니다. 수력발전소는 거의 의미가 없었습니다.[280]

1950년대 말부터 석유는 에너지원으로서 중요성을 갖게 되었습니다. 석유는 대부분 수입되었습니다. 국내 생산량은 적었습니다. 1970년대 초 석유는 석탄을 대체하여 가장 중요한 에너지원이 되었습니다. 원유는 또한 화학 산업의 중요한 원료였습니다. 천연가스도 중요한 에너지원이 되었습니다. 미네랄 오일과 같이 천연가스도 대부분 수입되었습니다. 서독 천연가스 생산은 소비의 작은 부분만을 차지했습니다.[281]

1955년 독일 조약으로 독일연방공화국에 원자력의 평화적 사용이 허용되었습니다. 그 당시 원자력의 사용은 아직 초기 단계였습니다. 1955년 유엔이 주최한 국제 핵 회의가 제네바에서 열렸습니다. 미국, 소련, 영국, 프랑스는 회의에서 원자력에서 에너지를 생성하는 프로젝트를 발표했습니다. 가능한 용도는 전기 공급, 열 생성 및 운송이었습니다. 제네바 회의로 독일연방공화국에서도 일반적인 핵에 대한 도취감이 시작되었습니다. "원자력 시대"(Atomzeitalter)는 에너지를 거의 무제한으로 공급할 수 있는 경제발전의 새로운 시대로 환영받았습니다. 그러나 그 비용은 물론 상당했으며, 원자력발전소를 건설할 수 있었던 산업체들은 위험성이 있다고 평가하였습니다. 그래서 원자력 개발은 국가과제로 선포되었습니다.[282]

전력 산업에서는 상호 연결된 대규모 계열기업(Verbundunternehmen)과 지역 공급기업과 소규모 지방 공급기업의 복잡한 공급구조가 개발되었습니다. 대부분의 전기는 송전선도 소유한 계열기업(Verbundunternehmen)에서 생산했습니다. 지역 기업은 자체 발전소의 전기로 보충된 계열기업(Verbundunternehmen)의 전기를 분배했습니다. 지역 에너지 공급

280 Dietmar Wienje, Wachstums- und Anpassungsprozesse in der Energiewirtschaft der Bundesrepublik Deutschland. Ein Simulationsmodell, Meisenheim 1977, S. 10.

281 Ströbele / Pfaffenberger / Heuterkes, Energiewirtschaft, S. 115‑181.

282 Joachim Radkau / Lothar Hahn, Aufstieg und Fall der deutschen Atomwirtschaft, München 2013.

기업은 계열기업(Verbundunternehmen)과 지역 기업의 전기를, 경우에 따라 자체 발전소의 전기로 보충하여, 가정과 기업에 판매합니다. 크고 작은 전기 공급시설은 주로 연방, 주 및 지방정부가 소유했지만 민간기업이나 공공과 민간 혼합기업도 있었습니다. 전력공급의 일부는 산업기업의 발전소와 연방철도(Bundesbahn)의 자체 발전소를 통해서도 행해졌습니다.

전기산업에서 경쟁은 제한적이었습니다. 독일연방공화국은 전기, 가스, 수도 공급을 규제하는 1935년 에너지산업법(Energiewirtschaftsgesetz)을 계속 채택했습니다.[283] 국가 규제는 전력시장의 특수성으로 정당화되었습니다. 전기공급기업은 모든 가정과 기업에 전기를 공급할 의무가 있었습니다. 공급은 복잡한 공급망에 연결되었습니다. 따라서 자본 수요는 매우 높았습니다. 1957년 반독점법은 경쟁에서 전기공급기업을 면제했습니다. 계열기업(Verbundunternehmen), 지역기업 및 지방전기 공급업체는 공급영역을 구분하고 공급기업과 지자체 간에 공급망 설치에 대한 독점계약을 체결했습니다. 독점 지위의 남용을 방지하기 위해 국가에서 전기가격을 통제했습니다.[284]

값싼 에너지의 시대는 1970년대에 끝났습니다. 1973년과 1979년의 유가 상승은 서독에서 "유가 충격"(Ölpreisschocks)으로 인식되어 기업과 가정에서 에너지를 절약하게 되었습니다. 에너지 소비와 국내총생산 사이의 관계로 측정되는 에너지 효율(Energieeffizienz)은 1970년대 이후로 증가했습니다.[285]

1차 에너지 공급은 국내 석탄과 갈탄에서 수입 광물유와 천연가스로 바뀌었습니다.

283   Gesetz zur Förderung der Energiewirtschaft. Vom 13. Dezember 1935. RGBl. 1935 I, S. 1451 - 1456.

284   Helmut Gröner, Die Ordnung der deutschen Elektrizitätswirtschaft, Baden-Baden 1975; Schiffer, Struktur und Wandel der Energiewirtschaft, S. 73 - 99; Thomas Herzig, Wirtschaftsgeschichtliche Aspekte der deutschen Stromversorgung 1880 bis 1990, in: Wolfram Fischer (Hrsg.), Die Geschichte der Stromversorgung, Frankfurt 1992, S. 145 - 166; Helmut Schmidt, Ordnungspolitischer Rahmen und Gestaltungsmöglichkeiten der örtlichen Energieversorgung, in: Helmut Schmidt (Hrsg.), Veränderungen der kommunalen Energieversorgung, Darmstadt 1991.

285   Bundesministerium für Wirtschaft, Daten zur Entwicklung der Energiewirtschaft in der Bundesrepublik Deutschland im Jahre 1989, Bonn 1990, S. 5.

1989년 석유는 1차 에너지 소비의 40%, 석탄 19%, 천연가스 18%, 원자력 13%, 갈탄 9%, 물 에너지 및 기타 에너지원 1%를 차지했습니다.[286] 에너지 수요 증가에도 불구하고 에너지 산업의 고용은 1989년까지 470,000명으로 감소했습니다.[287]

항공산업. 1955년 파리 협정이 발효되고, 연합군 통치 하에 부과된 생산 제한이 해제된 후, 서독에서 항공산업이 설립되었습니다. 처음에 외국 라이선스로 독일군을 위한 군용기와 소형 민간 항공기가 제조되었습니다. 당시 국제여객기 건설의 기술표준은 크게 변화하고 있었습니다. 1955년부터 제트 여객기가 미국에 도입되어 곧 기존의 프로펠러 기계나 터보프로펠러 기계를 대체했습니다. 제트 동력 여객기의 개발비용은 매우 높았습니다. 자본이 거의 없었던 서독 항공기제조업체는 자금을 조달할 수 없었습니다.

1965년부터 서독과 프랑스 정부는 제트 여객기인 "에어버스"(Airbus)의 공동 생산을 협상해 왔습니다. 1970년에 프랑스와 독일 컨소시엄인 Airbus Industrie가 설립되었습니다. 프랑스 측에선 Aérospatiale가 참여했습니다. 서독 측에서는 Messerschmitt-Bölkow-Blohm과 Vereinigte Flugtechnische Werke GmbH가 합병하여 Airbus GmbH로 컨소시엄에 참여했습니다. 에어버스는 1972년 첫 비행을 했습니다. 에어버스 컨소시엄(Airbus-Konsortium)은 상당한 보조금이 필요했지만 시장에서 성공했고 보잉과 함께 가장 중요한 민간항공기 생산업체가 되었습니다.

에어버스 프로젝트의 영향으로 서독 항공기산업에서 집중이 계속되었습니다. 1989년에 다임러 벤츠 그룹(Daimler-Benz Konzern)은 항공기 제조업체 Messerschmidt-Blohm-Bölkow(MBB)를 인수하고 Deutsche Aerospace AG로 항공부문을 통합했습니다. 광범위한 군사계약의 지원을 받는 미국 항공기그룹과의 경쟁에서 프랑스와 독일의 에어버스 컨소시엄은 계속해서 국가지원이 필요했습니다.[288] 상업용 항공기와 군용기의 제한된 프로

286　Bundesministerium für Wirtschaft, Daten zur Entwicklung der Energiewirtschaft, S. 3.

287　Statistisches Jahrbuch 1991, S. 195.

288　Ulrich Kirchner, Geschichte des bundesdeutschen Verkehrsflugzeugbaus. Der lange Weg zum Airbus, Frankfurt 1998.

그램에도 불구하고 항공산업은 전형적인 대량생산이 존재하지 않았기 때문에 상대적으로 많은 노동력이 필요했습니다. 1989년에 항공산업에는 65,000명이 고용되었습니다.[289]

식품산업. 1950년대 초반에는 소비재 산업이 상당히 중요했습니다. 1950년에 식품산업은 815,000명을 고용했습니다.[290] 생산과 고용은 처음에는 인구증가와 함께 증가했습니다. 성장이 둔화되면서 많은 기업들이 고품질 제품에 특화하여 판매를 늘리려고 했습니다.[291] 1930년대 미국에서 개발된 냉동식품은 1960년대부터 보급되기 시작했습니다. 가정, 식당, 상업용 주방에서는 냉동식품과 즉석식품을 구입했습니다.[292] 식품산업의 개별 분야에서 특별한 발전이 있었습니다. 제분산업 초기에 과잉생산 문제가 발생했습니다. 1950년대부터 대규모 치열한 경쟁이 벌어졌습니다. 생산은 대규모 제분공장에 집중되었습니다. 전국에 흩어져 있던 수많은 중소형 제분소가 사라졌습니다.[293] 반면에 양조업은 인구증가와 1인당 소비량 증가로 1970년대 초까지 고용이 늘었습니다. 1970년에 식품 산업은 940,000명을 고용했습니다.[294]

식품산업의 고용은 1970년대 이후 급격히 감소했습니다. 양조 산업의 호황도 끝났습니다. 인구 정체와 개인 맥주소비 감소로 인해 생산량이 감소했습니다. 대형 양조장들은 대량생산에 따른 원가 우위와 집중적인 광고 덕분에 매출을 확대할 수 있었습니다. 그럼에도 불구하고 서독은 여전히 소규모 양조장의 나라로 남아 있었는데, 이는 일부 소비자들이 대량생산 맥주보다 소규모 양조장에서 생산되는 로칼맥주를 선호했기 때문입니

---

289 Statistisches Jahrbuch 1991, S. 195.

290 Statistisches Jahrbuch 1952, S. 156–159.

291 Michael Breitenacher / Uwe Christian Täger, Ernährungsindustrie. Strukturwandlungen in Produktion und Absatz, Berlin 1990.

292 Fritz Timm (Hrsg.), Tiefgefrorene Lebensmittel, 2. Aufl., Berlin 1996.

293 Konrad Schultze-Gisevius, Kapazitätsabbau mit Staatshilfe. Die Stillegungsaktion in der Mühlenwirtschaft als Beispiel, Berlin 1971.

294 Statistisches Jahrbuch 1973, S. 163–164.

다.[295] 1989년까지 식품산업의 고용은 456,000명으로 떨어졌습니다.[296]

기계산업. 전형적인 자본재 산업은 1950년대 초에 고용 측면에서 소비재 산업에 뒤처졌습니다. 1950년에 기계공학산업에는 546,000명의 근로자가 있었고 금속 제품 생산에는 505,000명의 근로자가 있었고 정밀공학 및 광학산업에는 125,000명의 근로자가 있었습니다.[297] 기계공학산업에는 다목적 공작기계 및 유사한 시리즈 제품이 있었지만 산업고객의 특별한 요구 사항을 위해 개발되고 생산되는 복잡한 생산설비가 추세였습니다. 기계공학 기업과 기계 사용자는 종종 신제품을 개발할 때 긴밀하게 협력하였습니다. 제품전문화와 높은 고객 충성도를 기반으로 기계산업 분야에선 일부 대기업 외에도 수많은 중견 기업이 있었습니다. 1960년대 이후 기계산업의 발전은 생산 자동화로 특징지워졌습니다. 펀치 카드(Lochkarte)에 의해 제어되는, 일반적으로 "수치 제어"(Numerical Control/NC)라고 하는, 수치 제어 기능이 있는 최초의 기계가 개발되었습니다. 1970년까지 기계공학 산업분야의 근로자 수는 140만 명으로 크게 증가했으며 정밀기계 및 광학 분야의 근로자 수는 163,000명으로 증가했습니다. 반면 금속제품 산업에서는 고용이 485,000명으로 감소했습니다.[298]

기계산업이 1970년대 산업의 구조단절(Strukturbruch) 속에서도 비교적 잘 버틸 수 있었던 것은 생산수단의 현대화를 위한 투자자본을 공급하고 수출에도 성공했기 때문입니다. 기계가 사용되는 회사와 긴밀한 협력을 통해 신제품이 개발되었습니다. 1970년대부터 산업용 컴퓨터가 공작기계에 내장되었습니다. 이것은 "컴퓨터 수치 제어(Computer Numerical Control/CNC)"로 전환하는 것을 가능하게 했습니다. 목표는 "Computer Integrated Manufacturing"(CIM)이라는 생산라인에 있는 기계의 포괄적인 네트워킹이었

295   Frank Wiese, Der Strukturwandel im deutschen Biermarkt. Eine Analyse unter besonderer Berücksichtigung des Konsumverhaltens und der Absatzpolitik der Brauereien, Diss. Köln 1993.

296   Statistisches Jahrbuch 1991, S. 195.

297   Statistisches Jahrbuch 1952, S. 156 – 159.

298   Statistisches Jahrbuch 1973, S. 163 – 164.

습니다.[299]

서독 군대가 창설된 후 군수산업(Rüstungsindustrie)은 기계산업의 특수 분야가 되었습니다. 독일 기업은 처음에 소총과 기관총과 같은 가벼운 무기를 공급했습니다. 탱크와 대포와 같은 중화기는 미국에서 수입되었습니다. 그러나 1960년대부터 KraussMaffei, Rheinmetall 및 Wegmann과 같은 서독 기계엔지니어링 기업이 중화기 공급업체로 나타났습니다. 1965년에 도입된 "Leopard" 전차와 1979년의 후속 모델인 "Leopard 2"가 유명해졌습니다. 기계 기업은 주로 NATO 회원국뿐만 아니라 다른 국가에도 군비제품을 대규모 수출했습니다.[300]

전체적으로는 고용이 분명히 감소했습니다. 그러나 1989년에 기계산업에는 여전히 100만 명의 근로자가 있었고 금속 제품 산업에는 314,000명의 근로자가 있었고 정밀공학 및 광학 산업에는 141,000명의 근로자가 있었습니다.[301]

철강산업. 강철은 독일 전쟁경제의 기초로 간주되었기 때문에 연합국에 의해 강철생산이 제한되었습니다. 그러나 1950년 한국전쟁이 발발하자 연합국은 미국과 동맹국들의 재무장을 위해 철강이 필요했기 때문에 생산 한도를 초과하도록 허용했습니다.[302] 당시 철강 산업은 339,000명을 고용했습니다.[303] 1952년 유럽석탄철강공동체(Europäische

---

299 Birgit Blättel-Mink, Innovationen in der Wirtschaft. Determinanten eines Prozesses am Beispiel des deutschen Maschinenbaus und Bekleidungsgewerbes, Frankfurt 1994; Ulrich Widmaier, Hg., Der deutsche Maschinenbau in den neunziger Jahren. Kontinuität und Wandel einer Branche, Frankfurt2000.

300 Dieter Hanel, Die Bundeswehr und die deutsche Rüstungsindustrie, Bonn 2003; Stephanie van de Kerkhof, Die westdeutsche Rüstungsindustrie zwischen Wiederaufbau, Boom und Krise. Dass Fallbeispiel Rheinmetall in vergleichender Betrachtung, in: Juliane Czierpka / Lars Blume (Hrsg.), Der Steinkohlenbergbau in Boom und Krise nach 1945. Transformationsprozesse in der Schwerindustrie am Beispiel des Ruhrgebietes, München 2021;.

301 Statistisches Jahrbuch 1991, S., 195.

302 Die Neuordnung der Eisen- und Stahlindustrie im Gebiet der Bundesrepublik Deutschland. Ein Bericht der Stahltreuhändervereinigung, München 1954; Isabel Warner, Steel and sovereignty. The deconcentration of the West German steel industry 1949–54, Mainz 1996.

303 Statistisches Jahrbuch 1952, S. 156–159.

Gemeinschaft für Kohle und Stahl)가 발효된 후 연합국의 통제가 해제되었습니다. 철강산업의 생산량이 급격히 증가했습니다.[304] 생산량 증가는 노동생산성 향상을 통해 이루어졌습니다. 고용은 1970년에 313,000명으로 떨어졌습니다.[305]

경제성장 둔화 이후 철강산업은 상당한 설비과잉을 경험했고 구조적 위기에 빠졌습니다. 유럽경제공동체는 생산능력을 줄이고 수천 명의 근로자를 해고하는 일이 경쟁에 맡겨지지 않도록 상당한 정치적 압력을 행사하였습니다. 1976년 유럽위원회(Europäische Kommission)는 철강회사의 조정카르텔(Anpassungskartell)을 승인했습니다. 그러나 이것이 효과가 없는 것으로 판명되자 1980년부터 임시적인 규제제도가 도입되었습니다. 생산 할당량과 최저 가격이 결정되었고 생산 능력을 줄이기 위해 국가지원이 승인되었습니다. 유럽 규제 외에도 국가 보조금 프로그램(Subventionsprogramme)이 있었습니다. 독일연방 공화국에서 철강산업은 기업의 국제경쟁력 향상을 위한 투자지원금과 정리해고 근로자에 대한 조정지원금을 받았습니다.[306] 1989년 철강 산업은 여전히 191,000명을 고용했습니다.[307]

조선산업. 조선산업은 1950년에 51,000명의 직원을 둔 비교적 작은 산업 분야였지만 해안에 집중되어 있기 때문에 지역 노동시장에 매우 중요했습니다.[308] 서독 조선에 대한 연합국의 제한은 1951년에 해제되었습니다. 서독 상선 건조는 경제적으로 바람직했습니다. 서독 선박으로 수출입 화물을 운송하는 것은 외화를 절약하기 위한 것이었고, 회사는

---

304 Alena Brüstle / Hans-Karl Starke, Zeitreihen zur Stahlmarktentwicklung in der Bundesrepublik Deutschland 1948 bis 1989. RWI Papers, Nr. 22, Essen 1991, S. 93.

305 Statistisches Jahrbuch 1973, S. 163 – 164.

306 Dietmar Petzina, Wirtschaft und Arbeit 1945 – 1985, in: Wolfgang Köllmann / Hermann Korte / Dietmar Petzina / Wolfhard Weber (Hrsg.), Das Ruhrgebiet im Industriezeitalter. Geschichte und Entwicklung, Bd. 1, Düsseldorf 1990, S. 536 – 541; Fritz Rahmeyer, Sektorale Strukturpolitik als Anpassungs- und Gestaltungspolitik, in: Wolfram Fischer (Hrsg.), Währungsreform und Soziale Marktwirtschaft. Erfahrungen und Perspektiven nach 40 Jahren, Berlin 1989, S. 163 – 178.

307 Statistisches Jahrbuch 1991, S. 195.

308 Statistisches Jahrbuch 1952, S. 156 – 159.

원자재 수입의 안정을 위해, 원양 화물선 건조를 위한 자체 조선능력이 필요하다고 생각했습니다. 따라서 선사들은 선박 구매 시 세금 감면과 저렴한 대출을 통해 지원을 받았습니다. 간접적으로 해운 회사에 대한 보조금 지급은 조선산업에도 이익이 되었습니다. 또한 조선산업은 1956년부터 독일 해군을 위해 군함을 공급하였습니다. 1950년대에는 조선업의 생산과 고용이 급격히 증가했습니다. 조선산업의 상승세는 이미 1960년대 초에 둔화되었습니다. 새로운 선박에 대한 수요는 줄어들었고, 저가의 일본 조선업체들이 세계 시장에 경쟁자로 등장했습니다. 구조정책상의 이유로 조선소에 대한 보조금 프로그램은 1961년에 결정되었습니다. 국가 지원으로 해안 도시에 수천 개의 일자리가 보존되어야 했습니다. 대규모 운영의 이점을 통해 경쟁력을 강화하기 위해 여러 회사가 힘을 합쳤습니다. 국가 지원에도 불구하고 일부 조선소는 조업을 중단해야 했습니다. 그럼에도 불구하고 76,000명의 근로자를 둔 1970년의 조선업은 1950년대 초보다 규모가 더 컸습니다.[309]

장기적으로 서독 조선소는 전문화를 통해 구조적 위기에서 탈출구를 찾았습니다. 벌크선과 유조선의 생산이 감소했습니다. 조선소에서는 특수선박, 특히 1960년대 후반부터 화물운송을 변화시킨 새로운 컨테이너선을 제공했습니다. 관광용 여객선도 건조되었습니다.[310] 그러나 1989년 조선업 종사자는 65,000명에 불과했습니다.[311]

섬유산업과 의류산업. 1950년대 초반에는 섬유산업과 밀접하게 관련된 의류산업이 중요한 산업이었습니다. 1950년에 섬유산업에는 648,000명의 근로자가 있었고 의류산업에는 557,000 근로자가 있었습니다.[312] 섬유산업은 산업혁명 이후 생산, 방적, 직조의 필수 단계에서 집중적인 기계화가 이루어졌습니다. 생산공정은 지속적으로 개선되어 생산

309 Statistisches Jahrbuch 1973, S. 163 – 164.

310 Götz Albert, Wettbewerbsfähigkeit und Krise der deutschen Schiffbauindustrie 1945 – 1990, Frankfurt 1998.

311 Statistisches Jahrbuch 1991, S. 195.

312 Statistisches Jahrbuch 1952, S. 156 – 159.

성이 크게 향상되었습니다.[313] 의류산업에서도 개별 생산단계가 기계화되었으나 전반적인 자동화 정도는 섬유산업에 비해 낮았습니다.[314] 1950년대 초에 두 부문 모두에서 강력한 확장이 있었습니다. 수년간의 결핍으로 인해 새 옷에 대한 수요가 컸고 품질에 대한 요구도 증가했습니다.

1950년대 말 이후 섬유와 의류산업의 호황이 바뀌었습니다. 두 부문 모두 해외로부터의 증가하는 경쟁압력에 노출되었습니다. 제3세계 국가에서 섬유와 의류산업은 낮은 임금으로 생산하여 경쟁 우위를 차지했습니다. 선진국들의 섬유와 의류산업을 보호하기 위해 1962년 관세와 무역에 관한 일반협정(General Agreement on Tariffs and Trade/GATT)을 통해 시장규제가 허용되었습니다. 이 예외 규칙으로 인해 연방정부와, 나중에는 유럽경제공동체는 의류와 섬유수입의 연간 성장률이 제한되는 원산지국가와 협정을 맺었습니다. 서독의 섬유와 의류 산업은 고품질 제품에 특화되어 있었습니다. 일부 기업은 해외에 생산시설을 설립하였습니다. 생산조직, 제품 디자인 및 마케팅은 독일에 남아 있었습니다. 제품과 생산공정의 현대화에도 불구하고 1989년까지 섬유산업의 고용은 214,000명으로, 의류산업의 고용은 167,000명으로 감소했습니다.[315]

3.5.4 3차 산업

사회적 시장경제의 시장경제 요소는 2차 산업보다 3차 산업에서 덜 두드러졌습니다.

---

313 Michael Breitenacher, Textilindustrie, 2. Aufl., Berlin 1971; Michael Breitenacher, Textilindustrie im Wandel, Frankfurt 1989; Stephan Lindner, Den Faden verloren. Die westdeutsche und französische Textilindustrie auf dem Rückzug (1930/45 – 1990), München 2003; Peter Mühleck, Krise und Anpassung der deutschen Textil- und Bekleidungsindustrie im Lichte der FordismusDiskussion, Frankfurt 1992.

314 Ulrich Adler / Michael Breitenacher, Bekleidungsgewerbe: Strukturwandlungen und Entwicklungsperspektiven, Berlin 1984; Blättel-Mink, Innovationen in der Wirtschaft; Julia Schnaus, Das leise Sterben einer Branche. Der Niedergang der westdeutschen Bekleidungsindustrie in den 1960er / 1970er Jahren, in: Zeitschrift für Unternehmensgeschichte, 62 (2017), S, 9 – 33.

315 Statistisches Jahrbuch 1991, S., 195.

이는 주로 국가 또는 공공기업이 제공하거나 국가감독 하에 사회보장 자금을 지원받는 서비스의 중요성 때문이었습니다.[316]

많은 3차 산업 근로자들이 운송 및 통신, 상업, 은행 및 보험, 비즈니스 컨설팅 같은 총생산을 보완하는 분야에 고용되었습니다. 두 번째 영역은 의료, 관광, 문화 및 엔터테인먼트, 스포츠 같은 개인 또는 그룹을 대상으로 하는 개별 서비스뿐만 아니라 요식업 또는 미용과 같은 일상적인 개인 서비스였습니다. 세 번째 영역은 공공 서비스였습니다. 여기에는 교육 시스템, 연방, 주 및 지방 정부, 1955년 이후 군대, 교회, 민간 비영리조직 및 협회가 포함되었습니다.

1950년에는 보완 서비스가 전체 3차 산업 고용의 60%, 개인 서비스가 12%, 공공 서비스가 29%를 차지했습니다. 장기적으로 3차 산업의 고용비율이 변했습니다. 1987년에는 보완적 서비스의 비율이 49%로 떨어졌고 개별 서비스의 비율은 18%로 증가했으며 공공 서비스의 비율은 33%로 증가했는데, 이는 주로 교육 시스템의 확장, 군비, 복잡해진 행정으로 인해 발생했습니다.[317]

은행. 은행업에서는 상업은행, 저축은행, 협동조합은행, 전문은행으로의 전통적인 세분화가 유지되었습니다. 1950년 당시 상업은행은 총자산 기준으로 측정한 시장 점유율이 38%, 저축은행과 그 중앙기관은 33%, 협동조합은행과 그 중앙기관은 10%, 주로 모기지 은행, 우체국 은행 및 재건대출기관(Kreditanstalt für Wiederaufbau)과 같은 특수 업무를 수행하는 신용 기관이 속한 전문은행은 19%였습니다.[318]

처음에는 1934년 은행법(Kreditwesengesetz)과 함께 도입된 포괄적인 규정이 여전히 적용되었습니다. 은행이나 은행 지점을 설립하려면 정부 승인이 필요했고 이자율은 정부에서 규제했습니다. 1958년 은행업의 면허 취득 의무가 해제되었고, 1961년 은행법이 개

---

316 Monopolkommission, Hauptgutachten 1973/75, S. 191 – 297: Monopolkommission, Hauptgutachten 1976/77, S. 281 – 341.

317 Statistisches Jahrbuch 1995, S. 130.

318 Deutsche Bundesbank, Geld – und Bankwesen, S. 244.

정되어 당시 상황을 반영하였으며, 1967년에는 국가적 금리규제가 폐지되었습니다. 설립의 자유는 은행의 엄청난 제도적 확장을 위한 길을 열었습니다. 상업은행, 저축은행, 협동조합은행은 수많은 신규 지점을 개설했습니다. 상업은행 부문에서는 3개의 대형은행의 복원 이후 19세기 말에 시작된 집중 과정이 계속되었습니다. 지방상업은행은 점차 문을 닫고 대형은행의 지점으로 전환되거나 대형은행의 자회사로 편입되었습니다. 1980년대에는 서부 독일에 독립적인 지역 은행이 소수에 불과했습니다. 대형은행은 산업 및 상업과 긴밀한 관계를 유지했습니다. 그들은 많은 기업에 직접 관여했습니다. 1950년대와 1960년대에 상업은행은 강력한 경제성장으로 인해 좋은 확장 기회를 제공했던 국내 시장에 집중했습니다. 1970년대 초에 확장의 한계에 도달했고 수익률이 떨어졌습니다. 그 결과 대형은행들은 해외사업을 확장했습니다. 그들은 해외에 지점을 설립하고 외국은행의 지분을 인수했습니다.[319]

지자체 후원의 원칙은 역사적인 이유로 몇 가지 예외를 제외하고 저축은행에 계속 적용되었습니다. 이것은 지역 원칙과 연결되어 있었습니다. 저축은행은 개별 지자체로 제한됐습니다. 저축은행의 강점은 개인 고객 및 지역 중소기업과의 근접성에 있습니다. 이를 바탕으로 그들은 지역 은행업에서 강력한 입지를 확장할 수 있었습니다. 1970년대 이후 지방자치단체 개편은 저축은행의 집중화를 촉진시켰습니다. 새로운 대규모 지자체에 저축은행 구조를 적용하기 위해 많은 이웃한 저축은행들이 합병되었습니다. 시립저축은행과 지방저축은행은 합리화 효과와 대형은행으로서의 시장지위 강화를 위해 합병을 확대하였습니다. 이전에 독립적이었던 많은 저축은행이 새로운 대형 저축은행의 지점으로

---

319   Ahrens, Dresdner Bank, S. 257 – 273; Ralf Ahrens, Kreditwirtschaft im „Wirtschaftswunder". Strukturen und Verflechtungen, in: Günter Hockerts / Günther Schulz (Hrsg.), Der „Rheinische Kapitalismus" in der Ära Adenauer, Paderborn 2016, S. 121 – 141; Lothar Gall / Gerald D. Feldman / Harold James / Carl-Ludwig Holtfrerich / Hans E. Büschgen, Die Deutsche Bank 1870 – 1995, München 1995, S. 544 – 810; Paul / Sattler / Ziegler, Hundertfünfzig Jahre Commerzbank; Plumpe / Nützenadel / Schenk, Deutsche Bank, S. 424 – 527; Hans Pohl (Hrsg.), Geschichte der deutschen Kreditwirtschaft seit 1945, Frankfurt 1998.

전환되었습니다.

주은행과 지로센터는 한편으로는 지로센터로서의 기능에 따라 저축은행 간 지급거래와 유동성 균형을 담당했지만, 다른 한편으로는 자체적으로 은행거래를 하는 경우도 늘었습니다. 주은행(Landesbank)은 대부분 저축은행과 주정부에서 운영했습니다. 초기에 고도로 분산된 주은행(Landesbank)은 점차 더 큰 기관으로 합병되었습니다. 1970년대 초에는 11개의 주은행(Landesbank)이 있었습니다. 상업은행과의 경쟁에서 주은행(Landesbank)은 핵심 사업을 넘어 산업 대출, 인수 컨소시엄, 산업 지주, 대규모 부동산 거래 및 광범위한 해외 거래와 같은 새로운 영역으로 모험을 떠났습니다. 그러나 새로운 사업영역으로 진출하면서 리스크도 커졌습니다. 1970년대 초, 헤센 주은행(Hessische Landesbank), 북독일 주은행(Norddeutsche Landesbank), 서독 주은행(Westdeutsche Landesbank)과 같은 특별히 팽창적이었던 은행들은 심각한 손실을 입었습니다.[320]

협동조합은행은 저축은행과 마찬가지로 지역원칙에 얽매여 있었습니다. 특히 수많은 Raiffeisen 은행은 소규모 농촌 지역에서도 무현금 지불거래, 저축계좌 및 대출과 같은 은행서비스에 대한 접근이 가능하도록 했습니다. 1960년대 이후로 협동조합 부문에 강력한 집중운동이 있었습니다. 많은 이웃 협동조합은행이 합병하여 더 큰 기관을 형성했습니다. 농업의 쇠퇴로 인해 전통적인 사업 영역을 잃은 Raiffeisen 은행은 더 큰 은행의 우산 아래에서 활동을 계속할 수 있도록 이웃 Volksbanks와의 제휴를 모색했습니다. Volksbanken과 Raiffeisenbanken에 더해 1970년대 옛 철도저축대부은행에서 등장한 Sparda 은행이 새로운 협동조합그룹으로 자리 잡았습니다. 협동조합은행의 중앙기관은

---

320 Günther Schulz, Die Sparkassen vom Ende des Zweiten Weltkriegs bis zur Wiedervereinigung, in: Hans Pohl / Bernd Rudolph / Günther Schulz, Wirtschafts- und Sozialgeschichte der Sparkassen im 20. Jahrhundert, Stuttgart 2005, S. 249 – 428; Winfried Reimann, Öffentliche Banken in der Zeit, Bonn 1992, S. 203 – 205; Uwe Schröder, Konzentrations- und Kooperationstendenzen bei den Girozentralen. Eine Analyse der Entwicklung der Girozentralen unter dem Gesichtspunkt der Konzentration und Kooperation für den Zeitraum von 1965 bis 1973, Diss. Hamburg 1976, S. 210 – 211.

프랑크푸르트의 DZ 은행이었습니다.[321]

특수 은행에는 특히 1948년에 설립된 재건을 위한 국가 대출기관뿐만 아니라 주택채권(Pfandbrife)을 발행할 권한이 있는 주택은행과 공공 부동산대출기관이 포함되었습니다. 공공 및 민간 부동산대출기관 시장은 전통적으로 고도로 집중되어 왔습니다. 민간 주택은행은 상업은행과 밀접하게 연결되어 있었습니다. 대형 은행들은 각각 자체 주택은행을 자회사로 유지했습니다.[322]

은행 서비스에 대한 수요는 1950년대 이후 크게 증가했습니다. 이는 주로 무현금 결제 거래가 확대되었기 때문입니다.

1950년대 초반에는 임금과 월급을 현금으로 지급하는 것이 여전히 일반적이었습니다. 그러나 그 이후로 현금 없는 지불이 일반적으로 우세했습니다. 동시에 많은 구매에서 은행 송금이 현금을 대체했습니다. 새로운 금융 대량소비 시대에 저축은행과 협동조합은 지역에 존재했기 때문에 상업은행보다 우위에 있었습니다. 저축예금과 당좌예금이 증가하면서 대출사업에서 저축은행과 협동조합은행의 중요성도 커졌습니다. 은행업의 구조가 변경되었습니다. 1989년까지 총 사업 규모에서 상업은행이 차지하는 비중은 25%로 떨어졌고, 저축은행 부문은 34%, 협동조합은행 부문은 17%, 전문은행 부문은 22%로 증가했습니다.[323]

상업. 1950년대 초 소매업의 광범위한 기반은 전문점이었습니다. 가장 흔한 소매점은 식료품점이었고 그다음은 의류점, 가전제품점, 백색가전점, 가구점 순이었습니다. 미국 모델을 기반으로 한 최초의 셀프서비스 상점은 1950년대 초 식료품 상점에서 시작되었습니다. 셀프서비스 상점은 표준화된 포장상품을 판매했습니다. 따라서 그들의 확장은

321   Arnd Holger Kluge, Geschichte der deutschen Bankgenossenschaften. Zur Entwicklung mitgliederorientierter Unternehmen, Frankfurt 1991.

322   Oliver Redenius, Strukturwandel und Konzentrationsprozesse im deutschen Hypothekenbankwesen, Wiesbaden 2009.

323   Monatsbericht der Deutschen Bundesbank März 1990, Statistischer Teil, S. 32.

생산자 브랜드의 발전이나 대형 체인점의 자체 상표와 밀접하게 연결되어 있었습니다. 독립 소매점은 1960년대 이후 대형 체인점에 의해 밀려났습니다. 상업 집중은 소비자뿐만 아니라 공급업체에 대한 경쟁 왜곡으로 이어질 수 있었습니다.[324]

대도시와 중요한 중형도시에는 백화점이 있었습니다. 도심의 눈에 띄는 위치에도 불구하고 백화점의 경제적 중요성은 낮았습니다. 1950년에 백화점은 전체 소매 판매의 3%만을 차지했습니다. 소득이 증가함에 따라 "쇼핑 천국"(Einkaufsparadiese)으로서의 백화점의 중요성이 커졌습니다. 소매 판매에서 그들의 점유율은 1979년에 11%로 정점을 찍었습니다. 그러나 이후 대형 전문체인점과 신규 쇼핑센터 등으로 인해 백화점의 매력은 다시 떨어졌습니다. 1989년 백화점의 시장 점유율은 5%에 불과했습니다.[325]

1960년대 말부터 대형 식료품점과 건설, 가정공구, 신발, 의류, 가구, 가정용 직물, 정원 용품을 위한 전문 상점이 있는 쇼핑센터가 도시 외곽에 생겨났습니다. 동시에 전국적인 대형 상업 회사의 지점이 도심 쇼핑 지역으로 진출했습니다. 도시의 쇼핑 거리와 보행자 구역의 모습은 "체인점"(Filialisierung)의 결과로 점점 더 똑같아졌습니다.

배송업은 새로운 형태의 유통으로 확산되었습니다. 최초의 상품배송기업은 미국 모델을 기반으로 1920년대에 독일에서 설립되었습니다. 전쟁 후 상품배송업은 빠르게 퍼졌습니다. 백화점과 여행사를 운영하는 네커만 그룹(Neckermann-Konzern)은 소비사회의 상징이 됐습니다. 그러나 그룹은 주로 대출로 확장 자금을 조달했기 때문에 위기에 처했습니다. 1976년에 Neckermann 그룹은 파산 직전이었고 Karstadt AG에 인수되었습니다.[326]

---

324 Henry Braunwarth, Die führenden westdeutschen Warenhaus-Gesellschaften, ihre Entwicklung nach dem Krieg und ihre heutigen Probleme, Nürnberg 1957: Gartmayr / Mundorf, Nicht für den Gewinn allein: Fritz Hartl, Handels- und Herstellermarken in der Lebensmittelbranche, Köln 1960: Scheybani, Handwerk und Kleinhandel.

325 Ralf Banken, „Was es im Kapitalismus gibt, gibt es im Warenhaus". Die Entwicklung der Warenhäuser in der Bundesrepublik, in: Zeitschrift für Unternehmensgeschichte, 57 (2012), S. 3 - 30: Braunwarth, Die führenden westdeutschen Warenhaus-Gesellschaften: Scheybani, Handwerk und Kleinhandel, S. 67 - 68.

326 Gerd Hardach, Kontinuität und Wandel. Hessens Wirtschaft seit 1945, Darmstadt 2007, 171 - 173.

통신과 정보. 독일우체국(Deutsche Bundespost)은 우편, 소포, 전화, 전신을 독점했습니다. 기술적 진보는 새로운 통신 수단인 인터넷, 휴대 전화 및 위성 통신을 개발하기 시작했습니다. 1969년 미국은 서로 다른 위치에 있는 컴퓨터를 연결하는 데 성공했습니다. 응용은 처음에는 과학 기관으로 제한되었습니다. 유럽에서는 핵연구센터(Comité Europeen pour la Recherche Nucleaire/CERN)에서 컴퓨터 네트워크가 개발되었습니다. 학문영역에서 글로벌 네트워크인 인터넷이 등장했습니다.[327] 유선전화와 별개인 이동전화는 1950년대 말 독일에서 자동전화로 도입되었습니다. 그러나 그들은 비싸고 흔하지 않았습니다. 미국에서는 모토로라(Motorola)가 1970년대부터 휴대폰을 개발해왔습니다. 1983년에 최초의 모델이 시장에 출시되었습니다. 우주 탐사는 위성 통신의 새로운 장을 열었습니다. 1957년 소련은 지구 궤도를 도는 스푸트니크(Sputnik)라는 위성을 발사했습니다. 1958년에 미국은 자체 위성으로 그 뒤를 이었습니다. 1960년대 이후로 위성과 지상국 간에 신호를 교환할 수 있었습니다. 이로써 글로벌 위성 통신을 위한 전제조건이 만들어졌습니다. 위성은 텔레비전과 라디오를 널리 펼치고, 국제 전화를 연결하고, 예를 들어 항해에 중요한 위치 결정을 가능하게 할 수 있었습니다.[328]

교통. 교통 부문에서 국가는 전통적으로 두 개의 독점 회사인 연방철도(Bundesbahn), 연방우편(Bundespost), 지방 운송기업을 통해 중심적인 역할을 했습니다. 1949년 9월 초 미국과 영국 점령지역인 비존(American-British Bizone)에서 제국철도(Reichsbahn)의 후속으로 설립된 독일연방철도(Deutsche Bundesbahn)는 1953년 프랑크푸르트로 이전하기 전에 처음에는 오펜바흐(Offenbach)에 기반을 두었습니다.

철도는 이윤원칙이 아니라 공동체경제의 원칙을 따라야 했습니다. 19세기 이후 발전된 이 원칙은 무엇보다도 철도가 외딴 지역까지 도달하는 여객 및 화물 운송을 위해 광범위하고 거의 전국적인 운송 네트워크를 유지해야 한다는 것을 의미했습니다. 철도의 요

---

327 Manuel Castells, Die Internet-Galaxie. Internet, Wirtschaft und Gesellschaft, Wiesbaden 2005.

328 Hans Dodel, Satellitenkommunikation. Anwendungen, Verfahren, Wirtschaftlichkeit, Heidelberg 1999.

금 정책은 수익성에 근거할 뿐만 아니라 구조정책과 사회정책적 목표도 고려해야 했습니다. 다양한 목표를 조화시키기 위해 고수익 부문과 저수익 부문이 서로를 보완하는 복잡한 요금체계가 있었습니다. 이용률에 관계없이 모든 노선에 동일한 요금이 적용되었습니다. 구조정책적 관점에서 이는 정착지와 생산지의 광범위한 분포를 촉진하기 위한 것이었습니다. 화물운송비는 화물에 따라 등급이 매겨졌습니다. 석탄과 철강 같은 대량화물은 고가 화물보다 더 저렴하게 운송되었습니다. 여객 운송은 저렴한 가격으로 인해 여전히 매력적이었고 근로자와 학생을 위한 요금 할인이 있었습니다.

1950년대 초부터 철도는 비용을 감당할 수 있는 요금이 부여되지 않았기 때문에 해마다 적자를 기록했습니다. 연방철도는 손실을 제한하고, 지역 사회의 책임을 다하고, 생산성을 높이기 위한 광범위한 현대화 프로그램에 자금을 지원하는 데 어려움을 겪었습니다. 노선망, 역, 기관차, 화물차에 대한 전쟁 피해를 극복한 후 철도는 급속한 현대화 과정을 시작했습니다. 1950년대 초, 여객열차와 화물열차는 여전히 일반적으로 증기기관차로 운행되었습니다. 전기 기관차와 디젤 기관차는 예외였습니다. 장거리 노선은 1960년대에 전기화되었습니다. 아직 전기화되지 않은 노선에서는 증기기관차가 디젤기관차로 대체되었습니다. 마지막 증기 기관차는 1976년에 운행이 중단되었습니다.[329]

끊임없는 현대화에도 불구하고 철도는 자가용의 개인 교통과 트럭의 장거리 화물 운송을 담당하는 도로교통에 밀려났습니다. 1950년대 후반부터 수요 부족으로 인해 많은 철도지선이 폐쇄되었습니다. 연방철도와 소수의 사설철도의 철도망은 상당히 축소되었습니다.[330] 역마차(Postkutsche) 시대의 유산으로 독일연방우편(Deutsche Bundespost)은 1950년대 연방철도(Bundesbahn)의 버스 네트워크보다 더 광범위한 버스 네트워크를 운영했습

329   Sigrid Nicodemus / Siglinde Dorn, Vom Zweirad zum Zweitwagen – Eine Gesellschaft wird mobil, in: Egon Hölder (Hrsg.), Im Zug der Zeit. Ein Bilderbogen durch vier Jahrzehnte, Wiesbaden 1989, S. 126 – 127.

330   Günter Schulz, Die Deutsche Bundesbahn 1949 – 1989, in: Lothar Gall / Manfred Pohl (Hrsg.), Die Eisenbahn in Deutschland. Von den Anfängen bis in die Gegenwart, München 1999.

니다. 많은 지선이 폐쇄된 후 연방철도(Bundesbahn)는 철도교통을 대체하기 위해 더 많은 버스노선을 설치했습니다. 노란색 우편버스보다 연방철도의 빨간색 버스가 도로교통에서 점점 더 자주 보였습니다. 1960년대 중반 철도는 우체국보다 버스와 승객이 더 많았습니다. 국유철도와 국유우체국이 버스운송에서 서로 경쟁한다는 것은 오래된 전통의 결과였으나 경제적 의미는 거의 없었습니다. 1982-1983년 우체국은 버스 서비스를 중단했습니다. 우편 노선은 연방 철도에 의해 인수되었습니다.[331]

민간 버스기업은 장거리교통에서 관광업으로만 제한되었습니다. 민간 버스기업은 장거리 버스노선을 운영하는 것이 금지되었습니다. 예외적으로 서독과 베를린 간 민간 버스기업의 정기노선은 정치적 이유로 허용되었습니다. 도심 교통에서 지자체 기업은 버스와 트램의 밀집된 네트워크를 유지했습니다. 그러나 특별한 합의를 근거로 한 일부 민간 교통기업도 있었습니다. 도로를 이용한 장거리 화물운송은 연방 철도를 보호하기 위해 복잡한 규제를 받았습니다. 독일연방공화국이 수립되기 직전인 1949년에 비존(Bizone)의 시장 접근이 제한되었고 허용되는 트럭 수에 대한 할당제가 도입되었습니다. 그 수는 수송수요의 증가 이후 몇 배로 늘었지만 구연방공화국이 끝날 때까지 할당제는 유지되었습니다. 도로운송과 내륙수로 화물운임은 1931년부터 철도운임과 연계되어 왔습니다. 1961년에 철도, 도로 및 내륙수로 운송요금협회가 해체되었습니다. 그 이후로 교통부는 국가 및 민간 기업 및 이익 단체와 합의하여 다양한 운송수단에 대한 자체 운임을 설정했습니다. 철도 운송이 단거리에서 너무 비싸기 때문에 최대 50km 거리의 근거리 화물운송과 산업 및 상업 기업의 자체 차량을 이용한 운송은 규제에서 제외되었습니다.[332]

내륙수로 운송에서 독립적인 내륙선의 수가 감소했습니다. 대형 해운 회사를 향한 집중이 있었습니다. 내륙선 운송비는 1961년부터 철도 및 도로운송 요금과는 독립적으로 국가에 의해 확정되었습니다.

---

331   Deutsche Post (Hrsg.), Der Postbus kommt. 100 Jahre Kraftpost in Deutschland, Bonn 2005, S. 140 – 152.

332   Nicodemus / Dorn, Vom Zweirad zum Zweitwagen, S. 117 – 118.

서독 상선은 1951년 연합국의 선박건조제한이 해제된 후 재건되었습니다. 대외무역이 확대되면서 해상운송도 크게 늘었습니다. 대량화물선, 일반화물선, 유조선은 수입품과 수출품을 운송했습니다. 일반화물 운송은 컨테이너의 도입으로 혁명을 일으켰습니다. 1956년 이래로 미국 연안에서 최초의 컨테이너선이 항해했습니다. 새로운 운송 수단의 장점은 곧 해외 무역에서도 인정되었습니다. 1966년에 최초의 컨테이너선이 브레멘(Bremen)에 정박했습니다. 화물은 더 이상 선적장, 화물역, 항구에서 다시 옮겨실을 필요가 없었습니다. 상품은 공장에서 고객에게 컨테이너로 운송되었습니다. 항만 크레인(Hafenkräne) 대신 컨테이너 이동기(Containerbrücken)가 있었습니다. 그들은 선박의 선적 및 하역 속도를 높이고 비용이 많이 드는 항구 정박시간을 단축했습니다. 곧 함부르크와 브레멘에서 수천 개의 컨테이너가 매일 취급되었습니다.[333]

1955년 독일조약으로 연합국의 비행금지가 해제되었습니다. 연방정부는 전국 항공교통을 준비했습니다. 항공사는 1926년에 설립되어 1945년 연합군에 의해 청산된 기업의 이름을 따서 독일 루프트한자(Deutsche Lufthansa AG)로 명명되었습니다. 1955년 루프트한자는 운항을 시작했습니다. 국영 항공사는 공공 서비스로 간주되었습니다. 그러나 루프트한자는 시장경제 원칙에 따라 연방철도 같은 독점회사가 아니라 주식회사가 되었습니다. 연방 정부는 주식 자본의 75%, 연방 철도는 17%, 노르트라인-베스트팔렌주는 8%를 소유했으며 개인 소유주를 위한 작은 지분이 남았습니다. 독일 루프트한자(Deutsche Lufthansa AG)는 처음에는 적자였지만, 1960년대 중반부터 이익을 창출할 수 있었습니다. 이를 통해 더 많은 개인 투자자를 유치하여 회사 확장 자금을 조달할 수 있었습니다. 국영 항공사에 대한 대중의 관심을 확보하기 위해서 다수 지분만으로 만족해야 했습니다. 1989년까지 루프트한자 자본의 연방 지분은 52%로 떨어졌고, 다른 공공 소유주가 13%를 소유했으며, 35%는 민간 투자자에게 남아 있었습니다.

333　Arthur Donovan / Joseph Bonney, The box that changed th world. Fifty years of container shipping. An illustrated history, East Windsor NJ 2006.

1960년대 항공 교통은 프로펠러 항공기에서 더 빠르고 더 큰 제트기로의 전환에서 새로운 자극을 받았습니다. 독일 루프트한자는 국내선, 유럽선 및 대륙 횡단 연결망을 조밀하게 운영했습니다. 프랑크푸르트는 독일연방공화국의 중심공항이 되었고, 항공교통량의 증가와 함께 유럽에서 가장 큰 공항 중 하나로 발전하였습니다.[334]

보험. 은행 부문과 마찬가지로 보험 경제에서도 민간 기업과 국유기업 간 경쟁이 있었습니다. 보험법은 보험 계약의 장기적인 안정성을 보장하기 위해 몇 가지 유형의 기업만 허용했습니다. 주식회사, 상호보험협회 및 국영 보험회사가 있었습니다. 상호보험협회는 자조를 통한 도움이라는 협동정신으로 돌아갔습니다. 그러나 그들은 협동조합으로 조직된 것이 아니라 법적 협회로 조직되었습니다. 피보험자는 회원으로서 동시에 보험의 소유자이기도 했습니다. 공공 보험사는 원래 건물에 대한 보험을 제공하기 위해 설립되었지만 시간이 지남에 따라 서비스를 확대했습니다. 독일 보험경제는 전통적으로 엄격한 규제를 받아왔습니다. 목표는 무엇보다도 예상되는 보험 혜택의 안전성을 보장하는 것이었습니다. 보험 회사의 상품, 가격 및 자본 투자가 규제되었습니다. 보험목적에 따라 재산보험(Sachversicherung)과 개인보험(Personenversicherung)을 구분하였습니다. 재산보험은 경미하거나 중대한 손해, 자연재해, 교통사고, 기계손상 또는 도난에 대한 보상을 개인 또는 기업에 제공하였습니다. 원보험사들은 누적된 손해사건에 압도되지 않도록 재무구조가 좋은 재보험사와의 보험계약을 위해 재보험(Rückversicherung)에 가입하였습니다.[335]

가장 중요한 개인 보험은 생명보험이었습니다. 1989년 서독에는 다양한 규모의 108

---

334 Sven Andreas Helm, Die Deutsche Lufthansa AG. Ihre gesellschafts- und konzernrechtliche Entwicklung. Eine wirtschaftsrechtlich-historische Analyse der Privatisierungsschritte, Frankfurt 1999; Klaus-Jochen Ringer, 50 Jahre Lufthansa. Eine Erfolgsgeschichte in Fakten, Bildern und Daten, Königswinter 2005.

335 Peter Koch, Geschichte der Versicherungswirtschaft in Deutschland, Karlsruhe 2012, S. 361–468; Eckhard Wandel, Banken und Versicherungen im 19. und 20. Jahrhundert, München 1998 S. 66–69; Johannes Bähr / Christopher Kopper, Munich Re. Die Geschichte der Münchener Rück, 1880–1980, München 2015.

개 생명보험회사가 있었습니다.[336] 생명보험은 일정기간 저축보험으로, 사망 시 유족보험으로, 노후연금보험으로 가입할 수 있었습니다. 생명보험은 가계 자산 축적에 크게 기여했습니다. 1985년 저축은행, 상업은행, 협동조합은행의 저축액은 4,080억 독일마르크(DM), 생명보험의 자산액은 2,890억 독일마르크(DM)에 달했습니다.[337]

장기적 예방수단으로서 생명보험은 공적연금보험과 경쟁하였습니다. 보험회사들은 1957년 연금개혁에 반대했습니다. 개인 생명보험이 공적연금보험에 의해 밀려날 것을 우려했기 때문입니다. 그러나 두려움은 근거가 없는 것으로 판명되었습니다. 노후보장의 근간은 공적연금보험이었습니다. 그러나 개인 생명보험은 특히 고소득층의 사회보장연금에 대한 중요한 보충수단으로 남아 있었습니다.[338]

다른 개인보험은 사회보험을 보완했습니다. 민간 건강보험은 특히 공무원과 자영업자를 대상으로 했습니다. 민간 상해보험회사는 회사의 공공상해보험이 적용되지 않는 사고에 대해 보상금을 지급했습니다. 재산보험에는 전통적으로 화재보험과 홍수, 폭풍 또는 우박으로 인한 자연재해에 대한 보험이 포함되었습니다. 화재보험은 의무보험이었습니다. 일부 연방주에서는 공공 보험사가 화재보험을 독점했습니다. 가정에서는 재물이나 자동차를 도난당하지 않도록 보험에 가입했습니다. 산업 분야에서는 기계 및 산업 플랜트에 대한 보험이 중요해졌습니다.[339]

책임보험(Haftpflichtversicherung)은 개인 또는 회사가 손해를 입힌 경우 지불 의무를 보상합니다. 자가용 교통수단이 확대되면서 교통사고로 인한 손해에 대한 책임보험이 늘었

336 Verband der Lebensversicherungs-Unternehmen, Die deutsche Lebensversicherung, Jahrbuch 1970, S. 14, 44.

337 Peter Borscheid / Anette Drews (Hrsg.), Versicherungsstatistik Deutschlands 1785-1985, St. Katharinen 1988, S. 106; Monatsbericht der Deutschen Bundesbank Dezember 1986, Statistischer Teil, S. 4-5.

338 Hardach, Generationenvertrag, S. 300-301, 385-386.

339 Wilhelm Brune, Leitfaden für die Versicherungs-Wirtschaft, Berlin 1950; Dieter Farny / Peter Ackermann / Rolf Ulrich / Norbert Vogel, Die deutsche Versicherungswirtschaft. Markt - Wettbewerb - Konzentration, Karlsruhe 1983.

습니다. 자동차 책임 보험은 의무보험이었습니다. 재물손해 및 신체상해에 대한 특별보험으로는 직업책임보험, 약물손해책임보험, 산업책임보험이 있었습니다.[340]

보험회사는 생명보험의 계리적립금과 다른 보험영업점의 손해배상준비금으로 인해 은행과의 경쟁에서 중요한 투자자였습니다. 보험회사는 대출, 채권, 특히 국채, 모기지론, 주식 및 부동산에 자본을 투자했습니다.[341]

독일 보험 회사는 1947년 연합국 관리위원회에 의해 해외 사업을 하는 것이 금지되었지만 1950년에 다시 허용되었습니다. 재보험 회사들, 특히 뮌헨 재보험 회사는 해외 사업을 크게 확장했습니다. 원보험은 오랫동안 국내 시장에 초점을 맞추었고 1980년대 후반에야 해외 시장으로 확장되었습니다.[342]

보험회사와 은행 사이에는 다양한 형태의 협력이 있었습니다. 독일은행(Deutsche Bank)은 자체 생명보험과 겔링 보험회사(Gerling Versicherung)의 지분을 가지고 보험 사업에 참여했습니다. 쾰른 은행 살 오펜하임(Sal. Oppenheim)은 라인 보험그룹(Rheinische Versicherungsgruppe)에 참여했습니다. 공공 보험사는 저축은행 및 주은행과 협력했습니다. 농협은행에는 1920년대부터 일반보험과 생명보험이 있었습니다. 1958년 상업 협동조합과 함께 그들은 Raiffeisen- und Volksbanken Allgemeine Versicherungs-AG와

---

340   Peter Borscheid, 100 Jahre Allianz, München 1990; Peter Borscheid, Germany: Insurance, expansion, and setbacks, in: Peter Borscheid / Niels Viggo Haueter (Hrsg.), World insurance: The evolution of a global risk network, Oxford 2012, S. 98-117; Barbara Eggenkämper / Gerd Modert / Stefan Pretzlik, Die Allianz. Geschichte des Unternehmens 1890-2015, München 2015; Gesamtverband der Deutschen Versicherungswirtschaft (Hrsg.), Verantwortung: Gesellschaft und Versicherungen im Wandel der Zeit. 50 Jahre Versicherungswirtschaft in Deutschland, Karlsruhe o. J. (2008); Christopher Kopper, Versicherungskonzerne in der „Deutschland AG", in: Hans Günter Hockerts / Günther Schulz (Hrsg.), „Rheinischer Kapitalismus" in der Ära Adenauer, Paderborn 2016, S. 169-185.

341   Gesamtverband der Deutschen Versicherungswirtschaft, Statistisches Taschenbuch der Versicherungswirtschaft 2020, Berlin 2020.

342   Peter Borscheid / Saskia Feiber, Die langwierige Rückkehr auf den Weltmarkt. Zur Internationalisierung der deutschen Versicherungswirtschaft 1950-2000, in: Jahrbuch für Wirtschaftsgeschichte, 2003/II, S. 121-149.

Raiffeisenund Volksbanken Lebensversicherung AG를 설립했습니다. 1973년에 두 보험 회사는 R+V Versicherung AG로 합병되었습니다. 보험 회사와 건설은행 사이에는 긴밀한 협력과 연결이 있었습니다.[343]

개인 서비스. 개인 서비스 분야에는 미용실, 의류 및 신발 수선 등 일상생활의 일부지만 경제적 중요성을 거의 인식하지 못하는 직업에 종사하는 근로자가 많았습니다. 그들은 사회적 시장경제에서 틈새시장을 형성했습니다. 주로 자영업자 비율이 높은 민간기업이었습니다. 규제의 필요성은 거의 보이지 않았습니다. 이러한 소기업과 달리 의료는 비용이 증가하고 규제가 필요한 확장 분야였습니다. 보건의료 부문에서는 주와 민간 제공자가 함께 일했습니다. 클리닉과 재활센터는 주, 지역 사회, 교회 또는 민간 기업에서 운영했습니다. 보건국은 자치단체의 업무였습니다. 외래 진료는 주로 자유직업 의사들이 담당했습니다. 클리닉은 예외적인 경우에만 외래 진료를 제공했습니다. 건강보험회사는 의사 수를 제한했습니다. 약국은 국가 면허가 필요했습니다. 연방헌법재판소는 의사와 약국의 시장 접근에 대한 제한을 직업 선택의 자유를 침해한 것으로 간주하여 해제했습니다. 보험의사(Kassenarzt)가 급증하자 1977년 보험의사 수요계획제도가 도입되었습니다. 의사비용과 입원비용은 건강보험협회, 건강보험의사협회 및 병원협회가 협상했습니다. 제약산업에 대한 가격제한은 없었습니다. 도매상과 약국에 대해 최대 거래마진이 설정되었습니다.

경제성장 과정에서 의료서비스가 크게 확대되었습니다. 외래진료 의사 수가 증가하고 클리닉이 늘어나고 입원 환자를 위한 새로운 치료법과 신약이 개발되었습니다. 의료 시스템의 확장은 시장의 비대칭성에 의해 정당화되었습니다. 건강은 수요가 높은 귀한 상품이었습니다. 의료 서비스는 대부분 공공 건강 보험에 의해 재정이 공급되었기 때문에 개별 환자에 대한 비용은 투명하지 않았습니다.[344]

343 Farny / Ackermann / Ulrich / Vogel, Versicherungswirtschaft, S. 51.

344 Jens Alber, Das Gesundheitswesen der Bundesrepublik Deutschland. Entwicklung, Struktur und

경제성장 과정에서 급성장한 또 다른 개인 서비스 분야는 관광업이었습니다. 여행사들과 패키지 여행 주관사들은 고객을 모집하였습니다. 첫 번째 그룹여행은 알프스를 여행지로 조직되었습니다. 관광업은 1950년대에 실질 소득이 증가하고 휴가 기간이 길어지면서 증가했습니다. 기술 소비재와 마찬가지로 관광업은 후발 성장시장이었습니다. 기본 진료가 확보되고 휴가 기간이 길어지면서 사람들은 더 많은 돈과 시간을 휴가 여행에 사용하였습니다. 1950년대 초반에 여행은 여전히 사치였습니다. 1952년에는 인구의 24%가 휴가를 떠났습니다. 그러나 비율은 꾸준히 증가했습니다. 1972년에는 42%였으며 1988년에는 여행자 비율이 67%로 증가했습니다.

대부분의 휴가객은 휴가 여행을 개별적으로 계획하였습니다. 하지만 패키지 여행(Pauschaltourismus)은 늘었습니다. 1970년에는 휴가객의 18%가 패키지 여행을 선택했지만 1988년에는 38%였습니다. 1951년에 여러 여행사가 합병하여 Touropa가 되었고, 공동경제 지향의 두 여행사가 G-U-T Reisen으로 알려진 관광노동조합회사를 세웠습니다. 1960년대 여행 시장이 확대되자 주문배송회사인 Neckermann과 Quelle가 관광업에 뛰어들었습니다. 그룹 회사 "Neckermann und Reisen"(NUR)에 의해 서독 또는 외국 휴양지로 보내진 "Neckermänner"와 그 가족은 서독 관광에 대한 속어가 되었습니다. 1968-1969년에 Touropa와 다른 여행사들은 Touristik Union International(TUI)을 결성했습니다.

인기 있는 여행 목적지는 알프스, 북해 및 발트해, 라인강, 흑림, Harz 산맥 및 Lüneburg Heath였습니다. 해외 여행은 오스트리아, 이탈리아, 스위스, 나중에는 유고슬라비아로 이어졌습니다. 그리스와 스페인, 남부 유럽의 휴일은 점점 더 인기를 얻었습니다. 맑은 날이 예상되고 생활비가 낮기 때문에 긴 여행에도 불구하고 여행경비가 저렴했습니다. 1960년대 후반부터 더 많은 휴가객들이 서독 휴양지보다 해외로 여행을 떠났습

Funktionsweise, Frankfurt 1992; Eckhard Nagel, Hg., Das Gesundheitswesen in Deutschland. Struktur, Leistungen, Weiterentwicklung, 5. Aufl., Köln 2013.

니다. 1950년대에 교통수단은 기차와 버스였습니다. 개인동력화의 확산으로 자동차의 중요성이 부각되었고, 1960년대 이후 항공여행이 증가하였습니다. 휴양지의 인프라가 확충되었습니다. 숙소는 호텔, 펜션, 개인주택의 방, 휴가용 주택, 유스호스텔 또는 캠핑장이었습니다.[345]

공공 서비스 공공 서비스 분야에서 연방, 주 및 지방 정부 행정 분야의 고용이 증가했습니다. 1970년대 교육개혁 이후 보육시설, 학교 및 대학에서의 고용이 급격히 증가했습니다.[346]

공공 서비스의 가장 큰 폐쇄적 부문은 군대였습니다. 1955년 서독은, 1956년부터 "연방군"(Bundeswehr)으로 불렸던 군대를 창설했습니다. 1956년 징병제도가 도입되었습니다. "연방군"(Bundeswehr)은 직업군인을 핵심으로 한 징집병 군대였습니다. "연방군"(Bundeswehr)은 500,000명으로 계획되었습니다. 1989년 독일연방군은 495,000명을 고용했는데 대부분이 징집병이었습니다. 독일연방군은 북대서양 조약 기구(NATO)에 통합되었습니다. 독일연방군은 평화군이었습니다. 그들의 임무는 미국의 지도하에 다른 NATO 회원국의 파병부대와 함께 엘베강의 냉전 분계선을 지키는 것이었습니다.[347]

독일연방군의 군사장비, 무기 및 탄약, 탱크, 비행기 및 선박은 처음에는 대부분 해외에서 조달되었습니다. 국내 기업은 기본장비를 제공하고 병영을 건설했으며 차량, 군복 및 식량을 공급했습니다. 서독 군수산업(Rüstungsindustrie)은 1960년대부터 발전해 왔습니다. 관련된 회사는 기계제조, 차량제조, 항공기제조, 조선뿐만 아니라 전기 및 광학 산업이었습니다. 서독에서 개발된 제품은 1965년 독일군에 도입된 "레오파드"(Leopard) 전

---

345   Rüdiger Hachtmann, Tourismus-Geschichte, Göttingen 2007; Hans-Werner Prahl, Entwicklungsstadien des deutschen Tourismus seit 1945, in: Hasso Spode (Hrsg.), Zur Sonne, zur Freiheit! Beiträge zur Tourismusgeschichte, Berlin 1991, S. 95 – 108.

346   Statistisches Jahrbuch 1995, S. 130.

347   Detlev Bald, Die Bundeswehr. Eine kritische Geschichte 1955 – 2005, München 2005; Wilfried von Bredow, Die Geschichte der Bundeswehr, Berlin 2017; Martin Rink, Die Bundeswehr 1950/55 – 1989, Berlin 2015.

차와 1979년부터 후속 모델인 "레오파드 2"였습니다. 서독 군비제품은 다른 NATO 국가에도 수출되었습니다.[348]

3.6 환경

경제성장은 대기, 수질 및 토양으로의 오염 물질 배출, 광범위한 쓰레기 매립지, 소음, 경관 파괴 및 한정된 자원의 과도한 소비를 통해 환경에 막대한 부담을 주었습니다. 1961년 연방선거 운동 동안 빌리 브란트(Willy Brandt)는 라인-베스트팔렌 산업 지역의 대기오염을 비판하고 "루르 위에 푸른 하늘"(blauen Himmel über der Ruhr)을 요구했습니다.[349] 그러나 전반적으로 환경문제의 중요성은 대중, 정치, 학문 영역에서 인식되지 않았으며 체계적인 환경정책에 대한 개념도 없었습니다.[350] 60년대 말 상황이 바뀌었습니다. 일반 대중 사이에서 환경에 대한 인식이 높아졌고, 환경보호는 정당 경쟁에서 의제가 되었습니다. 1969년 10월 정부성명에서 빌리 브란트(Willy Brandt) 연방수상은 환경보호를 위한 노력을 강화하겠다고 약속했습니다.[351] 1971년에 연방정부는 환경 프로그램을 제시했습니다. 토양, 물, 공기의 보호와 한정된 자원의 사용에 있어서 지속 가능성의 원칙을 준수하는 것이 환경 정책의 목표로 정의되었습니다. 환경 피해를 줄여야 하며 기업은 그들이

---

348 Werner Abelshauser, Wirtschaft und Rüstung in den fünfziger Jahren, in: Werner Abelshauser / W. Schwengler (Hrsg.), Wirtschaft und Rüstung, Souveränität und Sicherheit, München 1997, S. 1–185; Dieter Hanel, Die Bundeswehr und die deutsche Rüstungsindustrie, Bonn 2003;Hartmut Küchle, Die deutsche Heeresindustrie in Europa. Perspektiven internationaler Kooperationen und industriepolitischer Nachholbedarf, Düsseldorf 2007.

349 Franz-Josef Brüggemeier, Eine trostlose Gegend? Umwelt im Ruhrgebiet 1800–2000, in: Wolfram Siemann / Nils Freytag (Hrsg.), Umweltgeschichte. Themen und Perspektiven, München 2003, S. 104.

350 Franz-Josef Brüggemeier / Jens Ivo Engels (Hrsg.), Natur- und Umweltschutz nach 1945. Konzepte, Konflikte, Kompetenzen, Frankfurt 2005; Kai F. Hünemörder, Die Frühgeschichte der globalen Umweltkrise und die Formierung der deutschen Umweltpolitik 1950–1974, Stuttgart 2004.

351 Faulenbach, Das sozialdemokratische Jahrzehnt, S. 70.

초래한 환경 오염에 대해 책임을 져야 했습니다. 실행 프로그램은 자연과 경관, 폐기물 처리, 환경 화학물질과 살생물제, 내륙 수로와 바다, 대기와 소음 등 환경 정책의 5가지 중점을 정의했습니다.[352] 1970년대 이후 환경운동(Umweltbewegung)이 영향력을 얻었습니다. 1980년에 창당된 환경당인 "녹색당"(Die Grünen)은 주의회에, 1983년에는 연방의회 (Bundestag)에 선출되었습니다. 배기 가스로부터 보호하고, 숲을 보호하고, 자연을 보호하고, 항공기 소음으로부터 보호하고 휘발유의 납 함량을 줄이기 위해 다양한 조치가 시행되었습니다. 살충제 디클로로디페닐트리클로로에탄(DDT)이 금지되었습니다. 발전소는 탈황장치가 설치되었고, 자동차에는 배기가스정화촉매장치가 의무화됐습니다.[353]

환경오염은 기업뿐 아니라 가정에서도 나왔습니다. 난방을 위한 화석 연료와 자가용의 증가뿐만 아니라 가정 쓰레기도 토양, 물 및 공기를 오염시켰습니다. 폐기물 처리는 1950년대와 1960년대에 지자체의 과제로 간주되었습니다. 지방자치단체는 가정에서 나온 쓰레기를 수거하여 개방된 매립지에서 처리했습니다. 소수의 지방자치단체나 지역협회만이 민간 계약자에게 폐기물 처리를 의뢰했습니다. 매립 공간의 수요를 제한하기 위해 1950년대부터 다양한 폐기물 소각 및 폐기물 퇴비화 방법이 개발되었습니다.

소비가 증가함에 따라 쓰레기 산이 늘어나고 쓰레기의 구성이 바뀌었습니다. 거의 썩지 않는 플라스틱 포장이 많았고 화학 물질 및 기타 독성 물질은 가정용 쓰레기통에 버려졌습니다. 매립 공간 수요가 증가했습니다. 대도시 주변에는 새로운 매립지가 거의 개발되지 않았습니다. 동시에 매립지가 토양, 물, 공기에 상당한 부담을 준다는 것이 분명해졌습니다. 지하수의 오염은 많은 피해 중 가장 눈에 띄는 피해였습니다. 증가하는 폐기물 처리 문제에 대응하여 새로운 폐기물 소각 및 폐기물 퇴비화 기술이 개발되었습니다. 침출수를 처리하기 위한 지표 덮개, 배수 시스템 및 하수 처리장을 통해 매립지를 더

352   Umweltpolitik. Das Umweltprogramm der Bundesregierung, 4. Aufl., Stuttgart 1974.

353   Eberhard Feess, Umweltökonomie und Umweltpolitik, 3. Aufl., München 2007; Frank Uekötter, Am Ende der Gewissheiten. Die ökologische Frage im 21. Jahrhundert, Frankfurt 2011, S. 92 – 114.

안전하게 만들었습니다. 종이, 유리, 플라스틱 및 직물의 재사용인 "재활용"(Recycling)이 촉진되었습니다. 그럼에도 불구하고 소비사회의 단점으로서의 폐기물 관리는 문제로 남아 있었습니다. 폐기물 소각장에서 독성 물질이 배출되어 공기를 오염시키거나 폐기물 처리장 주변 토양에서 독성 물질이 발견되는 사례가 계속 보고되었습니다.[354] 1986년 4월 26일 체르노빌(Tschernobyl) 원자력발전소(Atomkraftwerk)의 핵재난 이후 연방 환경부(Bundesumweltministerium)가 설립되었습니다.[355]

국가 환경정책과 병행하여 유럽 환경정책은 1970년대 이후 중요성이 커졌습니다. 1973년 유럽 공동체는 최초의 환경행동 프로그램을 결정했습니다. 다른 액션 프로그램들이 뒤따랐습니다. 1987년에 발효된, 1986년 단일 유럽법(Einheitliche Europäische Akte/EEA)에서 환경보호는 공동과제로 선언되었습니다. 유럽 환경정책의 목표는 환경을 보존, 보호하고 환경의 질을 개선하고 인간의 건강을 보호하며 천연 자원의 신중하고 합리적인 사용을 보장하는 것이었습니다. 정치는 환경파괴를 막아야 했습니다. 기업은 오염을 줄이고 환경 피해를 보상하도록 장려해야 했습니다.[356] 단일 유럽법에 근거하여 유럽 공동체는 회원국의 환경정책에 대한 책임을 지기 시작했습니다.[357]

환경정책 초기부터 환경을 보전하는 것은 전 세계 모든 지역에 해당하는 과제로 인식되었습니다. 1972년 민간단체인 "로마클럽"(Club of Rome)이 발간한 성장의 한계에 관한 메모는 광범위한 관심을 받았습니다. 이전 추세를 기반으로 저자들은 세계인구, 경제성장, 유한한 자원사용 및 환경오염의 미래 발전을 예측하려고 시도했습니다. 그들은 통제되지 않은 성장이 자연적 한계에 도달할 것이라고 경고하고 지배적인 성장 패러다임에

354 Roman Köster, Hausmüll. Abfall und Gesellschaft in Westdeutschland 1945–1990, Göttingen 2017.

355 Bundesministerium für Umwelt, Naturschutz und Reaktorsicherheit (Hrsg.), Die Umweltmacher. 20 Jahre BMU – Geschichte und Zukunft der Umweltpolitik, Hamburg 2006.

356 Einheitliche Europäische Akte. Vom 17. Januar 1986. Amtsblatt der Europäischen Gemeinschaften, 29. Juni 1987, S. 1–28. Artikel 130 r.

357 Christoph Knill, Europäische Umweltpolitik: Steuerungsprobleme und Regulierungsmuster im Mehrebenensystem, Opladen 2003.

서 벗어날 것을 촉구했습니다.[358] UN은 1972년 스톡홀름에서 환경보호에 관한 국제 회의를 조직했습니다. 최종 선언문은 다음과 같이 촉구하였습니다: "인간은 존엄과 복지 속에서 살 수 있는 환경에서 자유, 평등, 품위 있는 생활 조건에 대한 기본적 권리가 있으며, 현대인과 미래 세대를 위해 환경을 보호하고 향상시킬 엄숙한 의무가 있다."[359] 그러나 1973년의 '오일쇼크', 세계경제의 중심에서의 후기산업경제의 스태그플레이션, 국제통화체제의 붕괴와 제3세계의 빈곤과 같은 다양한 1970년대 이후 세계경제의 위기는 세계적환경정책의 구체화를 방해하였습니다.[360] 1992년 리우데자네이루(Rio de Janeiro)에서 두번째 국제환경회의가 열렸습니다.

3.7 국제관계

3.7.1 세계시장으로의 개방

서독을 세계경제에 통합시킨 유럽재건프로그램을 통해 독일연방공화국에 자유주의적 대외무역 정책이 미리 주어졌습니다. 그러나 자본주의 세계시장에 대한 지향은 연방정부의 경제정책과도 일치했습니다. 1949년 9월 20일 정부 성명에서 아데나워(Adenauer) 수상은 독일연방공화국이 세계에 개방된 대외무역정책을 추구할 것이라고 약속했습니다. 연방정부는 대외무역의 "관리와 자유"(Pflege und Freiheit)에 특별한 관심을 기울였습니다. 아데나워 수상은 국제경쟁의 촉진과 서독경제의 세계경제로의 통합을 구체적인 목

---

358 Dennis L. Meadows / Donella H‐Meadows / Joergen Randers / William W. Behrens, The limits to growth. A report fort he Club of Rome's project on the predicament of mankind, New York 1972.

359 Zit. nach Winfried Kösters, Umweltpolitik. Themen, Probleme, Perspektiven, 3. Aufl., München 2004, S. 195.

360 Hünemörder, Die Frühgeschichte der globalen Umweltkrise, S. 242 – 276.

표로 삼았습니다.[361] 그리하여 독일연방공화국은 1879년 제국관세법(Zollgesetzen des Kaiserreichs)으로 시작된 독일의 보호주의적 대외무역정책의 오랜 전통에서 벗어났습니다.

1950년대의 세계경제는 자본주의와 국가사회주의국가 간 체제갈등뿐만 아니라 자본주의 세계경제의 중심부와 주변부 사이의 비대칭성으로 양분되었습니다. 중심부 국가들은 선진 산업화와 높은 1인당 소득으로 인해 지배적인 위치를 차지했습니다. 주변부 국가들은 산업화 정도가 낮았고 원자재, 식품 및 에너지 수출국으로 세계 경제에 통합되었습니다. 일부 국가는 석유 수출로 높은 1인당 소득을 달성했지만 대부분의 국가는 소득이 매우 낮았습니다. 미약한 산업화와 소득격차를 저개발로 해석하여 주변국을 개발도상국(Entwicklungsland)으로 부르기도 했습니다. 세 개의 세계(drei Welten)라는 개념은 1950년대 초에 만들어졌습니다. 자본주의 산업국은 제1세계, 국가사회주의 국가는 제2세계, 주변부의 비산업국은 제3세계에 속했습니다. "제3세계"(Dritte Welt)라는 용어는 "제3신분"(Dritte Stand)이 인구의 대다수를 대표하지만 정치적 영향력은 거의 없었던 프랑스혁명 초기의 신분갈등을 연상시켰습니다.[362]

자본주의 세계의 제도적 토대는 1944년 브레턴우즈 통화제도(Währungssystem von Bretton Woods)와 1947년 합의된 관세 및 무역에 관한 일반 협정(General Agreement on Tariffs and Trade/GATT)이었습니다. 브레턴우즈 통화제도는 고정 환율로 통화의 보편적 태환성을 제공했습니다. 전환 가능한 통화의 전제 조건은 달러에 대한 현실적인 환율이었습니다. 1949년 9월 초, 영국 파운드(Pfund)는 달러(Dollar) 대비 30.5% 평가절하되었

---

361 Bundestagssitzung vom 20. September 1949. Verhandlungen des Deutschen Bundestages, Stenographische Berichte, 1. Wahlperiode 1949, Bd. 1, S. 24.

362 Gerd Hardach, Internationale Arbeitsteilung, in: Reinhard Sieder / Ernst Langthaler (Hrsg.), Globalgeschichte 1800–2010, Wien 2010, S. 204; Silke Hensel, Die Entstehung einer Dritten Welt. Die Ursachen von Unterentwicklung am Beispiel von Lateinamerika, in: Friedrich Edelmayer / Erich Landsteiner / Renate Pieper (Hrsg.), Die Geschichte des europäischen Welthandels und der wirtschaftliche Globalisierungsprozess, München 2001, S. 182.

습니다. 그 뒤를 이어 12개의 다른 서유럽 국가들이 8-30.5%의 평가절하를 기록했습니다. 독일마르크(Deutsche Mark/DM)는 1949년 9월 28일 연합군고등판무관과의 합의에 따라 1마르크당 23센트 또는 1달러당 4.20 독일마르크로, 20.7% 평가절하되었습니다. 자신감을 불러일으키는 추가적 효과는 새로운 달러 환율이 독일제국 시대의 금본위제에서도 4.20마르크로 역사적 동일성을 가지고 있었다는 것이었습니다. 1952년 독일연방공화국은 브레턴우즈 통화협정에 가입했습니다. 그러나 처음에는 국제수지로 인해 독일마르크가 원했던 태환성이 구현되지는 않았습니다. 계속해서 외환관리가 지배적이었습니다.[363]

관세 및 무역에 관한 일반 협정(General Agreement on Tariffs and Trade/GATT) 영역에서 무역에 대한 비관세 무역장벽이 제거되고 관세가 인하되었습니다.

1947년 제네바에서 설립된 이후 몇 차례의 협상 라운드가 있었는데, 1949년 안시 라운드(Annecy-Runde), 1951년 토키 라운드(Torquay-Runde), 1956년 두 번째 제네바 라운드(Genf-Runde)였습니다.[364]

1949년 11월 연방정부는 여전히 연합군고등판무관의 감독 하에 있었음에도 불구하고 상업조약을 체결할 수 있는 권한을 부여받았습니다. 1951년 10월 독일연방공화국은 GATT에 가입하여 점령지위의 틀 내에서 대외무역정책에서의 주권을 얻었습니다. 1955년 독일조약으로 남아있던 연합국의 반대권리도 소멸되었습니다.[365]

유럽재건프로그램(Europäische Wiederaufbauprogramm)은 1950년 6월 발발한 한국전쟁의 영향으로 바뀌었습니다. 미국 대외원조의 초점이 경제원조에서 군사원조로 옮겨갔습니

---

363 Monika Dickhaus, Die Bundesbank im westdeutschen Wiederaufbau. Die internationale Währungspolitik der Bundesrepublik Deutschland 1948 bis 19858, München 1996, S. 73 – 76; Hardach, Marshall-Plan, S. 279 – 283; Alan Milward, The reconstruction of Western Europe 1945 – 51, London 1984, S. 287 – 295.

364 Herman van der Wee, Der gebremste Wohlstand. Wiederaufbau, Wachstum, Strukturwandel 1945 – 1980. Geschichte der Weltwirtschaft im 20. Jahrhundert, Bd. 6, München 1984.

365 Reinhard Neebe, Weichenstellung für die Globalisierung. Deutsche Weltmarktpolitik, Europa und Amerika in der Ära Ludwig Erhard, Köln 2004, S. 88 – 118.

다. 1951년 10월, 경제 및 군사적 대외원조가 결합된 새로운 "상호 안보 프로그램"(Mutual Security Program)이 채택되었습니다. 경제협력청(Economic Cooperation Administration)은 "상호안보처"(Mutual Security Agency)로 대체됐습니다. 유럽재건프로그램의 후반부는 새로운 관청에 의해 관리되었습니다.[366] 연간 프로그램은 유럽 회원국에 국제수지의 균형을 맞추도록 촉구하기 위해 계획대로 축소되었습니다. 프로그램 연도 1950-11951년에 미국은 경제원조를 24억 달러로, 프로그램 연도 1952-1952년에는 14억 달러로 줄였습니다. 서독은 프로그램 3년 차에 3억 9,900만 달러, 프로그램 마지막 해에 1억 1,600만 달러를 받았습니다.[367]

미국의 대외원조 총액은 140억 달러였습니다. 서독은 마셜 플랜에 따라 1948년부터 1952년까지 총 16억 달러의 해외원조를 받았습니다. 1946-1950년 GARIOA(Government Aid and Relief in Occupied Areas) 프로그램과 함께 미국의 대외원조는 총 32억 달러였습니다. 1953년 런던 채무협정 이후 독일연방공화국은 대외 원조의 3분의 1을 상환했습니다.[368]

1949년 7월 유럽경제협력기구(Organization for European Economic Cooperation/OEEC)는 참가국들이 양적 무역제한을 점진적으로 줄이는 자유화 프로그램을 결정했습니다. 1950년 7월 OEEC 16개 회원국은 유럽 내 무역 및 지불의 자유화에 대한 긴 협상 끝에 유럽결제연합(Europäische Zahlungsunion)을 설립했습니다. 유럽결제연합은 마셜플랜(Marshall Plan)에 따라 생산성 향상을 달성하고, 달러 격차를 극복하고, 참여국이 열린 세계 경제에 진입할 수 있도록 유럽 내 무역을 촉진하기 위한 것이었습니다.

유럽 내 무역을 촉진하기 위해 국제수지의 다자간 결제가 계획되었습니다. 바젤의 국제결제은행(Bank für Internationalen Zahlungsausgleich/BIZ)은 유럽결제연합 내 자산과 부채

---

366 Hardach, Marshall-Plan, S. 129 – 134.

367 Mutual Security Agency, Europan Program. Procurement authorizations and allotments, Washingtom 1953, S. 4.

368 Hardach, Marshall-Plan, S. 222 – 246, 326.

결제를 위한 정산소로 지정되었습니다. 국제결제은행(BIZ)은 1930년 독일 전쟁배상금을 송금하기 위한 중립적인 금융기관으로 설립되었습니다. 전쟁 중에 교전국과 중립국의 중앙은행은 국제결제은행(BIZ)에서 협력했습니다. 제국은행(Reichsbank)과의 협력은 전쟁 후 비판을 불러일으켰습니다. 그러나 역사적 부담에도 불구하고 새로운 기관을 설립하는 것보다 기존 국제결제은행(BIZ)을 유럽중앙은행으로 활용하는 것이 현실적이라고 생각하였습니다. 유럽결제연합 개별 구성원의 다양한 거래 파트너와의 외환수입 및 외환지출은 가능한 한 국제결제은행(BIZ)에 의해 결제되었습니다. 그 뒤에 남은 적자만 달러나 금으로 해결해야 했습니다. 경제협력국(Economic Cooperation Administration)은 프로그램을 시작하기 위해 국제결제은행(BIZ)에 보상기금으로 3억 5천만 달러를 입금하였습니다.

유럽결제연합은 2년으로 제한되었습니다. 이후로는 브레턴우즈 금융체제에 들어갈 수 있을 만큼, 회원국의 국제수지가 충분히 균형을 이루어야 했습니다.[369]

서독 무역수지는 1950년 상반기에 개선되었습니다. 수출은 늘고 수입은 줄었습니다. 한국전쟁 발발로 상황이 달라졌습니다. 전쟁의 확대에 대한 두려움으로 인해 서독의 가정과 기업은 대규모 비축물을 구입하였습니다. 이로 인해 수입도 증가했습니다. 유럽결제연합의 설립과 대외무역의 자유화는 수입을 더 쉽게 만들었습니다. 서독 무역수지는 곧 높은 수입과잉을 보였습니다. 독일주은행(Bank deutscher Länder)은 제한적인 통화정책으로 국제수지 위기를 극복하려고 했습니다. 그러나 통화 제한은 충분하지 않았습니다. 1951년 2월 무역 자유화는 일시적으로 중단되었고 서독은 유럽결제연합에서 1억 2천만 달러의 특별 대출을 받았습니다. 독일주은행(Bank deutscher Länder)의 제한정책, 수입제한 및 수출의 급격한 증가로 상황이 개선되었습니다. 1951년 4월 이후 서독 경제는 수출과잉(Exportüberschuss)을 기록했습니다. 1952년 초 연방정부는 자유화 프로그램을 재개했습

---

369   Christoph Buchheim, Die Wiedereingliederung Westdeutschlands in die Weltwirtschaft 1945 – 1958, München 1990, S. 126 – 130: Hardach, Marshall-Plan, S. 174 – 178.

니다.[370]

1950-1951년의 국제수지 위기가 극복된 후 루트비히 에르하르트 연방경제장관은 자유 무역과 통화 태환성으로의 전환을 옹호했습니다. 그는 1952년 한 신문기사에서 서독에서 증명된 시장경제를 국제경제관계에도 적용할 것을 요구했습니다. 그는 일부 국가들이 여전히 고수하고 싶어 하는 "강제환율경제"(Devisenzwangswirtschaft)는 하루빨리 극복해야 할 "저주받을 유사질서"(fluchwürdige Pseudoordnung)라고 하였습니다.[371]

그러나 서독은 유럽결제연합의 다른 회원국과 함께라야만 통화의 태환성을 달성할 수 있었습니다. 서독 경제는 유럽 내 무역에서는 정기적으로 수출과잉을 달성했지만, 미국과의 무역에서는 여전히 상당한 수입과잉이 있었습니다. 따라서 독일마르크의 태환 가능성은 유럽결제연합의 다른 회원국이 수출과잉 또는 자본수입을 통해 충분한 달러수입을 달성하는 데 달려 있었습니다. 그래야만 서독은 유럽 내 수출과잉을 달러로 전환해 미국과의 무역적자를 메울 수 있었습니다.

열린 세계경제로의 진입은 또한 전쟁 전 기간의 오래된 부채와 연합국의 서독에 대한 해외원조 결산을 포함하는 외채청산을 요구했습니다. 인종학살(Völkermord)에 대한 배상에 대해 이스라엘 국가 및 "독일에 대한 유대인의 물질적 청구에 관한 회의"(Conference on Jewish Material Claims against Germany)와 합의에 도달해야 했습니다. 1953년 런던 채무협정(Londoner Schuldenabkommen)에서 기존 및 신규 외채는 총 140억 독일마르크(DM)로 확정되었습니다. 그들은 연부금으로 갚아야 했습니다. 이스라엘 국가에 30억 독일마르크(DM), 이스라엘 외부에 거주하는 인종학살 생존자들에 대한 배상으로 "독일에 대한 유대인의 물질적 청구에 관한 회의"에 4억 5천만 독일마르크(DM)로 물질적 보상에 대한 합의가 이루어졌습니다.[372]

---

370 Buchheim, Wiedereingliederung Westdeutschlands, S. 130 – 133; Hardach, Marshall-Plan, S. 297 – 319.

371 Ludwig Erhard, Freiheit und Ordnung, in: Der Volkswirt, 20. Dezember 1952.

372 Christoph Buchheim, Das Londoner Schuldenabkommen, in: Ludolf Herbst (Hrsg.), Westdeutschland 1945 – 1955. Unterwerfung, Kontrolle, Integration, München 1986, S. 219 – 229.

1958년 12월 유럽 8개국(벨기에, 서독, 프랑스, 영국, 아일랜드, 이탈리아, 룩셈부르크, 네덜란드)은 그들의 통화가 태환가능하다고 선언했습니다. 이로써 유럽경제연합은 해산되었습니다.[373] 에르하르트 연방경제장관은 라디오 연설에서 가장 중요한 서유럽 통화들의 태환가능성은 "국가 간 경제관계에서 전환점이 된 역사적인 날"이라고 설명했습니다.[374]

3.7.2 수출지향 경제

그때까지 소수의 회원국만이 참여했던 브레턴우즈 금융체제(Währungssystem von Bretton Woods)는 서유럽 통화의 태환성으로 인해 크게 확대되었습니다. 1964년 일본은 엔(Yen) 태환성을 도입했습니다. 이로써 제1세계의 중요한 통화들이 태환 가능한 통화와 고정 환율을 통해 연결되었습니다. 중요한 원자재나 식량을 수출하는 일부 주변국들도 브레턴우즈 금융체제에 동참했습니다. 반면에 많은 국가, 특히 제3 세계에서는, 외환통제를 통해 자국통화를 보호했습니다. 제2 세계 국가사회주의 국가들에서는 여전히 외환통제가 있었습니다.[375]

독일마르크(Deutsche Mark)는 태환가능으로 전환된 후 저평가된 것으로 여겨졌습니다. 평가절상은 높은 통화준비금을 추구하는 연방은행(Bundesbank)의 반대와 독일마르크(Deutsche Mark)의 저평가로 경쟁정책적 우위를 점하려는 산업계의 저항으로 처음에는 실패했습니다.[376] 마침내 1961년 독일마르크(Deutsche Mark)는 5%가 평가절상되어 달러

---

373   Buchheim, Wiedereingliederung Westdeutschlands, S. 133 – 181; Dickhaus, Bundesbank, S. 117 – 247; Gerd Hardach, Die Rückkehr zum Weltmarkt 1948 – 1958, in: Axel Schildt / Arnold Sywottek (Hrsg.), Modernisierung im Wiederaufbau. Die westdeutsche Gesellschaft der 50er Jahre, Bonn 1993, S. 80 – 106; van der Wee, Der gebremste Wohlstand, S. 505 – 509.

374   Ludwig Erhard, Deutsche Mark frei konvertierbar. Rundfunkansprache am 28. Dezember 1958. In: Erhard, Gedanken aus fünf Jahrzehnten, S. 568.

375   Barry Eichengreen, Vom Goldstandard zum Euro. Die Geschichte des internationalen Währungssystems, Berlin 2000.

376   Holtfrerich, Geldpolitik, S. 404 – 409.

당 4독일마르크(Deutsche Mark)가 되었습니다. 수출과잉은 1962년에 크게 감소했고 1965년에는 약간의 수입과잉을 기록하기도 했습니다. 그러나 1966년 이래로 서독 경제는 다시 그 어느 때보다 높은 수출과잉을 기록하였습니다.[377] 높은 수출과잉은 국제통화시스템의 안정성을 위태롭게 했을 뿐만 아니라 1967년 안정법에서 요구하는 국제수지 균형과도 모순되었습니다. 독일경제전문가협의회(Der Sachverständigenrat zur Begutachtung der gesamtwirtschaftlichen Entwicklung)는 1968년에 "과잉 불균형"(Überschussungleichgewicht)을 인플레이션의 원인이자 국제 통화시스템에 대한 부담이라고 비판했습니다.[378] 1969년 독일마르크(Deutsche Mark)는 다시 평가절상되었는데, 이번에는 9% 인상되어 달러당 3.66독일마르크(Deutsche Mark)가 되었습니다. 다른 유럽통화인 영국 파운드(Pfund)는 1967년에, 프랑스 프랑(Franc)은 1969년에 달러에 대해 평가절하되었습니다.[379]

그러나 부분적인 환율변동은 통화 시스템을 안정시키기에 충분하지 않았습니다. 문제의 핵심은 브레턴우즈 통화시스템의 기반이 된 달러 약세였습니다. 1960년대 중반 이후 미국의 수출과잉은 급격히 감소했습니다. 이것은 처음에는 국제무역 균형으로의 접근으로 인식되었습니다. 서유럽 국가들과 일본은 생산성에서 미국을 따라잡기 시작했습니다. 이에 더해 미국으로부터의 높은 자본수출과 미국 정부의 상당한 해외지출이 수반된 베트남 전쟁이 있었습니다. 미국의 무역 파트너는 증가하는 달러를 축적했습니다. 1940년대 후반과 1950년대의 달러격차(Dollarlücke)는 1960년대에 달러과잉(Dollarschwemme)으로 바뀌었습니다.

미국의 국제수지 불균형은 고정된 평가(Parität/平價)로 달러를 금으로 상환할 수 있는 브레턴우즈 체제의 근간을 위협했습니다. 1968년 미국 정부는 사적 거래를 위한 달러의

377　Geschäftsbericht der Deutschen Bundesbank 1968, S. 33 – 42.

378　Sachverständigenrat zur Begutachtung der gesamtwirtschaftlichen Entwicklung, Alternativen außenwirtschaftlicher Anpassung. Jahresgutachten 1968/69, Stuttgart 1968, S. 31.

379　Carsten Burhop / Julian Becker / Max Bank, Deutschland im Weltwährungssystem von Bretton Woods, in: Geschichte und Gesellschaft, 39 (2013), S. 197 – 239.

금 상환을 폐지하고 외국 중앙은행에 제한했습니다. 그러나 이러한 제한은 달러의 안정성을 유지하기에 충분하지 않았습니다. 1971년 8월 닉슨 대통령은 달러의 금 상환을 폐지했습니다. 국제통화체제 회원국들은 자국 통화의 태환성을 유지하되 변동환율제로 전환했습니다. 1971년 12월의 워싱턴 통화협정에서 평가(Parität)의 재조정을 통해 고정환율 제도를 구해보려는 또 다른 시도가 있었습니다. 달러는 금에 대해 평가절하되었습니다. 벨기에, 서독, 일본, 룩셈부르크, 네덜란드, 스위스는 모두 달러 대비 자국 통화를 절상시켰습니다. 새로운 평가(Parität)는 중앙은행의 개입으로 안정적으로 유지되어야 했습니다. 그러나 다자간 불균형은 커졌습니다.

1973년 브레턴우즈 체제는 폐기됐습니다. 통화는 무엇보다 자본주의 산업국가의 제1세계에서 태환성을 유지했습니다. 그러나 환율은 유동적이었고 외환 시장의 수요와 공급에 따라 달라졌습니다. 태환성 통화가 있는 국가는 더 이상 경제 및 통화정책에 있어서 고정된 통화평가(Währungsparität)를 기반으로 할 필요가 없었습니다.[380]

관세 및 무역에 관한 일반 협정(General Agreement on Tariffs and Trade/GATT)의 틀 안에서 관세를 낮추기 위한 협상은 1960-1961년 딜런 라운드(Dillon-Runde), 1963-1967년 케네디 라운드(Kennedy-Runde)에서 계속됐습니다. 1973-1979년 도쿄 라운드(Tokyo-Runde)에서 처음으로 서비스 부문의 장벽이 낮아졌습니다. 관세 및 무역에 관한 일반 협정(GATT) 참가국 수가 증가했습니다. 1986년 시작된 딜런 라운드에는 39개국, 케네디 라운드에는 74개국, 우루과이 라운드에는 117개국이 참가했습니다. 시간이 지남에 따라, 많은 관세인하 이후에도 많은 참가국에 중요한 보호의 핵심이 남아 있었기 때문에, 협상은 더욱 어려워졌습니다. 특히 농업보호주의(Agrarprotektionismus)가 논란이 됐습니다. 우루과이 라운드 협상은 1986년부터 1994년까지 지속되었습니다. 관세 및 무역에 관한 일반 협정(GATT)이 체결되기 이전에 제1세계의 산업제품에 대한 관세는 평균 35%였습니다. 우루과이 라운드 이후 제1세계 국가의 완제품에 대한 평균 관세는 4%로 떨어졌습니

---

380   Eichengreen, Goldstandard, S. 174 - 187; van der Wee, Der gebremste Wohlstand, S. 517 - 560.

다. 상당한 달러격차(Dollarlücke)가 있었던 1950년대, 서유럽 국가와 미국 간의 대서양 횡단 무역에서는 양적 무역제한이 중요했습니다. 서유럽 통화가 태환성으로 전환된 후 제1세계에서 양적 무역제한이 철폐되었습니다. 제3세계 국가에서는 양적 무역제한이 지속되었습니다.[381]

세계시장으로의 통합은 사회적 시장경제의 중요한 기둥이 되었습니다. 서독의 대외무역은 1950년대에 국민총생산(Bruttosozialprodukt)보다 빠르게 성장했습니다. 1950-1951년의 국제수지 위기를 극복한 후 서독 경제는 꾸준히 수출과잉을 달성했습니다.[382] 1950년부터 1989년까지 국민총생산에서 수출비율은 8%에서 35%로, 수입비율은 12%에서 29%로 증가했습니다.[383]

서독 대외무역은 대부분 서유럽 국가들과의 근린무역이었습니다. 1958년 독일마르크(Mark)가 태환됐을 때 서유럽 국가들은 서독 수출의 60%를 흡수하고 수입의 50%를 공급했으며 미국은 수출의 7%만 흡수하고 수입의 13%를 공급했으며, 다른 자본주의 국가들은 수출의 27%를 흡수하고 수입의 30%를 차지했으며, 동유럽국가들과 중국은 수출과 수입의 각각 6%를 차지했습니다.[384]

연방정부는 서유럽 시장에 대한 극도의 의존도를 줄이기 위해 지역적으로 대외무역을 다양화하는 것이 중요하다고 생각했습니다. 기대는 주로 제3세계 국가에 집중되었습니다.

개발도상국은 산업화 따라잡기를 통해 더 강력한 경제성장을 이룰 것이고, 이로써 서독 산업재 판매 시장으로서의 중요성이 커질 것으로 생각하였습니다. 그러나 제3세계 위

381　Kyle Bagwell / Robert W. Staiger, The economics of the world trading system, Cambridge MA 2002; John H. Barton / Judith Goldstein / Timothy E. Josling / Richard H. Steinberg, The evolution of the trade regime. Politics, law, and economics of the GATT and the WTO, Princeton 2008; Bernard Hoekman / Michael M. Kostecki, The political economy of the world trading system, 2. Aufl., Oxford 2011.

382　Statistisches Bundesamt, Bevölkerung und Wirtschaft, S. 260, 270.

383　Statistisches Jahrbuch 1991, S. 636.

384　Statistisches Jahrbuch 1960, S. 308 – 309.

기로 기대는 깨졌습니다. 제3세계 국가의 경제발전은 제1세계, 특히 서유럽과 일본의 역동적인 성장에 훨씬 뒤처졌습니다. 중심부와 주변부 사이의 소득격차가 커졌습니다. 그 결과 서독 대외무역에서 개발도상국의 중요성은 여전히 낮았습니다.[385]

제2세계의 국가사회주의 국가들과의 무역은 냉전으로 인해 둔화되었습니다. 1949년 11월 미국과 서유럽 6개국은 소련과 기타 국가사회주의 국가들에 대한 공동의 금수정책 (Embargopolitik)을 위한 지휘기관으로 극비리에 "협의단"(Consultative Group)을 설립했습니다. 1950년 초에 독일연방공화국이 "협의단"(Consultative Group)에 합류했습니다. "협의단"은 국가사회주의 국가들에 수출이 금지된 무기의 금수목록을 작성했습니다. 군비에 중요한 제품의 수출은 완전히 금지되지는 않았지만 제한되어야 했습니다.[386]

한편으론 서유럽의 경제성장과 다른 한편으론 제3세계 국가들 및 국가사회주의 국가들과의 무역의 낮은 중요성으로 인해 유럽 내 근린무역의 중요성이 높아졌습니다. 1989년에 서유럽 국가들은 독일의 수출의 72%, 미국은 7%, 나머지 자본주의 국가들은 15%를 흡수했습니다. 서유럽 국가들은 독일의 수입의 66%, 미국은 수입의 8%, 나머지 자본주의 국가들은 20%를 제공했습니다. 서독 대외무역에서 국가사회주의 국가들의 중요성은 여전히 낮았지만 정치적 긴장은 감소했습니다. 1989년에 국가사회주의 국가들의 수출입 비중은 각각 6%였습니다.[387]

---

385 Paul Bairoch, Le Tiers Monde dans l'impasse. Le démarrage économique du XVIIIe au XXe siècle, 3. Aufl., Paris 1992; Christian Kleinschmidt / Dieter Ziegler (Hrsg.), Dekolonisierungsgewinnler. Deutsche Außenpolitik und Außenwirtschaftsbeziehungen im Zeitalter des Kalten Krieges, Berlin 2018.

386 Gunnar Adler-Karlsson, Western economic warfare 1947 – 1967, Stockholm 1968; Philip J. Funigiello, American-Soviet trade in the cold war, Chapel Hill 1988; Hardach, Marshall-Plan, S. 185 – 193.

387 Statistisches Jahrbuch 1991, S. 298 – 300.

3.7.3 유럽통합

유럽석탄철강공동체(Europäische Gemeinschaft für Kohle und Stahl). 유럽 재건프로그램의 통합목표는 1950년 유럽결제연합(Europäische Zahlungsunion)의 설립과 함께 달성되었습니다. 영국에서 터키에 이르기까지 유럽경제협력기구(Organization for European Economic Cooperation/OECD) 회원국의 경제 조건은 좀 더 심화된 공동시장으로 통합하기에는 너무 달랐습니다. 대신 프로젝트를 통한 보다 긴밀한 경제협력이 추구되었습니다. 이 프로젝트는 소수 국가와 당시 서유럽 경제의 근간으로 여겨진 석탄과 철강산업 두 부문으로 제한되었습니다. 1951년 벨기에, 독일연방공화국, 프랑스, 이탈리아, 룩셈부르크, 네덜란드, 서유럽 6개국이 유럽석탄철강공동체(Europäische Gemeinschaft für Kohle und Stahl)를 결성해 1952년 발효됐습니다.[388]

유럽석탄철강공동체(European Coal and Steel Community)는 "고위 당국"(Hohe Behörde)에 초국가적 권한을 부여했습니다. 고위 당국(Hohe Behörde)은 6개 회원국 국회에서 의원을 파견하는 의회와 같은 "공동 의회"(Gemeinsame Versammlung)와 6개 회원국 정부가 대표하는 "특별 각료회의"(Besonderen Ministerrat)에 의해 이중 통제를 받았습니다. 조약의 적용에서 분쟁을 해결하기 위해 별도의 법원이 설립되었으며, 그 결정은 회원국에 대해 구속력을 가졌습니다.[389]

몬탄유니온(Montanunion)의 모델은 경쟁 지향적인 사회적 시장경제가 아니라 프랑스식 개입주의였습니다. 고위 당국은 원하는 자원 분배와 생산 증가를 달성하기 위하여, 가격결정, 수량통제 및 보조금에 대한 광범위한 권한을 가졌습니다. 연방경제부장관 에르

---

388 Ambrosius, Wirtschaftsraum Europa, S. 79 – 84; John Gillingham, Coal, steel and the rebirth of Europe. The Germans and the French from Ruhr conflict to economoc community, Cambridge 1991.

389 Vertrag über die Gründung der Europäischen Gemeinschaft für Kohle und Stahl. Vom 18. April 1951. BGBl. 1952 I, S. 447 – 475.

하르트는 개입주의적 성향 때문에 몬탄유니온(Montanunion)을 비판했습니다.[390]

1950년대 후반에 시작된 석탄산업의 구조적 위기 동안 회원국들은 공동의 정책에 대해 일치할 수 없었습니다. 각 국가는 자체적인 위기전략을 추구했습니다.[391] 1970년대 철강산업의 위기 속에서도 공동의 안정화정책은 없었습니다.[392]

유럽경제공동체. 1955년부터 유럽석탄철강공동체의 6개 회원국은 경제공동체와 공동 원자력경제(Atomwirtschaft)에 대해 논의해 왔습니다. 1957년 벨기에, 독일 연방공화국, 프랑스, 이탈리아, 룩셈부르크, 네덜란드는 유럽경제공동체(Europäische Wirtschaftsgemeinschaft/EWG)와 유럽원자력공동체(Europäische Atomgemeinschaft/EURATOM)를 설립했습니다. 1958년에 조약이 발효되었습니다. 연방정부의 관점에서 볼 때 경제공동체와 원자력공동체의 설립에는 경제적 동기뿐만 아니라 무엇보다도 정치적 동기가 있었습니다. 아데나워(Adenauer) 연방 수상은 이웃 서유럽 국가들과의 긴밀한 관계, 특히 프랑스와의 협력을 서독 외교정책의 중요한 목표로 간주했습니다. 에르하르트 경제부 장관은 자체 기관을 갖춘 유럽경제공동체 프로젝트에 대해 비판적이었습니다. 그는 세계 자유무역을 방해하는 지역 보호주의가 나타날 수 있다고 우려했습니다.

유럽경제공동체는 경제성장과 생활수준 향상을 위해 공동시장을 만들고 회원국 경제정책의 수렴을 위해 노력해야 했습니다. 유럽원자력공동체는 원자력의 평화적 이용 영역에서 회원국 간 협력을 촉진한다는 온건한 목표가 있었습니다. 새로운 공동체의 제도는 몬탄유니온(Montanunion)을 모델로 했습니다. 회원국 정부들에 의해 구성된 행정기관으로서의 위원회, 회원국 의회에서 파견하는 의회(Versammlung), 사법 재판소가 있었습니다. 1967년 몬탄유니온(Montanunion), 유럽경제공동체, 원자력공동체, 세 공동체의 기관이 통합되었습니다.

---

390   Erhard, Wohlstand, S. 357 – 363.

391   Kommission der Europäischen Wirtschaftsgemeinschaft, Exekutivsekretariat, Probleme der Industriepolitik. Memorandum vom 3, Juli 1967. Historisches Archiv der Europäischen Union BAC 62/1980-1.

392   Hardach, Wettbewerbspolitik, S. 243 – 245.

유럽의회(Europäische Versammlung) 의원들은 처음에는 회원국가의 의회에서 파견되었습니다. 유럽 의회에 대한 직접 선거는 1979년에 도입되었습니다. 5년 임기의 의원은 모든 회원국에서 동시에 선출되었습니다. 국민국가의 이해관계를 고려하여, 대의민주주의 원칙에는 부합하지 않지만, 작은 국가들의 유권자들에게 유리한 선거절차를 채택하였습니다. 큰 국가는 작은 국가보다 "차분비례" 방법에 따라 더 많은 의원 수를 받았지만 그 차이는 인구수 비율과 거의 일치하지 않았습니다. 작은 나라의 유권자들은 큰 나라보다 몇 배 더 많은 투표권을 가졌습니다. 따라서 유럽 의회(Europäische Parlament)는 민주적 정당성이 부족했습니다.

유럽 경제공동체는 공동시장을 향해 신속하게 일했습니다. 양적 무역제한은 1961년까지 해제되었습니다. 1967년에 국내관세(Binnenzoll)가 폐지되고 공동의 외부관세(Außenzoll)가 도입되었습니다. 대외무역정책(Außenhandelspolitik)은 회원국 정부에서 유럽 경제공동체로 이전되었습니다. 상품시장의 개방에 이어 노동시장의 개방이 뒤따랐습니다. 1968년 이후 유럽경제공동체의 노동자들은 국경을 넘어 일자리를 찾을 수 있게 되었습니다. 농업을 위한 특별한 규칙이 만들어졌습니다. 제3국에 대한 보호관세(Schutzzoll), 시장규제(Marktregulierung), 광범위한 보조금(Subvention)과 함께 공동의 규제된 농산물시장(Agrarmarkt)이 만들어졌습니다. 금융정책, 경제정책, 통화정책 및 사회정책의 필수 영역은 회원국 정부에게 남아있었습니다.

큰 시장으로서의 유럽경제공동체는 매력적이었고 새로운 회원들을 끌어들였습니다. 덴마크, 영국, 아일랜드는 1973년에, 그리스는 1981년에, 스페인과 포르투갈은 1986년에 유럽경제공동체에 가입했습니다. 80년대 말에 6개 회원국의 공동체는 12개 회원국의 공동체가 되었습니다.[393]

회원국 통화의 고정 환율로의 태환성은 유럽경제공동체 초기에 브레턴우즈 통화 시스템에 의해 보장되었습니다. 국제통화체제가 무너지자 회원국들은 1971년 통화동맹

---

393   Ambrosius, Wirtschaftsraum Europa, S. 84 – 95.

(Währungsunion)의 점진적인 도입을 결정했습니다. 피에르 베르너(Pierre Werner) 룩셈부르크 총리가 이끄는 실무그룹이 작성한 계획에 따르면 경제 및 통화동맹은 1980년까지 달성될 예정이었습니다. 그러나 1970년대의 "스태그플레이션"(Stagflation)으로 야심차게 추진한 "베르너 계획"(Werner-Plan)은 실패했습니다. 유럽 국가들은 위기를 극복하기 위해 서로 다른 전략을 추구했으며, 경제 및 통화동맹에 의해 경제적, 정치적 주권이 제한되는 것을 원하지 않았습니다.[394]

그러나 보다 유연한 형태기는 하지만 서유럽에서는 여전히 환율안정에 대한 관심이 있었습니다. 1972년에는 유럽경제공동체 회원국 외에 다른 유럽 국가들도 속한 유럽환율연합(Europäische Wechselkursverbund)이 창설됐습니다. 통화연합(Währungsverbund) 회원국의 환율은 중앙은행의 개입을 통해 중앙환율(Leitkurs) 주변의 좁은 범위 내에서 유지되어야 했습니다. 그러나 통화연합은 1970년대 스태그플레이션의 결과로 어려움을 겪었습니다. 통화연합 회원국들의 생산과 고용, 인플레이션율과 경상수지는 서로 많이 달랐습니다. 따라서 고정환율을 유지할 수 없었습니다. 점차 중요한 회원들이 유럽 통화연합을 떠났습니다.

독일연방수상 헬무트 슈미트(Helmut Schmidt)와 프랑스 대통령 발레리 지스카르 데스탱(Valéry Giscard d'Estaing)의 주도로 유럽경제공동체는 유럽 내 통화안정을 회복하기 위한 새로운 시도를 하였습니다. 1979년 유럽통화시스템(Europäische Währungssystem/EWS)이 설립되었습니다. 전부는 아니지만 대부분의 유럽경제공동체 회원국이 여기에 속했습니다. 청구통화(Rechnungswährung)인 유럽통화단위(European Currency Unit/ECU)는 통화 시스템의 중심점이 되었습니다. 회원국 통화의 가중평균(gewichtete Durchschnitt)으로 정의되었습니다. 서로 다른 인플레이션율이나 경상수지 불균형으로 인해 통화의 환율이 유럽통화단위(European Currency Unit/ECU)와의 균등(Parität)을 벗어나게 된다면, 참여국 정

---

394 Henry Krägenau / Wolfgang Wetter, Europäische Wirtschafts- und Währungsunion. Vom Werner-Plan zum Vertrag von Maastricht, Baden-Baden 1993, S. 4-9, 97-117.

부와 중앙은행이 협력하여 안정 회복을 위해 노력해야 했습니다. 편차가 더 큰 경우 개별 통화는 평가절하 또는 평가절상되어야 했습니다.

전반적으로 유럽통화시스템(Europäische Währungssystem)은 이전 유럽통화연합 (Europäische Währungsverbund)보다 더 유연했습니다. 그러나 참여국들이 경제정책을 일관되게 환율의 안정에 맞추려 하지 않는다는 구조적 문제도 있었습니다. 참가국들의 경제정책의 차이, 인플레이션율 차이, 투기적 자본이동으로 인해 종종 유럽통화단위에 대한 개별 통화의 균등(Parität)을 변경해야 했습니다. 독일마르크(Deutsche Mark)는 여러 번 평가절상되었고, 프랑스 프랑(Franc)과 이탈리아 리라(Lira)는 평가절하되었습니다.[395]

1980년대에 경제와 통화연합(Wirtschafts- und Währungsunion) 프로젝트가 되살아났습니다. 1986년에 "단일유럽의정서"(Einheitliche Europäische Akte)가 채택되어 1987년에 발효되었습니다. 목표는 내부시장의 완성, 회원국의 경제 및 통화정책 수렴, 연구 및 기술, 환경보호 및 사회정책을 통한 의제 확장이었습니다. 한편 유럽경제공동체의 권한은 그동안 시장개방을 훨씬 넘어섰기 때문에 "유럽정치협력"(Europäische Politische Zusammenarbeit)이 합의되었습니다.[396]

1989년 자크 들로르(Jacques Delors) 위원회 위원장이 의장을 맡은 저명한 전문가그룹이 경제 및 통화통합을 위한 단계별 계획을 발표했습니다. 경제연합에는 네 가지 기본 요소가 있어야 했습니다. (1) 사람의 자유로운 이동과 상품, 서비스 및 자본의 단일 시장, (2) 시장 강화를 위한 일반적 자유화 및 공동 경쟁정책, (3) 시장적응을 촉진하기 위한 공동의 구조정책 및 지역정책, 그리고 (4) 회원국의 경제정책 및 재정정책 조정. 유럽중앙은행 시스템은 공동의 통화정책으로 경제연합을 강화하고 회원국 정부가 시스템에 맞는 정

---

395 Peter Bernholz, Die Bundesbank und die Währungsintegration in Europa, in: Deutsche Bundesbank (Hrsg.), Fünfzig Jahre Deutsche Mark. Notenbank und Währung in Deutschland seit 1948, München 1998, S. 773 – 815; Daniel Gros / Niels Thygesen, European monetary integration. From the Europoean Monetary System to Economic and Monetary Union, Harlow 1988.

396 Ambrosius, Wirtschaftsraum Europa, S. 155 – 161.

책을 채택하도록 강제해야 했습니다. 주권국가 간 자유무역지역(Freihandelszone)으로 시작된 유럽경제공동체는 회원국 정부의 경제정치적 주권을 민감하게 제한하는 초국가적 중심인 경제연합이 되어야 했습니다.[397]

유럽경제공동체가 설립되었을 때 그것은 서독 대외무역에 중요했지만 지배적이지는 않았습니다. 1958년 유럽경제공동체 회원국들은 서독 수출의 26%를 흡수했고 수입의 23%를 공급했습니다.[398] 서유럽의 확장과 강력한 경제성장으로 인해 유럽경제공동체는 서독 대외무역에서 중요성을 얻었습니다. 1989년에 공동체 회원국은 서독의 수출의 55%를 흡수하고 수입의 51%를 공급했습니다.[399]

유럽자유무역연합. 오스트리아, 덴마크, 영국, 노르웨이, 포르투갈, 스웨덴, 스위스는 1960년에 유럽자유무역연합(European Free Trade Association/EFTA)을 설립했고 같은 해에 발효되었습니다. 자유무역지역의 통합 목표는 유럽경제공동체보다 온건했습니다. 회원국들은 양적 무역규제를 완화하고 관세를 인하하기로 합의했습니다. 그러나 일반적인 대외관세(Außenzoll)나 초국가적 기관은 없었습니다. 회원국은 서로 다른 대외관세(Außenzoll)를 유지하고 있었기 때문에 제3국으로부터의 물품이 대외 관세가 가장 낮은 국가를 경유하여 모든 회원국에 도달되지 않도록 수입품의 원산지를 결정해야 했습니다.

유럽자유무역연합의 통합 효과는 약했습니다. 유럽자유무역연합 회원국과 유럽경제공동체와의 대외무역은 자유무역연합 내 무역보다 중요했습니다. 따라서 유럽자유무역연합(EFTA)은 그다지 매력적이지 않았습니다. 오직 아이슬란드만이 1970년에 자유무역지역에 가입했습니다. 반면에 덴마크와 영국이 1973년에 유럽경제공동체에 가입하기 위하여 유럽자유무역연합(EFTA)을 떠난 것은 민감한 손실이었습니다. 1986년 포르투갈은 유럽경제공동체로 옮겼습니다. 반면 핀란드는 유럽자유무역연합에 가입했습니다. 그

397　Krägenau / Hellmann, Europäische Wirtschafts- und Währungsunion, S. 30 –75, 146 –157.

398　Statistisches Jahrbuch 1960, S. 308.

399　Statistisches Jahrbuch 1990, S. 275.

이후로 핀란드, 아이슬란드, 노르웨이, 오스트리아, 스웨덴, 스위스가 유럽자유무역연합 (EFTA)에 속했습니다. 작은 공국(Fürstentum)인 리히텐슈타인(Liechtenstein)은 1923년부터 관세동맹으로 연결되어 있는 스위스를 통해 회원국으로 연결되었습니다.[400]

3.7.4 내독간 교역

서독의 관점에서 볼 때 독일연방공화국과 독일민주공화국 간 독일 내 교역은 대외무역이 아니라 특수한 유형의 대외무역관계로 간주되었습니다. 독일민주공화국은 국가로서의 독립을 고려하여 독일 내부 교역을 대외무역으로 간주했습니다. 그러나 독일민주공화국은 서독으로부터의 공급이 동독 경제에 필수였기 때문에 서독과의 무역은 특별한 조건에 놓여있다는 점을 인정했습니다. 1949년 5월 베를린 봉쇄(Berlin-Blockade)가 해제된 후 서독과 동독 간 교역 재개에 관한 협상이 재개되었습니다.

독일민주공화국 건국 하루 만인 1949년 10월 8일, "독일마르크(서)통화지역"과 "독일마르크(동)통화지역" 간 교역에 관한 프랑크푸르트 협정이 체결되었습니다. 신중한 단어 선택으로 서독 측은 독일민주공화국에 대한 국가적 인정을 피했고 동독 측은 서 베를린이 협정에 포함되었음을 인정했습니다. 이 협정은 국가가 통제하는 양자 간 교역을 제공했습니다. 교역은 "회계단위"(Verrechnungseinheit)를 기준으로 정산되었습니다. 공식적으로 1 독일마르크(DM-West)와 1 독일마르크(DM-East)에 대한 하나의 회계단위 균등(Parität)이 적용되어야 했습니다. 실제로 서독에서는 회계단위가 상품의 시장가격에 상응했던 반면 동독에서는 상품의 종류에 따라 자국 통화로의 환산율이 다르게 적용되었습니다.

프랑크푸르트 협정은 일시적이었습니다. 그것은 1951년에 독일 내 교역의 지속적

---

400 Georges Baur, The European Free Trade Association. An intergovernmental platform for trade relations, Cambridge 2020.

인 기반으로 간주되었던 베를린 협정으로 대체되었습니다.[401] 1951년 유럽석탄철강공동체(European Coal and Steel Community)가 설립되었을 때 석탄과 철강의 내독간 교역은 제외되었습니다. 1957년 유럽경제공동체가 설립되었을 때도 독일 내 교역은 국내교역(Binnenhandel)의 지위를 부여받았습니다. 따라서 유럽경제공동체의 공동 대외무역정책의 영향을 받지 않았습니다.

1950년대에는 낮은 수준에서 독일 내 교역이 증가했습니다. 그러나 서독 대외무역에서의 중요성은 여전히 낮았습니다. 1958년 독일 내 교역을 포함하여 동독으로의 공급은 서독 전체 수출의 2%를 차지했으며 동독으로부터의 수입은 전체 수입의 3%를 차지했습니다. 서독은 주로 석탄, 철강, 화학 제품, 기계와 같이 동독 경제에 매우 중요한 제품을 수출했습니다. 소련산 원유로 만든 휘발유와 경유, 가격이 낮아 경쟁력이 있는 표준제품을 수입했습니다.[402]

그 이후로 서독인들에게 독일 내 교역의 중요성은 줄어들었습니다. 동독 경제는 서독으로부터의 기술수입에 관심이 있었습니다. 때때로 공급 병목 현상을 극복하기 위해 소비재도 수입되었습니다. 그러나 동독 경제는 서독에서 판매할 수 있는 몇 가지 제품만 제공할 수 있었기 때문에 구매 옵션이 제한되었습니다.[403] 1980년대에 내독간 교역은 독일연방공화국이 범독일적 책임을 기반으로 독일민주공화국에 광범위한 차관을 제공하는 데 점점 더 의존했습니다. 첫 차관은 1983년과 1984년에 합의되었습니다. 그러나 차관 공여는 내독간 교역의 불균형을 보상하기에는 역부족이었습니다.[404] 1989년 내독간 교역

---

401   Peter E. Fäßler, Durch den „Eisernen Vorhang". Die deutsch-deutschen Wirtschaftsbeziehungen 1949–1969, Köln 2006; Peter Krewer, Geschäfte mit dem Klassenfeind. Die DDR im innerdeutschen Handel 1949–1989, Trier 2008.

402   Statistisches Jahrbuch 1960, S. 285.

403   Fäßler, Durch den „Eisernen Vorhang", S. 198–305 Krewer, Geschäfte mit dem Klassenfeind, S. 128–306.

404   Hans-Hermann Hertle, Der Fall der Mauer. Die unbeabsichtigte Selbstauflösung des SEDStaates, Opladen 1996; Hans-Hermann Hertle, Die Diskussion der ökonomischen Krisen in der Führungsspitze der SED, in: Theo Pirker / M. Rainer Lepsius / Rainer Weinert / Hans.- Hermann Hertle (Hrsg.), Der Plan als Befehl und Fiktion. Wirtschaftsführung in der DDR. Gespräche und Analysen, Opladen 1995, S. 309–345;

은 서독 전체 수출의 1.2%, 수입의 1.4%를 차지했습니다.[405]

4. 분배

4.1 국가의 몫

노동과 자본의 분배 이전에 국가는 총 경제 생산량의 상당 부분을 요구했습니다. 독일 연방공화국의 재정법(Finanzverfassung)에서 분리시스템(Trennsystem)은 원래 주(Land)의 지위를 강화하려는 것이었습니다.[406] 다양한 지방당국에는 자체 세금이 할당되었습니다. 무엇보다 연방정부는 판매세(Umsatzsteuer)는 연료세, 관세, 특히 주류 독점을 의미하는 금융독점으로부터의 수입, 그리고 몇 가지 작은 소비세를 받았습니다. 특히 주정부는 소득세, 법인세, 자본이득세, 재산세, 상속·증여세 등의 직접세를 과세할 수 있었습니다. 주에 부여된 중요한 소비세는 자동차세였습니다. 지역 사회는 주의 세수를 공유하고 부동산세, 기업세 및 일부 지방 소비세를 통해 자체 자금을 조달해야 했습니다. 과세의 통일성을 유지하기 위해 주를 위한 입법주권은 일반적으로 연방정부에 있었습니다. 따라서 주는 낮은 세금으로 사람이나 회사 유치를 도모할 수 없었습니다. 지방세의 기초는 연방정부와 주 정부에 의해 결정되었습니다. 그러나 지방은 기업세와 부동산세에 대한 요율(Hebesatz)을 결정할 수 있었고 이 틀 내에서 지방세 정책에 영향력을 행사할 수 있었습니다.[407]

André Steiner, Von Plan zu Plan. Eine Wirtschaftsgeschichte der DDR, Berlin 2007, S. 224‒257.

405 Statistisches Jahrbuch 1991, S. S. 271‒272, 298‒300.

406 Grundgesetz für die Bundesrepublik Deutschland. Vom 23. Mai 1949. BGBl. 1949, S. 1‒19. Art. 104‒114.

407 Rudolf Wendt, Finanzhoheit und Finanzausgleich, in: Josef Isensee / Paul Kirchhof (Hrsg.), Handbuch des

추세는 국가 업무의 중앙집권화를 향해 나아갔고 따라서 재정법에서 연방정부를 강화하는 방향으로 향했습니다. 1955년의 세제개혁은 분리시스템(Trennsystem)과 분담시스템(Verbundsystem)을 혼합하여 도입했습니다. 일부 세금은 다른 지방에 할당되었습니다. 가장 중요한 간접세인 판매세(Umsatzsteuer)는 여전히 연방정부가 갖고 있었습니다. 그러나 주요 직접세인 소득세와 법인세는 연방정부와 주정부에 분담되었습니다. 세금 수입의 3분의 1은 연방정부에, 2/3는 주정부에 귀속되었습니다.[408]

1969년 금융개혁으로 분담시스템(Verbundsystem)은 더욱 강화되었습니다. 소득세, 양도소득세, 법인세, 판매세(Umsatzsteuer) 등 가장 중요한 세금은 지역세로 징수해 지방에 배분되었습니다. 소득세와 판매세(Umsatzsteuer)는 연방, 주, 지방정부가 관여했고, 법인세와 자본이득세는 오직 연방과 주정부만 관여했습니다. 세입의 분배는 더 이상 헌법에 확정되지 않고 단순한 법률에 의해 결정되었습니다.[409] 세입 분배에 대한 연방, 주 및 지방정부 간 논의는 그 이후로 일상적인 재정정책에 속했습니다.[410] 1950년대 초반의 금융법은 여러 층으로 된 흑림 케이크 모양과 같았고, 후기의 재정시스템은 연방, 주, 지방의 세금이 철저히 혼합된 대리석 케이크 모양과 같았습니다.

기본법(Grundgesetz)은 국가가 연방 영토에서 생활조건의 평등을 증진하도록 의무화했습니다. 연방주 간 수평적 재정평준화와 연방정부와 연방주 간 수직적 재정평준화를 통해 이 목표를 달성해야 했습니다. 수평적 재정평준화는 경제력과 재정력이 강한 주가 재정력이 약한 주에 세입의 일부를 이전하도록 요구했습니다. 수직적 재정평준화의 틀 내에서 개별 연방주는 특별 업무를 위해 또는 특별한 경우 재정위기를 극복하기 위해 연방

Staatsrechts der Bundesrepublik Deutschland, Bd. 4, Heidelberg 1990.

408   Finanzverfassungsgesetz. Vom 23. Dezember 1955. BGBl. 1955 I, S. 817–818.

409   Einundzwanzigstes Gesetz zur Änderung des Grundgesetzes (Finanzreformgesetz). Vom 12. Mai 1969. BGBl. 1969 I, S. 359–362.

410   Stefan Bajohr, Grundriss Staatliche Finanzpolitik, Opladen 2003, S. 61–134; Horst Zimmermann / Klaus-Dirk Henke, Finanzwissenschaft, München 2001, S. 178–195.

보조금을 받을 수 있었습니다.[411]

1950년에 연방, 주 및 지방정부는 총 290억 독일마르크(DM)를 인건비, 상품 및 서비스 조달, 기업에 대한 보조금, 가계로의 소득 이전, 점령 비용 및 정부 부채에 대한 이자 및 상환에 사용했습니다. 사회보장이 전체 지출의 26%로 가장 큰 부분을 차지했고, 점령 비용 15%, 경제 및 교통비 11%, 주택 및 기타 건설 10%, 교육 6%, 배상 및 기타 전쟁으로 인한 피해 5% 순이었습니다.[412]

1950년대 초에 연방정부는 확실히 검소한 재정정책을 추구했습니다. 높은 세율과 예상치 못했던 강력한 경제성장이 상당한 세수를 창출하는 동안 지출은 조심스럽게 증가했습니다. 서독에 주둔하는 외국군대를 위해 높은 주둔비용을 지불해야 했지만, 경제성장의 결과 시간이 지남에 따라 국내총생산에서의 비율은 감소했습니다.[413] 1950년대 중반 이후 정부지출은 더욱 확대되었습니다.[414] 1956년에 도입된 징병제(Wehrpflicht)로 인해 새로운 비용이 발생했습니다. 군사비 지출은 처음에는 적었지만 곧 증가했습니다.[415] 1970년까지 연방, 주 및 지방정부의 지출은 1,960억 독일마르크(DM)로 증가했습니다.[416]

지출과 함께 세금도 증가했는데, 이는 절대 금액뿐만 아니라 국민생산(Sozialprodukt)에 대비해서도 증가했습니다. 세율은 1950년부터 1970년까지 국민총생산의 21%에서 23%로 인상되었습니다.[417] 직접세 중에서 가장 중요한 세금은 가계에 대한 소득세와 법인에

411   Bajohr, Finanzpolitik, S. 112 – 126; Wendt, Finanzhoheit und Finanzausgleich; Zimmermann / Henke, Finanzwissenschaft, S. 195 – 201.

412   Statistisches Bundesamt, Bevölkerung und Wirtschaft, S. 231, 260.

413   Abelshauser, Wirtschaft und Rüstung, S. 1 – 127.

414   Hans-Peter Ullmann, Der deutsche Steuerstaat. Geschichte der öffentlichen Finanzen, München 2005, S. 186 – 195.

415   Abelshauser, Wirtschaft und Rüstung, S. 128 – 185.

416   Statistisches Jahrbuch 1974, S. 410.

417   Sachverständigenrat zur Begutachtung der gesamtwirtschaftlichen Entwicklung, Stabiles Geld – stetiges Wachstum. Jahresgutachten 1964/65, Stuttgart 1964, S. 113; Sachverständigenrat zur Begutachtung der gesamtwirtschaftlichen Entwicklung, Währung, Geldwert, Wettbewerb. Entscheidungen für morgen. Jahresgutachten 1971/72, Stuttgart 1971, S. 72.

대한 법인세였습니다. 기타 직접세는 재산세, 기업세, 부동산세였습니다. 간접세 중에서
는 판매세(Umsatzsteuer)가 가장 중요했습니다. 여기에 연료세 및 기타 소비세와 관세가
추가되었습니다.[418]

조세 정의와 조세 효율성의 원칙은 주로 소득세의 누진세율에서 표현되었습니다. 고
소득층은 세율 상승으로 부담을 느꼈습니다. 연합국 군정부가 도입한 높은 세율은 처
음에 소득세와 법인세에 적용되었습니다. 1949년에 소득세율(Einkommensteuertarif)
은 최고 누진세율(Progressionsstufe)에서 93%였습니다. 1958년에는 53%로 감소했습니
다.[419] 가족지원의 일환으로 가족을 위한 소득세 감면이 있었습니다. 1954년에 가족가구
(Familienhaushalte)가 조세감면과 아동수당 중 하나를 선택할 수 있는 이중 제도가 도입되
었습니다.[420]

결혼한 부부에 대한 과세는 1920년 제국소득세가 도입된 이후 논란이 되어 왔습니다.
독일연방공화국은 처음에 1941년에 도입된 절차를 채택했는데, 이에 따라 공동과세가
규칙이었고 배우자의 개인과세는 예외였습니다. 1957년 연방헌법재판소는 공동과세를
위헌으로 선언했습니다. 기혼 부부는 소득이 비슷한 두 명의 독신자보다 소득을 합산할
때 더 높은 누진세율(Progressionsstufe)을 받았기 때문에 헌법재판관은 기본법에서 보장하
는 혼인보호에 위배된다고 판결하였습니다.[421] 헌법적 해법을 찾기 위해 1958년 배우자
분할(Ehegatten-Splitting)이라는 절차가 도입됐습니다. 배우자가 명시적으로 별도의 평가
를 요청하지 않는 한 가족소득은 계속해서 함께 평가됩니다. 총소득은 수학적으로 나누
어졌고 각각의 절반은 적절한 누진세율로 과세되었습니다. 이 방법에 따르면 기혼 부부
의 공동 소득은 평균적으로 두 개인 소득과 동일한 세율로 과세되었습니다.[422] 1950년대

---

418   Statistisches Bundesamt, Bevölkerung und Wirtschaft, S. 233.

419   Jutta Muscheid, Die Steuerpolitik in der Bundesrepublik Deutschland 1949–1982, Berlin 1986.

420   Hardach, Generationenvertrag, S. 277–287.

421   Entscheidung vom 17. Januar 1957. BVerfGE 6, S. 55–84.

422   Steueränderungsgesetz. Vom 18. Juli 1958. BGBl. 1958 I, S. 473–513.

에는 대부분의 결혼이 가정의 성립으로 이어졌기 때문에 배우자분할(Ehegatten-Splitting)도 가족 부양의 수단으로 여겨졌습니다. 무자녀 부부의 수가 증가한 후, 가족정책에서 배우자분할의 중요성은 감소했습니다. 그러나 그 목적은 결혼한 부부에 대한 조세 차별을 피하는 것이었지, 가족지원을 위한 것이 아니었기 때문에 절차의 정당성은 영향을 받지 않았습니다.[423]

기업이 내야 하는 법인세에는 진전이 없었습니다. 처음에는 회사에 남는 이익의 60%였습니다. 분배된 이익에는 30%의 감소된 세율이 적용되었는데, 이는 이 이익이 다시 한 번 수혜자에게 소득세의 대상이 되었기 때문입니다. 1958년에 법인세는 이익금에 대해 51%, 분배된 이익에 대해 15%로 인하되었습니다. 법인세와 소득세를 통한 분배된 기업 이익의 이중 과세는 고배당보다는 회사의 이익을 그대로 유지하여 내재가치를 높이는 것이 주주들에게 유리한 경우가 많았기 때문에 자금 조달을 촉진했습니다.

자산은 재산세, 부동산세, 부동산양도세, 기업자본세, 상속세, 증여세, 부담균등을 위한 재산세를 통해 다양한 방식으로 국가 재정에 쓰였습니다. 연간 자산세는 가계는 1%, 기업은 0.5%였습니다. 그러나 과세가 자산의 유형에 따라 불균등하게 책정되는 규정 때문에 나중에 문제가 발생하였습니다. 다른 유형의 자산과는 달리 부동산 자산은 낮은 감정가(Einheitswert)로 과세되었습니다. 상속세는 친족관계와 재산 규모에 따라 차등 적용됐습니다.

판매세(Umsatzsteuer)는 매우 중요했습니다. 판매세(Umsatzsteuer)는 처음에 모든 판매에 대해 3%였습니다. 1951년에는 4%로 인상되었습니다. 1968년부터 판매세(Umsatzsteuer)는 시장 가격에 포함된 용역을 제외하고 회사의 부가가치에만 부과되었습니다. 판매세에서 부가가치세(Mehrwertsteuer)가 되었습니다. 관세(Tarif)는 당초 10%였지만, 1983년 14%로 인상됐습니다. 일반 관세 외에도 공동선의 관점에서 판촉 가치가 있다고 판단되는 판매에 대한 관세인하가 있었습니다. 조세정의와 조세효율성의 원칙에 따르면 판매세

---

423   Hardach, Generationenvertrag, S. 287-288.

는 소득이 증가함에 따라 감소하는 효과가 있어 문제가 되었습니다. 저소득 가구는 소득의 대부분을 소비재 구입에 썼고 그에 상응하는 판매세를 냈습니다. 소득이 증가함에 따라 소비율은 하락했고, 그에 따라 가계소득에서 판매세가 차지하는 비중도 감소했습니다.[424]

대출은 투자 자금 조달을 위해서만 허용되었습니다. 이 전통적인 '황금률'(goldene Regel)은 미래에 대출로 자금을 조달한 투자를 통한 이익을 기대할 수 있기 때문에, 미래 세대의 부담이 정부 부채에 대한 이자 및 상환을 통해 정당화된다는 믿음에 기반을 두고 있었습니다.[425] 1950년대에 국가 부채는 천천히 증가했습니다. 그러나 1960년대에 연방, 주 및 지방정부는 점점 더 많은 부채를 지게 되었습니다. 1966년까지 공공예산의 부채는 880억 독일마르크(DM)로 증가했습니다.[426]

재정정책(Finanzpolitik)은 1967년 안정법을 통해 사회적 시장경제의 틀 내에서 창의적 기능을 갖게 되었습니다. 적극적인 재정정책은 물가안정, 완전고용, 대외균형 및 경제성장을 달성하는 데 도움이 되어야 했습니다.[427] 본질적인 혁신은 재정정책이 경기정책적 과제를 수행할 수 있도록 보다 유연하게 설계되었다는 점이었습니다.[428] 일반적으로 차입(Kreditaufnahme)은 여전히 투자 자금 조달만을 위한 것이었습니다. 그러나 이제 "거시경제적 균형의 침해를 방어하기 위해" 예외가 허용되어야 했습니다.[429] 반주기적 재정정책은 상승기에는 인플레이션을 막기 위한 세금인상 또는 지출삭감, 경기 침체기에는 고용과 성장을 안정시키기 위한 세금감면 또는 추가지출을 예상했습니다. 확장적 재정정책은 1965-1967년의 위기를 극복하는 데 도움이 되었습니다. 고용과 생산의 강력한 성장과

---

424   Muscheid, Steuerpolitik; Zimmermann/Henke, Finanzwissenschaft, S. 146 – 148.

425   Grundgesetz. BGBl. 1949, S. 1 – 19, Art. 115.

426   Statistisches Bundesamt, Bevölkerung und Wirtschaft, S. 234.

427   Gesetz zur Förderung der Stabilität und des Wachstums der Wirtschaft. Vom 8. Juni 1967. BGBl. 1967 I, S. 582 – 589.

428   Fünfzehntes Gesetz zur Änderung des Grundgesetzes. Vom 8. Juni 1967. BGBl. 1967 I, S. 581.

429   Zwanzigstes Gesetz zur Änderung des Grundgesetzes. Vom 12. Mai 1969. BGBl. 1969 I, S. 357 – 358.

함께 상승세가 이어졌습니다.[430]

세금개혁(Steuerreform)은 1969년 정부 교체 이후에 발표된 개혁 프로그램의 일부였습니다. 그러나 오랜 논의 끝에 변화는 온건한 것으로 판명되었습니다. 소득이 낮을수록 다소 경감되었고, 소득이 높을수록 부담이 다소 커졌습니다.[431] 부담균등(Lastenausgleich)을 위한 지출은 1979년에 중단되었습니다. 가족지원(Familienförderung)은 사회정책적 이유로 변화하였습니다. 1974년에 조세혜택은 폐지되었고 균일아동수당이 도입되었습니다.[432]

경제성장을 촉진하기 위해, 법인세와 소득세를 통한 기업이익의 이중과세는 1976년 폐지되었습니다. 이중과세는 회사경영진과 영향력 있는 주주들이 이익을 분배하기보다 회사에 투자하는 효과가 있었습니다. 이는 구조를 보존하는 효과가 있었습니다. 이중과세 철폐로 수익은 새롭고 미래 지향적인 산업에 투자될 것으로 기대됐습니다. 그 이후로 분배된 이익에 대한 법인세는 개인 소득세에서 상계되었습니다. 총세수입은 그대로 유지되어야 하므로 유보이익에 대한 세금은 56%로, 분배이익에 대한 세금은 36%로 인상되었습니다.

1970년대에 정부지출은 국민총생산보다 빠르게 증가했습니다. 세율(Steuerquot)은 1982년까지 국민총생산(Bruttosozialprodukt)의 24%까지 올랐습니다.[433] 1967년 안정법(Stabilitätsgesetz)에 따르면 재정정책은 경제발전의 안정에 적극 기여해야 했습니다. 연방정부는 1965-1967년의 위기를 극복하면서 얻은 좋은 경험을 믿고, 경기를 안정시키기 위해 1973-1975년의 위기 동안 다시 한번 확장적 재정정책을 추진했습니다. 실업률이

430 Rolf Caesar, Öffentliche Verschuldung in Deutschland seit der Weltwirtschaftskrise, in: Dietmar Petzina (Hrsg.), Probleme der Finanzgeschichte des 19. Und 20. Jahrhunderts, Berlin 1989, S. 9 – 55., S. 25 – 29.

431 Faulenbach, Das sozialdemokratische Jahrzehnt, S. 220 – 224.

432 Hardach, Generationenvertrag, S. 370 – 373.

433 Sachverständigenrat zur Begutachtung der gesamtwirtschaftlichen Entwicklung, Vorrang für Wachstumspolitik. Jahresgutachten 1987/89, Stuttgart 1987, S. 143.

증가하자 적자재정정책은 다음 해에도 계속되었습니다. 더 높은 세율에도 불구하고 공공예산 부채는 1982년까지 6,720억 마르크(DM)로 증가했습니다.[434] 결과는 실망스러웠습니다. 성장과 완전고용 대신, 실업률 상승과 높은 인플레이션으로 인한 상대적 침체인 "스태그플레이션"(Stagflation)이 있었습니다. 국가부채는 1982년 정권교체에 기여했습니다.

1982년 정권교체 후 같은 해에 다시 가족지원이 바뀌어 아동수당과 세제감면을 통한 이중지원이 부활하였습니다.[435] 새 정부는 연방 예산의 강화가 필수라고 선언했습니다. 정부지출은 연간 증가율은 낮았지만 계속해서 증가했습니다. 1988년에는 최고 소득 세율이 56%로 인상되었습니다. 1989년에 연방, 주 및 지방 정부 지출은 10530억 마르크(DM)에 도달했습니다. 사회보장이 정부지출에서 차지하는 비중은 48%로 증가했습니다. 교육과 학문이 10%, 경제와 교통도 10%, 국방이 5%, 의료가 4%, 주택도 4%로 그 뒤를 이었습니다. 정부부채가 증가함에 따라 증가한 부채 상환액은 정부지출의 6%를 소비했습니다.[436] 세율은 1989년까지 국민총생산의 25%까지 올랐습니다.[437]

4.2 근로소득

1817년 데이비드 리카르도(David Ricardo)는 사회계급 간 소득분배를 정치경제학의 중심문제로 기술하였습니다.[438] 소득분배는 그 이후로 자본주의 경제에서 중심문제였습니다. 사회적 시장경제의 핵심인 사회적 파트너십의 목표는 노동과 자본 간 협상을 통해 소

---

434 Sachverständigenrat zur Begutachtung der gesamtwirtschaftlichen Entwicklung, Auf dem Weg zur wirtschaftlichen Einheit Deutschlands. Jahresgutachten 1990/91, Stuttgart 1990, S. 374‒375, 379.

435 Hardach, Generationenvertrag, S. 370‒373.

436 Statistisches Jahrbuch 1992, S. 528‒534, 628.

437 Sachverständigenrat, Jahresgutachten 1990/91, S. 170.

438 Ricardo, Principals of Political Economy, S. 5.

득분배에 관한 타협에 도달하는 것이었습니다.

1950년에 근로자들은 한 달에 평균 243독일마르크(DM)를 벌었습니다. 이로써 명목소득(Nominaleinkommen)은 1938년 제국마르크(Reichsmark/RM) 수준보다 56% 높았습니다. 그러나 생활비도 상당히 높아 평균 실질소득(Realeinkommen)은 전쟁 전보다 1% 낮았습니다.[439] 비숙련 노동자부터 기업임원까지 매우 다양한 소득이 평균임금에 들어갔습니다. 평균소득은 통계적 추상입니다. 사냥꾼이 토끼를 왼쪽으로 한 번, 오른쪽으로 한 번 쏘면 평균적으로 토끼는 죽은 것입니다. 대부분의 사람은 평균소득선에 좁게 몰려 살지 않았고, 이 평균소득보다 많거나 적거나 평균소득선에서 먼 거리에 살았습니다.

경제성장 기간 동안 임금은 크게 증가했습니다. 1970년까지 근로자의 평균 월 소득은 1,353 독일마르크(DM)로 증가했습니다. 1950년부터 1970년까지 물가상승을 감안하면 실질 연간 5.6% 증가에 해당했습니다. 1970년부터 1989년까지 성장이 약화되는 시기에 평균임금은 3,500 독일마르크(DM)까지 올랐습니다. 특히 1970년대에 독일마르크(DM)의 구매력을 심각하게 잠식한 인플레이션율을 감안하더라도 해당 연도에 2.3%의 상당한 증가가 있었습니다.[440]

1950년대와 1960년대에 대부분의 사람은 부르주아 가족모델에 기반을 둔 생활방식을 기반으로 했습니다. 남편은 일하고 아내는 가사에 전념했습니다. 따라서 가족가구(Familienhaushalt)는 일반적으로 근로 소득만 있었습니다. 1970년대 이후 여성의 고용이 증가함에 따라 가족가구는 더 자주 두 개의 근로소득을 가졌습니다.

근로자의 남녀 비율이 높아지면서 근로소득이 국민소득에서 차지하는 비중도 커졌습니다. 1950년부터 1959년까지 10년 동안 평균 임금점유율(Lohnquote)은 59%였습니다. 그 후 1960년부터 1969년까지 10년 동안 64%, 1989년에는 72%로 증가했습니다.[441]

---

439   Bevölkerung und Wirtschaft 1872 – 1972, S. 250, 263.

440   Statistisches Jahrbuch 1991, S. 608 628.

441   Statistisches Bundesamt, Bevölkerung und Wirtschaft, S. 250, 262 – 263.

4.3 자산

사회적 시장경제의 경제질서는 모든 사회계급에서 광범한 자산축적을 보장해야 했습니다. 그러나 자산축적을 위한 초기조건은 매우 불평등하게 분포되어 있었습니다. 통화개혁은 저축과 고정수입증권의 가치를 급격히 줄인 반면 주식, 기업참여 및 대부분의 경우 부동산의 가치는 안정적이었습니다. 부담균등(Lastenausgleich)은 연합국 통치기간 동안 이미 논의되고 있었습니다. 1952년에 부담균등(Lastenausgleich)이 도입되었습니다. 부담균등(Lastenausgleich)은 전쟁으로 인한 물질적 부담을 균등하게 분배하고 자산손실을 보상하기 위한 것이었습니다. 자산손실을 입은 사람들에게 보상이 주어졌습니다. 보상은 전쟁과 그 여파에서 잔존한 자산 압류로 충당되었습니다.[442]

1950-1952년 초 저축률은 가계의 가처분소득의 4%였습니다. 경제성장과 더불어 가계소득에서 저축이 차지하는 비중도 높아졌습니다. 저축률은 1953-1959년 평균 7%, 1960-1969년 11%, 1975-1979년 14%, 1980-1989년 14% 수준을 유지했습니다.[443] 저축은 다양한 투자로 흘러갔습니다. 금융자산의 축적은 저축촉진으로 뒷받침되었습니다. 저축은행은 투자를 위한 소액예금도 선전했습니다. 1950년대 초 저축은행 광고는 어느 가족이나 비상금은 저축해 놓아야 한다고 선전했습니다. 광고 포스터는 한 푼의 돈으로 보호받는 표준적인 아버지, 어머니, 자식의 가족을 보여주었습니다.[444] 주택지원은 부동산 자산의 형성을 보조했습니다. 1950년대 후반부터 연방 정부도 생산자산을 보다 균등하게 분배하기를 원했고, 소유권을 다각화하기 위해 일부 국유기업의 주식을 매각했습니

---

442 Frerich / Frey, Geschichte der Sozialpolitik, Bd. 3, S. 32 – 37; Rüdiger Wenzel, Die große Verschiebung? Das Ringen um den Lastenausgleich im Nachkriegsdeutschland von den ersten Vorarbeiten bis zur Verabschiedung des Gesetzes 1952, Stuttgart 2008.

443 Deutsche Bundesbank, Monatsbericht April 1992, Statistischer Teil, S. 73; Statistisches Bundesamt, Bevölkerung und Wirtschaft, S. 268.

444 Schulz, Sparkassen, S. 269.

다.[445] 자산세와 상속세는 부의 집중을 막아야 했습니다.

사실 광범위한 부의 축적 전망과는 달리 부는 고도로 집중되어 있었습니다. 화폐개혁 12년 후인 1960년에 개인 가구(Haushalt)는 평균 15,670마르크(DM)의 자산을 소유했습니다. 전체 가구(Haushalt)의 상위 1.7%는 자산이 100,000마르크 이상이었습니다. 이 가계는 전체 개인 자산의 35%와 생산자산(Produktivvermögen)의 70%를 소유했습니다. 백만장자 가구(Haushalt)는 정말 배타적이었습니다. 전체 가구(Haushalt)의 0.1%만이 자산이 100만 마르크 이상이었습니다. 그들은 전체 자산의 13%와 생산자산의 33%를 소유했습니다.[446] 1966년의 후속조사에서도 자산 집중이 확인되었습니다. 전체 가구(Haushalt)의 2.0%가 자산이 100,000 마르크 이상입니다. 그들은 총 자산의 32%와 생산자산의 75%를 소유했습니다. 이전과 마찬가지로 전체 가구(Haushalt)의 0.1%만이 자산이 100만 마르크 이상이었습니다. 그들은 전체 자산의 14%와 생산자산의 41%를 소유했습니다.[447]

1970년대 연구에 따르면 자산의 불평등은 더 이상 그렇게 뚜렷하지 않았습니다. 1973년에는 모든 가구의 1.0%가 100만 마르크 이상의 자산을 보유하고 있었습니다. 그들은 전체 자산의 26%와 생산자산의 46%를 소유했습니다. 그 결과가 반드시 자산분배의 균등을 의미하는 것은 아니고, 평가방법이 다르기 때문일 수도 있습니다. 그러나 이 연구에서도 많은 가구는 재산이 적고 소수의 가구는 많은 재산을 가지고 있음을 보여주었습니다.[448]

1980년대에는 다양한 자산의 종류에 대한 자산집중 평가가 있었습니다. 이에 따르면 1983년 자산 피라미드의 최상위 10% 가구가 전체 유가증권 자산의 82%를 소유했고 상

445   Abelshauser, Deutsche Wirtschaftsgeschichte, S. 352−353.

446   W. Krelle / J. Schunck / J. Siebke: Überbetriebliche Ertragsbeteiligung der Arbeitnehmer. Mit einer Untersuchung über die Vermögensstruktur der Bundesrepublik Deutschland, Tübingen 1968.

447   J. Siebke, Die Vermögensbildung der privaten Haushalte in der Bundesrepublik Deutschland. Forschungsauftrag des Bundesministeriums für Arbeit und Sozialordnung, Bonn 1971.

448   Horst Mierheim / Lutz Wicke, Die personelle Vermögensverteilung in der Bundesrepublik Deutschland, Tübingen 1978.

위 3% 가구가 유가증권 자산의 50%를 소유했습니다. 저축은 다소 균등하게 분배되었습니다. 상위 10% 가구는 전체 저축액의 41%를, 상위 3% 가구는 전체 저축액의 16%를 가졌습니다. 자산의 분배는 종종 지니계수(Gini-Koeffizient)를 사용하여 측정됩니다. 지니계수는 0과 1 사이의 지표로, 자산 피라미드의 개별 계층에서 가구가 보유한 총 자산의 비율을 반영합니다. 균등하게 분배되면 계수의 값은 0이 되고 자산의 집중도가 극도로 높아지면 계수의 값은 1이 됩니다. 지니계수는 유가증권 보유의 경우 0.89, 저축의 경우 0.59로 매우 높은 값을 보였습니다.[449]

자산의 강한 집중은 주로 소득이 증가함에 따라 저축률이 증가했기 때문입니다. 저소득 가구는 저축할 기회가 거의 없었지만 고소득 가구는 소득의 상당 부분을 저축했습니다. 투자에서도 차이가 났습니다. 기업재산(Betriebseigentum)이나 주식소유 형태의 큰 자산의 특징인 생산재산은 작은 자산에 흔히 있는 저축에 의한 투자보다 더 높은 수익을 냈습니다.

1970년대 이후 정치인들은 연금보험과 직업노령보험에 대한 보완으로 저축보다 수익률이 높은 생명보험을 추천했습니다. 그러나 생명보험은 낮은 사회보장연금에 대한 보완으로는 적합하지 않았습니다. 낮은 급여, 즉 낮은 노령연금만 기대할 수 있는 사람들은 개인저축을 통해 노후소득을 개선할 가능성이 없었습니다. 평균보다 훨씬 높은 보험금을 지불하는 소수 사람들만이 생명보험에서 상당한 연금을 기대할 수 있었습니다. 1989년에 생명보험은 총 7,000만 개의 계약서를 보유하고 있었습니다. 많은 사람이 여러 개의 보험계약을 맺었습니다. 평균 보험금액은 22,000 마르크(DM)였습니다.[450] 1990년 서독

---

449 Eckart Bomsdorf, Die personelle Vermögensverteilung in der Bundesrepublik Deutschland 1973, 1978 und 1983, in: Vierteljahrshefte zur Wirtschaftsforschung, Jahrgang 1989, S. 333–334.

450 Burkhardt Müller, Die Bedeutung der Lebensversicherung im System der Alterssicherung unter besonderer Berücksichtigung ihrer Entwicklungsmöglichkeiten bei wachsender Alterslast, München 1988; Verband der Lebensversicherungs-Unternehmen, Die deutsche Lebensversicherung, Jahrbuch 1990, Bonn 1990, S. 14, 44.

가구의 자산은 평균 280,100마르크였습니다. 가장 중요한 투자는 부동산이었습니다. 그들은 전체 자산의 55%를 차지했습니다. 은행, 주택은행, 보험회사 및 유가증권의 금융자산이 33%를 차지했고 소비자산이 12%를 차지했습니다.[451] 자산의 집중은 주로 소득의 불평등한 분배에 기인했습니다. 그러나 장기적으로는 자산의 대물림으로 강화되었습니다.

4.4 사회소득

4.4.1 사회소득

사회적 소득은 사회적 시장경제의 필수 구성요소였습니다. 19세기 후반 산업자본주의 하에서 현대 사회보장의 토대가 마련되었을 때 노동계급은 사회정책의 수신자로 간주되었습니다. 저소득층은 공적 이전(öffentliche Transferleistungen)을 통해 적절한 생활 수준을 누릴 수 있어야 했습니다. 그러나 서독의 사회정책은 초기 사회보장에 대한 계급적 정당성을 훨씬 뛰어넘었습니다. 계급적 사회정책(Sozialpolitik)은 광의의 사회정책(Gesellschaftspolitik)이 되었습니다.[452] 사회보장의 중요한 영역은 거의 모든 사회 구성원을 대상으로 했습니다.

공적 이전의 상당 부분은 세대 간 재분배에 사용되었습니다. 윌프리드 슈라이버(Wilfrid Schreiber)의 용어에 따르면 세대 간 소득분배(Einkommensverteilung)는 세대계약(Generationenvertrag)이라고 표현됐습니다.[453] 중년세대는 직업활동과 가족활동을 통해, 아

---

451   Deutsche Bundesbank, Zur Entwicklung der privaten Vermögenssituation seit Beginn der neunziger Jahre, in: Monatsbericht Januar 1999, S. 43, 47.

452   Gerhard Mackenroth, Die Reform der Sozialpolitik durch einen deutschen Sozialplan. Verhandlungen auf der Sondertagung des Vereins für Sozialpolitik – Gesellschaftswissenschaften in Berlin 1952, Berlin 1952.

453   Wilfrid Schreiber, Existenzsicherung in der industriellen Gesellschaft, Köln o. J. (1955); Hardach,

직 자신을 돌볼 수 없는 청소년세대와, 지원이 필요한 노년세대를 돌보았습니다. 세대계약은 법적 의미의 계약이 아니었습니다.

세대계약은 권리와 의무, 기대와 성과, 다양한 수준의 구속력이 있는 계약과 합의를 포함하는 세대 간 다양한 관계의 총합이었습니다.[454] 세대 간 재분배에는 가족으로 이전된 공적 이전과 사적 이전이 모두 포함됐습니다. 세대계약의 공적 이전은 가족지원과 노후보장이었습니다. 세대 간 소득분배를 위한 지출 외에도 사회보장에는 일반적인 삶의 위기, 실업, 질병, 주거곤궁 또는 빈곤의 경우에 대한 공적 지원도 포함되었습니다.

서독의 사회보장제도는 이미 독일제국과 바이마르공화국에서 만들어진 기본에 따라 연합국 점령시대에 복원되었습니다. 사회보장은 주로 실업보험, 건강보험, 연금보험 및 사고보험 같은 사회보험으로 제공되었습니다. 직접적인 국가 지원은 가족지원, 주택지원, 공무원연금 및 복지였습니다.

1950년에 사회예산(Sozialbudget)은 국민총생산의 13%에 달했습니다. 여기에는 전체 지원의 30%인 다양한 노후보장 제도와 25%인 의료 제도가 포함되었습니다. 전쟁희생자복지(Kriegsopferversorgung)도 당시 사회예산의 16%를 차지할 정도로 중요했습니다. 노동시장 위기의 결과 사회예산의 15%가 실업보험과 실업수당을 통해 실업자를 지원하는 데 쓰였습니다. 부담균등(Lastenausgleich)은 6%를 차지했습니다.[455]

1953년에 실시된 사회조사(Social Enquête)는 인구의 생계를 위한 공적 이전의 중요성을 보여줍니다. 총 1,400만 명이 연금이나 실업보험, 공적연금보험, 전쟁피해자 복지, 부담균등 또는 공공복지를 통해 지원을 받았습니다. 이 숫자는 전체 인구의 27%를 나타냅니다. 연방, 주 및 지방과 교회의 연금은 조사에 포함되지 않았습니다. 공적 이전 대부분은 연금보험을 지급했습니다. 모든 지원 대상자의 48%가 사회보장연금을 받았습

Generationenvertrag.

454   Rudolf Richter / Eirik G. Furubotn, Neue Institutionenökonomik, Tübingen 1999, S. 155 – 160.

455   Bundesminister für Arbeit und Sozialordnung, Sozialbudget 1968, Bonn 1969, S. 5, 47, 223.

니다. 두 번째로는 당시 사회를 특징짓던 많은 전쟁 희생자를 위한 도움이었습니다. 모든 지원의 30%는 전쟁 희생자들을 위한 것이었습니다. 지원 대상자의 6%는 부담균등 (Lastenausgleich)으로부터 지불되었습니다. 실직이나 사고로 인한 고용 중단은 덜 중요했습니다. 실업수당과 함께 실업보험은 사고보험과 마찬가지로, 지원수혜자의 5%를 차지했습니다. 지원수혜자의 6%가 돌봄 혜택을 받았습니다. 돌봄의 정도는 매우 다양했습니다. 실업수당은 월평균 134 마르크(DM), 직원연금 121마르크(DM), 실업급여 107마르크(DM), 근로자연금 80마르크(DM), 사고연금 64마르크(DM), 부담균등지원 61 마르크(DM), 일반복지급여 56마르크(DM), 전쟁희생자복지 38마르크(DM)였습니다.[456] 모든 공적 이적액은 1953년 평균 315마르크의 근로소득에 비해 매우 적었습니다.[457]

사회소득은 근로소득을 기반으로 하므로 임금이 상승하면 사회보장에 대한 지출이 증가했습니다. 연금, 보건의료 및 가족지원에 대한 지출이 특히 크게 증가했습니다. 사회복지지출비율(Sozialleistungsquote)은 1975년까지 국민총생산의 34%까지 올랐습니다.[458]

1973-1975년 위기 이후 정책은 사회보장 확대에서 사회보장 안정으로 전환되었습니다. 특히 연금보험과 건강보험에서 통합시도가 시작되었습니다. 1982년 정권교체 후 연방정부는 사회정책의 개혁을 발표했습니다. 1986년 노베르트 블림(Norbert Blüm) 노동사회부 장관은 사회보장의 "붕괴위험"(Einsturzgefahr)에 대해 극적인 경고를 했습니다.[459] 사회복지지출비율(Sozialleistungsquote)이 뚜렷하게 감소하였습니다. 1989년 사회예산은 국내총생산의 30%를 차지했습니다. 노후보장은 40%로 여전히 사회복지의 가장 큰 부분을

---

456   Statistisches Bundesamt, Die sozialen Verhältnisse der Renten- und Unterstützungsempfänger. Heft 1: Die Sozialleistungen nach Leistungsfällen und Empfängern im September 1953. Statistik der Bundesrepublik Deutschland 137/1, Stuttgart 1955; Statistisches Bundesamt, Die sozialen Verhältnisse der Renten- und Unterstützungsempfänger, Heft 2: Die sozialen Verhältnisse der Haushalte mit Sozialleistungsempfängern im Frühjahr 1955. Statistik der Bundesrepublik Deutschland 137/2, Stuttgart 1957.

457   Statistisches Jahrbuch 1953, S. 508.

458   Sozialbericht 1990, S. 202 – 205.

459   Bundesministerium für Arbeit und Sozialordnung, Sozialbericht 1986, Bonn 1986, S. 6.

차지했습니다. 보건의료 부문이 33%로 증가하고, 실업지원을 위한 지출이 8%로 증가했습니다. 반면에 가족에 대한 지원 비율은 사회예산의 13%로 떨어졌습니다.[460]

4.4.2 사회보험

실업보험. 취업알선과 실업보험은 1952년 뉘른베르크(Nürnberg)의 "취업알선과 실업보험을 위한 연방청"(Bundesanstalt für Arbeitsvermittlung und Arbeitslosenversicherung)으로 통합되었습니다. 실업자는 일정 기간 동안 보험회사로부터 실업수당(Arbeitslosengeld)을 받았습니다. 실업수당(Arbeitslosengeld)은 보험료를 통해 얻은 보험수당이므로 개인의 필요에 따라 달라지지 않았습니다. 실업자는 보험수당 종료 후 필요가 입증되면 기한이 제한되지 않는 실업복지(Arbeitslosenfürsorge)를 받았습니다.[461] 실업복지(Arbeitslosenfürsorge)는 실업수당(Arbeitslosengeld)보다 낮았지만 이전 임금에 따라 달라졌습니다. 따라서 일반적인 복지보다 높았습니다.[462] 1956년 이후 실업복지(Arbeitslosenfürsorge)는 일반복지와 구별하기 위해 실업부조(Arbeitslosenhilfe)로 명명되었습니다.[463]

건강보험. 사회적 시장경제는 소득에 관계없이 모든 시민이 적절한 치료를 받을 권리가 있다는 기본원칙을 포함하고 있었습니다. 보건의료에 대한 공적 책임은 주로 법정 건강보험(Krankenversicherung)에 의해 행사되었습니다. 또한 클리닉, 재활센터 및 보건당국에 대한 직접적인 국가적 혜택이 있었습니다.[464]

---

460 Sozialbericht 1990, S. 202 – 205.

461 Frerich / Frey, Geschichte der Sozialpolitik, Bd. 3, S. 85; Gisela Plassmann, Der Einfluss der Arbeitslosenversicherung auf die Arbeitslosigkeit in Deutschland, Nürnberg 2002, S. 26 – 35.

462 Frerich / Frei, Geschichte der Sozialpolitik, Bd. 3, S. 43 – 92.

463 Plassmann, Arbeitslosenversicherung, S. 34 – 35; Hans-Walter Schmuhl, Arbeitsmarktpolitik und Arbeitsverwaltung in Deutschland 1871 – 2002, Nürnberg 2003, S. 445 – 446.

464 Jens Alber, Das Gesundheitswesen in der Bundesrepublik Deutschland. Entwicklung, Struktur und Funktionsweise, Frankfurt 1992; Falk Illing, Gesundheitspolitik in Deutschland. Eine Chronologie der Gesundheitsreformen der Bundesrepublik, Wiesbaden 2017; Eckhard Nagel (Hrsg.), Das Gesundheitswesen

고소득 근로자와 공무원을 제외한 모든 근로자는 공공의료보험에 의무적으로 가입해야 했습니다.[465] 1950년에는 인구의 70%가 공공의료보험에 가입되어 있었습니다. 1970년까지 그 비율은 90%로 증가한 후 이 높은 수준을 유지했습니다.[466]

공공의료보험은 분권화된 방식으로 조직되었습니다. 많은 수의 지역적인 일반지역건강보험(Allgemeine Ortskrankenkasse) 외에도 사무직과 일부 노동직을 위한 기업건강보험, 동업건강보험(Innungskrankenkasse), 광부보험, 철도원보험 및 선원보험이 있었습니다. 건강보험 보험료는 급여에 비례하여 등급이 매겨졌습니다. 독일연방공화국으로 전수된, 1949년 6월 비존(Bizone)의 건강보험개혁 이후, 건강보험료의 절반은 회사가, 절반은 노동자들이 지불하였습니다. 보험료는 임금과 함께 오르기 때문에 공공건강보험에서 잘 버는 근로자와 덜 버는 근로자 사이에 연대(Solidarität)가 있었습니다. 가족 구성원도 자신의 보험료 지불 없이 보험에 가입되었기 때문에, 자녀가 있는 가족과 자녀가 없는 피보험자 사이에도 연대가 있었습니다.

공공건강보험에서는 수입에 따른 지출이라는 원칙이 적용되었습니다. 따라서 보건의료의 확대는 보험료 인상을 의미했습니다. 1950년에 기업과 근로자가 균등하게 지불한 모든 공공건강보험에 대한 평균 기여율은 6%였습니다. 1970년에는 8%까지 증가했습니다.[467] 1977년 개혁은 공공건강보험의 비용 증가를 늦추려고 시도했습니다.[468] 그러나 강화(Konsolidierung) 노력은 실패했습니다. 의료 비용은 1970년대와 1980년대에 계속 증가

in Deutschland. Struktur, Leistungen, Weiterentwicklung, 5. Aufl., Köln 2013; Rolf Rosenstock / Thomas Gerlinger, Gesundheitspolitik. Eine systematische Einführung, Berlin 2014.

465 Uwe Bannenberg, Gesetzliche Krankenversicherung, in: Eckhard Nagel (Hrsg.), Das Gesundheitswesen in Deutschland. Struktur, Leistungen, Weiterentwicklung, 5. Aufl., Köln 2013.

466 Alber, Gesundheitswesen, S. 55.

467 Frerich / Frei, Geschichte der Sozialpolitik, Bd. 3, S. 72.

468 Gesetz zur Dämpfung der Ausgabenentwicklung und zur Strukturverbesserung in der gesetzlichen Krankenversicherung. Vom 27. Juni 1977. BGBl. 1977 I, S. 1069 – 1085.

하였습니다.[469] 1989년까지 모든 공공건강보험의 평균 기여율은 13%로 증가했습니다.[470]

질병으로 인해 작업을 중단해야 하는 경우 사무원은 최대 6주 동안 기업에서 계속 임금을 지급받을 수 있었습니다. 반면에 노동자들은 질병이 발생할 경우 공공건강보험으로부터 오직 임금의 50%에 해당하는 병가수당(Krankengeld)만을 받았습니다. 사민당(SPD)과 노동조합의 요청에 따라 1957년, 고용주의 추가지불을 통해 병가수당(Krankengeld)을 순임금의 90%로 인상했고, 1961년에는 더 많은 기업 보조금을 통해 6주간 임금의 100%로 인상했습니다. 1969년, 오랜 논쟁 끝에 노동자와 사무원을 위한 임금 및 급여 지급이 일률적으로 규정되었습니다. 그 이후로 질병으로 인해 일할 수 없는 모든 근로자는 최대 6주 동안 계속해서 고용주로부터 임금 또는 급여를 받았습니다. 질병이 오래 지속되는 경우에는 장애연금(Erwerbsunfähigkeitsrente)으로의 전환을 제공하였습니다.[471]

민간 건강보험은 공공건강보험의 확장으로 인해 인구의 약 10%에 해당하는 작은 시장으로 밀려났습니다. 무엇보다 의무보험에 가입하지 않은 자영업자나 고소득 사무직 근로자(Angestellte)는 민간보험에 가입했습니다. 공무원은 대체로, 보조금이 적용되지 않는 의료비(Gesundheitskost)를 위해, 민간 건강보험에 가입했습니다. 민간의료보험에서는 보험료와 혜택의 동등성(Äquivalenz von Beiträgen und Leistungen)이라는 보험원칙이 지배했습니다. 보험료는 소득과 무관하며, 가족 구성원을 위해 개인별 보험료를 지불해야 했습니다. 상승하는 의료비(Gesundheitskost)는 또한 민간 건강보험에 대한 보험료를 증가시켰습니다.[472]

연금보험. 고용 종료 후 노후소득은 공공연금보험(Öffentliche Rentenversicherung)을 통해 인구대다수에 보장되었습니다. 공공연금보험은 제도적으로 주보험기관들, 1953년 설립

---

469 Bannenberg, Gesetzliche Krankenversicherung, S. 63 – 64.

470 Frerich / Frei, Geschichte der Sozialpolitik, Bd. 3, S. 72.

471 Frerich / Frey, Geschichte der Sozialpolitik, Bd. 3, S. 65 – 68.

472 Uwe Bannenberg, Private Krankenversicherung, in: Eckhard Nagel (Hrsg.), Das Gesundheitswesen in Deutschland. Struktur, Leistungen, Weiterentwicklung, 5. Aufl., Köln 2013, S. 111 – 119.

된 사무직 근로자를 위한 연방보험기관, 광부들을 위한 특별한 광부보험으로 차별화되었습니다.[473] 피고용인은 65세부터 노령연금(Altersrente)을 신청하거나, 소득 능력이 감소한 경우 연금(Rente)을 신청할 수 있었습니다. 자신의 고용연금에서 연금 받을 자격이 없는 가족구성원은 과부연금(Witwenrente)과 고아연금(Waisenrente)을 받았습니다. 많은 근로자가 은퇴연령(Altersgrenze)에 도달하기 전에 퇴직했습니다. 평균적으로 근로자는, 1960년에 59세에 노령연금(Altersrente)이나 소득 능력이 감소한 경우 연금(Rente)을, 1989년에는 61세에 노령연금(Altersrente)을 받았습니다.[474]

1889년에 장애와노령보험(Invaliditäts-und Altersversicherung)이 설립되었을 때 연금은 기본보장으로 의도되었습니다. 그것은 저축, 가벼운 일거리 또는 가족구성원들을 통해 보충되어야 했습니다. 바이마르공화국 이후로 공공연금보험은 충분한 노후소득을 보장하기 위한 것이었습니다. 이 원칙은 독일연방공화국에도 적용되어야 했습니다. 1949년 이후 연금은 점진적으로 인상되었습니다. 그러나 그것들은 불충분하다고 여겨졌습니다. 취업에서 은퇴로의 전환에서 상당한 소득 손실이 있었습니다. 1955년에 근로자보험(Arbeiterversicherung), 사무직근로자보험(Angestelltenversicherung) 및 광부 보험(Knappschaftsversicherung)의 평균 노령연금(Altersrente) 또는 소득 능력이 감소한 경우 장애연금(Erwerbsminderungsrente)은 월 117마르크(DM)였습니다. 이것은 근로자 평균 순수입의 38%에 해당됐습니다.[475]

아데나워(Adenauer) 연방수상은 1953년에 연금개혁을 시작했습니다. 이는 사회적 시장경제의 중요한 사회정치적 보충으로 간주되었습니다.[476] 개혁을 준비한 부처 간 위원회는 연금을 현재의 근로소득 발전에 맞게 조정하는 것이 "생산과정을 떠난 사람들이 사

473   Winfried Schmähl, Alterssicherungspolitik in Deutschland. Vorgeschichte und Entwicklung von 1045 bis 1998, Tübingen 2018, S. 167–840.

474   Verband Deutscher Rentenversicherungsträger, Rentenversicherung in Zeitreihen, Juli 2004, S. 111.

475   Arbeits- und Sozialstatistik, 27 (1976), S. 286.

476   Hardach, Generationenvertrag, S. 253–259.

회적 시장경제를 인정하기 위한 전제조건"이라고 말했습니다.[477] 가톨릭기업가연맹(Bund Katholischer Unternehmer) 회장이었던 윌프리드 슈라이버(Wilfrid Schreiber)의 제안은 연금개혁에 상당한 영향을 미쳤습니다. 1955년에 슈라이버(Schreiber)는 세대 간 "연대계약"(Solidar-Vertrag)을 제안했습니다. 근로 중년세대가 소득에 따라 차등화된 사회보장기여금(Sozialbeitrag)을 지불해서 자라나는 세대를 위한 아동수당(Kindergeld)과 은퇴세대를 위한 노령연금(Altersrente)의 재원으로 사용하자는 의견이었습니다. 아동수당과 공공연금 보험의 연금은 임금과 급여의 발전에 따라 정기적으로 조정될 것입니다. 서비스는 선불방식(Umlageverfahren)으로 조달되었습니다. 자본금보상(Kapitaldeckung)은 더 이상 계획되지 않았습니다.[478] 슈라이버(Schreiber)가 제안한 소득에 종속된 아동수당은 정치적 지지를 얻지 못했습니다.[479] 그러나 근로소득과 연계된 노령연금에 대한 그의 제안은 연금개혁에 포함되었습니다.[480]

아데나워(Adenauer) 연방수상은 연정정부와 내각의 비판에 맞서 연금개혁을 추진했습니다. 에르하르트 경제부 장관과 셰퍼(Schäffer) 재무부 장관과 같은 중요한 내각 구성원도 개혁 반대자에 속했습니다. 독일연방은행(Deutsche Bundesbank)도 반발했습니다. 반면에 아데나워 연방수상은 사민당(SPD)과 노동조합의 지지를 받았습니다.[481] 연금개혁은 1957

---

477   Interministerieller Ausschuss für die Sozialreform, Die Gestaltung der Alterssicherung für die in der sozialen Rentenversicherung pflichtversicherten Personen, 23. November 1955. BArchK B 136 / 1362.

478   Schreiber, Existenzsicherung in der industriellen Gesellschaft.

479   Anne Dohle, Die Sozialpolitiklehre Wilfrid Schreibers zur Gesetzlichen Krankenversicherung und zum Familienlastenausgleich. Analyse, Rezeption und Würdigung seiner Konzeption, Köln 1990; Hartmut Hensen, Existenzsicherheit in der industriellen Gesellschaft. Zu einer gleichnamigen Schrift des Bundes Katholischer Unternehmer, in: Sozialer Fortschritt, 4 (1955); Elmar Löckenhoff, Die Sozialpolitiklehre Wilfrid Schreibers zur Gesetzlichen Rentenversicherung und Vermögensbildung. Analyse, Rezeption und Würdigung seiner Konzeption mit Vervollständigung seines Schriftenverzeichnisses seit 1969, Köln 1990.

480   Lil-Christine Schlegel-Voß / Gerd Hardach, Die dynamische Rente. Ein Modell der Alterssicherung im historischen Wandel, in: Vierteljahrschrift für Sozial- und Wirtschaftsgeschichte, 90 (2003).

481   Hardach, Generationenvertrag, S. 292 – 295; Hans Günter Hockerts, Sozialpolitische Entscheidungen im Nachkriegsdeutschland. Alliierte und deutsche Sozialversicherungspolitik, Stuttgart 1980, S. 320 – 421.

년 1월 연방의회에서 대다수 찬성으로 의결되었습니다.[482]

연금개혁은 연금이 총 임금 및 총 급여의 발전에 따라 정기적으로 조정되도록 예정하였습니다. 종전과 같이 개인연금은 근속연수와 근로소득에 따라 차등화되었습니다. 일부 예외적인 경우에는 비기여 기간(beitragsfreie Zeiten)이 근로소득 대신 고려될 수 있었습니다. 새로운 연금모델은 경제학자 J. H. 뮐러(J. H. Müller)가 만든 용어에 따라 대중에게 "동적 연금"(dynamische Rente)으로 알려지게 되었습니다. 총체적인 조정(Bruttoanpassung)은 소득과 연금 사이에 존재하는 큰 격차를 점진적으로 좁히기 위해 의도적으로 선택되었습니다. 연금은 대체로 세금이 면제되었기 때문에 총체적인 조정이 발생할 경우 순 연금이 순 임금보다 더 많이 증가했습니다. 표준연금(Standardrente)으로도 알려진 가장 높은 연금은 기여 기간 45년 후에 총소득의 60%에 도달할 것으로 예상되었습니다. 연금은 선불방식(Umlageverfahren)으로 근로자와 고용주가 균등하게 지불했습니다. 자본보상(Kapitaldeckung) 구축은 더 이상 계획되지 않았습니다. 일반세금으로 지원되는 국가보조금은 정치적으로 의미있는 연금보험의 특별한 서비스를 보상하기 위해서만 허용되어야 했습니다. 고용주와 피고용인의 공동 분담금은 급여의 14%로 설정되었습니다.[483]

1957년의 연금개혁은 적절한 노후소득으로의 중요한 발걸음이었습니다. 노인의 물질적 독립은 세대 간 관계를 향상시켰습니다. 1960년대 초 사회학자 루돌프 타르틀러(Rudolf Tartler)는 부모와 성인 자녀 사이의 관계를 "외적 거리를 통한 내적 친밀감"(innere Nähe durch äußere Distanz)으로 규정했습니다.[484] 1957년 연금개혁 이후 연금보험의 일부 측면이 확대되었습니다. 회원자격을 확대하고 퇴직연령을 유연하게 조정했으며 유족혜

482   Bundestagssitzung vom 21. Januar 1957. Verhandlungen des Deutschen Bundestages. Stenographische Berichte, Bd. 34, S. 10507 – 10637.

483   Gesetz zur Neuregelung des Rechts der Rentenversicherung der Arbeiter. Vom 23. Februar 1957. BGBl. 1957 I, S. 45 – 87. Gesetz zur Neuregelung des Rechts der Rentenversicherung der Angestellten. Vom 23. Februar 1957. BGBl 1957 I, S. 88 – 131.

484   Rudolf Tartler, Das Alter in der modernen Gesellschaft, Stuttgart 1961, S. 79.

택을 개선하고 어머니 또는 아버지를 위한 무보험기간(beitragsfreie Zeiten)을 도입했습니다.[485]

연금보험의 가장 큰 문제는 1970년대 이후 인구통계학적 변화였습니다. 고령화 사회에서 근로자는 보험료로 점점 더 많은 연금 수급자를 지원해야 했습니다. 보험료는 여러 번 증가해야 했으며, 1985년 이후로 19.2%였습니다.[486] 기업의 사회보장 기여금은 비임금인건비(Lohnnebenkosten)의 상당 부분을 차지하며 고용의 걸림돌로 여겨졌습니다. 20%의 연금기여금이 상한선으로 간주되었습니다.[487] 1989년의 연금개혁은 공공연금보험의 재정문제를 해결해야 했습니다. 1992년부터 연금은 더 이상 총소득이 아니라 순소득에 기반해야 했습니다. 세금과 사회지출이 총소득에서 차지하는 비중이 증가하는 경향이 있었기 때문에 순소득으로의 조정은 연금수준의 상승을 약화시킬 것이었습니다. 연금개혁은 통일 이전에 결정되었으나 통일된 독일에서 발효되었습니다.[488]

공공연금보험은 다양한 직업의 노후보장 시스템(Alterssicherungssystem)으로 보완되었습니다. 농업에서는 전통적인 노후연금(Altersversorgung)이 있었습니다.[489] 그러나 농업의 구조적 위기로 인해 국가가 보증하는 노후보장(Alterssicherung)으로 보완할 필요가 생겼습니다. 1957년에 농민을 위한 노후지원(Altershilfe)이 도입되었습니다.[490] 사회정책적 규제, 의무가입, 국가보조금 등으로 인해 공공연금보험과 유사성을 보이기는 했지만 독립적인

---

485   Richard Roth, Rentenpolitik in der Bundesrepublik. Zum Verhältnis zwischen wirtschaftlicher Entwicklung und der Gestaltung eines sozialstaatlichen Teilbereichs 1957 – 1986, Marburg 1989; Dieter Schewe, Von der ersten zur zweiten Rentenreform 1957 – 1976. Die Entwicklung der Gesetzgebung über die Rentenversicherung, in: Reinhart Bartholomäi / Wolfgang Bodenbender / Hardo Henkel / Renate Hüttel (Hrsg.), Sozialpolitik nach 1945. Geschichte und Analysen, Bonn 1977.

486   Rentenversicherung in Zeitreihen, Oktober 2019, S. 254.

487   Hardach, Generationenvertrag, S. 375 – 383.

488   Gesetz zur Reform der gesetzlichen Rentenversicherung. Vom 18. Dezember 1989. BGBl. 1989 I, S. 2261 – 2395.

489   C. von Dietze / M. Rolfes / G. Weippert, Lebensverhältnisse in kleinbäuerlichen Dörfern. Ergebnisse einer Untersuchung in der Bundesrepublik 1952, Hamburg 1953, S. 159 – 160.

490   Gesetz über eine Altershilfe für Landwirte. Vom 27. Juli 1957. BGBl. 1957 I, S. 1063 – 1068.

직업적 연금제도(Versorgungssystem)였습니다. 농촌이탈로 인해 보험가입자가 너무 줄어, 보험서비스에 상응하는 보험료 증액은 많은 농가에 과도한 부담이 되었습니다. 따라서 1961년 이래로 농업에서의 노후지원(Altershilfe)은 점점 더 연방예산에서 자금을 조달하게 되었습니다. 1973년에는 농업에서의 노후지원(Altershilfe)의 노후수당(Altersgeld)이 공공연금보험을 모델로 역동적으로 되었습니다.[491] 자유 직업인을 위한 직업적 연금제도가 있었습니다. 직업적 연금제도는 의무가입제로 운영되었으나 선불방식(Umlageverfahren)이 아닌 보험원칙에 따라 조직되었습니다.[492]

기업의 노후연금(Altersversorgung)은 사회보장연금에 대한 추가소득으로 간주되었습니다. 기업의 노후연금(Altersversorgung)은 기업과 근로자 사이의 사적 합의에 기반을 두었습니다. 기업의 노후연금(Altersversorgung)에 대한 청구권은 전시인플레이션(Kriegsinflation)으로 인해 대부분 전멸되었습니다. 1952년에는 기업연금과 단체보험에 대한 연금수급권을 위하여 공적 보조금을 통해 지원하는 일부 재평가가 결정되었습니다.[493] 경제성장 과정에서 기업연금제도는 점진적으로 재구축되었습니다.[494]

1970년대부터 연방정부는 노후소득의 다변화를 권고해왔습니다. 사람들은 공공연금

491　Harald Deisler, Die Alterssicherung der Landwirte, in: Jörg E. Cramer / Wolfgang Förster / Franz Ruland (Hrsg.), Handbuch zur Altersversorgung. Gesetzliche, betriebliche und private Vorsorge in Deutschland, Frankfurt 1998; Frerich / Frey, Geschichte der Sozialpolitik, Bd. 3, S. 55‒58; Konrad Hagedorn, Agrarsozialpolitik in der Bundesrepublik Deutschland, Berlin 1982.

492　Michael Jung, Berufsständische Versorgung, in: Jörg E. Cramer / Wolfgang Förster / Franz Ruland (Hrsg.), Handbuch zur Altersversorgung. Gesetzliche, betriebliche und private Vorsorge in Deutschland, Frankfurt 1998; G. Wannagat, Zur Ausgestaltung der Alterssicherung der Selbständigen und freien Berufe, in: Soziale Sicherheit, 17 (1968).

493　Albrecht Weiß, Begriff und Entwicklung der betrieblichen Altersfürsorge, in: Albrecht Weiß (Hrsg.), Handbuch der betrieblichen Altersfürsorge, 2. Aufl., München 1952, S. 18‒21.

494　Bundesministerium für Arbeit und Sozialordnung, Sozialbericht 1976, Bonn 1976, S. 34‒36; Helga Graef, Die betriebliche Altersvorsorge. Historischer Ursprung, rechtliche Entwicklung und sozialpolitische Bedeutung im Lichte der Rentenreform, Düsseldorf 1960; Hans Rohs / Günther Hartmann, Grundsätze und Formen betrieblicher Altersversorgung, Düsseldorf 1951.

제도에만 의존해서는 안 되었습니다. 연금보험, 기업연금, 개인 자본형성을 통한 사적 노후준비는 서로 보완하여 노후준비의 "3축 모델"을 형성해야 했습니다. 1974년에 기업의 노후연금(Altersversorgung)이 개혁되었습니다. 그 이후로 기업을 변경한 경우에도 연금청구권이 유지되었습니다. 기업은 임금 및 급여 발전에 대한 적응을 조정하기 위해 3년마다 보험운영을 점검해야 했습니다.[495] 정치인들이 추구했던 노후소득의 다양화는 성공하지 못했습니다. 구독일연방공화국이 끝날 때까지 공공연금보험은 노후세대 소득의 가장 큰 부분을 차지했습니다.[496] 기업연금은 점진적으로 증가하기는 했지만 1980년대까지도 여전히 널리 보급되지 않았습니다. 이전 고위 경영진은 종종 상대적으로 높은 기업연금을 받았습니다. 추가소득이 가장 필요한 소액의 사회보장연금(Sozialversicherungsrente)을 받는 퇴직자들은 기업연금(Betriebsrente)을 추가로 받는 경우가 거의 없었습니다.[497]

연방, 주 및 지방 공무원의 연금제도는 공공연금보험 제도보다 상당히 높은 노후소득을 제공했습니다. 1950년에는 공공연금보험에 대한 보완책으로 이전에 제국의 사무직 근로자들을 위해 존재했던 추가연금(Zusatzversorgung)이 연방의 노동자와 사무직 근로자를 위해 다시 도입되었습니다. 1952년에는 추가연금(Zusatzversorgung)이 주의 사무직 근로자에게, 1962년에는 지방자치단체 사무직 근로자들에게도 확대되었습니다. 따라서 공공부문 근로자를 위한 연금은 공무원의 연금 수준에 가까워져야 했습니다. 교회는 공직연금제도를 모델로 보험제도를 마련하고 근로자를 위해서는 추가연금도 도입하였습니다.[498]

495 Gesetz zur Verbesserung der betrieblichen Altersversorgung. Vom 19. Dezember 1974. BGBl. 1974 I, S. 3610.

496 Hardach, Generationenvertrag, S. 386 – 388.

497 Sachverständigenkommission Alterssicherungssysteme, Vergleich der Alterssicherungssysteme und Empfehlungen der Kommission. Gutachten der Sachverständigenkommission vom 19. November 1983. Berichtsband 1, Stuttgart 1983, S. 121 – 139.

498 Diether Döring, Die Zukunft der Alterssicherung. Europäische Strategien und der deutsche Weg, Frankfurt 2002, S. 69: Frerich / Frey, Geschichte der Sozialpolitik, Bd. 3, 60 – 61.

사고보험. 사고보험은 직업협동조합이 부담했습니다. 보험료는 위험 등급에 따라 차등화되었습니다. 생활비 상승으로 부족해진 사고보험연금은 1957년과 1961년에 당시의 임금수준에 맞춰 조정되었습니다. 1963년 이후 사고연금은 공공연금보험의 모델에 따라 정기적으로 임금 및 급여의 발전과 연계되어 왔습니다.[499]

4.4.3 가족지원

독일연방공화국 초기에는 조세감면을 통한 가족의 재정적인 구제밖에 없었습니다. 그러나 자녀를 양육하는 부모에게 소득세를 감면한다는 것은 공적 이전이 아니라, 조세공평성(Steuergerechtigkeit)과 조세효율성(Steuerleistungsfähigkeit)의 전통적 원칙에 상응하는 것이었습니다.[500]

저소득 가족은 세금감면 혜택을 거의 또는 전혀 받지 못했기 때문에 1954년에 자녀가 많은 가족을 위한 아동수당(Kindergeld)이 도입되었습니다. 근로자 가족은 18세까지의 세 번째 자녀부터 추가 자녀 각각에 대해 약간의 지원을 받았습니다.[501] 이로써 아동수당과 세금감면을 통한 이중적 가족지원(Familienförderung)이 확립되었습니다. 가족지원의 목적은 가족과 자녀가 없는 가정 간 생활조건을 균등화하는 것이었습니다. 이를 통해 학문적 자문위원회는 가족정책을 인구정책과 명확하게 구분했습니다. "인구정책에서 사람과 가족은 대상, 즉 목적을 위한 수단이지만, 가족정책의 경우 목적 자체입니다."[502]

경제성장으로 분배 범위가 확대되면서 가족지원도 점차 개선되었습니다. 세금공제

499　Frerich / Frey, Geschichte der Sozialpolitik, Bd. 3, S. 77 – 80.

500　Bajohr, Staatliche Finanzpolitik. S. 35 – 36.

501　Gesetz über die Gewährung von Kindergeld und die Errichtung von Familienausgleichskassen. Vom 13. November 1954. BGBl. 1954 I, S. 333 – 340.

502　Der Familienlastenausgleich. Erwägungen zur gesetzlichen Verwirklichung. Eine Denkschrift des Bundesministeriums für Familienfragen. Bonn, November 1955. BArchK B 136 / 6134

(Steuerfreibetrag)를 인상하고 아동수당을 증액하여 아동수당을 받는 아동의 범위를 점차 확대하였습니다.[503] 1974년 사민당과 자민당 연정정부는 이중적 가족지원을 소득과 무관하고 세금이 면제되는 통합된 아동수당으로 대체했습니다. 처음으로 첫 아이로부터 아동수당을 받을 권리가 생겼습니다.[504] 1982년 10월 정권교체 이후, 자녀를 위한 세금공제를 재도입하여, 이중적 가족지원(Familienförderung)으로 되돌아갔습니다.[505]

가족지원의 새로운 제도는 육아휴직(Erziehungsurlaub)이었습니다. 여성이 출산 이후 직장에 복귀하는 것이 더 용이해졌습니다. 1969년부터 공무원들은 가족을 위해 헌신하기 위해 몇 년간의 무급휴가를 가질 수 있었습니다. 1974년에 공무원을 위한 육아휴직이 도입되었습니다. 1986년부터 전 근로자가 육아에 전념하기를 원하면, 육아휴직을 사용할 수 있었습니다. 육아휴직의 첫 6개월 동안에는 국가가 육아수당(Erziehungsgeld)을 지급하였습니다. 저소득 가족은 추가로 6개월 동안 아동수당(Kindergeld)을 받았습니다. 자녀양육(Kindererziehung)은 연금보험에서 최대 1년까지 보험료를 내지 않아도 보험기간으로 인정되었습니다.[506] 일부 연방주에서는 자체적인 가족정책 프로그램으로 연방의 가족지원을 보완했습니다. 가장 일반적인 주 지원은 저리대출 또는 결혼 또는 자녀 출산 시 지급되는 보조금이었습니다. 일부 주에서는 1986년 이후 연방정부가 보장한 육아수당을 보완하는 주 육아수당도 도입했습니다.[507]

---

503 Bundeskindergeldgesetz. Vom 14. April 1964. BGBl. 1964 I, S. 265 – 276.

504 Gesetz zur Reform der Einkommensteuer, des Familienlastenausgleichs und der Sparförderung. Vom 5. August 1974. BGBl. 1974 I, S. 1769 – 1855.

505 Gesetz zur Wiederbelebung der Wirtschaft und Beschäftigung und zur Entlastung des Bundeshaushalts. Vom 20. Dezember 1982, Art. 13. BGBl. 1982 I, S. 1883 – 1884.

506 Bundesministerium für Jugend, Familie, Frauen und Gesundheit, Erziehungsgeld, Erziehungsurlaub und Anrechnung von Erziehungszeiten in der Rentenversicherung. Gutachten des Wissenschaftlichen Beirats für Familienfragen beim Bundesministerium für Jugend, Familie, Frauen und Gesundheit, Stuttgart 1989, S. 25 – 34; Bundesministerium für Familie, Senioren, Frauen und Jugend, Gerechtigkeit für Familien. Zur Begründung und Weiterentwicklung des Familienlasten- und Familienleistungsausgleichs. Gutachten des Wissenschaftlichen Beirats für Familienfragen, Stuttgart 2002, S. 31.

507 Karl Schwarz, Demographische Wirkungen der Familienpolitik in der Bundesrepublik Deutschland und

가족지원이 확대되긴 했지만, 노동시장에 진입하기까지 청년세대의 생계를 책임지는 주체는 주로 돌봄과 물질적 지출을 담당한 가족이었습니다. 1979년에 가족이 자라나는 세대를 위하는 금전적 비용의 47%를 부담하는 것으로 추산되었습니다. 가정에서 자녀를 양육하는 시간까지 고려하면 가족이 부담하는 비중은 74%로 높아졌습니다.[508]

4.4.4 주택정책

주택시장의 불균형은 주택정책을 사회보장의 중요한 영역으로 만들었습니다. 연방, 주 및 지방정부는 주택정책에 대해 협력했습니다.[509] 지방자치단체와 지방자치단체연합회는 건축용지 지정에 관한 권한이 있었고, 건물설계의 기본조건을 확정할 수 있었습니다. 도심 지역 재개발을 위해 보상을 대가로 개인 토지를 수용할 수 있었습니다. 1950년대에는 인구증가로 주택수요가 급증했습니다. 하지만 주택공급은 부족했습니다. 평화 초기에 전쟁으로 인한 피해를 복구하기 시작하였지만, 재건은 아직 완료되지 않았습니다.[510]

주택정책은 처음에는 저렴한 임대료로 가능한 한 많은 생활공간을 만드는 데 중점을 두었습니다. 중점은 사회주택 건설에 있었습니다. 1950년 4월 주택건설법 (Wohnungsbaugesetz)에 따라 연방, 주, 지방정부는 주택건설을 촉진할 의무가 있었습니다.

in den Bundesländern nach dem Zweiten Weltkrieg, in: Bernhard Felderer (Hrsg.), Bevölkerung und Wirtschaft, Berlin 1990.

508 Bundesministerium für Jugend, Familie und Gesundheit, Leistungen für die nachwachsende Generation in der Bundesrepublik Deutschland. Gutachten des Wissenschaftlichen Beirats für Familienfragen, Stuttgart 1979, S. 99 – 102.

509 Johann Eekhoff, Wohnungspolitik, 2. Aufl., Tübingen 2002; Annette Meyer, Theorie und Politik des Wohnungsmarktes. Eine Analyse der Wohnungspolitik in Deutschland unter besonderer Berücksichtigung der ökonomischen Theorie der Politik, Berlin 1998.

510 Klaus von Beyme, Der Wiederaufbau. Architektur und Städtebaupolitik in beiden deutschen Staaten, München 1987, S. 128 – 147.

6년 안에 주택 160만 채를 지어야 했습니다.[511] 주택건설은 건축용지 제공, 저리 또는 무이자 대출, 건축비에 대한 공적 지원금 및 세제혜택을 통해 장려되어야 했습니다. 사회주택 건설과 병행하여 1955년 이후 저소득 가정을 위한 임대보조금(Mietbeihilf)으로 더 높은 임대료를 보상해 왔습니다. 1965년 이후 보조금에 대한 사회적 수용도를 높이기 위해 보조금을 "주거수당"(Wohngeld)이라고 부르게 되었습니다. 1950년대 경제 호황기에는 주택건설법에서 정한 생산목표를 훨씬 초과했습니다. 1950년부터 1959년까지 매년 평균 510,000채의 주택이 지어졌습니다.

주택부족 극복과 더불어 1950년대의 새로운 사회정치적 동기는 주택건설에서 사유재산 형성이었습니다. 이를 통해 사회적 시장경제의 경제질서 안정에 기여해야 했습니다. 1960년 연방건축법에 따르면 지역사회(Gemeinde)와 지역사회협회(Gemeindeverbände)의 토지이용계획은 인구의 주택요구에 부응해야 할 뿐만 아니라, 주택 부문에서 재산형성을 촉진해야 했습니다.[512] 1960년대 초 연방정부는 주택시장이 균형을 이루고 있어 주택시장을 자유화할 수 있다고 믿었습니다. 그러나 지역별 차이가 컸기 때문에 개별 시·주의 주거상황에 따라 점진적으로 자유화를 추진해야 했습니다.[513] 인구증가, 소득증가, 더 큰 주택에 대한 수요로 인한 건설 붐은 1970년대 초까지 지속되었습니다. 1973년에는 714,000개 주택이 지어졌습니다. 그 후 신축 건물 수가 감소하여 1989년에는 237,000개의 주택이 지어졌습니다.[514]

511   Erstes Wohnungsbaugesetz. Vom 24. April 1950, § 1. BGBl. 1950 I, S. 83–88.

512   Bundesbaugesetz. Vom 23. Juni 1960, § 1, Abs. 4. BGBl. 1960 I, S. 341–388.

513   Karl Christian Führer, Mieter, Hausbesitzer, Staat und Wohnungsmarkt. Wohnungsmangel und Wohnungszwangswirtschaft in Deutschland 1914–1960: Günther Schulz, Wiederaufbau in Deutschland. Die Wohnungsbaupolitik in den Westzonen und der Bundesrepublik von 1945 bis 1957, Düsseldorf 1994.

514   Statistisches Bundesamt, Statistik der Baugenehmigungen und Baufertigstellungen 2019, Wiesbaden 2020.

4.4.5 사회부조

다른 모든 소득원이 실패했을 때 복지혜택(Fürsorgeleistung)이 시작되었습니다. 일반복지 외에 전쟁희생자복지와 높은 혜택의 실업자복지가 있었습니다. 1961년에 복지는 새로운 사회부조(Sozialhilfe) 체계로 대체되었습니다.[515] 개인적인 필요성과 최저임금과의 격차라는 전통적인 공적지원의 전제조건은 그대로 유지되었습니다. 그러나 사회부조에 대한 접근이 더 쉬워지고 혜택이 경제발전에 맞게 조정되었습니다.[516]

1950년대와 1960년대에는 경제성장과 사회보장의 확대로 인해 복지(Fürsorge)에 의존하다가 나중에는 사회부조(Sozialhilfe)에 생계를 의존하는 인구의 비율이 감소하였습니다. 1963년에는 인구의 1.3%가 사회부조를 청구했습니다. 1973-1975년 위기와 노동시장 위기 이후, 경제성장의 둔화는 사회 변두리의 빈곤을 증가시켰습니다. 1986년까지 사회부조율(Sozialhilfequote)은 3.5%까지 올랐습니다. 사회부조의 증가는 부분적으로는 사회부조에 대한 사회적 수용도가 높아진 것으로도 설명할 수 있습니다. 그들에게 허용된 사회부조를 실제로 신청한 빈곤층의 비율이 증가했습니다. 그러나 본질적으로 사회부조율의 상승은 실제로 빈곤의 증가를 나타냈습니다.[517]

어린이와 청소년은 그들이 살았던 가족과 함께 빈곤의 영향을 받는 경우가 상대적으로 많았습니다. 1980년대에 어린이와 청소년 사이에 빈곤이 증가했습니다. 주된 이유는 가족소득이 종종 매우 낮은 미혼모가 있는 불완전한 가족의 수가 증가했기 때문입니다. 대조적으로, 연령 피라미드의 다른 쪽 끝에 있는 은퇴세대는 노후소득 향상으로 인해 사회

---

515 Bundessozialhilfegesetz. Vom 30. Juni 1961. BGBl. 1961 I, S. 815 – 841.

516 Hans-Jürgen Andreß, Steigende Sozialhilfezahlen. Wer bleibt, wer geht und wir sollte die Sozialverwaltung darauf reagieren? In: Michael M. Zwick (Hrsg.), Einmal arm, immer arm? Neue Befunde zur Armut in Deutschland, Frankfurt 1994; Wilfried Rudloff, Öffentliche Fürsorge, in: Hans Günter Hockerts, Drei Wege deutscher Sozialstaatlichkeit. NS-Diktatur, Bundesrepublik und DDR im Vergleich, München 1998.

517 Richard Hauser / Peter Semrau, Zur Entwicklung der Einkommensarmut von 1963 bis 1986, in: Sozialer Fortschritt, 39 (1990), S. 28 – 30.

전체보다 빈곤의 영향을 덜 받았습니다.[518]

4.5 소비

소비는 서독 사회의 정체성에 본질적인 의미를 부여하였습니다. 구 독일연방공화국의 역사는 "민주주의와 소비사회"(Demokratie und Konsumgesellschaft)를 가져온 "성공역사"(Erfolgsgeschichte)로 특징지어져 왔습니다.[519] 증가하는 소비가 국가의 정치적 안정에 상당한 기여를 했다는 널리 퍼진 견해가 이 간결한 문구에 요약되었습니다.

1950년대 초, 서독 가정의 대다수는 여전히 일상생활의 필수품인 음식, 의복, 주택 마련에 집중했습니다. 1950-1951년에 성인 2명과 자녀 2명을 둔 중산층 가정은 가계 소득의 46%를 음식, 14%를 난방 및 조명을 포함한 주택, 11%를 의류, 4%를 가구와 가전 제품, 4%를 교육, 오락 및 여가, 4%를 클럽회비 및 협회회비, 2%를 건강 및 신체관리에 사용하였습니다. 놀랍게도 소득의 2%만이 교통비에 사용되었습니다. 가족은 자가용이 아닌 대중교통을 이용했는데 당시 대중교통 요금은 보조금이 매우 낮았습니다.[520]

경제성장의 결과 고소득 가정에서 기술소비재의 대량소비 시대가 시작되었지만 나중에는 평균소득 가정에서도 시작되었습니다. 1953년 하노버(Hannover)에서 열린 산업박람회에서 연방 경제부장관 에르하르트는 소비가 곧 기본적인 욕구충족을 초과할 것이며 "독일 가정에서, 주로 독일 노동계급 가정에서 냉장고, 세탁기, 진공청소기 같은 장기 소비재가 사용될 것이며, 전기공학 분야뿐만 아니라 다른 산업 분야에서 생산되는 모든 아름다운 것들을 사용하게 될 것입니다"라고 말하였습니다. 당시 모든 가정이 원하는 기술소비재를 구입할 여유가 있었던 것은 아닙니다. 그러나 미국의 예를 따라 오늘의 사치품

---

518 Eva Reichwein, Kinderarmut in der Bundesrepublik Deutschland Lebenslagen, gesellschaftliche Wahrnehmung und Sozialpolitik, Wiesbaden 2012.

519 Axel Schildt, Ankunft im Westen. Ein Essay zur Erfolgsgeschichte der Bundesrepublik, Frankfurt 1999, S. 9.

520 Statistisches Jahrbuch 1953, S. 536 – 537.

은 모레 일반 상품이 될 것입니다.[521]

공식적인 소비낙관론(Konsumoptimismus)은 노동조합(Gewerkschaft)과 잘 어울리지 않았습니다. 1953년 독일노동조합연맹 주간지〈노동세계〉(Welt der Arbeit)는 E. 테우너트(E. Theunert)의 기사를 실었습니다. 그는 이 기사는 뮐러-아막(Müller-Armack) 국무장관이 에쎈(Essen)에서 열린 "가정의 합리화 - 주부해방"(Rationalisierung des Haushalts - Entlastung der Hausfrau)에 관한 행사에서 행한 연설을 비판하였습니다. 에르하르트와 마찬가지로 뮐러-아막(Müller-Armack)은 냉장고와 세탁기 같은 고급 제품을 더 많은 소비자가 사용할 수 있게 하겠다고 약속했습니다. 테우너트(Theunert)는 이러한 약속이 당시 임금을 고려할 때 비현실적이라고 비판했습니다. 소비자대출은 종종 기술소비재 구매를 광고하는 데 사용됐습니다. 이것은 많은 가계를 과도한 부채로 만들 것입니다. 진정으로 노동계급의 생활수준을 높이려는 사람은 누구라도 더 높은 임금과 더 낮은 물가를 위해 일해야 했습니다.[522]

이 주제는 에르하르트 경제부 장관에게 매우 중요했기 때문에, 그는 〈노동세계〉(Welt der Arbeit)에 자세한 의견을 보냈습니다. 고급수요는 늘 처음에는 소득이 높은 소그룹만이 지불할 수 있지만, 경제성장을 통해 늘 일반 소비로 발전해 왔습니다. 일상용품에 대한 소비자신용(Konsumentenkredite)은 거부되어야 합니다. 그러나 내구성 있는 가정용품의 경우 소비자신용은 수요를 증가시켜 국민생산을 증가시키는 데 의미가 있을 수 있습니다.[523]

이 논쟁에서 두드러진 역할을 담당한 냉장고는 당시로서는 실제로 사치품이었습니다. 〈노동세계〉(Welt der Arbeit)가 공식적인 소비낙관론을 비판하자 가전업체 바우크네히트

---

521   Ludwig Erhard, An die eigene Kraft glauben. Rede bei der Eröffnung der Technischen Messe Hannover, 26. April 1953. In: Erhard, Gedanken aus fünf Jahrzehnten, S. 360 - 361.

522   F. Theunert, Forderung des Bundeswirtschaftsministeriums: Einen Kühlschrank in jeden Haushalt, in: Welt der Arbeit, 5. Juni 1953.

523   Erwiderung Professor Ludwig Erhards auf unseren Artikel „Einen Kühlschrank in jeden Haushalt", in: Welt der Arbeit, 26. Juni 1953.

(Bauknecht GmbH)는 같은 호 광고에서 자사 냉장고를 50리터 모델은 445마르크(DM), 80리터 모델은 625마르크(DM)에 광고했습니다. 따라서 작은 냉장고는 산업 노동자의 11주 임금에 해당됐습니다.[524] 한 대표적인 설문조사에 따르면 1953년에는 가구의 9%만이 전기 냉장고를 갖추고 있었습니다. 대부분의 가정에는 냉장고가 없거나, 얼음 막대로 식히는 간단한 냉장고가 있었습니다. 막대 얼음을 소비자에게 배달하는 얼음트럭은 도시에서 흔히 볼 수 있는 광경이었습니다. 가구의 26%는 나중에는 당연한 가전제품이 된 진공청소기를 소유했고, 가구의 8%는 자동차를 소유했습니다.[525]

냉장고를 둘러싼 논쟁은 가전제품과 자동차에 대한 격렬한 소비 붐으로 이어졌습니다. 그러나 서비스(Dienstleistung)에 대한 지출도 증가했습니다. 많은 사람이 서독의 휴가지역으로 휴가를 갔지만 곧 해외로 휴가를 떠났고 여가에 더 많은 돈을 썼습니다.[526]

1989년에 성인 2명과 어린이 2명으로 구성된 중산층 가정은 가계소득의 24%만 식료품 구입에 사용했습니다. 26%는 난방과 조명을 포함한 주거비에, 16%는 자가용을 포함한 교통비에, 교육, 엔터테인먼트, 여가 및 여행에 13%, 가구 및 가정용품에 9%, 의류에 8%, 건강 및 신체관리에 3%를 사용했습니다.[527]

기본소비에서 내구 소비재로의 소비전환은 가정용 장비에 반영되었습니다. 1989년에는 가구의 99%가 진공청소기, 99%가 텔레비전, 97%가 전화기, 97%가 자동세탁기,

524 Welt der Arbeit, 5. Juni 1953: Statistisches Bundesamt, Bevölkerung und Wirtschaft, S. 255.

525 Institut für Demoskopie Allensbach, Eine Generation später. Bundesrepublik Deutschland 1953 – 1979 – Eine Allensbacher Langzeitstudie, Allensbach 1981, S. 20.

526 Arne Andersen, Der Traum vom guten Leben. Alltags- und Konsumgeschichte vom Wirtschaftswunder bis heute, Frankfurt 1997: Christian Kleinschmidt, Konsumgesellschaft, Göttingen 2008, S. 131 – 162: Wolfgang König, Geschichte der Konsumgesellschaft, Stuttgart 2000: Wolfgang König, Kleine Geschichte der Konsumgesellschaft. Konsum als Lebensform der Moderne, Stuttgart 2008: Wolfgang König, Massenproduktion und Konsumgesellschaft: Ein historischer und systematischer Abriss, in: Heinz-Gerhard Haupt / Cornelius Torp (Hrsg.), Die Konsumgesellschaft in Deutschland 1890 – 1990. Ein Handbuch, Frankfurt 2009, S. 46 – 61: Alfred Reckendrees, Konsummuster im Wandel. Haushaltsbudgets in der Bundesrepublik Deutschland 1952 – 1998, in: Jahrbuch für Wirtschaftsgeschichte, 2007 II, S. 29 – 61.

527 Statistisches Jahrbuch 1991, S. 536.

96%가 자동차, 96%가 자전거, 95%가 그 사이 표준에 속하는 컬러 텔레비전, 81%가 냉장고, 75%가 냉동고, 67%가 스테레오장치, 53%가 식기세척기, 47%가 간이 라디오, 8%가 오토바이를 가지고 있었습니다.[528]

개인 소비는 연방, 주 및 지방 정부가 제공하는 공공재로 상당 부분 보완되었습니다. 시장에서 거래되는 사유재와 달리 공공재는 일반적으로 접근 가능하며 세금으로 조달되었습니다. 공공재는 물질적 재화나 서비스가 될 수 있습니다. 물질적 공공재는 예를 들어 도로, 수로, 항구, 시청, 의회건물, 학교, 대학, 공공 스포츠시설, 극장, 콘서트 홀, 박물관, 공공 광장 또는 공원이었습니다. 지역사회의 이용을 위한 국가적 서비스는 공공 행정, 사법, 교육 및 연구, 예술, 그리고 1955년부터 연방군이 있었습니다. 넓은 의미에서 소비자 보호, 금융감독, 환경보호, 경관보호, 소비자보호, 통화안정 및 사회보장도 공공재로 간주되었습니다. 공공재는 소득이나 자산에 관계없이 세금으로 조달되고 보편적으로 접근할 수 있기 때문에 소비의 계급적 불평등을 줄였습니다.[529] 넓은 의미에서 교회의 봉사도 공공재에 속했습니다.

국가 공공재 외에도 글로벌 공공재의 중요성이 높아졌습니다. 전 세계 모든 사람에게 영향을 미치는 글로벌 공공재에는 환경보호, 생물다양성 보존, 기후보호, 천연 자원의 신중한 사용 및 핵 군축이 포함되었습니다.[530] 사회적 시장경제에서 민주적 의사결정을 기반으로 하는 국가 공공재와 달리 글로벌 공공재는 주권 국가 간의 국제적 협상을 통해 만들어졌습니다.

---

528   Haushalte von Arbeitnehmern oder Arbeitnehmerinnen mit mittlerem Einkommen. Statistisches Jahrbuch 1991, S. 540.

529   Richard Cornes / Todd Sandler, The theory of externalities, public goods, and club goods, Cambridge 1986; Wolfgang Lohr, Öffentliche Güter und externe Effekte. Eine wohlfahrtstheoretische Analyse, Konstanz 1989; Raimund Reichhardt, Gesellschaftliche Bedarfsanalyse: Ein Ansatz zur Ermittlung der Bürger-Präferenzen für öffentliche Güter, Berlin 1979.

530   Achim Brunnengräber (Hrsg.), Globale öffentliche Güter unter Privatisierungsdruck, Münster 2003; Maththias Maring (Hrsg.), Globale öffentliche Güter in interdisziplinärer Perspektive, Karlsruhe 2012.

제 3 장

국가사회주의적 계획경제
1949-1990

1. 경제질서

독일민주공화국(Deutsche Demokratische Republik)은 1949년 헌법에 따라 민주연방공화국이 되었습니다.[1] 연방국가는 브란덴부르크(Brandenburg), 메클렌부르크(Mecklenburg), 작센(Sachsen), 작센안할트(Sachsen-Anhalt) 및 튀링겐(Thüringen)의 5개 주로 구성되었습니다. 베를린의 동부구역(Ostsektor)은 특별한 지위를 가졌습니다. 그러나 주정부의 영향력은 거의 없었습니다. 1952년 사회주의 건설이 공식 강령이 되었을 때, 새로운 정책에는 추가적인 권력의 집중도 포함되었습니다. 주(Land)는 1952년에 해체되었습니다. 15개 지구(Bezirk)가 새로운 중간기관으로 형성되었습니다.[2]

권력집중. 국가사회주의 계획경제의 근간은 권력의 집중이었습니다. 정부는 공식적으로 독일사회주의통일당(Sozialistische Einheitspartei Deutschlands/SED)과 연합정당

---

1 Verfassung der Deutschen Demokratischen Republik vom 7. Oktober 1949, Artikel 1 (1). Gesetzblatt der Deutschen Demokratischen Republik (GBl.) 1949, S. 5 – 16.

2 Dierk Hoffmann, Die DDR unter Ulbricht. Gewaltsame Neuordnung und gescheiterte Modernisierung, Zürich 2003; Dietrich Staritz, Geschichte der DDR, 2. Aufl., Frankfurt 1996; Hermann Weber, Geschichte der DDR, 2. Aufl., München 1999.

(Blockpartei)의 연정(Koalition)이 있던 인민의회(Volkskammer)의 지원을 받았습니다. 그러나 실질적 권력은 독일사회주의통일당(SED)에 있었습니다. 국가 기관은 당의 도구로 여겨졌습니다. "사회주의 국가는 사회와 경제의 계획적 관리를 위한 노동계급과 당의 주요 도구다. 당은 국가기관, 근로자 집단과 그들의 사회조직의 활동을 지도한다."[3] 정당과 국가의 대표를 뽑는 선거는 늘 조작되었습니다. 레닌이 만든 문구에 따르면 독재는 "민주집중제"(demokratischer Zentralismus)라고 불렀습니다.[4]

독일사회주의통일당(SED)의 지도기관은 소련의 조직모델에 따라 1949년 1월에 이미 구성된 정치국(Politbüro)이었습니다. 당조직의 최상위에는 월터 울브리히트(Walter Ulbricht)가 총서기(Generalsekretär)로, 1953년부터 독일사회주의통일당(SED)의 제1서기(Erster Sekretär)로 있었습니다. 빌헬름 피크(Wilhelm Pieck) 대통령과 오토 그로테볼(Otto Grotewohl) 총리와 함께 그는 공식적으로 동독 국가의 트리오 지도부(Führungstrio)를 구성했습니다. 정부에서 울브리히트(Ulbricht)의 직함은 부총리(Stellvertretender Ministerpräsident)였습니다. 권력의 집중은 경제정책에 대한 민주적 영향력의 여지가 없음을 의미했습니다. 생산과 분배에 대한 결정은 당과 국가의 권력 엘리트에 의해 결정되고 집행되었습니다.

독일사회주의통일당(SED)의 당 지도부는 국가기관과 대중조직에 대한 영향력과 대규모 선전을 통해 지배를 공고화하려고 노력했습니다. 그러나 궁극적으로 체제의 지속은 소련의 지원에 달려 있었습니다. 1953년 3월 소련 독재자 스탈린의 죽음은 독일민주공화국에도 전환점을 의미했습니다. 새로운 소련정부는 온건한 정치에 대한 희망을 고취시켰고 동독국가에서도 변화가 예상되었습니다.

변화가 없자, 정권의 체제 위기가 왔습니다. 1953년 6월 15일, 여러 산업분야에서 노

---

3   Waldfried Schliesser / Gerhard Schulz, Gegenstand, Aufgaben und Methode der Politischen Ökonomie des Sozialismus, 3. Aufl., Berlin 1986, S. 83.

4   Demokratischer Zentralismus, in: Willi Ehlert / Heinz Joswig / Willi Luchterhand / Karl-Heinz Stiemerling (Hrsg.), Wörterbuch der Ökonomie Sozialismus, 7. Aufl., Berlin 1989, S. 186 - 187.

동기준이 상향되고, 그 결과 노동자들의 실질소득이 감소하자, 스탈린거리의 대규모 건설 현장에서 건설노동자들이 파업에 돌입했습니다. 파업은 다른 지역으로 확산되었고 경제적 목표에 정부의 퇴진과 자유선거에 대한 정치적 요구가 추가되었습니다. 1953년 6월 17일 파업운동은 정권에 대한 대중봉기(Volksaufstand)로 확대되었습니다. 저항의 범위에 놀란 당과 정부는 소련군에 도움을 요청했습니다. 봉기는 소련군에 의해 폭력적으로 진압되었습니다. 사망자와 부상자가 있었고, 봉기에 참여한 많은 사람이 중형을 선고받았습니다.[5]

국가사회주의 체제는 소련의 지원으로 존속할 수 있었지만 불만은 여전히 높았습니다. 정치적, 경제적 상황에 대한 항의는 탈출물결(Fluchtwelle)로 이어졌습니다. 1961년 8월 독일민주공화국은 독일연방공화국과의 국경을 폐쇄했습니다. 1953년 6·17 봉기 이후 8년, 건국 12년 만에 두 번째 체제위기였습니다. 독일민주공화국은 이전보다 민주적 사회주의의 전통에서 더 많이 벗어났습니다.

선거가 없었기 때문에 당과 정부의 집권자들은 관직축적, 파벌형성, 음모, 소련 패권세력과의 접촉을 통해 가능하면 그들의 자리를 종신직으로 공고히 하기 위해 노력했습니다. 1960년 빌헬름 피크(Wilhelm Pieck) 대통령이 사망한 후 울브리히트(Ulbricht)는 국가대통령에 상응하는 지위인 국무원(Staatsrat) 의장이자 새로운 국가국방위원회(Nationaler Verteidigungsrat) 의장이 되었습니다. 그로테볼(Grotewohl)이 사망한 후 윌리 스토프(Willi Stoph)는 1964년 국무총리에 상응하는 직위인 각료회의(Ministerrat) 의장이 되었습니다. 1971년 울브리히트(Ulbricht)는 실각되었습니다. 에리히 호네커(Erich Honecker) 주변의 당내 반대자들은 1963년에 도입된 개혁정책, 울브리히트가 추구한 소련으로부터의 더 큰

---

5   Christoph Buchheim, Wirtschaftliche Hintergründe des Arbeiteraufstands vom 17. Juni 1953, in: Vierteljahrshefte für Zeitgeschichte, 38 (1990), S. 494–513; Margrit Grabas, 17 June 1953 – The East German worker's uprising as a catalyst for a socialist economic order, in: Vierteljahrschrift für Sozial- und Wirtschaftsgeschichte, 102 (2015); Christoph Kleßmann, Arbeiter im „Arbeiterstaat" DDR. Deutsche Traditionen, sowjetisches Modell, westdeutsches Magnetfeld 1945–1971, Bonn 2007, S. 313–374.

독립, 경제를 현대화하기 위해 독일연방공화국과 더 긴밀한 경제 협력을 맺으려는 그의 의도를 비판했습니다. 울브리히트(Ulbricht)의 비평가들은 사전에 소련공산당과 소련정부의 지원을 확보했습니다. 에리히 호네커(Erich Honecker)는 독일사회주의통일당(SED) 중앙위원회의 제1서기가 되었고 또한 국가국방위원회(Nationaler Verteidigungsrat) 의장이 되었습니다. 울브리히트(Ulbricht)는 1973년 사망할 때까지 국무원의장(Staatsratsvorsitzender)으로 남을 수 있었습니다. 윌리 스토프(Willi Stoph)는 울브리히트(Ulbricht)의 뒤를 이어 국무원의장이 되었지만 1976년에 에리히 호네커(Erich Honecker)에게 직위를 넘겨주고 다시 각료회의(Ministerrat)의장이 되었습니다.[6]

두 독일 국가 사이에 긴밀한 경제적 관계가 있었지만 당과 정부는 독일연방공화국과 더 큰 정치적 거리를 유지하기 위해 노력했습니다. 1971년 6월 독일사회주의통일당(SED) 제8차 전당대회에서 독일통일(deutschen Einheit)의 이념이 포기되었습니다. 독일사회주의통일당(SED)은 독일민주공화국에선 "사회주의국가"(sozialistische Nation)가 생겨나고 독일연방공화국에는 "부르주아국가"(bürgerliche Nation)가 존속한다는 새로운 교리를 도입했습니다.[7] 1972년 12월, 두 독일 국가는 상호인정에 동의하는 "기본조약"(Grundlagenvertrag)을 체결했습니다. 그러나 보충선언에서 독일연방공화국은 독일국민이 유럽의 평화질서의 틀 내에서 자유로운 자결권(Selbstbestimmung)을 통해 통일(Einheit)을 회복할 수 있다는 가능성을 유지했습니다.[8] 기본조약 이후 동독국가는 독일통일의 전통에 대한 거부를 재확인했습니다. 1974년 헌법에서 독일의 공통성(deutsche

---

6 Rainer Weinert, Wirtschaftsführung unter dem Primat der Parteipolitik, in: Theo Pirker / M. Rainer Lepsius / Rainer Weinert / Hans-Hermann Hertle (Hrsg.), Der Plan als Befehl und Funktion, Opladen 1985, S. 285 – 308.

7 Protokoll der Verhandlungen des VIII. Parteitages der Sozialistischen Einheitspartei Deutschlands, 15. bis 19. Juli 1971. 2 Bde., Berlin 1971; Joachim Hoffmann, Ein neues Deutschland soll es sein. Zur Frage nach der Nation in der Geschichte der DDR und der Politik der SED, Berlin 1989, S. 251.

8 Hans Karl Rupp, Politische Geschichte der Bundesrepublik Deutschland, 3. Aufl., München / Wien 2000, S. 192 – 200.

Gemeinsamkeit)에 관한 언급은 사라졌습니다. 독일민주공화국은 이제 "노동자와 농민의 사회주의국가"로 정의되었습니다.[9] 이념적 경계에도 불구하고 두 독일국가 간 특별한 관계는 그대로 유지되었습니다.

사회화. 생산수단의 사회화는 국가사회주의 계획경제의 기초로 간주되었습니다. 소련 군사정권 하에서 주로 대기업, 대규모 산업기업, 은행, 보험 회사가 국유화되었습니다. 다른 국유기업으로는 1945년 9월의 토지개혁(Bodenreform)과 함께 만들어진 국가소매상점(Handelsorganisation)과 국영농장(Volkseigenes Gut)이 있었습니다. 1952년 사회주의건설(Aufbau des Sozialismus)이 정치적 목표로 선언된 후 국가 부문이 확대되었습니다. 대부분의 사기업은 점차 국유화되거나 포기할 수밖에 없었습니다. 1956년에는 사기업에 대한 통제를 강화하기 위해 새로운 법적 형태의 국유기업이 만들어졌습니다.[10]

국영기업 외에도 사회주의 부문에는 농업과 수공업에서의 생산협동조합, 신용협동조합, 소비자협동조합이 포함되었습니다(표 7).

표 7. 동독기업 소유유형별 고용 1950-1989(퍼센트)

	1952	1970	1989
공기업	50	67	80
협동조합	3	19	15
국가참여기업	−	5	−
사기업	47	13	5

출처: Quelle: StatistischesJahrbuch der DeutschenDemokratischenRepublik 1971, S. 55; StatistischesJahrbuch der DeutschenDemokratischenRepublik 1990, S. 127.

---

9 Verfassung der Deutschen Demokratischen Republik vom 6. April 1968 in der Fassung des Gesetzes zur Ergänzung und Änderung der Verfassung der Deutschen Demokratischen Republik vom 7. Oktober 1974, Artikel 1. GBl. 1974 I, S. 432 – 456.

10 Heinz Hoffmann, Die Betriebe mit staatlicher Beteiligung im planwirtschaftlichen System der DDR (1956 – 1972), Stuttgart 1998.

농업 분야에서는 1952년부터 농장이 국가 통제하에 있는 농업생산협동조합으로 몰렸습니다. 협동농장을 위해 세 가지 다른 수준의 통합단계가 계획되었습니다. 제1 유형 농업생산협동조합에서는 오직 농지만 공동으로 경작했습니다. 농부들은 기계를 보관했지만 고정된 임대료로 협동조합에서 사용할 수 있도록 해야 했습니다. 가축사육과 가축에 속하는 방목지는 농민 개인의 권한으로 유지되었습니다. 협동조합의 이익은 작업량에 따라 60%, 협동조합에 기여한 토지 몫에 따라 40%를 분배하기로 되어 있었습니다. 제2 유형 농업생산협동조합에서는 기계와 토지 전체를, 제한된 자급자족을 제외하고, 협동조합에 귀속시켰습니다. 이익은 작업량에 따라 70%, 토지 점유율에 따라 30%만 분배되었습니다. 농업생산협동조합 제3 유형을 통해 추구하던 집단화가 달성된 것으로 간주되었습니다. 오직 작은 자급자족만 허용되었습니다. 이윤의 80%는 작업량으로, 20%는 토지 지분으로 분배되었습니다. 제3 유형 협동조합은 토지가 없는 노동자를 기계공, 트랙터 운전사 또는 관리직으로 고용하기도 했습니다. 1960년에 농업의 집단화가 완성된 것으로 여겨졌습니다. 제3 유형의 농업생산협동조합이 지배적이었습니다.[11]

1971년 6월 울브리히트(Ulbricht)에서 호네커(Honecker)로 정권이 교체된 후 새로운 "선진사회주의 사회"(entwickelte sozialistische Gesellschaft)의 시작이 선포되었습니다. 새로운 사회의 경제적 기반은 국유기업과 생산협동조합이어야 했습니다. 1956년에 과도기적 형태로 설립된 국가 참여 기업은 1972년 국유화되었습니다. 사기업은 틈새시장으로 밀려났습니다.[12]

경제계획. 계획당국과 국유기업의 소유자로서의 이중기능에서 국가는 광범위한 권한

11   Arnd Bauerkämper, Ländliche Gesellschaft in der kommunistischen Diktatur. Zwangsmodernisierung und Tradition in Brandenburg 1945‒1963, Köln 2002., S. 159‒194; Antonia Maria Humm, Auf dem Weg zum sozialistischen Dorf? Zum Wandel der dörflichen Lebenswelt in der DDR und der Bundesrepublik Deutschland 1952‒1969, Göttingen 1999; George Last, After the „socialist spring": Collectivisation and economic transformation in the GDR, New York 2009, S. 3‒44; Elke Scherestjanoi, SED-Agrarpoltik unter sowjetischer Kontrolle 1949‒1953, München 2097.

12   André Steiner, Von Plan zu Plan. Eine Wirtschaftsgeschichte der DDR, 2. Aufl., Berlin 2007, S. 199‒201.

을 가졌습니다. 최고 기획당국은 통치기구인 정치국(Politbüro)이 속해있는 독일사회주의 통일당(SED)중앙위원회(Zentralkomitee)였습니다. 경제정책의 일반적인 지침은 정치국에서 정기적으로 논의되고 결정되었습니다. 각료회의(Ministerrat)는 정치국의 결정을 국가적 행동으로 옮기는 임무를 맡았습니다.

1947년 소련 군사정부에 의해 중앙계획기관으로 설립된 독일경제위원회(Deutsche Wirtschaftskommission)는 1950년 11월 국가계획위원회(Staatliche Plankommission)로 대체되었습니다. 국가계획위원회(Staatliche Plankommission)는 중앙위원회(Zentralkomitee)의 경제정책 결정을 준비하고 각료회의(Ministerrat)와 하위 당국과 함께 결정의 실행을 담당했습니다.[13] 경제계획을 위한 새로운 기관으로서 1961년에 인민경제위원회(Volkswirtschaftsrat)가 구성되었는데, 국가계획위원회(Staatliche Plankommission)와 마찬가지로 각료회의에 속한 기관이었습니다. 인민경제위원회(Volkswirtschaftsrat)는 계획수행의 책임을 지고, 국가계획위원회의 활동은 계획수립에 국한되었습니다. 그러나 두 개의 중앙 계획기관의 병행은 혼란을 야기할 뿐이었고, 인민경제위원회(Volkswirtschaftsrat)는 1965년에 다시 해산되었습니다.

독일경제위원회는 1949-1950년에 대한 2개년 계획을 수립했으며, 이는 건국 이후에도 계속 적용되었습니다. 이 계획은 물적 계획에 중점을 두었습니다. 여기에는 노동력,

---

13 Gerold Ambrosius, „Sozialistische Planwirtschaft" als Alternative und Variante in der Industriegesellschaft – die Wirtschaftsordnung, in: André Steiner (Hrsg.), Überholen ohne Einzuholen. Die DDR-Wirtschaft als Fußnote der deutschen Geschichte? Berlin 2006, S. 11 – 31; Marcel Boldorf, Planwirtschaft, Ordnungs- und Preispolitik, in: Dierk Hoffmann (Hrsg.), Die zentrale Wirtschaftsverwaltung in der SBZ/DDR. Akteure, Strukturen, Verwaltungspraxis. Wirtschaftspolitik in Deutschland 1917 – 1990, Bd. 3, Berlin 2016, S. 133 – 216; Andreas Malycha, Die Staatliche Plankommission (SPK) und ihre Vorläufer 1945 – 1990, in: Dierk Hoffmann (Hrsg.), Die zentrale Wirtschaftsverwaltung in der SBZ/DDR. Akteure, Strukturen, Verwaltungspraxis. Wirtschaftspolitik in Deutschland 1917 – 1990, Bd. 3, Berlin 2016, S. 17 – 132; Jörg Roesler, Die Herausbildung der sozialistischen Planwirtschaft in der DDR. Aufgaben, Methoden und Ergebnisse der Wirtschaftsplanung in der zentralgeleiteten volkseigenen Industrie während der Übergangsperiode vom Kapitalismus zum Sozialismus, Berlin 1978.

생산시설과 재고 파악, 생산, 투자, 대외무역과 소비에 대한 목표설정, 국영기업, 협동조합과 사기업에서의 계획실행과 결과에 대한 평가가 포함되었습니다. 계획목표는 당국의 지시에 따라 공기업에 전달되었습니다. 계획의 통계적 근거는 중앙통계청에서 마련했으며, 1945년 계획 초기부터 1949년까지의 경험을 수집할 수 있었습니다.[14]

1950년에 작성된 1951-1955년 5개년 계획과 함께 동독은 2단계 계획으로 전환했으며, 이는 소련과 기타 국가사회주의 국가에서도 일반적이었습니다. "전망계획"(Perspektivplan)으로 알려진 다년 계획은 일반적으로 5년, 때로는 7년의 기간을 가졌습니다. 일반적인 예측과 계획목표가 수립되고 주요 수치로 표현되었습니다. 단기목표가 확정된 연간계획은 구속력이 있는 것으로 간주되었습니다.

소련 공산당이 농업과 산업 생산의 가장 중요한 부문에서 역사상 가장 짧은 시간 내에 미국을 따라잡고 추월하겠다는 목표를 발표한 후 독일사회주의통일당(SED)은 1958년 7월 제5차 전당대회에서 식품과 기타 소비재의 1인당 소비량에서 몇 년 내에 독일연방공화국을 능가하기 위해 경제성장을 가속화할 것을 약속했습니다. 제2차 5개년 계획(1956-1960)은 조기 종료되었고 1959년에 새로운 7개년 계획(1959-1965)으로 대체되었습니다. 그러나 성장공세(Wachstumsoffensive)는 실패했습니다. 생산 성장률이 급격히 떨어졌습니다. 1961년에 성장전략이 중단되었습니다. 경제위기로 인해 7개년 계획의 목표를 크게 축소해야 했습니다.[15]

1961-1962년 위기 이후 국가사회주의 계획경제는 보다 유연한 계획으로 전환되었습니다. 1963년 1월 독일사회주의통일당(SED) 제6차 전당대회에서 울브리히트(Ulbricht)는 국가경제를 계획하고 관리하기 위한 새로운 시스템을 발표했습니다. 계획시스템의 전환

14   Rainer Fremdling, Wirtschaftsstatistik und der Aufbau der Planwirtschaft, in: Dierk Hoffmann (Hrsg.), Die zentrale Wirtschaftsverwaltung in der SBZ/DDR. Akteure, Strukturen, Verwaltungspraxis. Wirtschaftspolitik in Deutschland 1917–1990, Bd. 3, Berlin 2016, S. 216–248.

15   Boldorf, Planwirtschaft, S. 185–189: Roesler, Die Herausbildung der sozialistischen Planwirtschaft, S. 24–61, 181–192: Steiner, Von Plan zu Plan, S. 93–138.

은 과학기술 진보의 새 시대에 생산성을 높이고 국민경제의 현대화를 가속화하기 위해서는 보다 유연한 계획이 필요하다는 논리로 정당화되었습니다. 새로운 계획시스템은 기업의 책임을 강화해야 했습니다. 기업의 성과기준은 더 이상 총생산이 아니라 이윤이었습니다. 기업에 경제회계가 도입되어야 했습니다. 임금과 상여금은 물질적 관심의 원칙에 따라 결정되어야 했습니다.[16] 계획실행에서 이미 더 이상 의미가 없는 7개년 계획(1959-1965)은 공식적으로 취소되고 "전망계획"(1963-1970)으로 대체되었습니다.

"계획과 관리의 새로운 경제 시스템"은 계획에 일부 시장경제 요소를 도입했습니다.[17] 그러나 시장경제로의 전환은 계획되지 않았습니다. 투자수단의 분배, 산업구조, 산업공급망 조직, 수출입에 대한 결정은 중앙계획을 위해 유보되었습니다. 1965년에 "신경제체제"(Neue Ökonomische System/NÖS)라고 하는 새로운 단계가 시작되었습니다. 중앙계획이 다시 강화되었고 기업의 자율성이 제한되었습니다. 사회주의 사회의 발전을 위한 계획모델의 중요성을 강조하기 위해 1967년부터 "사회주의 경제체제"(Ökonomische System des Sozialismus/ÖSS)로 선언되었습니다.[18]

경제개혁은 독일사회주의통일당(SED) 중앙위원회에서 논란이 되었습니다. 개혁 반대론자들은 일부 우선순위 분야에 자원을 집중해 경제의 비례적 발전을 방해하고 당의 경제 장악력이 흐트러질 수 있다고 비판했습니다. "전망계획"(1963-1970)이 실패하면서 경제개혁의 끝이 분명해졌습니다. 계획개혁의 실패는 울브리히트(Ulbricht)가 1971년 에리히 호네커(Erich Honecker)에 의해 중앙위원회의 제1서기로 교체되는 데 기여했습니다.[19]

---

16   Walter Ulbricht, Das Programm des Sozialismus und die geschichtliche Aufgabe der Sozialistischen Einheitspartei Deutschlands. Protokoll der Verhandlungen des VI. Parteitages der Sozialistischen Einheitspartei Deutschlands, 15. bis 21. Januar 1963, 4 Bde., Berlin 1963, Bd. 1, S. 98 – 111.

17   Richtlinie für das neue ökonomische System der Planung und Leitung der Volkswirtschaft. Beschluss des Präsidiums des Ministerrates der Deutschen Demokratischen Republik vom 11. Juli 1963, Berlin 1963.

18   Boldorf, Planwirtschaft, S. 190 – 202; Malycha, Staatliche Plankommission, S. 83 – 110; André Steiner, Die DDR-Wirtschaftsreform der sechziger Jahre. Konflikt zwischen Effizienzund Machtkalkül, Berlin 1999.

19   Monika Kaiser, Der Machtwechsel von Ulbricht zu Honecker. Funktionsmechanismen der SED-Diktatur in Konfliktsituationen 1962 bis 1972, Berlin 1997.

1971년 6월 독일사회주의통일당(SED)의 제8차 전당대회에서 신임 제1서기 에리히 호네커(Erich Honecker)는 중앙계획으로의 복귀를 발표했습니다. 소비재 생산은 지금까지 소홀히 여겨 왔습니다. 따라서 경제계획의 집중화는 자본재 생산과 소비재 생산 간의 균형에 힘써야 했습니다.[20] 독일사회주의통일당(SED) 지도부에서 각부처와 중앙계획위원회를 거쳐 콤비나트(Kombinat)와 기업에 계획과제가 전달되고 통제되었습니다. 1976년 9차 전당대회 이후 신경제정책은 "경제정책과 사회정책의 통일"(Einheit von Wirtschafts-und Sozialpolitik)로 기술되었습니다.[21]

재중앙집권화(Rezentralisierung) 이후 계획시스템에는 변화가 없었습니다. 당과 정부는 노동 생산성의 증가가 더 많은 소비재, 산업 현대화에 필요한 대규모 투자, 기본상품에 대한 보조금, 호화로운 주택프로그램 및 수출 보조금 등 한 번에 많은 목표 달성을 가능케 할 수 있을 것으로 기대했습니다. 그러나 경제성장은 공표된 목표를 동시에 달성하기에 충분하지 않았습니다. 소비재 생산, 주택사업, 보조금정책이 우선순위였으며, 수출경제를 위한 보조금도 전환 가능한 외화를 들여왔기 때문에 없어서는 안 될 것으로 여겨졌습니다. 그 후 남은 투자자금으로는 산업의 전반적인 유지 및 현대화가 불가능했습니다. 따라서 투자는, 실패한 7개년 계획(1959-1965)과 비판받았던 개혁 시대(1963-1970)와 유사하게, 개별적 중점영역에 집중되었습니다. 다른 산업과 인프라는 무시되었습니다.[22]

독일사회주의통일당(SED)의 지도부는 환상의 세계에서 피난처를 찾았습니다. 1986년 독일사회주의통일당(SED) 제11차 전당대회에서 호네커(Honecker)는 독일민주공화국이 "잘 작동하는 사회주의 계획경제 시스템을 가지고 있다. 그것은 강력하고 역동적이며 유

20　Erich Honecker, Bericht des Zentralkomitees der Sozialistischen Einheitspartei Deutschlands an den VIII. Parteitag der SED. Protokoll der Verhandlungen des VIII. Parteitages de SED, 15. bis 19. Juni 1971, 2 Bde., Berlin 1971, Bd. 1, S. 61 – 64.

21　Erich Honecker, Bericht des Zentralkomitees der Sozialistischen Einheitspartei Deutschlands an den IX. Parteitag der SED. Protokoll der Verhandlungen des IX. Parteitages der SED, 18. bis 21. Mai 1976, 2 Bde., Berlin 1976, Bd. 1, S. 62.

22　Malycha, Staatliche Plankommission, S. 115 – 131.

연한 것으로 입증되고 있습니다."라고 말했습니다.[23]

1989년 10월 18일 권력교체 이후 에곤 크렌츠(Egon Krenz)는 국가계획위원회의 Gerhard Schürer(게르하르트 쉬러) 의장이 이끄는 고위관리들로 구성된 실무그룹을 구성하여 향후 경제정책에 대한 결론과 함께 경제상황에 대한 분석을 의뢰하였습니다.[24] 시간이 매우 촉박해서 실무그룹은 10월 30일에 보고서를 제출했습니다. 전문가들은 독일민주공화국의 독립보전과 정치체제 유지라는 목표를 강조했습니다. 두 독일 국가의 통일 또는 연합은 배제되었습니다. 그러나 경제질서는 개혁되어야 했습니다. "민주적 중앙집권제의 최적 설계와 함께 시장조건에 기초한 사회주의 계획경제의 발전"이 제안되었습니다. 중앙계획은 축소되어야 하고 콤비나트(Kombinat)와 기업은 더 많은 권한을 부여받아야 했습니다. 더 많은 중소 민간 기업이 허용되어야 했습니다. 행정에 있어서 비생산적인 업무는 노동력을 경제의 생산적 부문으로 유인하기 위해 제한되어야 했습니다.[25] 전문가 보고서는 이전 계획의 결함을 발견했지만 시스템을 개혁하기에는 너무 늦었습니다. 보고서가 제출된 지 일주일 후 에곤 크렌츠(Egon Krenz)는 실각되었습니다.

노사관계. 노사관계의 재편은 1945년부터 1949년까지 소련군정, 독일사회주의통일당(SED), 독일경제위원회를 통해 이미 준비되었습니다. 노사관계는 1950년 4월 노동법(Gesetzbuch der Arbeit)으로 포괄적으로 규정되었습니다. 노동법(Gesetzbuch der Arbeit)은 노동권, 공동결정권(Mitbestimmung), 노동생산성 향상, 활동가운동 촉진, 남녀 직업훈련, 휴

23 Erich Honecker, Bericht des Zentralkomitees der Sozialistischen Einheitspartei Deutschlands an den XI. Parteitag der SED. Protokoll der Verhandlungen des XI. Parteitages der Sozialistischen Einheitspartei Deutschlands, 17. bis 21. April 1986, Berlin 1986, S. 63.

24 Protokoll der Sitzung des Politbüros am 24. Oktober 1989. Stiftung Archiv der Parteien und Massenorganisationen der DDR im Bundesarchiv Berlin (SAPM) DY 30 / 44328.

25 Gerhard Schürer / Gerhard Beil / Alexander Schalck / Ernst Höfner / Arno Donda, Analyse der ökonomischen Lage der DDR mit Schlussfolgerungen. Vorlage für das Politbüro des Zentralkomitees der SED, 30. Oktober 1989. Stiftung Archiv der Parteien und Massenorganisationen im Bundesarchiv Berlin (SAPM) DY 30 / 44330.

가, 해고 보호, 노동보호 및 물질적, 문화적 상황 개선 관련 조항들을 포함하였습니다.[26] 노동생산성 향상이 중요한 목표로 강조되었습니다. 이익대표(Interessenvertretung)와 공동결정권(Mitbestimmung)은 형식적인 인정이었고, 지배적인 시스템의 틀 내에서만 허용되었습니다.

독일사회주의통일당(SED)에 종속되어 있는 자유독일노동조합연맹(Freie Deutsche Gewerkschaftsbund/FDGB)은 노동자의 유일한 대표로서의 특권을 부여받았습니다. 종속 부서로 운영되는 산업 노동조합이 16개 있었습니다. 자유독일노동조합연맹(FDGB)과 산업노조는 독립된 이익대표가 아니라 지배시스템에 통합되었습니다. 그들의 임무는 당과 정부의 정책을 지원하는 것이었습니다. 자유독일노동조합연맹(FDGB)은 다양한 사회정책적 과제도 수행했습니다. 무엇보다 자유독일노동조합연맹(FDGB)은 사회보장에 대한 책임을 국가와 공유했습니다. 사회보장은 국가예산에서 자금을 조달했지만 자유독일노동조합연맹(FDGB)에서 관리했습니다. 파업할 권리가 없었습니다. 그때까지 이익대표로 용인되었던 직장협의회(Betriebsrate)는 해체되었습니다.[27]

기업단체협약(Betriebskollektivvertrag)은 중앙계획의 지시에 따라 기업에 도입되었습니다. 협약파트너는 형식적으로 기업관리와 기업노조 지도부였습니다. 그러나 협약은 이익조정을 대표하는 것이 아니라 기업과 근로자가 계획목표를 달성하도록 의무화했습니다. 거시 경제 계획의 틀 내에서 기업노조 지도자들은 임금, 작업기준 및 상여금을 설정하는 데 발언권을 가졌습니다. 노동조합, 당, 정부가 하나의 블록을 형성했기 때문에 한편으로는 보편적 고용주로서의 국가와 다른 한편으로는 노동자 사이의 경제적 이해충돌은 항상

---

26 Gesetz der Arbeit zur Förderung und Pflege der Arbeitskräfte, zur Steigerung der Arbeitsproduktivität und zur weiteren Verbesserung der materiellen und kulturellen Lage der Arbeiter und Angestellten. Vom 19. April 1950. GBl. 1950, S. 349 – 355.

27 Peter Hübner, Konsens, Konflikt und Kompromiß, Soziale Arbeiterinteressen und Sozialpolitik in der SBZ/ DDR 1945 – 1970, Berlin 1995; Kleßmann, Arbeiter im „Arbeiterstaat" DDR, S. 155 – 310.

국가사회주의 계획경제에서 정치적 성격을 가졌습니다.[28]

통화. 국가 건국 후 1948년에 설립된 독일중앙은행(Deutsche Notenbank)은 독일민주공화국의 중앙은행이 되었습니다. 독일중앙은행은 독립적이지 않았고, 당과 정부가 결정한 통화와 신용정책을 실행하도록 각료회의(Ministerrat)에서 위임을 받았습니다. 통화는 독일마르크(DM)였으며 1948년 통화개혁으로 소련 점령지역에 도입되었습니다. 1964년 독일마르크는 일대일 기준으로 독일중앙은행(Mark der Deutschen Notenbank/MDN) 마르크로 대체되었습니다. 이때 보유하고 있던 현금 중 일부는 압수당했습니다.

1967년 독일중앙은행은 독일민주공화국의 국가은행으로 전환되었고 독일중앙은행의 마르크는 다시 일대일 기준으로 독일민주공화국의 마르크(M)로 대체되었습니다. 1967년까지 독일중앙은행은 중앙은행일 뿐만 아니라 상업은행의 기능도 수행했습니다. 1967년 개혁시기에 상업은행 기능은 중앙은행 기능과 분리되었습니다. 국책은행으로부터 은행업무를 분리한 것은 경제개혁과 함께 추구했던 경제경영을 촉진하기 위한 것이었습니다. 계획 재중앙화(Rezentralisierung der Planung) 이후 상업은행 기능은 1974년 국가은행이 다시 인수했습니다.

통화정책은 국가사회주의 계획경제에서 전반적인 계획의 일부였습니다. 목표는 국민소득의 계획된 확장에 통화공급을 조정하는 것이었습니다. 통화공급은 주로 유통되는 현금과 독일중앙은행에 예치된 예금으로 이루어졌기 때문에 국가는 통화공급을 직접 통제했습니다. 국가의 임금과 물가정책은 안정적인 가격과 임금, 투자와 소비의 통제된 성장을 달성하기 위해 통화정책의 지원을 받아야 했습니다.[29]

28　Peter Hübner, Das Tarifsystem der DDR zwischen Gesellschaftspolitik und Sozialkonflikt, in: Christian Führer (Hrsg.), Tarifbeziehungen und Tarifpolitik in Deutschland im historischen Vergleich, Bonn 2004, S, 247 - 278. Werner Plumpe, Arbeitsorganisation zwischen sowjetischem Muster und deutscher Tradition - die industriellen Beziehungen, in; André Steiner (Hrsg.), Überholen ohne Einzuholen. Die DDR-Wirtschaft als Fußnote der deutschen Geschichte? Berlin 2006, S. 67 - 89.

29　Willi Ehlert / Diethelm Hunstock / Karlheinz Tannert (Hrsg.), Geld und Kredit in der Deutschen Demokratischen Republik, Berlin 1985; H. Jörg Thieme, Notenbank und Währung in der DDR, in:

사회적 시장경제로 가는 길. 1980년대 소련에서 시작된 체제변화는 동독의 세력균형에도 영향을 미쳤습니다. 1989년 7월 소련정부는 바르샤바조약(Warschauer Pakt) 회원국의 반대 운동에 개입하기 위한 무력사용을 포기했습니다. 동독 지도부는 주민에 대한 통제력을 점점 더 상실했습니다. 동독에서 체코슬로바키아, 오스트리아, 헝가리를 거쳐 서독으로 유입되는 난민의 흐름이 증가했습니다. 1989년 10월 이후 수많은 집회가 열렸으며 독립적인 협회와 정당이 설립되었습니다.

1989년 10월 7일 독일민주공화국 건국 40주년 행사가 성대하게 치러졌습니다. 고르바초프(Gorbatschow)도 참석했습니다. 그러나 압박이 증가했습니다. 1989년 10월 18일 호네커(Honecker)는 중앙위원회 총서기, 국무원 위원장, 국방위원회 위원장직에서 물러나야 했습니다. 에곤 크렌츠(Egon Krenz)가 중앙위원회, 국가위원회, 국방위원회에서 그를 계승했습니다.[30] 에곤 크렌츠(Egon Krenz) 역시 일반적으로 주민들에 의해 거부되었으며 이전 정권 대표로 간주되었습니다.

11월 7일, 인민의회(Volkskammer)는 한스 모드로프(Hans Modrow)를 빌리 스토프(Willi Stoph)의 뒤를 이을 총리로 선출했습니다. 시위 운동의 압력으로 11월 9일 국경이 개방되었습니다. 한스 모드로프(Hans Modrow)의 선출로 권력은 신용을 잃은 국가당(Staatspartei)에서 정부로 넘어갔습니다. 1989년 12월 초, 인민의회(Volkskammer)는 독일사회주의통일당(SED)의 영도권(Führungsanspruch)을 헌법에서 삭제했습니다. 이전 권력의 중심인 중앙위원회와 정치국은 해산되었습니다. 1989년 12월부터 독일사회주의통일당(SED)은 "독일사회주의통일당-민주사회주의 당"(Sozialistische Einheitspartei Deutschlands – Partei des demokratischen Sozialismus/SED-PDS)으로, 1990년 2월부터 "민주사회주의당"(Partei des Demokratischen Sozialismus/PDS)으로 당명을 바꿨습니다.

Deutsche Bundesbank (Hrsg.), Fünfzig Jahre Deutsche Mark. Notenbank und Währung seit 1948, München 1998, S. 609 – 653.

30 Protokoll der Sitzung des Politbüros des ZK der SED vom 18. Oktober 1989. Bundesarchiv Berlin (BArchB) DY 30 /J IV 2/ 2/2353.

한스 모드로프(Hans Modrow) 총리는 1989년 11월 17일 정부 성명에서 경제개혁을 시사하였습니다.[31] 개혁의 기초는 1990년 1월에 제시되었습니다. 목표는 국가사회주의 계획경제를 "사회와 생태 지향적인 시장경제"로 대체하는 것이었습니다. 여기에는 다양한 형태의 소유권, 기업의 독립성, 환경보호, 세계 노동분업으로의 경제 통합, 노동자들의 민주적 참여권, 모든 시민을 위한 사회보장과 사회정의가 포함되어야 했습니다. 사회적 기준의 하락을 피해야 했습니다. 경제개혁은 전반적인 개념이 아니라 개별적 단계로 도입되어야 했습니다.[32]

시장경제로 가는 개혁이 잇따라 빠르게 실행되었습니다.[33] 1990년 1월 생산수단의 사적소유 보장, 1972년 몰수한 기업의 반환, 상업의 자유가 결정되었습니다. 콤비나트(Kombinat)와 공기업은 법인(Kapitalgesellschaft)으로 전환되었습니다. 1990년 3월 국영기업을 관리하기 위해 신탁회사(Treuhandgesellschaft)가 설립되었습니다.[34] 주립 은행의 상업은행 기능은 중앙 은행 기능에서 분리되었습니다.[35] 대외무역이 자유화되었습니다.

그러나 독일민주공화국에 사회적, 생태학적 시장경제를 도입하려는 목적의 경제개혁은 여러 사건들로 인해 무산되었다. 평화혁명은 1989년 10월 동독국가의 민주화를 요구

31 Regierungserklärung des Vorsitzenden des Ministerrates der Deutschen Demokratischen Republik, 17. November 1989. Volkskammer der Deutschen Demokratischen Republik, 9. Wahlperiode,

32 Arbeitsgruppe Wirtschaftsreform beim Ministerrat der DDR, Zielstellung, Grundrichtungen, Etappen und unmittelbare Maßnahmen der Wirtschaftsreform in weiterer Verwirklichung der Regierungserklärung vom 17.11.1989. Entwurf, 19.1.1990. BArchB DC 20 / 8967.

33 Entwurf der Arbeitsgruppe Wirtschaftsreform / Wirtschaftspolitik für den Bericht der gemeinsamen Expertenkommission DDR / BRD zur Schaffung einer Währungsunion und Wirtschaftsgemeinschaft, 9. März 1990. BArchB DE 10/ 721.

34 Marcus Böick, Die Treuhand. Idee – Praxis – Erfahrung 1990 – 1994, 2. Aufl., Göttingen 2018; Wolfram Fischer / Herbert Hax / Hans Karl Schneider (Hrsg.), Treuhandanstalt. Das Unmögliche wagen, Berlin 1993; Hans Kemmler, Die Entstehung der Treuhandanstalt. Von der Wahrung zur Privatisierung des DDR-Volkseigentums, Frankfurt 1994.

35 Manfred E. Streit, Die deutsche Währungsunion, in: Deutsche Bundesbank (Hrsg.), Fünfzig Jahre Deutsche Mark. Notenbank und Währung in Deutschland seit 1948, München 1998, S. 705.

하면서 시작되었습니다. 그러나 1989년 11월 이후 시위와 정치적 논쟁의 정치적 분위기는 국내 개혁 요구에서 독일통일 요구로 바뀌었습니다. 통일의 발의는 동독 주민들에게서 나왔습니다. 서독에서는 독일통일을 위한 대중운동이 없었습니다. 그러나 동독의 바람은 독일의 분위기에 힘입어 연방정부로부터 긍정적인 반응을 얻었습니다.

1989년 11월 말 헬무트 콜(Helmut Kohl) 수상은 독일분단을 점진적으로 극복하기 위한 "10개조 강령"(Zehn-Punkte-Programm)을 제시했습니다. 그 과정은 민주화, 법적 확실성, 계획경제의 해체를 포함하는 동독의 개혁으로 시작되어야 했습니다. 그 후 두 국가 간 긴밀한 협력을 통해 궁극적으로 통일로 이어질 수 있을 것이었습니다. 그 이후로 연방정부는 제2차 세계대전의, 독일에 대한 유보권을 갖고 있는, 4대 승전국인 소련, 미국, 영국, 프랑스와 그리고 유럽 이웃국가들과 두 독일 정부 간 협상에서 신중하면서도 의도적으로 통일의 길을 추구했습니다.

1990년 3월 동독 인민의회(Volkskammer)에 대한 최초의 자유선거가 실시되었습니다. 동독 인민의회는 기민당(CDU)과 사민당(SPD) 그리고 기타 정당으로 구성된 연립정부의 총리로 로타르 드 메지에르(Lothar de Maizière)를 선출했습니다. 이 연립정부는 대의원 대다수가 기본법 제23조(Artikel 23 des Grundgesetzes)에 따라 연방영토로의 편입(Beitritt zum Bundesgebiet)을 위해 노력하기로 결정했기 때문에 임시 정부(Übergangsregierung)였습니다.[36]

1990년 5월, 독일연방공화국과 독일민주공화국은 통일을 기대하며 통화, 경제, 사회연합(Währungs-, Wirtschafts- und Sozialunion)에 관한 조약을 체결했으며, 이 조약은 1990년 7월 1일 발효되었습니다.[37] 독일민주공화국은 이로써 독일연방공화국의 통화, 경제 질서

---

36   Wolfgang Jäger / Michael Walter, Die Überwindung der Teilung. Der innerdeutsche Prozeß der Vereinigung 1989/90. Geschichte der deutschen Einheit, Bd. 3, Stuttgart 1998, S. 24 - 57; Andreas Rödder, Deutschland einig Vaterland. Die Geschichte der Wiedervereinigung, München 2009, S. 50 - 146.

37   Dieter Grosser, Das Wagnis der Währungs-, Wirtschafts- und Sozialunion. Politische Zwänge im Konflikt mit ökonomischen Regeln. Geschichte der deutschen Einheit, Bd. 2, Stuttgart 1998.

와 사회시스템을 인수했습니다.[38]

독일마르크의 인수는 동독 주민들의 일반적인 요구였습니다. 동독 고유의 통화는 부족경제(Mangelwirtschaft)의 상징으로 불신을 받았습니다. 독일마르크(Deutsche Mark)는 탐나는 소비재에 대한 접근과 생활수준의 전반적인 향상을 제공할 것으로 기대되었습니다. 완전히 다른 경제시스템의 통화를 채택하는 것과 관련된 많은 문제들은 인식되지 않았습니다. 적절한 전환등가(Umstellungsparität)를 도출할 수 있는, 두 독일 통화의 임금과 구매력 비교는, 임금수준과 가격구조의 차이로 인해 거의 불가능했습니다. 임금, 생필품 가격, 임대료 및 많은 서비스 가격은 서독보다 동독에서 훨씬 낮았습니다. 반면에 가전제품과 자동차 등 산업소비재 가격은 동독이 훨씬 높았습니다. 임금, 물가 및 기타 진행 중인 지급액은 1동독마르크(M)에서 1독일마르크(DM) 등가(Parität)로 환산되었습니다.[39]

통일을 위한 헌법적 전제조건으로서, 1952년에 폐지되었던 브란덴부르크(Brandenburg), 메클렌부르크-휘폼머른(Mecklenburg-Vorpommern), 작센(Sachsen), 작센-안할트(Sachsen-Anhalt), 튀링겐(Thüringen) 5개 주가 복원되었습니다. 새로운 주정부는 초기에 구성되지 않았습니다. 법은 통일과 함께 발효되어야 했습니다. 1990년 8월 31일 독일연방공화국과 독일민주공화국은 독일 통일조약(Vertrag über die Einheit Deutschlands)에 서명했습니다. 이 조약은 1990년 10월 3일 발효되었습니다.[40]

---

38 Vertrag über die Schaffung einer Währungs-, Wirtschafts- und Sozialunion zwischen der Bundesrepublik Deutschland und der Deutschen Demokratischen Republik. Vom 18. Mai 1990. Bundesgesetzblatt (BGBl.) 1990 II, S. 537 – 544.

39 Deutsche Bundesbank, Die Währungsunion mit der Deutschen Demokratischen Republik, in: Deutsche Bundesbank, Monatsbericht Juli 1990, S. 14 – 29.

40 Vertrag zwischen der Bundesrepublik Deutschland und der Deutschen Demokratischen Republik über die Herstellung der Einheit Deutschlands – Einigungsvertrag. Vom 31. August 1990. BGBl. 1990 II, S. 889 – 905.

2. 인구와 사회구조

2.1 인구정체

1950년 독일민주공화국은 인구 1,800만 명의 훨씬 작은 독일국가였습니다. 인구는 620만 가구(Haushalt)로 나누어져 있습니다. 한 가구는 평균 2.7명으로 구성되어 있었습니다.[41]

1949년 10월 헌법에 따르면 결혼과 가족은 공동체 생활의 기초가 되며 국가의 보호를 받았습니다.[42] 사회주의적 생활방식이 실시됨에 따라 부르주아적 가족과는 다른 평등에 기초한 자주적 동반자관계인 새로운 가족이 등장하게 되었습니다.

동등한 권리가 선포되었음에도 불구하고 가사는 여성의 임무로 여겨졌기 때문에 여전히 성별에 따른 역할분배가 있었습니다. 여성은 직업에서 동등한 권리를 약속받았지만 동시에 가족에 대한 책임도 져야 했습니다. 1949년 헌법은 국가가 "여성이 시민과 노동자로서의 역할을 아내와 어머니로서의 의무와 조화시킬 수 있도록" 보장하는 제도를 만들도록 의무화했습니다. 남편과 아버지의 의무는 헌법에 규정되어 있지 않았습니다.[43] 이러한 사회적 모델은 1965년 도입된 가족법(Familiengesetzbuch)에서 확인되었습니다.[44] 1980년대에 들어서야 남성을 가사에 더 많이 참여토록 하려는 시도가 있었습니다.[45]

---

41   Statistisches Jahrbuch der Deutschen Demokratischen Republik 1955, S. 22

42   Verfassung der Deutschen Demokratischen Republik vom 7. Oktober 1949. GBl. 1949, S. 5 – 16, Artikel 30.

43   Verfassung von 1949. GBl. 1949, S. 5 – 16, Artikel 18 (5).

44   Familiengesetzbuch der Deutschen Demokratischen Republik. Vom 20. Dezember 1965. GBl. 1966 I, S. 2 – 18.

45   Karl-Heinz Beyer / Lilli Piater, Die Familie in der DDR. Was ist anders und warum? Eine Information aus erster Hand, Berlin 1974; Irene Gerlach, Familie und staatliches Handeln. Ideologie und politische Praxis in Deutschland, Opladen 1996; Johannes Huinink / Michael Wagner, Partnerschaft, Ehe und Familie in der DDR, in: Johannes Huinink / Karl Ulrich Mayer (Hrsg.), Kollektiv und Eigensinn. Lebensverläufe in der DDR und danach, Berlin 1995; Norbert E. Schneider, Familie und private Lebensführung in West - und

1950년에 출생률은 1.7%였으며 1960년대 중반까지 거의 변동 없이 그 수준을 유지했습니다. 1965년 출생률도 1.7%였습니다.[46] 그 이후로 출생률은 감소했습니다. 출산율 감소의 주요 원인은 여성이 직업과 가사 노동의 이중 부담을 짊어지고 있었기 때문이었습니다. 1970년대 이후에는 직업과 가정의 균형이 개선되고 보육선택권이 확대되었으며 가족지원이 확대되었습니다. 그러나 이것은 출생률의 감소를 막지는 못했습니다.[47] 1989년 출생률은 1.2%였습니다.[48]

출생 시 기대수명은 1952년에 남아의 경우 64세, 여아의 경우 68세로 추정되었습니다. 1989년까지 남성의 기대수명은 70세로, 여성의 기대수명은 76세로 늘어났습니다. 늘어난 연수는 주로 어린이, 청소년 및 젊은 성인의 생존 가능성이 높아졌기 때문이었습니다. 사람들이 은퇴 연령에 도달하면 남성이 아닌 여성만이 수명증가를 기대할 수 있었습니다. 1950년에 65세 남성의 평균 기대수명은 13년, 여성은 14년이었습니다. 1989년에 65세의 기대수명은 여전히 남성의 경우 13년이었고 여성의 경우 16년으로 증가했습니다[49] 기대수명 증가에도 불구하고 사망률은 감소하지 않고, 오히려 1950년에서 1970년 사이에 1.2%에서 1.4%로 증가했습니다. 이는 젊은 사람들의 서독으로의 이주로 가속화된 사회의 고령화 때문이었습니다. 1970년대와 1980년대에 사망률은 다시 떨어졌고, 1989년에는 1.2%였습니다.[50]

동독사회는 이주의 영향을 강하게 받았습니다. 건국 후 오데르(Oder)강과 나이세(Neiße)강 동쪽의 이전 독일 지역에서 추방당한 사람들이 동독으로 왔습니다. 1950년에는 총 400만 명의 "재정착민"(Umsiedler)이 있었습니다. 난민(Flüchtlinge)과 추방자

Ostdeutschland. Eine vergleichende Analyse des Familienlebens 1970‒1992, Stuttgart 1994.

46 Statistisches Jahrbuch 1990, S. 404‒405.

47 Gisela Helwig, Jugend und Familie in der DDR. Leitbild und Alltag im Widerspruch, Köln 1984; Helga Ulbricht / Annelies Nötzold / Otto Simon / Helmut Thiemann, Probleme der Frauenarbeit, Berlin 1963.

48 Statistisches Jahrbuch 1990, S. 404.

49 Statistisches Jahrbuch 1990, S. 428.

50 Statistisches Jahrbuch 1990, S. 405.

(Vertriebene)를 정치적 이유로 "재정착민"(Umsiedler)으로 불렀습니다. 1950년에는 "재정착민"(Umsiedler)이 동독인구의 22%로 서독보다 높았습니다.[51] 그러나 1949년 이전부터 서쪽으로의 이주가 시작되었고 곧 대규모 탈출(Massenflucht)로 바뀌었습니다. 1949년부터 1961년까지 350만 명이 동독에서 서독으로 이주했습니다. 동독 정부는 탈출을 억압하였지만, 다른 한편으로는 개별적 인구집단의 요구를 들어줌으로써 이주를 막으려고 시도하였습니다. 반대로 600,000명의 사람들이 서독에서 동독으로 이주하였습니다. 그들 대부분은 향수병에 걸렸거나 독일연방공화국에 실망했거나 구직과 주거에서 특별한 어려움을 겪은 귀국자(Rückwanderer)들이었습니다. 마침내 1961년 8월 국경이 폐쇄되었습니다.[52]

1960년까지 서독으로의 이주로 인해 인구는 1,700만 명으로 줄었습니다. 1961년 국경이 폐쇄된 후 인구 증가가 예상되었습니다. 그러나 출생률이 감소하면서 인구는 정체되었습니다. 1970년대 후반부터 출생률은 안정적으로 유지되었고 대략 사망률과 비슷했습니다. 출생률의 안정은 인구 감소를 막았지만 인구를 늘리기에는 역부족이었습니다. 1989년에 동독의 인구는 장벽건설 직전과 마찬가지로 1,700만 명이었습니다.[53]

인구정체에도 불구하고 1인 가구가 많아지면서 가구 수는 소폭 증가하는 추세였습니다. 1981년에는 650만 가구가 있었고 가구당 평균 2.5명이었습니다.[54]

1950년대 초 동독사회는 확실히 젊었습니다. 1950년대에는 기대수명의 증가와 무엇

---

51   Mathias Beer, Alteingesessene und Flüchtlinge in Deutschland 1945 – 1949: Eine Konfliktgemeinschaft, in: Arno Surminski (Hrsg.), Der Neubeginn. Deutschland zwischen 1945 und 1949, Hamburg 2005, S. 90 – 91.

52   Volker Ackermann, Politische Flüchtlinge oder unpolitische Zuwanderer aus der DDR? Die Debatte um den echten Flüchtling in Westdeutschland von 1945 bis 1961, in: Jan Motte / Rainer Ohliger / Anne von Oswald (Hrsg.), 50 Jahre Bundesrepublik – 50 Jahre Einwanderung. Nachkriegsgeschichte als Migrationsgeschichte, Frankfurt 1999; Andrea Schmelz, West–Ost–Migranten im geteilten Deutschland der fünfziger und sechziger Jahre, in: Jan Motte/ Rainer Ohliger / Anne von Oswald (Hrsg.), 50 Jahre Bundesrepublik – 50 Jahre Einwanderung. Nachkriegsgeschichte als Migrationsgeschichte, Frankfurt 1999.

53   Statistisches Jahrbuch 1990, S. 1.

54   Statistisches Jahrbuch 1990, S. 314.

보다도 많은 수의 이주로 인해 동독인구가 고령화되었습니다(표 8). 난민은 주로 젊은 여성과 남성이었고, 노인들은 고향에 머무르는 경향이 있었습니다. 국경폐쇄 이후 기대수명 증가와 출산율 감소가 인구통계에 결정적 영향을 끼쳤습니다. 젊은 세대가 사회에서 차지하는 비중은 급격하게 감소한 반면 중장년층의 비중은 증가했습니다.[55]

표 8. 동독사회의 연령구조 1950-1989(퍼센트)

	1950	1989
14세까지	23	16
15-64세	66	71
65세 이상	11	13

출처: StatistischesJahrbuch der DeutschenDemokratenRepublik 1958, S. 23; StatistischesJahrbuch des DeutschenDemokratischeRepublik 1990, S. 392.

2.2 계급과 계층

동독사회는 공식적으로 계급(Klasse)과 계층(Schicht)으로 분화되어 있었습니다. 발전된 사회주의 사회의 가장 중요한 계급(Klasse)과 계층(Schicht)은 노동계급, 협동농장농민(Genossenschaftsbauer)과 사회주의 지식인(Intelligenz) 계급이었습니다. 여기에 "다른 노동 계층"이 추가되었습니다. 이 집합적 용어는 무엇보다 협동조합 수공업자와 소수의 사적 수공업자와 상인을 의미했습니다. 새로운 계급구조는 여전히 사회주의 사회의 오래된 계급구조인 노동계급, 농민과 수공업자로 이루어진 구중간계급, 신중간계급(지식인-Intelligenz)의 윤곽을 보여주었습니다. 기업가 계급은 이미 1950년대 초에 대기업의 국유화로 인해 심하게 줄어들었고, 서독으로의 탈출로 인해 그후 대부분 사라졌습니다. 사회주의사회는 자본주의사회와는 달리 계급 간 대립을 극복하고 계급과 계층이 생활조건

---

55   Statistisches Jahrbuch 1958, S. 23; Statistisches Jahrbuch 1990, S. 392.

에서 수렴해야 했습니다.[56]

권력관계는 동독사회에서 새로운 계급적 차이를 낳았는데, 이는 동독사회의 공식적인 조화로운 자화상에서는 다뤄지지 않았습니다. 사회적 피라미드의 기반은 노동계급과 협동농장농민(Genossenschaftsbauer)에 의해 형성되었습니다. "운영 서비스계급"(operative Dienstklasse)은 중간관리 간부, 숙련된 근로자, 의사, 학자, 예술가 및 교사로 구성된 하위 중간계급(Mittelklasse)을 나타냈습니다. 상위 중간계급(Mittelklasse)은 정부 구성원, 국회의원, 국유기업그룹 경영진(Kombinatsleitern) 및 군대, 국가보안 및 학문 분야의 주요 대표자들로 구성된 "행정 서비스계급"(administrative Dienstklasse)이었습니다. 고위 당원인 "당 엘리트"(Parteielite)가 새로운 지배 계급으로 자리매김했습니다. 사회적 차이는 의사결정권, 금전적 소득, 사회적 지위, 복잡한 분배시스템에서 배분된 다양한 부가 소득에서 나타났습니다. 여기에는 주택 우선공급, 탐나는 소비재 할당, 여행특권, 여가 및 휴가기회가 포함되었습니다. 특히 새로운 지배 계급에 대한 소비재 우선공급은 세간의 이목을 끌었습니다. 그러나 전반적으로 소득과 사회적 지위의 차이는 시민사회(bürgerliche Gesellschaft)보다 훨씬 작았습니다.[57]

---

56 Siegfried Grundmann / Manfred Lötsch / Rudi Weidig, Zur Entwicklung der Arbeiterklasse und ihrer Struktur in der DDR, Berlin 1976, S. 240–272; Wolfgang Schneider / Hans-Joachim Fieber / Klaus Hentschel / Ilse Krasemann / Rolf Müller / Hermann Wandschneider, Zur Entwicklung der Klassen und Schichten in der DDR, Berlin 1977.

57 Hartmut Kaelble, Die Gesellschaft der DDR im internationalen Vergleich, in: Hartmut Kaelble / Jürgen Kocka / Hartmut Zwahr (Hrsg.), Sozialgeschichte der DDR, Stuttgart 1994; Ina Merkel, Arbeiter und Konsum im real existierenden Sozialismus, in: Peter Hübner / Klaus Tenfelde (Hrsg.), Arbeiter in der SBZ-DDR, Essen 1999; Heike Solga, Auf dem Weg in die klassenlose Gesellschaft? Klassenlagen und Mobilität zwischen Generationen in der DDR, Berlin 1995.

3. 생산

3.1 노동

교육. 동독 교육제도의 원칙 중 하나는 공교육이 어릴 때부터 시작된다는 것이었습니다. 유치원(Kindergarten)은 보육기관일 뿐만 아니라 일반적인 교육기관이어야 했습니다.[58]

대부분의 아이들은 1946년에 도입된 표준화된 8년제 초등학교(Grundschule)에 다녔습니다. 8년 후에 중등학교에 진학하는 청소년은 소수에 불과했습니다. 1946년에 폐지되었던 중학교(Mittelschule)는 1951년에 다시 설립되었습니다. 중학교(Mittelschule)는 2년 과정이었습니다. 고등학교(Oberschule) 졸업장은 대학 입학의 전제조건이었습니다. 고등교육에 대한 접근을 개방하기 위해 대학은 고등학교 졸업장(Abitur)이 없는 젊은이들이 대학 공부를 할 수 있도록 준비시키는 "노동자농민학부"(Arbeiter- und Bauernfakultät)를 설립했습니다.[59]

1959년 학교개혁(Schulreform)과 함께 "학교제도의 사회주의적 발전"(sozialistische Entwicklung des Schulwesens)이 도입되었습니다. 목표는 일반적인 자격수준을 높이고 젊은이들이 노동세계에 더 잘 대비할 수 있도록 하는 것이었습니다. 8년제 초등학교(Grundschule)는 10년제 기술고등학교(polytechnische Oberschule)로 대체되었습니다. 기술고등학교(polytechnische Oberschule)의 졸업은 이전 중학교(Mittelschule) 졸업에 상응하였습니다. 몇몇 학생의 경우 아비투어(Abitur)로 이어지는 2년제 "고급고등학교"(Erweiterte Oberschule)로 진학하였습니다. 아비투어(Abitur)로 가는 다른 경로는 야간고등학교

---

58 Gert Geißler, Geschichte des Schulwesens in der Sowjetischen Besatzungszone und in der Deutschen Demokratischen Republik 1945 bis 1962, Frankfurt 2000, S. 252; Monika MüllerRieger (Hrsg.), „Wenn Mutti früh zur Arbeit geht …". Zur Geschichte des Kindergartens in der DDR, Dresden 1997.

59 Geißler, Geschichte des Schulwesens, S. 264 – 267; Gero Lenhardt / Manfred Stock, Bildung, Bürger, Arbeitskraft: Schulentwicklung und Sozialstruktur in der BRD und der DDR, Frankfurt 1997, S. 148 – 150.

(Abendoberschule)와 기업고등학교(Abendoberschule)였습니다.[60] 학교개혁과 중등학교의 사회적 개방 이후, "노동자농민학부"(Arbeiter-und Bauernfakultät)는 역사적으로 뒤떨어진 것으로 간주되어 1963년에 폐지되었습니다.[61]

10년제 정규학교(Regelschule)의 도입은 당시 서독에서 많은 학생들이 8년제 초등학교에 다니고 있었기 때문에 진보로 볼 수 있었습니다. 그러나 두 가지 교육경로를 통한 아비투어(Abitur)로의 새로운 길이 만들어졌지만 동독에서는 대학(Universität)과 전문대학(Hochschule)에 대한 접근이 여전히 제한적이었습니다. 국가의 교육계획과 직업계획은 고등학교 졸업자 수의 급격한 증가나 대학과 전문대학의 확대를 목적으로 하지 않았습니다.[62] 1980년에는 대학입학 연령대 청년의 8%가 대학에 진학하였고, 1989년에는 그 비율이 약간 더 높은 9%에 불과했습니다.[63]

노동참여. 동독의 고용률(Erwerbsquote)은 처음에는 매우 낮았습니다. 1950년에는 720만 명의 노동자가 있었습니다. 이는 인구의 41%에 해당하는 고용률에 해당했습니다. 낮은 노동참여는 주로 불리한 연령구조(Altersstruktur)로 설명할 수 있었습니다. 많은 중년 남성이 전쟁에서 사망했습니다. 게다가 청년들이 상대적으로 많이 참여했던 탈출운동(Fluchtbewegung)은 이미 뚜렷해졌습니다.

여성과 남성의 직업적 평등은 중요한 사회정치적 목표로 간주되었습니다. 그러나 평등이 현실화되기까지는 시간이 좀 걸렸습니다. 1950년에 여성은 피고용인(Erwerbstätige)의

---

60 Gesetz über die sozialistische Entwicklung des Schulwesens in der Deutschen Demokratischen Republik. Vom 2. Dezember 1959. GBl. 1959 I, S. 859–863.

61 Geißler, Geschichte des Schulwesens, S. 264.

62 Bundesministerium für Familie, Senioren, Frauen und Jugend, Neunter Jugendbericht. Bericht über die Situation der Kinder und Jugendlichen und die Entwicklung der Jugendhilfe in den neuen Bundesländern, Bonn 1994, S. 24; Martin Kohli, Die DDR als Arbeitsgesellschaft? Arbeit, Lebenslauf und soziale Differenzierung, in: Hartmut Kaelble / Jürgen Kocka / Hartmut Zwahr (Hrsg.), Sozialgeschichte der DDR, Stuttgart 1994, S. 54.

63 Alexander Reinberg / Markus Hummel, Bildung und Beschäftigung im vereinigten Deutschland. Beiträge zur Arbeitsmarkt- und Berufsforschung 226, Nürnberg 1999, S. 57.

40%만을 차지했습니다.[64] 1950년대와 1960년대 여성들은 주로 비숙련 또는 반숙련 노동자로 고용되었습니다. 상대적으로 소수의 여성만이 숙련공으로 교육을 받거나 관리직을 준비했습니다.[65]

평등의 원칙은 1968년 헌법에서 확인되었습니다. 또한 여성지원, 특히 직업적 전문성은 사회적, 국가적 과제임을 강조했습니다.[66] 그 이후로 평등을 향한 진전이 이루어졌습니다. 서비스 사회로의 구조적 변화는 고용이력의 평등을 지원했는데, 이는 성별에 따른 차별화라는 역사적 유산을 극복할 필요가 없는 새로운 직업이 많이 등장했기 때문이었습니다.[67] 1989년까지 피고용인(Erwerbstätige) 중 여성의 비율은 49%로 증가했습니다.[68] 대중매체를 통해 퍼진 이상적 모델은 "정규고용, 육아, 가사, 정치적 헌신, 자기계발, 문화생활을 거의 문제 없이 실현하는" 여성이었습니다.[69]

인구정체에도 불구하고 피고용인(Erwerbstätige) 수는 증가하는 경향이 있었는데, 그 이유는 노동 연령의 중간 세대가 인구의 더 많은 비율을 차지하고 더 많은 여성이 일을 했기 때문입니다. 1989년까지 피고용인(Erwerbstätige) 수는 850만 명으로 증가했습니다. 고

---

64 Statistisches Jahrbuch 1990, S. 1, 17.

65 Ute Frevert, Frauen-Geschichte. Zwischen Bürgerlicher Verbesserung und Neuer Weiblichkeit, Frankfurt 1986, S. 244–248; Hildegard Maria Nickel, „Mitgestalterinnen des Sozialismus" – Frauenarbeit in der DDR, in: Gisela Helwig / Hildegard Maria Nickel (Hrsg.), Frauen in Deutschland 1945–1992, Berlin 1993; Heike Trappe, Emanzipation oder Zwang? Frauen in der DDR zwischen Beruf, Familie und Sozialpolitik, Berlin 1995, S. 50.

66 Verfassung der Deutschen Demokratischen Republik 1968, Artikel 20.

67 Dagmar Deutschmann-Temel, Vergleichbarkeit oder Unvergleichbarkeit von Arbeitszeitformen der Frauenerwerbsarbeit in der ehemaligen DDR und alten Bundesrepublik, in: Sabine Gensior (Hrsg.), Vergesellschaftung und Frauenerwerbsarbeit. Ost-West-Vergleiche, Berlin 1995; Trappe, Emanzipation oder Zwang? S. 94–101.

68 Statistisches Jahrbuch 1990, S. 1, 17.

69 Uta Schlegel, Junge Frauen, in: Walter Friedrich / Hartmut Griese (Hrsg.), Jugend und Jugendforschung in der DDR. Gesellschaftliche Situationen, Sozialisation und Mentalitätsentwicklung in den achtziger Jahren, Opladen 1991, S. 166.

용률(Erwerbsquote)은 인구의 53%에 해당했습니다.[70]

고용이력. 중앙계획은 고용이력(Erwerbsbiografie)의 안정성과 연속성을 촉진했습니다. 근로권은 단순히 헌법상의 권리였을 뿐만 아니라, 경제계획을 통해 일상생활에서도 이루어졌습니다. 계획경제는 제공되는 일자리가 항상 개인이 원하는 직업과 일치하지는 않더라도 모든 사람에게 일자리를 보장했습니다. 그러나 경제의 구조적 변화로 인해 근로자들이 축소 업종에서 확장 업종으로 전환해야 했기 때문에 어느 정도의 이동성은 있었습니다. 기업은 근로자의 직업적 전문성을 촉진할 임무를 가졌습니다. 미숙련과 반숙련 근로자는 가능한 한 숙련공으로 훈련되어야 했습니다. 고령 근로자 감소는 이전 세대보다 덜 두드러졌습니다. 고령 근로자는 때때로 더 단순한 작업으로 전환했습니다. 그러나 이전의 고령 근로자의 감소와는 달리 이러한 변화는 더 이상 큰 소득손실과 연결되지는 않았습니다.[71]

1950년대와 1960년대에는 낮은 연금으로 인해 많은 노인들이 노년까지 계속 일해야 하는 경제적 필요성이 있었습니다. 그러나 동독 경제에는 항상 노동력 부족이 있었기 때문에 경제적, 정치적 이유로 장기간 고용하는 것이 바람직했습니다. 연금이 개선된 후 노년층의 노동참여(Erwerbsbeteiligung)가 감소했습니다. 1989년에는 연금인구 중 남성의 11%와 여성의 5%가 여전히 고용되어 있었습니다.[72]

1960년대에 시간제 고용(Teilzeitbeschäftigung)이 증가했습니다. 이는 가사노동과 정규직업의 이중부담을 거부하여, 고용되지 않는 어머니들을 취업시키려는 것이었습니다.[73] 그러나 이미 취업한 많은 여성도 시간제 고용을 선택하였습니다. 그 결과 노동시장 정책이

---

70 Statistisches Jahrbuch 1990, S. 1, 17.

71 Johannes Huinink / Karl Ulrich Mayer / Heike Trappe, Staatliche Lenkung und individuelle Karrierechancen: Bildungs- und Berufsverläufe, in: Johannes Huinink / Karl Ulrich Mayer (Hrsg.), Kollektiv und Eigensinn. Lebensverläufe in der DDR und danach, Berlin 1995.

72 Statistisches Jahrbuch 1990, S. 1, 128 - 131, 392.

73 Helga Ulbricht / Annelies Nötzold / Simon Ott / Helmut Thiemann, Probleme der Frauenarbeit, Berlin 1963, S. 75.

수정되고 1970년대 후반부터 시간제 근로(Teilzeitarbeit)가 제한되었습니다.[74]

노동정책적이며 가족정책적인 방안들이 직업과 가정의 양립을 개선할 목적으로 1970년대부터 도입되었습니다.[75] 새로운 화해정책(Vereinbarkeitspolitik)의 노동 및 가족정책적 제안은 거의 전적으로 여성을 대상으로 했습니다. 1986년 이후 남성도 육아휴직을 선택할 수 있게 되었습니다.[76] 1950년대에는 근무시간(Arbeitszeit)이 주당 48시간이고 근무일은 6일이었습니다. 경제성장 과정에서 주당 근로시간이 줄어들고 토요일은 쉬는 날이 됐습니다. 1989년에는 평균 근무시간이 43시간이고, 주 5일 근무제였습니다.[77] 만 16세 미만 자녀를 둔 어머니의 경우 같은 임금으로 근로시간이 단축되었습니다. 정규직 여성은 가정에 자녀나 부양가족이 있거나, 40세 이상이면, 한 달에 하루 유급 가사일(Hausarbeitstag)을 받았습니다.[78]

3.2 기업

국유기업(Volkseigene Betrieb)은 국가사회주의 계획 경제에 밀접하게 통합되었습니다. 건국 후 상급관리기관은 국가계획위원회(Staatliche Plankommission)와 산업부(Industrieministerium)였습니다. 산업부(Industrieministerium)는 이전에 독일 경제위원회(Deutsche Wirtschaftskommission)에 속해 있던 개별 산업 부문의 중앙관청을 인수했습니다. 중앙관리의 업무가 증가한 후, 산업부의 업무는 1950년 말에 기술적으로 전문화된

---

74 Schlegel, Junge Frauen, S. 166-167.

75 Christine Amend-Wegmann, Vereinbarkeitspolitik in Deutschland, Hamburg 2003, S. 257-258.

76 Amend-Wegmann, Vereinbarkeitspolitik, S. 254-264; Barbara Hille, Familie und Sozialstruktur in der DDR, Opladen 1985, S. 65-66.

77 Johannes Frerich / Martin Frey, Handbuch der Geschichte der Sozialpolitik in Deutschland. Bd. 2: Sozialpolitik in der Deutschen Demokratischen Republik, 2. Aufl., München 1996, S. 110, 145.

78 Sibylle Meyer / Eva Schulze, Familie im Umbruch. Zur Lage der Familien in der ehemaligen DDR, Stuttgart 1992, S. 10-12.

여러 부처로 분할되었습니다. 유사한 생산 프로그램을 가진 기업들이 결합된 1948년에 창설된 국유기업연합회(Vereinigung Volkseigener Betriebe)는 처음에는 국가부문의 중간관리 수준으로 남아 있었습니다. 국유기업연합회(Vereinigung Volkseigener Betriebe)는 관료화(Bürokratisierung) 되었다는 비판을 받고, 1953년에 폐지되었습니다. 그러나 산업부처와 기업 사이의 중간 관리수준이 필요했기 때문에 1958년 초에 다시 설립되었습니다.[79]

1963년부터 1970년까지의 개혁시대(Reformära)에 기업들은 경제적 효율성에 더 집중해야 했습니다. 국유기업과 상급단체인 국유기업연합회(Vereinigung Volkseigener Betriebe)는 중앙계획의 영역에서 더 큰 독립성을 부여받았습니다. 기업의 성과지표는 더 이상 총 생산량이 아니라 이익이었기 때문에, 지출과 수입을 신중하게 계산해야 했기 때문입니다. 높은 수준의 생산은 수요를 충족하는 경우, 즉 회사가 고정가격으로 제품을 판매할 수 있는 경우에만 의미가 있었습니다. 개별 근로자와 기업단체(Betriebskollektive)의 이익은 생산결과에 참여함으로써 촉진되어야 했습니다.

1960년대 말, 국유기업연합회(Vereinigung Volkseigener Betriebe)는 해체되고 각기 수많은 국유기업을 통합한 국유기업그룹(Kombinat)으로 대체되었습니다. 국유기업그룹(Kombinat)은 대기업그룹(Konzern)처럼 운영되어야 했습니다. 집중(Konzentration)을 통해 "높은 합리성과 효율성"을 "경제발전 및 기업의 자체책임"과 결합해야 했습니다.[80] 개편은 산업구조에 결정적인 부문에서 시작되었습니다. 여기에는 무엇보다도 화학산업, 기계건설, 전기산업 및 전자산업이 포함되었습니다.[81] 1970년대에는 산업기업을 국유기업그룹(Kombinat)으로 통합하는 것이 일반적으로 실행되었습니다. 1980년대 말에는 129개

---

79 Boldorf, Planwirtschaft, S. 174 – 182; Malycha, Plankommission, S. 75 – 83; Roesler, Planwirtschaft, S. 30 – 101, 145 – 180.

80 Politische Ökonomie des Sozialismus und ihre Anwendung in der DDR, Berlin 1969, S. 696.

81 Boldorf, Planwirtschaft, S. 194 – 197; Waltraud Falk / Gerhard Richter / Wilhelm Schmidt, Wirtschaft, Wissenschaft, Welthöchststand. Vom Werden und Wachsen der sozialistischen Wirtschaftsmacht DDR, Berlin 1969, S, 224 – 228; Malycha, Plankommission, S. 84 – 110; Politische Ökonomie des Sozialismus, S. 694 – 724.

국유기업그룹(Kombinat)이 있었고 총 1879개 기업이 현지 생산단위로 있었습니다. 가장 큰 국유기업그룹(Kombinat)은 직원 수가 70,000명인 Karl-Marx-Stadt(Chemnitz)의 면화 국유기업그룹(Kombinat), 직원 69,000명의 Carl Zeiss Jena 국유기업그룹(Kombinat), 각각 직원 수가 68,000명이었던 드레스덴의 Robotron 국유기업그룹(Kombinat), 에르푸르트(Erfurt)의 마이크로일렉트로닉스(Mikroelektronik) 국유기업그룹(Kombinat), 노이슈타트(Neustadt)의 농업기계 국유기업그룹(Kombinat)이었습니다.[82]

민간기업(privater Gewerbebetrieb)은 1950년대와 1960년대에 여전히 어느 정도 중요했지만 이후 급격히 쇠퇴했습니다. 민간기업은 근로자 수가 제한되었습니다. 국가 당국이 원자재, 중간제품 및 에너지 할당과 제품 판매를 결정했습니다.[83] 민간경제(Privatwirtschaft)를 대표하기 위해 1953년에 "동독산업과상업회의소"(Industrie- und Handelskammer der DDR)가 설립되었습니다. 산업과상업회의소(Industrie- und Handelskammer)의 임무는 회원들에게 전문적인 조언을 제공하는 것이었지만 무엇보다도 정치적 선전이었습니다.[84] 민간경제의 중요성이 급격히 쇠퇴한 후 "동독산업과상업회의소"(Industrie- und Handelskammer der DDR)는 1958년에 해체되고 행정구역(Bezirk)에 종속된 지역 "산업과상업회의소"(Industrie- und Handels-Kammern)가 만들어졌습니다. "동독산업과상업회의소"(Industrie- und Handelskammer der DDR)는 소기업만을 회원으로 두고 있었기 때문에, 1983년 현실적으로 상업과기업회의소(Handels- und Gewerbekammern)로 명칭을 변경하였습니다.[85]

1970년대 이후 농업 분야에서는 수많은 생산협동조합(Produktionsgenossenschaft)이 결

---

82 Boldorf, Planwirtschaft, S. 204–208; Steiner, Von Plan zu Plan, S. 209–210.

83 Steiner, Von Plan zu Plan, S. 83, 199–200.

84 Vorlage für das Präsidium der der Industrie- und Handelskammer der DDR, 2. Januar 1958. BArchB DE 6 / 383.

85 Gerd Hardach, Der Deutsche Industrie- und Handelskammertag 1861–2011. Der Spitzenverband der Industrie- und Handelskammern im Wandel der Zeit, Berlin 2001, S. 155–159.

합된 대규모 협동농장이 만들어졌습니다. 대규모 협동농장의 새로운 모델은 농업의 산업적 조직이었습니다. 농업의 생산협동조합과 국유농장(Volkseigenes Gut)은 농작물 생산이나 축산업에 특화되어야 했습니다. 집중으로 인해 거대한 토지를 보유한 농장이 생겼습니다. 1989년 농작물 생산협동조합은 평균 4742헥타르의 토지를 관리했고 축산협동조합은 1671헥타르의 토지를 관리했습니다.[86]

3.3 경제성장

3.3.1 재건에서 경제성장으로 1949 – 1962

동독 경제의 재건은 소련 군사정부 하에서 어느 정도 진전을 이루었지만, 국가가 건국될 당시 1인당 실질소득은 여전히 전쟁 전 수준보다 훨씬 낮았습니다. 공식 자료에 따르면 1949년 10월 산업생산은 1936년 수준의 76%에 달했습니다.[87]

경제성장은 국가사회주의 계획경제에서 정치적으로 매우 중요했습니다. 독일사회주의통일당(SED) 총서기 발터 울브리히트(Walter Ulbricht)는 1950년 독일사회주의통일당(SED) 제3차 전당대회에서 1951-1955년 5개년 계획을 발표하면서: "우리의 새로운 민주적 질서를 근거로 수년 안에 어떤 자본주의 국가도 달성할 수 없었던 속도로 산업발전을 달성할 수 있다는 것이 밝혀질 것입니다."라고 말했습니다.[88]

두 국가가 건국된 후에도 처음에는 동독과 서독 사이에 여전히 경제적 유사점이 있었

---

86 Bundesministerium für Ernährung, Landwirtschaft und Forsten, Statistisches Jahrbuch über Ernährung, Landwirtschaft und Forsten 1990, S. 383.

87 Statistisches Jahrbuch 1952, S. 209.

88 Walter Ulbricht, Der Fünfjahrplan und die Perspektiven der Volkswirtschaft. Referat auf dem III. Parteitag der Sozialistischen Einheitspartei Deutschlands. Protokoll der Verhandlungen des III. Parteitages der Sozialistischen Einheitspartei Deutschlands, 20. bis 24. Juli 1950, 2 Bde., Berlin 1951, Bd. 1, S. 340.

습니다. 두 국가의 경제는 모두 전쟁 전 기술에 크게 의존했습니다. 재건은 아직 완료되지 않았습니다. 산업생산과 전반적인 경제성과는 전쟁 전 수준보다 낮았습니다. 그러나 동독경제는 해체(Demontage)로 인해 서독경제보다 더 큰 손실을 입었고, 훨씬 더 많은 배상(Reparation)을 실행했으며 외국원조(Auslandshilfe)도 받지 못했습니다. 혁신에 대한 인센티브 부족, 계획조정의 문제와 같은 계획경제의 체제적 문제도 있었습니다. 또한 동독경제의 대외무역은 한편으론 소련의 영향과 다른 한편으론 미국의 금수정책(Embargopolitik)으로 인해 주로 상호경제원조위원회(Rat für Gegenseitige Wirtschaftshilfe/RGW)의 국가사회주의 회원국들과 이루어졌습니다. 상호경제원조위원회(RGW)의 국가사회주의 회원국들은 소련과 체코슬로바키아를 제외하고는 덜 산업화되었습니다.

1950년대 초 동독경제가 서독경제보다 얼마나 뒤처졌었는지를 판단하는 것은, 역사적으로 돌이켜보아도, 여러 가지 이유로 매우 어렵습니다. 국가사회주의 계획경제에서 국민소득(Nationaleinkommen)은 경제성장의 지표로 사용되었습니다. 이 개념은 고전 정치경제학에서 발전되어 카를 마르크스가 전수한 물질적 가치창출(Wertschöpfung) 이론에서 파생되었습니다. 이 정의에 따르면 생산적인 노동에는 농업, 산업, 건설뿐만 아니라 물질적 생산과 직접 관련된 일부 서비스가 포함되었습니다. 서비스의 상당 부분은 비생산적인 노동으로 간주되어 국민소득에 포함되지 않았습니다.[89] 반면에 자본주의 국가에서 일반적인 지표인 국민총생산(Bruttosozialprodukt)이나 국내총생산(Bruttoinlandsprodukt)은 모든 서비스를 포함하므로 국민소득(Nationaleinkommen)보다 큽니다.

국민계정에는 가치(Wertgröße)가 포함되기 때문에 경제성과를 비교할 때 동독과 서독의 서로 다른 물가체계(Preissysteme)를 고려해야 합니다. 동독마르크(Mark)의 구매력은 기본적인 상품과 서비스에서는 서독마르크(Mark)의 구매력보다 훨씬 높았고 가전제품, 자동차, 전자제품 같은 기술 소비재에 대한 구매력은 훨씬 낮았습니다. 경제성과의 비교는 국민계정에 어떤 제품과 어떤 가격을 포함하느냐에 따라 달라집니다.

---

89   Politische Ökonomie des Sozialismus, S. 499 – 504, 624 – 629.

무엇보다 비교가 어려운 이유는 동독 국민계정은 신뢰할 수 없기 때문입니다. 오류의 원천은 과도한 생산수치를 신고한 많은 기업에서 시작되었습니다. 그러나 무엇보다도 공식적인 통계가, 존재하지 않은 성공을 증명하기 위한 노력의 일환으로, 반복적으로 허구적 가치로 국민소득을 부풀렸습니다. 볼프강 스톨퍼(Wolfgang Stolper)의 신중한 계산에 따르면, 이는 보다 최근 연구에서도 현실적이라고 여겨지는데, 국민총생산(Bruttosozialprodukt)으로 환산한 동독의 1인당 총생산은 1950년에 서독 수준의 67%에 달했습니다.[90]

1951-1955년의 5개년 계획에서는 무엇보다도 "기본수단"(Grundmittel)의 증가를 예정하였습니다. "기본수단"(Grundmittel)은 물질적 실체뿐만 아니라 사회적 관계를 의미하는 "자본"(Kapital)의 개념을 피하기 위해 생산시설(Produktionsanlage)을 표현하는 데 사용되었습니다. 산업 생산시설의 수리 및 확장, 운송망 복원, 농기계 공급, 도시 재건에는 상당한 노력이 필요했습니다. 이것은 노동 생산성과 총생산을 증가시키고 나중에 생활수준을 향상시키려는 조건을 만들기 위한 것이었습니다.[91]

우선 장기적으로 봤을 때 투자율(Investitionsquote)이 결코 높지 않았습니다. 공식 수치에 따르면 총 투자(Bruttoinvestition)는 1950-1952년 국민소득의 16%를 차지했습니다. 국민계정이 정치적인 이유로 조작된 만큼 투자율이 현실을 제대로 반영했는지 논란이 되고 있습니다. 그러나 공식 투자율은 계획이 이를 기반으로 했기 때문에 중요한 핵심 수치였습니다.[92] 전반적으로 낮은 수준의 총 생산은 투자를 위해 사용할 수 있는 수단을 제한했

90 Wolfgang F. Stolper, The structure of the East German economy, Cambridge 1960, S. 440; Albrecht Ritschl, Aufstieg und Niedergang der Wirtschaft der DDR: Ein Zahlenbild 1945 – 1989, in: Jahrbuch für Wirtschaftsgeschichte, 1995, Heft 2, S. 22 – 26; André Steiner, From the Soviet Occupation Zone to the „New Eastern States": A survey, in: Hartmut Berghoff / Uta Andrea Balbier (Hrsg.), The East German economy, 1945 – 2010. Falling behind or catching up? Cambridge 2013, S. 23; Steiner, Von Plan zu Plan, S. 79.

91 Politische Ökonomie des Sozialismus, S. 336 – 357.

92 Lothar Baar / Uwe Müller / Frank Zschaler, Strukturveränderungen und Wachstumsschwankungen. Investitionen und Budget in der DDR 1949 bis 1989, in: Jahrbuch für Wirtschaftsgeschichte 1995, Heft 2, S.

습니다. 소련에 대한 배상과 소련군의 주둔 비용에 우선순위가 주어졌습니다. 국내에서 사용할 수 있는 국민소득은 너무 낮아, 주민의 생계를 유지하는 데 상당 부분이 쓰였습니다.

계획당국은 임금을 삭감해 소비를 제한하고 투자율을 높이려 했습니다. 1953년 4월 노동기준(Arbeitsnorm)이 높아져서, 노동자의 실질임금이 하락했습니다. 공식적인 약속에 의거해 더 높은 임금과 더 나은 보살핌을 기대했던 노동자들은 공개적으로 저항했습니다. 주민의 생활수준에 대한 공격은 1953년 6월 17일 봉기로 이어졌습니다.[93]

1953년 6월 17일 봉기 이후 경제정책의 "새로운 경로"(Neuer Kurs)가 약속되었습니다. 주민들에 대한 소비재 공급을 개선해야 했으며, 따라서 소비재 산업을 더욱 촉진해야 했습니다. 불리한 조건에도 불구하고 생산량을 늘리기 위해 당과 정부는 1948년 광부 아돌프 헤네케(Adolf Hennecke)의 놀라운 추가근무로 시작된 "활동가 운동"(Aktivistenbewegung)을 채택하였습니다. 개인적인 호소로 근로자의 초과달성을 위한 동기를 부여해야 했습니다. 1953년 9월 직조공 프리다 호카우프(Frida Hockauf)는 연말까지 그녀의 할당량보다 몇 미터나 더 많은 최고 품질의 천을 짜기로 약속했습니다. 같은 날 대중호소에서 그녀는 "오늘 우리들이 일하는 방식이 내일 우리의 삶이 될 것"이라고 선언했습니다.[94] 다른 산업 부문에서도 수많은 유사한 약속이 뒤따랐습니다.[95] 그러나 "활동가 운동"(Aktivistenbewegung)에 대한 호소는 소비와 투자 사이의 목표갈등(Zielkonflikt)을 해결하지 못했습니다. 1953년 말에 "새로운 경로"(Neuer Kurs)는 포기되었고 산업계획은 다시 자본재산업에 유리하게 수정되었습니다.

67.

93   Buchheim, Wirtschaftliche Hintergründe des Arbeiteraufstands; Grabas, 17 June 1953 – The East German worker's uprising; Kleßmann, Arbeiter im „Arbeiterstaat" DDR.

94   Torsten Töpler, Die Ausgezeichnete: Biographische Spurensuche um Frida Hockauf, Leipzig 2007.

95   Waltraud Falk / Horst Barthel, Kleine Geschichte einer großen Bewegung. Zur Geschichte der Aktivisten- und Wettbewerbsbewegung in der Industrie der DDR, Berlin 1966.

1954년 독일사회주의통일당(SED)의 제4차 전당대회에서 울브리히트(Ulbricht)는 "자본주의 경제체제에 대한 사회주의 경제체제의 우월성의 주요 특징 중 하나인 사회주의 국가의 산업생산의 높은 발전속도"를 다시 한번 칭찬했습니다.[96] 1950년 당 대회에서 산업성장이 자본주의 독일보다 사회주의 독일에서 더 높을 것이라는 그의 예측이 실현되었다고 말했습니다.[97] 서독 정부가 "소위 서독의 경제기적을 크게 홍보"했지만, 그러나 자본주의 국가들이 실제로는 경제위기로 위협받고 있다고 말했습니다.[98]

1953년 6·17 봉기로 인한 중단에도 불구하고 국민소득은 1950년대에 상승세를 보였습니다. 이후의 평가에 따르면 1955-1956년의 1인당 총 생산은 전쟁 전 수준을 초과했습니다. 재건은 경제성장으로 바뀌었습니다.[99] 투자증가는 경제성장에 크게 기여했습니다. 1956-1958년에 총투자는 국민소득의 21%였습니다.[100] 산업이 투자의 대부분을 차지했습니다. 상당한 차이로 교통, 농업 및 주택건설에 대한 투자가 이어졌습니다. 산업 내에서는 자본재산업, 특히 갈탄채굴, 전기생산, 철강산업, 중기계공업 및 화학산업이 선호되었습니다. 소비재산업의 생산설비 개선은 연기되어야 했습니다.[101]

소련 공산당이 1958년에, 농업 및 산업생산의 가장 중요한 부문에서, 역사적으로 가장 짧은 시간 내에, 미국을 따라잡고 추월하겠다는 목표를 공식화한 후, 발터 울브리히트(Walter Ulbricht)는 1958년 독일사회주의통일당(SED) 제5차 전당대회에서, 보다 효율적인 경제, 새로운 생산공정 및 생산력으로서의 과학의 응용을 통해 생산성을 크게 높인다는 목표를 경제의 주요 과제로 설정하였습니다. 예상되는 생산증가를 통해 동독경제는

96　Walter Ulbricht, Die gegenwärtige Lage und der Kampf um das neue Deutschland. Referat auf dem IV. Parteitag der Sozialistischen Einheitspartei Deutschlands. Protokoll der Verhandlungen des IV. Parteitages der Sozialistischen Einheitspartei Deutschlands, 30. März bis 6. April 1954. 2 Bde., Bd. 1, S. 38.

97　Ulbricht, Die gegenwärtige Lage, S. 70 – 71.

98　Ulbricht, Die gegenwärtige Lage, S. 41 – 45.

99　Steiner, Von Plan zu Plan, S. 114.

100　Baar / Müller / Zschaler, Strukturveränderungen und Wachstumsschwankungen, S. 67.

101　Statistisches Jahrbuch 1990, S. 13 – 15, 113 – 114.

단기간에 서독의 소비재생산에 도달하고 이를 능가해야 한다고 말했습니다. "독일민주공화국의 국민경제는 몇 년 안에 본국가(Bonner Staat)의 제국주의 세력의 지배에 대한 동독의 사회주의적 사회질서(Gesellschaftsordnung)의 우월성이 명백히 입증되는 방식으로 발전될 것입니다. 그 결과, 모든 중요한 식품 및 소비재를 포함한 노동인구의 1인당 소비량은 서독 전체 인구의 1인당 소비량을 초과할 것입니다."[102]

두 번째 5개년 계획은 조기 종료되었고, 1959년에 더 높은 성장 목표를 가진 1959-1965년 기간의 7개년 계획으로 대체되었습니다. 성장공세(Wachstumsoffensive)의 중점은 소련의 석유에 기반한 석유화학, 합성섬유, 마이크로 전자산업과 자동화된 생산 공정에서의 응용, 전력생산을 위한 원자력 사용과 같은 신제품 및 새로운 생산공정에 놓여야 했습니다. 7개년 계획은 이를 위한 광범위한 투자 프로그램을 구상했습니다.[103] 투자는 1959-1961년에 국민소득의 평균 24%로 높아졌습니다.[104]

성장공세(Wachstumsoffensive)는 실패했습니다. 노동력과 물적 자원은 이전 또는 이후 생산단계와의 연결이 부족하거나 생산 준비가 전혀 되어있지 않은 고급 프로젝트에 상당 부분이 투입되었습니다.[105] 예상과 달리 생산증가율은 급격히 떨어졌습니다. 1961-1962년에는 잘못된 계획이 위기를 초래했습니다. 7개년 계획의 목표는 이미 1961년 초부터 크게 낮아져야 했습니다. 서독의 1인당 소비량에는 가까이도 가지 못했습니다.

---

102 Walter Ulbricht, Der Kampf um den Frieden, für den Sieg des Sozialismus, für die nationale Wiedergeburt Deutschlands als friedliebender, demokratischer Staat. Referat auf dem V. Parteitag der Sozialistischen Einheitspartei Deutschlands. Protokoll der Verhandlungen des V. Parteitages der Sozialistischen Einheitspartei Deutschlands, 10. bis 16. Juli 1958, 2 Bde., Berlin 1959, Bd. 1, S. 68.

103 Roesler, Die Herausbildung der sozialistischen Planwirtschaft, S. 134 – 135.

104 Baar / Müller / Zschaler, Strukturveränderungen und Wachstumsschwankungen, S. 67.

105 Wolfgang Mühlfriedel, Zur technischen Entwicklung in der Industrie der DDR in den 50er Jahren, in: Axel Schildt / Arnold Sywottek (Hrsg.), Modernisierung im Wiederaufbau. Die westdeutsche Gesellschaft der 50er Jahre, Bonn 1993, S. 166 – 169; Steiner, Von Plan zu Plan, S. 123 – 129. Steiner, Die DDR-Wirtschaftsreform der sechziger Jahre, S. 38 – 48; Steiner, From the Soviet Occupation Zone to the „New Eastern States", S. 26 – 27.

성장공세의 실패, 강제적 농업집단화(Zwangskollektivierung), 소비재 부족은 탈출 운동 (Fluchtbewegung)의 증가와 새로운 체제위기로 이어졌고, 이에 당과 정부는 1961년 8월 장벽 건설(Bau der Mauer)로 대응했습니다.[106]

3.3.2 개혁기의 호황과 위기 1963 – 1970

1963년에 도입된 새로운 계획 모델인 "국민경제 계획 및 관리의 새로운 경제시스템"(Neue Ökonomische System der Planung und Leitung der Volkswirtschaft)은 생산성과 총생산의 향상을 위한 더 나은 조건을 제공하기 위한 것이었습니다. 1963년에 작성된 전망계획 (Perspektivplan)에서는 1963-1970년 기간 동안 노동생산성이 연간 7.4% 증가할 것으로 예상했습니다. 동독경제에서 기본수단(Grundmittel)의 효율성은 상대적으로 낮았기 때문에, 계획된 노동생산성 증가는 상당한 투자를 요구하였습니다. 1958-1962년의 실패한 성장공세에 비해 투자율은 다시 높아졌습니다. 1963-1970년 기간 동안 투자는 국민소득의 28%를 차지했습니다.[107]

국가사회주의적 계획경제와 사회적 시장경제 사이의 체제경쟁(Systemkonkurrenz)은 여전히 주제였습니다. 개혁시대(Reformära)가 시작된 지 3년이 지난 1966년, 독일사회주의통일당(SED) 중앙위원회의 여론조사연구소는 많은 기업을 대상으로 당시 경제정책 문제에 대한 설문조사를 실시했습니다. 마지막은 응답자들에게 지난 3년간의 경제발전이 서독을 따라잡기에 충분했는지 평가해 달라는 질문이었습니다. 응답자의 73%는 경제발전이 불충분하다고 대답했고, 16%에겐 충분했으며, 10%는 미정이었습니다.[108]

---

106 Steiner, Die DDR-Wirtschaftsreform der sechziger Jahre, S. 38 – 48; Steiner, From the Soviet Occupation Zone to the „New Eastern States", S. 26 – 27.

107 Baar / Müller / Zschaler, Strukturveränderungen und Wachstumsschwankungen, S. 67.

108 Institut für Meinungsforschung beim ZK der SED, Bericht über eine Umfrage zu einigen Problemen der technischen Revolution und der Automatisierung, 26. Januar 1966. SAPM DY 30 / 5199.

1968년 울브리히트(Ulbricht)는 새로운 성장 표어로 "따라잡지 않고 추월"(Überholen ohne Einzuholen)을 선전했습니다. 이 표어는 원래 소련의 컴퓨터 전문가에게서 나왔습니다. 소련이 이전에 미국과 다른 자본주의 국가에 존재하지 않았던 새로운 기술을 개발해야 한다는 의미였습니다. 울브리히트(Ulbricht)는 두 독일국가 간 시스템경쟁에 "따라잡지 않고 추월"(Überholen ohne Einzuholen)이라는 원칙을 적용했습니다. 동독경제는 더 이상 서독경제의 기술수준과 생산성을 전면적으로 따라잡으려 해서는 안 되었습니다. 그보다는 선택된 중점분야에서 선도적인 위치를 달성하는 데 집중해야 했습니다. 화학산업, 특히 소련에서 수입한 원유의 가공, 철강생산, 기계건설, 플랜트 건설, 전기산업 및 마이크로 전자공학이 성장산업으로 간주되었습니다. 중점분야에 대한 노동생산성 증가율이 제시되었고 특별 투자금이 할당되었습니다.[109] 1960년대 말에는 동독에서도 "경제 기적"(Wirtschaftswunder)이 일어났다고 주장했습니다.[110] 국가사회주의 계획경제에 대한 공식적 설명에서 "사회주의에 적합한 생산력의 완전한 발전"은 "달성된 정치권력의 기반 위에서 자본주의에 대한 사회주의의 우월성을 모든 면에서 증명하기 위한 절대적 요구"라고 기술되었습니다.[111]

개혁시대의 야심 찬 성장목표는 달성되지 않았습니다. 생산성은 높일 수 있었지만 성장률은 기대에 미치지 못했습니다. 중심 영역에서 상당한 노력을 기울였음에도 불구하고 생산에 도달한 혁신은 너무 적었습니다. 개혁시대의 대표적 프로젝트였던 명물인 전자산업은 서유럽 국가와 일본, 미국의 표준에 뒤처졌습니다. 생산공정의 자동화는 느리게 진행되었습니다. 또 다른 문제는 다양한 산업부문의 조정에 실패했다는 것이었습니다. 성장산업은 종종 원자재, 중간제품 및 에너지 공급이 부족했습니다. 이로 인해 일부 값비싼 프로젝트는 투자폐허(Investitionsruin)가 되었습니다. 중점 분야에 투자자금이 집중된 결

---

109   Steiner, Von Plan zu Plan, S. 161 – 162.

110   Hans Müller / Karl Reißig, Wirtschaftswunder DDR. Ein Beitrag zur ökonomischen Politik der Sozialistischen Einheitspartei Deutschlands, Berlin 1968.

111   Politische Ökonomie des Sozialismus, S. 286.

과 농업, 소비재 산업 등 다른 분야가 소외된 것도 부정적인 영향을 미쳤습니다. 식품 및 기타 소비재 생산이 주춤했습니다. 주민들은 버터와 고기, 의류, 신발, 가구, 도구 및 많은 일상용품의 공급부족에 항의했습니다. 계획의 결함은 1969-1970년에 위기를 초래했고 장담으로 시작된 개혁정책의 신뢰를 떨어뜨렸습니다.[112]

3.3.3 기대와 경험 1971 – 1989

집권 후 에리히 호네커(Erich Honecker)는 1971년 6월 독일사회주의통일당(SED) 제8차 전당대회에서 경제정책의 코스변경(Kurswechsel)을 약속했습니다. 정치는 특정 중심분야 촉진에 집중할 것이 아니라 소비와 투자의 균형 있는 발전을 위해 노력해야 했습니다. 전 당대회의 결의에 따르면 1971-1975년 5개년 계획의 주요 임무는 "사회주의적 생산의 높은 발전율과 효율성 향상, 과학 및 기술 진보와 노동생산성에 기초하여 인민의 물질적, 문화적 생활수준을 더욱 향상시키는 것"이었습니다. 임금과 연금이 인상되어야 했으며, 소비재공급이 개선되어야 했으며, 1975년까지 50만 채의 주택을 짓겠다는 야심 찬 주택 프로그램이 계획되었습니다. 환경보호도 고려되어야 했습니다.[113]

1976년 독일사회주의통일당(SED) 제9차 전당대회에서 에리히 호네커(Erich Honecker) 는 "경제 및 사회정책의 통일"(Einheit von Wirtschafts- und Sozialpolitik) 원칙을 제시했습니다. 이로써 소비재 생산의 중요성이 확인되었습니다.[114] 1977년 경제계획을 위한 국가계 획위원회의 초안에 따르면 "안정적이고 필요에 상응하는 공급"은 "기존 공정의 합리화,

---

112 Steiner, Die DDR-Wirtschaftsreform, S. 503 – 520; Steiner, Von Plan zu Plan, S. 156 – 159, 172 – 176

113 Erich Honecker, Bericht des Zentralkomitees der Sozialistischen Einheitspartei Deutschlands an den VIII. Parteitag der SED. Protokoll der Verhandlungen des VIII. Parteitages der SED, 15. bis 19. Juni 1971, 2 Bde., Berlin 1971, Bd. 1, S. 61 – 64.

114 Erich Honecker, Bericht des Zentralkomitees der Sozialistischen Einheitspartei Deutschlands an den IX. Parteitag der SED. Protokoll der Verhandlungen des IX. Parteitages der Sozialistischen Einheitspartei Deutschlands, 18. bis 22. Mai 1976, 2 Bde., Berlin 1976, Bd. 1, S. 51 – 62.

새로운 공정과 시설, 제품품질의 개선, 새롭고 더욱 발전된 소비재 도입을 통한 고품질 소비재의 생산을 요구하였습니다." 이 프로그램은 또한 동독제품의 수출 가능성을 높일 것이었습니다.[115]

추구했던 소비와 투자의 균형을 위한 전제조건은 노동생산성의 향상이었습니다. 이로써 국가사회주의 경제는 해결하기 어려운 목표충돌(Zielkonflikt)에 빠졌습니다. 기본수단(Grundmittel)의 효율성이 상대적으로 낮았기 때문에, 노동생산성을 크게 높이려면 많은 투자가 필요했습니다. 그러나 소비재 생산 약속을 고려해 투자율(Investitionsquote)이 낮아졌습니다. 1971년부터 1979년까지 국민소득의 평균 24%를 차지했으며, 1963-1970년의 개혁시대보다 훨씬 낮았습니다. 산업이 투자의 51%를 차지했으며, 특히 장려되어야 할 주택건설이 9%를 차지했습니다.[116] 당과 정부는 마이크로 전자산업이 경제의 새로운 성장동력이 될 것으로 기대했습니다.[117] 마이크로 전자산업은 1960년대에 이미 투자의 중점이었지만, 엄청난 지출로 인해 1970-1971년 권력이양기에는 비판을 받았었습니다. 1977년에 도입된 마이크로전자 프로그램(Mikroelektronik-Programm)에 따르면, "핵심기술"(Schlüsseltechnologie)로서의 마이크로전자산업은 자동화, 노동생산성 증가, 에너지 및 재료 소비 감소, 국내 원자재의 가능한 최상의 활용을 위한 추진력을 제공해야 했습니다.[118] 그러나 국가계획위원회의 평가에 따르면 계획된 성장을 달성하기에는 산업투자가 너무 적었습니다. 1979년 국가계획위원회는 소비재공급과 사회정책을 희생시키면서 산업에 대한 투자를 늘릴 것을 제안했습니다. 그러나 국가계획위원회는 이 제안을 당 지도

---

115 Staatliche Plankommission, Beschlussentwurf zur Fertigstellung des Volkswirtschaftsplans 1977, 15. November 1976. BArchB DE 1 / 55578, Bd. 1.

116 Statistisches Jahrbuch 1984, S. 100, 103.

117 Steiner, Von Plan zu Plan, S. 202 – 205.

118 Lothar Baar / Simone Winkler / Horst Barthel / Waltraud Falk / Katrin Rheder / Jörg Roesler / Renate Woick, Die Gestaltung der Industriezweigstruktur in der DDR durch die Wirtschaftspolitik der Partei der Arbeiterklasse und der staatlichen Organe, in: Industriezweige in der DDR 1945 bis 1985. Sonderband des Jahrbuchs für Wirtschaftsgeschichte, Berlin 1989, S. 33.

부에서 관철시킬 수 없었습니다.[119]

　1980년대에는 기대와 경험 사이의 격차가 벌어졌습니다. 국가계획위원회의 추산에 따르면 "경제 및 사회정책의 통일"(Einheit von Wirtschafts‒ und Sozialpolitik), 소비 및 투자 향상, 균형 잡힌 대외무역수지를 실현하기 위해서는 연간 4%의 실질 국민소득 증가가 필요했습니다. 따라서 연간계획에서는 정기적으로 4%의 실질 국민소득 증가율을 상정하였습니다. 그러나 이 성장률은 결코 도달하지 못했습니다.[120] 성장부족(Wachstumsdefizit)은 무엇보다도 정치적 이유로 투자율을 크게 늘리지 않았기 때문입니다. 1981-1985년의 투자율은 국민소득의 25%로 1970년대보다 약간 높아졌습니다. 투자에서 산업이 차지하는 비중은 54%로 증가했지만, 주택 건설의 비중도 13%로 증가했습니다.[121] 경제성장을 촉진하기 위해 산업투자는 마이크로 전자산업 및 기타 중점영역에 집중되었습니다. 반면에 농업 및 인프라 부문은 경시되었습니다. 국가계획위원회는 "경제 및 사회정책의 통일"(Einheit von Wirtschafts‒ und Sozialpolitik)의 성장목표는 더 많은 투자를 요구한다고 반복해서 경고하였지만 효과가 없었습니다.[122]

　1986년 독일사회주의통일당(SED) 제11차 전당대회에서는 경제문제를 논의하고 해결책을 모색할 기회를 놓쳤습니다. 전당대회의 중앙위원회 보고서에서 호네커(Honecker)는 주민들의 일상적인 경험과는 동떨어진 성공적 경제라는 거짓 결과를 발표하였습니다. 1981-1985년 5개년 계획은 성공적이었다고 말했습니다. 노동생산성과 국민소득에 대한 계획목표가 달성되고 그에 따라 인민의 물질적, 문화적 생활수준이 높아졌다고 말했습니다. 성공적인 발전은 1986-1990년 5개년 계획에서도 계속되어야 했습니다. 주민의 실질소득은 1985년부터 1990년까지 매년 4%씩 증가할 것이라고 했습니다. 전당대회는 2000년까지의 경제전략도 토의하고 결정해야 했습니다. 이 기간 동안 마이크로 전자산업 및

119　Malycha, Staatliche Plankommission, S. 121.

120　Weinert, Wirtschaftsführung, S. 305.

121　Statistisches Jahrbuch 1990, S. 110, 113 ‒ 114.

122　Malycha, Staatliche Plankommission, S. 125 ‒ 128.

자동화를 기반으로 지속적인 경제성장이 달성될 것이라고 했습니다. 이 보고서에는 낙후된 생산시설, 공급병목, 증가하는 외채에 대한 언급은 없었습니다.[123]

이전 정책은 변경되지 않고 계속되었습니다. 이로써 동독경제는 구조적 위기에 더 깊이 빠져들었습니다. 문제는 1970년대와 마찬가지로 투자결핍(Investitionsdefizit)이었습니다. 호네커(Honecker)가 약속한 연간 4%의 실질소득 증가는, 계획된 투자로는 달성할 수 없는 노동생산성 증가를 전제로 하였습니다. 투자는 1986-1989년에 1980년대 초와 마찬가지로 국내총생산의 평균 25%를 차지했습니다. 투자에서 산업이 차지하는 비중은 57%로 1980년대 초반보다 높아진 반면, 주택은 약간 낮은 12%를 기록했습니다.[124] 산업 투자는 계속해서 마이크로 전자산업과 몇 가지 다른 중점영역에 집중되었습니다. 다른 산업 부문과 인프라는 경시되었습니다. 결과는 증가하는 자산손실(Substanzverlust)이었습니다. 많은 생산시설과 인프라가 노화되어 수리를 해야 했습니다.[125] 특별한 문제는 대외무역수지(Außenhandelsbilanz)였습니다. 소련 및 기타 국가사회주의 국가로부터의 수입은 상호경제원조협의회(Rat für Gegenseitige Wirtschaftshilfe)의 틀 내에서 동독의 수출과 상쇄되었습니다. 서독과 다른 자본주의 국가들로부터의 수입은 주로 국가경제의 현대화에 필요한 자본재였으며, 공급 부족을 극복하기 위해 때때로 소비재도 있었습니다. 전환 가능한 외화를 얻기 위해 높은 비용으로 생산된 수출품은 최상의 품질이 아니었으므로 세계 자본주의 시장에서 오직 낮은 가격으로만 판매될 수 있었습니다. 따라서 수출기업은 상당 부분 보조금을 받아야 했습니다.

경제의 구조적 위기가 있다는 사실은 1989년 10월 크렌츠(Krenz) 제1서기가 위촉한 전문가 집단이 발표한 보고서에서 처음 언급됐습니다. 전문가들에 따르면 근본적인 문제는 낮은 노동생산성이었습니다. 그들의 추정에 따르면 동독경제의 노동생산성은 서독경제

---

123 Honecker, Bericht des Zentralkomitees der SED an den XI. Parteitag. Protokoll der Verhandlungen, S. 44 – 71.

124 Statistisches Jahrbuch 1990, S. 110, 113 – 114.

125 Steiner, Von Plan zu Plan, S. 235 – 244.

의 노동생산성의 60%에 불과했습니다. 생산성의 증가는 소비, 투자 및 수출을 원하는 만큼 증가시키기에 충분하지 않았습니다. 따라서 투자는 중점영역에 집중되었고, 다른 부문은 경시되었습니다. 전반적으로 높은 소비수준에도 불구하고 항상 공급부족이 있었습니다. 주택 건설이 신축에 집중되어 도심이 황폐화되었습니다. 라이프치히(Leipzig)와 괴를리츠(Görlitz) 같은 도시에는 더 이상 거주할 수 없는 수천 채의 주택이 있었습니다. 특히 문제는 무역수지(Handelsbilanz)의 불균형이었습니다. 수입은 늘었지만 경제의 수출능력은 떨어졌습니다. 자본주의 국가에 대한 부채는 위협적으로 증가했습니다. 전문가들에 따르면 사회적 긴축(soziale Einschnitte)은 불가피했습니다. 생산성을 높이려면 투자율을 높여야 하고 수출도 늘려야 했습니다. 보조금과 가격지원을 삭감하고 소비를 25-30% 줄여야 했습니다. 모든 분야에서 통계 및 정보의 진실성 또한 보장되어야 했습니다. 이것은 지금까지 그렇지 않았다는 분명한 표시였습니다.[126]

자본주의 국가에 비해 약한 혁신능력, 전반적인 경제활동 조율의 어려움, 반복되는 계획위기에도 불구하고 국가사회주의 계획경제는 장기적인 경제성장을 보였고 이는 생활수준 향상에도 반영되었습니다.[127] 그러나 1950년 이래로 선언한, 1인당 소득과 소비에서 서독경제를 추월하겠다는 목표는 달성되지 않았습니다. 공식통계에 따르면 1950년부터 1989년까지 1인당 실질 국민소득은 연평균 6.1% 증가했습니다.[128] 이에 따르면 경제성장은 독일연방공화국보다 훨씬 빨랐을 것입니다. 서독에서 1인당 실질 국내총생산은 1950년부터 1989년까지 연평균 3.7% 증가했습니다.[129] 1인당 소득에서 동독경제와 서독경제의 격차는 점점 커졌습니다. 1989년 동독의 노동생산성은 서독 수준의 약 40%에

---

126 Gerhard Schürer / Gerhard Beil / Alexander Schalck / Ernst Höfner / Arno Donda, Analyse der ökonomischen Lage der DDR mit Schlussfolgerungen. Vorlage für das Politbüro des Zentralkomitees der SED, 30. Oktober 1989. SAPM DY 30 / 44330.

127 Staritz, Geschichte der DDR, S. 287.

128 Statistisches Jahrbuch 1990, S. 14.

129 Statistisches Jahrbuch für die Bundesrepublik Deutschland 1995, S. 655.

불과했습니다. 동독은 고용률(Erwerbsquote)이 높았기 때문에 1인당 국내총생산은 서독의 56%로 추정되었습니다.[130] 따라서 그것은 스톨퍼(Stolper)가 1950년에 추정한 서독 수준의 67%보다 훨씬 낮았습니다.[131] 공식통계에 나타난 국민소득증가율은 명백히 정치적 희망사항이었습니다.

동독 경제의 성장률에 대한 독립적인 계산 및 추정은 다양한 결론에 도달합니다. 그 차이는 잘 알려진 방법론적 문제, 국민소득(Nationaleinkommen)과 사회생산(Sozialprodukt) 또는 국내생산(Inlandsprodukt)과의 비교의 어려움, 상이한 가격구조, 그리고 무엇보다 공식통계의 신뢰성 부족에 기인합니다.[132] 동독경제의 성장속도는 서독경제와 비교하여 대략적으로 도출할 수 있습니다. 동독과 서독의 1인당 소득 비교를 위한 1950년과 1989년의 핵심데이터 추정치를 수용한다면, 동독의 실질 국내총생산은, 이 기간 동안 연평균 3.1% 증가했을 수 있습니다.

3.3.4 전환위기 1990

모드로프(Modrow) 정부는 어려운 유산을 물려받았습니다. 1990년 1월 정부의 경제위

---

130   Deutsche Bundesbank, Die Währungsunion mit der Deutschen Demokratischen Republik, S. 15; Ralf Hein / Doris Hoeppner / Silke Stapel, Das Bruttosozialprodukt für die ehemalige DDR 1989 und im ersten Halbjahr 1990. Konzeptionelle Lösungen, Neuberechnung in Mark der DDR und Versuche in DM, in: Statistisches Bundesamt (Hrsg.), Rückrechnungen gesamtwirtschaftlicher Daten für die ehemalige DDR, Wiesbaden 1993, S, 124; Gerhard Heske, Volkswirtschaftliche Gesamtrechnung der DDR 1950 - 1989. Daten, Methoden, Vergleiche. Historical Research Supplement 21, Köln 2009, S. 67.

131   Stolper, East German economy, S. 440.

132   Heske, Volkswirtschaftliche Gesamtrechnung; Wilma Merkel / Stefanie Wahl, das geplünderte Deutschland. Die wirtschaftliche Entwicklung im östlichen Teil Deutschlands von 1949 bis 1989, Bonn 1991; Ritschl, Aufstieg und Niedergang, S. 11 - 46; Oskar Schwarzer, Sozialistische Zentralplanwirtschaft in der SBZ/ DDR. Ergebnisse eines ordnungspolitischen Experiments (1945 - 1989), Stuttgart 1999; Jaap Sleifer, Planning ahead and falling behind. The East German economy in comparison with West Germany 1936 - 2002, Berlin 2006.

원회는 중앙집중적 계획경제의 결과 경제가 "위기상황"(krisenhafte Situation)에 빠졌다고 선언하였습니다. 경제위원회는 생태적 상황의 악화와 함께 경제성장률 저하, 국내의 필요에 못 미치는 생산, 국제 시장에서의 경쟁력 저하를 위기의 징후로 지목했습니다.[133] 평화로운 혁명 동안 경제 상황은 악화되었습니다. 고용과 생산은 1989년 10월 이후 계속 감소했습니다. 원인은 무엇보다 노동자들의 서독으로의 이주와 계획 당국의 권위 상실로 인한 국민경제적 분업의 붕괴였습니다. 1990년 1월에 시작된 경제개혁과 시장경제로의 전환을 통해 위기를 막아야 했습니다. 1992년까지 장기적 안정화 프로그램을 통해 "생산성, 국제 경쟁력 및 삶의 질 향상"을 달성해야 했습니다.[134]

그러나 빠른 안정화에 대한 기대는 실망스러웠습니다. 고용과 생산은 계속 감소했습니다. 1990년 3월 응용경제연구소(Instituts für angewandte Wirtschaftsforschung) 전문가들은 동독 경제가 시장경제로의 도약에 준비되어 있지 않다고 확인하였습니다. 대부분의 기업은 생산시설의 기술적 낙후와 기계의 노후화, 제품의 품질 부족 또는 과도한 제조 비용으로 인해 경쟁력을 갖추지 못할 것으로 판단하였습니다. 대량실업을 피하기 위해서는 3-5년의 적응기간이 필요할 것이라고 말했습니다. 이 기간 동안 동독경제는 민간투자와 국가지원을 통해 현대화되어야 했습니다.[135]

1990년 7월의 통화, 경제, 사회적 통합 이후 동독경제는 엄청난 결과와 함께 시장의 힘에 노출되었습니다. 동독 기업들은 제품의 품질과 가격면에서 경쟁력이 없었습니다. 수많은 기업이 문을 닫았습니다. 생산과 고용이 급격히 감소했습니다.[136] 통일 직전인 1990

133 Ministerrat der Deutschen Demokratischen Republik, Wirtschaftskomitee, Bericht über die Lage der Volkswirtschaft und Schlussfolgerungen für die Stabilisierung, 23. Januar 1990, S. 21 – 25. BArchB DC 20 / 18872.

134 Ministerrat der Deutschen Demokratischen Republik, Wirtschaftskomitee, Bericht über die Lage der Volkswirtschaft, S. 21 – 25. BArchB DC 20 / 18872.

135 Institut für angewandte Wirtschaftsforschung, Expertise zur Notwendigkeit und den Modalitäten eines Strukturanpassungsprogramms für die Unternehmen der DDR mit dem Ziel der Vermeidung eines massenweisen Konkurses und massenweiser Arbeitslosigkeit, 1. 3. 1990. BArchB BE 10 / 721.

136 Karl Brenke, Die Jahre 1989 und 1990: Das wirtschaftliche Desaster der DDR – schleichender

년 9월 동독에는 444,000명의 실업자가 있었습니다.[137]

3.4 경제의 구조변화

3.4.1 성장정책으로서의 구조정책

경제성장은 경제의 장기적인 구조변화와 연관되어 있었습니다. 자본주의 경제의 특징인 "창조적 파괴"(schöpferische Zerstörung) 과정과 달리 경제의 다양한 부문의 발전을 결정한 것은 시장이 아니라 중앙계획이었습니다. 구조정책은 국가사회주의 계획경제의 우월성을 증명하는 데 크게 기여해야 했습니다. "사회주의의 가장 큰 장점 중 하나는 국민 경제 구조의 발전이 모든 근로자의 이익을 위해 계획에 따라 통일적으로 수행된다는 것입니다."[138] "민주 집중제"(demokratischer Zentralismus)의 원칙에 따라 구조정책적 결정은 당 지도부가 내린 다음 각 부처, 중간 당국, 최종적으로 기업에 전달되었습니다.[139] 성공을 예측할 수 없는 광범위한 계획지평에 대한 결정을 내려야 했기 때문에, 당과 국가 지도부는 막중한 책임을 져야 했습니다.[140]

Niedergang und Schocktherapie? In: Vierteljahrshefte zur Wirtschaftsforschung, Jahrgang 2009, S. 18 – 31; Sachverständigenrat zur Begutachtung der gesamtwirtschaftlichen Entwicklung, Auf dem Wege zur wirtschaftlichen Einheit Deutschlands. Jahresgutachten 1990/ 91, Stuttgart 1990, S. 61 – 62; Steiner, Soviet Occupation, S. 38 – 42.

137 Sachverständigenrat zur Begutachtung der gesamtwirtschaftlichen Entwicklung, Jahresgutachten 1990/91, S. 58.

138 Politische Ökonomie des Sozialismus, S. 609 – 610.

139 Klaus Steinitz, Die Entwicklung der Produktionsstruktur als Wachstumsfaktor, in: Harry Maier / Gerhard Schilling / Klaus Steinitz (Hrsg.), Zur Grundfragen der sozialistischen Wachstumstheorie, Berlin 1968, S. 177 – 195.

140 Toni Pierenkemper, Vierzig Jahre vergeblicher Mühen – die Beschäftigungs- und Arbeitsmarktpolitik, in: André Steiner (Hrsg.), Überholen ohne Einzuholen. Die DDR-Wirtschaft als Fußnote der deutschen Geschichte, Berlin 2006.

구조정책의 가장 중요한 수단은 투자였습니다. 1950년대 말까지 투자는 주로 국가예산 할당으로 충당되었습니다. 따라서 투자계획은 기업들에 대한 국가적 재분배 시스템을 기반으로 했습니다. 국가수입은 주로 기업에 대한 세금으로 구성되었으며 국가지출의 상당 부분은 기업에 대한 투자지원과 보조금으로 사용되었습니다. 한편으로는 국가예산에 대한 기여와 다른 한편으로는 할당된 투자금 또는 보조금에 따라 부문과 기업은 순수혜자(Nettoempfänger)와 순기여자(Nettozahler)로 나뉘었습니다. 1960년대 이후 기업은 주로 자체 자금에서 투자금을 조달해야 했습니다. 그러나 국가의 영향력은 여전히 결정적이었습니다. 비용과 가격, 따라서 기업이익도 중앙계획에 의해 전적으로 결정되고 국가가 원하던 중점 영역은 계속 막대한 보조금이 지원되었기 때문입니다.[141]

고용을 직접 조종하는 기관은 없었습니다. 정치적, 경제적 일반조건 내에서 근로자는 직업을 선택할 수 있었습니다. 고용구조는 생산과 투자금 분배를 위한 계획에서 비롯되었습니다. 구조변화에 대한 고용 조정은 사회적으로 수용 가능하게 설계되어야 했습니다. 직장을 잃은 근로자들은 다른 기업에서 일자리를 제안받았습니다. 지속적인 고용은 근로자의 이익을 위한 것일 뿐만 아니라, 노동력이 항상 부족했기 때문에 국민경제 관점에서도 바람직했습니다.[142]

처음부터 동독경제는 산업이 특징이었지만 광범위한 농업 부문도 있었습니다. 3차 산업 부문도 광범위했지만, 특히 많은 서비스 직종의 고용이 "비생산적 노동"(nichtproduktive Arbeit)으로 분류되었기 때문에, 결정적인 것으로 간주되지는 않았습니다.[143] 1950년에 1차 산업의 근로자 수는 200만 명, 2차 산업의 근로자 수는 320만 명, 생산직과 비생산직 서비스 부문의 근로자 수는 190만 명이었습니다. 1950년대와 1960년대에는 산업적 특성이 확대되었지만 3차 산업의 고용도 증가했습니다. 1970년까지 1차 산업에 고용된 사

141　Baar / Müller / Zschaler, Strukturveränderungen und Wachstumsschwankungen, S. 47 - 74.

142　Dierk Hoffmann, Die Lenkung des Arbeitsmarktes in der SBZ/DDR 1945 - 1961. Phasen, Konzepte und Instrumente, in: Peter Hübner / Klaus Tenfelde (Hrsg.), Arbeiter in der SBZDDR, Essen 1999, S. 41 - 80.

143　Politische Ökonomie des Sozialismus, S. 499 - 504.

람의 수는 997,000명으로 감소한 반면 2차 산업에서 380만 명, 서비스 부문에서는 300만 명으로 증가했습니다.[144]

1970년대 이후 2차 산업의 고용은 느리게 증가한 반면 3차 산업에선 강력한 성장을 보였습니다(표 9).

표 9. 동독의 고용 1950–1989(퍼센트)

	1950	1970	1989
1차 산업	28	13	10
2차 산업	44	49	47
3차 산업	28	38	43

출처: Quelle: StatistischesJahrbuch der DeutschenDemokratischenRepublik 1971, S. 21-22; StatistischesJahrbuch der DeutschenDemokratenRepublik 1990, p. 125.

그러나 2차 산업은 1980년대 후반까지 가장 큰 산업으로 남아 있었습니다. 1970년부터 1990년까지 1차 산업에 고용된 사람 수는 928,000명으로 감소한 반면, 2차 산업에서 400만 명, 서비스 부문에서는 360만 명으로 증가했습니다[145]

1차 산업의 고용은 동독 경제의 내적지향(Binnenorientierung)에 의해 촉진되었습니다. 주민에 대한 식량공급은 상대적으로 높은 비용을 초래하더라도 가능한 한 국내 농업이 보장해야 했습니다. 국가사회주의 계획경제는 세계시장과의 통합을 통해 비교우위의 이점을 사용해 저렴한 식량 수입으로 전환하려는 노력을 하지 않았습니다.

고용통계에서 나타난 상대적으로 높은 2차 산업의 비중은 산업기업의 내부 고용구조 때문이기도 했습니다. 대규모 산업기업에는 기업버스, 수리점, 별장, 보육시설, 매점 및 기타 광범위한 서비스가 포함되었습니다.[146]

---

144 Statistisches Jahrbuch 1971, S. 21 - 22.

145 Statistisches Jahrbuch 1990, S. 125.

146 Annegret Groebel, Strukturelle Entwicklungsmuster in Markt- und Planwirtschaften. Vergleich der

3.4.2 1차 산업

농업. 1950년대 초반에 농업은 수많은 소규모 농장을 만든 토지개혁을 통해 특징지어 졌습니다. 새로운 농장은 주택, 농장건물, 장비 및 기계가 필요했습니다. 많은 소농장은 효율적인 경영을 위해선 토지가 너무 작았습니다. 그들은 소농 가족의 검소한 생활을 넘어서, 시장을 위한 산물을 거의 생산하지 못했습니다. 주민에 대한 식량 공급은 주로 농민 중농을 기반으로 했습니다.

1950년대의 농업 집단화는 농민이 압도적으로 거부했습니다. 독립에 익숙했던 농민들은 협동농장의 일을 남이 정한 일로 여기고 자기 농장만큼의 강도로 일하지 않았습니다. 많은 농부 가족이 서독으로 탈출하였습니다. 1961년에는 정치적 동기가 있었던 생산 개입 외에도 흉작이 발생했습니다. 주민들에 대한 식량공급은 농업위기로 인해 상당히 어려움을 겪었습니다. 사람들의 불만을 진정시키기 위해 식량이 수입되었습니다. 몇 년 후에야 농업생산이 다시 증가했고 주민들에 대한 식량공급이 개선되었습니다.[147]

자본주의 국가, 특히 미국의 대량축산(Massentierhaltung)에 자극을 받아 1960년대에는 양계의 확장이 계획되었습니다. 1965년에는 닭 사육을 위한 기업그룹(Kombinat)이 만들어졌습니다. 이 기업그룹은 "황계"(Goldbroiler)라는 브랜드를 고안하였는데, 이는 미국의 생활조건을 연상시키기 위한 것이었습니다. "황계"(Goldbroiler) 레스토랑 체인점이 베를린과 다른 도시에 설립되었습니다. "황계"(Goldbroiler) 캠페인은 정권을 홍보하기 위한 것이었기 때문에, 레스토랑과 소매점의 판매가격에 보조금이 지급되었습니다.[148]

1970년대 이후 농업생산협동조합은 대규모 협동농장으로 통합되었습니다. 농작물 생산과 축산이 분리되었습니다. 대규모 농장은 대량축산과 기계, 화학비료 및 살충제 투입

---

sektoralen Erwerbsstrukturen von BRD und DDR, Heidelberg 1997.

147   Bauerkämper, Ländliche Gesellschaft, S. 192 – 194; Steiner, Von Plan zu Plan, S. 129 – 133.

148   Patrice G. Poutras, Die Erfindung des Goldbroilers. Über den Zusammenhang zwischen Herrschaftssicherung und Konsumentwicklung in der DDR, Köln 2002.

을 통해 생산량을 늘려야 했습니다. 대량생산의 이데올로기는 산업에서 파생되었습니다. 농업에 적용하면 심각한 문제가 발생했습니다. 울타리나 나무가 없는 넓은 지역의 평지화는 토양침식으로 이어졌고, 넓은 들판에서 중장비 사용은 토양다짐으로 이어졌으며 대량축산은 가축 질병의 위험을 높였으며, 생산이 정체되었습니다.

1980년대 초반에 농업정책의 신중한 방향전환이 도입되었습니다. 생산량을 늘리기 위한 인센티브를 더 많이 제공하기 위해 농산물 가격이 인상되었습니다. 그러나 농업기계, 비료 및 연료의 공급은 여전히 불충분했습니다. 농업은 생산량을 늘릴 수 있었지만 여전히 위기에 취약했습니다. 1988년과 1989년처럼 흉년이 들면 해외 자본주의 국가에서 곡물을 수입해야 했습니다. 우유나 육류 같은 주식 공급에는 항상 공백이 있었습니다. 주민들은 오래전에 극복했다고 생각했던 일상적인 결핍에 대해 불평했습니다.[149]

임업. 전통적으로 임업에선 광범위한 국가소유가 있었습니다. 또한 대토지 몰수로 인한 면적도 상당했습니다.[150] 삼림정책의 목표는 가능한 한 많은 목재를 확보하는 것이었습니다. 목재는 건축산업, 가구산업, 제지산업 및 열 에너지를 위해 사용되었습니다. 수입목재는 주로 소련에서 왔습니다. 1970년대 이후 산림정책은 산림이 목재생산과 더불어 경관보전 및 휴양지로서의 중요한 기능을 한다는 점을 강조해 왔습니다.

임업의 문제는 증가하는 환경오염이었습니다. 주요 원인은 갈탄이었습니다. 노천광산이 땅을 파먹었고, 숲의 넓은 지역이 파괴되었으며 지하수면이 낮아졌습니다. 불타는 갈탄은 많은 양의 오염 물질, 특히 이산화황을 대기 중으로 방출했습니다. 반대쪽 체코슬로바키아 북부 산업지역의 배출물에도 노출된 에르크산맥(Erzgebirge)의 숲이 특히 영향을 받았습니다. 산림과학은 1970년대부터 특히 영향을 받는 지역의 오염이 산림을 위협한다고 경고해 왔습니다. 정치는 환경경고를 무시했습니다. 삼림오염은 불가피한 것으로

---

149 Karl Eckart, Die Agrarwirtschaft in den beiden deutschen Staaten, in: Karl Eckart / Jörg Roesler (Hrsg.), Die Wirtschaft im geteilten und vereinten Deutschland, Berlin 1999, S. 47–75; Last, After the „Socialist spring".

150 Statistisches Jahrbuch 1956, S. 414.

여겼습니다.[151]

어업. 원양어업, 연안어업, 내수면어업 등 다양한 분야를 아우르는 어업은 인구를 먹여 살리는 데 크게 기여해야 했습니다. 메클렌부르크(Mecklenburg)에는 전통적으로 해안 어업에 국한된 소규모 어업기업이 있었습니다. 1953년 자영 어민들은 수산생산협동조합으로 통합되었습니다.[152] 1949년 초에 원양어업을 위해 국영 어업기업이 사스니쯔(Sassnitz)에 설립되었고 1949년 12월에 또 다른 국영 회사가 로스토크(Rostock)에 추가로 설립되었습니다. 동독 어선은 북대서양 깊숙한 곳까지 항해했습니다. 어선이 현대화되고 항해 장비가 개선되었으며 원양어업에 공장선박이 도입되어 트롤 어선이 더 오랫동안 어장에 머물 수 있도록 어획물을 처리했습니다. 물고기가 주식으로 여겨졌기 때문에 어업은 막대한 보조금을 받았습니다.

1970년대 200해리 수역의 도입은 동독 어업에 큰 타격을 주었습니다. 동독에는 자국 해안에 작은 보호구역만 있었습니다. 북대서양의 대규모 원양어업을 위해 유럽과 북미 보호 구역 사이의 공간이 좁아졌습니다. 어선은 북대서양으로 멀리 벗어났습니다. 그곳에서 사람들은 종종 영하의 온도에서 일했습니다. 남대서양, 인도양, 태평양에서 어업을 탐색했지만 거리가 너무 멀었습니다. 어획량은 전반적으로 급격히 감소했습니다.[153]

---

151   Tobias Huff, Natur und Industrie im Sozialismus. Eine Umweltgeschichte der DDR, Göttingen 2015.

152   Hans-Joachim Jennerich, Küstenfischerei und Kleine Hochseefischerei der DDR, in: Hans Otto Boysen (Hrsg.), 50 Jahre Fischerei in Deutschland 1948 – 1998, Nürnberg 1998, S. 117 – 122; Susanne Raillard, Die See- und Küstenfischerei Mecklenburgs und Vorpommerns 1918 bis 1960. Traditionelles Gewerbe unter ökonomischem und politischem Handlungsdruck, München 2012.

153   Heinz Adler, Vom Alex zum Eismeer. Erinnerungen an die Hochseefischerei der DDR, Hamburg 2000; Wulf-Heinrich Hahlbeck, Die Geschichte der ostdeutschen Hochseefischerei, in: Hans Otto Boysen (Hrsg.), 50 Jahre Fischerei in Deutschland 1948 – 1998, Nürnberg 1998, S. 161 – 170; Burghard Schmidt, Der Übergang zur industriellen Hochseefischerei in der Fischindustrie der DDR in den Jahren 1955 bis 1965, in: Jörg Roesler (Hrsg.), Industriezweige der DDR 1945 bis 1985. Jahrbuch für Wirtschaftsgeschichte, Sonderband, Berlin 1989, S. 235 – 256; Dietrich Strobel / WulfHeinrich Hahlbeck, Hiev up. So war die Hochseefischerei der DDR, 2. Aufl., Hamburg 1997.

3.4.3 2차 산업

구조정책은 국가경제의 가장 중요한 부문인 산업에 특히 중요했습니다. 1949-1950년 2개년 계획 이후, 산업구조를 위한 목표는 정기적으로 설정되었습니다. 따라서 개별 산업부문의 발전은 구조정책의 변화하는 우선순위에 따라 형성되었습니다.

초기 계획의 목표는 동독경제가 가능한 한 완전한 산업구조를 구축하는 것이었습니다. 무엇보다 제조업이 있었습니다. 철강과 석탄은 수입해야 했습니다. 수입에서 독립하기 위해 철강산업 건설이 계획되었습니다. 또한 국내 에너지원으로서의 갈탄광업 확대, 석탄광업 촉진 및 발전소 확장을 계획하여 전력 공급을 개선해야 했습니다. 다른 산업 부문은 경시되었습니다.

1950년대 후반부터 과학기술의 진보가 성장요인으로 강조되어 왔습니다. 동독경제는 "광범위한 확장 재생산"(extensiven erweiterten Reproduktion)에서 "집약적 확장 재생산"(intensiven erweiterten Reproduktion)으로 전환해야 했습니다.[154] 중점영역(Schwerpunktbereich)은 마이크로 전자산업, 자동화 및 원자력 이용이어야 했습니다. 또한 화학공업, 조선업, 농업기계공업이 촉진되었습니다.[155] 개혁시대인 1963-1970년에도 과학기술의 진보는 성장요인으로 여겨졌습니다.[156] 구조정책의 중점영역은 계속해서 마이크로 전자산업과 석유화학이었습니다.[157] 상당한 지출에도 불구하고 산업구조의 현대화는 기대에 미치지 못했습니다. 중점영역에 자원을 집중하다 보니 다른 산업 부문이 경시되었습니다. 따라서 원자재 및 중간제품 조달, 에너지 공급 및 운송에 어려움이 있었습니다.

---

154 Klaus Steinitz, Faktoren des ökonomischen Wachstums im Sozialismus, in: Harry Maier / Gerhard Schilling / Klaus Steinitz (Hrsg.), Zur Grundfragen der sozialistischen Wachstumstheorie, Berlin 1968, S. 36 – 66.

155 Baar / Winkler / Barthel / Falk / Rheder / Roesler / Woick, Die Gestaltung der Industriezweigstruktur, S. 7 – 46.

156 Boldorf, Planwirtschaft, S. 189 – 192.

157 Baar / Winkler / Barthel / Falk / Rheder / Roesler / Woick, Die Gestaltung der Industriezweigstruktur, S. 18 – 19.

1971년 정권교체 이후 새로운 구조정책이 발표되었습니다. 소비재 산업을 소홀히 해온 일부 중점영역에 대한 집중은 종식되어야 했습니다. 앞으로는 소비재 산업과 자본재 산업이 동등하게 육성되어야 했습니다. 당 지도부는 전반적인 생산 증가가 노동생산성 향상을 통해 가능해지기를 희망했습니다. 당 지도부가 생각했던 것보다 구조정책의 행동 영역이 적다는 것이 곧 명백해졌습니다. 소비와 투자의 균형 성장을 위한 자원이 충분하지 않았습니다. 따라서 산업의 구조정책은 계속해서 개별적 중점영역, 특히 마이크로 전자산업 및 에너지산업에 집중되었습니다.

1988년 국가계획위원회는 이전에 경시되었던 산업에 대한 투자를 늘릴 것을 제안했습니다. 기본수요품에 대한 보조금은 제한되어야 했으며, 마이크로 전자산업에 대한 투자는 축소되어야 했습니다. 그러나 둘 다 당 지도부에 의해 거부되었습니다. 소비수준의 감소는 정치적인 이유로 피해야 했으며, 마이크로 전자산업은 대표적인 정치적 프로젝트가 되었기 때문이었습니다.[158] 자본재 산업의 고용이 증가했는데, 여기에는 좁은 의미의 자본재 외에 자동차와 전기제품과 같은 기술 소비재도 포함되었습니다. 반면 소비재 산업의 고용은 감소했습니다.

자동차산업. 1948년부터 차량 제조업체는 국유자동차산업협회(Industrievereinigung Volkseigener Fahrzeugwerke/IFA)로 통합되었습니다. 소련에 의해 몰수된 아이제나흐(Eisenach)의 이전 BMW 공장과 술(Suhl)의 이전 Simson 공장은 특별한 지위의 사회주의 기업으로 "Awtowelo"에 의해 운영되었습니다. 승용차와 오토바이(1955년까지)는 아이제나흐(Eisenach)에서 제조되었고 오토바이는 술(Suhl)에서 생산되었습니다. 1952년 아이제나흐(Eisenach)와 술(Suhl)의 공장은 동독정부에 이관되었습니다. 이들은 "VEB IFA Automobilfabrik Eisenacher Motoren-Werke(EMW)" 및 "VEB Fahrzeug-

---

158 Hans-Hermann Hertle, Die Diskussion der ökonomischen Krisen in der Führungsspitze der SED, in: Theo Pirker / M. Rainer Lepsius / Rainer Weinert / Hans-Hermann Hertle (Hrsg.), Der Plan als Befehl und Funktion. Wirtschaftsführung in der DDR. Gespräche und Analysen, Opladen 1995, S. 338–341.

und Gerätewerk Simson Suhl"로 국유자동차산업협회(Industrievereinigung Volkseigener Fahrzeugwerke/IFA)에 통합되었습니다. 상표권에 대한 BMW와의 분쟁 후 1955년에 "VEB Automobilwerk Eisenach"로 이름이 변경되었습니다.

1950년대 초 자동차 산업의 설비는 대부분 전쟁 전 시대의 것이었습니다. 승용차는 당과 관청 및 몇몇 저명한 개인에게만 소량 공급되었습니다. 트럭 공급 역시, 산업영역과 건설산업 및 농업에서 시급히 필요했지만, 적었습니다. 1950년에는 승용차 7,000대, 트럭 1,000대, 오토바이 10,000대, 트랙터 5,000대가 생산되었습니다.[159]

1950년대 후반은 자동차 산업의 전환점이었습니다. 서독에서 시작된 자동차대중화(Massenmotorisierung)의 영향으로 동독의 많은 가정에서도 자동차를 소유할 수 있어야 한다는 결정이 내려졌습니다. 동독 자동차산업은 두 가지 새로운 모델을 개발했습니다. 아이제나흐(Eisenach) 자동차공장(VEB Automobilwerk Eisenach)은 1956년에 "바르트부르크 311"(Wartburg 311)을 출시했습니다. 3기통 2행정 엔진을 탑재한 바르트부르크(Wartburg)는 중형급 모델로 여겨졌으나 공간과 엔진이 서독 기준에 미치지 못했습니다. 동독 자동차대중화(Massenmotorisierung) 물결의 기본차량은 츠비카우(Zwickau)에서 생산된 소형차 "트라반트"(Trabant)였습니다. "트라반트"(Trabant)는 아우디(Audi)와 호르흐(Horch) 자동차 공장이 통합된 작센링 국영기업(VEB Sachsenring)이 1957년에 출시하였습니다. "트라반트"(Trabant)라는 이름은 1957년 지구 궤도에 인공위성인 "스푸트니크"(Sputnik)를 발사해 많은 주목을 받았던 소련의 우주여행 성공을 연상시켰습니다. "여행동반자"(Gefährte) 또는 "트라반트"(Trabant)는 "스푸트니크"(Sputnik)의 독일어 번역이었습니다. 새로운 소형차에는 출력이 18마력인 2기통 2행정 엔진이 장착되었습니다. 강판이 부족했기 때문에 "트라반트"(Trabant)는 "열경화성 플라스틱"(Duroplast)으로 몸체를 만들었습니다.

"바르트부르크"(Wartburg)와 "트라반트"(Trabant)는 약간만 변경하여 해마다 제작되었습니다. 새로운 자체 개발을 위한 자금이 충분하지 않았기 때문에 "바르트부르

---

159   Statistisches Jahrbuch 1955, S. 164.

크"(Wartburg)의 구식 2행정 엔진(Zweitaktmotor)을 펠릭스 방켈(Felix Wankel)이 개발한 로터리 피스톤 엔진(Kreiskolben-Motor)으로 교체하기 위해 1960년대 서독 "네카줄름 자동차"(NSU AG)와 라이선스 계약이 체결되었습니다. 그러나 시도는 실패했고 포기되었습니다.

1950년대 후반에는 승용차 생산의 방향 전환과 병행하여 상용차와 오토바이 생산도 재편되었습니다. 츠비카우(Zwickau)의 트럭생산은, "트라반트"(Trabant)를 위한 새로운 작센링 국영기업(VEB Sachsenring)에서 호르흐(Horch) 자동차 공장의 생산 시설이 필요했기 때문에, 1958년 베르다우(Werdau)에 있는 "에른스트 그루버" 자동차국영기업(VEB Fahrzeugwerk "Ernst Gruber")으로 이전되었습니다. 1965년 루트비히스펠데(Ludwigsfelde)에 새로운 자동차 공장이 건설되었습니다. 루트비히스펠데 국영자동차기업(VEB Automobilwerk Ludwigsfelde)은 베르다우(Werdau)로부터 트럭 생산을 인수했습니다. 지타우(Zittau)의 페노멘공장(Phänomen-Werke)은 1957년에 국영 로부르공장(VEB Robur-Werke)으로 이름이 변경되었습니다. "Robur"라는 용어는 라틴어에서 유래했으며 "힘"을 의미했습니다. 중형화물차와 소형버스는 새로운 이름으로 제조되었습니다. 다른 자동차기업도 새로운 이름을 얻었습니다. 프라모공장(Framo-Werke)은 1957년에 바르카스 국영자동차공장(VEB Barkas-Werke)이 되었고 1년 후 카를 마르크스 시 바르카스 국영자동차공장(VEB Barkas-Werke Karl-Marx-Stadt)으로 이름이 변경되었습니다. 이 이름 또한 역사 속으로 깊숙이 들어갑니다. "Barkas"는 페니키아어로 "번개"(Blitz)를 의미했는데, 다용도 상용차를 위한 모델명으로 사용되었습니다. 베르다우(Werdau)에서의 버스 생산은 1959년에 중단되었습니다. 그 이후로 버스는 헝가리의 국영 기업인 이카로스(Ikarus)에서 구입했습니다. DKW의 이전 오토바이 공장은 1956년 VEB Motorradwerk Zschopau(MZ)로 전환되어 새로운 모델프로그램을 출시하였습니다. 루트비히스펠데 자동차공장(Industriewerk Ludwigsfelde)은 1956년에 모터 스쿠터를 출시했습니다. 그러나 트럭 생산이 필요했기 때문에 1965년에 모터 스쿠터 생산이 중단되었습니다. 술(Suhl)의 Simson 공장에서는 1961

년에 대형 오토바이 생산이 중단되었습니다. 그 이후로 작은 오토바이와 "Schwalbe" 같은 인기 있는 스쿠터가 제조되었습니다.

1970년대에는 자동차산업 분야에 4개의 국영기업그룹(Kombinat)이 설립되었습니다: 루트비히스펠데(Ludwigsfelde)의 상용차를 위한 VEB IFA Kombinat, 카를 마르크스 슈타트(Karl-Marx-Stadt)의 승용차를 위한 VEB IFA Kombinat, 술(Suhl)의 이륜차를 위한 VEB IFA Kombinat, 베르다우(Werdau)의 특수차와 트레일러를 위한 VEB IFA Kombinat 국영기업그룹(Kombinat)으로의 분할은 생산 및 개발 작업의 조정을 어렵게 만들었습니다. 많은 공급업체가 기화기, 브레이크 시스템, 조향 시스템, 휠과 같은 개별 부품들을 승용차뿐만 아니라 상용차에도 공급해야 했기 때문입니다.

승용차 생산에서 체코슬로바키아 기업인 스코다(Skoda)와의 협력에 관한 협상은 1974년부터 시작되었습니다. 서독의 콤팩트급에 해당하는 신차를 함께 설계해야 했습니다. 새 모델에는 강판차체와 4행정 엔진이 계획되었습니다. 차대와 차체는 아이제나흐(Eisenach)와 츠비카우(Zwickau)에서 제조되고 엔진은 스코다(Skoda)가 제조해야 했습니다. 제조시설은, 동독과 체코슬로바키아의 기계산업이 현대식 설비를 공급할 수 없었기 때문에, 해외 자본주의 국가에서 들여와야 했습니다. 그러나 프로젝트는 오랜 협상 끝에, 모델개발에 대한 상호기여에 관해 합의할 수 없었기 때문에 1979년 취소되었습니다. 또한 현대식 생산설비를 수입하기 위해서는 전환가능한 외환이 절대적으로 필요했습니다.[160]

이 계획은 2개의 승용차 모델과 3개의 트럭 모델로 동독 자동차산업을 위한 제한된 생산 프로그램만을 구상했습니다. 기본 모델은 적절한 변경을 통해 개인 운송, 화물 운송, 구급차, 소방대 또는 군대의 요구에 맞게 조정되었습니다. 중앙에서 계획된 생산 프로그램은 자원의 집중을 가능하게 해야 했습니다. 생산량이 크게 증가해 1989년에는 승용차

160   Reinhold Bauer, Die siebziger Jahre als „Sattelzeit" im ostdeutschen Automobilbau, in: Stephanie Tilly / Dieter Ziegler (Hrsg.), Automobilwirtschaft nach 1945: Vom Verkäufer– zum Käufermarkt? In: Jahrbuch für Wirtschaftsgeschichte 2010/1, S. 161 – 172.

217,000대, 트럭 39,000대, 오토바이 263,000대, 트랙터 2,000대가 생산되었습니다.[161] 그러나 생산은 수요를 충족시키지 못했습니다. 생산시설 현대화를 위한 투자 자금이 부족했습니다. 그 결과 생산성은 예상보다 천천히 증가했습니다. 개인 고객은 차량이 배정될 때까지 수년을 기다려야 했습니다. 산업, 상업, 농업에서 시급히 필요한 운송 수단이 모자랐습니다. 품질면에서도 동독 자동차산업은 서독, 일본 등 자본주의 국가의 표준에 뒤처졌습니다. 1984년부터 동독정부는 폭스바겐(Volkswagen AG)과 엔진의 라이선스에 관한 협상을 해왔습니다. 1988년 10월에는 4행정 엔진을 장착한 "바르크부루크"(Wartburg)가 출시되었고, 얼마 지나지 않아 4행정 엔진을 장착한 "트라반트"(Trabant)가 출시되었습니다. 1989년 7월 시장경제로 전환된 후 "바르크부루크"(Wartburg)와 "트라반트"(Trabant)는 새 엔진에도 불구하고 더 이상 판매할 수 없었고 생산이 중단되었습니다. 상업용 차량인 Ludwigsfelde의 IFA W 50 및 L 60, Karl-Marx-Stadt의 "Barkas" 및 Zittau의 "Robur"는 시장경제 개방 이후 더 이상 경쟁력이 없었습니다. 1991년에 상용차 생산이 중단되었습니다.[162]

건설산업. 건설업의 고용은 1950년 464,000명에서 1989년 668,000명으로 증가했습니다.[163] 1950년대 초에 건설 산업에는 여전히 수많은 민간 기업이 있었습니다. 그러나 국유기업과 수공업생산협동조합(Produktionsgenossenschaften des Handwerks)에 의해 크게 밀려났습니다. 1956-1960년 제2차 5개년 계획 동안 건설의 산업화가 도입되었습니다. "더 좋고, 더 저렴하고, 더 빠르게 건설"이 새로운 표어가 되었습니다. 산업적 건설은 무엇보다 주택 건설을 변화시켰습니다. 도심과 새로운 정착지 모두에서 조립식 부품으로 대형

161   Statistisches Jahrbuch 1990, S. 176.

162   Reinhold Bauer, PKW-Bau in der DDR. Zur Innovationsschwäche von Zentralverwaltungswirtschaften, Frankfurt 1999; Peter Kirchberg, Plaste, Blech und Planwirtschaft. Die Geschichte des Automobilbaus in der DDR, 3. Aufl. Berlin 2005; Wolfgang Schröder, AWO, MZ, Trabant und Wartburg. Die Motorrad- und PKW-Produktion der DDR, Bremen 1995.

163   Statistisches Jahrbuch 1990, S. 192.

주택블록이 지어졌습니다. 이후 건설업은 산업적 공법을 이용한 신축 건물에 주력했습니다. 건물의 포괄적인 유지와 개조를 위한 능력이 충분하지 않았습니다. 산업 건물, 도심 및 교통로는 황폐화되었습니다.[164]

광업. 갈탄은 동독 경제의 에너지 공급과 화학 산업의 원료로서 중요했습니다. 1955년 Niederlausitz의 Hoyerswerda 근처에 갈탄기업그룹(Braunkohlenkombinat) "Schwarze Pumpe"를 건설하기로 결정했습니다. 갈탄기업그룹(Braunkohlenkombinat)은 연탄과 전기를 생산하기 위해 갈탄을 사용했습니다. 이 단지에는 광범위한 노천광산, 코크스 공장, 연탄공장 및 발전소가 포함되어 있습니다. 1957년에는 에너지생산을 향상시키기 위해 석탄 및 에너지 프로그램이 시작되었습니다. 오래된 노천 광산의 확장 외에도 새로운 갈탄 광산 개발이 계획되었습니다. 갈탄 채광의 중점은 할레(Halle)와 라이프치히(Leipzig) 주변의 중부독일 채광지역에서 더 동쪽으로 콧부스(Cottbus) 주변의 니더라우지쯔(Niederlausitz) 채광지역으로 이동했습니다.

석탄은 소량만 채굴되었습니다. 불량한 매장상태로 채굴에 비용이 많이 들었습니다. 1947년 10월 13일 광부 아돌프 헤네케(Adolf Hennecke)는 생산성 향상에 극히 부적합한 산업에서 기억에 남을 작업성과를 이루어 내었습니다. 석탄 채굴은 오직 에너지 부족이 동독 경제의 걸림돌이었기 때문에 가치가 있었습니다. 새로운 석탄 매장지를 찾는 데 실패했습니다. 1967년 석탄 채굴을 단계적으로 중단하기로 결정했습니다. 그러나 1978년에 마지막 갱도가 폐쇄되기까지는 여전히 시간이 좀 걸렸습니다.[165]

1945년 9월부터 소련 전문가들은 작센(Sachsen)과 튀링겐(Thüringen)의 우라늄 광산을

164   Hannsjörg F. Buck, Mit hohem Anspruch gescheitert – Die Wohnungspolitik der DDR, Münster 2004; Johann Palutzki, Architektur in der DDR, Berlin 2000

165   Rainer Karlsch, Energie- und Rohstoffpolitik, in: Dierk Hoffmann (Hrsg.), Die zentrale Wirtschaftsverwaltung in der SBZ/DDR. Akteure, Strukturen, Verwaltungspraxis. Wirtschaftspolitik in Deutschland, Bd. 3, München 2016, S. 249-362; André Steiner, Bergbau in der DDR – Strukturen und Prozesse, in: Dieter Ziegler (Hrsg.), Geschichte des deutschen Bergbaus, Bd. 4, Münster 2013, S. 303-354.

조사해 왔습니다. 1947년에 비스무트(Wismut AG)기업이 설립되었으며 소련이 소유하고 소련 정부가 관리했습니다. 광석 "비스무트"(Wismut)는 기밀 유지를 위해 우라늄 광석의 위장명으로 선택되었습니다. 생산은 소련에만 독점적으로 공급되었습니다. 우라늄 광석 채광은 소련의 핵무기 프로그램에 매우 중요하기 때문에 특히 촉진되었습니다. 1953년 비스무트(Wismut AG)기업에는 133,000명의 근로자가 있었습니다. 생산비용은 전쟁배상으로 소련 점령지역에서 부담했으며 1949년 이후에는 독일민주공화국에서 부담했습니다. 우라늄 광석 채굴의 군사적 중요성으로 인해 광부와 그 가족을 위한 정착지가 있는 탄광은 비교적 폐쇄된 지역을 형성했습니다. 비스무트(Wismut AG)기업의 광부들은 높은 임금과 보너스를 받았습니다. 그러나 노동부담은 매우 컸습니다. 산업재해가 잦았고, 광석을 채굴할 때 유해한 방사선이 유출되었습니다.

전쟁배상이 끝난 후 기업은 1954년 소련과 동독이 동등하게 소유한 소련과 독일 비스무트(Sowjetisch Deutsche Aktiengesellschaft Wismut) 주식회사로 전환되었습니다. 그 이후로 우라늄 공급은 양자 대외무역의 틀 내에서 결산되었습니다. 지원은 1970년대 이후 급격히 떨어졌습니다. 1987년 우라늄 광석 채광을 단계적으로 중단하기로 결정했습니다. 1989년 비스무트(Wismut)에는 여전히 42,000명의 근로자가 있었습니다. 시장경제 개방 후 우라늄 광석 채굴은 높은 비용으로 더 이상 수익성이 없어 1990년에 중단되었습니다.[166]

화학산업. 화학산업에서 고용은 1950년과 1989년 사이에 196,000명에서 332,000명으로 증가했습니다.[167] 1950년대 초, 화학산업은 중공업에 밀려나야 했습니다. 제품과 공정은 낙후되었습니다. 1956년 로이나기업(Leuna-Werke) 대표는 서독 화학산업과의 기술

---

166   Rainer Karlsch, Sonderzone und Leistungsregime. Uranerzbergbau durch die SDAG Wismut – ein Betrieb als „Staat im Staat", in: Paul Kaiser (Hrsg.), Arbeit! Ostdeutsche Arbeitswelt im Wandel 1945 – 2015, Dresden 2015, S. 102 – 111; Rainer Karlsch, Uran für Moskau. Die Wismut – Eine populäre Gechichte, Berlin 2007.

167   Statistisches Jahrbuch 1955, S. 126 – 131; Statistisches Jahrbuch 1990, S. 157 – 158.

격차를 15년으로 추정했습니다.[168]

1958년 화학산업을 현대화하기 위한 "화학 프로그램"(Chemieprogramm)이 결정된 후 상황이 바뀌었습니다. 슬로건은 "화학은 빵, 번영, 아름다움을 제공합니다!"였습니다.[169] 소련으로부터의 석유 수입을 기반으로 새로운 석유화학 산업이 건설되었습니다. 1958년 부터 슈베트 온 더 오데르(Schwedt an der Oder)에 현대식 정유공장이 건설되었습니다. 수천 킬로미터의 파이프라인이 1963년부터 소련의 석유를 오데르로 가져왔습니다. 1964년 슈베트(Schwedt)에 있는 원유처리 국유공장(VEB Erdölverarbeitungswerk)이 생산을 시작했습니다. 생산 프로그램에는 연료, 난방유, 비료 및 폴리에스터 원료가 포함되었습니다.[170] 석유화학산업은 다른 지역에서도 확장되었습니다. 석탄화학산업의 중요성이 감소했습니다. 여러 수소화 공장이 석탄에서 석유로 전환되었습니다. 또 다른 석유화학 센터는 쉬베드(Schwedt) 옆 로이나(Leuna)에 건설되었습니다.[171] 합성제품(Kunststoffprodukt)을 위해 "플라스틱"(Plaste)과 "엘라스틱"(Elaste)이라는 새로운 신조어가 만들어졌습니다.[172]

석유화학 호황은 1980년대 소련이 세계 자본주의 시장에서 태환성 화폐로 더 많은 석유를 팔기 위해 석유 수출 가격을 인상하고 공급량을 줄였을 때 중단되었습니다. 당과 정부는 에너지 공급을 최대한 다시 갈탄으로 전환하기로 결정하였습니다. 원유는 주로 석유화학제품 원료로 사용하거나 휘발유로 가공해 자본주의 국가에 수출해야 했습니다. 수

---

168 Friederike Sattler, Unternehmensstrategien und Politik. Zur Entwicklung der mitteldeutschen Chemieindustrie im 20. Jahrhundert, in: Hermann-Josef Rupieper / Friederike Sattler / Georg Wagner-Kyora (Hrsg.), Die mitteldeutsche Chemieindustrie und ihre Arbeiter im 20. Jahrhundert, Halle 2005, S. 149-150.

169 Gerd Bukowski / Heinz Limmer, Vom Vorzeigebetrieb zur Spitzenraffinerie. Die Geschichte der Erdölraffinerie in Schwedt/Oder, Wettin-Löbejün 2011, S. 16.

170 Bukowski / Limmer, Vom Vorzeigebetrieb zur Spitzenraffinerie, S. 11-199.

171 Rainer Karlsch, Chemieprogramm mit Systemrelevanz, in: Paul Kaiser (Hrsg.), Arbeit! Ostdeutsche Arbeitswelt im Wandel 1945-2015, Dresden 2015, S. 112-117

172 Karlsch, Energie- und Rohstoffpolitik, S. 249-362; S. 313-319; Sattler, Unternehmensstrategien und Politik, S. 150-154.

출을 위한 가공은 원자재 가격 상승으로 인해 수익성이 떨어졌습니다. 그럼에도 불구하고 불리한 조건 속에서도 전환 가능한 외화를 벌기 위해 수출은 계속되었습니다.[173]

전기산업. 전기산업에서 특히 강력한 확장이 있었습니다. 1950년부터 1989년까지 고용은 144,000명에서 459,000명으로 증가했습니다.[174] 전기산업은 자본재와 소비재로 생산 범위가 넓었습니다. 여기에는 전기를 생산하는 발전소, 전기 기계, 기관차, 케이블, 통신 기술, 라디오, 텔레비전, 조명 기구 및 가전 제품이 포함됐습니다. 전기산업은 우선 중점영역으로 간주되지 않았지만 크게 확장되었습니다. 전기기술적 장비는 산업과 운송에 없어서는 안 될 필수 요소였으며 주민들은 가정용 전기제품의 더 나은 공급을 기대했습니다. 빠르게 중요성을 얻은 새로운 분야는 데이터 처리, 자동화, 그리고 무엇보다도 마이크로 전자산업이었습니다. 1970년대에는 전기산업에서 15개의 국영기업그룹(Kombinat)이 설립되었습니다. 많은 기업이 전기산업 부문의 광범위한 생산 프로그램을 보여주었습니다.[175]

전기산업의 고용과 생산이 증가했지만 전자 산업이 제공하는 자본재와 소비재에도 공급 격차가 있었습니다. 철도 현대화를 위한 전기기관차와 전기 설비가 누락되었습니다. 철도의 전기화는 1960년대까지 전쟁 전 수준에 도달하지 못했습니다. 증기기관차는 1980년대 후반까지 운행되었습니다.[176] 주민들은 세탁기나 컬러텔레비전 같은 기술 소비

173 Sattler, Unternehmensstrategien und Politik, S. 149 – 175; Harm G. Schröter, Ölkrisen und Reaktionen in der chemischen Industrie beider deutscher Staaten. Ein Beitrag zur Erklärung wirtschaftlicher Leistungsdifferenzen, in: Johannes Bähr / Dietmar Petzina (Hrsg.), Innovationsverhalten und Entscheidungsstrukturen. Vergleichende Studien zur wirtschaftlichen Entwicklung im geteilten Deutschland 1945 – 1990, Berlin 1996, S. 109 – 138.

174 Statistisches Jahrbuch 1955, S. 126 – 131; Statistisches Jahrbuch 1990, S. 157 – 158.

175 Wolfgang Stinglwagner, Die zentralgeleiteten Kombinate in der Industrie der DDR. Überblick und detailliertes Branchenprofil des Industriezweigs Elektrotechnik / Elektronik, Bonn 1989

176 Christopher Kopper, Die Deutsche Reichsbahn 1949 – 1989, in: Lothar Gall / Manfred Pohl, Hg., Die Eisenbahn in Deutschland. Von den Anfängen bis zur Gegenwart, München 1999, S. 308 – 309.

재의 양적, 질적 공급이 부족하다고 불평했습니다.[177]

1960년대 중반부터 전기산업의 일부인 마이크로 전자산업은 "과학기술혁명"에 대한 중요한 공헌으로 촉진되었습니다. 생산공정을 제어하기 위해 마이크로 전자공학을 적용함으로써 자동화의 발전과 생산성의 상당한 증가가 예상됐습니다.[178] 경제의 다른 부문을 희생시키면서 마이크로 전자공학의 연구 개발에 많은 금액이 투자되었습니다. 그러나 기대했던 생산성 증가가 실현되지 않자 당내의 울브리히트(Ulbricht) 당내 반대자들은 마이크로전자 프로그램이 많은 노력을 기울여도 거의 이익을 얻지 못할 비경제적 투자라고 비판했습니다.

1971년 이후 마이크로 전자산업에 대한 투자가 축소되었습니다. 우선순위는 소비재 생산과 주택 건설이어야 했습니다. 그러나 동독 경제가 자본주의 세계의 기술수준과의 접촉을 잃을 위험이 있었습니다. 따라서 1977년에 마이크로 전자산업의 발전을 가속화하기로 결정했습니다. 좁은 의미에서 마이크로 전자 프로그램은 가장 작은 실리콘 표면에 적용되는 집적회로를 개발하는 기본연구를 의미했습니다. 이러한 방식으로 생성된 칩은 제어 기술, 데이터 처리 및 통신 기술의 수많은 응용 프로그램을 위한 구성 요소였습니다. 넓은 의미에서 이러한 응용 프로그램은 마이크로 전자 프로그램에도 속했습니다.[179]

기술적 격차를 따라잡기 위해 상당한 노력을 기울였습니다. 많은 국영기업그룹(Kombinat)이 관련 기업과 함께 마이크로 전자에 대한 연구와 개발에 참여했습니다. 그들은 일본, 미국, 서독 제품을 복제하기 시작했습니다. 1949년 이후 시행된 금수조치로 인해 자본주의 국가에서 현대 기술을 법적으로 이전하는 것이 금지되었습니다. 그러나 동독 정부는 금수 조치를 우회하면서 개별 제품 및 설계도면을 확보할 수 있었습니다. 그러

177   Annette Kaminsky, Wohlstand, Schönheit, Glück. Kleine Konsumgeschichte der DDR, München 2001.

178   Politische Ökonomie des Sozialismus, S. 287 – 288.

179   Walter Conrad, Chips, Sensoren, Computer, Leipzig 1986.

나 수입 가능성은 제한적이어서 동독 산업은 주로 자체 개발에 의존했습니다.

많은 노력을 통해 마이크로 전자산업은 컴퓨터, 공작 기계, 시계, 해양 전자 제품, 라디오, 텔레비전 수신기, 농업 기계 및 군사 목적을 위한 많은 응용분야의 구성요소를 개발하고 생산하는 데 성공했습니다. 그러나 급속도로 발전한 자본주의 국가의 기술과의 연계는 이루어지지 않았습니다. 그러나 마이크로 전자산업은 노동 생산성과 기술 소비재의 품질을 높이는 데 기여했습니다.[180]

에너지 산업. 경제의 중심적 중요성에도 불구하고 에너지 산업은 성장이 미약했습니다. 1950년부터 1989년까지 고용은 219,000명에서 228,000명으로 증가했습니다.[181] 기업과 가정의 가장 중요한 에너지원은 갈탄이었습니다. 석탄은 거의 의미가 없었습니다. 따라서 경제성장은 지속적으로 확장되는 갈탄 지역의 대규모 노천 광산에 의존했습니다. 1950년대 초 갈탄 채굴이 경시되면서 가장 큰 문제는 전력 공급이었습니다. 1953년까지 가정에서 반복되는 정전이 있었고, 1953년 말부터 산업 부문도 개별적으로 정전의 영향을 받았습니다. 가정뿐만 아니라 많은 기업이 정전의 영향을 받은 후 에너지 공급을 개선해야 했습니다. 1955년에 설립된 호이어스베르다(Hoyerswerda) 근처의 갈탄 국영기업그룹(Braunkohlenkombinat) "블랙 펌프"(Schwarze Pumpe)도 이에 기여해야 했습니다.[182]

소련산 원유는 1960년대 이후 에너지원으로서 중요성이 커졌습니다. 서독에서는 "유가충격"(Ölpreisschock)으로 인식된 1973년 OPEC의 유가인상 이후 소련은 동독 경제를 지원했습니다. 소련은 배달량을 늘리겠다고 약속했고 유가를 약간만 올렸습니다. 소련 석유의 저렴한 수입가격과 세계 자본주의시장의 연료가격 간 차이는 휘발유 수출에 유리

---

180 Gerhard Barkleit, Mikroelektronik in der DDR. SED, Staatsapparat und Staatssicherheit im Wettstreit der Systeme, Dresden 2000; Inge Gerdes / Jörg Marschner / Ulrich Prüger / Jürgen Schnell, Silicon Saxony, Dresden 2006; Peter Salomon, Die Geschichte der Mikroelektronik – Halbleiterindustrie der DDR, Dessau 2003.

181 Statistisches Jahrbuch 1955, S. 126 – 131; Statistisches Jahrbuch 1990, S. 157 – 158.

182 Steiner, Bergbau in der DDR.

했습니다. 생산량 증가는 가능하면 추가 노동력 없이 이뤄져야 했습니다. 1978년 슈베드(Schwedt) 석유화학 기업에서 "적은 인원으로 많이 생산!"(Weniger produzieren mehr)이라는 목표가 선포되었습니다.[183]

원자력은 에너지 산업에서 미래의 기술로 여겨졌습니다. 1955년 8월 원자력의 평화적 이용에 관한 국제회의 이후 동독은 소련의 지원을 받아 원자력의 경제적 이용에 대한 연구를 시작했습니다. 소련과 함께 1956년부터 슈테클린(Stechlin) 호수 근처의 라인스베르크(Rheinsberg)에 원자력발전소가 계획되었습니다. 1966년에 원자력발전소가 가동되었습니다. 원자력 발전설비는 소련이 공급했습니다. 동독 산업은 배관, 증기 발생기 및 발전기에만 기여했습니다.

1973년 그라이프스발트(Greifswald) 근처에 또 다른 원자력발전소가 가동되었습니다. 세 번째 원자력발전소는 스텐달(Stendahl)에서 1973년부터 계획되었습니다. 건설은 1974년에 시작되었습니다. 1986년 체르노빌(Tschernobyl) 원자로 재앙이 발생했을 때 동독도 영향을 받았습니다. 건초, 우유 및 야채가 오염되었습니다. 원자력의 위험에 대한 공개 토론은 허용되지 않았습니다. 그러나 미래 기술로서의 원자력에 대한 초기의 흥분은 신중함으로 바뀌었습니다. 스텐달(Stendahl)의 원자력발전소는 완공되지 않았습니다.[184]

항공기건설. 1952년부터 계획되었던 항공기 건설은 유명했던 프로젝트였습니다. 상업용 항공기의 개발 및 생산은 독일민주공화국의 첨단기술적 능력을 입증하기 위한 것이었습니다. 처음에는 소련에서 개발된 중거리 프로펠러 구동 항공기의 몇 가지 견본이 라이선스 하에 제작되었습니다. 1958년에 새로운 중거리 제트기의 첫 비행이 시작되었

---

183   Bukowski / Limmer, Vom Vorzeigebetrieb zur Spitzenraffinerie, S. 136 – 139.

184   Johannes Abele / Eckhard Hampe, Kernenergiepolitik in der DDR, in: Peter Liewers / Johannes Abele/ Gerhard Barkleit (Hrsg.), Zur Geschichte der Kernenergie in der DDR, Frankfurt 2000, S. 29 – 89; Wolfgang Müller, Geschichte der Kernenergie in der DDR. Kernforschung und Kerntechnik im Schatten des Sozialismus, Stuttgart 2001; Mike Reichert, Kernenergiewirtschaft in der DDR. Entwicklungsbedingungen, konzeptioneller Anspruch und Realisierungsgrad 1955 – 1990, St. Katharinen 1999.

습니다. 그들은 1955년에 설립되어 나중에 인터플루그(Interflug)가 된 독일 루프트한자 (Deutsche Lufthansa)가 그들의 항공기 사용을 원했고 소련과 상호경제원조위원회(Rats für Gegenseitige Wirtschaftshilfe) 참여국 및 라틴 아메리카에 항공기를 수출하기를 희망했습니다. 그러나 여객기는 시리즈 생산에 이르지 못했습니다. 프로토타입은 1959년 두 번째 시험 비행 중에 추락했습니다. 그 후 1961년에 항공기 생산이 중단되었습니다.[185]

소비재 산업. 소비재 산업은 구조정책에서 뒤로 미루어졌습니다. 당과 정부는 재건 이후 약간의 수리와 개량만 하면 기존 역량으로 충분할 것으로 생각하였습니다.[186] 경공업에 대한 경시에 관해서는 논란이 있었습니다. 1951-1955년 1차 5개년 계획에 대한 프로그램 문서는 경공업은 투자에서 뒤처져야 하지만 그럼에도 불구하고 생산량을 크게 증가시켜야 한다는 요구를 "처음에는 기업의 책임 있는 관리자에게 관철시키기는 어려웠습니다."라고 기록하고 있었습니다.[187] 투자는 생산 시설을 유지하기에 충분하지 않았습니다. 많은 기업에서 건물의 상태는 좋지 않았고 기계와 에너지 시설은 노화되었습니다.[188]

식품 산업이 확장되었습니다. 1950년부터 1989년까지 고용은 170,000명에서 275,000명으로 증가했습니다. 그러나 섬유산업과 의류산업은 구조정책의 그늘에 머물렀습니다. 1950년에서 1989년 사이에 섬유 산업의 고용은 325,000명에서 214,000명으로, 의류 산업의 고용은 138,000명에서 103,000명으로 감소했습니다.[189]

---

185 Gerhard Barkleit / Heinz Hartlopp, Zur Geschichte der Luftfahrtindustrie in der DDR, 2. Aufl., Dresden 1995; Hans-Liudger Dienel, „Das wahre Wirtschaftswunder". Flugzeugproduktion, Fluggesellschaften und innerdeutscher Flugverkehr im West-Ost-Vergleich 1955 – 1980, in: Johannes Bähr / Dietmar Petzina (Hrsg.), Innovationsverhalten und Entscheidungsstrukturen. Vergleichende Studien zur wirtschaftlichen Entwicklung im geteilten Deutschland 1945 – 1990, Berlin 1996, S. 342 – 371.

186 Christian Heimann, Systembedingte Ursachen des Niedergangs der DDR-Wirtschaft am Beispiel der Textil- und Bekleidungsindustrie 1945 – 1990, Frankfurt 1997.

187 Die Leichtindustrie. Schriftenreihe „Der Fünfjahrplan", Heft 8, Berlin 1951, S. 36.

188 Baar / Winkler / Barthel / Falk / Rheder / Roesler / Woick, Die Gestaltung der Industriezweigstruktur, S. 23.

189 Statistisches Jahrbuch 1955, S. 126 – 131; Statistisches Jahrbuch 1990, S. 157 – 158.

소득이 증가함에 따라 의류 산업에서 주민들의 요구는 기본공급에서 세련된 차별화, 더 높은 품질 및 더 나은 솜씨로 바뀌었습니다. 많은 기업이 계획의 수량을 충족했지만 판매할 수 없는 "초과계획재고"(Überplanbestände)를 생산했습니다.[190]

소비재 산업의 생산이 약속된 공급에 미치지 못했기 때문에 대규모 자본재 국영기업그룹(Investitionsgüterkombinate)은 소비재도 생산해야 했습니다. 1970년대부터 슈베드(Schwedt) 석유화학 국영기업그룹(Petrochemische Kombinat)은 연료, 난방유 및 석유화학 제품뿐만 아니라 플라스틱 가구, 가정용 관리 제품, 구두약 및 자동차 광택제를 생산해 왔습니다.[191]

기계산업. 기계산업은 동독 경제에서 가장 중요한 산업 분야에 속했습니다. 1950년부터 1989년까지 고용은 535,000명에서 835,000명으로 증가했습니다.[192] 1950년대에 기계산업은 철강 산업, 광업 및 발전소를 위한 중공업에 중점을 두었습니다. 그러나 공작기계도 동독 경제에 중요했고 수출도 됐습니다. 예를 들어 라데베르크(Radeberg)에 있었던 플라네타 국영기업(VEB Planeta)의 오프셋 인쇄 기계는 높은 품질 기준을 가지고 있었고 서독과 기타 자본주의 국가뿐만 아니라 상호경제원조위원회 참여국에도 수출되었습니다.[193]

1970년대부터 수치 제어 공작기계(Numerical Control Maschinen) 생산이 중요해졌습니다. NC 공작기계는 주로 소련으로 수출되었습니다.[194] 1980년대에 서독과 다른 자본주

190 Michael Breitenacher / Ulrich Adler / Sylvia Brander / Dirk Haase, Die Textil- und Bekleidungsindustrie der neuen Bundesländer im Umbruch, München 1991; Heimann, Ursachen des Niedergangs.

191 Bukowski / Limmer, Vom Vorzeigebetrieb zur Spitzenraffinerie, S. 107 – 113, 153 – 155.

192 Statistisches Jahrbuch 1955, S. 126 – 131; Statistisches Jahrbuch 1990, S. 157 – 158.

193 Susanne Franke / Rainer Klump, Offsetdruck als Herausforderung für innovatives Handeln: Die Innovationsaktivitäten der Druckmaschinenhersteller Koenig & Bauer AG (Würzburg) und VEB Planeta (Radebeul) in den sechziger Jahren, in: Johannes Bähr / Dietmar Petzina (Hrsg.), Innovationsverhalten und Entscheidungsstrukturen. Vergleichende Studien zur wirtschaftlichen Entwicklung im geteilten Deutschland 1945 – 1990, Berlin 1996, S. 215 – 249.

194 Ralf Ahrens, Eine alte Industrie vor neuen Herausforderungen. Aufbrüche und Niedergänge im ost- und

의 국가에서 새로운 컴퓨터제어 공작기계(Computer Numerical Control Maschinen)가 개발되었으며 중앙 컴퓨터에 의해 생산이 제어되었습니다. 동독에서 생산된 공작기계는 더 이상 기술표준에 상응하지 않았습니다. 동독기계는 자본주의 세계시장에 수출하기 위해 서독과 다른 자본주의 국가에서 수입한 제어 요소를 장착하고 있었습니다.[195]

광학과 정밀기계산업. 잘 알려진 회사 칼 자이스 예나(Carl Zeiss Jena)는 독일 분단의 결과로 분리되었습니다. 원래 회사는 칼 자이스 예나 국영기업(VEB Carl Zeiss Jena)이 되었습니다. 다른 광학 및 정밀기계기업과 함께 국영광학기업협회(Vereinigung Volkseigener Betriebe Optik)에 속했습니다. 서독에서는 미국 점령군의 지원을 받아 오베르코켐(Oberkochem)에 칼 자이스(Carl Zeiss) 기업이 설립되었습니다. 1970년대에 자이스의 두 후계 회사는 상표권에 합의했습니다. 칼 자이스 국영기업(VEB Carl Zeiss)은 고품질 쌍안경, 현미경 및 기타 광학 장치를 생산했습니다. 생산량의 대부분은 주로 소련과 기타 상호경제원조위원회 국가로 수출되었지만 자본주의 국가로도 수출되었습니다. 그러나 1970년대 이후 제품의 명성은 퇴색되었습니다. 고객들은 품질결함, 신뢰할 수 없는 배송 시간, 열악한 고객서비스 및 예비부품 부족에 대해 불평했습니다. 자본주의 세계시장에서 칼 자이스 국영기업(VEB Carl Zeiss)은 더 이상 경쟁사의 기술과학적 우수성을 따라갈 수 없었습니다. 따라서 수출이 감소했습니다.[196]

---

westdeutschen Maschinenbau seit den 1960er Jahren, in: Werner Plumpe / Andrè Steiner (Hrsg.), Der Mythos von der postindustriellen Welt. Wirtschaftlicher Strukturwandel in Deutschland 1960 – 1990, Göttingen 2016, S. 55 – 119:.

195 Barbara Ostendorf, Produktionsstrukturen des ostdeutschen Maschinenbaus in der Transformation. Eine empirische Analyse, Opladen 1998; Dieter Specht / Renè Hank, Der Beitrag des Werkzeugmaschinenbaus zur flexiblen Fertigungsautomatisierung in Deutschland, in: Johannes Bähr / Dietmar Petzina (Hrsg.), Innovationsverhalten und Entscheidungsstrukturen. Vergleichende Studien zur wirtschaftlichen Entwicklung im geteilten Deutschland 1945 – 1990, Berlin 1996, S. 251 – 280.

196 Wolfgang Mühlfriedel / Edith Hellmath, Carl Zeiss Jena 1945 – 1990, Köln 2004; Wolfgang Wimmer, Die Fundamente eines Leuchtturms. Kurzer Abriss zur Geschichte von Carl Zeiss in Jena, in: Paul Kaiser (Hrsg.), Arbeit! Ostdeutsche Arbeitswelt im Wandel 1945 – 2015, Dresden 2015, S. 92 – 97.

마이크로 전자프로그램에 참여하는 것은 기존 전통기업의 새로운 과제가 되었습니다. 1986년 드레스덴(Dresden)에 있는 마이크로 전자공학 연구 센터는 칼 자이스 국영기업 그룹(Kombinat VEB Carl Zeiss)에 편입되었습니다. 유명했던 프로젝트는 저장 용량이 높은 칩의 개발이었습니다. 1988년 마이크로 전자공학 연구 센터는 1메가비트 메모리를 대중에게 선보였습니다. 당과 정부는 그 결과를 대성공이라 평가했습니다. 그러나 고성능 칩의 양산은 아직 불가능했고, 그에 상응하는 제품은 자본주의 국가에서 수백만 개 생산되어 적은 돈으로 살 수 있었습니다.[197]

1968년 Pentacon은 국영기업집단의 선두 기업이 되었지만, 이후 집중 과정에서 1984년 칼 자이스 예나 국영기업그룹(Kombinat VEB Carl Zeiss Jena)에 편입되었습니다. "펜타콘"(Pentacon) 카메라는 고품질이었고 성공적으로 수출되었습니다.[198]

철강산업. 동독 경제에는 역사적 유산으로 튀링겐(Thüringen)의 운터벨렌보른(Unterwellenborn)에 있는 상대적으로 작은 막스휘텐(Maxhütte)이라는 단 하나의 제련소만 있었습니다. 휘르스텐베르크 온 더 오데르(Fürstenberg an der Oder) 근처에 용광로와 압연기가 있는 새로운 일관 제철소 건설은 1949-1950년 2개년 계획에서 이미 계획되었습니다. 새로운 장소는 1953년부터 1961년까지 스탈린슈타트(Stalinstadt)라고 불렸고 그 이후로는 아이젠휘텐슈타트(Eisenhüttenstadt)로 불렸습니다. 1951년 제련소에서 선철을 생산하기 시작했습니다. 압연 강철은 나중에 추가되었습니다. 원자재인 철광석과 코크스는 소련과 폴란드에서 수입했습니다. 코크스 수입에 대한 의존도를 줄이기 위해 1952년부터 칼베(Calbe) 제철소에서 갈탄 코크스로 선철을 생산하는 새로운 기술이 개발되었습니다. 그러나 새로운 기술은 상대적으로 작은 용광로를 필요로 하고 높은 비용을 초래했습니다. 1970년에 갈탄 코크스를 사용한 선철 추출이 종료되었습니다.

197　Barkleit, Mikroelektronik in der DDR; Gerdes / Marschner / Prüger / Schnell, Silicon Saxony; Peter Salomon, Geschichte der Mikroelektronik – Halbleiterindustrie.

198　Gerhard Jehnlich, Der VEB Pentacon Dresden. Geschichte der Dresdner Kamera- und Kinoindustrie nach 1945, Dresden 2009.

마이크로 전자산업과 화학산업에 집중함에 따라 철강산업은 경시되었습니다. 생산 시설이 노후되었습니다. 서독을 비롯한 자본주의 국가에서 개발된 선철과 철강의 새로운 생산방식이 뒤늦게 동독 철강산업에 도입되었습니다. 1988년 동독 철강산업의 노동생산성은 서독 철강산업의 30%에 불과한 것으로 추정되었습니다.[199]

3.4.4 3차 산업

고전적 정치경제학에 이어 카를 마르크스(Karl Marx)가 주창한 물질적 생산론에 따르면 국가사회주의 계획경제에서는 사회적으로 유용한 노동을 물질생산적 노동과 비생산적 노동으로 구분했습니다. 생산적 노동에는 농업, 산업 및 생산적 수공업에서의 물질적 생산 이외에도 특히 상업, 우편 및 통신 및 운송과 같이 물질적 생산과 직접 연관이 있는 서비스도 포함되었습니다. 은행, 각종 컨설팅, 교육, 보건의료, 문화, 경찰, 1956년 도입된 군대, 사회사업, 국가행정, 학문, 주택산업 등은 비생산적인 노동으로 간주되었습니다.[200]

1950년에는 생산적 서비스가 전체 고용의 16%, 비생산적 서비스가 12%를 차지했습니다. 서비스 부문의 두 부문 모두 상승세를 보이고 있지만 비생산적인 서비스가 특히 강했습니다. 이는 주로 교육제도, 보건의료, 행정, 1956년 이후 구축된 군대 때문이었습니다. 1989년까지 생산적 서비스의 비중은 총 고용의 21%로, 비생산적 서비스의 비중은 22%로 증가했습니다.[201]

상업. 개인 또는 국가 소매상점은 주로 도시에 있었습니다. 지방에는 소비자 협동조합

---

199   Helmut Kinne, Geschichte der Stahlindustrie der Deutschen Demokratischen Republik, Düsseldorf 2002; Jörg Raab, Steuerung von Privatisierung. Eine Analyse der Steuerungsstrukturen der Privatisierung der ostdeutschen Werft- und Stahlindustrie 1990 - 1994, Wiesbaden 2002; Stefan Unger, Eisen und Stahl für den Sozialismus. Modernisierung- und Innovationsstrategien der Schwarzmetallurgie in der DDR von 1949 bis 1971, Berlin 2000; Helmut Wienert, Die Stahlindustrie in der DDR, Berlin 1992.

200   Politische Ökonomie des Sozialismus, S. 499 - 504.

201   Statistisches Jahrbuch 1971, S. 21 - 22; Statistisches Jahrbuch 1990, S. 125.

이 설립되었으며 한정된 상품을 제공하는 소규모 상점이었습니다. 1948년에 설립된 국영소매상점(Handelsorganisation/HO)은 수요가 많은 상품을 부풀려진 가격에 판매했습니다. 1950년대 초에 민간 소매상점은 여전히 중요했습니다. 그러나 민간 소매상점은 제한된 공급과 높은 세금 때문에 곧 밀려났습니다.

서독에서 배송판매업(Versandhandel)이 성행하자 동독에서도 배송판매업이 생겨났습니다. 1956년에 국영소매상점(Handelsorganisation/HO)에 속한 라이프치히(Leipzig)의 배송판매 기업이 운영을 시작했습니다. 1961년 농촌 주민들에 대한 공급을 개선하기 위해 소비자 협동조합(Konsumgenossenschaft)과 연계된, 자체 상품목록을 갖춘 배송 기업 "소비자"(Konsument)가 설립되었습니다. 배송판매업(Versandhandel)은 매우 인기가 있었습니다. 배송판매업(Versandhandel)은 대부분의 소매상점보다 공급량이 더 많았고 원하는 상품을 찾기 위해 줄을 서서 기다리거나 상점에서 상점으로 이동하는 시간을 절약했습니다. 그러나 계획경제는 원하는 만큼의 추가 수량 소비재를 생산하는 데 성공하지 못하여 기존 소매상점을 희생해야만 배송판매 기업에 상품을 공급할 수 있었습니다. 그 결과 1976년에 배송판매 사업이 중단되었습니다.

1958년 배급(Rationierung)이 해제된 후 특별한 상업영역으로서의 국영소매상점(Handelsorganisation/HO)은 해체되고 그 장소는 일반 상점이나 식당으로 전환되었습니다. 그 이후로 기본적인 소비재나 수요가 많은 소비재는 특별한 배분 없이 구입할 수 있었지만 공급이 가능한 한도까지만 구입할 수 있었습니다. 소득이 증가함에 따라 다양한 상품과 더 나은 품질에 대한 수요가 증가했습니다. 1962년에는 고객이 특히 원하는 상품을 높은 가격에 살 수 있는 "고급상점"(Exquisit-Geschäft)이 설립되었습니다. 무엇보다 고급 품질과 디자인의 옷과 신발이 판매되었습니다. 1966년에는 현지에서 생산된 식품과 고가의 수입식품을 엄선한 "진미상점"(Delikat-Laden)이 그 뒤를 이었습니다.

특별한 상점은 외환상점(Devisenladen)이었습니다. 1956년에 "Intershop" 상점이 설립되었습니다. 자본주의 국가에서 온 여행자들은 서독의 독일마르크(Deutsche Mark)나 다른 태환 통화로 동독상품과 수입품을 살 수 있었습니다. Intershop 상점과 "Intertank" 주유소가 국경에 설치되면서 동독 국가는 술, 담배 및 휘발유에 대한 서독의 세금을 전복시켰습니다.[202] 1957년에 "선물판매와 소매수출유한회사"(Gift Service and Small Export GmbH/GENEX)가 설립되었습니다. 서독인들은 그곳에서 동독의 친척이나 친구를 위해 귀한 동독 생산품이나 수입품을 사적인 선물로 주문할 수 있었습니다.

1974년부터 동독인도 서독의 독일마르크(Deutsche Mark)가 있는 경우 Intershop 매장에서 구매할 수 있었습니다. 이 규정은 서독의 친척이나 친구로부터 선물로 돈을 받은 동독의 소수 특권층을 대상으로 했습니다. Intershop 상점과 "선물판매와 소매수출유한회사"(GENEX)는 사회주의 사회의 평등주의 프로필에 적합하지 않다는 비판을 받았습니다. 그들은 서구와 접촉하여 더 나은 소비 기회를 가진 특권층을 조장했습니다.[203]

교통. 독일민주공화국의 철도청은 "독일 제국철도"(Deutsche Reichsbahn)라는 이름을 유지했습니다. 이 호칭은 점령기 초기부터의 연합국의 권리에 따른 것이었는데, 이는 국가사회주의적 신질서에 맞지 않았습니다. 4개 연합국은 "독일 제국철도"(Deutsche Reichsbahn)가 서부구역(Westsektoren)을 포함한 베를린(Berlin) 전역의 S-Bahn을 책임져야 한다는 데 동의했습니다. 서부구역의 S-Bahn 운영은 영향력의 도구이자 수입원으로 간주되었습니다.

교통부는 연간 경제계획을 바탕으로 철도, 도로 및 내륙 수로에 대한 운송계획을 작성했습니다. 1950년대에는 전쟁피해와 배상실행(Reparationsleistung)으로 심각한 피해를 입은 철도망을 보수하고 갱신하는 데 중점을 두었습니다. 많은 노선에서 두 번째 철로가 해체된 후 단일 철로에서 운행되는 승객과 화물 운송은 느리고 신뢰할 수 없었습니다. 두 번째 철로를 복원하는 데는, 주로 철강 부족으로 인해 오랜 시간이 걸렸습니다. 천천히

---

202 Friedrich Christian Delius / Peter Joachim Lapp, Transit Westberlin. Erlebnisse im Zwischenraum, 2. Aufl., Berlin 2000, S. 39 – 52.

203 Kaminsky, Wohlstand, Schönheit, Glück; Ina Merkel, Utopie und Bedürfnis. Die Geschichte der Konsumkultur in der DDR, Köln 1999.

증가하는 철강생산과 수입은 수많은 다른 목적에도 필요했으므로, 철도는 구조계획에서 우선순위가 아니었습니다. 기관차와 열차, 신호 시스템, 정비소의 장비도 조달해야 했습니다.

"독일 제국철도"(Deutsche Reichsbahn)는 갈탄을 사용했습니다. 국내산 원료는 석탄보다 효율성이 낮았고, 기차 속도가 제한되었으며, 갈탄 연소로 인해 상당한 환경 오염이 발생했습니다. 1955년에 전기 운전이 시작되었고 천천히 확장되었습니다. 그동안 복선 장거리 철도노선도 복원되었습니다. 1960년대부터 디젤철도차량과 디젤기관차가 일부 노선에서 증기 기관차를 대체했습니다. 그러나 증기 기관차는 제국철도 행정부가 끝날 때까지 많은 노선에서 없어서는 안 될 존재였습니다. 제국철도는 일부 계획결함에 즉석에서 대응했습니다. 공급업체를 항상 신뢰할 수는 없었기 때문에 개별 기관차, 화차 및 중요한 예비 부품도 제국철도 정비소에서 직접 제조하였습니다. 부족한 투자는 철도 시설과 차량의 상태가 악화되는 결과를 가져왔습니다. 1980년대에는 철도 교통이 자주 중단되었습니다.[204]

소련의 지원으로 1955년에 항공사가 설립되었습니다. 1926년부터 1945년까지 존재했던 회사의 이름을 따서 독일 루프트한자(Deutsche Lufthansa)라는 전통적인 이름이 주어졌습니다. 이름과 상표에 대한 권리를 주장한 서독 루프트한자와의 분쟁 후 동독 항공사는 인터흐룩(Interflug)으로 이름이 변경되었습니다. 1950년대 말에 인터흐룩(Interflug)의 정기노선은 모스크바, 빌니우스, 바르샤바, 프라하, 부다페스트, 부쿠레슈티, 소피아로 가는 노선과 발트해로 가는 휴가노선을 포함한 국내선이 있었습니다. 그 이후로 비행노선은 크게 확장되었습니다. 1969년 인터흐룩(Interflug)은 국제적 추세에 따라 제트기를 도입했습니다. 작은 동독 영토에서는 전혀 의미가 없는 국내선 항공편이 1980년에 중단되

---

204 Kopper, Die Deutsche Reichsbahn, S. 281 – 316; Rosemarie Schneider, Das Verkehrswesen unter besonderer Berücksichtigung der Eisenbahn, in: Eberhard Kuhrt (Hrsg.), Die wirtschaftliche und ökologische Situation der DDR in den achtziger Jahren, Opladen 1996, S. 177 – 222.

었습니다.

그러나 국제적 연결은 점점 조밀해지고 넓어졌습니다. 1980년대에 인터흐룩(Interflug)의 정규노선에는 동유럽 인접국, 소련, 일부 서유럽 및 남유럽 국가로의 수많은 연결과 하바나로 가는 대서양 횡단 노선, 아프리카, 중동, 중앙아시아 및 하노이로의 노선이 포함되었습니다. 인터흐룩(Interflug)은 서베를린 관광객을 위한 유고슬라비아, 루마니아, 불가리아 해변으로 가는 전세 항공편을 특별 사업 영역으로 발견했습니다.

1980년대 후반에는 전체적으로 동독 경제를 특징짓는 기술적 뒤처짐이 항공 교통에도 영향을 미쳤습니다. 소련에서 수입한 비행기는 노화되었습니다. 1988년에 인터흐룩(Interflug)은 프랑스와 독일의 에어버스 컨소시엄으로부터 현대식 항공기 3대를 주문했습니다. 이것으로 동독 항공사에 새로운 호황을 가져와야 했는데, 곧이어 이 비행기는 추락하였습니다. 국가사회주의 계획경제에서 사회적 시장경제로 이행하는 과정에서 다양한 구조조정안은 실패했습니다. 인터흐룩(Interflug)은 1991년에 문을 닫았습니다.[205]

은행. 국가사회주의 계획경제에서 은행 시스템은 중앙계획의 도구로 간주되었습니다. 1948년에 설립된 독일중앙은행(Deutsche Notenbank)은 중앙은행과 상업은행의 이중 기능이 있었습니다. 독일중앙은행(Deutsche Notenbank)은 정부를 대신하여 통화정책을 담당하고 현금 없는 결제거래를 수행했으며 특히 국유기업을 위한 대출을 승인했습니다. 독일중앙은행 외에도 특수 업무를 위한 신용기관이 있었습니다. 저축은행(Sparkasse), 우편저축은행(Postsparkasse), 우편수표서비스(Postscheckdienst), 제국철도저축은행(Reichsbahnsparkasse)은 광범위한 대중을 대상으로 했습니다. 특별기관으로 이미 독일투자은행이 1948년에 설립되었습니다. 1950년에 독일농민은행(Deutsche Bauernbank)과 1966년에 독일무역은행(Deutsche Außenhandelsbank AG)이 추가되었습니다.

1967년 신경제시스템 도입 이후 독일중앙은행의 중앙은행 기능과 상업은행 기능이 분리되었습니다. 독일중앙은행은 중앙은행 역할만 하는 독일민주공화국의 국가은행

205　Karl-Dieter Seifert, Weg und Absturz der Interflug. Der Luftverkehr der DDR, Berlin 1994.

으로 전환되었습니다. 상업은행 기능은 동독의 새로운 산업과 상업은행(Industrie- und Handelsbank)으로 이전되었습니다. 그러나 중앙은행 기능과 상업은행 기능의 분리는 불과 몇 년 동안만 지속되었습니다. 중앙계획의 재중앙집권화 이후 1974년 독일민주공화국의 국가은행은 중앙은행으로서의 기능과 더불어 상업은행의 임무를 부여받았습니다.

저축은행은 시와 주의 지원하에 있었습니다. 저축은행은 무현금 결제거래에도 사용할 수 있는 저축예금을 받고 소액 대출을 허용했습니다. 협동조합은행으론 농업협동조합은행과 민간기업과 수공업생산협동조합을 위한 협동조합은행이 있었습니다.

농업생산협동조합의 농업조직이 완성된 후 농업, 임업 및 식품산업을 위한 은행 기능은 1975년 정부 산하의 동독 농업과 식품산업은행(Bank für Landwirtschaft und Nahrungsgüterwirtschaft)으로 통합되었습니다. 은행 시스템의 다양한 개편 이후 국가사회주의 계획경제에는, 동독의 중앙은행이자 동시에 상업은행인 독일민주공화국의 국가은행, 동독 농업과 식료품산업은행, 독일 무역은행 AG, 저축은행과 수공업을 위한 협동조합은행이 있었습니다.[206]

보건의료. 보건의료정책은 일반적으로 접근 가능한 외래 또는 입원치료, 요양, 병가수당을 포함하였습니다.[207] 외래진료를 위해 폴리크리닉(Poliklinik), 외래진료소, 지역간호실, 사내의료원 체계를 구축하였습니다. 폴리크리닉(Poliklinik)은 병원에 부속되거나 독립기관이 될 수도 있었습니다. 대형 국유기업들은 자체 기업외래진료소를 가지고 있었고, 그 지역 주민도 돌보았습니다. 폴리클리닉에는 실험실 및 기타 기술적 시설을 갖춘 수많은 전문 부서가 있었습니다. 외래 진료소는 규모가 작았고 여러 전문의와 함께 기본적인

---

206   Ehlert / Hunstock / Tannert (Hrsg.), Geld und Kredit; Detlef Hummel, Das Kreditwesen der Deutschen Demokratischen Republik, in: Hans Pohl (Hrsg.), Geschichte der deutschen Kreditwirtschaft seit 1945, Frankfurt 1998, S. 355–429; Gunther Kohlmey, Das Geldsystem der Deutschen Demokratischen Republik, Berlin 1956.

207   Christian Korbanka, Das Gesundheitswesen der DDR. Darstellung und Effizienzanalyse, Köln 1990; Horst Spaar / Dietmar Funke (Hrsg.), Dokumentation zur Geschichte des Gesundheitswesens der DDR, 6 Bde., Berlin 1996–2003.

의료 서비스를 제공했습니다. 종합의료를 담당할 의사가 부족했기 때문에 특히 시골에는 많은 지역간호소(Gemeindeschwesterstation)가 설치되었습니다. 지역간호소는 특별히 훈련된 간호사들로 구성되었습니다.

의료에 대한 의사들의 기여가 필요했기 때문에 개인 의료 행위가 용인되었습니다. 타협안으로 1958년에 국가적 의료관행이 만들어졌으며 일반적으로 한두 명의 의사가 근무했습니다. 입원 치료를 위한 병원은 대부분 국영이었습니다. 교회 진료소도 있었고 1950년대에는 개인 진료소도 있었습니다.[208]

비용 상승에도 불구하고 1980년대에 보건의료는 부족한 것으로 간주되었습니다. 의약품과 의료기기 공급이 부족했습니다. 새로운 개발 지역에선 계획된 기본적인 외래환자 치료시설이 너무 적었습니다. 진료소 건물은 수년 동안 경시되어 열악한 상태였습니다. 의료진과 간호사들은 급여가 적다고 불평했습니다.[209]

관광. 국가사회주의 계획경제에서 휴가여행은 처음부터 사회정치 과제로 간주되었습니다. 자유독일노조연맹(Freier Deutscher Gewerkschaftsbund/FDGB)의 휴가서비스는 일찍이 1947년에 설립되었습니다. 노동조합의 관광부서는 인기 있는 휴가 지역, 발트해연안(Ostseeküste), 하르쯔(Harz)산맥, 튀링엔숲(Thüringer Wald), 에르쯔산맥(Erzgebirge), 엘베잔드스토네산(Elbe Sandstone Mountains), 브란덴부르크(Brandenburg) 및 메클렌부르크(Mecklenburg) 호수로의 휴가여행을 제공했습니다. 여행은 많은 보조금을 받았기 때문에 매우 저렴했습니다. 수요가 공급을 훨씬 초과했습니다. 휴양지는 자유독일노조연맹(FDGB)의 조합원과 기업을 통해 분배되었습니다. 기업의 운영성과, 특히 과중한 작업,

---

208   Horst Spaar (Hrsg.), Das Gesundheitswesen der DDR zwischen neuem Kurs und der Schließung der Staatsgrenze (1953 – 1961). Dokumentation zur Geschichte des Gesundheitswesens der DDR, Bd. 3, Berlin 1998.

209   Horst Spaar, Fortschritt und Grenzen der Gesundheitspolitik, in: Horst Spaar (Hrsg.), Das Gesundheitswesen in der Periode wachsender äußerer und innerer Widersprüche, zunehmender Stagnation und Systemkrise bis zur Auflösung der bestehenden sozialistischen Ordnung in der DDR (1981 – 1989), S. 42 – 64.

사회적 측면 및 정치 활동에 대한 인정이 할당 기준이었습니다. 1950년대 말부터 대형 국영기업들은 자체 휴양지에서 휴가를 보내기 시작했습니다. 휴가여행은 근로자들을 기업에 결속시키고 노동동기부여를 촉진하기 위한 기업의 사회정책의 중요한 부분이 되었습니다. 국가당인 독일사회주의통일당(SED)과 국가기관 또한 당원과 공무원들을 위해 자체 휴양지에서의 휴가를 제공하였습니다. 참가자 수 측면에서 기업이 제공하는 휴양지에서의 휴가체류는 곧 자유독일노조연맹(FDGB)의 휴가서비스를 능가했습니다.

1964년 동독 여행사(Reisebüro der DDR)로 이름을 바꾼 독일 여행사(Deutsche Reisebüro)는 동독의 휴가지역과 상호경제원조위원회 회원국인 불가리아, 폴란드, 루마니아, 헝가리, 체코슬로바키아로의 개별 여행을 중개했습니다. 개인 캠핑휴가도 1960년대 이후 크게 늘었습니다. 1980년대에 수백만 명의 동독인들은 조직된 휴가나 개별적 휴가 중에 이동 중이었습니다. 주로 국내 휴가지역에서뿐만 아니라 해외에서도 마찬가지였습니다. 1988년 기업들은 320만 건의 휴가체류를 주선했고 자유독일노조연맹(FDGB) 휴가서비스는 180만 건의 숙박을 주선했습니다. 또한 동독 여행사에서 주선하거나 자력으로 하는 개별 여행도 있었습니다.[210] 동독에서의 인구 대비 여행집약도는 서독과 유사하게 높았습니다.[211]

보험. 은행과 마찬가지로 보험도 소련 군사정부 하에서 국유화되었습니다. 보험제도를 개편하기 위해 연방주에 지역적 국가보험기관이 설립되었습니다. 중앙집권화 과정에서 주보험기관(Landesversicherungsanstal)은 1952년 독일보험기관(Deutsche VersicherungsAnstalt)으로 대체되었습니다. 독일보험기관(Deutsche VersicherungsAnstalt)의 임무는 개인과 기업을 위한 개인보험, 재산보험 및 책임보험이었습니다. 1956년에는 독일보험기관(Deutsche VersicherungsAnstalt)이 사회보험에서 분리된 자영업자를 위한 연금보험도 인수했습니

---

210   Statistisches Jahrbuch 1990, S. 363 – 369.

211   Christopher Görlich, Urlaub vom Staat. Tourismus in der DDR, Köln 2012; Kaminsky, Wohlstand, Schönheit, Glück, S. 105 – 109.

다. 1969년에 독일보험기관(Deutsche VersicherungsAnstalt)은 독일민주공화국의 국가보험(Staatliche Versicherung)으로 개명되었습니다.[212]

공공서비스, 비생산적 서비스 확장에는 무엇보다 통치기구도 기여했습니다. 여기에는 국가행정, 당조직, 국가안보, 경찰 및 군대가 포함되었습니다. 1956년에는 국가 인민군(Nationale Volksarmee)이 창설되었습니다. 처음에는 직업군인의 군대였습니다. 국가 인민군은 공식적으로 바르샤바 조약의 독립적인 참여자였으며, 이로써 소련의 지도권에 종속되었습니다. 국경이 폐쇄된 후 1962년 징병제(Wehrpflicht)가 도입되었습니다.[213] 1988년 국가 인민군에는 187,000명의 직업군인과 징집병이 있었습니다.[214]

3.5 환경

1950년대에는 환경보호에 거의 관심을 기울이지 않았습니다. 정치는 1960년대의 개혁 시대에 와서야 환경보호를 발견했습니다.[215] 토양 보호와 자연 보호는 1968년 독일민주공화국의 새 헌법에 포함되었습니다. 헌법에 따르면 토양은 국가의 "가장 귀중한 천연자원" 중 하나였습니다. 국민의 복리를 위하여 국가와 사회는 자연을 보호해야 했습니다. 여기에는 물과 공기를 깨끗하게 유지하고 조국의 동식물과 아름다운 경치를 보호하는 것이 포함되었습니다.[216] 1970년 인민의회는 "사회주의 사회에 합당한 환경 조성"을 보장

---

212 Heinrich Bader (Hrsg.), Die staatliche Versicherung der DDR. Sach-, Haftpflicht- und Personenversicherung, 3. Aufl., Berlin 1980; Barbara Eggenkämper / Gerd Modert / Stefan Pretzlik, Die Staatliche Versicherung der DDR. Von der Gründung bis zur Integration in die Allianz, München 2010.

213 Peter Joachim Lapp, Die Nationale Volksarmee 1956–1990. Materialien der EnqueteKommission „Aufarbeitung von Geschichte und Folgen der SED-Diktatur in Deutschland", Bd. II/3, Baden-Baden 1995; Rüdiger Wenzke / Thorsten Diedrich / Wolfgang Eisert, Nationale Volksarmee. Die Geschichte, München 2014.

214 Wenzke / Diedrich / Eisert, Nationale Volksarmee, S. 158.

215 Huff, Natur und Industrie im Sozialismus.

216 Verfassung der Deutschen Demokratischen Republik. Vom 6. April 1968. GBl. 1968 I, S. 199–222,

하기 위한 국가 문화법(Landeskulturgesetz)을 통과시켰습니다. 삼림 보호와 공기 청정 유지가 명시적으로 언급되었습니다.[217]

1971년 6월 정권교체 후 호네커(Honecker) 신임 제1서기는 환경보호의 중요성을 확인했습니다. 1972년 환경보호와 물관리부(Ministerium für Umweltschutz und Wasserwirtschaft)가 설립되었습니다. 그러나 이러한 형식적인 인정과 함께 당과 정부의 환경정책적 추진력은 이미 소진되었습니다. 환경 정책은 성장 목표와 상충하면서 무너졌습니다. 가혹하고 일방적인 생산증대를 목적으로 한 농업정책, 산업정책, 에너지정책은 심각한 환경피해를 가져왔습니다. 농업, 화학산업, 노천갈탄채광뿐만 아니라 다른 부문과 부적절한 폐기물 관리도 책임이 있었습니다.[218]

1990년 3월의 환경보호에 관한 비판적 보고서는 환경이 공기, 물, 토양의 극도로 높은 오염으로 고통받고 있다고 밝혔습니다. 공기는 이산화황, 먼지, 질소 산화물, 탄화수소 및 기타 오염 물질로 오염되었습니다. 물 속으로 중금속, 염소화 탄화수소, 인산염 및 염이 유입되었습니다. 토양과 지하수는 농업에서의 비료와 농약의 과도한 사용, 농업 폐기물, 부적절한 매립 관리, 갈탄 채광으로 인한 토양과 경관 파괴로 고통을 겪었습니다. 이러한 결과로 사람들의 건강에 해를 끼치고 생태계에 부담이 되었습니다.[219]

3.6 무역

대외무역(Außenhandel)은 국가사회주의 계획경제에서 중앙에서 계획되었습니다. 국가 계획위원회는 대외무역부와 함께 대외무역계획을 수립하고 종합계획과 조율하였습니다. 대외무역 정책의 목표는 수입을 확보하는 것이었습니다. 원하는 수량이나 품질로 국내에

Artikel 15.

217 Huff, Natur und Industrie im Sozialismus, S. 171 – 175.

218 Huff, Natur und Industrie im Sozialismus, S. 177 – 179.

219 Wirtschaftskomitee, Aufgaben des Umweltschutzes im Jahre 1990, 12. März 1990. BArchB DE 10 / 715.

서 구할 수 없는 원자재, 반제품 또는 완제품을 수입해야 했습니다. 수출은 수입 자금 조달에 필요한 정도까지만 추구되었습니다. 생산과 고용을 촉진하기 때문에 수출이 수입보다 더 유용하다는 자본주의 경제에 널리 퍼진 견해는 항상 능력의 한계에서 운영되는 국가사회주의 경제에는 적용되지 않았습니다.[220] 1950년에는 독일 내 무역을 포함하여 수입이 국민소득의 4%, 수출이 3%에 달했습니다.[221]

동독의 대외무역은 주로 소련과 다른 국가사회주의 국가를 향했습니다. 1950년 9월 동독은 세계경제의 국가사회주의 영역에서 국제 노동분업을 위한 제도적 틀을 만들기 위한 경제상호원조회의(Rat für Gegenseitige Wirtschaftshilfe/RGW)에 가입했습니다. 당시 다른 회원국은 알바니아, 불가리아, 폴란드, 루마니아, 소련, 체코슬로바키아, 헝가리였습니다. 경제상호원조회의 회원국 통화는 서로 고정된 환율(Parität)을 가지고 있었지만 자유롭게 교환할 수는 없었습니다. 국가 간 무역은 루블(Rubel)로 정산되었습니다. 양자 무역 관계는 균형을 이루거나, 특별 신용협정을 통해 자금을 조달해야 했습니다.[222] 경제상호원조회의 회원국들의 경제적 잠재력은 매우 다양했습니다. 가장 큰 회원국이었던 소련은 정치적으로뿐만 아니라 경제적으로도 지배적이었지만 생산성 면에서 선두 국가는 아니었습니다. 1950년에 동독 수준으로 측정한 주민 1인당 국민소득은 체코슬로바키아에서 132%, 헝가리에서 91%, 폴란드에서 87%, 소련에서 77%, 불가리아에서 46%, 루마니아

220   Ralf Ahrens, Außenwirtschaftspolitik zwischen Ostintegration und Westverschuldung, in: Dierk Hoffmann (Hrsg.), Die zentrale Wirtschaftsverwaltung in der SBZ/DDR. Akteure, Strukturen, Verwaltungspraxis. Wirtschaftspolitik in Deutschland, Bd. 3, München 2016, S. 510–590; Christoph Buchheim, Die Achillesferse der DDR – Der Außenhandel, in: André Steiner (Hrsg.), Überholen ohne einzuholen. Die DDR-Wirtschaft als Fußnote der deutschen Geschichte? Berlin 2006, S. 91–103.

221   Statistisches Jahrbuch 1959, S. 176, 573.

222   Gerd Neumann, Die ökonomischen Entwicklungsbedingungen des RGW. Versuch einer wirtschaftshistorischen Analyse, Bd. 1, 1945–1958, Berlin 1979; Alfred Schüller / Hannelore Hamel, Die Integration der DDR-Wirtschaft in den RGW. Materialien der Enquete-Kommission „Aufarbeitung von Geschichte und Folgen der SED-Diktatur in Deutschland", Bd. II/4, BadenBaden 1995, S. 2692–2808.

에서 43%에 달했습니다.[223]

모든 회원국은 처음에는 농업이 주를 이루었지만 경제성장을 위한 방법으로 산업화를 위해 노력했습니다. 원자재 기반이 약한 산업국가인 동독은 광범위한 원자재와 에너지 수입에 의존했습니다. 소련은 석탄, 코크스, 원유, 철광석, 면화, 양모를 공급했습니다. 석탄과 코크스는 폴란드와 체코슬로바키아에서 조달되었습니다. 소련의 원유는 에너지원이자 동독 경제의 원자재로 결정적인 역할을 했습니다. 이는 증가하는 에너지 수요의 일부를 담당하였지만 석유화학산업 건설의 기초이기도 했습니다. 1963년에 운영된 "우정"(Freundschaft) 파이프라인으로 석유공급을 크게 늘릴 수 있게 되었습니다. 1968년 새로운 에너지원으로 소련으로부터의 천연가스 수입이 합의되었습니다. 산업재도 수입되었는데, 주로 철강, 중장비, 산업설비가 소련에서 수입되었습니다. 동독은 공작기계, 화학제품, 전기제품, 섬유, 광학기기 및 자동차를 수출했습니다.

1950년대 중반부터 경제상호원조회의(Rat für Gegenseitige Wirtschaftshilfe/RGW)는 회원국들의 국가경제계획 조정과 경제전문화에 대하여 논의를 해왔습니다. 경제상호원조회의(RGW) 회원국은 소련을 제외하고는 상대적으로 작았고, 각 국가가 광범위하게 다양한 산업구조를 지향한다면 최적의 기업규모를 달성할 수 없었기 때문에 전문화가 중요한 접근방식이었습니다. 목표는 경제상호원조회의(RGW)의 틀 내에서 집중적인 국제분업을 발전시키는 것이었습니다. 병행 개발을 지양함으로써 개발 비용을 줄이고 대량생산(Großserienproduktion)의 이점을 활용해야 했습니다. 엘베(Elbe)강과 오데르(Oder)강 사이의 일상생활에서 매우 눈에 띄었고, 유명했던 사회주의 국제 노동분업의 잘 알려진 예는 동독이 1959년에 버스 생산을 중단한 것입니다. 그 이후로 헝가리에서 "Ikarus"브랜드 버스를 들여왔습니다.[224] 그러나 전반적으로 협력은 예상 결과에 훨씬 못 미쳤습니다. 1960년대 동독 전문가들은 경제상호원조회의(RGW)의 경제통합이 부적절하다고 비판했습니

---

223   Neumann, Die ökonomischen Entwicklungsbedingungen, S. 63.

224   Christian Suhr, DDR-Omnibusse 1945 – 1990, Stuttgart 2007.

다. 상품교역, 생산의 전문화, 과학기술협력이 개선되어야만 했습니다. 대외무역은 성장 과정에 있어서 지도적 요소가 되어야 했습니다.[225]

1973년 OPEC의 유가인상 이후 소련은 경제상호원조회의(RGW)의 동독 및 기타 교역 상대국에 계속해서 저렴한 가격으로 석유를 공급했습니다. 소련의 원유는 동독경제에 대한 상당한 지원을 의미했습니다. 소련의 원유와 천연가스는 국내 갈탄보다 저렴한 에너 지원이었습니다. 또한 석유화학 산업은 수입 석유를 기반으로 생산량을 크게 늘릴 수 있었습니다. 국내 시장에 공급했을 뿐만 아니라 소련 석유의 가격우위 덕분에 특히 연료를 성공적으로 수출할 수 있었습니다. 그러나 1980년대에 소련은 석유 공급을 줄이고 가격을 인상했습니다. 소련은 자체적 경제 문제가 있었고 더 이상 이전과 같은 정도로 동독경 제를 지원할 수 없었습니다. 이로써 동독경제의 경우 값싼 소비에트 석유를 가공한 연료를 전환 가능한 외화와 교환하여 수출하는 특별한 호황이 사라졌습니다.

자본주의 세계시장과의 대외무역은 제한적이었습니다. 이는 주로 전환 가능한 외환이 부족했기 때문입니다. 자본주의 세계시장에서 경쟁력을 갖춘 동독 수출품은 소수에 불과했기 때문입니다. 또한 1949년에 미국의 주도로 금수조치가 취해졌는데, 이는 "동서무역 조정위원회"(Coordinating Committee for East West Trade)와 나중에 "다자간 수출통제 조정위원회"(Coordinationg Committee on Multilteral Export Controls/COCOM)에 의해 감시되었습니다. 금수조치의 목적은 경제상호원조회의(RGW)회원국에 군비제품과 일반적인 현대 기술이 전달되는 것을 방지하는 것이었습니다. 금수조치 목록은 1950년대 초에 광범위했지만 점차 축소되었습니다.[226]

동독 통화의 경우 먼저 독일마르크(Deutsche Mark/DM), 1964년부터 독일중앙은행 마르크(Mark der Deutschen Notenbank/MDN), 1967년부터 독일민주공화국 마르크(Mark der

---

225 Gerhard Huber, Außenwirtschaft und Wirtschaftswachstum, in: Harry Maier / Gerhard Schilling / Klaus Steinitz (Hrsg.), Zu Grundfragen der sozialistischen Wachstumstheorie, Berlin 1968, S. 239 – 254; Gunther Kohlmey, Nationale Produktivität – Dynamische Produktion – Internationale Arbeitsteilung, Berlin 1965.

226 Statistisches Jahrbuch 1959, S. 176, 573.

Deutschen Demokratischen Republik/M)에 관한 외환통제가 있었습니다. 그러나 부분적으로 우회했습니다. 공식적으로 동독마르크와 서독마르크의 동등성이 적용되어야 했습니다. 그러나 서독과 서베를린의 공개 교환에서 동독마르크화의 환율은 훨씬 나빴습니다. 1959년 회계단위로 "발루타 마르크"(Valutamark)가 만들어졌습니다. 그것은 독일마르크(Deutsche Mark)에 상응했습니다. 외화는 독일마르크(Deutsche Mark)의 현재 환율에 따라 "발루타 마르크"(Valutamark)로 변환되었습니다.

동독과 서독의 통상관계는 독일민주공화국이 건국된 지 하루 만인 1949년 10월 8일 체결된 프랑크푸르트 협정(Frankfurter Abkommen)으로 규정되었습니다. 프랑크푸르트 협정은 일시적이었고 1951년에 더 이상 일시적이지 않은 베를린 협정(Berliner Abkommen)으로 대체되었습니다. 내독간 무역(Innerdeutscher Handel)에는 관세가 부과되지 않았습니다. 내독간 배송은 양자 간 합의되었으며 균형을 이루어야 했습니다. 그러나 독일연방공화국은 독일민주공화국에 거래청산을 위해 "스윙"(Swing)이라고도 하는 당좌대월 형식을 부여했습니다. 내독간 무역(Innerdeutscher Handel)의 특별지위(Sonderstatus)는 유럽석탄철강공동체와 나중에 유럽경제공동체에서도 인정되었습니다. 서독에서 유럽경제공동체의 다른 회원국으로의 동독상품 재수출은 제외되었습니다.

내독간 무역(Innerdeutscher Handel)에 대한 관심은 비대칭적이었습니다. 동독의 관점에서 볼 때 내독간 무역은 매우 중요했습니다. 중요한 자본재와 일부 소비재가 수입되었습니다. 서독은 소련 다음으로 동독의 두 번째로 중요한 무역 상대국이었습니다. 서독의 관점에서 볼 때 두 독일 국가 간 특별한 관계는 내독간 무역(Innerdeutscher Handel)으로 표현되었습니다. 경제적으로 내독간 무역(Innerdeutscher Handel)은 서독에 별로 중요하지 않았습니다.[227] 전체적으로 보면 1958년 경제상호원조회의 회원국들은 동독 대외무역에서 수

---

227 Peter E. Fäßler, Durch den „Eisernen Vorhang". Die deutsch-deutschen Wirtschaftsbeziehungen 1949–1969, Köln 2006; Peter Krewer, Geschäfte mit dem Klassenfeind. Die DDR im innerdeutschen Handel 1949–1989, Trier 2008; Detlef Nakath, die DDR – „heimliches Mitglied" der Europäischen Gemeinschaft? Zur Entwicklung des innerdeutschen Handels vor dem Hintergrund der westeuropäischen

입 비중 72%, 수출 비중 76%, 서독을 제외한 자본주의 국가들은 수입 비중 18%, 수출 비중 12%, 서독은 수입 비중과 수출 비중 모두 각각 11%를 차지하였습니다.[228]

동독경제의 현대화에 중요한 자본주의 국가로부터의 기술수입을 촉진하기 위해 1966년 대외무역부에 "상업 조정"(Kommerzielle Koordinierung/KoKo)이라는 특별 부서가 만들어졌습니다. 계획관료를 우회하는 파격적인 방식으로 전환 가능한 외화를 조달해야 했습니다.[229] 그러나 이것은 무역 적자 문제를 해결하지 못했습니다. 동독은 전환 가능한 통화로 많은 양의 해외차관(Auslandskredite)을 받았습니다. 1971년에 전환 가능한 통화의 순부채는 27억 "발루타 마르크"(Valutamark)였습니다.[230] 서독, 일본, 미국 및 기타 자본주의 국가에서 현대 기술을 수입하는 것은 1971년에 계획된 생산성 향상에 필수였습니다. 자본주의 국가들과의 무역 적자는 확대되었고 대외 부채는 증가했습니다. 1970년대 말 국가계획위원회는 외채 증가에 대해 경고하고 1981-1985년 5개년 계획의 주요 임무 중 하나는 수출입 격차를 줄이는 것이라고 말했습니다. 수출은 늘리고 수입은 줄여야 했습니다.[231] 1980년에 전환 가능한 통화 부채는 200억 "발루타 마르크"(Valutamark)로 증가했습니다.[232]

1980년대 초, 지급 능력은 동독과 서독의 협상으로 구제되었습니다. 동독은 1983-1984년에 서독 은행으로부터 총 20억 마르크(DM)의 대출을 받았으며 연방정부가 보증했습니다. 1980년대 중반 이후 국제수지는 악화되었습니다. 현대적 자본재는 수입되었지만 공급 격차를 보상하기 위해 식품 및 기타 소비재도 수입되었습니다. 자본주의 세계

Integration, in: Franz Knipping / Matthias Schönwald (Hrsg.), Aufbruch zum Europa der zweiten Generation. Die europäische Einigung 1969 – 1984, Trier 2004, S. 451 – 473.

228 Statistisches Jahrbuch 1959, S. 176, 573.

229 Krewer, Geschäfte mit dem Klassenfeind, S. 185 – 271.

230 Ahrens, Außenwirtschaftspolitik, S. 555 – 562.

231 Staatliche Plankommission, Einschätzung der Hauptfaktoren der Veränderung der Reproduktionsbedingungen, die für die Ausarbeitung des Fünfjahrplans 1981 – 85 von Bedeutung sind. 17. Oktober 1979. BArchB DE 1 / 57225.

232 Ahrens, Außenwirtschaftspolitik, S. 572.

시장에 대한 동독상품의 수출은 손실을 감수해야만 가능했습니다. 1970년에 생산 비용 100 마르크당 수익금은 54 "발루타 마르크"(Valutamark)였습니다. 그 후 1980년까지 45 "발루타 마르크"(Valutamark)로, 1988년에는 25 "발루타 마르크"(Valutamark)까지 떨어졌습니다.[233] 따라서 수출 보조금은 산업투자, 주택 프로그램 및 기본상품 보조금에 대한 정부지출과 점점 더 경쟁하게 되었습니다. 엄청난 노력으로 1989년 말까지 전환 가능한 통화 부채를 150억 "발루타 마르크"(Valutamark)로 줄이는 것이 가능했습니다.[234]

경제성장을 촉진하기 위한 높은 수준의 기술 수입으로 인해 동독 대외무역에서 서독 및 기타 자본주의 국가의 중요성이 커졌습니다. 1989년 동독 수입에서 경제상호원조회 (Rats für Gegenseitige Wirtschaftshilfe)의 회원국 비중은 39%로 떨어졌고 수출 비중은 43%로 떨어졌습니다. 반면 서독을 제외한 자본주의 국가들의 수입 비중은 36%, 수출 비중은 41%로 높아졌습니다. 서독의 수입 비중은 21%, 수출 비중은 20%로 증가했습니다.[235]

국가계획위원회는 기술을 수입하는 것 외에는 대안이 없다고 보고 무역수지 균형을 미래로 미뤘습니다. 마지막으로 1990년 연간 계획과 1991-1995년 5개년 계획에서는 자본주의 국가로부터의 광범위한 기술 수입이 계획되었습니다. 몇 년 후에는 수출을 늘리고 더 나은 제품과 더 효율적인 생산 공정을 통해 전환 가능한 통화로 부채를 상환할 수 있어야 했습니다.[236] 1989년 10월 경제 상황에 대한 보고서를 발표한 전문가 그룹도 국제수지 위기에 대한 단기적인 해결책을 찾지 못했습니다. 그들은 독일연방공화국 및 프랑스, 오스트리아, 일본과 같은 다른 자본주의 국가들과 추가 차관협상을 제안했습니다. 이렇게 하면 경제의 수출 능력을 향상시키고 관광 개발을 통해 전환 가능한 외화를 벌 수 있

---

233 Thieme, Notenbank und Währung in der DDR, S. 649.

234 Ahrens, Außenwirtschaftspolitik, S. 573 – 590.

235 Statistisches Jahrbuch 1990, S. 277 – 278.

236 Staatliche Plankommision, Vorschläge zum Planansatz für die Investitionen des Jahres 1990 und den Fünfjahrplan 1991 – 95, 17. August 1988. BArchB DE 1 / 59080.

는 시간을 벌 것이라고 생각했습니다.[237]

4. 분배

4.1 국가의 몫

독일민주공화국의 재정법(Finanzverfassung)은 처음부터 중앙 집중화되었습니다. 연방주(Land)와 크라이스(Kreis)에는 자체 예산은 있었지만 조직역량은 거의 없었습니다. 독일민주공화국은 1952년까지 형식적으로는 연방주의 헌법이 있었지만, 제한된 재정 자율성으로 인해 주의 지위는 약했습니다.[238]

1952년 행정구역 개혁 이후 중앙정부, 베찌르크(Bezirk), 크라이스(Kreis)의 예산은 "국가예산통일성"(Einheitlichkeit des Staatshaushalts)의 원칙에 따라 중앙정부가 편성한 "통합예산"(integrierter Haushalt)으로 여겨져 왔습니다. 사회보험은 자유독일노조연맹(Freie Deutsche Gewerkschaftsbund)과 독일민주공화국의 국가보험이 관리했지만, 그 수입과 지출은 중앙 국가예산(Staatshaushalt)에 편입되었습니다. 1980년대에는 사회보험을 포함한 중앙예산이 통합 국가예산 총액의 80%, 베찌르크(Bezirk)와 크라이스(Kreis)예산은 20%를 차지했습니다.[239]

---

237   Gerhard Schürer / Gerhard Beil / Alexander Schalck / Ernst Höfner / Arno Donda, Analyse der ökonomischen Lage der DDR mit Schlussfolgerungen. Vorlage für das Politbüro des Zentralkomitees der SED, 30.10.1989. SAPM DY 30 / 4330.

238   Frank Zschaler, Das Finanzsystem der frühen SBZ/DDR. Effizienzprobleme aus institutionenökonomischer Sicht, in: Johannes Bähr / Dietmar Petzina (Hrsg.), Innovationsverhalten und Entscheidungsstrukturen. Vergleichende Studien zur wirtschaftlichen Entwicklung im geteilten Deutschland 1945–1990, Berlin 1996, S. 281–301.

239   Johannes Gurtz / Gotthold Kaltofen, Der Staatshaushalt der DDR. Grundriß, 2. Aufl., Berlin 1982, S. 33.

재정 정책은 중앙 계획의 중요한 도구였습니다. 초기에는 농민들을 농업생산협동조합에 가입시키고 기업가들이 기업을 포기하도록 유도하기 위해 개인 기업에 막대한 세금을 부과했습니다. 반면에 소득세는 국민에 대한 정치적 양보로 낮게 유지되었습니다.[240] 1970년대 국유기업과 농업생산협동조합을 통한 사회화가 대체로 완성된 후 국가예산은 계획경제의 재정적 제어센터가 되었습니다. 국영기업은 국가예산의 기초를 형성했습니다. 1988년에 국영기업은 다양한 세금으로 모든 수입의 72%를 제공했습니다. 사회보장 기여금(Beitrag) 같은 세금과 징수금이 많은 거리를 두고 뒤따랐습니다. 소득세는 단지 국가예산 수입의 4%였습니다. 지출의 중요한 항목은 국유기업에 대한 할당과 기본필수(Grundbedarf)에 대한 보조금이었습니다.

1970년대 이후 사회정책 지출의 중요성이 부각되었습니다. 당 지도부는 기본필수(Grundbedarf)에 대한 보조, 주택, 보건의료, 사회 보장 및 문화시설, 스포츠 및 휴가여행 지원을 대중의 지지를 얻기 위해서 필수로 생각했습니다.[241] 1970년대 이후 국가지출의 증가는 국가예산에서 적자의 증가로 이어졌습니다.[242] 1970년부터 1988년까지 국가부채는 120억 마르크(Mark)에서 1,230억 마르크로 증가했습니다.[243]

4.2 근로소득

국가사회주의 계획경제에서 임금과 급여는 전반적인 경제계획 틀 안에서 결정되었습니다. 근간은 임금수준과 임금의 차등화, 기업경영진과 기업노동조합 간 기업단체협약을

---

240 Gurtz / Kaltofen, Staatshaushalt, S. 50 – 51.

241 Statistisches Jahrbuch 1990, S. 299 – 301.

242 Boldorf, Planwirtschaft, S. 211 – 213.

243 Gerhard Schürer / Gerhard Beil / Alexander Schalck / Ernst Höfner / Arno Donda, Analyse der ökonomischen Lage der DDR mit Schlussfolgerungen. Vorlage für das Politbüro des Zentralkomitees der SED, 30. Oktober 1989. SAPM DY 30 / J IV 2 / 2 / 2356.

위한 중앙 지침이었습니다.[244] 국가의 임금정책과 병행하여 중앙계획은 임금이 소비재 공급과 상응하도록 해야 했습니다. 실질임금과 소비재 공급의 균형은 "물질과 통화재정 과정의 통합"(Einheit von materiellen und monetär-finanziellen Prozessen)이라고 불렸습니다. 통합은 국민경제적 비례를 유지하고 국가재정과 통화의 안정을 위한 중요한 전제조건으로 간주되었습니다.[245]

1950년에 서비스 직업을 포함한 모든 부문의 노동자 월급은 평균 256 마르크(DM)였습니다. 명목임금은 전쟁 전보다 높았습니다. 그러나 가격 수준도 상당히 높았습니다. 1950년 실질임금은 전쟁 전 1936년 수준의 51%에 불과했습니다.[246] 세금과 기여금(Beitrag)을 통한 임금공제는 적었습니다. 평균적으로 소득세는 총임금의 5%, 사회보장에 대한 기여금(Beitrag)은 10%를 차지했습니다.[247]

1950년에 비숙련 노동자부터 반숙련 노동자, 숙련 노동자에 이르기까지 산업 노동자를 위한 8개의 임금 그룹이 도입되었습니다. 또한 경제부문의 경제적 중요성에 상응하는 임금구조의 순위를 정하였습니다. 광업 및 철강산업이 1위를 차지했습니다. 오토 그로테볼(Otto Grotewohl) 총리는 1952년에 더 강한 임금차별을 옹호하고 "숙련과 비숙련, 쉬운 일과 힘든 일에 대한 임금의 광범위한 평등화를 철폐할 것"을 촉구했습니다.[248] 장기적으로 노동자 자격이 향상되었습니다. 1985년에는 산업 근로자의 15%만이 미숙련 또는 반숙련 근로자로 분류되었습니다.[249] 사무직 근로자(Angestellte)들은 급여인상 및 승진 전망과 함께 고정된 월 급여를 받았습니다. 공무원 신분(Beamtenstatus)은 폐지되었습니다. 그러나 관직(Staatsdienst)에는 특별한 고용관계가 있었습니다.

---

244   Hübner, Tarifsystem der DDR.

245   Politische Ökonomie des Sozialismus, S. 665.

246   Wilhelm Riegel, Zur Frage der Berechnung des Realeinkommens, in: Wirtschaftswissenschaft, 4 (1956), S. 744-758.

247   Statistisches Jahrbuch 1956, S. 195.

248   Hoffmann, Lenkung des Arbeitsmarktes, S. 65.

249   Pierenkemper, Vierzig Jahre vergeblicher Mühen, S. 55.

산업노동자는 일반적으로 성과급(Akkordlohn)을 받아야 한다는 원칙은 소련 점령지역의 임금정책에서 이어받았습니다. 일반적으로 "라이스퉁스론"(Leistungslohn)이라 하는 성과급(Akkordlohn)은 근로자의 동기 부여를 강화하고 업무 생산성을 높이는 데 필수로 간주되었습니다. 급여는 기본급(Grundbetrag)과 규정준수에 따라 달라지는 성과추가급(Leistungszuschlag)으로 구성되었습니다. 성과급 결정은 보편적 고용주로서의 기능을 하는 국가와 노동자 사이의 끊임없는 갈등 지점이었습니다. 기업에서 경영진과 기업노조지도부는 임금구조, 노동기준 및 상여금에 대해 제한적인 영향력을 행사했습니다.[250]

실질임금은 1950년에서 1952년 사이에 올랐습니다. 그러나 소비재 생산은 증가하는 소득을 따라가지 못했습니다.[251] 1953년 5월 당과 정부는 소득과 물가와 소비의 균형을 맞추기 위해 실질임금을 인하하려 했습니다. 생산증대와 임금인상 억제라는 두 가지 목표를 달성하기 위해, 다양한 소비재 가격이 인상되고, 노동기준(Arbeitsnorm)이 높아졌습니다. 그러나 노동기준(Arbeitsnorm) 상향은 저항에 부딪혔고 1953년 6월 17일 봉기를 촉발했습니다. 봉기는 진압되었으나 노동기준(Arbeitsnorm) 상향은 철회되었고 앞으로 노동쟁의는 피해야만 했습니다.[252]

1953년 9월 당과 정부는 섬유노동자 프리다 호카우프(Frieda Hockauf)의 초과달성(Sonderschicht)를 통해 활동가운동(Aktivistenbewegung)을 활성화하고 노동자들을 설득해 노동기준을 높이려 했습니다. 노동자, 노동여단(Arbeitsbrigad), 기업이 노동기준 초과달성을 약속하는 수많은 집회가 있었습니다. 그러나 노동기준(Arbeitsnorm)의 일반적인 개정은 관철될 수 없었습니다.[253]

경제성장과 함께 임금과 급여가 증가했습니다. 1960년까지 국영기업 정규직 노동자의

---

250 Hübner, Tarifsystem; Kleßmann, Arbeiter im „Arbeiterstaat".

251 Riegel, Berechnung des Realeinkommens, S. 744 – 758; Jennifer Schevardo, Vom Wert des Notwendigen. Preispolitik und Lebensstandard in der DDR der fünfziger Jahre, Stuttgart 2006, S. 281 – 286.

252 Buchheim, Wirtschaftliche Hintergründe des Arbeiteraufstands, S. 494 – 513.

253 Falk / Barthel, Kleine Geschichte einer großen Bewegung, S. 104 – 107.

평균 소득은 555마르크(Mark)까지 올랐습니다. 실질임금도 올랐습니다.[254] 임금과 소비재 공급 간 불일치는 중앙계획의 문제로 남아있었습니다.

1961년 8월 국경이 폐쇄된 후 당과 정부는 자신들의 지위가 확고해졌다고 느껴 다시 한번 노동기준을 높이려 했습니다. 1961년에 자유독일노동조합연맹(Freier Deutscher Gewerkschaftsbund/FDGB)의 연방위원회는 "같은 돈을 위해 같은 시간에 더 많이 생산하라"(In der gleichen Zeit für das gleiche Geld mehr produzieren)는 모토 아래 "생산명령"(Produktionsaufgebot)을 조직했습니다. 이렇게 해야만 "상품제공과 구매력 간의 불균형"을 극복할 수 있었습니다. 사실 1962년에 임금은 생산성 증가에 뒤처졌고 실질 임금은 다양한 가격 인상을 통해 떨어졌습니다. 이것은 주민들 사이에서 상당한 항의를 불러일으켰습니다. 불과 1년 반 만에 "생산명령"(Produktionsaufgebot)이 해제되었습니다.[255]

1963년에 도입된 국민경제를 계획하고 관리하는 신경제체제(Neues Ökonomische System)에는 임금정책의 개혁이 포함되었습니다. 이전 임금정책은 심하게 비판을 받았습니다. 심각한 노동력 부족은 점점 더 부당한 임금인상, 약한 노동기준 및 부당한 상여금을 촉진하였습니다. 이는 노동생산성과 평균임금 사이의 관계를 교란시켰고, 이는 소비와 투자 사이의 비율에 영향을 미쳤습니다.[256] 과학기술 혁명에 대한 기대가 컸던 시대에 기술에 기반한 노동기준과 과학적으로 완성된 질적 지표는 객관적인 기준을 정의하고 성과급에 대한 논쟁을 해소해야 했습니다. 울브리히트(Ulbricht)는 1963년 6월 독일사회주의통일당(SED) 중앙위원회와 각료회의의 경제 콘퍼런스에서 점점 더 많은 노동자들이 "기술에 기반한 노동기준과 질적 지표에 따라 작업해야 하며 따라서 좋은 돈을 위한 좋은 일을 해야 한다"라는 것을 인식하게 될 것이라고 말했습니다.[257] 1970년까지 국유기업

---

254   Schevardo, Vom Wert des Notwendigen, S. 281 – 286.

255   Falk / Barthel, Kleine Geschichte einer großen Bewegung, S. 195 – 202; Steiner, Von Plan zu Plan, S. 141 – 146.

256   Falk / Richter / Schmidt, Wirtschaft, Wissenschaft, Welthöchststand, S. 181 – 182.

257   Zit. nach Steiner, Von Plan zu Plan, S. 151.

근로자의 평균 수입은 762 마르크(Mark)까지 올랐습니다.[258]

　1971년 계획의 재중앙집권화(Rezentralisierung) 이후 당과 정부는 임금 인상을 통해 노동 동기부여와 생산성을 높이겠다는 목표를 천명했습니다. 소비와 투자의 균형적 성장이라는 새로운 정책은 생활 수준의 구체적인 향상에 반영되어야 했습니다. 임금이 인상되고, 사회적 혜택이 개선되었으며, 소비재 생산이 촉진되었으며, 대규모 주택 프로그램이 시작되었습니다. 1989년 국유기업 정규직 근로자의 평균소득은 1,311 마르크(Mark)였습니다. 따라서 임금은 1949년 수준의 444%까지 올랐습니다. 이는 연평균 3.8% 증가에 해당했습니다.[259]

　경제성장을 통해 명목임금뿐만 아니라 실질임금도 증가했습니다. 그러나 생활비에 대한 믿을 만한 정보가 없기 때문에 실질임금의 증가폭이 얼마나 컸었는지는 알 수 없습니다. 공식 통계에 따르면 생활비는 1950년에서 1980년 사이에 급격하게 감소했고 1980년대에는 소폭 상승했습니다. 그 결과 1989년 생활비는 1950년보다 41%나 감소했습니다. 완전히 비현실적이었습니다. 통계는 이러한 형태로 존재하지 않는 사회적 성공을 가장해야 했습니다.[260] 기본상품과 서비스에 대한 동독마르크(Mark)의 구매력은 안정적으로 유지되었습니다. 많은 보조금으로 가격이 낮게 유지되었습니다. 다른 한편, 예를 들어 "고급상점"(Exquisit-Geschäft) 및 "진미상점"(Delikat-Laden)의 제품종류 또는 기술 소비재와 같이 고급 제품의 가격은 구매력을 소진시키기 위해 매우 높게 책정되었습니다. 소득이 증가함에 따라 고급품에 대한 지출이 증가했기 때문에 명목임금 인상은 장기적으로 매우 둔화되었습니다.

　국가사회주의 계획경제에서는 계급과 계층 간 소득격차가 그다지 크지 않았습니다.[261]

258　Statistisches Jahrbuch 1990, S. 144.

259　Statistisches Jahrbuch 1990, S. 144.

260　Statistisches Jahrbuch 1981, S. 268; Statistisches Jahrbuch 1990, S. 308.

261　Martin Diewald / Heike Solga, Soziale Ungleichheiten in der DDR: Die feinen, aber deutlichen Unterschiede am Vorabend der Wende, in: Johannes Huinink / Karl Ulrich Mayer (Hrsg.), Kollektiv und

1989년 노동자들의 월 최저임금은 400마르크였습니다. 그러나 대부분의 임금은 훨씬 높았습니다. 반숙련 근로자는 평균 900마르크, 숙련 근로자는 1100마르크를 벌었습니다. 갈탄 노천광산, 제철소, 원양 어업과 같이 특히 어려운 조건에서 일하는 노동자들은 임금과 상여금으로 상대적으로 높은 소득을 얻을 수 있었습니다. 국유기업 사무직 근로자들은 숙련공처럼 평균 1100마르크를 벌었습니다. 국가 기관의 사무직 근로자들은 평균 급여가 1300마르크로 훨씬 더 높게 분류되었습니다. 농업생산협동조합 조합원들은 평균 1400 마르크를 벌었습니다. 고소득 기업가는 존재하지 않았습니다. 소수의 자영업 상인은 평균 1600마르크를 벌었습니다. 학계에 종사하는 직업은 높은 수입으로 보상받았지만, 공장과 관리직 노동자와 차이는 적당한 수준을 유지했습니다. 의사는 평균 1600마르크, 변호사는 1800 마르크, 예술가 및 프리랜서 지식인(Freischaffenden Intelligenz)은 1800 마르크, 대학교수는 2200마르크를 벌었습니다. 직업군인들은 상당히 많은 보수를 받았습니다. 그들은 평균 1900마르크를 받았습니다. 기업가들이 사라지고 정치 계급이 소득 피라미드의 꼭대기를 형성했습니다. 장관의 급여는 4000마르크였습니다.[262]

여성의 노동참여가 일반화되면서 대부분의 가구는 두 가지 임금 또는 월급을 받았습니다. 1960년에 피고용인 가구의 평균소득은 758마르크였습니다. 1988년에는 1946 마르크까지 올랐습니다.[263] 임금 및 급여의 성별 차이는 폐지되어야 했습니다. 동일 노동에 대해 동일 임금을 지급해야 한다는 원칙이 적용되었습니다. 원칙에의 근접에도 불구하고 여전히 여성과 남성 간 소득평등은 없었습니다. 모든 직업을 여성에게 개방하기 위해 노력했지만 많은 여성이 여전히 낮은 임금을 받는 전통적인 여성 직업에 고용되어 있었습니다. 여성은 남성보다 자격 이하로 고용될 가능성이 더 높았고, 남성보다 승진 기회가 더 적었으며, 대규모 국유기업의 경영과 당과 국가의 요직에서 과소 대표되었습니다. 다

Eigensinn. Lebensverläufe in der DDR und danach, Berlin 1995, S. 269

262   Günter Manz, Armut in der „DDR"-Bevölkerung. Lebensstandard und Konsumniveau vor und nach der Wende, Augsburg 1992, S. 42.

263   Statistisches Jahrbuch 1990, S. 317.

양한 고용이력을 통해 여성은 남성보다 평균적으로 낮은 임금과 급여를 받았습니다. 이로써 가족의 주요 수입원으로서 남성의 역할이 강조되었습니다.[264]

가족소득의 구조는 1970년대 초 서독 언론인 볼프강 플라트(Wolfgang Plat)가 동독 가족들과 진행한 인터뷰에서 명확해졌습니다. 성인 2명과 미성년 자녀 2명으로 구성된 S씨 가족에서 여성은 화학노동자, 남성은 운전사였습니다. 가족 소득은 950 마르크였습니다. 거의 모든 수입이 생계비에 사용되었고 50마르크만 절약되었습니다. 역시 성인 2명과 미성년 자녀 2명으로 구성된 W. 가족에서 여성은 화학 엔지니어, 남성은 교사였습니다. 이 가족의 수입은 1300마르크로 훨씬 더 높았습니다. 가족은 S 가족 못지않게 기본적인 생필품을 저렴하게 살 수 있었고, 구매를 위해 더 많은 금액을 저축했습니다.[265] 이 예에서처럼 가구의 소득이 높을수록 가족이 일상생활에 필요한 고품질 소비재를 구입하기 위해 저축할 기회가 더 많아졌습니다.

급여 외에도 노동자들은 기업과 국가로부터 보조금을 받았습니다. 여기에는 실적 보너스, 가족지원, 자유독일노동조합연맹(FDGB)의 휴가보조금, 기업이 지원하는 유치원 및 기타 재정적 또는 금전적 혜택이 포함되었습니다.[266] 기업이나 국가의 추가 혜택은 "두 번째 급여가방"(zweite Lohntüte)이라고도 했습니다.[267] 근로소득과 이전소득의 금전적 가치에 반영되지 않은 가계소득에는 기본수요에 대한 보조금도 있었습니다.[268]

264 Maria Nickel, „Mitgestalterinnen des Sozialismus".

265 Wolfgang Plat, Die Familie in der DDR, Frankfurt 1972, S. 38–42.

266 Pierenkemper, Vierzig Jahre vergeblicher Mühen, S. 54.

267 Jörg Roesler, Geschichte der DDR, 4, Aufl., Berlin 2019, S. 75.

268 Gert Wagner / Richard Hauser / Klaus Müller / Jochen Frick, Einkommensverteilung und Einkommenszufriedenheit in den neuen und alten Bundesländern, in: Wolfgang Glatzer / Heinz-Herbert Noll (Hrsg.), Lebensverhältnisse in Deutschland. Ungleichheit und Angleichung, Frankfurt 1992, S. 99–107.

4.3 자산

국가사회주의적 계획경제에서 개인 저축은 국가에 의해 촉진되었습니다. 저축에 대한 대국민 홍보가 있었고 저축은행에서는 다양한 형태의 프리미엄 저축을 제공했습니다.[269] 광범위한 소유권분배는 사회정치적 목표가 아니었습니다. 그러나 저축은 임금상승과 제한된 소비재 공급 사이의 지속적인 불일치를 줄이는 데 도움이 되기 때문에 경제적 관점에서 바람직했습니다. 저축은 주로 내구 소비재 구매와 공적 연금보험에 대한 보충으로 노후 준비금을 위한 것이었습니다. 계획경제는 포괄적인 생존을 보장하기로 되어 있었기 때문에 개인생명의 위험에 대비한 저축은 필요하다고 생각되지 않았습니다. 가장 중요한 자산형성 수단은 저축은행의 예금이었습니다.[270]

1950년대 초, 전쟁자금조달 인플레이션으로 인한 자산 파괴는 여전히 분명했습니다. 1950년에 저축은 주민 1인당 평균 71마르크에 불과했습니다.[271] 적은 소득은 생계비에 사용되었고, 1950년 저축률은 겨우 1.4%에 불과했습니다. 저축률은 소득이 증가함에 따라 증가하여 1961년에는 7.2%였습니다.[272] 그 이후로 소득은 계속 증가했지만 저축률은 그 수준에서 변동했습니다. 1970년대에 다소 떨어졌다가 1980년대에 다시 상승했습니다. 1970년부터 1989년까지 저축률은 평균 6%였습니다.[273] 1989년 말까지 저축액은 주민 1인당 평균 9736 마르크로 증가했습니다.[274]

경제, 통화, 사회연합(Wirtschafts-, Währungs und Sozialunion)에 관한 동독과 서독

269 Günther Schulz, Sparen und Sparinstitutionen in Deutschland seit 1945/48, in: Robert Muschalla (Hrsg.), Sparen. Geschichte einer deutschen Tugend, Darmstadt 2018, S. 112–113.

270 Günther Schulz, Die Sparkassen vom Ende des Zweiten Weltkriegs bis zur Wiedervereinigung, in: Hans Pohl / Bernd Rudolph / Günther Schulz, Wirtschafts- und Sozialgeschichte der Sparkassen im 20. Jahrhundert, Stuttgart 2005, S. 282–286, 397–404.

271 Statistisches Jahrbuch 1990, S. 1, 302.

272 Steiner, Von Plan zu Plan, S. 121.

273 Statistisches Jahrbuch 1990, S. 315; Steiner, Von Plan zu Plan, S. 245.

274 Statistisches Jahrbuch 1990, S. 1, 302.

의 협상 중에 금융 자산의 전환에 대해 많은 논쟁이 있었습니다. 동독 주민들은 저축이 동독마르크에서 마르크화로 "일대일"(eins zu eins) 비율로 전환될 것으로 예상했습니다. 그러나 연방정부와 연방은행은, 이러한 전환을 하면 동독 주민의 구매력으로 인한 인플레이션 위험이 있다고 주장했습니다. 따라서 민간 가계의 금융자산은 동독 2 마르크를 서독 1마르크로 평가절하되어야 했습니다. 단지 기본 금액만 "일대일" 비율로 변환되어 제공되었습니다. 서독인이 소유한 화폐 자산은, 소유자들이 동독 마르크의 낮은 환율로 이 금액을 저렴하게 취득했다고 가정했기 때문에, 동독 3마르크 대 서독 1마르크의 비율로 평가절하되었습니다.

전체적으로 약 660억 동독마르크의 금융 자산이 1:1 비율로 환산되었고 1,720억 동독마르크는 동독 2마르크와 1독일마르크의 환율로 환산되었습니다. 저축의 평가절하로 동독 주민들은 논란의 여지가 있는 "안정 희생"(Stabilitätsopfer)을 요구당했습니다. 왜냐하면 상대적으로 낮은 동독 주민들의 금융 자산으로 인해 연방정부와 연방은행이 예측한 인플레이션 위험은 당시에도 현실적이지 않았고, 후속적인 발전과정에서도 증명되지 않았기 때문입니다.[275]

4.4 사회소득

4.4.1 사회보험

국가사회주의적 계획경제는 사회보장(Soziale Sicherheit)이 주로 사회보험(Sozialversicherung)을 통해 보장되어야 한다는 독일 전통을 계승했습니다. 1947년부터 건강보험, 사고보험, 연금보험이 하나의 보험으로 통합되었습니다. 헌법이 고용 가능한 모든 사람에게 직업을 보장했기 때문에 실업보험은 기본적으로 국가사회주의 계획경제에 맞지 않았습니

---

275   Streit, Die deutsche Währungsunion.

다. 실업보험은 실제로는 거의 사용되지 않다가 1977년에 최종 폐지되었습니다.[276]

사회보험은 독립적인 제도가 아니었고, 국가와 자유독일노동조합연맹(Freier Deutscher Gewerkschaftsbund/FDGB)에 의해 운영되었습니다. 자유독일노동조합연맹이 행정을 수행했고, 사회보장 기금은 국가예산의 일부였습니다. 건강보험과 연금보험의 기여금(Beitrag)은 기업과 근로자가 지불했고, 사고보험의 기여금은 기업이 부담했습니다. 사회보험의 적자는 국가 보조금으로 충당되었습니다.

사회보험의 기여금은 정치적인 이유로 낮게 유지되어야 했습니다. 장기적으로 사회보장 비용이 상승함에 따라 사회보험은 더 많은 정부 보조금에 의존하게 되었습니다. 재정 상황을 개선하기 위해 사회보험은 1956년에 분할되었습니다. 노동자와 사무직 근로자의 보험은 자유독일노동조합연맹(FDGB)에 남아 있었습니다. 한편 독일보험기관(Deutsche Versicherungsanstalt)은 협동조합원과 자영업자에 대한 보험을 담당하게 되었습니다. 제도적 분할로 사회보험의 부담이 완화돼야 했습니다. 노동자와 사무직 근로자의 사회보험은 종전의 조건에서 연금보험을 계속했습니다. 반면에 독일보험기관(Deutsche Versicherungsanstalt)은 더 많은 기부금을 요구했습니다. 그러나 사회보험의 부담완화라는 개혁의 목표는 달성되지 않았습니다. 1989년에는 사회보험 지출의 48%가 국가 보조금으로 충당되었습니다. 독일보험기관(Deutsche Versicherungsanstalt)조차도 국가보조금 없이는 운영할 수 없었습니다.[277]

건강보험. 보건의료비는 건강보험으로 충당했습니다. 보건의료비는 장기적으로 크게 증가했습니다. 건강보험과 연금보험은 정부보조금으로 충당되는 사회보험 적자 증가

---

276 Frerich / Frey, Geschichte der Sozialpolitik, Bd. 2, S. 174 – 175.

277 Dierk Hoffmann, Sozialpolitische Neuordnung in der SBZ/DDR. Der Umbau der Sozialversicherung 1945 – 1956, München 1994, S. 285 – 327; Fritz Rösel / Horst Spaar, Sozialversicherung und ihre Leistungen, in: Horst Spaar (Hrsg.), Das Gesundheitswesen der DDR in der Periode wachsender äußerer und innerer Widersprüche, zunehmender Stagnation und Systemkrise bis zur Auflösung der bestehenden sozialistischen Ordnung (1981 – 1989). Dokumentation zur Geschichte des Gesundheitswesens der DDR, Bd. 6, Berlin 2003, Teil B, S. 117 – 124; Statistisches Jahrbuch 1990, S. 380.

의 주요 원인이었습니다. 1989년에는 사회보험 지출의 50%가 보건의료에 사용되었습니다.[278]

연금보험. 공적 연금보험(Rentenversicherung)은 국가사회주의 계획경제에서 유일한 노후보험제도(Alterssicherungssystem)가 되었습니다. 공무원 연금(Beamtenpensionen)과 기업의 연금제도(Altersvorsorge)가 폐지되었습니다. 원칙적으로 연금에 대한 보충으로 저축에 의한 개인적 노후준비가 가능했지만, 그다지 큰 의미는 없었습니다.[279]

연금은 기본금액과 고용기간 및 근로소득에 따라 증분금액(Steigerungsbetrag)으로 구성됩니다. 최저생계를 보장하기 위해 1950년에 50마르크(DM)의 최저연금이 도입되었으며 이는 고용이력과 무관했습니다. 1960년대 초반까지 증분금액(Steigerungsbetrag)이 너무 적어 대부분의 연금수급자가 최저연금에 의존했습니다. 동독은 서독의 연금개혁을 면밀하게 추적했습니다. 여론의 압력으로 1964년 이후 연금을 계산할 때, 고용이력을 더 많이 고려하여, 연금이 크게 증가했습니다. 또한 1968년에는 임의보충보험을 도입하여 연금수급액을 높였습니다.[280] 1970년에는 1957년 서독 연금모델과 유사하게, 연금을 근로소득에 맞춰 정기적으로 조정하는 연금 개혁이 논의되었습니다.[281] 그러나 예상되는 높은 비용 때문에 새로운 연금 모델은 관철되지 못했습니다.[282]

의무보험과 보충보험의 결합에도 불구하고 노후소득은 미미했습니다. 1989년 의무보험의 노령과 장애연금(Alters- und Invalidenrent)은 평균 451마르크였습니다. 임의보충보험으로 인상된 연금은 568마르크로 소폭 상승했습니다. 의무연금은 순임금의 34%에 해당

278   Statistisches Jahrbuch 1990, S. 180.

279   Winfried Schmähl, Alterssicherungspolitik in Deutschland. Vorgeschichte und Entwicklung von 1045 bis 1998, Tübingen 2018, S. 167-840.

280   Frerich / Frey, Geschichte der Sozialpolitik, S. 329-350; Elke Hoffmann, Das Alterssicherungssystem in der DDR. Zur Geschichte der Rentengesetzgebung 1946-1990, Berlin 1995.

281   Staatliches Amt für Arbeit und Löhne, Langfristige Konzeption zur Entwicklung auf dem Rentengebiet, 27. August 1970. BArchB DQ 3 / 3927, S. 1.

282   Lil-Christine Schlegel-Voß / Gerd Hardach, Die dynamische Rente. Ein Modell der Alterssicherung im historischen Wandel, in: Vierteljahrschrift für Sozial- und Wirtschaftsgeschichte, 90 (2003), S. 309-311.

했습니다. 보충보험을 통해 연금수준은 근로소득의 43%로 높아졌습니다.[283] 동독사회는 생산사회(Produktionsgesellschaft)였습니다. 퇴직으로의 전환은 생활수준의 현저한 악화로 이어졌습니다. 기본물품(Grundbedarf)에는 보조금이 지급되었기 때문에, 낮은 연금은 간신히 생활비를 충당했습니다.[284] 연령 차별은 Lutz Niethammer, Alexander von Plato 및 Dorothee Wierling이 평화 혁명 직전에 나이 든 여성 및 남성들과 나눈 대화에서도 언급되었습니다. 이제 은퇴한 "재건 세대"(Aufbaugeneration)의 한 구성원은 그의 견해로는 젊은 세대가 더 이상 일과 국가에 대해 올바른 태도를 갖고 있지 않다고 비판했습니다. 젊은 세대는 막대한 사회적 혜택을 받고 있는데, 이는 낮은 연금과 관련하여 불공평하다고 했습니다.[285]

4.4.2 가족지원

가족 지원은 가족의 생활 조건을 개선하기 위한 것일 뿐만 아니라 명시적으로 인구정책의 도구로 간주되었습니다.[286] 1960년 각료회의에 제출된 정부 위원회 보고서에 따르면, 어머니와 어린이를 보호하고 여성의 권리를 향상시키기 위한 조치의 목표는 "자녀를 돌보고, 가족을 강화하고, 많은 아이들의 출생촉진"이었습니다. 두 차례의 세계대전으로

---

283   Statistisches Jahrbuch 1990, S. 144, 384.

284   Manz, Armut in der DDR-Bevölkerung; Klaus-Peter Schwitzer, Die Lebenssituation der älteren und alten Generation in der DDR und deren Bedarf bei Aufgabe der Preissubventionen, in: Sozialer Fortschritt, 39 (1990); Klaus-Peter Schwitzer, Senioren, in: Günter Manz / Ekkehard Sachse / Gunnar Winkler (Hrsg.), Sozialpolitik in der DDR – Ziele und Wirklichkeit, Berlin 2001

285   Lutz Niethammer / Alexander von Plato / Dorothee Wierling, Die volkseigene Erfahrung. Eine Archäologie des Lebens in der Industrieprovinz der DDR, Berlin 1991, S. 447–448.

286   Anita Grandke, Familienpolitik, in: Günter Manz / Ekkehard Sachse / Gunnar Winkler (Hrsg.), Sozialpolitik in der DDR – Ziele und Wirklichkeit, Berlin 2001; Johannes Huinink / Michael Wagner, Partnerschaft, Ehe und Familie in der DDR, in: Johannes Huinink / Karl-Ulrich Mayer (Hrsg.), Kollektiv und Eigensinn. Lebensläufe in der DDR und danach, Berlin 1995; Hartmut Wendt, Familienbildung und Familienpolitik in der ehemaligen DDR, Weinheim 1993.

인한 출생이 저하된 후, "인구의 비정상적인 구성을 극복"하는 것이 필요했습니다.[287]

대자녀 가족을 위한 아동수당은 1950년에 도입되었습니다. 생필품 배급카드 (Lebensmittelkarte) 폐지로 가격이 인상된 후, 모든 가족은 1958년부터 일반 "아동보조금"(Kinderzuschlag)을 받았습니다. 아동수당(Kindergeld)과 "아동보조금"(Kinderzuschlag)은 1975년에 통합되었습니다.[288] 지속적인 아동 수당 외에도 일회성 "출산지원금"(Geburtenbeihilfen)이 부여되었습니다. 1972년부터 저소득의 젊은 부부도 무이자 대출을 신청하여 가정을 꾸릴 수 있게 되었습니다. 아이가 태어나면 대출금의 일부를 면제받았습니다.[289]

1950년 여성근로자에게 출산 전 5주간의 유급 임신휴가(Schwangerschaftsurlaub)와 출산 후 6주간의 회복휴가(Genesungsurlaub)가 도입되었습니다. 이 기간 동안 이들은 휴직 전 3개월 평균소득에 해당하는 지원을 받았습니다. 임신 및 회복휴가가 점진적으로 연장되었습니다. 1976년부터 총 6개월 동안 지속되었습니다.[290]

1970년대 이후 가족정책은 저출산에 대응하고 가족과 직업의 양립을 향상시켰습니다. 공적 보육이 대폭 확대되었습니다. 1972년부터 탁아소(Krippenplatz)를 찾지 못한 어머니들이 일정한 보육기간을 신청하여 휴직하고 국가의 지원을 받을 수 있게 되었습니다. 1976년에 일반적인 "아기해"(Babyjahr)가 도입되었습니다. 둘째 아이를 낳은 후, 어머니는 아이를 돌보는 데만 몰두하고 싶다면 1년 동안 일을 쉬어도 되었습니다. 휴직기간 중

---

287 Bericht der zentralen Regierungskommission an den Präsidenten des Ministerrates zum 10. Jahrestag des Gesetzes über den Mutter- und Kinderschutz und die Rechte der Frau, 29. September 1960. SAPM DY 30 / IV 2 / 6.11 / 56.

288 Frerich / Frey, Geschichte der Sozialpolitik, Bd. 2, 405 – 422.

289 Frerich / Frey, Geschichte der Sozialpolitik, Bd. 2, 405 – 422; Barbara Hille, Familie und Sozialstruktur in der DDR, Opladen 1985, S. 67 – 68.

290 Uwe Braun / Thomas Klein, Der berufliche Wiedereinstieg der Mutter im Lebenslauf der Kinder, in: Bernhard Nauck / Hans Bertram (Hrsg.), Kinder in Deutschland. Lebensverhältnisse von Kindern im Regionalvergleich, Opladen 1995, S. 235 – 237; Frerich / Frey, Geschichte der Sozialpolitik, Bd. 2, S. 304 – 314.

에는 업무복귀가 보장되고 병가수당과 임금의 70-90%에 해당하는 임금이 지급됐습니다. 셋째부터는 양육기간을 18개월까지 연장할 수 있었습니다. 1986년부터 어머니뿐만아니라 아버지도 첫아이를 돌보기 위해 육아휴직을 신청할 수 있게 되었습니다.[291]

4.4.3 주택정책

주택정책은 국가사회주의 계획경제에서 사회정책의 중요한 영역으로 간주되었습니다. 1872-1873년 프리드리히 엥겔스(Friedrich Engels)가 발표한 주택문제에 대한 에세이는 이론적 근거로 사용되었습니다.[292] 엥겔스(Engels)에 따르면 주택문제에 대한 해결책은 자본주의 경제에서는 기대할 수 없었습니다. 해결책은 오직 "자본주의적 생산양식의 폐지, 노동계급에 의한 모든 생활수단과 노동수단의 점유"에 있었습니다.[293] 이에 따라 당과 정부는 국가사회주의 계획경제의 주택정책이 근본적으로 사회적 시장경제보다 우월해야 한다는 주장을 표명하였습니다. 주택정책의 목표는 주택공급을 확대하여 모든 가구에 적합한 주택을 보장하고, 임대료와 부대비용을 낮은 수준으로 유지하며, 주거의 질을 향상시키는 데 있어야 했습니다.[294]

1950년대 초에 엄청난 주택 부족이 있었습니다. 원주민들과 새로 도착한 많은 난민과 실향민들이 적은 주택에 몰려들었습니다. 많은 사람이 부분적으로 파괴된 집이나 비상대피소에서 살았습니다. 1950년 9월의 건설법(Aufbaugesetz)에서 "계획적인 도시건

---

291 Braun / Klein, Der berufliche Wiedereinstieg der Mutter, S. 237‒238; Frerich / Frey, Geschichte der Sozialpolitik, Bd. 2, S. 414‒422.

292 Friedrich Engels, Zur Wohnungsfrage (1872‒73). Karl Marx / Friedrich Engels, Werke, Bd. 18, Berlin 1971, S. 209‒287.

293 Engels, Wohnungsfrage, S. 263.

294 Klaus von Beyme, Der Wiederaufbau. Architektur und Städtebaupolitik in beiden deutschen Staaten, München 1987, S. 274‒333; Werner Durth / Jörn Düwel / Niels Gutschow, Architektur und Städtebau in der DDR, 2 Bde., Frankfurt 1998; Joachim Palutzki, Architektur in der DDR, Berlin 2000.

설"이 "독일민주공화국의 가장 시급한 과제 중 하나"로 기술되었습니다.[295] 주로 주택난 (Wohnungsnot) 극복에 관한 것이었지만 대표적인 건축물에 관한 것이기도 했습니다. 주택난은 도시만의 문제가 아니라 지방에서도 만연했습니다. 토지개혁을 통해 토지를 받은 많은 새 농민들은 여전히 주택과 농장 건물이 부족했습니다.

1950년대 초 주택은 주로 개인 및 협동조합 주택으로 구성되었습니다. 새 주택은 국가와 협동조합이 건설했습니다. 제한된 범위에서 개인집도 있었습니다. 1958년부터 각 도시는, 국유기업의 법적 형태로, 주택건설 및 관리를 담당하는 지역주택관청(Kommunale Wohnungsverwaltung)을 설립했습니다. 19세기 후반부터 독일에 존재했던 오래된 비영리 주택협동조합은 계속해서 존재했습니다. 1954년부터 국영기업이 근로자의 주택을 마련하기 위해 설립한 새로운 노동자 주택협동조합은 매우 의미가 있었습니다.

유리한 임대료는 국가사회주의적 계획경제의 주요 성과로 간주되었습니다. 따라서 임대료는 낮은 수준으로 동결되었으며, 1989년에 일반적인 3인 가구는 임대료에 소득의 평균 2.4%, 에너지에 1.4%, 수리에 1.8%를 지출했습니다.[296] 임대료는 필요한 수리를 하기에 충분하지 않았습니다. 따라서 지역주택관청(Kommunale Wohnungsverwaltung)과 주택협동조합은 국가예산의 보조금에 의존하게 되었습니다.

1956년 이후 조립식 건축 자재를 사용한 건설의 산업화가 도입되어 주택건설이 가속화되었습니다. 새로운 주택 단지는 짧은 시간에 제한된 비용으로 많은 주택을 지을 수 있는 기술적 해결 그 이상이어야 했습니다. 새로운 주택 단지는 평등한 생활방식, 포괄적인 공공 서비스와 함께 새로운 사회적 조건을 만들어야 했습니다. 1959-1965년 7개년 계획에서 1965년까지 새 건물과 오래된 건물의 개조로 주택 부족을 극복해야 한다고 약속했습니다. 전쟁으로 파괴된 도시의 중심은 그때까지 복구했어야 했습니다. 그러나 성장공

295　Gesetz über den Aufbau der Städte in der Deutschen Demokratischen Republik und der Hauptstadt Deutschlands, Berlin. Vom 6. September 1950. GBl. 1950, S. 365 – 367, § 1.

296　Statistisches Jahrbuch 1990, S. 319 – 320.

세(Wachstumsoffensive)의 끝과 계속되는 경제문제로 인해 주택건설 프로그램은 실패했습니다.

1971년 정권교체 이후 이전의 주택정책은 부적절했다는 비판을 받았습니다. "사회문제로서의 주택문제"(Wohnungsfrage als soziales Problem)는 새로운 주택건설 프로그램으로 1990년까지 해결될 예정이었습니다. 그 결과 주택건설에 더 많은 자금이 투자되었습니다. 그러나 1980년대 말까지 주택공급은 여전히 부족했습니다. 지역주택관청(Kommunale Wohnungsverwaltung)에 주택신청을 하면, 입주 대기시간은 4-6년이 걸렸습니다.[297] 프리드리히 엥겔스(Friedrich Engels)에 따르면 자본주의 생산양식을 극복함으로써 기대되는 양적 질적으로 더 나은 주택 공급은 국가사회주의 계획경제에서는 달성되지 않았습니다.

4.4.4 사회복지

기본적으로 사회복지(Sozialfürsorge)는 경제계획과 사회보험이 종합적인 사회보장을 보장하기 때문에 없어도 되는 것으로 여겨졌습니다. 일할 수 있는, 도움이 필요한 사람들에게는 일자리가 중개되었습니다. 일할 수 없는 사람들에게 사회보험은 생계를 제공하기 위한 것이었습니다. 마지막으로 기본필수품(Grundbedarf)에 대한 보조금도 저소득층이 생계를 유지할 수 있도록 보장해야 했습니다.[298]

복지의 특수 부문인 "인민연대"(Volkssolidarität)는 주로 노년층을 돌보는 데 전념했습니다. "인민연대"(Volkssolidarität)의 임무에는 노인 여성과 남성이 자원 봉사를 통해 자신을 유용하게 만들 수 있는 다양한 프로그램도 포함되었습니다. 이러한 이니셔티브에

---

297   Buck, Mit hohem Anspruch gescheitert, S. 342‒348; Wilhelm Hinrichs, Wohnungsversorgung in der ehemaligen DDR. Verteilungskriterien und Zugangswege. Wissenschaftszentrum Berlin, Berlin 1992, S. 24, 39‒40.

298   Frerich / Frey, Geschichte der Sozialpolitik, Bd. 2, S. 364‒371; Günter Manz, Armut in der „DDR"-Bevölkerung. Lebensstandard und Konsumniveau vor und nach der Wende, Augsburg 1992.

는 지역주택관청(Kommunale Wohnungsverwaltung)을 위해 수리를 돕는 "연금수급자 여단"(Rentnerbrigade), 다자녀 가족을 돕는 "할머니 여단"(Omabrigade)으로도 알려진 "바느질 여단"(Stopf- und Nähbrigade), "연금 수급자가 돌보는 연금수급자" 원칙에 따른 노인돌봄이 속했습니다.[299]

4.5 소비

소비는 국가사회주의 계획경제에서 중요한 국가 목표로 간주되었습니다. 울브리히트(Ulbricht)는 1950년 독일사회주의통일당(SED) 제3차 전당대회, 1954년 제4차 전당대회, 1958년 제5차 전당대회에서, 자본주의에 대한 사회주의의 우월성은 더 강력한 경제성장과 더 높은 소비기준에 반영될 것이라고 반복해서 말했습니다.[300]

1950년대 초반의 출발 조건은 어려웠습니다. 비좁고 제대로 복구되지도 않은 오래된 주택에서, 식량, 의복, 신발과 같은 기본 소비재도 부족한 생활은 최저 생존수준을 약간 넘어섰습니다. 당과 정부는 낮은 생활수준을 당시의 특수한 부담으로 설명하려 했습니다. 전쟁피해를 보상하고 중공업을 확대하여 경제구조를 개선하기 위해서는 많은 투자가 필요하다고 했습니다. 그러나 투자는 노동 생산성을 증가시킬 것이며 이를 바탕으로 나중에 소비자의 기대가 충족될 것이라고 했습니다.[301] 1950년대 초반까지 대부분의 식량

299 Siegfried Mrochen, Alter in der DDR. Arbeit, Freizeit, materielle Sicherung und Betreuung, Weinheim 1980, S. 122–138.

300 Protokoll der Verhandlungen des III. Parteitages der Sozialistischen Einheitspartei Deutschlands, 20. bis 24. Juli 1950, 2 Bde., Berlin 1951, Bd. 1, S. 340; Protokoll der Verhandlungen des IV. Parteitages der Sozialistischen Einheitspartei Deutschlands, 30. März bis 6. April 1954. 2 Bde., Bd. 1, S. 38; Protokoll der Verhandlungen des V. Parteitages der Sozialistischen Einheitspartei Deutschlands, 10. bis 16. Juli 1958, 2 Bde., Berlin 1959, Bd. 1, S. 68.

301 Schevardo, Vom Wert des Notwendigen; Jennifer Schevardo, Von der Kartenwirtschaft zum „Exquisit": Verbraucherpreise, Lebensstandard und Herrschaftslegitimation in der DDR der fünfziger Jahre, in: André Steiner (Hrsg.), Preispolitik und Lebensstandard. Nationalsozialismus, DDR und Bundesrepublik im

은 여전히 배급되었습니다. 1950년에는 빵과 감자의 배급만 해제되었습니다. 일반적으로 가격은 제조 비용을 기준으로 해야 했습니다. 또한 기업의 투자 자금을 조달하기 위해서는 작은 이익을 계산해야 했습니다. 그러나 비용부담 가격 예외로, 기본식량 가격은 정치적인 이유로 일정하게 유지되었습니다. 그러나 국영소매상점(Handelsorganisation/HO)은 귀한 소비재를 배급품 가격의 몇 배에 달하는 가격으로 제공했습니다. 수요를 제한하고 구매력을 흡수하기 위해 가전제품, 전기제품 또는 자동차 같은 산업적 소비재에 대해서는 매우 높은 가격이 책정되었습니다.[302]

1950년대 중반 가계의 소비지출은 소득증가에도 불구하고 여전히 식품을 위한 지출로 특징지워졌습니다. 반면에 임대료는 주택관리로 인해 매우 낮았습니다. 1955년 성인 2명과 자녀 2명을 둔 노동계급 가정의 가계예산에 따르면 식비지출은 예산의 42%를 차지했습니다. 난방 및 조명이 포함된 임대료는 전체 지출의 9%, 섬유 및 신발이 14%, 가구가 3%, 기타 소비가 32%를 차지했습니다. 저축률은 6%였습니다.[303]

공산품 소비재는 높은 가격 때문에 1950년대 중반에는 흔하지 않았습니다. 상대적으로 저렴하게 제공되는 라디오는 예외였습니다. 1953년부터 시장에 나온 텔레비전은 처음에는 한정된 수량만 생산되었습니다. 1955년에는 모든 가구의 77%가 라디오가 있었고, 11%는 오토바이, 1.2%는 텔레비전이 있었고, 1% 미만의 가구가 세탁기, 냉장고 또는 자동차를 소유하고 있었습니다.[304] 가전제품의 부족으로 인해 여성은 직장과 가정에서 이중 의무를 수행하기가 특히 어려웠습니다.

실질 소득이 증가한 후, 주민들은 소비재 공급에서 더 많은 수량뿐만 아니라 더 높은 품질도 요구했습니다. 중앙계획이 수요의 변화를 과소 평가했기 때문에 인기가 없는 제품의 재고가 있었습니다. 1957년에는 재고를 처리하기 위한 "싸구려 상

Vergleich, Köln / Weimar / Wien 2006, S. 87 – 127. Schevardo, Vom Wert des Notwendigen, 61 – 184.

302   Schevardo, Vom Wert des Notwendigen, 61 – 184.

303   Riegel, Berechnung des Realeinkommens, S. 758.

304   Statistisches Jahrbuch 1987, S. 283.

점"(BilligwarenLaden)이 조직되었습니다.[305] 서독의 자가용 물결이 동독에서 주의 깊게 주목되었지만 자동차 생산은 한참 후에 계획되었습니다. 가격은 수요를 억제하기 위해 매우 높게 책정되었습니다.

1958년까지 소비재 생산은 배급이 폐지될 정도로 증가했습니다. 그러나 특히 탐내는 상품을 위해서는 여전히 오랜 시간을 기다려야 하는 경우가 많았습니다. 1958년 성장공세를 준비하고 있을 때 울브리히트(Ulbricht)는 몇 년 안에 모든 중요한 식품 및 소비재에 대한 동독주민 1인당 소비량이 서독주민 1인당 소비량을 초과할 수 있게 국민경제를 발전시키는 것이 경제의 주요과제라고 설명하였습니다.[306] 그것은 도전적인 목표였습니다. 서독의 추산에 따르면, 독일민주공화국의 1인당 개인소비는 1958년에 서독수준의 약 70%에 달했습니다.[307] 소비재 생산은 늘었지만 항상 걸림돌이 있었습니다. 이것은 자원의 부족뿐만 아니라, 수요의 발전이 정확하게 예측되지 않았기 때문에, 또한 계획이 잘못되었기 때문이기도 했습니다.[308] 1963년 7개년 계획이 조기에 중단되었을 때 소비는 여전히 서독 수준에서 멀었습니다.

1963년에 도입된 국민경제를 계획하고 관리하는 신경제체제에서 물질적 관심의 원칙은 국가사회주의적 계획경제의 중요한 수단으로 인식되었습니다. 다시 한번 더 높은 소득과 더 나은 소비재 공급이 약속되었습니다. 1963년 6월 독일사회주의통일당(SED) 중앙위원회와 각료회의의 경제콘퍼런스에서 울브리히트(Ulbricht)는 생산성 향상을 위한 원동력으로서 소비의 중요성을 강조했습니다. 상점 쇼윈도는 "아름답고 기능적인 디자인의 좋은 품질의 상품을 제공한다면 일하는 사람들에게 자석처럼 작용"할 수 있을 것입니다. 매력적인 쇼윈도는 이러한 상품을 구매하려는 관람자의 욕구를 촉발할 뿐만 아니라 자체

305　Schevardo, Von der Kartenwirtschaft zum „Exquisit", S. 104 – 109.

306　Ulbricht, Der Kampf um den Frieden. Verhandlungen des V. Parteitages, Bd. 1, S. 68.

307　Werner Bröll, Die sozialistische Wirtschaft, in: H. Rausch / Th. Stammen (Hrsg.), DDR. Das politische, wirtschaftliche und soziale System, 2. Aufl., München 1974, S. 134.

308　Schevardo, Von der Kartenwirtschaft zum „Exquisit", S. 116.

적으로 더 많고 더 나은 제품을 생산하려는 충동을 유발할 것입니다. "따라서 상점 쇼윈도를 물질적 관심을 끌어당기는 자석으로 만드는 것은 소비재 산업과 소매업에 중요한 과제입니다."[309]

1960년대에 세워진 "고급상점"(Exquisit-Geschäft)과 "진미상점"(Delikatess-Laden)도 생산성을 높이는 인센티브 역할을 하려는 의도였습니다. 더 잘 버는 사람들은 특별한 소비재를 구입할 수 있었습니다.[310] 그러나 고급 소비자를 위한 매장도 비판을 받았습니다. 한 연금 수급자는 재건 세대가 적당한 연금으로 "진미상점"(Delikatess-Laden)에서 더 좋고 더 비싼 버터를 살 수 없다는 사실을 비판했습니다. 이로써 재건의 가치는 사라졌습니다.[311]

개혁 정책은 실패했지만 이 기간 동안 가계는 점차 공산품 소비재를 갖추게 되었습니다. 라디오와 텔레비전이 널리 보급되어 오락과 정보는 물론 당과 정부의 선전을 가정으로 가져왔습니다. 1970년에는 전체 가구의 92%가 라디오가 있었고 69%가 텔레비전을 소유했습니다. 일상생활에서 집안일을 쉽게 해주는 소비재는 절반이 조금 넘는 가구에서만 살 수 있었습니다. 가구의 56%가 냉장고를 소유했고 54%가 세탁기가 있었습니다. 개인적 동력화는 여전히 소비자 정책의 목표가 아니었습니다. 가구의 19%는 오토바이가 있었고 16%는 자동차가 있었습니다.[312]

1971년 정권교체 이후 호네커(Honecker)는 울브리히트(Ulbricht)의 경제정책에서 소비가 방치된 점을 비판하고 새로운 소비정책을 발표했습니다. 1971년 독일사회주의통일당 (SED) 제8차 전당대회에서 그는 소비 증가를 계획의 "주요 과제"라고 말했습니다. 1976

---

309 Ulbricht, Das neue ökonomische System der Planung und Leitung der Volkswirtschaft in der Praxis. Referat auf Wirtschaftskonferenz des Zentralkomitees der SED und des Ministerrats im Juni 1963, Berlin 1963, S. 103‒104.

310 Kaminsky, Wohlstand, Schönheit, Glück; Günther Manz, Einkommens- und Subventionspolitik, in: Günter Manz / Ekkehard Sachse / Gunnar Winkler (Hrsg.), Sozialpolitik in der DDR ‒ Ziele und Wirklichkeit, Berlin 2001.

311 Merkel, Utopie und Bedürfnis, S. 275.

312 Statistisches Jahrbuch 1987, S. 283.

년 제9차 전당대회에서는 "경제와 사회정책의 통일" 원칙으로 소비의 중요성이 확인되었습니다.[313] 더 높은 임금과 연금, 더 많은 사회적 혜택, 주택 프로그램, 더 나은 소비재 공급이 약속되었습니다. 저렴한 기본 서비스도 중요한 정치적 목표로 남아 있었습니다. 기본 식량 가격, 집세, 교통비는 계속 낮게 유지되어 막대한 보조금을 받아야 했습니다. 주택 산업에서 임대료는 주택을 유지하고 현대화하는 데 필요한 비용을 충당하지 못했습니다. 건물의 전반적인 악화가 있었습니다. 보조금 정책은 주로 소득의 상대적으로 많은 부분을 기본적인 필요에 지출하는 가족에게 혜택을 주었고 낮은 연금으로 생존할 수 없는 많은 노인에게도 중요했습니다.[314]

소득이 증가함에 따라 가계지출에서 식품이 차지하는 비중은 급격히 떨어졌습니다. 1989년 성인 2명과 자녀 2명을 둔 중산층 가정은 식료품에 예산의 28%, 맥주, 증류주, 담배와 같은 사치품에 11%, 집세, 난방 및 전기에 5%, 전기에 4%를 지출했습니다. 가전 제품, 직물, 신발 및 가구 각각 3%, 교육, 오락 및 레크리에이션 3%, 가정용품 및 수리 2%, 운송 1%를 지출했습니다.[315] 1970년대 이후 공산품 소비재를 사용하는 가정은 계속 증가했습니다. 1989년에는 전체 가구의 99%가 냉장고, 세탁기 또는 라디오가 있었고, 텔레비전은 96%, 컬러 TV는 57%, 자동차는 54%, 오토바이는 18%였습니다.[316] 전반적으로 높은 수준의 소비에도 불구하고 1980년대 말까지 공급에는 항상 격차가 있었습니다. 때로는 품목에 대한 잘못된 계획 때문이었습니다. 원하는 상품이 원하는 수량만큼 생산되지 않았고 덜 매력적인 상품은 "초과 재고"로 판매할 수 없는 재고로 남아 있었습니다. 때로는 상업을 통한 분배가 부적절했습니다. 소비자 특권에 대한 불만, "Intershop",

---

313   Protokoll der Verhandlungen des VIII. Parteitages der SED, 15. bis 19. Juni 1971, 2 Bde., Berlin 1971, Bd. 1, S. 61–64; Protokoll der Verhandlungen des IX. Parteitages der Sozialistischen Einheitspartei Deutschlands, 18. bis 22. Mai 1976, 2 Bde., Berlin 1976, Bd. 1, S. 51–62.

314   Manz, Armut in der DDR-Bevölkerung, S. 18–32.

315   Statistisches Jahrbuch 1990, S. 321.

316   Statistisches Jahrbuch 1990, S. 325.

"Exquisit" 및 "Delikat"을 통한 판매, 도시에 비해 지방의 열악한 공급, 나머지 공화국보다 동베를린에 대한 선호가 널리 퍼졌습니다.[317] 서독의 소비 수준은 주민들에 의해 주의 깊게 관찰되었습니다. 자동차 같은 공산품 소비재, 열대 과일과 커피 같은 수입 식품, 서유럽 국가로의 휴가 여행이 바람직한 것으로 간주되었습니다. 서독의 소비에 대한 관찰이 1989-1990년의 평화 혁명 동안 분위기가 독일민주공화국의 개혁에서 독일연방공화국과의 통일로 곧 바뀌었다는 사실에 중요한 기여를 했습니다.

---

317   Kaminsky, Wohlstand, Schönheit, Glück, S. 147 – 151.

제**4**장

사회적 시장경제
1990-2019

1. 경제 질서

1.1 새로운 경제질서

독일통일(deutsche Einigung)은 동독 주들(Länder)이 연방영토(Bundesgebiet)에 편입 (Beitritt)됨으로써 이루어졌습니다. 따라서 두 시스템 요소를 모두 포함하는 새로운 경제 질서(Wirtschaftsordnung)는 없었습니다. 1990년 7월 1일 발효된 1990년 5월의 통화,경제, 사회동맹(Währungs-, Wirtschafts- und Sozialunion)에 관한 조약 이후 3개월 동안 사회적 시 장경제(Soziale Marktwirtschaft)는 서독뿐만 아니라 동독의 경제 질서였습니다.

1990년 8월 31일 독일연방공화국과 독일민주공화국 간 통일조약(Einigungsvertrag)이 체결되고 1990년 10월 3일 발효되면서 사회적 시장경제는 과도기 없이 통일된 독일의 경제질서가 되었습니다.[1]

그럼에도 불구하고 통일독일의 사회적 시장경제는 구독일연방공화국의 사회적 시장경

---

1   Dieter Grosser, Das Wagnis der Währungs-, Wirtschafts- und Sozialunion. Politische Zwänge im Konflikt mit ökonomischen Regeln. Geschichte der deutschen Einheit, Bd. 2, Stuttgart 1998.

제와는 다른 경제질서였습니다. 통화정책(Währungspolitik), 경쟁정책(Wettbewerbspolitik), 환경정책(Umweltpolitik) 같은 핵심 영역은 1992년 설립된 유럽연합(Europäische Union/EU)과 유럽중앙은행(Europäische Zentralbank)으로 이관됐습니다. 세계화(Globalisierung)는 독일뿐만 아니라 다른 나라에서도 국가 경제질서의 조정을 필요로 했습니다. 사회적 파트너십(Sozialpartnerschaft)은 사회적 시장경제의 핵심으로 남아 있었지만, 집단적 단체협약(Tarifvertrag)의 침식으로 인해 새로운 도전에 직면했습니다. 따라서 기존의 사회적 시장경제와 새로운 사회적 시장경제를 구분하는 것이 합리적입니다.[2]

1.2 경제질서의 유럽화

유럽연합. 1993년 발효된 1992년 2월의 마스트리흐트 조약(Vertrag von Maastricht)에서 당시 유럽 공동체(Europäische Gemeinschaft)의 12개 회원국인 벨기에, 덴마크, 독일, 프랑스, 그리스, 영국, 아일랜드, 이탈리아, 룩셈부르크, 네덜란드, 포르투갈, 스페인은 유럽연합(Europäische Union)을 설립하기로 결정했습니다. 유럽연합(Europäische Union)은 유럽경제공동체(Europäische Wirtschaftsgemeinschaft)의 유럽공동체(Europäischen Gemeinschaft)로의 확장, 공동 외교정책과 안보정책, 국내정책과 법률정책에서의 협력이라는 세 가지 중점을 갖고 있었습니다. 유럽연합의 기관은 유럽위원회(Europäische Kommission), 회원국 정부를 대표하는 유럽이사회(Europäische Rat), 유럽의회(Europäische Parlament), 유럽사법재판소(Europäische Gerichtshof)로 유럽공동체(Europäische Gemeinschaft)로부터 물려받았습니다.[3]

유럽연합은 자체적인 민주적 정당성(eigene demokratische Legitimation)을 갖고 있지는 않

---

2 Karl-Heinz Paqué, Hat die deutsche Einheit die Soziale Marktwirtschaft verändert? Eine Zwischenbilanz 1990 – 2010, in: Werner Plumpe / Joachim Scholtyscheck (Hrsg.), Der Staat und die Ordnung der Wirtschaft. Vom Kaiserreich bis zur Berliner Republik, Stuttgart 2012, S. 179 – 203.

3 Vertrag über die Europäische Union, unterzeichnet zu Maastricht am 7. Februar 1992. Amtsblatt der über die Europäische Union vom 29. Juli 1992, S. 1 – 112.

았지만, 민주적으로 합법화된 주권국가들의 조약연합(Vertragsunion)이었습니다. 유럽의회는 유럽인(europäisches Volk)을 대표하는 것이 아니라 유럽국가를 대표하였습니다. 투표권은 1979년 유럽의회를 위한 직접선거에서 도입된 절차에 상응하였습니다. 각 회원국이 의회에서 가질 수 있는 의석 수는 국가 규모에 따라 달랐지만, 의석 수는 인구 차이를 거의 반영하지 못했습니다. 작은 나라의 유권자는 여전히 큰 나라의 유권자보다 몇 배나 많은 투표가중치(Stimmgewicht)를 가졌습니다. 회원국 정부에 대한 유럽위원회의 권한이 커지면서 민주주의 결핍(Demokratiedefizit)이 문제가 되었습니다.[4]

유럽연합의 경제적 핵심은 유럽공동체(Europäische Gemeinschaft)였습니다. 유럽경제공동체의 공동시장과 달리 유럽공동체는 "단일내부시장"(einheitlicher Binnenmarkt)이 되어야 했습니다. 이것은 회원국 간 국경통제가 폐지되었을 뿐만 아니라, 유럽 전역의 경쟁을 촉진하기 위해 국가들 내 시장조건도 평준화되었음을 의미했습니다.

유럽연합(EU)의 경제적 역량이 결합해, 회원국들의 국가경제질서와 구별되는, 독자적인 경제질서를 만들었습니다. 유럽경제공동체는 이미 유럽 대외무역정책과 농업정책에 대한 책임을 부여받았습니다. 유럽연합은 무엇보다 경쟁정책과 통화정책에 대해 추가적인 권한을 부여받았습니다. 유럽위원회와 회원국 정부들은 사회정책, 구조정책, 지역정책, 환경정책에서 책임을 공유했습니다. 재정정책은 회원국들에 유보되었습니다. 원칙적으로 개별 국가의 예산적자는 유럽연합이나 다른 국가가 보상할 수 없었습니다. 유럽연합은 "특별한 사건"(außergewöhnliche Ereignisse)으로 인해 국가가 어려움에 처했을 때만 지원신용을 보장할 수 있었습니다.[5] 재무안정성을 보장하기 위한 규정을 최소기준으로 결정하였습니다. 예산적자(Haushaltsdefizit)는 국내총생산(Bruttoinlandsprodukt)의 3%를 초과

---

4   Gerold Ambrosius, Wirtschaftsraum Europa. Vom Ende der Nationalökonomien, Frankfurt 1996, S. 161 – 192; Berthold Rittberger, Die Europäische Union. Politik, Institutionen, Krisen, München 2021; Frank Schorkopf, Der europäische Weg. Grundlagen der Europäischen Union, Tübingen 2010.

5   Vertrag über die Europäische Union, Artikel 103 a, Art. 104 b.

해서는 안 되었으며 부채는 국내총생산의 60%를 초과해서는 안 되었습니다.[6]

유럽연합의 경제질서는 신자유주의 시대정신(neoliberaler Zeitgeist)에 의해 형성되었습니다. 자유경쟁이 있는 개방 시장경제의 원칙에 충실해야 했습니다.[7] 규칙의 예외는 유럽연합 예산의 상당 부분을 차지하는 농업정책과 장기적으로 유럽연합 내에서의 소득균등을 위해 경제적으로 취약한 국가 및 지역을 촉진하기 위한 구조정책과 지역정책이었습니다.[8]

통합의 장기적 목표는 경제통화연합(Wirtschafts- und Währungsunion)으로 3단계에 걸쳐 달성되어야 했습니다. 1990년 7월 1일에 소급하여 시작하도록 결정된 첫 번째 단계에서는 경제정책과 내부시장 프로젝트의 구체화에 대한 긴밀한 조정이 예정되었습니다. 1994년 1월 1일부터 시작된 두 번째 단계에서는 유럽통화를 위해 필요한 공동 통화정책이 준비되어야 했습니다. 여기에는 유럽중앙은행(europäische Zentralbank)의 전신인 유럽통화연구소(Europäisches Währungsinstitut)의 설립과 긴밀한 통화정책적 협력이 포함되었습니다. 빠르면 1997년 1월 1일에 시작될 마지막 세 번째 단계에선 유럽중앙은행의 설립, 취소할 수 없는 환율 고정, 단일 유럽 통화의 도입이 예정되었습니다.

마스트리히트 조약(Maastricht Vertrag) 이후 유럽연합이 확대되었습니다. 1993년에 유럽이사회는 새로운 회원국을 위한 가입조건을 공식화했습니다. 가입조건은 제도적 안정성, 민주적 법질서, 인권존중, 소수자존중, 기능하는 시장경제, 유럽연합의 정치경제적 목표에 대한 인정이었습니다. 체제경쟁이 끝난 후, 핀란드, 오스트리아, 스웨덴은 더 이상 서양과 동양 사이의 중립을 고수하지 않았습니다. 그들은 1995년에 유럽연합에 가입했습니다. 2004년에는 지중해의 작은 국가인 몰타와 키프로스가 유럽연합에 가입했습니다. 2004년부터 2007년까지 동쪽으로 대대적인 확장이 있었습니다. 1993년에 채택된 회

---

6   Vertrag über die Europäische Union, Artikel 104 c, und Protokoll über das Verfahren bei einem übermäßigen Defizit, Art. 1.

7   Vertrag über die Europäische Union, Artikel 3 a.

8   Ambrosius, Wirtschaftsraum Europa, S. 162 – 174.

원기준은 모든 경우에 준수되지는 않았습니다. 목표는 동유럽의 정치경제적 안정을 달성하는 것이었습니다. 불가리아, 에스토니아, 라트비아, 리투아니아, 폴란드, 루마니아, 슬로바키아, 슬로베니아, 체코, 헝가리가 유럽연합의 회원국이 되었습니다.

2007년 리스본 조약이 체결됨에 따라 유럽연합에서의 협력이 강화되어야 했습니다. 유럽연합의 정치적 중요성을 강조하기 위해 자체 외교업무를 담당하는 외교정책사무국(Sekretariat für Außenpolitik)이 신설되었습니다. 경제영역으로서의 유럽공동체는 유럽연합으로 합병되었습니다. 사회적 시장경제와 사회적 파트너십과 같은 독일 경제질서의 핵심요소는 유럽의 경제질서에 명시적으로 포함되었습니다. 공동 경제정책의 목표는 "균형잡힌 경제성장과 물가안정에 기초한 유럽의 지속가능한 발전, 완전 고용과 사회적 진보를 목표로 하는 고도로 경쟁적인 사회적 시장경제, 높은 수준의 환경보호와 환경의 질적개선"이었습니다.[9] 사회적 파트너십은 유럽연합 차원에서 인정되고 촉진되어야 했습니다.[10]

리스본 조약 이후 크로아티아는 2013년 유럽연합에 가입했고 영국은 2020년 1월 유럽연합을 탈퇴했습니다. 이로써 유럽연합에는 27개 회원국이 남았습니다: 오스트리아, 벨기에, 불가리아, 덴마크, 독일, 에스토니아, 핀란드, 프랑스, 그리스, 아일랜드, 이탈리아, 크로아티아, 라트비아, 리투아니아, 룩셈부르크, 몰타, 네덜란드, 폴란드, 포르투갈, 루마니아, 스웨덴, 슬로바키아, 슬로베니아, 스페인, 체코, 헝가리 및 키프로스. 확장과 함께 경제영역으로서 유럽연합의 중요성이 커졌습니다. 그러나 회원국 간 정치경제적 격차도 커져 서로 다른 국익을 조율하기 어려워졌습니다.

통화연합. 역내시장은 유럽연합의 모든 회원국을 아우르는 반면, 통화연합 가입은 일정한 통화정책적 안정성 기준을 충족하는 회원국만 가능했습니다. 마스트리히트 조약에

9　Vertrag von Lissabon zur Änderung des Vertrages über die Europäische Union und des Vertrages zur Gründung der Europäischen Gemeinschaft, unterzeichnet in Lissabon am 13. Dezember 2007. Amtsblatt der Europäischen Union, 17. Dezember 2007, S. 1–271. Art. 2, Abs. 2.

10　Vertrag von Lissabon, Art. 136 a.

서 정의된 안정성 기준은 물가상승률, 이자율, 국가예산 및 환율과 연관되었습니다. 물가상승률은 물가상승률이 가장 낮은 3개국 평균 물가상승률보다 1.5% 이상 높아서는 안 되었습니다. 장기금리는 물가상승률이 가장 낮은 3개국의 장기금리 평균을 최대 2%포인트 초과만 허용되었습니다. 진행 중인 적자에 대해서는 국내총생산의 3%, 부채 수준에 대해서는 60%라는 일반적인 정부부채 한도가 통화연합에도 적용됐습니다. 회원국은 최소 2년 동안 평가절하 없이 고정환율로 유럽통화시스템에 참여해야 했습니다.[11] 돌이켜 보면 안정성 요구사항이 불완전했습니다. 회원국들의 노동생산성과 국제경쟁력의 수렴이 요구되지 않았고, 통화정책은 근본적으로 필요한 공동의 재정정책으로 보완되지 않았습니다. 공통된 재정정책이 없는 경제적으로 이질적인 통화영역은 잠재적으로 불안정했습니다.

두 번째 통합 단계에서 활동을 시작하게 될 유럽통화연구소(Europäisches Währungsinstitut)와 미래의 유럽중앙은행(Europäisches Zentralbank)의 소재지로 1993년에 긴 논의 끝에 프랑크푸르트(Frankfurt)가 선정되었습니다. 프랑크푸르트에 위치하기로 한 결정은 독일마르크(Deutsche Mark)의 주도적인 역할을 확인시켜 주었습니다. 이는 유럽중앙은행이 독일은행의 전통에 따라 주로 물가수준의 안정성에 초점을 맞춰야 한다는 표시로 해석될 수 있었습니다.[12]

통화연합의 시작 조건은 우호적이지 않았습니다. 1990년대 초반, 서로 다른 물가상승률과 투기적인 국제적 자본이동은 1978년에 설립된 유럽 통화시스템을 뒤흔들었습니다. 그러나 회원국 정부와 중앙은행은 통화연합의 도입일정을 미루지 않기로 했습니다. 1994년 프랑크푸르트에 있는 유럽통화연구소(Europäisches Währungsinstitut)가 작업을

---

11 Vertrag über die Europäische Union, Art. 109 j.

12 Daniel Gros / Niels Thygesen, European monetary integration. From the European Monetary System to Economic and Monetary Union, 2. Aufl., Harlow 1998; Kenneth H. F. Dyson / Kevin Featherstone, The Road to Maastricht. Negotiating economic and monetary union, Oxford 1999.

시작했습니다. 1995년에 유럽 통화 간 환율(Parität)이 안정되었습니다.[13] 공동 통화로서 1 "유로"는 100센트로 도입되어야 했습니다. 통화표시에 대한 다양한 제안이 있었습니다. 독일 재무부 장관 테오 바이겔(Theo Waigel)이 "유로"(Euro)를 소개했습니다.[14]

1998년 5월, 유럽연합의 11개 회원국은 1999년 1월 1일에 3단계 경제통화통합에 들어가, 유로를 공동 통화로 도입하기로 결정했습니다. 벨기에, 독일, 핀란드, 프랑스, 이탈리아, 아일랜드, 룩셈부르크, 네덜란드, 오스트리아, 포르투갈, 스페인. 유럽중앙은행이 프랑크푸르트에 설립되었습니다.

유럽중앙은행은 통화연합의 개별 회원국들의 중앙은행도 포함하는 유럽중앙은행시스템(Europäisches System der Zentralbanken)의 핵심이었습니다. 유럽중앙은행의 자본은 회원국의 중앙은행이 지원했습니다. 유럽중앙은행 시스템은 연방적이었습니다. 통화정책 결정에선 회원국들의 평등선거(Stimmengleichheit)가 적용되었습니다. 유럽중앙은행과 국가 중앙은행은 모두 정부로부터 독립적이어야 했습니다. 유럽중앙은행을 통한 회원국의 예산적자 자금 조달은 금지되었습니다. 중앙은행 정책의 목표는 물가안정이어야 했습니다.

1999년 1월 1일, 통화연합의 11개 회원국에 새로운 유럽통화가 도입되었습니다. 회원국들의 통화는 과도기 동안 그대로 유지되었습니다. 그러나 회원국들의 통화는 유럽통화의 계산적 등가물로만 간주되었습니다. 환율은 돌이킬 수 없게 고정되었습니다. 1유로당 1.96마르크(DM)의 환율이 고정되었습니다. 유로는 처음에 장부화폐로만 도입되었습니다. 유로로 은행계좌나 저축계좌를 개설하고, 이 계좌를 통해 유로로 은행송금, 수표 또는 자동이체를 할 수 있었습니다. 증권은 증권거래소에서 유로로만 거래되었습니다. 그

---

13   Deutsche Bundesbank, Geschäftsbericht 1993, S. 90 – 95; Deutsche Bundesbank, Geschäftsbericht 1994, S. 99 – 109; Deutsche Bundesbank, Geschäftsbericht 1995, S. 100 – 104; Gros / Thygesen, European monetary integration, S. 191 – 236; Gert Haller, Die EWS-Turbulenzen 1992, 1993 und die Perspektiven für die Wirtschafts- und Währungsunion, in: Theo Waigel (Hrsg.), Unsere Zukunft heißt Europa. Der Weg zur Wirtschafts- und Währungsunion, Düsseldorf 1996, S. 77 – 97.

14   Theo Waigel, Ehrlichkeit ist eine Währung. Erinnerungen, 4. Aufl., Berlin 2019, S. 215 – 248.

러나 새로운 통화는 기업 부문에 국한되었습니다. 독일마르크는 처음에는 동전, 지폐, 장부화폐의 형태로 계속 존속했기 때문에, 일반인들은 유로 장부화폐를 거의 사용하지 않았습니다. 유로화 도입 이후 그리스도 2001년 1월 1일 유로화를 도입했습니다. 그 이후로 통화연합에는 12개 회원국이 있었습니다.

2002년 1월 1일 유럽통화연합으로의 전환이 완료되었습니다. 유로는 유로존의 국가별 통화를 유일한 통화로 대체했습니다(표 10).

표 10. 유로(Euro) 환율

	1유료(Euro)
아일랜드 0.79	Pfund
독일 1.96	Mark
네덜란드 2.20	Gulden
핀란드 5.95	Mark
프랑스 6.56	Franc
오스트리아 13.76	Schilling
벨기에 40.34	Franc
룩셈부르크 40.34	Franc
스페인 166.39	Peseta
포르투갈 200.48	Escudo
그리스 340.75	Drachma
이탈리아 1936.27	Lira

독일은 사회적 시장경제의 등장과 밀접하게 연결된 통화에 작별을 고했습니다. 공식적으로 정해진 날에 주화와 지폐는 유로화로 발행되었습니다. 1센트, 2센트, 5센트, 10센트, 20센트, 50센트, 1유로, 2유로 동전과 5유로, 10유로, 20유로, 50유로, 100유로, 200유로, 500유로 지폐가 있었습니다. 지폐는 동일하게 디자인되었습니다. 반면에 동전은 앞면은 동일했지만 뒷면에는 유로존에 참여하는 여러 국가의 특성이 새겨져 있었습니다. 물가, 임금, 임대료 및 기타 지급액과 은행계좌 및 기타 지불이 유로화로 전환되었습니다.[15]

유로존은 유로화 도입 이후 새로운 회원국을 얻었습니다. 2020년까지 유럽연합의 19개 회원국이 유로를 도입하였습니다: 벨기에, 독일, 에스토니아, 핀란드, 프랑스, 그리스, 아일랜드, 이탈리아, 라트비아, 리투아니아, 룩셈부르크, 몰타, 네덜란드, 오스트리아, 포르투갈, 슬로바키아, 슬로베니아, 스페인과 키프로스. 유럽연합의 8개 회원국은 통화연합밖에 남아 있었습니다: 불가리아, 덴마크, 크로아티아, 폴란드, 루마니아, 스웨덴, 체코, 헝가리. 유로존 확장으로 통화정책은 더욱 어려워졌습니다. 유럽중앙은행은 경제적 능력, 대외무역수지 및 재정정책에서 상당한 차이가 있는 유로존의 많은 경제를 위한 통화정책을 수립해야 했습니다.[16]

경쟁질서. 1992년 마스트리흐트 조약으로 회원국들은 경쟁정책의 상당 부분을 새로 설립된 유럽연합으로 이전했습니다. 경쟁정책은 내부시장(Binnenmarkt) 완성에 크게 기여해야 했습니다. 경쟁정책은 카르텔금지(Kartellverbot)를 관철하고, 시장제한적 합병을 막고, 과도한 경제적 권력을 해소해야 했습니다. 규제를 철폐하고, 공기업을 민영화하고, 경쟁원칙은 이전에 공동경제원칙이 우세했던 부문으로도 확장되어야 했습니다. 회원국들의 경쟁담당 당국과 달리 유럽위원회는 회원국들의 경쟁왜곡을 방지하는 임무도 맡았습니다. 독일의 경쟁질서가 전체적으로 유럽 경쟁질서의 모범이 된 것은 사실이었습니

15 Tommaso Padoa-Schioppa, The Euro and its central bank. Getting united after the Union, Cambridge 2004.
16 Europäische Zentralbank, Jahresbericht 2019, Frankfurt 2020.

다. 그러나 공기업의 민영화와 독일의 관점에서 중요한 공동체경제원칙은 논쟁의 대상이었습니다.[17]

카르텔과의 싸움은 유럽 경쟁정책의 중점이었습니다. 단일 내부시장의 모든 곳에서 경쟁 원칙을 적용하기 위해, 유럽위원회는 경쟁위반의 기소에서 회원국들의 경쟁당국보다 우선권을 가졌습니다. 그러나 유럽위원회 혼자서는 모든 회원국에 경쟁원칙을 관철시킬 수 없었기 때문에 유럽위원회와 회원국의 경쟁당국이 네트워크 시스템을 구축했습니다. 유럽위원회는 국경을 초월하는 효과가 있는 경쟁제한에 대한 기소에 집중해야 했습니다. 반면에 회원국의 경쟁당국은 지역적 또는 국가적으로 중요한 경우 경쟁보호를 보장하는 임무를 맡았습니다.[18]

유럽과 독일의 카르텔정책에서 이중 시스템 이후에 도입된 몇 가지 개혁은 경쟁을 보다 효율적으로 보호하려는 것이었습니다. 1990년대 후반부터 유럽위원회와 독일의 카르텔정책은 그 어느 때보다 카르텔의 경제적 결과에 집중하였습니다. 소비자 이익이나 생산성 향상을 촉진하는 담합은 용인되어야 했습니다. 비밀 카르텔담합을 밝히기 위해 유럽위원회와 연방카르텔관청은 감면규정(Kronzeugenregelung)을 도입했습니다. 경쟁당국에 협조해 카르텔 적발에 기여한 카르텔 회원에게는 벌금의 감면 또는 면제가 제공되었습니다. 카르텔담합으로 피해를 입은 기업은 손해배상 청구를 할 수 있었습니다. 소비자 협회도 카르텔에 대항하여 조치를 취할 기회를 얻었습니다.[19]

회사 합병에 대한 예방적 통제는 유럽경제공동체에서 늦게 도입되었습니다. 유럽위원

---

17 Wernhard Möschel, Einflüsse der europäischen auf die deutsche Wirtschaftsordnung, Jena 1998.

18 Michell Cini / Lee McGowan, Competition policy in the European Union, Basingstoke 2009; Xavier Vives (Hrsg.), Competition policy in the EU. Fifty years on from the Treaty of Rome, Oxford 2009.

19 Gerd Hardach, Wettbewerbspolitik in der Sozialen Marktwirtschaft, in: Werner Abelshauser (Hrsg.), Das Bundeswirtschaftsministerium in der Ära der Sozialen Marktwirtschaft. Der deutsche Weg der Wirtschaftspolitik. Wirtschaftspolitik in Deutschland 1917 – 1990, Bd. 4, München 2016, S. 254 – 259; Bernhard Heitzer, Schwerpunkte der deutschen Wettbewerbspolitik, in: Wirtschaft und Wettbewerbs, 57 (2007), S. 854 – 864; Peter Oberender (Hrsg.), Private und öffentliche Kartellrechtsdurchsetzung, Berlin 2012.

회는 회사가 모국 국경 밖의 유럽 단일시장에서 매출의 3분의 1 이상을 달성했을 때 합병통제 권한을 갖게 되었습니다. 그렇지 않으면 합병통제는 국가 경쟁당국의 과제였습니다. 소비자 복지, 기술 진보 및 유럽 경제의 국제 경쟁력을 촉진하는 경우 합병이 승인되었습니다. 유럽 위원회는 일반적으로 대기업의 효율성에 대한 주장을 받아들였습니다. 많은 계획된 합병 중 거절된 것은 거의 없었습니다.[20]

위원회의 견해에 따르면, 경쟁에 대한 모든 약속에도 불구하고 유럽연합 회원국에 널리 퍼져 있는 보조금정책은 상당한 경쟁왜곡을 초래했습니다. 그러나 회원국의 관점에서 보조금은 많은 경우 거시경제적 이유로 필수였습니다. 유럽 위원회는 기꺼이 타협했습니다. 특히 재정부문에서 보조금이 저축자 보호, 재정부문 안정, 결제거래 유지, 은행 패닉 예방에 기여하는 경우에는 보조금이 정당한 것으로 간주되어야 했습니다. 그러나 보조금으로 인한 경쟁왜곡은 가능한 한 작아야 했습니다.

유럽위원회의 관점에서 국유기업은 경쟁제한을 의미했습니다. 따라서 유럽위원회는 회원국들에 국유기업을 민영화할 것을 촉구했습니다. 이로 인해 독일연방공화국을 포함한 회원국에서 항의가 일어났습니다. 유럽위원회는 수많은 예외를 받아들여야 했습니다.[21]

철도, 통신 및 공공시설 부문에서 경쟁촉진을 위한 민영화는 한계에 직면했습니다. 복잡한 네트워크 시스템을 기반으로 서비스가 제공되었기 때문에 "자연 독점"(natürliche Monopole)이 있었습니다. 독점 특권이 폐지된 후 잠재적 경쟁자가 자체 네트워크를 구축하는 것은 예상되지 않았으며 경제적으로 바람직하지도 않았을 것입니다. 경쟁을 촉진하기 위해, 네트워크 소유자의 권리를 제한하고, 타사 공급자에게 유료로 기존 네트워크에

20 Bruce Lyons, An economic assessment of European Commission merger control 1958 – 2007, in: Xavier Vives (Hrsg.), Competition policy in the EU. Fifty years on from the Treaty of Rome, Oxford 2009, S. 135 – 175.

21 Cini / McGowan, Competition Policy, S. 162 – 198; David Spector, State aids. Economic analysis and practice in the European Union, in: Xavier Vives (Hrsg.), Competition policy in the EU. Fifty years on from the Treaty of Rome, Oxford 2009, S. 176 – 202.

대한 액세스 권한을 부여했습니다. 국가는 조건과 가격을 설정하고 네트워크 사회와 네트워크 운영자의 이해 관계의 균형을 맞춰야 했습니다. 따라서 개혁의 결과는 진정한 경쟁시장이 아니라 국가가 규제하는 시장이었습니다.[22]

1.3 노사관계

1.3.1 단체협약의 침식

통일 이후 서독의 노동조합과 기업협회(Unternehmerverband)는 새로운 연방주로 활동 범위를 확장했습니다. 독일노동조합연맹(Deutscher Gewerkschaftsbund/DGB)은 해산된 자유독일노동조합연맹(Freier Deutscher Gewerkschaftsbund/FDGB)의 구성원들을 인수했기 때문에 새로운 연방주에 설립될 수 있었습니다. 1991년에 노동조합은 총 1,400만 명의 조합원을 보유하고 있었고, 그중 1,200만 명이 독일노동조합연맹(DGB)에 속해 있었습니다. 조직도는 38%였습니다. 무엇보다 고용주협회(Arbeitgeberverband)는 새로 설립된 대기업을 회원으로 끌어들일 수 있었습니다. 그러나 중소기업은 처음부터 고용주협회(Arbeitgeberverband)를 멀리했습니다.

1990년대 초반의 짧은 호황 이후, 노동과 자본의 이익을 집단적으로 대표하는 것의 중요성은 감소했습니다. 사회적 파트너십 개인화(Individualisierung der Sozialpartnerschaft) 경향이 있었는데, 이를 협회구조의 침식(Erosion der Verbandstruktur)이라고도 했습니다. 동독에서는 전환위기(Transformationskrise) 동안 많은 실망한 조합원들이 노동조합을 떠났습니다. 그러나 동독뿐만 아니라 서독에서도 노동조합은 조합원을 잃었습니다. 2017년에 노동조합은 여전히 800만 명의 조합원을 보유하고 있었고, 그중 600만 명이 독일노동조합

---

22   Bundesministerium für Wirtschaft und Technologie, Die Energiewende in Deutschland, Berlin 2012; Felix Hardach, Die Anreizregulierung der Energieversorgungsnetze, Baden-Baden 2010.

연맹(DGB)의 조합원이었습니다. 노동조합의 조직률은 15%로 떨어졌습니다. 고용주협회의 기업회원도 감소했습니다.[23]

　회원감소는 무엇보다도 직업세계의 변화로 설명됩니다. 산업 노동조합은 전통적으로 대기업과 공공 부문의 남성 핵심노동력(Stammbelegschaft)에 기반을 두었습니다. 노동조합은 산업에서 서비스업으로의 고용변화, 육체노동자에서 사무직으로의 고용구조 변화, 여성의 노동참여 증가, 불안정한 고용관계의 증가에 대비하지 못했습니다. 노동조합은 무엇보다도 조직을 보다 효율적으로 만들려고 노력함으로써 문제에 대응했습니다. 합병의 물결 속에서 독일노동조합연맹(DGB)의 여러 산별노조는 비용을 절감하고 더 큰 영향을 미치기 위해 힘을 합쳤습니다. 결국 8개의 산별노조가 남았습니다: 금속노조(IG Metall), 서비스통합노조(Vereinigte Dienstleistungsgewerkschaften/ver.di), 광산노조(IG Bergbau), 화학노조(Chemie), 에너지노조(Energie), 건설농업환경노조(IG Bauen-Agrar-Umwelt), 요식업노조(Gewerkschaft Nahrung-Genuss-Gaststätten), 철도운수노조(Eisenbahn-und Verkehrsgewerkschaft), 교육학문노조(Gewerkschaft Erziehung und Wissenschaft), 경찰노조(Gewerkschaft der Polizei).[24]

　독일노동조합연맹(DGB) 외에는 기독교 노동조합, 독일공무원연합(Deutscher

23　Bernhard Ebbinghaus, Die Mitgliederentwicklung deutscher Gewerkschaften im historischen und internationalen Vergleich, in: Wolfgang Schroeder / Bernhard Weßels (Hrsg.), Die Gewerkschaften in Politik und Gesellschaft der Bundesrepublik Deutschland. Ein Handbuch, Wiesbaden 2003, S. 174-197; Anke Hassel / Wolfgang Schroeder, Gewerkschaften 2030. Rekrutierungsdefizite, Repräsentationslücken und neue Strategien der Mitgliederpolitik, in: Wirtschafts- und Sozialwissenschaftliches Institut der Hans-Böckler-Stiftung (Hrsg.), WSI-Report 44, Düsseldorf 2018; Wolfgang Schroeder / Stephen J. Silvia, Gewerkschaften und Arbeitgeberverbände, in: Wolfgang Schroeder / Bernhard Weßels (Hrsg.), Die Gewerkschaften in Politik und Gesellschaft der Bundesrepublik Deutschland. Ein Handbuch, Wiesbaden 2003, S. 244-270.

24　Heiner Dribbusch / Peter Birke, Gewerkschaften in Deutschland. Herausforderung in Zeiten des Umbruchs, Berlin 2019; Anke Hassel, Organisation: Struktur und Entwicklung, in: Wolfgang Schroeder / Bernhard Weßels (Hrsg.), Die Gewerkschaften in Politik und Gesellschaft der Bundesrepublik Deutschland. Ein Handbuch, Wiesbaden 2003; Wolfgang Schroeder / Bernhard Weßels (Hrsg.), Handbuch Arbeitgeber- und Wirtschaftsverbände in Deutschland, 2. Aufl., Wiesbaden 2017.

Beamtenbund)과 여러 직업별 노동조합이 있었습니다. 부문별 노동조합이 회원을 잃는 동안 독일기관차운전사 노동조합, 마부르크 의사 노동조합(Ärztegewerkschaft Marburger Bund) 또는 조종사 노동조합(Cockpit)과 같은 새로운 직업 노동조합이 어느 정도 성공을 거두었습니다. 일부 직업 노동조합은 오래된 직업협회에서 생겨난 반면 부분적으로는 새로 설립되었습니다. 독일노동조합연맹(DGB)과 가맹노조들은 직업노동조합들이 노동자 전체를 고려하지 않고 직업별 요구만을 관철시키려 한다고 비판했습니다. 독일 고용주협회연합(Bundesvereinigung der deutschen Arbeitgeberverbände/BDA)도 직업노동조합 간 조합원 확보 경쟁과 그로 인한 과도한 단체교섭 요구 가능성을 이유로 직업노동조합(Berufsgewerkschaft)을 거부했습니다.[25]

노사관계의 핵심요소인 단체협약(kollektiver Tarifvertrag)은 기본적으로 유지되었습니다. 그러나 지역단체협약(Flächentarifvertrag)의 중요성은 감소했습니다. 다양한 직업 그룹은 더 이상 독일노동조합연맹(DGB)에 통합된 대규모 산별노조에 의해 대표되지 않는다고 느꼈고 자체적인 단체협약을 모색했습니다. 지역단체협약(Flächentarifvertrag)에 대한 기업들의 관심도 줄어들었습니다. 대기업은 계속해서 단체협약을 체결했지만 중소기업은 고용주협회(Arbeitgeberverband)에 가입한 경우가 드물었습니다. 노사관계에 관한 회사규정이나 고용계약서의 개인별 합의가 강화되었습니다.[26] 2001년에 지역단체협약(Flächentarifvertrag)은 서부독일에서는 63%, 동부독일에서는 44%의 근로자에게만 적용되었습니다.[27]

25   Wolfgang Schroeder / Viktoria Kalass / Samuel Greef, Berufsgewerkschaften in der Offensive. Vom Wandel des deutschen Gewerkschaftsmodells, Wiesbaden 2011.

26   Jürgen Kädtler, Tarifpolitik und tarifpolitisches System in der Bundesrepublik, in: Wolfgang Schroeder / Bernhard Weßels (Hrsg.), Die Gewerkschaften in Politik und Gesellschaft der Bundesrepublik Deutschland. Ein Handbuch, Wiesbaden 2003; Werner Plumpe, Kapital und Arbeit. Konzept und Praxis der industriellen Beziehungen im 20. Jahrhundert, in: Reinhard Spree (Hrsg.), Geschichte der deutschen Wirtschaft im 20. Jahrhundert, München 2001.

27   Lothar Clasen, Tarifverträge 2002: Neue Öffnungsklauseln, in: Bundesarbeitsblatt 3 / 2003, S. 20.

전통적으로 기업에서는 오직 하나의 단체 협약만 적용되었습니다. 그러나 한 기업 내 여러 노조가 서로 다른 단체협약을 체결한 경우 직업노동조합의 설립을 통해 단체교섭충돌(Tarifkollision)이 발생할 수 있었습니다. 연방노동법원은 2010년에 "1기업 1단체협약"(Ein Betrieb – Ein Tarifvertrag) 원칙이 법적 의무사항이 아니라고 판결했습니다. 단체협약경쟁(Tarifkonkurrenz)이 허용되었습니다. 독일고용주협회연합(Bundesvereinigung der Deutschen Arbeitgeberverbände/BDA)과 독일노동조합연맹(DGB)은 단체교섭통일(Tarifeinheit)을 법으로 규정할 것을 촉구하는 공동 성명을 발표했습니다. 그들은 단체교섭통일(Tarifeinheit)이 사회적 시장경제의 본질적 기반인 단체교섭자율성(Tarifautonomie)에 속한다고 주장했습니다.[28] 노동과 자본의 조직적인 공동의 이해관계 주장은 성공적이었습니다. 2015년에 단체교섭통일(Tarifeinheit)이 법으로 확정되었습니다. 단체협약의 "보호기능, 분배기능, 위무기능 및 규제기능을 확보"하기 위해서는 향후 단체협약의 체결은 기업에서 가장 많은 조합원을 보유한 노동조합이 책임져야 했습니다.[29] 단체교섭통일법(Tarifeinheitsgesetz)은 기업의 단체교섭관계를 단순화했습니다. 그러나 다양한 노동조합 간 과점적 경쟁은 지속되었습니다.

1.3.2 노동시장개혁 2002 – 2003

1998년 11월 정부 성명에서 슈뢰더(Schröder) 수상은 노동조합, 고용주협회 및 국가가 더 많은 고용을 목표로 협력할 것이라고 발표했습니다. 1998년 12월, 노동시장위기를 극복하기 위한 제안을 마련하기 위해 노동조합, 기업협회 및 연방 정부의 대표자들이 함께 "노동, 교육 및 경쟁력을 위한 연합"(Bündnis für Arbeit, Ausbildung und Wettbewerbsfähigkeit)

---

28   Tarifautonomie sichern – Tarifeinheit regeln. Gemeinsame Erklärung der Bundesvereinigung der Deutschen Arbeitgeberverbände und des Deutschen Gewerkschaftsbundes, Juni 2010.

29   Gesetz zur Tarifeinheit. Vom 3. Juli 2015. Bundesgesetzblatt (BGBl.) 2015 I, S. 1130 – 1131.

을 설립하였습니다. 그러나 이러한 사회적 파트너십 시도는 노동과 자본의 입장차이로 실패했습니다. 기업협회는 더 많은 성장과 고용을 위해 노동시장 규제완화, 사회적 혜택 축소, 기업의 세금경감을 요구했습니다. 노동조합은 단체협약의 잠식과 사회적 혜택 삭감에 동의할 준비가 되어 있지 않았습니다. "노동연합"(Bündnis für Arbeit)에서의 협의는 2002년 아무런 결과 없이 중단되었습니다. 1년 후 협의체는 해산되었습니다.[30]

"노동연합"(Bündnis für Arbeit)의 실패가 드러나자 연방정부는 사회적 파트너 없이 개혁 프로그램을 추진하기로 했습니다. 연방정부는 자체적인 경제정책안이 없었습니다. 연방정부는 경제발전자문위원회(Sachverständigenrats zur Begutachtung der gesamtwirtschaftlichen Entwicklung)의 경제학자들이 제안하는 정책에 전적으로 의존했습니다. 2001-2003년 연례보고서에서 경제발전자문위원회는 무엇보다도 높은 사회적 혜택이 위기의 원인이라고 밝혔습니다. 높은 사회적 혜택이 노동을 더 비싸게 만들었을 뿐만 아니라, 저임금 직업을 매력적이지 않게 만들었다고 평가하였습니다. 실업수당, 실업지원 및 사회지원은 많은 실업자가 새 직장에서 기대하는 임금수준을 결정했습니다. 따라서 시장임금이 기대임금보다 낮은 저임금 일자리는 노동자를 찾을 수 없었습니다.[31]

1년 후, 경제발전자문위원회는 2002-2003년 연례보고서에서 "고용 및 성장을 위한 20개항 프로그램"(Zwanzig-Punkte-Programm für Beschäftigung und Wachstum)을 제시했습니다. 이 프로그램은 국가역할 축소, 임금수준 인하 및 사회보장 삭감과 함께 사회적 시장경제의 경제 질서를 포괄적으로 새롭게 전환하는 것을 목표로 했습니다. 중점은 세율인하, 개인책임을 위한 국가역할 축소, 공공투자로의 국가지출 재배치, 국가부채 감소였습니다. 사회보장 혜택을 삭감하고 기여금을 낮춰야 했습니다. 해고에 대한 보호는 제한되어야 하고 광범위한 저임금 부문이 가능해야 했습니다. 실업지원은 사회지원 수준으로

30 Nico Fickinger, Der verschenkte Konsens. Das Bündnis für Arbeit, Ausbildung und Wettbewerbsfähigkeit 1998–2002, Wiesbaden 2005.

31 Sachverständigenrat zur Begutachtung der gesamtwirtschaftlichen Entwicklung, Für Stetigkeit – gegen Aktionismus. Jahresgutachten 2001/02, Stuttgart 2001, S. 237.

축소되어야 했습니다.[32]

2002년에 연방정부는 신자유주의 패러다임의 본질적인 요소를 수용하는 노동시장개혁을 계획했습니다. 폭스바겐(Volkswagen AG)의 인사책임자인 페터 하르츠(Peter Hartz)가 이끄는 전문가위원회(Expertenkommission)는 개혁안을 작성해야 했습니다. 2002년 8월에 보고서를 발표한 전문가위원회는 무엇보다도 더욱 효율적인 취업알선, 저임금 부문의 장려 및 실업 수당의 축소를 권고했습니다. 실업자들은 직업적 자격에 부합하지 않더라도 어떤 직업이든 택해야 할 의무가 있었습니다. 이전 소득에 기초한 실업지원은 폐지되어야 했습니다. 실업수당 종료 후에는 사회지원 금액만큼만 지원해야 했습니다.[33]

2002-2003년에는 전문가위원회(Expertenkommission)의 보고서에 따라 4개의 노동시장 개혁법이 통과되었습니다. 이 개혁법들은 개혁위원회 위원장 이름을 따서 대중들에게는 "Hartz I"에서 "Hartz IV"로 간략하게 표기되었습니다. 2002년 12월의 처음 세 가지 법은 무엇보다도 실업자에게 보다 효율적으로 직업을 알선하는 것이었습니다. 실업자들에 대한 직업알선과 재교육은 향상되어야 했습니다. "정상적인 고용관계"(Normalarbeitsverhältnis)에서 벗어난 계약직과 임시직이 장려되었습니다.[34] 고용으로의 진입을 촉진하기 위하여 근로 시간이 적고 소득이 낮으며 사회 보장 없는 불안정한 직업도 허용되었습니다. 실업자들이 자영업자가 되기 위해서는 개인 기업가로서 스스로를 확립할 수 있어야 했습니다.[35] 시장에 대한 노동시장 정책의 방향을 명확히 하기 위해서, 연방노동청(Bundesanstalt für Arbeit)은 연방노동중계청(Bundesagentur für Arbeit)으로 개명되었

---

32 Sachverständigenrat zur Begutachtung der Gesamtwirtschaftlichen Entwicklung, Zwanzig Punkte für Beschäftigung und Wachstum. Jahresgutachten 2002/03, Stuttgart 2002.

33 Moderne Dienstleistungen am Arbeitsmarkt. Bericht der Kommission zum Abbau der Arbeitslosigkeit und zum Umbau der Bundesanstalt für Arbeit, August 2002.

34 Erstes Gesetz für moderne Dienstleistungen am Arbeitsmarkt. Vom 23. Dezember 2002. BGBl. 2002 I, S. 4607 – 4620.

35 Zweites Gesetz für moderne Dienstleistungen am Arbeitsmarkt. Vom 23. Dezember 2002. BGBl. 2002 I, S. 4621 – 4636.

습니다. 지역 노동과(Arbeitsamt)는 노동중계과(Arbeitsagentur)가 되었습니다.[36]

　2003년 12월 제4차 개혁법은 노동시장정책의 원칙으로 "지원과 요구"(Fördern und Fordern)를 선언했습니다. "요구"는 동기부여 부족이 실업의 원인이 될 수도 있다는 가정을 표현했습니다. 따라서 실업자들을 고용으로 강요하기 위하여 경제적 압력이 가중되었습니다. 실업지원은 사회지원과 함께 "실업수당 II"(Arbeitslosengeld II)로 통합되었습니다. 새로운 실업수당 II는 더 이상 직전 근로소득에 따라 차등화되지 않고 일률적으로 사회지원 수준으로 축소됐습니다. 고용으로의 복귀에 대한 합리성 규정(Zumutbarkeitsregel)이 강화되었습니다. 모든 법적 고용은 합리적인 것으로 간주되었습니다. 이전 자격보호는 더 이상 존재하지 않았습니다. 따라서 자격이 비전문적 활동에 의해 평가절하되는 것이 인정되었습니다.[37]

　실업은 4대 개혁법에서 개인의 문제로 정의되었습니다. 경제위기나 경제 구조변화 같은 불완전 고용의 거시경제적 원인은 고려되지 않았습니다. 따라서 2002-2003년의 노동시장 개혁은 논란의 여지가 있었습니다. 여당인 사민당(SPD)에서도 비판이 있었습니다. 연방정부는 노동시장 개혁정책에 대한 광범위한 의회 기반을 확보하기 위해 조기선거를 실시했습니다. 그러나 2005년 연방선거에서 사민당(SPD)과 녹색당 연정은 과반 의석을 얻지 못했고, 앙겔라 메르켈(Angela Merkel) 수상이 이끄는 기민당(CDU)과 사민당(SPD)의 대연정으로 대체되었습니다. 대연정은 노동시장의 규제완화를 확정했습니다.

　2002-2003년 노동시장 개혁은 사회적 시장경제에서 노사관계를 변화시켰습니다. 단체협약에 의해 보장된 임금을 받는 정규고용을 의미하는 "정상적인 고용관계"(Normalarbeitsverhältnis)의 중요성이 감소했습니다. 보장되지 않은 기간의 불안정한 고

36　Drittes Gesetz für moderne Dienstleistungen am Arbeitsmarkt. Vom 23. Dezember 2002. BGBl. 2003 I, S. 2848-2918.

37　Viertes Gesetz für moderne Dienstleistungen am Arbeitsmarkt. Vom 24. Dezember 2003. BGBl. 2003 I, S. 2954-3000.

용이 많았고, 평균임금의 2/3 미만인 대규모 저임금 부문이 생겨났습니다.[38]

1.4 파산법 개혁

파산법(Insolvenzrecht) 개혁은 구 독일연방공화국에서 오래전부터 기획되고 논의되어
온 프로젝트였습니다. 1990년대에는 경제성장 둔화로 인해 기업위기가 증가했기 때문
에 파산은 그 어느 때보다 일상적인 경쟁의 일부였습니다. 새로운 파산법은 1994년에
통과되었고 더 긴 전환 기간을 거쳐 1999년에 발효되었습니다.[39] 회사 청산에 대한 대
안으로 새로운 파산법은 변화된 조건에서 부실한 회사를 계속 운영하기 위한 파산 계
획(Insolvenzplan)을 세울 가능성을 열었습니다. "정직한 채무자"에게는 잔여부채면제
(Restschuldbefreiung)의 가능성이 생겼습니다. 채무자가 경영을 잘하면, 6년 후에는 잔여부
채에서 해방되었습니다. 파산법 개혁은 파산을 경쟁의 현실로 받아들이고 경제적 피해를
제한했습니다. 그러나 잔여부채절차는 유럽연합의 다른 회원국에 비해 여전히 오랜 시간
이 걸렸습니다.[40]

새로운 파산문화에 대한 사고방식의 전환은 몇 년 후 확인되었습니다. 2012년부터
2013년까지 두 단계에 걸쳐 발효된 2011년 12월 법은 파산기업의 구조조정을 더욱 용이
하게 했습니다. 남은 자산을 채권단에 분배하는 것보다 회사를 보존한다는 목표가 이전
보다 훨씬 더 부각되었습니다.[41]

---

38 Karl Brenke / Klaus F. Zimmermann, Reformagenda 2010 – Strukturreform für Wachstum und
    Beschäftigung, in: Deutsches Institut für Wirtschaftsforschung, Wochenbericht, Nr. 11 / 2008, 13. März
    2008, S. 117–124.

39 Insolvenzrecht. Vom 5. Oktober 1994. BGBl. 1994 I, S. 2866–2910.

40 Gerhard Pape / Wilhelm Uhlenbruck / Joachim Vogt-Salus, Insolvenzrecht, 2. Aufl., München 2010;
    Christoph G. Paulus, Insolvenzrecht, Frankfurt 2007.

41 Gesetz zur weiteren Erleichterung der Sanierung von Unternehmen. Vom 7. Dezember 2011. BGBl. 2011 I, S.
    2582–2591.

1.5 규제완화에서 재규제로

2007-2009년의 금융 및 경제위기는 전 세계적으로 규제변화를 촉발했습니다. 독일에서도 위기를 통해 시장에 대한 신뢰가 크게 상실되었습니다. 국가는 시장을 지원하고 규제하기 위해 상당 부분 개입했습니다. 규제완화(Deregulierung)에 이어 재규제(ReRegulierung)가 뒤따랐습니다.[42]

가장 중요한 국가개입은 은행 부문의 안정화였습니다. 독일을 비롯한 유럽연합과 유로존(Euro-Zone)의 국가들에서는 부주의하게 위험한 사업에 뛰어든 은행들이 곤경에 처했습니다. 많은 경우 파산위험이 있었습니다. 연방정부는 은행폐쇄의 경제적 비용이 은행 구조조정 비용보다 높을 것을 우려했습니다. 이에 따라 2008년 10월 은행을 국가경제에 없어서는 안 될 '시스템 기업'(systemisches Unternehmen)으로 선언하고 대대적인 구제책을 결정했습니다. 은행 구제에 이어 경제에 대한 신용을 보장하기 위한 추가 조치가 뒤따랐습니다. 독일 및 기타 유럽연합 회원국에서의 구제금과 보증을 통한 금융부문 지원은, 글로벌 금융위기에서 금융기관을 안정시키는 데 필요한 것으로 간주되어, 유럽위원회의 승인을 받았습니다. 은행에 대한 국가지원의 결과로 신용 부문에 대한 보다 엄격한 규제가 요구되었습니다.[43]

인프라 정책에서도 시장원리에서 공동경제원리로의 전환이 있었습니다. 공공서비스(Daseinsvorsorge)는 점점 더 지방자치단체에 위임되었습니다. 재공영화(Rekommunalisierung)의 중점은 폐기물 관리, 에너지 네트워크 및 물 공급이었습니다.[44]

---

42 Claude Ménard / Michel Ghertman (Hrsg.), Regulation, deregulation, reregulation. Institutional perspectives, Cheltenham 2009.

43 Marc Benzler / Peter Scherer, German rescue package for the financial Sector, in: Peter Scherer / Sven Zeller (Hrsg.), Banking regulation in Germany, Frankfurt 2009, S. 235 - 254. Deutsche Bundesbank, Finanzstabilitätsbericht 2009, Frankfurt 2009.

44 Tätigkeitsbericht des Bundeskartellamtes 2011/2012. Deutscher Bundestag, Drucksache 17/13675, S. 12.

1.6 사회적 시장경제 비판

사회적 시장경제의 명성은 1989년 11월 이후 독일민주공화국의 평화혁명 기간 동안 국내 개혁에서 독일연방공화국과의 통일로 분위기가 전환된 주요 원인이었습니다. 그러나 새로운 연방주에서 전환위기와 높은 실업률, 구 연방주에서의 짧은 통일호황의 종식은 경제질서에 대한 신뢰를 약화시켰습니다. 1995년 알렌스바흐 여론조사기관 (Allensbacher Institut für Demoskopie)이 동서독에서 실시한 대표적인 여론조사에 따르면 전체 응답자의 54%가 경제체제에 대해 긍정적으로 평가했습니다.

그러나 그 후 몇 년 동안의 노동시장위기와 불안정한 물질적 상황으로 인해 경제질서에 대한 동의는 급격히 떨어졌습니다. 2005년에는 조사 대상자의 25%만이 사회적 시장경제에 대해 호의를 보였습니다. 그러나 그 이후로 2007-2009년의 위기에도 불구하고 경제질서는 다시 명성을 얻었습니다. 2017년 다시 여론조사를 했을 때 조사 대상자의 61%가 사회적 시장경제를 긍정적으로 평가했습니다. 다수의 찬성에도 불구하고 경제질서는 비판도 받았습니다. 응답자의 44%는 시장경제가 필연적으로 사회의 정의를 약화시킬 것이라고 확신했습니다. 39%는 시장경제와 인간적인 사회 사이의 목표충돌을 보았습니다. 무엇보다 동독 응답자들은 시장경제가 더 많은 불의와 더 적은 인간성으로 이끌 것이라고 생각했습니다.[45]

---

45   Renate Köcher, Der Erfolg legitimiert die Soziale Marktwirtschaft, in: Ludwig-ErhardStiftung (Hrsg.), Wohlstand für Alle – Geht's noch? Sonderveröffentlichung der Ludwig-ErhardStiftung, München 2017, S. 38 – 39.

2. 인구와 사회구조

2.1 이민사회

통일은 1945-1949년 독일의 분단으로 시작하여 수년 동안 떨어져 발전하였던 두 사회를 통합했습니다. 그러나 동쪽과 서쪽 사이에는 유사점도 있었습니다. 놀라운 유사점 중 하나는 1960년대 후반에 시작된 두 독일 사회에서의 인구학적 침체였습니다. 그것은 통일독일에서도 계속되었습니다. 1990년 말, 통일독일의 인구는 8천만 명이었습니다. 2017년까지 그 수가 8,300만 명으로 약간 증가했습니다.[46]

삶의 방식으로서의 가족의 중요성은 독일 사회에서 감소했습니다.[47] 변화의 가장 중요한 이유는, 가족과 직업의 여전히 어려운 양립과 가족의 물질적 부담이었습니다.[48] 그럼에도 출생률은 장기적으로 일정하게 유지되었습니다. 1991년에는 1.0%, 2017년에도 1.0%였습니다. 사망률도 장기적으로 일정하게 유지되었습니다. 1991년에는 1.1%였으며 2017년에도 1.1%였습니다.[49] 사망률은 출생률보다 높았습니다. 해마다 사망보다 출생이 적었습니다. 기대수명은 증가했습니다. 1991-1993년에 태어난 남자아이의 평균 수명은 72세, 여자아이는 79세로 예상되었습니다. 2015-2017년까지 기대 수명은 남아의

46 Statistisches Jahrbuch für die Bundesrepublik Deutschland 2019, S. 26.

47 Elisabeth Beck-Gernsheim, Was kommt nach der Familie? Einblicke in neue Lebensformen, München 1998; Hans Bertram, Familien leben. Neue Wege zur flexiblen Gestaltung von Lebenszeit, Arbeitszeit und Familienzeit, Gütersloh 1997; Franz-Xaver Kaufmann, Zukunft der Familie im vereinten Deutschland. Gesellschaftliche und politische Bedingungen, München 1995.

48 Christine Amend-Wegmann, Vereinbarkeitspolitik in Deutschland, Hamburg 2003; Claudia Born, Beruf und weiblicher Lebenslauf. Plädoyer für einen Perspektivenwechsel in der Betrachtung der Frauenerwerbstätigkeit, in: Petra Beckmann / Gerhard Engelbrech (Hrsg.), Arbeitsmarkt für Frauen 2000 – Ein Schritt vor oder ein Schritt zurück? Nürnberg. 1994; Irene Hardach-Pinke, Über die Vereinbarkeit von Beruf und Familie, Wien 1995.

49 Statistisches Jahrbuch 1995, S. 70; Statistisches Jahrbuch 2019, S. 34.

경우 78세, 여아의 경우 83세로 증가했습니다.[50]

출생적자에도 불구하고 인구가 늘어난 것은 이민(Zuwanderung) 때문이었습니다. 1990년대에 이민(Migration)은 주로 "이주민"(Zuwanderung)에 의해 형성되었습니다. 이들은 소련과 그 후계 국가뿐만 아니라 다른 여러 동유럽 국가에서 온 독일계 이민자(Einwanderer)였습니다. 1990년부터 1996년까지 거의 260만 명의 "이주민"(Zuwanderung)이 독일에 왔습니다. 또한 내전 국가인 유고슬라비아에서 온 난민(Flüchtlinge) 320,000명이 입국했습니다.[51]

새천년이 지나면서 점점 더 많은 이민자(Einwanderer)들이 모국의 전쟁, 폭력 또는 경제적 어려움을 피해 독일로 왔습니다. 유럽연합은 1967년 개정된, 1951년 제네바난민협약(Genfer Flüchtlingskonvention)에 따라 박해로부터 보호를 보장하였습니다. 반면에 난민협약은 전쟁이나 경제적 어려움에 대한 보호를 보장하지는 않았습니다. 1990년 더블린 협정(Dublin-Abkommen)에 따르면 난민이 도착한 국가는 망명사유를 심사할 책임이 있었습니다. 유럽 연합 내에서는 1995년 셍겐협정(Abkommens von Schengen)에 따라 내부국경 통제가 폐지되었습니다. 유럽으로 증가하는 비행기는 국경을 통제하기 어려웠기 때문에, 유럽연합의 외부 국경에 있는 회원국들에 큰 문제를 야기하였습니다.

2015년 9월, 연방정부는 사전 확인 없이 헝가리에 도착한 난민을 인도주의적 이유로 독일에서 받아들이고, 독일에서 망명심사를 하기로 결정했습니다. 더 많은 난민이 오면서 독일국경이 열렸습니다. 2016년 유럽연합과 연방정부는 난민정책을 수정했습니다. 유럽연합의 외부국경이 강화되었고 울타리와 국경초소가 접근을 막았습니다. 국경 개방 기간 동안 100만 명의 난민이 독일로 온 것으로 추정되었습니다.[52]

---

50   Statistisches Jahrbuch 1995, S. 76; Statistisches Jahrbuch 2019, S. 39.

51   Hartmut Wendt (Hrsg.), Zuwanderung nach Deutschland – Prozesse und Herausforderungen. Bundesinstitut für Bevölkerungsforschung, Materialien zur Bevölkerungswissenschaft, Heft 94, Wiesbaden 1999; Wolfgang Zank, The German melting-pot. Multiculturality in historical perspective, Basingstoke 1998, S. 214 – 215.

52   Stefan Luft, Die Flüchtlingskrise. Ursachen, Konflikt, Folgen, 2. Aufl., München 2017; Jochen Oltmer, Die

2017년까지 외국인 거주인구는 1,100만 명으로 증가했습니다. 이는 전체 인구의 13%에 해당했습니다.[53] 외국인 거주인구의 증가는 이민뿐만 아니라 독일 시민권법(Staatsangehörigkeitsrecht)에 의해서도 설명될 수 있습니다. 이민자의 자녀는 귀화하지 않는 한 독일법에 따라 외국인으로 남아있었습니다. 반면에 동유럽에서 온 독일계 이민자들은 역사적 이유로 독일 시민권을 받았고 외국인 거주인구에 포함되지 않았습니다.[54] 저출산과 기대수명의 증가로 독일 사회의 고령화 추세는 지속되었습니다(표 11).

표 11. 독일사회의 연령구조 1991-2017(퍼센트)

	1991	2017
14세까지	19	16
15–64세	66	61
65세 이상	15	21

출처: StatistischesJahrbuchfür die Bundesrepublik von Deutschland 1995, S. 60: StatistischesJahrbuchfür die Bundesrepublik Deutschland 2019, S. 32

이민자들은 평균적으로 독일인구보다 젊었기 때문에, 이민은 사회의 고령화를 일시적으로 늦추었습니다. 그러나 이민자는 시간이 지남에 따라 노령세대에 진입했기 때문에, 장기적으로 이민이 연령구조에 미치는 영향은 일반적으로 가정하는 것보다 적었습니다.[55]

Epoche der Gewaltmigration. Flucht und Vertreibung im 20. und frühen 21. Jahrhundert, Göttingen 2018.

53 Statistisches Jahrbuch 2019, S. 26, 48.

54 Rainer Münz / Wolfgang Seifert / Ralf Ulrich, Zuwanderung nach Deutschland. Strukturen, Wirkungen, Perspektiven, Frankfurt 1999.

55 Herwig Birg, Die demographische Zeitenwende. Der Bevölkerungsrückgang in Deutschland und Europa, München 2001, S. 217: Bundesministerium für Familie, Senioren, Frauen und Jugend, Familien ausländischer Herkunft in Deutschland. Sechster Familienbericht, Berlin 2000, S. 68: Münz / Seifert / Ulrich, Zuwanderung nach Deutschland, S. 178.

2.2 계급과 계층

새로운 연방주에서 경제적 전환은 사회적 전환과도 연결되었습니다. 사회구조는 서독 상황에 적응하였습니다. 그러나 1990년대 초 설문조사에서 알 수 있듯이 사회구조에 대한 주관적 인식에는 분명한 차이가 있었습니다. 서독에서는 조사대상자의 62%가 중산층에 속했으며 노동계급은 25%, 상류층은 13%에 불과했습니다. 반면에 동독에서는 독일민주공화국이라는 사회적 이미지의 여운이 남아 노동계급의 수용도가 훨씬 높았습니다. 자체 평가에 따르면 조사대상자의 62%가 노동계급, 37%가 중산층, 2%만이 상류층에 속했습니다.[56]

한편으로는 노동자와 다른 한편으로는 자영업자 사이의 고용의 양극화 경향은 통일독일에서는 계속되지 않았습니다. 1991년과 2017년에 근로자 중 자영업자의 비율은 9%로 변함이 없었습니다.[57]

3. 생산

3.1 노동

교육. 통일 이후 새로운 연방주의 학교 제도와 대학 제도는 서독 모델에 맞춰졌습니다. 그러나 중등학교에 다니는 동독 청소년들은 아비투어(Abitur)에 이르는 12년의 짧은 길의 이점을 유지했습니다. 구 독일연방공화국의 더 긴 교육기간은 정치적 제한이 해제

---

56   Heinz-Herbert Noll / Friedrich Schuster, Soziale Schichtung und Wahrnehmung sozialer Ungleichheit im Ost-West-Vergleich, in: Wolfgang Glatzer / Heinz-Herbert Noll (Hrsg.), Lebensverhältnisse in Deutschland: Ungleichheit und Angleichung, Frankfurt 1992.

57   Statistisches Jahrbuch 2019, S. 358.

된 후 새로운 연방주에서도 널리 퍼졌습니다. 대다수 청소년들은 중등학교를 선택했습니다. 하우프트슐레(Hauptschule)는 점점 더 레스트슐레(Restschule)가 되었고, 하우프트슐레(Hauptschule) 자격증으로 충분한 자격이 있다고 간주되는 직업의 선택은 점점 더 작아졌습니다. 점점 더 많은 청소년이 전문대학 입학자격 또는 아비투어(Abitur)를 목표로 하고 있었습니다.[58] 2017년에는 청소년의 41%가 전문대학 입학자격 또는 일반대학 입학자격으로 학교를 졸업했습니다.[59]

1990년대에는 교육기간이 동독이 서독보다 짧았습니다. 1995년에 일반교육 학교를 떠나는 평균연령은 동독에서는 17세, 서독에서는 18세였습니다. 동독에서는 평균 27세, 서독에서는 29세에 대학교육을 마쳤습니다.[60]

견습과 직업학교의 연결로 구성된 이중 직업교육은 많은 산업 또는 상업적 직업에서 그 중요성을 유지했습니다. 그러나 새로운 직업에서는 유연한 사내 교육경로를 통해 필요한 기술과 지식을 전수했습니다.[61]

노동참여. 통일 후 주민들의 노동참여는 서독과 동독에서 다르게 발전했습니다. 서부독일에서는 여성고용 증가가 계속되었습니다. 반면에 동독에서는 독일민주공화국에 존재했던 비교적 높은 수준의 여성고용이 전환위기를 통해 감소했습니다. 여성은 특히 노동시장 위기로 큰 타격을 받았습니다. 여성은 또한 남성보다 더 많이 사직하였으며, 직장을 잃으면 노동시장에서 완전히 철수하는 경우가 많았습니다. 따라서 통일독일의 여성의 노동참여는 서독의 여성고용률 증가와 동독의 여성고용률 하락을 통해 수렴하는 경향을 보였습니다.[62] 2018년 남성인구의 노동참여율은 58%, 여성인구의 노동참여율은 49%

58   Alexander Reinberg / Markus Hummel, Bildung und Beschäftigung im vereinigten Deutschland. Beiträge zur Arbeitsmarkt- und Berufsforschung 226, Nürnberg 1999.

59   Statistisches Jahrbuch 2019, S. 97.

60   Reinberg / Hummel, Bildung und Beschäftigung, S. 38, 68.

61   Inge Weidig / Peter Hofer / Helmfried Wolf, Arbeitslandschaft 2010 nach Tätigkeiten und Tätigkeitsniveau, Nürnberg 1999, S. 34–35.

62   Erika Schulz / Ellen Kirner, Arbeitskräfteangebot von Frauen in Deutschland bis zum Jahr 2010. Empirische

였습니다.[63] 인구통계학적 변화는 전체 인구 중 노동연령인구 비율이 감소 추세에 있다는 것을 의미했습니다. 그럼에도 불구하고 여성고용으로 인해 전체 인구의 노동참여는 증가했습니다. 1991년부터 2018년까지 노동참여율은 51%에서 56%로 증가했습니다.[64]

고용이력. 산업 생산공정의 현대화와 산업 노동에서 서비스 노동으로의 구조변화로 인해 산업사회 노동자의 고용이력을 특징짓던 40세 이후의 쇠퇴하는 나이는 점차 극복되었습니다.[65]

다양한 형태의 불완전한 고용이력은 지속적인 정규고용이란 "정상적인 고용관계"(Normalarbeitsverhältnis)의 감소를 초래했습니다.[66] 특히 시간제 일자리가 크게 증가했습니다. 많은 여성이 가족을 위해 더 많은 시간을 할애할 수 있다는 이유로 시간제 근무를 선택했습니다. 반면에 소매업 같은 일부 기업에서는 직원들의 주당 근로시간 단축을 노동 유연화 수단으로 높이 평가하기도 했습니다. 정책 입안자들은 노동시장정책과 가족정책의 이유로 시간제 근무를 장려했습니다. 따라서 2001년에는 근로자들에게 시간제 근무를 할 수 있는 법적 권리가 주어졌습니다. 일부 서비스 업종에서는 원래 예외적으로 허용되던 시간제 고용이 지배적인 고용 관계가 되었습니다. 시간제 근로의 특수한 형태는 주당 근로시간이 짧고 임금이 낮은 한계고용(Geringfügige Beschäftigung)으로, 1990년대에 크게 증가했습니다.[67] 1991년에 전체 남녀 근로자의 84%는 정규직, 16%

Ergebnisse und Ansätze zu einer kohortenspezifischen Projektion, in: Petra Beckmann / Gerhard Engelbrech (Hrsg.), Arbeitsmarkt für Frauen 2000. Ein Schritt vor oder ein Schritt zurück? Nürnberg 1994.

63 Statistisches Jahrbuch 2019, S. 360.

64 Statistisches Jahrbuch 2019, S. 358.

65 Andreas Kruse / Gabriele Maier, Psychologische Beiträge zur Leistungsfähigkeit im mittleren und höheren Erwachsenenalter – eine ressourcenorientierte Perspektive, in: Christoph von Rothkirch (Hrsg.), Altern und Arbeit. Herausforderung für Wirtschaft und Gesellschaft, Berlin 2000.

66 Ilona Ostner, Was heißt hier normal? Normalarbeit, Teilzeit, Arbeit im Lebenszyklus, in: Hans G. Nutzinger / Martin Held (Hrsg.), Geteilte Arbeit und ganzer Mensch. Perspektiven der Arbeitsgesellschaft, Frankfurt 2000.

67 Kerstin Altendorf, Hindernisse für Teilzeitarbeit und flexible Arbeitsorganisation in der Bundesrepublik Deutschland, Diss. Mainz 1998; Volker Volkholz, Was bestimmt die Bildungslandschaft der Zukunft: die

는 시간제 근로자였습니다. 2020년까지 정규직 근로자의 비율은 65%로 떨어졌고 시간제 근로자의 비율은 25%로 증가했으며 매우 낮은 임금을 받는 한계근로자(Geringfügig Beschäftigte)가 전체 근로자의 10%를 차지했습니다.[68] 시간제 고용(Teilzeitbeschäftigung)의 증가는 심각한 문제를 야기했습니다. 시간제 일자리(Teilzeitarbeit)는 주로 단순 저임금 업무에 제공되었기 때문에 승진이나 경력기회를 포기하는 경우가 많았습니다. 시간제 고용(Teilzeitbeschäftigung)은 여성의 영역이었기 때문에 여성에 대한 직업적 차별이 강화되었습니다.

임시직(Zeitarbeit) 또한 90년대 이후 증가한 새로운 고용관계였습니다. 임시직 근로자를 고용함으로써 기업은 정규직 고용관계와 관련된 의무를 부담하지 않고 단기 노동 수요를 충족할 수 있었습니다. 임시직은 일반적으로 장기적인 전망을 제공하지는 않았지만, 젊은 남성 또는 여성 근로자들이 안정적인 고용으로의 전환을 희망하며 임시직에 종사했습니다.[69]

높은 실업률은 많은 고용이력에 큰 영향을 미쳤습니다. 대부분의 실업자는 직업적 정상성을 회복하기 위해 노력하고 있었으며 가능하면 이전 직업에서 일자리를 집중적으로 찾았습니다. 일부 실직자들은 비자발적인 고용 중단을 최대한 활용하기 위해, 추가 자격증을 취득하고 새로운 직업에 취업하기 위해 노력했습니다. 일부 여성은 실업 기간을 가족을 위한 시간으로 활용하기도 했습니다. 그러나 실업자 여성이나 남성은 오랜 기간 구직에 실패한 후, 검소한 수준의 공공 이전 수당으로 생활 수준을 유지하는 경우도 있었습니다.[70]

Normal-Biographie oder die Patchwork-Biographie? In: Christoph von Rothkirch (Hrsg.), Altern und Arbeit. Herausforderung für Wirtschaft und Gesellschaft, Berlin 2000.

68 Statistisches Jahrbuch 1993, S. 118; Statistisches Bundesamt, Arbeitsverdienste, Fachserie 16, Reihe 2.3.

69 Hanns-Georg Brose / Monika Wohlrab-Sahr / Michael Corsten, Soziale Zeit und Biographie. Über die Gestaltung von Arbeitszeit und Lebenszeit, Opladen 1993; Monika Wohlrab-Sahr, Biographische Unsicherheit, Opladen 1993.

70 Martin Kronauer / Berthold Vogel / Frank Gerlach, Im Schatten der Arbeitsgesellschaft. Arbeitslose

3.2 자본

새로운 연방주를 사회적 시장경제에 통합하는 데 있어 소유권 문제는 특히 중요했습니다. 1945년부터 1949년까지 소련 점령지역에서 실시된 수용(Enteignung)이 확인되었습니다. 이는 토지개혁(Bodenreform)과 대기업 국유화 모두에 관한 것이었습니다. 1949년부터 1989년까지 독일민주공화국의 자산 수용에 대해서는 반환(Restitution)이 합의되었습니다. 동독 정부는 보상원칙(Entschädigungsprinzip)을 선호했을 것입니다. 그러나 연방정부는 기본법의 자산보장이 반환원칙(Rückgabeprinzip)을 요구한다고 주장했습니다. 반환(Restitution)에는 농업생산협동조합에서 인수한 토지, 상업적 기업, 도시의 토지 및 기타 자산이 포함되었습니다. 1933년부터 1945년까지 국가사회주의 통치 기간 동안의 수용(Enteignung)도 취소되어야 했습니다. 독일민주공화국에서 유대인 자산에 대한 반환(Restitution)은 이뤄지지 않았었습니다.[71]

1990년 3월에 설립된 신탁관리청(Treuhandanstalt)은 국영기업 매각을 위임받았습니다. 연방정부는 민영화가 신속하게 진행되었다는 사실을 매우 중요하게 생각했습니다. 국유기업에서 민간기업으로의 전환 기간이 길어지는 것은 피해야 했습니다. 처음에는 국유기업 매각을 통해 상당한 수입을 기대했습니다. 그러나 곧 환멸과 실망이 시작되었습니다. 동독 기업들은 과도기 없이 서독 및 해외의 기존 기업들과 경쟁에 노출되었습니다. 결국 동독 기업 중 경쟁력을 갖춘 기업은 소수에 불과했습니다. 신탁관리청(Treuhandanstalt)에 의한 민영화는 국영기업 매각을 통해 기대했던 수입 대신 보조금이 많이 필요한 적자 사업이 되었습니다. 신탁관리청(Treuhandanstalt)은 1994년 말에 해체되었습니다. 신탁관리청(Treuhandanstalt) 해체는 정치적으로 전환의 끝을 알리기 위한 것이었

---

und die Dynamik sozialer Ausgrenzung, Frankfurt 1993; Gerd Vonderach / Ruth Siebers / Ulrich Barr, Arbeitslosigkeit und Lebensgeschichte, Opladen 1992.

71   Gerlinde Sinn / Hans-Werner Sinn, Kaltstart. Volkswirtschaftliche Aspekte der deutschen Wiedervereinigung, Tübingen 1991.

지만, 사실 민영화는 아직 완료되지 않았었습니다. 아직 민영화되지 않은 기업을 지속시키기 위한 지주관리회사(Beteiligungs-Management-Gesellschaft), 부동산 관리를 위한 신탁부동산회사(Treuhand-Liegenschaftsgesellschaft), 통일관련 특별과제 연방청(Bundesanstalt für vereinigungsbedingte Sonderaufgaben) 등 3개의 후속 기관이 설립되었습니다.[72]

전환 과정이 끝날 무렵에 동독에 새로운 기업구조가 생겼습니다. 상업과 농업 분야의 국유기업이 민영화되고 농업생산협동조합은 해산되었습니다. 독일민주공화국에서 용인되었던 일부 민간기업은 새로운 시장경제 조건에 적응하여 계속 존속할 수 있었습니다. 또한 경제질서가 바뀐 후 새로 설립된 상업 또는 농업 기업과 서독기업의 지사가 있었습니다. 그러나 많은 동독 기업이 문을 닫았고 다른 기업도 생산량을 크게 줄여야 했습니다.

통일 독일에는 2017년에 총 250만 개의 기업이 있었습니다.[73] 이들 대부분은 농업, 수공업, 상업 또는 새로운 서비스 직종에 종사하는 소규모 개인기업이었습니다. 숫자는 적지만 경제적으로 중요한 것은 대기업이었습니다. 세계화의 영향으로 여러 국가에 생산공장과 그룹사를 둔 다국적 기업의 중요성이 커졌습니다. 산업, 상업, 은행 및 빠르게 확장하는 정보경제의 많은 대기업은 내부성장과 기업합병 및 지분투자를 통해 사업을 확장했습니다. 그룹형성은 시장을 밀어냈습니다. 이전에는 시장에 의해 매개되던 경제관계가 기업내부의 계획에 의해 조직화되었습니다.[74] 일부 기업합병은 시장입지 강화와 더불어 그룹사 간 시너지 효과를 얻기 위한 목적도 있었습니다. 그러나 그룹의 여러 부분을 하나의 효율적인 기업으로 병합할 수 없어 집중이 한계에 도달한 경우도 있었습니다. 실패한 프로젝트는 자동차생산, 항공기제작, 전기산업이 결합된 다임러-벤츠 기업(Daimler-Benz

---

72   Marcus Böick, Die Treuhand. Idee – Praxis – Erfahrung 1990-1994, Göttingen 2018; Wolfram Fischer / Herbert Hax / Hans Karl Schneider (Hrsg.), Treuhandanstalt. Das Unmögliche wagen, Berlin 1993; Hans Kemmler, Die Entstehung der Treuhandanstalt. Von der Wahrung zur Privatisierung des DDR-Volkseigentums, Frankfurt 1994.

73   Statistisches Jahrbuch 2019, S. 494, 524-525.

74   William Lazonick, Business organization and the myth of the market economy, Cambridge MA 1993.

AG)의 "통합기술그룹"(integrierter Technologiekonzern)이나 은행과 보험이 결합된 "올파이낸스 모델"(Allfinanzmodell)이었습니다. 독일 기업에 대한 외국 자본의 참여가 증가했습니다.

2010년 부가가치 기준으로 100대 독일 기업 중 26%는 대부분 외국인 소유였습니다. 여기에는 구 독일연방공화국에서와 같이 자동차 제조업체인 포드, 오펠, 전기 회사인 필립스, 대형 광물 석유 회사인 BP, 엑손, 쉘, 토탈 등 다국적 대기업의 지사가 모두 포함되었습니다. 외국인 투자자들은 많은 유명 대기업에서 상당한 소수 지분을 보유하고 있었습니다. 2010년 바이엘의 주식 30%는 외국인 소유였으며, 라인메탈은 26%, 다임러는 19%, 폭스바겐은 17%, 알리안츠는 16%, 뮌헨 재보험사는 10%, 티센크루프는 11%, 도이체방크는 9%, 바스프는 5%였습니다.[75]

하지만 기업이 반드시 규모가 커야만 성공할 수 있는 것은 아닙니다. 대기업과 달리 직원 수는 수백 명에서 수천 명에 불과하지만 세계 시장을 선도하는 제품을 생산하는 중견 기업도 있었습니다. 이들은 "숨겨진 챔피언"(Hidden Champion)으로 알려졌습니다. "숨겨진 챔피언"이 살아남을 수 있었던 이유는 특별한 품질과 합리적인 가격으로 전문적인 제품을 공급했기 때문입니다. 그들은 종종, 예를 들면 자동차 산업 같은 대기업 제품에 사용되는 부품을 제조했습니다. 이 기업 중 일부는 오랜 역사를 지니고 있고 해당 시장 부문에서 친숙한 이름이었지만, 그 중요성은 1990년대 들어서야 일반적으로 알려지기 시작했습니다.[76]

75 Monopolkommission, Stärkung des Wettbewerbs bei Handel und Dienstleistungen. Neunzehntes Hauptgutachten der Monopolkomission 2010/2011, Baden-Baden 2012. S. 152-173.

76 Hermann Simon, Hidden Champions – Aufbruch nach Globalia. Die Erfolgsstrategien unbekannte Weltmarktführer, Frankfurt 2012.

3.3 토지

통일 독일에서는 대부분의 토지가 농업에 사용되었지만 주거지와 상업지역이 확장되었습니다. 1993년에는 농업이 토지의 58%, 산림이 27%, 주거지와 상업이 7%, 교통이 4%를 차지했습니다. 2020년에는 토지의 51%만이 농업, 31%는 산림, 9%는 주거지와 상업, 5%는 교통에 사용되었습니다.[77] 토지의 소유권은 사용 유형에 따라 달랐습니다. 주거지와 상업용 토지는 주로 이를 사용하는 기업이나 개인 주택소유주에게 귀속되었습니다. 반면 농지는 소유주가 직접 사용하는 것이 아니라 농업기업에 임대하는 경우가 많았습니다. 2016년 농업 면적에서 임대 토지가 차지하는 비중은 59%였으며, 신연방주의 경우 민영화의 결과로 구 연방주보다 임대 토지 비중이 훨씬 높았습니다.[78]

토지의 가치는 경제적 용도에 따라 달라졌고, 도시 토지는 농지보다 훨씬 더 가치가 높았습니다. 농업, 임업, 건물, 교통의 용도에 따라 분리된 토지의 가치는 2010년부터 국부 계정에 기록되기 시작했으며, 소급적으로 1999년부터 기록되었습니다.[79] 개발된 토지는 전체 토지면적에서 작은 비율이었지만 2020년에는 전체 토지 가치의 87%를 차지했습니다. 경제성장 과정에서 토지 가치는 급격히 상승했습니다. 1999년에 토지는 경제 전체 유형 자산의 26%, 고정 자산의 74%를 차지했습니다. 2020년까지 전체 유형 자산에서 토지가 차지하는 비중은 33%로 증가한 반면, 고정 자산의 비중은 67%로 감소했습니다.[80]

---

77 Statistisches Jahrbuch, S. 16; Statistisches Bundesamt, Bodenfläche nach Art der tatsächlichen Nutzung. Fachserie 3, Reihe 5.1, 2020, S. 7, 192.

78 Bundesministerium für Ernährung und Landwirtschaft, Agrarpolitischer Bericht der Bundesregierung 2019, Berlin 2019.

79 Oda Schmalwasser / Sascha Brede, Grund und Boden als Bestandteil der volkswirtschaftlichen Vermögensbilanzen, in: Wirtschaft und Statistik, 2015, Heft 6, S. 43 – 57.

80 Deutsche Bundesbank / Statistisches Bundesamt, Sektorale und gesamtwirtschaftliche Vermögensbilanzen 1999 – 2020, Frankfurt / Wiesbaden 2021, S. 6 – 8.

3.4 성장과 경기

3.4.1 공유 경기 1990 – 2000

통일은 서독에서 큰 기대를 불러일으켰습니다. 낙관적인 평가에 따르면, 정치적 충동은 지속적인 확장 국면으로 이어져야 했습니다. 내수 시장의 확대, 신연방주의 소비재 및 자본재에 대한 억눌린 수요, 그리고 동유럽 시장의 개방은 경제성장 가속화에 유리한 조건을 제공할 것이었습니다. 실제로 통일은 새로운 연방주의 추가 수요로 인해 서독 경제의 강력한 호황을 촉발했습니다. 하지만 이러한 추격효과(Nachholeffekt)는 오래가지 못했습니다. 이미 1993년 초, 서독 경제의 통일경기(Vereinigungskonjunktur)가 붕괴되었습니다.[81]

동독에서는 독일민주공화국의 마지막 몇 달 동안에 시작된 전환위기(Transformationskrise)가 통일 이후에도 계속되었습니다. 대부분의 동독 기업은 상대적으로 낮은 생산성으로 인해 경쟁력을 갖추지 못했습니다. 동독의 노동자들은 임금을 서독 수준으로 끌어올리기 위해 노력했습니다. 새로운 주로 빠르게 조직을 확장한 노동조합은 형평성뿐만 아니라 서독 노동자와의 저임금 경쟁을 막기 위해 대폭적인 임금 인상을 주장했습니다. 1991년, 새로운 주의 전환위기(Transformationskrise)가 바닥에 도달했습니다.[82] 1991년 실업률은 서독에서 6%, 동독에서 10%였습니다. 그 후 동독의 생산량은 비록 시작 수준은 낮았지만

---

81 Sachverständigenrat zur Begutachtung der gesamtwirtschaftlichen Entwicklung, Für Wachstumsorientierung – gegen lähmenden Verteilungsstaat. Jahresgutachten 1992/93, Stuttgart 1992, S. 69 – 71.

82 Karl Brenke, Die Jahre 1989 und 1990: Das wirtschaftliche Desaster der DDR – schleichender Niedergang und Schocktherapie? In: Vierteljahrshefte zur Wirtschaftsforschung, Jahrgang 2009, S. 18 – 31; André Steiner, From the Soviet Occupation Zone the „New Eastern States": A survey, in: Hartmut Berghoff / Uta Andrea Balbier (Hrsg.), The East German economy, 1945 – 2010. Falling behind or catching up? New York 2012, S. 42 – 49.

증가했습니다.[83]

전환 위기를 극복한 후 독일 경제는 전체 경제 생산에서 완만한 성장률을 보이며 장기적인 발전 경로로 돌아갔습니다. 90년대의 성장 동력은 주로 새로운 인터넷 경제(Internetökonomie)에서 비롯되었습니다. 인구 1인당 국내총생산은 1991년부터 2000년까지 연평균 1.7%씩 증가했습니다.[84] 이러한 상승세는 새로운 연방주에도 영향을 미쳤습니다. 경제성장은 서독보다 동독이 더 강했습니다. 사회적 시장경제가 자리를 잡은 후, 기업들은 현대화되거나 새롭게 설립되었습니다. 불과 몇 년 만에 국가사회주의적 계획경제가 40년 동안 방치했던, 공장, 인프라, 도시와 마을의 지체되었던 현대화가 이루어졌습니다.

경기 상승에도 불구하고 실업률은 여전히 높았습니다. 독일의 전체 실업률은 1997년에 13%까지 상승했다가 2000년에는 11%로 소폭 하락했습니다.[85] 등록된 실업자 외에도 일자리를 찾고 있지만 고용청과의 접촉을 포기해 실업률 통계에 나타나지 않는 노동 가능 연령대의 남성과 여성의 숨은 실업자가 상당했습니다. 경제전문가위원회(Sachverständigenrats zur Begutachtung der gesamtwirtschaftlichen Entwicklung)의 추정에 따르면, 등록된 390만 명의 실업자 외에도 2000년에 180만 명의 숨겨진 실업자가 있었습니다.[86]

3.4.2 노동시장위기 2001 – 2006

2000년 3월, 신생 인터넷 기업들이 주도하던 미국에서의 상승세가 무너졌습니다. 새

---

83 Statistisches Jahrbuch 1992, S. 127 – 129; Sachverständigenrat zur Begutachtung der gesamtwirtschaftlichen Entwicklung, Jahresgutachten 1992/93, S. 69 – 71.

84 Statistisches Jahrbuch 2002, S. 44, 632 – 633.

85 Statistisches Jahrbuch 2001, S. 124.

86 Sachverständigenrat zur Begutachtung der gesamtwirtschaftlichen Entwicklung, Jahresgutachten 2002/03, S. 119.

로운 경제성장에 낙관적이었던 투자자들은 많은 자본을 잃었습니다. 위기는 미국에서 독일을 포함한 다른 국가로 확산되었습니다. 또한 2001년 9월 11일 뉴욕의 세계무역센터에 대한 테러 공격은 세계 경제에 부정적인 영향을 미쳤습니다. 2001년 독일 경제는 위기에 빠졌습니다. 실업률이 증가했습니다.[87]

경기정책은 논란이 많았는데, 연방정부는 공급 중심의 경기정책을 통해 노동시장 위기를 극복할 수 있다고 믿었고, 이를 위해 노동시장 규제완화와 기업의 부담완화가 필요하다고 주장한 반면, 비판론자들은 전반적인 경제 수요를 안정시키기 위해 적극적인 경기정책을 통해 노동시장 위기를 극복할 것을 요구했습니다.[88]

경제위기는 2003년에 최저점에 도달했습니다. 2004년에 새로운 상승세가 시작되었습니다.[89] 하지만 실업률은 여전히 높았습니다. 2002-2003년 노동시장 개혁을 통한 실업에 대한 새로운 정의에 따르면, 실업률 수치가 상승하였고 실업에 대한 보다 현실적인 모습을 보여주었습니다. 2005년 2월 독일에는 520만 명의 실업자가 있었습니다.[90]

미국에서는 2004년 연방준비제도이사회(Federal Reserve Board)가 경기 부양을 위해 확장적 정책을 채택했습니다. 유동성 증가와 저금리로 인해 부동산 시장이 활기에 찼습니다. 부동산 구매는 대부분 대출을 통해 이루어졌습니다. 은행은 또한 저소득층 가구에 주택담보대출을 제공했습니다. 신용도(Bonität)가 낮아 "서브프라임 대출"(subprime loans)이라고 불리는 이 대출은 채무불이행 위험이 높기 때문에 이를 보상하기 위해 더 높은 이자율을 지불해야 했습니다. 많은 은행이 대출을 한데 모은 펀드를 설정했습니다; 부동산 대

87   Statistisches Jahrbuch 2004, S. 95; Statistisches Jahrbuch 2001, S. 124.

88   Carl-Ludwig Holtfrerich, Wo sind die Jobs? Eine Streitschrift für mehr Arbeit, München 2007; Gustav Horn, Die deutsche Krankheit. Sparwut und Sozialabbau, München 2005; HorstHenning Jank / Christian Molitor, Gibt es tragfähige Alternativen zur Angebotsorientierung? In: Wirtschaftsdienst. Zeitschrift für Wirtschaftspolitik, 83 (2003); Jürgen Kromphardt, Minderheitsvotum, in: Sachverständigenrat zur Begutachtung der gesamtwirtschaftlichen Entwicklung, Jahresgutachten 2002/03, S. 215.

89   Statistisches Jahrbuch 2018, S. 331.

90   Wirtschaft und Statistik, 4 / 2005, Statistischer Teil, S. 12.

출이 "증권화"되었습니다. 은행들은 많은 대출을 한데 묶어, 개별 대출의 신용도가 의심스럽더라도, 개별 대출의 채무 불이행 위험이 제한될 것이라고 약속했습니다. 미국의 주요 신용평가 기관은 은행의 광고 캠페인을 지원했으며, 많은 모기지 펀드에 국채 최고 등급인 트리플 A(AAA) 등급을 부여했습니다.

높은 수익률에 대한 약속과 신용평가사 지원으로 주택담보대출 펀드는 인기 있는 투자 상품이 되었습니다. 주택담보대출 펀드의 붐은 대체 투자처가 부족했기 때문에 가능했습니다. 신용에 대한 수요는 너무 적은 데 비해 저축은 전 세계적으로 과잉 공급되었습니다. 당시 연방준비제도이사회 위원이자 이후 의장이었던 벤 버냉키는 2005년의 불균형을 "글로벌 저축 과잉"(Global Saving Glut)이라고 설명했습니다.[91] 지속 가능한 투자 기회의 부족은 투자자들이 미국 부동산 대출에 투기적으로 뛰어든 이유를 설명합니다. 신용대출을 통한 부동산 붐은 "서브프라임 붐"(subprime boom)으로 알려졌습니다. 독일에서도 많은 은행이 미국 주택담보대출 펀드를 자체 계좌로 인수하거나 고객에게 중개했습니다. 증권 거래 경험이 없는 구매자는 투자 위험에 대한 실사 정보를 제공받지 못하는 경우가 많았습니다.[92]

3.4.3 금융과 경제위기 2007 - 2009

미국의 부동산 붐은 오래가지 못했습니다. 미국 경제가 회복되고 금리가 상승함에 따라 더 이상 이자와 상환을 감당할 수 없는 대출자가 점점 더 많아졌습니다. 수많은 주택이 경매에 부쳐졌고, 부동산 가격은 하락했으며, 매각 대금은 종종 부동산에 대한 주택담보부채에 훨씬 못 미치는 수준에 머물렀습니다. 2007년, 호황은 위기로 바뀌었습니다.

91   Ben Bernanke, The global saving glut and the U.S. current account deficit. Speech delivered for the Sandridge Lecture at the Virginia Association of Economists, Richmond, 10 March 2005.

92   Andreas Pfingsten, Das Sub-Prime-Virus: Ursachen und Folgen der Finanzkrise, in: Vierteljahrshefte zur Wirtschaftsforschung, Jahrgang 2009, Heft 1, S. 14 - 24.

주택담보대출 붐(Hypothekenboom)에 불을 지피고 대규모로 참여했던 은행들은 큰 손실을 입었습니다. 투자 은행 리먼 브라더스(Lehman Brothers)는 2008년 9월 15일 파산했습니다. 다른 은행들은 국가 보조금으로 구조조정을 진행했습니다. 금융 위기는 미국 경제위기로 번졌습니다. 안전을 우려한 은행들은 대출을 제한했습니다. 집을 잃은 가정은 소비를 대폭 줄여야 했고, 저축을 잃은 많은 개인 투자자들도 마찬가지로 어려움을 겪었습니다. 미국의 위기는 집중적인 자본 상호의존성으로 인해 전 세계로 빠르게 확산되었습니다. 2008년 여름, 국제 금융 시스템은 붕괴 직전에 이르렀습니다.[93]

독일 은행들은 자체 자금과 고객 자금으로 미국의 주택담보대출 붐(Hypothekenboom)에 주저 없이 참여했고, 그에 따라 독일 금융 위기의 영향도 막대했습니다. 상업은행과 주은행들은 큰 손실을 입었습니다. 금융 위기는 전반적인 경제위기를 촉발했습니다. 2009년 독일의 국내총생산은 5.6% 감소했습니다.[94] 2007-2009년의 금융 및 경제위기는 시장 실패와 국가 실패의 치명적인 조합으로 촉발되었습니다. 미국뿐만 아니라 독일에서도 은행들은 무책임한 경영 정책으로 경제를 심각한 위기에 빠뜨렸습니다. 하지만 국가도 일정 부분 책임을 져야 했습니다. 일반적인 규제 완화는 보호장치를 해체했고 경제정책은 미래 지향적 안정화정책의 수단을 포기했습니다.[95]

2007-2009년의 위기는 통일 이후 독일 경제가 겪은 가장 급격한 침체였습니다. 연방 정부는 은행 시스템을 지원하고 경제를 안정시키기 위해 대규모로 개입했습니다. 은행들은 경제적으로 대체 불가능하다고 선언되고, 상당한 보조금을 지원받았습니다.[96] 경기정책에는 세금 감면, 광범위한 신용 금융 투자 프로그램, 위기의 영향을 받은 수많은 기업

93 Adam Tooze, Crashed. How a decade of financial crises changed the world, New York 2018.
94 Statistisches Jahrbuch 2018, S. 331.
95 Carl-Ludwig Holtfrerich, Vergleichende Aspekte der Großen Krisen nach 1929 und 2007, in: Jahrbuch für Wirtschaftsgeschichte, 2011 / II, S. 115 – 138.
96 Bank für Internationalen Zahlungsausgleich, Jahresbericht 2011 – 2012, Basel 2012; Deutsche Bundesbank, Finanzstabilitätsbericht 2009, Frankfurt 2009.

에 대한 대출이 포함되었습니다.[97] 유럽 중앙 은행은 확장적 통화정책으로 경기를 지원했습니다. 2009년에는 기준금리를 역사상 가장 낮은 1%로 낮추고 유럽 은행 시스템에 유동성을 공급했습니다. "2% 미만이지만 2%에 가까운"(unter, aber nahe 2 Prozent) 적당한 인플레이션율은 생산과 고용을 촉진해야 했습니다.[98]

3.4.4 상대적 안정 2010 – 2019

연방정부와 유럽중앙은행의 공동 경제 정책이 효과를 발휘했습니다. 2010년에 위기에서 회복이 시작되었고, 그 해 실질국내총생산은 4.1% 증가했습니다. 그러나 실업률은 7.7%로 여전히 높았습니다.[99] 2012-2013년에는 유로존의 부채위기(Schuldenkrise)로 인해 경제성장률이 다시 하락했습니다. 그 후 2018년까지 다시 강한 성장세를 보였습니다. 성장은 주로 수출 호조에 의해 촉진되었습니다. 실업률은 감소했지만 2018년 실업률은 여전히 3.4%를 기록했습니다.[100]

유럽중앙은행은 저금리 정책을 이어갔습니다. 몇몇 유로존 회원국은 높은 정부부채로 인해 국가부도 위기에 처했고, 일부 국가에서는 위기가 계속되었습니다. 저금리로 인해 채무국의 이자 부담이 줄어들고 경기가 활성화되어야 했습니다. 유럽중앙은행의 확장적 통화정책은 독일에서 "무이자국면"(Nullzinsphase) 동안 전통적인 저축 투자수익률이 극도로 낮은 수준으로 떨어지면서 비판에 직면했습니다. 저축예금이나 연방채권 같은 안전한 투자의 경우 물가상승을 고려하면 실제로 마이너스 금리도 있었습니다. 저금리로 인해

97　Sachverständigenrat zur Begutachtung der gesamtwirtschaftlichen Entwicklung, Die Zukunft nicht aufs Spiel setzen. Jahresgutachten 2009/10, Wiesbaden 2009, S. 166 – 174.

98　Europäische Zentralbank, Jahresbericht 2010, Frankfurt 2011; Europäische Zentralbank, Jahresbericht 2011, Frankfurt 2012; Horst Tomann, Monetary integration in Europe. The European Monetary Union after the financial crisis, 2. Aufl., Basingstoke 2017, S. 135 – 150.

99　Statistisches Jahrbuch 2011, S. 76, 631.

100　Statistisches Jahrbuch 2019, S. 367.

많은 저축자들이 피해를 입었고 노후준비(Altersvorsorge)를 더욱 어렵게 만들었습니다.[101] 그러나 유럽중앙은행은 금리에 미치는 영향력이 생각보다 크지 않았습니다. 구조적 배경은 2005년 미국 연방준비제도이사회 벤 버냉키(Ben Bernanke) 의장이 이미 지적한 "글로벌 저축 과잉"(Global Saving Glut)이었습니다. 저축과 투자 사이에 구조적인 차이가 있었고, 저축은 과잉공급되고 신용에 대한 수요는 너무 적었습니다. 기업들은 대부분 자체수익으로 투자자금을 조달할 수 있었습니다. 독일은 기업의 낮은 신용수요에 더해, 2009년에 도입된 채무제동장치(Schuldenbremse)로 인해 정부 차입이 급격히 감소했습니다.[102]

독일의 주민 1인당 국내총생산은 1991년부터 2018년까지 실질 기준으로 연평균 1.3% 증가했습니다.[103] 2019년에는 경제가 불황(Rezession)으로 전환되었습니다. 2018년 1.6%였던 1인당 실질 국내총생산 성장률은 2019년 0.6%로 감소했습니다. 2020년 1월, 연방경제부는 경기회복을 예상했습니다. 2020년 예측에 따르면 실질 국내총생산은 1.1% 증가할 것으로 예상했습니다. 실업률은 5.0%로 전년과 변동이 없을 것으로 예상했습니다.[104]

101   Tooze, Crashed, S. 321‒446.

102   Carl-Ludwig Holtfrerich, Power or economic law? Fresh reflections on ECB policy, in: Intereconomics. Review of European Economic Policy, 53 (2018), S. 164‒169; Carl-Ludwig Holtfrerich / Jonas Horstkemper / Ute Tintemann (Hrsg.), Staatsschulden: Ursachen, Wirkungen und Grenzen. Berlin-Brandenburgische Akademie der Wissenschaften, Berlin 2015.

103   Statistisches Jahrbuch 1993, S. 50; Statistisches Jahrbuch 2019, S. 333.

104   Bundesministerium für Wirtschaft und Energie, Jahresbericht 2020. Wachstum, Wettbewerbsfähigkeit und Produktivität steigern ‒ in Deutschland und Europa, Berlin, Januar 2020, S. 67‒68.

3.5 경제의 구조변화

3.5.1 탈산업 자본주의

전환위기(Transformationskrise)는 새로운 연방주에서 구조단절(Strukturbruch)로 이어졌습니다. 농업과 산업에서는 생산량이 급격히 감소했습니다. 반면에 상당 부분 지역과 연결되어, 동일한 경쟁 압력에 노출되지 않은 서비스 부문은 더 나은 성과를 거둘 수 있었습니다. 따라서 새로운 연방주의 고용구조(Erwerbsstruktur)는 서독의 서비스사회(Dienstleistungsgesellschaft)에 충격적으로 적응되었습니다. 구 연방주에서는 3차 산업을 향한 장기적인 구조변화가 계속되었습니다. 전체적으로 2018년 서비스산업은 전체 경제생산의 3분의 2를 차지했습니다(표 12).

표 12. 독일의 국내총생산 1994–2018(퍼센트)

	1994	2018
1차 산업	1	1
2차 산업	36	31
3차 산업	63	68

출처: StatistischesJahrbuchfür die Bundesrepublik Deutschland 1995, S. 680; StatistischesJahrbuchfür die Bundesrepublik Deutschland 2019, S. 337.

산업별 경제력이 변화함에 따라 고용구조도 변화했습니다. 1차 산업과 2차 산업 모두에서 근로자 수가 감소했습니다. 3차 산업에서만 더 많은 고용이 이루어졌습니다.[105] 구조변화는 극적이었습니다. 2018년에는 전체 고용인원의 4분의 1만이 여전히 물질 생산에 종사하고 있었습니다. 전체 고용의 4분의 3이 상품운송, 판매 또는 금융, 정보교환, 자

---

105 Statistisches Jahrbuch 1993, S. 116; Statistisches Jahrbuch 2019, S. 361.

문, 보험, 봉사, 돌봄 또는 관리 업무에 종사하고 있었습니다(표 13).

표 13. 독일의 고용구조 1991–2018(퍼센트)

	1991	2018
1차 산업	4	1
2차 산업	41	24
3차 산업	54	74

출처: StatistischesJahrbuchfür die Bundesrepublik Deutschland 2004, S. 112; StatistischesJahrbuchfür die Bundesrepublik Deutschland 2019, S. 361.

디지털화로 인해 경제의 구조변화가 가속화되었습니다. 좁은 의미에서 "디지털화"(Digitalisierung)는 아날로그 데이터를 디지털 데이터로 변환하는 것을 의미했습니다. 디지털 데이터의 경제적 이점은 주로 아날로그 데이터보다 기계로 처리하기 쉽다는 사실에 있었습니다. 더 넓은 의미에선 커뮤니케이션, 생산, 소비 등 다양한 영역에 디지털 기술을 적용하는 것을 디지털화라고 했습니다. 상업, 정보 보급, 소셜 커뮤니케이션을 위한 글로벌 플랫폼, 멀리 떨어진 생산현장의 네트워킹, 은행과 금융시장의 전 세계적 상호연결은 새로운 "디지털 자본주의"(Digitalen Kapitalismus)를 구성했습니다.[106]

디지털화는 전반적인 혁신추진(Innovationsschub)을 촉진하였습니다. 새로운 투자분야와 고용 및 생산을 위한 새로운 기회가 생겼습니다. 전 세계 여러 지역의 사람과 기관이 글로벌 커뮤니케이션 시스템에 포함되었습니다. 멀리 떨어져 있는 생산 현장을 네트워크로 연결할 수 있었습니다. 그러나 이름, 주소, 소비 선호도 및 기타 정보를 포함한 방대한 양의 개인 데이터 수집도 점차 문제로 인식되기 시작하였습니다. 여론조작의 위험이 있었습니다. 국가는 새로운 조건에 맞게 경제질서를 조정해야 했습니다. 국가는 인터넷 기

---

106 Philipp Staab, Digitaler Kapitalismus. Macht und Herrschaft in der Ökonomie der Unknappheit, Berlin 2019.

업의 시장 지배력과 개인 데이터에 대한 주권을 통제하는 데 중점을 두었습니다.[107]

3.5.2 1차 산업

농업. 새로운 연방주의 농업은 통일 후 사회적 시장경제에 통합되었습니다. 농업생산협동조합(Landwirtschaftliche Produktionsgenossenschaft)은 가능하면 개별 농장으로 분할하고, 국영농장(Volkseigenes Gut)은 민영화해야 했습니다. 농업에 사용되던 대부분의 토지는 대규모 농장이 되었습니다.[108] 이와 대조적으로 구 연방주에서는 여전히 가족농장이 지배적이었습니다.[109] 1993년 독일에는 606,000개의 농장과 170만 명의 근로자가 있었습니다. 새로운 연방주의 농장은 평균적으로 구 연방주의 농장보다 훨씬 규모가 컸으며, 더 많은 근로자를 고용하고 더 넓은 면적에서 농사를 지었습니다.[110] 동독의 농업은 더 이상 보호받는 국내시장을 갖지 못하고, 노동 생산성이 훨씬 높은 유럽연합 안팎의 자본주의 국가들의 현대식 농장과 경쟁했습니다. 따라서 동독 농업의 생산과 고용은 급격히 감소했습니다. 농업생산협동조합과 대규모 국영농장의 많은 근로자들이 실직자가 되었습니다.[111]

유럽연합은 유럽경제공동체의 보호주의 농업정책을 계속 유지했습니다. 1992년 마스

---

107   Timi Daum, Das Kapital sind wir. Zur Kritik der digitalen Ökonomie, Bonn 2018; Carsten Ochs / Michael Friedewald / Thomas Hess / Jörn Lamla (Hrsg.), Die Zukunft der Datenökonomie. Zwischen Geschäftsmodell, Kollektivgut und Verbraucherschutz, Wiesbaden 2019.

108   Bundesministerium für Ernährung, Landwirtschaft und Forsten, Die Entwicklung der Agrarwirtschaft in den neuen Ländern. Bisherige Fortschritte – aktuelle Maßnahmen, Bonn 1993; Hanns Christian Löhr, Der Kampf um das Volkseigentum. Eine Studie zur Privatisierung der Landwirtschaft in den neuen Bundesländern durch die Treuhandanstalt, 1990 – 1994, Berlin 2002.

109   Bundesministerium für Ernährung und Landwirtschaft, Agrarpolitischer Bericht der Bundesregierung 2019, Berlin 2019.

110   Statistisches Jahrbuch über Ernährung, Landwirtschaft und Forsten der Bundesrepublik Deutschland 1995, S. 53.

111   Karl Eckert, Agrargeographie Deutschlands. Agrarraum und Agrarwirtschaft Deutschlands im 20. Jahrhundert, Gotha / Stuttgart 1998, S. 376 – 424.

트리히트 조약(Maastricht Vertrag)에 따르면 "공동농업정책"(Gemeinsame Agrarpolitik)의 목표는 농업 생산성 증대, 농민의 적정한 생활수준 보장, 시장 안정, 공급 안정과 적정한 가격으로 소비자에게 공급하는 것이었습니다.[112] 1990년대 이후 유럽의 농업정책에 대한 비판이 커졌습니다. 비용이 많이 드는 시장 안정화는 유럽연합 예산의 많은 부분을 차지했습니다. 유럽연합의 농업정책은 중소 규모 농장보다 대규모 농장을 선호했고, 식량 품질, 동물 건강 및 환경에 부정적인 영향을 미치는 농업의 대량생산을 장려했습니다. 비판은 "공동농업정책"(Gemeinsame Agrarpolitik)의 개혁으로 이어졌습니다. 시장 안정화에서 소득 안정화로 변경된 지원은 저소득층 농가를 대상으로 하며 비용이 적게 들어야 했습니다. 가격 보장은 낮아지고 점차 농가에 대한 직접 지원으로 대체되었습니다.

환경보호를 강화하기 위해 1990년대 말에는 건강한 식생활 촉진(Förderung der Ernährung)과 더불어 농촌지역 개발이 공동농업정책 과제로 공표되었습니다. 농업보조금의 일부는 유기농업, "종에 적합한 축산"(artgerechte Tierhaltung) 및 생물다양성을 촉진하는 데 사용되었습니다. 2013년 유럽위원회는 공동농업정책의 세 가지 중요한 목표, 즉 지속 가능한 수확량 확보, 환경보호 및 기후 변화 완화, 공간적 균형을 규정했습니다.[113] 연방정부는 농업정책의 방향 전환에 동의했습니다. 연방정부는 "매력적이고 살기 좋고 활력 넘치는 농촌 지역을 유지하거나 조성하는 데 적절히 기여하는 지속 가능하고 생태적으로 책임감 있고 경제적으로 효율적이며 지역에 기반을 둔 농업"을 이상적인 모델로 설정하였습니다.[114]

대중은 농업정책에 대해 모순된 반응을 보였습니다. 광활한 경작지의 평탄화, 집중적인 비료와 살충제로 인한 땅과 물의 오염, 대량 축산은 점점 더 많은 항의에 직면하게 되었습니다. 그러나 다른 한편으로 소비자들은 낮은 식량가격을 기대했는데, 이는 농업의

---

112   Vertrag über die Europäische Union vom 7. Februar 1992, Artikel 33.

113   Europäische Kommission, Landwirtschaft und ländliche Entwicklung, Luxemburg 2019.

114   Agrarpolitischer Bericht 2019, S. 12.

대량생산으로만 가능했습니다. 2019년 연방식품농업부는 상업과 소비자가 구매 행동을 통해 농업에 대한 변화된 사회적 기대의 이행에 적절히 보상해야만 지속 가능한 농업으로 가는 길이 성공할 수 있다고 강조했습니다.[115]

유럽연합의 보호주의 농업정책은 독일 농업의 구조위기를 막을 수 없었습니다. 많은 농장이 도산하고 고용이 감소했습니다. 2016년에도 독일에는 여전히 275,000개의 농장과 940,000명의 근로자가 있었습니다.[116]

임업. 전통적으로 산림의 사용은 주로 벌목에 집중되어 있었습니다. 환경에 대한 인식이 높아진 후, 사람들은 목재는 숲이 사회에 주는 많은 혜택 중 일부에 불과하다는 사실을 깨달았습니다. 대부분의 산림이 연방, 주 및 지방 정부 소유였기 때문에 임업의 방향을 전환할 수 있는 조건은 유리했습니다.

임업의 방향 전환의 목적은 숲의 다양한 혜택을 촉진하는 것이었습니다. 산림은 재생 가능 원료(nachwachsende Rohstoffe)를 통해 경제 발전에 기여합니다. 숲은 공기를 정화하고 기후에 균형을 맞추며 바이오매스에서 이산화탄소와 결합하여 온실 효과를 줄이는 데 기여합니다. 숲은 물 균형을 조절하고 식수 공급을 보호하며 토양 비옥도를 유지하고 침식을 방지합니다. 숲은 눈사태와 산사태를 방지합니다. 숲은 휴양지로 이용됩니다. 숲은 폭풍, 화재, 서리, 눈과 얼음, 해충, 대기 오염의 증가로 인해 위협받고 있습니다. 그러나 산림의 다양한 혜택은 가치가 평가되지 않았고 따라서 국가계정에 포함되지 않았습니다.[117]

어업. 사회적 시장경제로 전환한 후 로스토크(Rostock)와 사스니츠(Sassnitz)의 국영수산 기업은 민영화되었습니다. 어업생산협동조합이 해산되고 선박은 민영화되거나 폐선되

---

115 Agrarpolitischer Bericht 2019, S. 13.

116 Statistisches Jahrbuch über Ernährung, Landwirtschaft und Forsten 2017, S. 24, 42.

117 Bundesministerium für Ernährung, Landwirtschaft und Forsten (Hrsg.), Unser Wald. Die Land- und Forstwirtschaft in Deutschland, Bonn 1991; Rolf Zundel / Ekkehard Schwartz, 50 Jahre Forstpolitik in Deutschland 1945 bis 1994, Münster 1996, S. 58-60.

었습니다. 새로운 민간기업을 지원하기 위해 서독 협동조합법에 따라 수산업 협동조합이 설립되었습니다. 그러나 동독 어업의 장비, 노동생산성 및 경쟁력은 서독 및 기타 자본주의 국가 표준에 상응하지 못했습니다. 따라서 동독의 어선은 대규모로 감축되었고 높은 실업률이 발생했습니다.[118]

동독 어업의 전환위기는 유럽연합의 오랜 어업의 구조적 위기와 맞물려 있었습니다. 유럽연합은 유럽경제공동체의 공동어업정책을 계속 유지했습니다. 유럽의 어업정책의 목표는 어족자원 보존, 국제적으로 경쟁력 있는 어업 육성, 어족자원과 시장 상황에 맞는 선단용량 조정, 공동시장 조직이었습니다. 유럽의 어업정책의 도구는 어업에 관한 규칙, 유럽연합 외부 국가와의 어업협정, 보조금이었습니다. 유럽의 보조금 정책은 폐선 지원금, 보조금 및 세금감면을 통한 유럽연합 회원국의 지원 프로그램으로 보완되었습니다.[119]

유럽연합과 연방정부의 폐업 지원금에 힘입어, 어선 수와 어업 고용은 1990년대 이후 급격히 감소했습니다.[120] 생선 가공공장의 고용은 수입생선도 가공하기 때문에 상대적으로 높은 수준을 유지했습니다. 북대서양과 기타 원양어장에서의 대규모 심해어업은 선박 현대화에 필요한 투자와 높은 운영 비용으로 인해 더 이상 수익성이 없었습니다. 독일 국기를 달고 항해했지만 외국 해운회사에 소속된 어선 몇 척만 남아있었습니다.[121]

---

118 Wulf-Heinrich Hahlbeck, Die Geschichte der ostdeutschen Hochseefischerei (DDR / Mecklenburg-Vorpommern), in: Hans Otto Boysen (Hrsg.), 50 Jahre Fischerei in Deutschland 1948 – 1998, Nürnberg 1998, S. 170; Hans-Joachim Jennerich, Küstenfischerei und Kleine Hochseefischerei in der DDR, in: Hans Otto Boysen (Hrsg.), 50 Jahre Fischerei in Deutschland 1948 – 1998, Nürnberg 1998, S. 120 – 121; Dietrich Strobel / Wulf-Heinrich Hahlbeck, Hiev up! So war die Hochseefischerei der DDR, 2. Aufl., Hamburg 1997, S. 153 – 162.

119 Europäische Kommission, Die neue Gemeinsame Fischereipolitik, Luxemburg 1994.

120 Europäische Kommission, Die Zukunft der Gemeinsamen Fischereipolitik, Bd. 2, Luxemburg 2001, S. 62 – 63.

121 Deutscher Fischerei-Verband, Deutsche Fischerei 2017. Lage und Aussichten, Hamburg 2017.

3.5.3 2차 산업

산업 생산은 1991년부터 2018년까지 연평균 1.3%의 성장률을 기록했습니다. 따라서 1970년대와 1980년대의 서독에 비해 성장이 다소 강했습니다. 자동차 산업과 전기 산업에서 생산량 증가는 평균보다 높았습니다. 화학 산업의 생산량 증가는 평균에 상응했습니다. 식품산업과 기계산업분의 성장은 평균보다 낮았습니다. 의류산업과 섬유산업에서는 생산이 계속 감소했습니다.[122] 노동 생산성이 향상되어 기업은 더 많은 생산량에도 더 적은 인력이 필요하게 되었습니다. 거의 모든 산업 분야에서 고용이 감소했습니다. 건설, 기계, 금속제품 산업, 전기산업, 화학산업, 철강산업, 섬유산업 및 의류산업에서 수천 개의 일자리가 사라졌습니다.[123]

다양한 산업 분야에 대한 예시적인 개요는, 새로운 사회적 시장경제에서도 이전 사회적 시장경제와 마찬가지로 산업 분야에 따라 시장과 국가의 관련성이 다르다는 것을 보여줍니다. 예를 들어 국가 개입이 거의 없는 산업은 자동차 산업, 화학 산업, 전기 산업, 기계 산업이었습니다. 반면에 광업이나 항공 산업은 집중적인 국가의 영향력으로 특징지워졌습니다.

자동차 산업. 대형 산업 부문에 속한 자동차 산업에는 1991년 98만 명의 근로자가 있었습니다.[124] 자동차 산업은 여전히 성장 산업으로 간주되었지만 90년대 이후 생산량은 더디게 증가했습니다. 독일의 주요 자동차 그룹(Autokonzern)들은 구조변화에 대해 서로 다른 반응을 보였습니다.[125] 폭스바겐(Volkswagen)은 모델 라인업을 차별화하고 다른 브랜

---

122 Statistisches Jahrbuch 1994, S. 227; Statistisches Jahrbuch 2000, S. 195; Statistisches Jahrbuch 2005, S. 378 – 380; Statistisches Jahrbuch 2009, S. 382 – 384; Statistisches Jahrbuch 2014, S. 538; Statistisches Jahrbuch 2019, S. 560.

123 Statistisches Jahrbuch 1992, S. 203; Statistisches Jahrbuch 1993, S. 116; Statistisches Jahrbuch 2019, S. 524.

124 Statistisches Jahrbuch 1992, S. 203.

125 Willi Diez, Wohin steuert die deutsche Automobilindustrie? 2. Aufl., Berlin 2018; Heike Proff,

드를 인수하여 사업을 확장했습니다. 폭스바겐 그룹은 소형차부터 고급차까지의 승용차와 밴부터 대형 트럭까지의 상용차의 모든 시장 분야에서 서비스를 제공하고자 했습니다. 통일 이전에도 폭스바겐은 오토 유니온(Auto-Union)과 스페인 자동차 제조업체인 시트(Seat)를 인수한 바 있습니다. 1991년에는 체코의 스코다(Skoda)를 인수했습니다. 1998년에는 벤틀리(Bentley), 부가티(Bugatti), 람보르기니(Lamborghini)를, 2009-2012년에는 포르쉐(Porsche)를 인수하여 일상적인 승용차 프로그램에서 럭셔리 클래스로 확장했습니다. 대형 트럭과 버스 시장에 진출하기 위해 폭스바겐은 2007-2013년 뮌헨에 본사를 둔 MAN을 인수하고 2008년에는 스웨덴 자동차 제조업체 스카니아(Scania)를 인수했습니다.[126] 모터사이클 시장에서 폭스바겐은 2012년 이탈리아 생산업체 두카티(Ducati)를 인수하여 BMW와 경쟁하였습니다. 폭스바겐은 다양한 그룹 브랜드와 함께 여러 국가에 생산 시설을 보유했습니다.[127]

다임러-벤츠(Daimler-Benz)는 점점 어려워지는 자동차 시장에 대한 의존도를 낮추기 위해 1980년대에 시작한 "통합기술그룹"(integrierten Technologiekonzern) 프로젝트를 계속 진행했습니다. 그러나 연이어 인수한 여러 회사를 상호 시너지 효과를 내며 수익성 있는 그룹으로 통합하려는 시도는 실패했습니다. 무엇보다도 AEG 인수를 통한 전기 산업으로의 진출은 비용이 많이 드는 잘못된 투자로 판명되었습니다. 그룹의 항공우주 사업부도 지속적인 성공을 거두지는 못했습니다. "통합기술그룹" 프로젝트와 병행하여 다임러-벤츠(Daimler-Benz)는 국제 협력을 확대했습니다. 1998년, 다임러-벤츠 AG(Daimler-Benz AG)와 디트로이트에 본사를 둔 자동차 제조업체 크라이슬러(Chrysler)는 합병을 통

Multinationale Automobilunternehmen in Zeiten des Umbruchs. Herausforderungen, Geschäftsmodelle, Steuerung, Wiesbaden 2019; Julius Spatz / Peter Nunnenkamp, Globalisierung der Automobilindustrie. Wettbewerbsdruck, Arbeitsmarkteffekte und Anpassungsreaktionen, Berlin 2002.

126 Johannes Bähr / Ralf Banken / Thomas Flemming, Die MAN. Eine deutsche Industriegeschichte, München 2008, S. 373 – 474.

127 Manfred Grieger / Makus Lupa, Vom Käfer zum Weltkonzern. Die Volkswagen-Chronik, Wolfsburg 2015; Mark C. Schneider, Volkswagen. Eine deutsche Geschichte, München 2016.

해 다임러크라이슬러 AG(DaimlerChrysler AG)를 설립했습니다. 합병은 인수합병이 아니라 "동등한 합병"(merger of equals)이어야 했습니다. 하지만 슈투트가르트(Stuttgart)는 독일계 미국인 그룹을 지배했습니다. 합병은 실패로 돌아갔고 두 회사는 서로 맞지 않았습니다. 크라이슬러(Chrysler)는 2007년에 매각되었습니다. 그 이후로 슈투트가르트(Stuttgart)에 본사를 둔 이 그룹은 다임러 AG(Daimler AG)라는 이름으로 운영되고 있습니다.[128] 오펠(Opel)은 지속적으로 모델 라인업을 개발했지만 시장과의 접점을 잃었습니다. 제너럴 모터스(General Motors) 그룹은 수년 동안 적자를 내고 있었습니다. 제너럴 모터스(General Motors)는 1929년에 인수한 기업에 대한 지분을 마침내 포기했습니다. 2016년에 오펠(Opel)은 프랑스 그룹 PSA에 매각되었습니다.

자동차 산업에서 오염은 여전히 문제였습니다. 내연기관 차량은 일산화탄소, 이산화탄소, 이산화황, 미세먼지 및 기타 오염 물질로 인한 환경 오염에 크게 기여했습니다. 따라서 많은 국가에서 허용되는 오염 물질 배출량에 최대 한도를 부과하였습니다. 촉매 변환기 및 기타 기술적 개선을 통해 유해한 배기가스를 줄여야 했습니다. 그러나 2006년부터 폭스바겐(Volkswagen)은 고정 테스트에서 오염 물질 배출량이 적다고 속이는 소프트웨어가 탑재된 다양한 그룹 브랜드의 자동차를 판매해 왔습니다. 2015년 캘리포니아 주 환경보호국과 미국 국립환경보호국은 이 속임수를 발견했습니다. 폭스바겐은 미국, 독일 및 기타 피해 국가에서 무거운 벌금을 선고받았으며, 일부 폭스바겐 관리자는 미국에서 실형을 선고받았습니다. 사기를 당한 많은 구매자는 사기가 발각된 후 차량 가치가 떨어졌기 때문에 손해배상을 받았습니다. 추가 조사 결과, BMW와 다임러(Daimler)는 배출가스 테스트에서 유리한 배출가스 수치를 조작하기 위해 차량에 사기 소프트웨어를 설치한 것으로 밝혀졌습니다.[129]

---

128   Saskia Freye, Ein Rückzug aus der Deutschland AG? Die strategische Neuausrichtung von Daimler-Benz in den 1980er Jahren, in: Ralf Ahrens / Boris Gehlen / Alfred Reckendrees (Hrsg.),Die „Deutschland AG". Historische Annäherungen an den bundesdeutschen Kapitalismus, Essen 2013, S. 323 - 350.

129   Jack Ewing, Faster, higher, farther. The inside story oft he Volkswagen scandal, 2. Aufl., London 2018;

자동차 산업의 새로운 시대는 전기 이동성(Elektromobilität)으로의 전환과 함께 시작되었습니다. 정부는 구매 보조금, 금융 혜택, 충전소 확충 등을 통해 전기차 보급을 지원했습니다. 그러나 기존 연소 엔진과 경쟁하는 전기 자동차의 단점은 높은 가격, 충전소에 대한 의존도, 제한된 주행 거리였습니다. 내연기관과 비교했을 때 전기 모빌리티(Elektromobilität)의 환경적 이점은 생산부터 일상적인 운행에 이르기까지 전반적인 균형에서 여전히 논란의 여지가 있습니다. 전기 자동차 생산에는 오염도가 높은 원자재가 필요했습니다.[130] 내수 시장이 포화 상태에 가까워지면서 자동차 산업은 매우 수출 지향적으로 되었습니다. 2018년 독일 자동차 제조업체는 생산량의 70%를 해외로 수출했습니다. 또한 독일 기업이 해외에 건설한 공장의 판매도 있었습니다.[131] 생산성 향상 덕분에 많은 기업에서 더 적은 인원으로 더 많은 생산을 할 수 있게 되었습니다. 자동차 제조업의 고용은 2017년까지 87만 명으로 감소했습니다.[132]

광업. 독일에서 광업은 주로 석탄 채굴을 의미했지만 갈탄 채굴, 광석 채굴, 칼륨 채굴도 포함됐습니다.[133] 1991년 광업 부문에는 총 290,000명의 근로자가 있었습니다.[134] 1950년대 초만 해도 석탄과 철강은 서독뿐만 아니라 인근 서유럽 국가에서도 재건의 핵심 분야로 여겨졌습니다. 그러나 1950년대 후반부터 석탄 채굴은 지속적인 구조적 위기에 처해 있었습니다. 국내 석탄의 높은 추출 비용과 운송 관세 하락은, 기업과 가정이 석유로 바로 전환하지 않으면, 수입 석탄이 더 저렴하다는 것을 의미했습니다. 통일 이후에도 구조적 위기는 약화되지 않았습니다. 생산성이 크게 향상되었음에도 불구하고 독일 석탄 산업은 국제적으로 경쟁력이 없었고 높은 보조금을 통해서만 유지될 수 있었습니

Schneider, Volkswagen, S. 291–307.

130   Diez, Automobilindustrie; Verband der Automobilindustrie, Elektromobilität in Deutschland, 2020.

131   Diez, Automobilindustrie, S. 90.

132   Statistisches Jahrbuch 2019, S. 524.

133   Michael Farrenkopf, Wiederaufstieg und Niedergang des Bergbaus in der Bundesrepublik, in: Dieter Ziegler (Hrsg.), Geschichte des deutschen Bergbaus, Bd. 4, Münster 2013, S. 183–302.

134   Statistisches Jahrbuch 1992, S. 203.

다. 따라서 석탄 채굴은 꾸준히 감소하여 결국 완전히 사라졌고, 2018년에 마지막 탄광이 폐쇄되었습니다.

갈탄 채굴의 경우, 통일 이후 서독과 동독의 탄광이 하나로 합쳐졌습니다. 동독 갈탄 채굴의 생산성은 라인지역의 갈탄 노천채굴에 비해 훨씬 낮았습니다. 따라서 노천광산의 상당 부분이 폐쇄되었습니다. 그러나 갈탄 채굴은 규모를 줄여 계속되었습니다. 석탄은 전기 생산에 사용되었습니다.

철강 산업에서 독일 광석 채굴의 중요성은 급격히 감소했습니다. 운송비가 하락하면서 수입 광석의 가격이 점점 더 저렴해졌습니다. 독일의 광석 채굴은 1997년에 중단되었습니다.

칼륨 채굴(Kalibergbau)에서 서독과 동독의 갱도는 통일 후 "칼리 운트 잘츠 AG"(Kali und Salz AG)에 통합되었습니다. 업계 상황은 어려웠습니다. 동독의 칼륨 광산은 생산성이 낮고 그에 따른 비용도 높았습니다. 세계 칼륨 시장의 과잉 생산과 강력한 가격 압박이 있었습니다. 따라서 일부 갱도가 폐쇄되었습니다. 그러나 칼륨염은 국내외에서 농업용 비료와 화학 산업의 원료로 계속 판매되었습니다.[135] 2017년까지 광업 부문 전체 고용은 52,000명 수준으로 감소했습니다.[136]

화학산업. 72만 명의 근로자가 근무하는 화학산업은 대규모 산업 분야 중 하나였습니다.[137] 화학 산업은 성장 산업으로 간주되었지만 1990년대 이후 생산량이 완만하게 증가하는 데 그쳤습니다. 기본 화학물질, 페인트, 플라스틱, 합성 섬유 같은 전통적인 주력 분야는 수요 정체와 해외 경쟁으로 인해 그 중요성을 잃었습니다. 주로 수출 사업이었던 의약품 생산과 식물 보호는 혁신적인 분야로 간주되었습니다. 바이엘 AG(Bayer AG)는 의

---

135   Ulrich Eisenbach / Akos Paulinyi (Hrsg.), Die Kaliindustrie an Werra und Fulda. Geschichte eines landschaftsprägenden Industriezweigs, Darmstadt 1998; Farrenkopf, Wiederaufstieg und Niedergang, S. 280–302.

136   Statistisches Jahrbuch 2019, S. 524.

137   Statistisches Jahrbuch 1992, S. 203.

약품과 농약이라는 두 가지 사업 분야에 집중했습니다. 혁신은 회사 내부에서 개발하는 것뿐만 아니라 강력한 연구 역량을 갖춘 회사를 인수하여 매입하기도 했습니다. 2006년, 바이엘(Bayer)은 베를린에 본사를 둔 연구 잠재력이 큰 제약 회사인 쉐링 AG(Schering AG)를 인수했습니다. 2016년 미국 기업 몬산토(Monsanto) 인수는 덜 성공적이었습니다. 바이엘(Bayer)은 이 고가의 구매를 통해 식물보호 분야에서 세계 시장에서의 입지를 강화하고자 했습니다. 그러나 얼마 지나지 않아 몬산토(Monsanto)의 가장 중요한 제품인 살충제 글리포세이트(Glyphosat)가 심각한 건강 피해를 입혔다는 비난을 받았습니다.[138]

훼호스트 AG(Hoechst AG)는 구조적 변화의 희생양이 되었습니다. 더 이상 수익이 나지 않는 개별 생산 영역은 포기되었습니다. 화장품 및 정밀 화학 사업은 매각되었습니다. 페인트 생산은 바이엘(Bayer)과 바스프(BASF)가 함께 설립한 기업에 아웃소싱했습니다. 1999년에 훼호스트(Hoechst)는 프랑스 회사인 Rhone-Poulenc과 합병하였습니다. 스트라스부르(Straßburg)에 본사를 둔 새 회사의 이름은 아벤티스(Aventis)로 정해졌고 훼호스트(Hoechst)라는 회사명은 사라졌습니다. 아벤티스(Aventis)는 의약품 생산에 집중하였습니다. 식물보호는 바이엘(Bayer)에 매각되었습니다. 2004년 아벤티스(Aventis)는 프랑스 기업 사노피(Sanofi)에 인수된 후 사노피-아벤티스(Sanofi-Aventis)로 운영되었습니다.[139] 광화학(Fotochemie)은 1990년대 이후 디지털 사진으로 대체되었습니다. 1964년 독일 아그파 AG(Agfa AG)와 벨기에 게바르트 NV(Gevaert NV)의 합병으로 탄생한 독일-벨기에 기업 아그파-게바르트(Agfa-Gevaert)는 2005년에 파산했습니다.[140] 전체적으로 화학 산업

---

138   Henning Jauernig / Katja Braun, Stationen des Niedergangs, in: Der Spiegel, 14. Mai 2019.

139   Gerd Hardach, Kontinuität und Wandel. Hessens Wirtschaft seit 1945, Darmstadt 2007, S. 151–152; Hansjörg W. Vollmann, Eigenständigkeit und Konzernintegration. Die Cassella, ihre Eigentümer und ihr Führungspersonal, Darmstadt 2011.

140   Silke Fengler, Entwickelt und fixiert. Zur Unternehmens- und Technikgeschichte der deutschen Fotoindustrie, dargestellt am Beispiel der Agfa AG Leverkusen und des VEB Filmfabrik Wolfen (1945–1990), Essen 2009.

고용은 2017년까지 48만 4천 명으로 감소했습니다.[141]

전기산업. 전기산업은 1991년 110만 명의 근로자를 보유한 세 번째로 큰 산업 분야였습니다.[142] 1990년대 동독의 전기 산업은 서독의 자본과 기술 이전으로 많은 분야에서 생산성을 따라잡고 전환 위기를 극복할 수 있었습니다.[143] 드레스덴(Dresden)을 중심으로 한 마이크로 전자산업도 연구, 개발 및 응용 분야에서 국제 표준을 따라잡았습니다. 작센의 마이크로 전자 전문가들은 스스로를 "실리콘 작센"(Silicon Saxony)이라고 불렀습니다.[144]

광범위한 제품군, 끊임없는 혁신, 시장 확장을 통해 전기 산업은 생산량을 늘릴 수 있었습니다. 그럼에도 불구하고 고용은 감소했으며, 생산 증가는 노동 생산성 향상을 통해 이루어졌습니다. 2009년 생산의 3/4은 에너지 기술, 풍력 터빈, 전력망, 공정 자동화, 측정 기술, 전기 드라이브, 제어, 개폐기, 정보 및 통신, 의료 기술, 자동차 기술, 철도 차량, 설치 및 케이블, 전동 공구 등 자본재 분야에서 이루어졌습니다. 소비재는 가전제품과 소비자 가전으로, 지속적으로 개선되고 있었습니다.[145]

전통이 깊은 전기회사 AEG는 다임러벤츠(DaimlerBenz)가 구축한 "통합기술그룹"(integrierten Technologiekonzern)의 일원이 되었습니다. 그러나 큰 기대를 모으며 발표했던 전기산업, 자동차산업, 항공기건설의 합병은 성공하지 못했습니다. AEG는 대부분의 사업 영역에서 손실을 기록했습니다. 수익성 있는 핵심 사업을 유지하기 위해 점차적으로 회사의 일부가 매각되었습니다. 그러나 통합은 성공하지 못했고 1996년 AEG는 문을 닫았습니다.[146]

---

141 Statistisches Jahrbuch 2019, S. 524.

142 Statistisches Jahrbuch 1992, S. 203.

143 Kai Hachmann / Wolfgang Kühn / Karsten Schuldt, Zur Lage der Metall- und Elektroindustrie in Ostdeutschland, Berlin 1998.

144 Inge Gerdes / Jörg Marschner / Ulrich Prüger / Jürgen Schnell, Silicon Saxony. Die Story, Dresden 2008.

145 Andreas Guntermann / Michael Grömling, Die deutsche Elektroindustrie. Schlüsselbranche für Innovation und Wachstum, Köln 2001.

146 Peter Strunk, Die AEG. Aufstieg und Niedergang einer Industrielegende, Berlin 2000, S. 161–203.

에너지 산업. 기존의 사회적 시장경제에서 이미 시작된 구조변화는 에너지 산업에서
도 계속되었습니다.[147] 석유와 천연가스 소비가 증가했습니다. 석탄은 2018년부터 독일
에서 더 이상 생산되지 않지만 계속 수입되고 있었습니다. 갈탄은 전기를 생산하기 위해
채굴되었습니다. 1991년 석유(Mineralöl)는 1차 에너지 소비의 38%, 갈탄 17%, 천연가
스 17%, 유연탄 16%, 원자력 11%, 재생 에너지 1%를 차지했습니다.[148] 환경 정책은 에
너지 산업에 큰 영향을 미쳤습니다. 발전소는 이산화탄소를 배출함으로써 기후 변화에
크게 기여했습니다. 1990년대에도 원자력은 화석 연료인 석탄, 석유, 천연가스를 대체할
미래의 중요한 옵션으로 여겨졌습니다.[149] 그러나 원자력 에너지 사용에 대한 정치적 반
대가 커졌습니다. 2000년에 연방 정부는 에너지 기업들과 원자력 발전을 단계적으로 폐
지하기로 합의했습니다. 신규 원자력발전소 건설이 금지되고 기존 발전소의 가동 수명이
제한되었습니다. 보수 자유주의 연정은 2010년에 원자력발전소에 대한 폐기 합의를 개
정했습니다. 신규 원자력발전소 건설 금지는 유지되었지만 기존 발전소의 수명은 연장되
었습니다. 하지만 새로운 규정은 단기간 동안만 유효했습니다. 2011년 3월 11일 일본 후
쿠시마(Fukushima)에서 발생한 지진으로 인한 원전 사고는 독일의 원전 정책을 변화시켰
습니다. 탈원전이 가속화되었습니다. 2022년 말까지 마지막 원자력발전소가 폐기되어야
했습니다.[150]

2017년 에너지 산업은 다양한 분야에서 총 23만 명을 고용하였습니다.[151] 에너지 정책

---

147 Falk Illing, Energiepolitik in Deutschland. Die energiepolitischen Maßnahmen der Bundesregierung 1949 –
2015, 2. Aufl., Berlin 2016, S. 163 – 322; Wolfgang Ströbele / Wolfgang Pfaffenberger / Michael Heuterkes,
Energiewirtschaft. Einführung in Theorie und Politik, 3. Aufl., München 2012.

148 Arbeitsgemeinschaft Energiebilanzen, Auswertungstabellen zur Energiebilanz Deutschland. Daten für die
Jahre 1990 bis 2018, März 2020, Tabelle 2.1.

149 Bundesministerium für Umwelt, Naturschutz und Reaktorsicherheit, Umwelt 1994. Politik für eine
nachhaltige, umweltgerechte Entwicklung. Deutscher Bundestag, 12. Wahlperiode, Drucksache 12/8451, 6.
September 1994.

150 Joachim Radkau / Lothar Hahn, Aufstieg und Fall der deutschen Atomwirtschaft, München 2013.

151 Statistisches Jahrbuch 2019, S. 524.

의 장기적인 목표는 에너지 소비를 줄이고 재생 에너지 비중을 늘리는 것이었습니다. 독일 경제의 에너지 효율성이 크게 개선되었습니다. 경제성장에도 불구하고 1차 에너지 소비는 감소했습니다. 에너지원 구성에 상당한 변화가 있었습니다. 1차 에너지 소비에 대한 석탄, 갈탄, 석유 및 원자력의 기여도는 감소했습니다. 천연가스와 재생 에너지가 증가했습니다. 2018년 1차 에너지 소비의 34%는 석유, 24%는 천연가스, 14%는 재생에너지, 11%는 갈탄과 유연탄, 6%는 원자력, 2%는 기타 에너지원이 차지했습니다.[152] 에너지의 대부분은 수입되었습니다. 2020년 수입 점유율은 석탄 100%, 석유 98%, 천연가스 95%를 기록했습니다. 국내 에너지원은 갈탄, 재생 에너지, 그리고 2022년 말 폐기 계획 이전까지 원자력이었습니다.[153]

항공산업. 독일 항공산업의 핵심은 프랑스, 스페인, 영국과 함께, 에어버스(Airbus) 여객기를 생산하는 것이었습니다. 에어버스(Airbus)에 이어 소형 민간 항공기, 군용기 및 우주 부품이 출시되었습니다. 에어버스(Airbus) 제품은 1972년 첫 비행 이후 연속성을 표방했지만, 그룹 구조는 여러 차례 변경되었습니다. 에어버스(Airbus) 컨소시엄에 속한 독일 회사인 MesserschmittBölkow-Blohm은 1988년부터 다임러-벤츠 AG(Daimler-Benz AG)에 소속되어 있었습니다. 항공기 생산은 자동차 제조업체가 "통합기술그룹"(integrierten Technologiekonzern)으로 도약하는 데 있어 중요한 단계였습니다. 다임러-벤츠(Daimler-Benz)의 항공우주 부문은 1989년 독일 에어로스페이스 AG(Deutsche Aerospace/DASA)로 합병되었습니다. 1995년에는 다임러-벤츠 에어로스페이스 AG(Daimler-Benz Aerospace AG), 1998년에는 다임러크라이슬러 에어로스페이스 AG(DaimlerChrysler Aerospace AG)가 되었습니다. 2000년, 에어버스 컨소시엄의 구성원들은 공동기업으로 합병하기로 결정했습니다. 다임러크라이슬러 에어로스페이스(DaimlerChrysler Aerospace)는 프랑스 에어로

---

152 Arbeitsgemeinschaft Energiebilanzen, Auswertungstabellen zur Energiebilanz Deutschland. Daten für die Jahre 1990 bis 2018, März 2020, Tabellen 2.1, 7.1.

153 Weltenergierat Deutschland, Energie für Deutschland. Fakten, Perspektiven und Positionen im globalen Kontext 2021, Berlin 2021.

스페이셜-마트라(Aérospatiale-Matra) 및 스페인 CASA와 합병하여 새로운 유럽항공방위우주산업(European Aeronautic Defence and Space N.V./EADS)으로 출범했습니다. 산업 중심지인 독일에서 항공기 제작은 특히 기술적, 경제적으로 중요했기 때문에 연구 개발 비용의 대부분을 국가가 지원했을 뿐만 아니라 2012년에는 지주회사를 통해 EADS 자본의 11%를 인수했습니다. 프랑스, 스페인과 함께 에어버스 창립 국가들은 자본금의 26%에 달하는 소수 지분을 보유하고 있었습니다. 현재는 자동차 제조업체인 다임러 AG(Daimler AG)는 2013년에 항공기 산업에서 철수하고 유럽항공방위우주산업(European Aeronautic Defence and Space N.V./EADS)의 모든 지분을 매각했습니다. 이미 1996년 AEG가 청산된 후, "통합기술그룹"(integrierten Technologiekonzern)의 에피소드는 끝났습니다. 이후 국유가 아니었던 유럽항공방위우주산업(EADS)의 주식은 자유 유동 주식으로 전환되었습니다. 2014년 유럽항공방위우주산업(EADS)은 가장 잘 알려진 제품의 이름을 따 에어버스 그룹(Airbus Group)으로 이름을 변경했으며, 2017년에는 유럽 법률에 따라 공개 유한회사인 에어버스 SE(Airbus SE)가 되었습니다. 에어버스는 지속적으로 현대화되고 새로운 모델이 추가되었습니다. 상업용 항공기 시장에서 미국 보잉(Boeing)과의 경쟁에서 국제적으로 성공을 거두었습니다. 에어버스의 군사 프로그램에는 전투기, 수송기 및 헬리콥터가 포함되었습니다. 또한 우주 제품은 연구 목적뿐만 아니라 상업적 목적으로도 생산되었습니다.[154]

기계산업. 1991년 140만 명을 고용한 기계산업은 270만 명을 고용한 건설업에 이어 두 번째로 큰 산업이었습니다.[155] 통일 이후 기계산업은 강한 상승세를 보였습니다. 일부 동독기업들도 시장경제로 전환할 수 있었는데, 이는 동독에도 자격을 갖춘 숙련된 핵심 인력이 있었기 때문이었습니다. 통일 붐이 끝난 후 과잉 설비가 발생했습니다. 업계가 구

---

154   Bundesministerium für Wirtschaft und Energie, Die Luftfahrtstrategie der Bundesregierung, Berlin 2014; Ulrich Kirchner, Geschichte des bundesdeutschen Verkehrsflugzeugbaus. Der lange Weg zum Airbus, Frankfurt 1998.

155   Statistisches Jahrbuch 1992, S. 203; Statistisches Jahrbuch 1993, S. 116.

조적 위기에 빠지면서 많은 기업이 문을 닫았습니다. 그러나 현대식 기계 및 생산 시설에 대한 전 세계적인 수요에 힘입어 새로운 상승세가 이어졌습니다. 기술 발전의 기반은 기계 제작 회사와 고객이 신제품 개발에 긴밀히 협력하는 것이었습니다. 독일 기업들은 해외에서 생산 공장, 공급업체 및 유통망에 상당한 직접 투자를 했습니다. 기계산업은 수출 비율이 높았습니다. 독일은 일본, 미국과 함께 가장 중요한 기계 수출국 중 하나였습니다.[156] 기계산업의 무기 생산은 독일군의 감축으로 인해 급격히 감소했습니다. 집중화 과정을 거친 후 독일군과 다른 나토(NATO) 회원국을 위해 탱크, 대포 및 기타 중장비를 생산하는 회사는 두 곳만 남았습니다. 크라우스-마페이(Krauss-Maffei)와 베그만(Wegmann)은 1999년에 합병했고 라인메탈(Rheinmetall)은 여러 방산업체를 인수했습니다.[157] 기계산업은 여전히 중요한 산업으로 남아 있었고 수출에도 크게 기여했지만 2017년에는 고용이 110만 명으로 감소했습니다.[158]

섬유산업과 의류산업. 섬유 및 의류산업은 1990년대 초 서독과 동독의 생산 시설 통합으로 인해 상대적으로 중요한 산업이었습니다. 1991년 섬유산업 근로자 수는 29만 명, 의류산업 근로자 수는 21만 명에 달했습니다.[159] 그러나 이미 1960년대 서독에서 시작된 구조적 위기는 1990년대 이후 극적으로 지속되고 있었습니다. 섬유 및 의류 산업의 쇠퇴는 세계 시장 통합의 결과였습니다. 생산 비용이 훨씬 저렴한 국가에서 섬유와 의류를 수

156   Peter Kalkowski, Technologiestandort Deutschland. Produktinnovation im Maschinenbau: Traditiionelle Stärken – neue Herausforderungen, Berlin 1995; Barbara Ostendorf, Produktionsstrukturen des ostdeutschen Maschinenbaus in der Transformation. Eine empirische Analyse, Opladen 1998; Hans-Günther Vieweg / Carsten Dreher / Herbert Hofmann / Steffen Kinkel / Gunter Lay / Ulrich Schmoch, Der Maschinenbau im Zeitalter der Globalisierung und der „New Economy", München 2002; Ulrich Widmeier (Hrsg.), Der deutsche Maschinenbau in den neunziger Jahren. Kontinuität und Wandel einer Branche, Frankfurt 2000.

157   Dieter Hanel, Die Bundeswehr und die deutsche Rüstungsindustrie, Bonn 2003; Hartmut Küchle, Die deutsche Heeresindustrie in Europa. Perspektiven internationaler Kooperationen und industriepolitischer Nachholbedarf, Düsseldorf 2002.

158   Statistisches Jahrbuch 2019, S. 524.

159   Statistisches Jahrbuch 1992, S. 203.

입하면서, 수천 명의 근로자를 고용한 수많은 기업이 밀려났습니다. 새로운 연방주에서 섬유 및 의류 산업의 상황은 특히 어려웠습니다. 생산 시설은 낙후되었고, 노동 생산성은 낮았으며, 국가사회주의 계획경제 기간 동안 수출은 주로 상호경제원조위원회(Rat für gegenseitige Wirtschaftshilfe) 국가로 향했습니다. 일부 기업은 저렴한 비용으로 생산하기 위해 해외에 생산 시설을 설립했지만, 그 결과 독일 내 일자리가 사라졌습니다. 특별한 품질의 원단이나 의류는 수출할 수 있는 틈새 시장이 있었습니다. 2018년 섬유 산업의 수출 비율은 49%, 의류 산업의 수출 비율은 37%였습니다. 그러나 섬유 및 의류 수입이 수출보다 훨씬 많았습니다.[160] 개별 기업의 성공에도 불구하고 한때 중요한 소비재 산업이었던 섬유 산업과 의류 산업의 고용은 급격히 감소했습니다. 2017년 섬유 산업 근로자 수는 78,000명, 의류 산업 근로자 수는 42,000명에 불과했습니다.[161]

3.5.4 3차 산업

3차 산업에서는 물질적 생산과 연계된 교통, 통신, 상업, 은행, 보험, 자문 및 정보 등 보완 서비스(komplementäre Dienstleistung)가 고용 측면에서 가장 중요했습니다. 둘째로는 보건의료, 문화, 엔터테인먼트 같은 개별 서비스와 일상적인 개인 서비스(persönliche Dienstleistung)가 있었습니다. 셋째로는 연방, 주 및 지방정부, 사회보험 근로자, 단체 및 협회, 교육과 군대 같은 행정 서비스(administrative Dienstleistung)였습니다. 2018년에는 보완 서비스가 전체 3차 산업 근로자의 52%, 개인 서비스 25%, 공공 서비스 22%를 고용했습니다.[162] 2018년 가장 큰 보완 서비스 분야는 580만 명의 근로자가 근무하는 상업이었습니다. 운송업은 170만 명, 통신 및 정보업은 170만 명, 은행 및 보험업은 130만 명을

160　Michael Breitenacher / Ulrich Adler / Sylvia Brander / Dirk Haase, Die Textilindustrie der neuen Bundesländer im Umbruch, München 1991.

161　Statistisches Jahrbuch 2019, S. 524.

162　Statistisches Bundesamt, Mikrozensus 2018. Arbeitsmarkt. Fachserie 1, Reihe 4.1.

고용했습니다.[163]

은행. 상업은행, 저축은행, 협동조합은행, 전문은행의 네 가지 부문으로 구성된 서독 은행 시스템은 통일 이전에도, "통화, 경제 및 사회통합 조약"(Vertrag über die Währungs-, Wirtschafts- und Sozialunion) 이후 독일민주공화국으로 확장되었습니다. 독일은행(Deutsche Bank)과 드레스덴은행(Dresdner Bank)은 1990년 4월 독일민주공화국 국영은행에서 분사 한 독일크레디트은행(Deutsche Kreditbank)의 지점을 분할하여 인수했습니다. 베를린 시 은행(Berliner Stadtbank)이 베를린 은행(Berliner Bank)으로 이전되었습니다. 코메르츠은행 (Commerzbank)과 다른 상업은행들이 새로운 지점을 설립했습니다. 수많은 저축은행과 협 동조합은행이 서독 모델에 따라, 그리고 대부분 서독 기관의 조언을 받아 새로 설립되었 습니다. 다양한 서독 주은행(Landesbank)들이 새로운 연방주에서 사업영역을 확장했습니 다. 작센(Sachsen)주에서만 별도의 주은행이 설립되었습니다.[164] 은행 그룹들은 통일 전 서 독에서와 마찬가지로, 독일 전체 시장에서 거의 동일한 지위를 유지했습니다. 1991년 말 기준 저축은행과 주은행은 전체 은행 거래량의 36%, 상업은행은 26%, 본점을 포함한 협 동조합은행은 15%, 전문은행은 23%를 차지했습니다.[165]

상업은행 부문은 여전히 대형 은행인 코메르츠은행(Commerzbank), 독일은행(Deutsche Bank), 드레스덴은행(Dresdner Bank), 그리고 1998년 바이에른협회은행(Bayerischen Vereinsbank)과 바이에른 주택과환거래은행(Bayerischen Hypotheken- und Wechsel-Bank)의 합병으로 탄생한 바이에른 주택과협회은행(Bayerischen Hypo- und Vereinsbank)이 지배하 고 있었습니다. 국경을 초월한 수많은 합병과 그룹 간 상호연결이 있었습니다. 특히 독 일은행(Deutsche Bank)은 독일과 해외의 여러 은행을 대규모로 인수했습니다.[166] 바이에

---

163   Mikrozensus 2018. Arbeitsmarkt. Fachserie 1, Reihe 4.1.

164   Hans E. Büschgen, Währungsreform und Wiedervereinigung, in: Hans Pohl (Hrsg.), Geschichte der deutschen Kreditwirtschaft seit 1945, Frankfurt 1998, S. 431–461.

165   Monatsbericht der Deutschen Bundesbank März 1992, Statistischer Teil, S. 32.

166   Werner Plumpe / Alexander Nützenadel / Catherine R. Schenk, Deutsche Bank. Die globale Hausbank

른 주택과환거래은행(Bayerischen Hypotheken- und Wechsel-Bank)은 1997년에 오스트리아 최대 은행인 오스트리아은행(Bank Austria)을 인수하여 1998년 새로운 바이에른 주택과협회은행(Bayerischen Hypo- und Vereinsbank)으로 이전했습니다. 2005년에 바이에른 주택과협회은행(Bayerischen Hypo- und Vereinsbank)는 이탈리아의 UniCredit에 인수되었고, 2009년에는 기존 은행명을 포기하고 UniCredit AG로 은행명을 변경했습니다. 독일 주요 은행 간 합병을 위한 오랜 협상 끝에 2008년 코메르츠은행(Commerzbank)은 드레스덴은행(Dresdner Bank)을 인수하여 유럽에서 선도적인 역할을 하는 "내셔널 챔피언"(National Champion)이 되었습니다.[167] 대형 은행의 사업 근간은 전통적으로 산업 및 상업 분야의 대기업과의 긴밀한 관계였습니다. 이러한 사업 관계는 은행의 기업 자본금 보유, 은행에 막대한 영향력을 보장하는 예탁 의결권(Depotstimmrecht), 감독위원회에서의 연결을 통해 유지되었습니다. 은행의 권한에 대해서는 논란이 많았습니다. 지분 보유량보다 더 큰 은행의 영향력의 기반이 되었던 예탁 의결권(Depotstimmrecht)은 여러 단계에 걸쳐 개혁되었습니다. 은행은 의결권을 행사할 때 자신의 사업적 이익과 자신이 대표하는 주주의 이익을 신중하게 구분해야 했습니다.[168]

세계화의 영향으로 은행 사업에 중대한 변화가 일어났습니다. 독일의 주요 은행들은 국제 투자 은행을 유망한 사업 분야로 발견했습니다. 주식과 채권의 상장, 증권 거래, 인수합병 및 자산 관리는 전통적인 대출 사업보다 더 높은 수익을 약속했습니다. 목표는 전 세계에 진출하여 '글로벌 플레이어'(Global Player)로서 미국의 주요 은행들과 경쟁하는 것이었습니다. 독일 은행들은 국제 투자 은행 업무 경험이 거의 없었기 때문에 영국과 미국

1870-2020, Berlin 2020, S. 530-686.

167 Stephan Paul / Friederike Sattler / Dieter Ziegler, Hundertfünfzig Jahre Commerzbank 1870-2020, München 2020, S. 549-556.

168 Gesetz zur Kontrolle und Transparenz im Unternehmensbereich. Vom 27. April 1998. BGBl. 1998 I, S. 786-794; Gesetz zur Umsetzung der Aktionärsrichtlinie. Vom 30. Juli 2009. BGBl. 2009 I, S. 2479-2494; Gesetz zur Umsetzung der zweiten Aktionärsrechtrichtlinie. Vom 12. Dezember 2019. BGBl. 2019 I. S. 2637-2651.

의 투자 은행을 인수하여 기술을 습득하기를 희망했습니다.[169] 독일은행(Deutsche Bank)은 이미 1989년에 런던의 투자은행인 모건 그렌펠(Morgan Grenfell)을 인수했습니다. 1999년에는 뉴욕의 금융회사 뱅커스 트러스트(Bankers Trust)를 인수했습니다. 1995년 드레스덴은행(Dresdner Bank)은 런던 투자 은행인 클라인워트 벤슨(Kleinwort Benson)을 인수했습니다.[170] 글로벌 투자 은행으로 방향을 전환하는 과정에서 대형 은행들은 기업에 대한 지분 투자를 줄였습니다. 투자 은행은 명성, 높은 연봉, 풍성한 보너스가 지급되는 사업분야였습니다. 하지만 이는 큰 위험의 원천이기도 했습니다. 이질적인 사업 영역을 조율하는 것은 생각보다 어려웠습니다. 게다가 독일 은행들은 오랫동안 해외사무소를 운영해왔지만 영국과 미국 시장에서는 역량이 부족했습니다. 2000-2004년 '신경제'(New Economy) 위기 당시 독일 은행들은 국제 자본 시장의 붕괴로 인해 막대한 손실을 입었습니다.[171]

저축은행, 협동조합은행과 개인고객 영업, 중소기업을 대상으로 한 기업고객 영업에서 경쟁하기 위해 대형은행들은 광범위한 지점망을 구축했습니다. 투자 은행 확장에도 불구하고 지역 사업은 여전히 매력적인 것으로 간주되었습니다. 그러나 모든 주요 은행은 지역 사업에서 높은 비용과 낮은 수익률을 기록했습니다. 독일은행(Deutsche Bank)은 1999년에 상품 차별화를 시도했습니다. 독일은행(Deutsche Bank)은 기업 및 부유한 개인 고객과의 비즈니스에 집중해야 했습니다. 일반 대중 및 중소기업과의 비즈니스는 유리한 조건을 제공하는 새로운 "독일은행 24"(Deutsche Bank 24)로 이전되었지만 자문 기준은 낮아졌습니다. 하지만 "독일은행 24"는 실제 독일은행에 접근이 거부된 고객들에게 저가

---

169 Harald Wixforth, „Global Player" im „Europäischen Haus"? Die Expansionsstrategien deutscher Großbanken nach 1945, in: Ralf Ahrens / Harald Wixforth (Hrsg.), Strukturwandel und Internationalisierung im Bankwesen seit den 1950er Jahren. Geld und Kapital. Jahrbuch der Gesellschaft für mitteleuropäische Banken- und Sparkassengeschichte, Stuttgart 2010, S. 97 – 120.

170 Plumpe / Nützenadel / Schenk, Deutsche Bank, S. 530 – 631.

171 Stefan Kirmße / Olaf Scheer, Aktuelle Aspekte des Bankgeschäfts in Deutschland und Europa, in: Stefan Kirmße / Olaf Scheer (Hrsg.), Aktuelle Studien zu den Entwicklungen des Bankgeschäfts in Deutschland und Europa, Frankfurt 2011.

은행이라는 매력적이지 않은 이미지를 심어주며 실패로 끝났습니다. 불과 3년 만에 "독일은행 24"와 독일은행은 다시 합병되었습니다. "독일은행 24"의 분사가 실패한 후, 독일은행은 개인 고객과 중소기업을 대상으로 영업하는 여러 은행을 인수했는데, 2006년에는 베를린 은행(Berliner Bank)과 노리스은행(Norisbank)을, 2009년에는 민영화된 우체국은행(Postbank AG)을 인수했습니다. 그룹 은행(Konzernbank)은 소매 금융에서 저렴한 비용으로 축소된 은행 서비스를 제공해야 했습니다.[172]

1980년대 이후 서독에서는 은행과 보험회사를 '방카슈랑스'(Allfinanzinstitut)로 합병하는 것이 미래의 모델로 여겨졌습니다. 방카슈랑스 개념은 보험 서비스와 은행 서비스 유통의 시너지 효과는 물론, 보험사와 은행의 자본을 함께 운용할 경우 규모의 성장도 기대할 수 있다는 장점이 있었습니다. 독일은행(Deutsche Bank)은 1980년대 말 보험 사업에 진출했습니다. 통일 독일에서는 방카슈랑스 모델이 계속 적용되었습니다. 2007년, 독일은행(Deutsche Bank)은 영국 생명보험사 애비 라이프(Abbey Life)를 인수했습니다. 독일 최대 보험사인 뮌헨의 알리안츠 AG(Allianz AG)는 2001년에 주요 은행 중 하나인 드레스덴 은행(Dresdner Bank AG)을 인수하여 '통합 금융서비스 제공자'(Integrierter Finanzdienstleister)로 자리매김했습니다. 드레스덴 은행(Dresdner Bank AG)은 독립적인 지위와 프랑크푸르트에 본사를 유지했지만, 이제 뮌헨(München)에 있는 그룹 경영진에 종속되었습니다. 불과 몇 년 만에 방카슈랑스 프로젝트는 실패했습니다. 이질적인 금융 그룹을 위한 지속 가능한 기업정책 개발은 성공하지 못했습니다. 알리안츠(Allianz)는 2008년 8월 드레스덴 은행(Dresdner Bank)을 코메르츠은행(Commerzbank)에 매각했습니다.[173] 독일은행(Deutsche Bank)은 2016년 애비 라이프(Abbey Life)에서 분사했습니다.[174]

지역 원칙은 저축은행에도 계속 적용되었습니다. 그러나 지방 유지들은 인근 저축은행

172　Plumpe / Nützenadel / Schenk, Deutsche Bank, S. 665–685.

173　Barbara Eggenkämper / Gerd Modert / Stefan Pretzlik, Die Allianz. Geschichte des Unternehmens 1890–2015, München 2015, S. 357–358; Paul / Sattler / Ziegler, Commerzbank, 549–556.

174　Plumpe / Nützenadel / Schenk, Deutsche Bank, S. 710, 778.

을 합병하여 시장 입지를 강화하고 비용을 절감하고자 했습니다. 따라서 분명한 집중화 과정이 있었습니다. 1990년 말 독일에는 771개의 저축은행이 영업 중이었으나 2019년 말에는 380개의 저축은행이 있었습니다.[175] 주은행(Landesbank)은 저축은행에 서비스를 제공하는 전통적인 역할에서 벗어났습니다. 주은행(Landesbank)은 저축은행의 지로센터 기능을 유지하면서, 대형 시중은행과의 경쟁과 함께 투자은행, 글로벌 대출 등 종합 대형 은행으로서의 역할을 수행하기 위해 영업 활동을 확대했습니다.

차별화된 은행 그룹을 보유한 독일의 전통에 대한 이해가 부족했던 유럽위원회는 독일 정부에 저축은행 부문에 대한 규제를 완화할 것을 촉구했습니다. 독일의 관점에서 볼 때, 지자체 후원과 지자체부담(Anstaltslast)과 지자체 보증(Gewährträgerhaftung)을 통한 특별한 보증은 저축은행의 비영리 성격의 일부였지만 유럽위원회 관점에서 볼 때, 이는 허용되서는 안 될 경쟁 왜곡이었습니다. 2001년 독일 정부와 유럽위원회는 타협안에 합의했습니다. 몇 가지 전통적인 예외와 함께 저축은행은 지방자치단체 소유여야 한다는 원칙은 유지되었습니다. 그러나 지자체 부담(Anstaltslast)과 지자체 보증(Gewährträgerhaftung)은 2001년에 폐지되었습니다. 그 이후 저축은행과 주은행(Landesbank)을 위한 후원자(Träger)의 책임은 일반적인 소유자책임(Eigentümerhaftung)으로만 구성되었습니다.[176]

저축은행과 마찬가지로 협동조합은행(Genossenschaftsbank)에도 지역 원칙이 적용되었습니다. 그러나 인근 협동조합이 합병하면서 이 부문에서도 집중도가 높아졌습니다. 농업의 중요성이 감소하면서 많은 농촌의 라이파이젠 은행(Raiffeisenbank)도 볼크스은행(Volksbank)으로의 합병을 모색하였습니다. 따라서 협동조합은행 수는 매우 급격하게 감소했습니다. 많은 소규모 협동조합은행이 지점이 되었습니다. 1990년 말 독일에는 3392

---

175   Deutsche Bundesbank, Monatsbericht März 1991, Statistischer Teil, S. 32; Deutsche Bundesbank, Bankenstatistik März 2020. Statistisches Beiheft 1 zum Monatsbericht, Frankfurt 2020, S. 10 - 14.

176   Bernd Rudolph, Die Sparkassen im wiedervereinigten Deutschland und in Europa, in: Hans Pohl / Bernd Rudolph / Günter Schulz, Wirtschafts- und Sozialgeschichte der deutschen Sparkassen im 20. Jahrhundert, Stuttgart 2005, S. 429 - 476.

개의 협동조합은행이 있었으나 2019년 말에는 842개의 협동조합은행이 남아 있었습니다.[177]

주택담보대출 사업(Hypothekengeschäft)은 대형 은행들에 덜 흥미로워졌습니다. 주요 상업은행인 코메르츠은행(Commerzbank), 독일은행(Deutsche Bank), 드레스덴은행(Dresdner Bank)은 2002년 모기지은행인 라인 모기지은행(Rheinische Hypothekenbank), 유럽 모기지은행(Europäische Hypothekenbank), 독일 모기지은행(Deutsche Hypothekenbank)을 합병하여 유로하이포 AG(Eurohypo AG)를 설립했습니다. 얼마 지나지 않아 다른 대형은행의 지분을 인수한 코메르츠은행(Commerzbank)은 소량의 자유 유동(Streubesitz)을 제외하고는 단독 소유주가 되었습니다. 부동산 대출, 공공 금융 및 채권 발행 전문은행인 유로하이포(Eurohypo)는 유럽에서 가장 큰 모기지 은행이 되었습니다.[178]

모든 은행은 노동 생산성을 합리화하고 높이기 위한 일반적인 경쟁에 참여하기를 열망했습니다. 무엇보다도 자동화와 인터넷의 네트워킹은 비용 절감으로 이어져야 했습니다. ATM이 은행 창구 방문을 점점 더 대체하고 있었습니다. ATM을 통해 은행은 인건비를 절감할 수 있었고, 대중은 은행 영업시간에 구애받지 않고 은행 업무를 볼 수 있었습니다. 인터넷이 전반적으로 보급되면서 온라인 뱅킹이 확대되었습니다. 새로운 온라인 은행은 사무공간이 필요없어 인력을 절약하고 기존 은행보다 더 저렴하게 은행 서비스를 제공할 수 있었지만 조언을 제공하지는 않았습니다. 기존 상업은행, 저축은행 및 협동조합은 사무공간에서의 서비스를 보완하기 위해 현금 없는 결제 또는 증권 거래를 위한 온라인 뱅킹을 제공했습니다.

독일을 비롯한 많은 국가에서 은행의 자기자본과 유동성에 대한 더 엄격한 규제가 요구되었습니다. 바젤에 있는 국제결제은행의 은행안전위원회는 1998년 은행 안정성 개선

---

177 Deutsche Bundesbank, Monatsbericht März 1991, Statistischer Teil, S. 32; Deutsche Bundesbank, Bankenstatistik März 2020. Statistisches Beiheft 1 zum Monatsbericht, Frankfurt 2020, S. 10–14.

178 Eurohypo AG, Die Bank für Immobilien und Staatsfinanzierung, Eschborn o. J. (2007); Paul / Sattler / Ziegler, Commerzbank, S. 532–535,.

을 위해 일반적인 자본 및 유동성 요건을 권고했습니다("바젤 I"). 이러한 규칙은 독일을 포함한 많은 국가에 도입되었습니다. 2004년에 다양한 신용 위험을 고려하기 위한 개혁이 결정되었습니다("바젤 II").[179]

2007-2009년 금융 및 경제위기 직전까지 시중 은행은 주로 해외 사업 확대로 시장 점유율을 다소 늘릴 수 있었지만 협동조합은행은 뒤처졌습니다. 2006년 말 기준 상업은행은 전체 은행 거래량의 28%, 저축은행 부문은 34%, 협동조합 부문은 12%, 특수은행은 25%를 차지했습니다.[180]

2007-2009년 금융 위기는 은행업계를 뒤흔들었습니다. 은행뿐만 아니라 감독 기관도 은행 시스템의 근본적인 약점을 간과하였습니다. 2008년 9월 미국의 투자은행 리먼(Lehmann)이 파산하면서 글로벌 금융 위기가 촉발되었습니다. 독일에서도 은행의 투자 가치가 떨어지고 준비금이 모두 소진되었습니다. 은행 간 신뢰가 사라졌습니다. 은행 간 대출은 거의 불가능했습니다. 몇몇 은행은 파산에 직면했습니다.[181] 연방 정부는 2008년 10월 은행 패닉을 막기 위해 모든 민간 은행 예금에 대한 보증을 발표했습니다. 새로운 금융시장안정화 특별 기금은 국가 참여, 보조금 및 보증을 통한 은행구제를 지원했습니다. 유럽중앙은행은 독일과 유로존 국가들의 은행에 관대한 대출을 제공했습니다.[182]

은행 구조조정은 독일 은행 업계에 큰 변화를 가져왔습니다. 심각한 타격을 입은 모기지 은행 하이포 리얼에스테이트(Hypo Real Estate)는 2009년 10월 연방 정부에 완전히 인수되었습니다. 2008년 8월 드레스드너 은행(Dresdner Bank)을 인수한 후 선두 은행으로 도약할 줄 알았던 코메르츠은행(Commerzbank)은 2008년 말 파산했습니다. 국가는 자본금의 25% "플러스 1주"(plus eine Aktie)를 취득하여 은행에 결정적인 영향을 행사했습니

179 Bank für Internationalen Zahlungsausgleich, Jahresbericht 2007/2008.

180 Deutsche Bundesbank, Bankenstatistik April 2007. Statistisches Beiheft 1 zum Monatsbericht, Frankfurt 2007, S. 10 - 14.

181 Tooze, Crashed, S. 143 - 165.

182 Tomann, Monetary integration, S. 138 - 150.

다. 위험한 거래로 인해 큰 손실을 입었던 주은행(Landesbank)은 조직을 개편했습니다. 서독 주은행(Westdeutsche Landesbank)과 작센 주은행(Sächsische Landesbank)이 문을 닫았습니다. 저축은행의 지로 센터로서의 기능은 인근 주은행(Landesbank)이 인수했습니다. HSH Nordbank는 상업은행으로 민영화되었습니다. 나머지 5개 주은행(Landesbank)은 영업 활동을 제한하고 저축은행의 중심 기관으로서의 업무에 집중했습니다.[183] 1998년과 2004년에 제정된 바젤위원회의 규정이 부적절하다는 것이 입증된 후, 은행의 자본 및 유동성에 대해 더 엄격한 규정을 담은 개혁안이 2011년에 채택되었습니다("바젤 III").[184]

2010년에 시작된 경제 호황에도 불구하고 은행들은 위기에서 회복하는 데 어려움을 겪었습니다. 독일어로 'Sparschwemme'이라고 알려진 전 세계적인 '저축 과잉'(Saving Glut)과 이에 따른 제로 금리 국면은 단기 은행 비즈니스를 어렵게 만들었습니다. 여기에 경영 실패가 추가되었습니다. 드레스드너은행(Dresdner Bank)의 몰락, 유니크레디트(Unicredit)의 주택담보대출협회은행(HypoVereinsbank) 인수, 코메르츠은행(Commerzbank)의 부분 국유화 이후 독일의 유일한 주요 민간 은행이었던 독일은행(Deutsche Bank)은 불법 거래에 연루되어 거액의 벌금과 배상금을 지불해야 했습니다. 글로벌 확장 전략은 실패로 평가되었습니다. 독일은행(Deutsche Bank)은 해외 사업을 축소하고 다시 국내 시장에 집중했습니다.[185] 조직 개편 이후 주은행(Landesbank)의 사업 활동이 축소되면서 저축은행 업계에서 전반적으로 우위를 잃었습니다. 2019년 말 기준 상업은행은 전체 은행 거래량의 42%, 저축은행 부문은 25%, 협동조합 부문은 12%, 특수은행은 21%를 차지했습니다.[186]

---

183 Bernd Rudolph, Hintergründe und Verlauf der internationalen Finanzkrise 2008, in: Johannes Bähr / Bern Rudolph, Finanzkrisen 1931–2008, München 2011, S. 143–241.

184 Bank für Internationalen Zahlungsausgleich, Jahresbericht 2001/2012, S. 89.

185 Plumpe / Nützenadel / Schenk, Deutsche Bank, S. 733–798.

186 Deutsche Bundesbank, Bankenstatistik März 2020. Statistisches Beiheft 1 zum Monatsbericht, Frankfurt 2020, S. 10–14.

국가 화폐독점에서 벗어나 사설 네트워크에 기반한 디지털 통화인 '암호화폐'(Kryptowährung)가 등장했습니다. 가장 잘 알려진 시스템은 2009년에 만들어진 "비트코인"(Bitcoin)입니다. '암호화폐'(Kryptowährung)는 컴퓨터 프로그램에 의해 생성되며, 이 프로그램은 공급을 제한하여 통화의 안정성을 보장해야 했습니다. 모든 계정과 거래는 암호화되어 익명화되었습니다. 전 세계적으로 암호화폐를 사용할 수 있게 되면서 암호화폐가 대중화되었습니다. 그러나 국가 통화와 비교하여 결코 안정적이지는 않았고, 상당한 환율 변동을 보였습니다. 비트코인 같은 암호화폐는 익명성 때문에 무기 거래, 마약 밀매, 갈취 등 불법 거래의 자금 조달에 사용되어 대중의 비판을 받았습니다.[187]

상업. 서독의 소매점그룹(Einzelhandelskonzerne)은 통일 이전부터 이미 동독으로 지점을 확장하기 시작했습니다. 도시 외곽에 위치한 대형 쇼핑 센터는 서독에서도 계속 확산되었습니다. 대형 쇼핑 센터는 동독의 모든 곳에서 새로운 시장경제의 상징이 되었습니다. 도시 중심부에 위치한 전통적인 소비의 성전인 백화점은 그 중요성을 잃었습니다.

식품 및 생활용품 상점은 민간 기업인 Aldi Nord, Aldi Süd, Lidl/Kaufland와 협동조합 기업인 Edeka 및 Rewe의 과점 체제가 지배적이었습니다. 또한 드럭스토어 시장과 전기 제품 및 가전제품 상업에서도 집중도가 높았습니다.[188] 그러나 일부 시장 부문에서는 중소 소매점들이 버틸 수 있었습니다. 2004년 매출액이 1,000만 유로 이상인 대기업이 전체 매출액의 61%를 차지했습니다.[189]

90년대 이후 인터넷은 통신 판매 비즈니스의 눈부신 확장을 이끌었습니다. 오프라인 소매업에 비해 온라인 소매업의 경쟁 우위는 가계의 거래비용 절감에 있었습니다. 대중

187　Michael Casey / Paul Vigna, Cryptocurrency. Wie virtuelles Geld unsere Gesellschaft verändert, Berlin 2015; Daniel Kerscher, Bitcoin. Funktionsweise, Risiken und Chancen der digitalen Währung, 2. Aufl., Dingolfing 2014.

188　Handel aktuell, 2006 / 2007, S. 194.

189　Hauptverband des Deutschen Einzelhandels, Zahlenspiegel 2006. Daten zum Einzelhandel in Deutschland, Berlin 2006, S. 17.

은 간단하고 빠른 선택, 주문, 결제 및 배송을 제공받았습니다. 가정용 컴퓨터를 사용하여 상품을 선택하고 주문 및 결제한 후 단시간 내에 배송되었습니다. 상담은 없었고, 원하는 사람은 직접 상점에 가서 상담을 받아야 했습니다.

전 세계적으로 활동하는 미국 기업 Amazon은 독일 시장에서 지배적인 위치를 차지했습니다. Amazon은 1994년 서적 통신판매 회사로 설립되었습니다. 이후 이 혜택은 표준화되고 쉽게 운송할 수 있는 모든 상품으로 확대되었습니다. 중국 온라인 상점인 알리바바(Alibaba)와 텐센트(Tencent)도 글로벌 시장에서 성공을 거두었습니다. 선도적인 온라인 상업 그룹은 정교한 네트워크와 광범위한 데이터 수집을 통해 시장에서 지배적인 위치를 점하였습니다. 독일 정부와 유럽위원회의 경쟁정책은 새로운 온라인 거래에서 시장 지배력을 통제하기는 매우 어렵다는 것을 알았습니다.[190]

1995년 미국에서 설립된 이베이(eBay)는 다른 방식으로 인터넷을 활용했습니다. Ebay는 모든 상품을 판매하고 구매할 수 있는 경매 플랫폼이었습니다. 판매자는 수수료를 지불했지만 구매자에게는 거래가 무료였습니다. 인터넷 상거래와 마찬가지로 가정용 컴퓨터에서 쉽고 빠르게 액세스하여 거래 비용을 절감할 수 있다는 장점이 있었습니다.[191]

커뮤니케이션. 독일민주공화국의 독일우체국(Deutsche Post)은 우편 서비스, 통신 및 우편은행(Postbank)의 세 가지 하위 사업부와 함께 독일연방우체국(Deutsche Bundespost)에 통합되었습니다. 동독 우체국 통합이 완료된 후 1980년대에 이미 시작된 우편개혁은 1994년에 계속되었습니다. 독일연방우체국(Deutsche Bundespost)이 해체되었습니다. 독일연방우체국(Deutsche Bundespost)의 세 사업부는 독립 기업인 Deutsche Post AG, Deutsche Telekom AG 및 Deutsche Postbank AG로 이전되었습니다. 연방 우편통신부가 해체되고 규제 업무가 통신 및 우편에 대한 새로운 규제 기관으로 이관되었습니다. 우편 서비스와

---

190   Peter Oberender (Hrsg.), Wettbewerb in der Internetökonomie, Berlin 2003; Ralf Peters, Internet-Ökonomie, Hamburg 2010.

191   Philip Kiefer / Markus Wilde / Sabine Wals, Das eBay Handbuch, Düsseldorf 2004.

Postbank의 유통 네트워크는 그대로 유지되었습니다. 고객은 여전히 같은 창구에서 우표를 사고, 소포 또는 등기 우편물을 보내고, 우편저축 계좌로 돈을 입금하거나 인출할 수 있었습니다.[192]

1990년대 이후 통신 시장의 자유화와 새로운 기술이 전 세계 통신을 변화시켰습니다. 국가가 지원하는 기초 연구와 혁신 기업이 결합하여 인터넷, 휴대폰, 광섬유 네트워크 및 위성 통신을 개발하고 보급했습니다. 대량의 데이터가 매우 짧은 시간에 전 세계로 전송될 수 있었습니다. 새로운 통신 기업들은 데이터와 네트워크를 통제함으로써 '자연 독점'(natürliche Monopole)을 만들어 냈고, 이는 국가 규제 정책의 도전 과제가 되었습니다.

기존 고정 네트워크 연결 시장에서 새로운 통신 기업들은 민영화된 독일텔레콤(Deutsche Telekom AG)과 성공적으로 경쟁했습니다. 독일텔레콤(Deutsche Telekom AG)은 2020년에 총 3,800만 개의 고정 네트워크 연결 중 45%의 시장 점유율을 차지했습니다. 기존의 구리 케이블은 점차 광섬유 케이블로 대체되었습니다. 광섬유 네트워크는 데이터 전송을 가속화했습니다. 하지만 그물을 치는 데는 상당한 노력이 필요했습니다. 따라서 최종 고객에게 광케이블 연결을 공급하는 것은 독일에서 더디게 진행되었습니다.[193]

1980년대 미국에서 무선으로 중앙 사무실과 연결되는 휴대 전화가 등장했습니다. 독일에서는 1990년대부터 휴대폰 네트워크가 구축되었습니다. 휴대폰 네트워크는 주정부의 승인이 필요했습니다. 1992년 독일에서는 독일텔레콤(Deutsche Telekom)과 만네스만 모빌펑크(Mannesmann Mobilfunk)라는 두 개의 네트워크 사업자가 면허를 받았으며, 이 두 사업자는 나중에 영국 회사 보다폰(Vodafone)에 인수되었습니다. 1996년 통신법

---

192   Wolfgang Lotz, Die deutsche Post von der Postreform I bis zum Börsengang 1989 – 200, Frankfurt 2007, S. 107 – 193; Eberhard Witte, Telekommunikation. Vom Staatsmonopol zum privaten Wettbewerb, in: Zeitschrift für Betriebswirtschaft, Ergänzungsheft 3/2002, Wiesbaden 2002.

193   Bundesnetzagentur für Elektrizität, Gas, Telekommunikation, Post und Eisenbahnen, Tätigkeitsbericht Telekommunikation 2020/2021, Bonn 2021.

은 이동 통신을 포함한 통신 시장을 자유화했습니다.[194] 국가 규제는 연방우편부에서 통신 및 우편에 대한 새로운 규제 기관으로 이관되었으며, 2005년에는 연방 네트워크 기관(Bundesnetzagentur)이 되었습니다. 국가 규제의 영역에서 경쟁이 장려되고, 공급업체가 늘어났으며, 휴대폰 통화 요금이 급격히 하락했습니다.[195] 독일에서 "핸디"(Handy)라는 유사 영국식 용어로 알려진 휴대폰은 일상 업무나 사생활에서 없어서는 안 될 커뮤니케이션 수단이 되었습니다. 도시 풍경의 일부였던 전화 부스가 사라졌습니다. 21세기 초부터 유선전화보다 휴대폰 연결이 훨씬 더 많아졌습니다.[196]

1980년대에는 미국에서 서로 다른 위치에 있는 컴퓨터를 연결하는 것이 가능했습니다. 1991년, 유럽입자물리연구소 CERN에서 월드와이드웹(World Wide Web)이 개발되었습니다. 새로운 기술을 통해 전 세계 컴퓨터를 네트워크로 연결할 수 있게 되었습니다. 90년대 중반부터 새로운 네트워크 기술의 상업적 가능성이 활용되기 시작했습니다. 인터넷은 전 세계 통신 네트워크에서 수백만 명의 사용자를 연결했습니다. 인터넷 경제(Internetökonomie)의 물질적 기반은 컴퓨터 기술의 발전이었습니다. 많은 국가의 수많은 컴퓨터 회사가 컴퓨터 또는 개별 요소를 생산하기 시작했습니다. 이 기술에는 적합한 소프트웨어도 필요했습니다. 1975년 미국에서 설립된 Microsoft는 1990년대에 인터넷용 운영 체제를 도입하여 시장 지배적 위치를 확보했습니다.

인터넷은 민간 기업에 다양한 새로운 비즈니스 영역을 열어주었습니다. 1998년부터 Google은 전 세계적으로 중요한 의미를 지닌 고유한 정보 시스템을 제공했습니다. 이 정보는 사용자에게 무료로 제공되었습니다. Google은 광고 수익을 통해 수익을 창출했습니다. 다른 회사들은 온라인 거래와 온라인 뱅킹을 통해 큰 수익을 올렸습니다. 또 다른 응용은 소셜 네트워크(sozialen Netzwerke)였습니다. 2004년에 설립된 Facebook과 2007년

---

194 Telekommunikationsgesetz. Vom 25. Juli 1996. BGBl. 1996 I, S. 1120 – 1150.

195 Jörn Kruse, Entwicklung des Mobilfunk-Wettbewerbs und Regulierungsperspektiven, in: Jörn Kruse / Justus Haucap (Hrsg.), Mobilfunk zwischen Wettbewerb und Regulierung, München 2004, S. 7 – 45.

196 Bundesnetzagentur, Tätigkeitsbericht Telekommunikation 2020/2021.

에 설립된 Twitter라는 두 개의 미국 기업이 이 시장을 주도하였습니다. 수백만 명의 참가자가 소셜 네트워크를 통해 자신의 의견을 전파하고 다른 사람의 의견을 알아가거나 의견을 교환하는 것이 매력적이라는 것을 알게 되었습니다. 정치에서 페이스북과 트위터는 없어서는 안 될 소통의 도구가 되었습니다. 참가자들에게 소셜 네트워크 사용은 무료로 제공되었습니다. Facebook은 광고와 주소 사용을 통해 수익을 창출했습니다. 트위터는 광고 없이 오로지 데이터 수집을 통해 수익을 창출했습니다.[197] 인터넷은 기업, 가정, 정부 기관 간의 커뮤니케이션을 더욱 빠르고 밀도 있게 만들었습니다. 콘퍼런스 콜은 시간이 많이 걸리는 물리적 이동을 대체할 수 있었고, 여러 위치에 있는 산업 영역의 생산 프로세스를 중앙에서 제어할 수 있었으며, 업무용이든 사적이든 서신 교환에서 이메일 교환이 편지 교환을 대체하는 경우가 많았습니다.[198]

다양한 형태의 통신에서 위성 통신의 각별한 중요성은 우주 탐사에 의해 시작되어 1990년대 이후 급속도로 확산되었습니다. 위성을 통해 지상파 연결과 무관하게 글로벌 네트워킹이 가능해졌습니다. 위성은 지구 주위의 다양한 궤도에 배치될 수 있었습니다. 대부분의 기능을 위해 정지 위성이 설치되었습니다. 지구 자전 속도로 원형 경로를 따라 움직이기 때문에 항상 지구의 같은 지점 위에 있었습니다. 위성을 통해 전 세계 전화 연결을 구축할 수 있었습니다. 독일과 같이 인구 밀도가 높은 국가에서는 대부분의 전화 연결이 케이블이나 라디오를 통해 지상파로 전환되었습니다. 하지만 위성 통신을 통해 인프라가 취약한 외딴 지역에도 연락할 수 있게 되었습니다. 또 다른 기능은 텔레비전과 라디오의 글로벌 배포였습니다. 대부분의 프로그램은 독일에서 지상파로 방송되었습니다. 하지만 위성을 통해 도이췌 벨레(Deutsche Welle) 같은 프로그램을 전 세계로 방송하

197   Tim 'O Reilly / Sarah Milstein, Das Twitter-Buch, Köln 2009.

198   Manuel Castello, Die Internet-Galaxie. Internet, Wirtschaft und Gesellschaft, Wiesbaden 2005; Carsten Ochs / Michael Friedewald / Thomas Hess / Jörn Lamla (Hrsg.), Die Zukunft der Datenökonomie. Zwischen Geschäftsmodell, Kollektivgut und Verbraucherschutz, Wiesbaden 2019; Ralf Peters, Internet-Ökonomie, Hamburg 2010.

거나 반대로 먼 나라의 프로그램을 수신할 수 있습니다. 위성 통신의 특별한 기능은 위치 확인이었습니다. 미국에서 개발된 위성 위치 확인 시스템(GPS), 유럽 시스템인 갈릴레오 (GALILEO) 및 기타 내비게이션 시스템을 통해 위성을 통해 자신의 위치를 파악할 수 있게 되었습니다. 특히 항해의 경우, 내비게이션 시스템은 기존의 정교한 항로 계산을 대체하는 매우 귀중한 역할을 했습니다.[199]

운송. 통일은 근로자 236,000명의 독일 연방철도(Deutsche Bundesbahn)와 근로자 253,000명의 훨씬 더 작은 철로망에 서비스를 제공하던 제국철도(Reichsbahn)라는 두 개의 다른 철도기업을 합병했습니다. 1994년, 연방철도(Bundesbahn)와 제국철도 (Reichsbahn)가 새로운 기업인 독일철도 AG(Deutsche Bahn AG)로 합병되었습니다. 법인 (Kapitalgesellschaft)으로의 전환은 철도의 기업적 책임을 강화하기 위한 것이었습니다. 철도는 여전히 국유로 남아 있었지만 수익성 있는 운영이 되어야 했습니다. 장기적으로는 민영화가 목표였습니다. 그러나 철도의 정기적인 손실은 민영화를 가로막았습니다. 노선 네트워크와 철도 차량의 유지 보수 및 현대화에는 막대한 투자가 필요했습니다. 특히 동독 철도망에 대한 상당한 개조가 필요했습니다. 여기에 운영상의 적자까지 더해졌습니다. 그러나 국가 보조금 덕분에 철도는 높은 기술 표준을 유지할 수 있었습니다. 1991년 고속 열차가 도입되면서 철도 역사의 새로운 시대가 열렸습니다. 인터시티 익스프레스 (Intercity Express/ICE)를 위한 새로운 선로가 건설되어 고속운행이 가능해졌습니다.[200]

철도운송 자유화의 결과로 다양한 민간 철도회사가 독일철도(Deutsche Bahn)의 경쟁자로 등장했습니다. 노선 네트워크는 독일철도(Deutsche Bahn)의 소유로 남아 있었으며 다른 철도 회사에서 유료로 사용할 수 있었습니다. 철도는 급격한 인력 감축을 통해 시장에 적응하려고 노력했습니다. 2019년에도 여전히 202,000명의 근로자가 근무하고 있었

---

199   Hans Dodel, Satellitenkommunikation. Anwendungen, Verfahren, Wirtschaftlichkeit, Heidelberg1999.

200   Hans-Peter Schwarz, Wiedervereinigung und Bahnreform, in: Lothar Gall / Manfred Pohl (Hrsg.), Die Eisenbahn in Deutschland. Von den Anfängen bis in die Gegenwart, München 1999, S. 377 – 418.

습니다.[201] 시장구조는 다양한 철도 운송 하위 시장마다 다르게 발전했습니다. 2019년 독일철도(Deutsche Bahn)는 장거리 여객 운송 서비스에서 거의 100%의 시장 점유율을 차지하며 독보적인 위치를 차지하고 있었습니다. 국내 여객 운송 부문에서 독일철도(Deutsche Bahn)의 경쟁사들은 총 28%의 시장 점유율을 달성했습니다. 화물 운송 부문에서 독일철도(Deutsche Bahn)의 시장 점유율은 46%로 축소되었습니다. 2021년, 독점위원회는 경쟁 강화를 위해 노선 네트워크와 운송 운영을 분리할 것을 권고했습니다.[202]

수출 중심의 독일 경제에서 해상 운송(Seeverkehr)은 매우 중요했습니다. 컨테이너선, 벌크선, 유조선이 해외 무역의 대부분을 이동시켰습니다. 90년대 이후 해상 운송업계에서 강한 기업집중이 있었고, 운영 비용을 절감하기 위해 선박을 대형화하는 추세가 두드러졌습니다. 이러한 변화는 특히 컨테이너 운송에서 두드러지게 나타났습니다. 컨테이너는 미국에서 개발되었지만 1990년대 이후 유럽과 동아시아의 경쟁으로 인해 미국 컨테이너라인이 대체되었습니다. 독일의 하파그로이드(Hapag-Lloyd AG)는 세계 10대 컨테이너 해운사 중 하나였습니다. 현대 화물선은 수천 개의 컨테이너를 실어 나릅니다. 단시간에 선박을 선적하고 하역할 수 있도록 새로운 터미널이 건설되었습니다.[203] 2007-2009년 금융 및 경제위기로 인해 세계 무역과 해상 운송이 급격히 감소했습니다. 경기 침체는 전 세계적인 상선 확대와 초과용량으로 인한 구조적 위기와 맞물렸습니다. 독일 상선이 줄어들고, 고용은 감소했습니다. 그러나 경기 호황 이후 해상 운송량은 다시 증가했습니다. 2016년 독일은 세계에서 네 번째로 큰 상선단을 보유하고 있었습니다.[204]

---

201   Bundesministerium für Verkehr und digitale Infrastruktur, Verkehr in Zahlen 2021/2022, Flensburg 2021, S. 45.

202   Monopolkommission, Bahn 2021. Wettbewerb in den Takt! Baden-Baden 2021.

203   Arthur Donovan / Joseph Bonney, The box that changed the world. Fifty years of container shipping – an illustratd history, East Windsor NJ 2006.

204   Bundesministerium für Wirtschaft und Energie, Fünfter Bericht der Bundesregierung über die Entwicklung und Zukunftsperspektiven der maritimen Wirtschaft in Deutschland, Berlin 2017; Bundesministerium für Wirtschaft und Energie, Siebter Bericht der Bundesregierung über die Entwicklung und Zukunftsperspektiven der maritimen Wirtschaft in Deutschland, Berlin 2021.

1990년대 이후 전 세계적으로 항공 교통에 대한 규제가 완화되었습니다. 독일에서는 1992년에 국가가 여전히 과반수 지분을 보유하고 있던, 준공기업 형태의 독일 루프트한자 AG(Deutsche Lufthansa AG)를 민영화하기로 결정했습니다. 1997년에 이르러 국가는 독일 루프트한자(Deutsche Lufthansa)에서 완전히 철수했습니다.[205] 관광 항공사 콘도르(Condor)는 여러 차례 소유주가 변경된 후에도 제한된 항공편 운항으로 남아있었습니다. 항공 교통 규제 완화로 인해 경쟁이 치열해졌습니다. 라이언에어(Ryanair) 같은 신생 항공사는 저렴한 가격에 편안함이 제한적인 항공편을 제공했기 때문에 기존 항공사들은 곤란한 상황에 처했습니다. 독일에서 통일은 베를린이 루프트한자(Lufthansa)를 비롯한 다른 항공사들에 개방되었다는 것을 의미했습니다. 1978년 미국에서 설립된 에어베를린(Air Berlin)은 기회를 포착하고 1991년 베를린으로 이전했습니다. 에어베를린(Air Berlin)은 관광 항공편으로 시작했지만 유럽 및 대서양 횡단 연결 네트워크를 빠르게 구축하여 루프트한자(Lufthansa)에 이어 독일에서 두 번째로 큰 항공사로 자리 잡았습니다. 그러나 높은 손실로 인해 2017년에 파산에 이르렀습니다.[206]

서독에서 오랫동안 관찰되었던 여객 및 화물 운송을 철도에서 도로로 전환하는 추세는 계속되었습니다. 2019년에는 개별 자동차 운송이 여객 운송의 78%, 철도가 9%, 현지 대중교통이 7%, 항공이 6%를 차지했습니다. 화물 운송에서는 도로 운송이 운송 실적의 72%, 철도가 19%, 내륙 수로가 7%, 파이프라인이 3%를 차지했습니다.[207]

보험. 1990년 7월 경제, 통화 및 사회연합에 관한 조약(Vertrag über die Wirtschafts-, Währungs- und Sozialunion)이 발효된 후 전 독일 보험 시장이 등장했습니다. 1990

205　Sven Andreas Helm, Die Deutsche Lufthansa AG. Ihre gesellschafts- und konzernrechtliche Entwicklung. Eine wirtschaftsrechtlich-historische Analyse der Privatisierungsgeschichte, Frankfurt 1999.

206　Karl-Dieter Seifert, Der deutsche Luftverkehr 1955–2000.Weltverkehr, Liberalisierung, Globalisierung, Bonn 2001.

207　Bundesministerium für Verkehr und digitale Infrastruktur, Verkehr in Zahlen 2021/2022, Flensburg 2021, S. 221, 247.

년 7월, 알리안츠 AG(Allianz AG)는 독일민주공화국의 국영 보험회사였던 독일보험-AG(Deutschen Versicherungs-AG)의 과반 지분을 인수했습니다. 1998년, 독일보험-AG는 알리안츠(Allianz)에 통합되었습니다. 다른 서독 보험 회사들도 동독 시장에 진출했습니다. 동독의 주들은 서독 기관의 지원을 받아 공공 보험 기관을 설립했습니다.[208]

1990년대 말, "방카슈랑스"(Allfinanz)는 보험과 대형 은행의 결합이라는 미래의 모델로 여겨졌습니다. 합병을 통해 자원의 공동 관리와 고객확보의 이점을 통해 시너지 효과를 기대할 수 있었습니다. 이니셔티브는 독일은행(Deutsche Bank)의 경우처럼 은행에서 시작될 수도 있고 보험 회사에서 시작될 수도 있었습니다. 알리안츠(Allianz)는 2001년에 드레스드너 은행(Dresdner Bank)을 인수했습니다. 하지만 기대는 실망으로 바뀌었습니다. 은행 사업을 보험 그룹에 통합시키는 것은 성공하지 못했습니다. 알리안츠(Allianz)는 2008년에 드레스드너 은행(Dresdner Bank)을 코메르츠은행(Commerzbank)에 매각했습니다.[209]

전통적으로 공공보험과 저축은행 간에는 긴밀한 협력이 이루어지고 있었습니다. 보험 시장 자유화 과정에서 공적 보험회사(Öffentlicher Versicherer)는 1994년 연방주에서 지역 저축은행과 지로협회(Giroverband)로 이관되었습니다. 일부 연방주에서 공적 보험회사가 가지고 있던 건물보험(Gebäudeversicherung)에 대한 독점권이 폐지되었습니다. 조직개편 이후에는 강력한 집중과정이 이어졌습니다. 1990년에는 47개의 공적 보험회사가 있었지만 2020년에는 9개의 보험회사만 남았습니다.[210] 협동조합 부문에서도 보험업과 은행업은 밀접한 연관성이 있었습니다. R+V 보험회사(R+V Versicherung)는 주식회사였지만 협

---

208   Peter Borscheid, Mit Sicherheit Leben. Die Geschichte der deutschen Lebensversicherungswirtschaft und der Provinzial-Lebensversicherungsanstalt von Westfalen, 2 Bde., Münster 1993, Bd. 2, S. 138; Barbara Eggenkämper / Gerd Modert / Stefan Pretzlik, Die Staatliche Versicherung der DDR. Von der Gründung bis zur Integration in die Allianz, München 2010, S. 141 – 210; Peter Koch, Geschichte der Versicherungswirtschaft in Deutschland, Karlsruhe 2012, S. 469 – 528; Eckhard Wandel, Banken und Versicherungen im 19. Und 20. Jahrhundert, München 1998.

209   Eggenkämper / Modert / Pretzlik, Allianz, S. 357 – 358; Paul / Sattler / Ziegler, Commerzbank, S. 549 – 556.

210   Sparkassen-Finanzgruppe, Finanzbericht 2020, S. 11.

동조합은행에 속해 있었습니다.[211]

1980년대에 시작된 보험산업의 국제화는 1990년대 이후 급속도로 진행되었습니다. 보험산업의 국제화는 금융 시장의 전반적인 규제 완화에 의해 추진되었습니다. 유럽연합의 목표는 보험을 위한 단일내부시장(einheitliches Binnenmarkt)을 만드는 것이었습니다. 1994년 회원국의 보험 시장에 대한 국가별 규정이 통일되고 자유화되었습니다.[212] Allianz 및 Gerling 같은 독일의 대형 보험회사는 해외에 지점을 설립했습니다. 반대로 프랑스 AXA, 이탈리아 Generali 또는 스위스 Zurich 같은 외국 보험회사가 독일시장에서 활동하게 되었습니다. 뮌헨 재보험(Münchener Rückversicherung)을 필두로 한 재보험 회사들은 이미 상당한 위험을 담보하고 있었기 때문에 글로벌 지향적이었습니다.[213]

개인 서비스. 2018년 개인서비스의 주요 분야는 의료서비스(Gesundheitsversorgung)와 간호(Pflege)였습니다. 그다음으로 접객업, 관광업과 스포츠, 엔터테인먼트, 레크리에이션을 포함한 기타 개인 서비스업이 뒤를 이었습니다.[214]

의료 서비스는 3차 산업 확장에 크게 기여했습니다. 의료 서비스는 통일 이전에도 두 독일 국가에서 장기적으로 확장되었습니다. 이러한 추세는 통일된 독일에서도 계속되었습니다. 그 원인으로는 의료 서비스 비용 상승과 인구 통계학적 변화가 꼽혔습니다. 의학의 발전으로 인해 평균 수명은 장기적으로 증가했습니다. 고령화 사회에서 노년층은 젊은 세대보다 더 많은 치료와 보살핌이 필요하기 때문에, 건강 관리의 필요성이 증가했습니다.[215]

---

211 Wandel, Banken und Versicherungen, S. 69, 139.

212 Thomas Rabe, Liberalisierung und Deregulierung im Europäischen Binnenmarkt für Versicherungen, Berlin 1997.

213 Peter Borscheid / Saskia Feiber, Die langwierige Rückkehr auf den Weltmarkt. Die Internationalisierung der deutschen Versicherungswirtschaft 1950 – 2000, in: Jahrbuch für Wirtschaftsgeschichte 2003 / II, S. 143 – 149.

214 Statistisches Bundesamt, Mikrozensus 2018. Arbeitsmarkt. Fachserie 1, Reihe 4.1.

215 Reinhard Busse / Miriam Blümel / Diana Ognyanova, Das deutsche Gesundheitssystem. Akteure, Daten, Analysen, Berlin 2013; Falk Illing, Gesundheitspolitik in Deutschland. Eine Chronologie der

관광은 통일 이전부터 이미 널리 퍼져 있었으며 그 이후에도 계속 증가하였습니다. 2019년에는 5,500만 명이 최소 5일 이상의 휴가 여행을 떠났습니다. 따라서 '휴가 집중도'(Urlaubsintensität)는 인구의 78%로 증가했습니다. 전체 휴가 여행의 4분의 3이 해외에서 이루어졌습니다. 독일에서는 북해 연안과 발트해 연안, 알프스와 낮은 산맥이 가장 인기 있는 여행지였으며, 해외에서는 일조량이 많고 소득 격차로 인해 비용이 저렴한 남유럽 국가가 가장 인기 있었습니다.[216] 환경에 대한 인식이 높아지면서 휴양지의 생태적 균형을 고려한 '생태관광'(Ökotourismus)이 새로운 관광지로 떠오르고 있었습니다. 그러나 국제 여행의 비중이 높기 때문에 항공 교통으로 인한 기후에 대한 큰 부담은 해결되지 않았습니다.[217]

공공 서비스. 어린이집에서 대학으로의 교육시스템의 확장은 특히 공공 서비스 확장에 기여했습니다. 2018년 교육은 280만 명을 고용하는 가장 큰 공공 서비스 분야였습니다. 연방, 주 및 지방 행정부에 170만 명의 근로자가 근무하고 있었으며, 내부 및 외부 보안, 경찰, 사법 및 국방 분야에 82만 5천 명의 근로자가 근무하고 있었습니다.[218]

통일은 509,000명의 군인으로 구성된 독일 연방군(Bundeswehr)과 163,000명의 군인으로 구성된 인민군(Volksarmee)이라는 두 개의 징집군대를 통합했습니다. 통일에 관한 2+4 협정에서 1994년까지 독일 연방군의 병력을 34만 명으로 감축하기로 합의했습니다. 인민군은 1990년 10월 2일에 해체되었습니다. 인민군 중 극히 일부만 독일 연방군이 인계받았습니다. 냉전이 종식되면서 독일 연방군은 나토의 틀 안에서 새로운 방향을 모색하

Gesundheitsreformen der Bundesrepublik, Wiesbaden 2017; Eckard Nagel (Hrsg.), Das Gesundheitswesen in Deutschland. Struktur, Leistungen, Weiterentwicklung, 5. Aufl., Köln 2013; Rolf Rosenbrock / Thomas Gerlinger, Gesundheitspolitik. Eine systematische Einführung, Bern 2014.

216 Forschungsstelle Urlaub und Reisen, Reiseanalyse 2020.

217 Rüdiger Hachtmann, Tourismus-Geschichte, Göttingen 2007; Hartmut Rein / Wolfgang Strasdas, Nachhaltiger Tourismus. Eine Einführung, Konstanz 2015; Hans-Werner Prahl, Entwicklungsstadien des deutschen Tourismus seit 1945, in: Hasso Spode (Hrsg.), Zur Sonne, zur Freiheit! Beiträge zur Tourismusgeschichte, Berlin 1991.

218 Statistisches Bundesamt, Mikrozensus 2018. Arbeitsmarkt. Fachserie 1, Reihe 4.1.

게 되었습니다. 독일이 이제 우방국들에 둘러싸여 있다고 가정했기 때문에 동맹국들과 함께 국방 임무는 뒷전으로 밀려났습니다. 그러나 세계는 더 평화로워지지 않았고, 세계화 시대에는 멀리 떨어져 있는 분쟁조차도 국가 안보에 대한 위협으로 해석되었습니다. 새로운 임무는 독일연방공화국이 독일연방군과 함께 NATO, 유엔 및 유럽연합의 틀 안에서 테러와의 전쟁, 지역 분쟁 종식 또는 안정적인 국가구조 구축에 참여하는 것이었습니다. 《2016 백서》(Weissbuch 2016)에서 독일연방군은 국가방위뿐만 아니라 무엇보다도 글로벌 외교정책 및 안보정책의 도구가 되어야 한다고 정의했습니다.[219] 1990년 9월 15개월이었던 의무병역은 단계적으로 6개월로 단축되고, 2011년에는 중단되었습니다. 독일연방군은 직업군대가 되었습니다. 2014년 독일연방군에는 18만 명의 남녀 군인이 있었습니다. 그들은 캄보디아, 소말리아, 발칸 반도, 아프가니스탄, 말리 등 수많은 해외 파병에 참여했습니다. 특히 아프가니스탄으로의 해외 파병은 격렬한 정치적 논쟁을 불러일으켰습니다.[220]

3.6 환경

1990년대 이후 환경 정책은 독일, 유럽연합, 국제 정치 등 모든 수준에서 그 중요성이 커졌습니다. 독일에서는 1994년에 삶의 토대 보호(Schutz der Lebensgrundlagen)가 기본법(Grundgesetz)에 통합되었습니다. "국가는 미래 세대에 대한 책임으로 헌법 질서의 틀 안에서 입법에 의해, 그리고 법에 따라 행정권과 사법 행정에 의해 자연적인 삶의 토대를

---

219 Bundesministerium der Verteidigung, Weissbuch 2016. Zur Sicherheitspolitik und Zukunft der Bundeswehr, Berlin 2016.

220 Detlef Bald, Die Bundeswehr 1955 – 2005. Eine kritische Geschichte, München 2005; Wilfried von Bredow, Die Geschichte der Bundeswehr, Berlin 2017; Jochen Maurer / Martin Rink (Hrsg.), Einsatz ohne Krieg? Die Bundeswehr nach 1990 zwischen politischem Auftrag und militärischer Wirklichkeit, Göttingen 2021; Christopher Muhler, Transformation wider Willen? Die Bundeswehr im Kontext deutscher Auslandseinsatzpolitik 1989 – 2011, Berlin 2018.

보호해야 한다."[221] 여기서 자연적 삶의 토대 보호는 환경보호의 다양한 차원을 총칭하는 용어입니다. 헌법적 지위는 다른 정책 분야와의 경쟁에서 환경 정책을 강화했습니다. 연방 환경부의 기대에 따르면, 새로운 "생태적 책임에서의 사회적 시장경제"는 경제성장, 사회 보장 및 환경보호를 결합해야 했습니다. "생태적 책임에서의 사회적 시장경제는 개인의 수행 의지를 사회적 균형, 환경보호와 결합하고 사회적 및 생태적 목표 측면에서 시장의 힘이 작용할 수 있도록 하는 경제 및 사회 정치적 틀을 제공합니다."[222]

통일독일 환경정책의 목표와 수단은 서독 환경정책에서 전승되었습니다. 환경 정책은 오염 물질로부터 땅, 물, 공기를 보호하고 유한한 자원을 사용할 때 지속 가능성 원칙의 존중을 촉진해야 했습니다. 환경 정책의 도구는 계명 또는 금지와 세금 또는 부과금을 통한 영향력이었습니다.[223] 시급한 과제 중 하나는 새로운 주들의 생태 복원이었습니다. 국가사회주의 계획경제는 땅, 물, 공기에 막대한 오염을 남겼습니다. 보호장치 부족으로 환경오염에 기여했던 많은 산업공장이 전환위기 동안 경제적 이유로 가동을 중단했습니다. 갈탄 채굴과 갈탄 사용량이 크게 줄었습니다. 작센(Sachsen)과 튀링겐(Thüringen)의 우라늄 채굴이 중단되었습니다.[224]

1992년 마스트리히트 조약(Maastricht-Vertrag)에서 유럽연합은 1986년 단일 유럽법(Einheitliche Europäische Akte)을 통해 주장했던 환경적 책임을 재확인했습니다.[225] 마스트리히트 조약은 유럽 환경정책의 목표를 환경 보존과 보호 및 환경의 질 개선, 인간의 건강 보호, 천연 자원의 신중하고 합리적인 활용, 지역 및 지구 환경문제 해결을 위한 국제

---

221   Gesetz zur Änderung des Grundgesetzes. Vom 27. Oktober 1994. BGBl. 1994 I, S. 3146 – 3148, Artikel 20a.

222   Bundesministerium für Umwelt, Naturschutz und Reaktorsicherheit, Umwelt 1994. Politik für eine nachhaltige, umweltgerechte Entwicklung, 6. September 1994. Deutscher Bundestag, 12. Wahlperiode, Drucksache 12/8451, S. 9.

223   Eberhard Feess, Umweltökonomie und Umweltpolitik, 3. Aufl., München 2007.

224   Bundesministerium für Umwelt, Naturschutz und Reaktorsicherheit, Umwelt 1994, S. 10 – 14, 25.

225   Einheitliche Europäische Akte vom 17. Januar 1986. Amtsblatt der Europäischen Gemeinschaften, 29. Juni 1987, S. 1 – 28.

적 차원의 대책 추진으로 정의했습니다.[226] 리스본 조약의 틀 내에서 2007년에 채결 된 유럽연합의 기능에 관한 조약에서 유럽의 기후정책은 대부분 마스트리히트 조약의 목표를 이어받았습니다. 단지 추가된 것은 기후변화에 대응하기 위해 특히 국제적인 대책이 촉진되어야 한다는 것이었습니다. 지구 온난화는 이제 국제적 환경 논쟁의 초점이 되었습니다.[227] 유럽의 환경정책은 다년간의 환경 행동 프로그램을 통해 추진되어 왔습니다.[228]

유엔의 국제적 환경정책은 스톡홀름 회의(Konferenz von Stockholm) 이후 20년 만인, 1992년에 리우데자네이루(Rio de Janeiro)에서 열린 두 번째 환경회의를 통해 새로운 자극을 받았습니다. 리우데자네이루(Rio de Janeiro) 회의에서는 환경정책을 위한 실천 프로그램 '의제 21'(Agenda 21)이 의결되었습니다. 이 프로그램의 중점은 환경정책과 개발정책 간 연계였습니다. 산업 자본주의의 발전 경로를 따르고자 했던 주변부 국가에서 환경문제는 성장의 걸림돌로 여겨졌습니다. '의제 21'(Agenda 21)에 따르면 글로벌 환경정책은 환경목표와 성장목표를 연계할 수 있도록 주변부 국가로의 이전(Transferleistungen)을 통해 지원되어야 했습니다. 리우데자네이루(Rio de Janeiro)에서 열린 환경 회의의 또 다른 중점은 기후 정책이었습니다. 기후변화협약(Klima-Rahmenkonvention)에서는 인위적인 온실효과(Treibhauseffekte)를 줄이기로 합의했습니다.[229] 이후 기후정책은 국제적 차원과 유럽연합 및 독일에서 환경정책의 특별한 중점이 되었습니다.[230] 1997년 교토(Kyoto)에서 열린 유엔세계기후회의(Weltklimakonferenz der Vereinten Nationen)에서 국제적 기후정책이 구체화되었습니다. 그 당시에 산업화 이후 국가(postindustrielles Land)라고 불렸던, 산업국가(Industrieland)는 고정된 연간 비율로 온실가스 배출을 줄여야 했습니다. 신흥국

226   Vertrag über die Europäische Union, Art. 130 r, Abs. 1.

227   Konsolidierte Fassung des Vertrages über die Arbeitsweise der Europäischen Union, 13. Dezember 2007. Amtsblatt der Europäischen Union, C 83, 30. März 2010, S. 47 – 199. Art. 191, Abs. 1.

228   Andrew Jordan / Camilla Adelle, Environmental policy in the EU. Actors, institutions and processes, 3. Aufl., Abingdon 2013.

229   Bundesministerium für Umwelt, Naturschutz und Reaktorsicherheit, Umwelt 1994, S. 39 – 41.

230   Ottmar Edenhofer / Michael Jakob, Klimapolitik. Ziele, Konflikte, Lösungen, München 2017.

(Schwellenland)과 개발도상국(Entwicklungsland)은 온실가스 배출량을 줄여야 하지만, 연간 고정 비율에 얽매이지는 않아야 했습니다. 오랜 협상 끝에 교토 협약(Kyoto-Abkommen)은 2005년에 발효되었습니다. 이 협정은 191개 국가에서 비준되었습니다. 미국은 국가의 경제 주권이 위험에 처할 수 있다고 판단하여 협정을 거부했습니다. 중국과 인도는 교토 협약에 참여했지만 신흥국으로 간주되어 고정 감축률 의무를 지지는 않았습니다. 교토 협약의 기후-보호공약(Klimaschutz Verpflichtungen)은 5년으로 제한되어 있었습니다. 따라서 기후보호는 수시로 업데이트되었습니다. 2015년에는 지속가능한 발전을 위한 '2030 어젠다'(Agenda 2030)가 채택되었습니다. 목표는 경제적, 사회적, 생태적으로 지속 가능하게 글로벌 개발을 형성하는 것이었습니다. 기후정책, 전 세계 모든 경제의 지속 가능한 발전, 빈곤 감소는 함께 작동해야 했습니다.

기후보호에 관한 국제 협약을 이행하는 것은 각국 정부의 임무였습니다. 유럽에서는 유럽연합이 글로벌 환경 정책과 회원국 간 중재자로서 점점 더 많은 권한을 확보하였습니다. 유럽연합은 2005년에 새로운 기후정책 수단으로 배출인증서(Emissionszertifikate)를 도입했습니다. 회원국들이 국제적 기후목표에 따라 고정된 비율로 감축할 수 있도록, 오염물질 배출 최대한도가 설정되었습니다. 회원국들은 허용된 배출량을 발전소, 산업기업 및 기타 다량의 오염 물질 배출자에게 배분했습니다. 기업이 배출권(Emissionsrechte)을 다 사용하지 않은 경우, 나머지 배출권을 판매할 수 있었습니다. 이 인증서는 환경 오염 감소를 촉진하기 위한 경제적 인센티브로 고안되었습니다.[231] 거의 모든 경제영역이 오염물질 배출에 기여했기 때문에, 유럽연합과 회원국의 기후목표는 상당한 노력을 요구하였습니다. 2017년 독일에서는 에너지 부문이 전체 온실가스 배출량의 40%, 산업 21%, 운송

---

231 Feess, Umweltökonomie und Umweltpolitik, S. 71 – 79; Wolfgang Seidel / Yvonne Kerth, Umsetzungsprobleme internationaler Umweltschutzkonventionen: Das Beispiel des KyotoProtokolls – Emissionshandel als Instrument internationaler, europäischer und staatlicher Umweltpolitik, in: Peter-Christian Müller-Graff / Eckhard Pache / Dieter H. Scheuing (Hrsg.), Die Europäische Gemeinschaft in der internationalen Umweltpolitik, Baden-Baden 2006, S. 149 – 168.

18%, 가정 10%, 농업 8%, 기타 모든 부문이 3%를 차지했습니다.[232]

지속 가능한 개발을 위한 '2030 어젠다'(Agenda 2030)는 국제 환경정책에서 중요한 진전으로 여겨졌습니다. 그러나 2019년 연방 환경부는 2030년 목표를 달성하기에는 지금까지의 전 세계적 개선 속도가 너무 느리다는 사실을 확인하였습니다. 환경 정책의 지배적인 이슈는 계속해서 기후변화였습니다. 지구온난화로 인해 극지방의 빙하가 녹고 해수면이 상승하며 폭염, 가뭄, 악천후, 우박, 폭풍우 같은 극한 기후가 증가하였습니다. 기후변화의 주요 원인은 온실가스, 특히 이산화탄소 배출로 간주되었습니다.[233] 유럽 환경청(Europäische Umweltagentur)도 환경정책과 기후정책의 성과가 충분하지 않다고 경고했습니다. 유럽은 "생물다양성 손실, 자원 사용, 기후 변화의 영향, 건강과 복지에 대한 환경 위험과 같은 해결되지 않은 심각한 문제"에 직면해 있었습니다.[234]

3.7 국제관계

3.7.1 세계화

1990년대에 전 세계적으로 정치, 경제, 사회의 상호 연결성이 증가하는 현상을 특징짓기 위해 '세계화'(Globalisierung)라는 용어가 등장했습니다. 소련이 붕괴되면서 1991년 경제상호원조회의(Rat für Gegenseitige Wirtschaftshilfe)는 해체되었습니다. 러시아와 소련의 후계 국가들은 자본주의 세계경제와의 연결을 모색했습니다. 중국에서는 여전히 국가사

---

232 Bundesministerium für Umwelt, Naturschutz und nukleare Sicherheit, Umweltbericht 2019. Umwelt und Natur als Fundament des sozialen Zusammenhalts, 19. September 2019. Deutscher Bundestag, 19. Wahlperiode, Drucksache 19/13400, S. 7-8.

233 Bundesministerium für Umwelt, Naturschutz und nukleare Sicherheit, Umweltbericht 2019.

234 Europäische Umweltagentur, Die Umwelt in Europa. Zustand und Ausblick 2020. Zusammenfassung, Luxemburg 2019, S. 6.

회주의의 외관을 갖춘 독재정권이 자본주의 경제시스템의 발전을 허용했습니다. 산업사회로 가는 길목에 있는 '신흥국' 수가 증가했습니다. 많은 종속국가가 파트너이자 경쟁자가 되었습니다. 인도와 신흥국들은 보호주의 정책을 포기하고 국제적 분업에 통합되었습니다. 1986년에 시작된 우루과이라운드(Uruguay-Runde) 국제적 관세협상은 1994년에 체결되었습니다. 자유무역협정 준수 여부를 감시하기 위해 새로운 세계무역기구(World Trade Organization/WTO)가 설립되었습니다. GATT와 병행하여 서비스 무역을 촉진하기 위한 새로운 서비스 무역에 관한 일반 협정(General Agreement on Trade in Services)이 합의되었습니다. 2001년, 걸프만 국가 카타르(Katar)의 도하(Doha)에서 새로운 무역 자유화 협상이 시작되었습니다.[235]

냉전이 종식된 후 유럽에서 새로운 평화 협력의 시대가 열리고 전 세계로 퍼져나갈 것이라는 기대가 생겨난 것은 독일뿐만이 아니었습니다. 새로운 평화질서의 근간은 국가 경제에서 증대하는 상호 의존성이어야 했습니다. 상품과 서비스의 국제 무역이 증가하고 자본관계가 심화되었으며 통신 및 교통 네트워크가 더욱 촘촘해졌고 대기업은 여러 국가에 지사를 둔 다국적 조직으로 확장되었습니다.[236] 1999년 나토(NATO)가 개입한 유고슬라비아 해체 이후 내전이나, 2014년 러시아의 우크라이나 공격으로 크림반도가 병합되고 우크라이나 동부에 분리주의 정권이 들어선 것과 같은 유럽의 지역 분쟁은 제한적으로 유지되어야만 했으며, 협상을 통해 해결되어야만 했습니다.

전 세계적으로 소득 불평등은 여전했습니다. 생산성이 높고 1인당 소득이 높은 세계 경제의 중심은 여전히 북미, 서유럽, 일본, 호주 및 뉴질랜드였습니다. 세계 경제의 주변부 국가들은 여전히 상대적으로 가난했습니다. 2019년 라틴 아메리카의 1인당 소득은

235 Gerd Hardach, Internationale Arbeitsteilung, in: Reinhard Sieder / Ernst Langthaler (Hrsg.), Globalgeschichte 1800 - 2010, Wien 2010, S. 205 - 211; Jürgen Osterhammel / Niels P. Petersson, Geschichte der Globalisierung, München 2003.

236 Bernard M. Hoekman / Michael M. Kostecki, The political economy oft he world trading system, 2. Aufl., Oxford 2001.

미국의 13%, 인도, 방글라데시, 파키스탄은 5% 미만, 대부분의 아프리카 국가는 3% 미만에 그쳤습니다.[237] 소득빈곤은 무엇보다도 굶주림을 의미했습니다. 2019년 전 세계 영양실조 인구는 6억 5,200만 명으로 추정되었으며, 대부분 아시아와 아프리카에 집중되어 있었습니다.[238] 그러나 빈곤에는 열악한 주거환경, 의료 서비스 부족, 적은 교육 기회, 열악한 일자리 전망도 포함되었습니다.[239] 부유한 국가와 가난한 국가 간 격차는 대규모 이주를 야기했습니다.[240]

인구가 많고 1인당 소득이 높은 미국은 여전히 가장 강력한 경제 강국이었습니다. 하지만 미국은 지속적으로 수입초과를 기록했습니다. 나머지 국가들은 막대한 외환보유고를 축적했습니다. 특히 중국은 꾸준히 대미 수출흑자를 달성했습니다. 상대적으로 가난한 나라가, 상대적으로 부유한 나라에 받은 것보다 더 많은 제품을 공급하는 역설적인 상황이 발생했습니다.[241]

세계 무역의 확대와 국제 자본 관계의 심화는 위기로 인해 반복적으로 중단되었습니다. 라틴 아메리카 국가들은 1990년대 초, 1982-1983년의 부채 위기에서 회복했습니다. 그러나 외채는 여전히 높은 수준을 유지하고 있어 위기에 대한 취약성이 지속되고 있

---

237 United Nations Statistical Yearbook 2021, S. 191-210.

238 United Nations Food and Agriculture Organization, World food and agriculture. Statistical Yearbook 2021, Rom 2021, S. 248-252.

239 Hans P. Binswanger / Pierre Landell-Mills, The World Banks strategy for reducing poverty and hunger. A report to the development community, Washington DC 1997; Ana GonzalesPelaez, Human rights and world trade. Hunger in international society, London 2005; OECD, A balancing act. OECD economic outlook, December 2001; United Nations Food and Agriculture Organization, The state of food insecurity in the world 2006. Eradicating world hunger – taking stock ten years after the World Food Summit, Rom 2006.

240 Hein de Haas / Stephen Castles / Mark J. Miller, The age of migration. International population movements in the modern world, 6. Aufl., London 2020; United Nations International Organization for Migration, World migration report 2022, Genf 2022.

241 United Nations Statistical Yearbook 2021, S. 191-209, 305-320.

었습니다. 1994년 멕시코와 브라질에서 새로운 통화위기가 발생했습니다.[242] 인도네시아, 말레이시아, 필리핀, 싱가포르, 한국, 태국 등 아시아의 신흥 산업국가들은 1990년대에 뚜렷한 호황을 누렸습니다. 이들 국가는 생산적인 투자뿐만 아니라, 부동산 투기 자금을 조달하기 위해 상당한 규모의 해외 대출(Auslandskredite)을 받았습니다. 경제성장 둔화와 부동산 투기 붕괴로 인해 1997년 홍콩, 인도네시아, 말레이시아, 필리핀, 싱가포르, 한국, 태국에서 해외대출 종료, 자본 도피, 환율 하락이 발생했습니다. 외국 채권자들은 큰 손실을 입었습니다. 국내적으로는 부채위기가 국내총생산 감소와 실업률 상승과 함께 경제위기를 악화시켰습니다.[243] 아시아 위기가 독일 대외무역에 미친 영향은 제한적이었습니다. 독일의 대동남아시아 수출이 급격히 감소했습니다. 그러나 위기국가들이 전체적으로 독일 대외무역에서 차지하는 비중이 작았기 때문에, 1997년부터 1999년까지 위기기간 동안 전체 수출과 수입은 계속 증가했습니다.[244] 2001-2003년 위기가 독일 경제를 강타했을 때 대외무역은 안정의 요인이었습니다. 2001년부터 2003년까지 수출과 수입이 증가했으며 수출흑자가 지속되었습니다. 수출 호황은 2007-2009년 금융 및 경제위기까지 계속되었습니다. 지속적인 수출 흑자는 대부분 미국 국채에 투자되었고, 일부는 해외 독일 기업에 직접 투자되었습니다.[245]

2007-2009년의 금융 및 경제위기는 세계화의 위험성을 보여주었습니다. 은행과 자본

---

242 Vittorio Corbo, Latin America and the External Crisis of the Second Half of the 1990's, in: Enrique Bour / Daniel Heyman / Fernando Navajas (Hrsg.), Latin American Economic Crises, Basingstoke 2004, S. 24–39; Christian Suter, Weltwirtschafts- und Globalisierungskrise in Lateinamerika, in: Peter Feldbauer / Gerd Hardach / Gerhard Melinz (Hrsg.), Von der Weltwirtschaftskrise zur Globalisierungskrise 1929–1999, Wien / Frankfurt 1999, S. 145–159.

243 Graham Bird / Alistair Milne, Miracle to Meltdown. A Pathology of the East Asian Financial Crisis, in: Graham Bird (Hrsg.), International Finance and the Developing Economies, Basingstoke 2004, S. 74–91.

244 Außenwirtschaftliche Anpassungen in den Industrieländern nach den Krisen in wichtigen Schwellenländern, in: Deutsche Bundesbank, Monatsbericht September 1999, S. 27–38.

245 Statistisches Bundesamt, Deutscher Außenhandel. Export und Import im Zeichen der Globalisierung. Ausgabe 2017, Wiesbaden 2017, S. 7.

투자자들은 전 세계적으로 미국 금융 위기로 인해 상당한 손실을 입었습니다. 수출과 수입이 급격히 감소했습니다. 하지만 세계 경제위기는 오래가지 않았습니다. 2010년부터 생산량이 다시 증가했습니다. 이후 독일의 수출과 수입도 증가하여 2011년에 이미 금융위기 이전 수준을 넘어섰습니다.[246] 그러나 유럽연합의 일부 회원국에서는 국가 부채위기로 인해 경제위기가 더 오래 지속되었습니다.[247]

세계 시장을 향한 지향은 이미 서독 경제에서 중요하게 여겨져 왔으며 통일 독일에서는 그 중요성이 더욱 커졌습니다. 1991년 수출 비중은 국내총생산의 22%였으나 2019년에는 38%로 증가했습니다. 가치 사슬(Wertschöpfungskette)의 글로벌화는 대외무역 확대에도 기여했습니다. 무역수지에서 독일 수출로 등록된 최종제품에는 여러 국가에서 수입된 중간제품이 포함될 수 있었습니다.[248] 수출이 수입보다 많았으며 꾸준히 수출흑자를 달성했습니다. 독일 대외무역의 대부분은 유럽연합 회원국과의 이웃 무역이었습니다. 유럽 연합 이외의 지역에서 가장 중요한 수출 교역 상대국은 1위가 미국, 2위가 중국, 그리고 상당한 거리를 두고 러시아와 일본이었습니다. 수입의 경우 중국이 1위, 미국, 러시아, 일본이 그 뒤를 이었습니다.[249] 수입 비율은 1991년 21%로 수출 비율보다 약간 낮았으나 2019년에는 32%로 증가했습니다. 수입품에는 원자재, 식품, 에너지, 중간 제품 및 완제품이 포함되었습니다.[250] 모든 경제 활동의 근간이 되는 에너지 공급은 해외 의존도가 매우 높았습니다. 무역관계의 평화조성 효과를 신뢰한 독일은 러시아로부터 가스, 석유, 석탄 수입을 크게 확대했습니다. 2014년 우크라이나에 대한 러시아의 공격조차도 경고 신호로 인식되지 않았습니다. 러시아 가스를 독일로 공급하는 노르드 스트림 1(Nord Stream 1) 발트해 파이프라인과 병행하여 노르드 스트림 2(Nord Stream2) 파이프라인이 계획되고 건

---

246 Statistisches Bundesamt, Deutscher Außenhandel 2017, S. 7.

247 Tooze, Crashed, S. 319 – 446.

248 Statistisches Bundesamt, Deutscher Außenhandel 2017, S. 9.

249 Statistisches Jahrbuch 2019, S. 428 – 436.

250 Statistisches Bundesamt, Außenhandel. Fachserie 7, Reihe 1, Ausgabe 2020, Wiesbaden 2021, S. 184.

설되었습니다. 새로운 파이프라인은 발트해를 통한 수입 용량을 두 배로 늘려야 했습니다. 그러나 정치적, 경제적, 환경적으로 논란이 많았습니다.[251]

3.7.2 유럽의 부채위기

1992년에 설립된 유럽연합은 증가하는 참여국 간의 경제 통합을 촉진했습니다. 회원국을 위한 공동 대외무역 정책을 추구했을 뿐만 아니라 '단일내부시장'(Einheitlicher Binnenmarkt)을 지향했습니다. 관세 및 무역에 관한 일반 협정(General Agreement on Tariffs and Trade)의 협상 라운드에서 원자재 및 공산품에 대한 유럽연합의 공동 외부관세와 비관세 무역장벽이 크게 감소했습니다. 서비스 교역과 자본 교역에서도 국경이 점점 더 개방되었습니다. 그러나 유럽연합은 높은 관세와 수입 할당량으로 농업을 계속 보호했습니다. 유럽연합의 농업 보호주의는 2004년부터 2007년까지의 동쪽으로의 확장을 통해 강화되었는데, 많은 신규 회원국의 농업은 외부 경쟁에 대한 방어에 의존하고 있었기 때문입니다. 1991년 당시 유럽경제공동체의 11개 무역파트너는 독일 수출의 50%를 흡수하고 수입의 56%를 공급했습니다.[252] 유럽연합의 확장은 역내 무역을 더욱 중요하게 만들었습니다. 2018년 유럽연합의 27개 무역 파트너는 독일 수출의 59%를 흡수하고 수입의 57%를 공급했습니다.[253]

통합정책의 핵심은 유럽 통화동맹(Europäische Währungsunion)이었습니다. 통화동맹이 독자적인 경제권으로 발전한 것은 공동 통화에 따른 긴밀한 경제 정책 협력의 필요성이

---

251 Arbeitsgemeinschaft Energiebilanzen, Auswertungstabellen zur Energiebilanz Deutschland. Daten für die Jahre von 1990 bis 2020, Berlin 2021; Anne Neumann / Leonard Göke / Franziska Holz / Claudia Kemfert / Christian von Hirschhausen, Erdgasversorgung: Weitere OstseePipeline ist überflüssig, in: Deutsches Institut für Wirtschaftsforschung, DIW-Wochenbericht, 27 / 2018, S. 585 – 597; Weltenergierat Deutschland, Energie für Deutschland.

252 Statistisches Jahrbuch 1995, S. 302.

253 Statistisches Jahrbuch 2019, S. 428 – 436.

뒤따랐기 때문입니다.[254] 통화동맹은 통합을 촉진하려는 것이었지만 상당한 위험을 수반했습니다. 노동 생산성, 1인당 소득, 국제 경쟁력에서 회원국 간 차이가 컸습니다. 환율을 통한 조정이 불가능해지면서, 생산성이 낮은 국가에서는 임금과 고용에 대한 압력이 있었습니다. 게다가 통화 지역에서 실제로 통화정책을 보완해야 하는 공동의 재정정책이 없었습니다. 마스트리흐트 조약의 부채 기준이 모든 국가에서 준수되지는 않았습니다.

2007-2009년의 금융 및 경제위기는 통화연맹을 붕괴 직전까지 몰고 갔습니다. 유로존(Euroraum) 일부 국가에서는 국가부채위기, 은행위기, 대외무역위기가 생산의 급격한 감소, 대외무역 감소, 실업률의 급격한 증가와 함께 전반적인 경제위기로 응축되었습니다.[255] 위기는 그리스에서 시작되었습니다. 그리스는 위기 이전부터 이미 정부지출은 너무 많고 세수는 너무 적은 적자 재정정책을 운영해 왔습니다. 예산적자와 부채수준은 마스트리히트 기준을 초과했습니다. 국가부채와 경상수지(Leistungsbilanz) 적자는 다른 유로 국가 은행의 관대한 대출을 통해 조달할 수 있었습니다. 기본적으로 그리스의 손쉬운 부채조달은 2005년 미국 연방준비제도이사회 벤 버냉키(Ben Bernanke)가 진단한 글로벌 저축과잉(Sparschwemme)인, "저축과잉"(saving glut)의 한 측면이었습니다.[256] 투자 기회를 찾고 있던 은행들은 유로존 가입으로 채무자의 신용도(Bonität)가 보장된 것처럼 보였기 때문에 그리스 국채가 매력적이라고 생각했었지만, 위험은 간과했습니다. 독일 경제가 이미 위기에서 회복되고 있던 2010년, 그리스는 국가부도(Staatsbankrott) 위기에 처했습니다. 세수가 감소하고, 부채융자(Schuldenfinanzierung)를 위한 은행대출을 거의 받을 수 없었으며, 예산균형을 맞추기 위해 필요했던 정부지출의 막대한 축소는 단기간에 달성할

---

254 Europäische Zentralbank, Jahresbericht 2019, Frankfurt 2020

255 Falk Illing, Die Eurokrise. Analyse der Europäischen Strukturkrise, Wiesbaden 2017; Tooze, Crashed, S. 319–446, 510–539.

256 Ben Bernanke, The global saving glut and the U.S. current account deficit. Speech delivered for the Sandridge Lecture at the Virginia Association of Economists, Richmond, 10 March 2005.

수 없었습니다.[257]

유럽연합의 정치인과 전문가들은 국가채무 위기의 책임이 그리스 정부에 있다고 보고, 그리스 정부가 균형 잡힌 예산을 확보해야 한다고 주장했습니다. 그러나 그리스가 예산 건실화에 실패할 경우, 그리스의 국가부도는 다른 국가로 확산되는 공황을 촉발할 수 있다는 우려가 있었습니다. 힘든 협상 끝에 2010년 유럽연합 회원국, 유럽위원회, 유럽중앙은행, 국제통화기금(IMF)이 참여하는 그리스 국가채무 위기 구제프로그램이 합의되었습니다.

유럽연합 회원국들은 그리스 정부에 대출을 제공했습니다. 비평가들은 이 자금이 그리스 경제를 살리기 위한 것이 아니라 그리스에 대출을 해준 유럽 은행들을 보호하기 위한 것이라고 지적했습니다. 유럽위원회는 일반적으로 회원국의 예산 적자에 대한 재정 지원을 금지했으며, 마스트리히트 조약은 유럽연합이 '이전 연합'(Transferunion)이 되어서는 안 된다는 점을 강조했습니다. 그러나 조약의 "긴급 조항"(Notstandsartikel)은 예외를 허용했습니다.[258] 이 긴급 조항을 근거로 유럽 위원회는 그리스에 대출을 승인했습니다. 유럽 중앙은행은 그리스의 신용도를 지지하고 유통시장(Sekundärmarkt)에서 그리스 국채를 매입하여 유럽 은행 시스템의 유동성을 강화했습니다. 비평가들은 채권 매입을 국가자금조달(Staatsfinanzierung) 금지를 우회하는 것으로 보았습니다. 그러나 유럽 중앙 은행은 채권 매입이 은행시스템의 유동성을 높이기 위한 공개시장정책(Offenmarktpolitik)의 수단이라고 주장했습니다. 국제통화기금(IMF)도 구제금융에 참여하여 그리스에 대출을 제공했습니다. 그리스 정부는 지원에 대한 대가로 혹독한 구조조정(Sanierungskurs)을 단행해야 했습니다. 세금을 인상하고, 정부 지출을 줄이고, 많은 공무원을 해고하고, 행정부를 개혁하고, 국영기업을 민영화했습니다. 임금 삭감은 그리스 경제의 국제 경쟁력을 향상시켜

---

257   Europäische Zentralbank, Jahresbericht 2010, Frankfurt 2011, S. 80; Illing, Eurokrise, S. 35–37; Tooze, Crashed, S. 323–325.

258   Vertrag über die Europäische Union, Art. 103 a.

야 했습니다. 부채의 일부가 탕감되었습니다. 유럽위원회, 유럽중앙은행, 국제통화기금 (IMF) 대표들이 조건 이행을 감시했습니다.[259]

부채 위기는 빠르게 확산되었습니다. 그리스에 이어 아일랜드, 포르투갈, 이탈리아, 스페인 등 다른 유로존 국가들도 정부 지출 증가와 정부 수입 감소로 인해 부채 위기에 빠졌습니다. 몇몇 국가에서는 비유동성 은행에 대한 정부 지원이 정부 지출 증가에 크게 기여했습니다. 따라서 부채 위기와 은행 위기는 밀접하게 연관되어 있었습니다. 마리오 드라기(Mario Draghi) 유럽중앙은행(Europäische Zentralbank) 총재는 2012년 7월에 유로화에 대한 안정성을 보장하겠다고 공표했습니다. "우리의 임무 범위 내에서 유럽중앙은행은 유로화를 보존하기 위해 필요한 모든 조치를 취할 준비가 되어 있습니다. 그리고 저를 믿으세요, 충분할 것입니다."[260] 유럽위원회와 유럽중앙은행은 광범위한 지원 조치로 위기를 완화할 수 있었습니다.

이 지원은 그리스와 마찬가지로 엄격한 구조조정과 연계되어 있었습니다.[261] 제한 정책으로 인해 해당 국가에서는 국내총생산이 감소하고 실업률이 급격히 증가하는 등 경제위기가 장기화되었습니다. 2007년부터 2012년까지 1인당 실질 국내총생산은 그리스에서 25%, 아일랜드에서 11%, 이탈리아와 스페인에서 9%, 포르투갈에서 7% 감소했습니다. 2012년에는 그리스와 스페인의 실업률이 25%, 이탈리아의 실업률이 19%, 아일랜드와 포르투갈의 실업률이 16%까지 상승했습니다. 2013년 아일랜드, 2014년 그리스, 포르투갈, 스페인, 2015년 이탈리아에서 국내총생산 증가를 동반한 경기 회복이 시작되었습니다. 생산량이 회복되면서 실업률은 점차 감소했지만, 2019년에도 그리스에서는 17%, 스

259   Europäische Zentralbank, Jahresbericht 2011, Frankfurt 2012; Europäische Zentralbank, Jahresbericht 2012, Frankfurt 2013; Illing, Eurokrise, S. 51 - 67.

260   European Central Bank, Speech by Mario Draghi, President oft he European Central Bank, at the Global Investment Conference in London, 26 July 2012.

261   Tooze, Crashed, S. 319 - 446, 510 - 539.

페인에서는 14%, 이탈리아에서는 10%의 실업률을 기록했습니다.[262] 유럽 통화연맹은 일부 회원국에 상당한 조정 부담을 요구했습니다.

3.7.3 유럽 자유무역연합

1980년대 후반 유럽경제공동체(Europäische Wirtschaftsgemeinschaft) 회원국들이 공동시장을 단일내부시장(Einheitliches Binnenmarkt)으로 확대하기로 결정한 후 유럽자유무역연합(European Free Trade Association/EFTA) 국가들과 긴밀한 관계를 맺기 위해 협상을 진행했습니다. 1992년 유럽연합과 유럽자유무역연합은 1994년 발효된 유럽경제지역(Europäischer Wirtschaftsraum/EWR)에 합의했습니다. 유럽경제지역에는 당시 유럽연합의 12개 회원국과 유럽자유무역연합의 6개 회원국, 핀란드, 아이슬란드, 1991년 독립 회원국이 된 리히텐슈타인, 노르웨이, 오스트리아, 스웨덴이 포함되었습니다. 스위스는 유럽자유무역연합(EFTA)의 회원국으로 남아 있었지만 국민투표 끝에 유럽경제지역 참여를 거부했습니다. 유럽경제지역은 자유무역지역이었습니다. 내부관세가 폐지되었습니다. 국가 간 관계에서는 상품의 자유로운 이동, 서비스의 자유로운 이동, 자본의 자유로운 이동, 사람의 자유로운 이동이라는'4대 자유'(vier Freiheiten)가 적용되어야 했습니다. 하지만 공동의 대외관세도 없었고 공동의 대외무역정책도 없었습니다. 1995년 핀란드, 오스트리아, 스웨덴이 유럽연합에 가입한 이후, 아이슬란드, 리히텐슈타인, 노르웨이, 스위스는 유럽자유무역연합에 남아 있었으며, 스위스를 제외한 나머지 국가들은 유럽경제지역에 소속되어 있었습니다.[263]

---

262 Eurostat, Statistik des Bruttosozialprodukts, Januar 2022; Eurostat, Statistik der Arbeitslosigkeit, Januar 2022.

263 Georges Baur, The European Free Trade Association. An intergovernmental platform for trade relations, Cambridge 2020.

4. 분배

4.1 국가의 몫

1993년 발효된 마스트리히트 조약 이후 유럽연합은 회원국의 재정정책에 점점 더 많이 개입하였습니다. 유럽 내부시장의 경제통합을 촉진하기 위해 회원국들은 안정 지향적 재정정책을 위한 공동규칙에 합의했습니다. 예산 적자는 모든 회원국의 국내총생산의 3%를 초과해서는 안 되며, 국가부채 총액은 국내총생산의 60%를 초과해서는 안 되었습니다. 1997년 유럽 안정 및 성장 협약(Europäischer Stabilitäts- und Wachstumspakt)과 2012년 유럽 재정 협약(Europäischer Fiskalpakt)에서는 규칙이 더욱 엄격해졌습니다. 부채 비율이 60%를 초과하면, 예산 적자 비율을 0.5%로 낮추어야 했습니다.

1991년 통일독일의 세금 비율은 국내총생산의 24%였습니다. 임금 및 소득세가 세수의 39%, 부가가치세가 27%, 영업세가 6%, 법인세가 5%, 부의 집중과 관련하여 자주 논의되던 자산세(Vermögensteuer)가 1%, 기타 모든 세금이 22%를 차지했습니다.[264]

자산세(Vermögensteuer)는 기본법에 주세로 규정되어 있었으며(106조 2항 GG), 수년 동안 아무런 문제 없이 부과되어 왔습니다. 하지만 세수 비중은 낮고 관리 비용은 상대적으로 높았습니다. 1995년 연방헌법재판소는 이 세금 계산이 위헌이라고 판결했습니다. 그 이유는 자산의 형태에 따라 과세 방식이 달랐기 때문이었습니다. 부동산 자산은 현실과 동떨어진 '감정가'(Einheitswert)에 따라 상대적으로 낮은 세율로 과세되었습니다. 반면에 금융 자산과 기업참여자산은 현재 시장 가치에 따라 자산세가 부과되었습니다. 법원은 입법부가 자산세에 대한 통일된 평가 기준을 마련할 것을 요구했습니다. 또한 자산의 실체는 보존되어야 했습니다. 따라서 자산세는 자산 소득의 절반 이상을 청구해서는 안

---

264   Sachverständigenrat zur Begutachtung der gesamtwirtschaftlichen Entwicklung, Chancen für einen stabilen Aufschwung. Jahresgutachten 2010/11, Wiesbaden 2010, S. 370-371.

되었습니다.[265] 연방의회가 헌법적 해결책에 도달하지 못했기 때문에 자산세는 폐지되지 않았지만 1997년부터 부과되지 않고 있었습니다.[266] 정치적 결정이 연기되었습니다. 연방헌법재판소의 '반분원칙'(Halbteilungsgrundsatz)에 따라 개정이 이루어질 경우 자산세 수익률은 더 낮아질 것이기 때문에, 주들은 세금을 받겠다는 의지를 별로 보이지 않았습니다. 사회적 파트너들은 자산세에 대해 상반된 견해를 가지고 있었습니다. 독일노동조합연맹(Deutscher Gewerkschaftsbund)은 헌법에 부합하는 법률에 근거하여 자산세를 재도입할 것을 요구했습니다. 자산세는 부의 집중을 줄이고, 더 나은 인프라, 공공 서비스 및 산업의 생태적 구조조정에 대한 추가 투자 재원을 마련하기 위해 필요했습니다.[267] 반면 독일연방산업협회(Bundesverband der Deutschen Industrie)는 원칙적으로 자산세를 거부했습니다. 자산세는 독일의 사업 현장에 심각한 타격을 줄 것이라고 했습니다.[268] 그러나 자산세를 폐지하려면 연방의회에서 헌법상 과반수 찬성이 필요했기 때문에 현실적으로 불가능했습니다.

양도소득세(Kapitalertragsteuer)의 경우, 1976년 기업과 소득 수령자에게 분배된 자본 이득에 대한 이중과세를 피하기 위한 개혁이 도입되었습니다. 이후 기업의 양도소득세는 개인 양도소득세에서 상쇄되었습니다. 하지만 세금 징수가 복잡하고 통제하기 어려운 조세 회피가 있었다고 추측되었습니다. 법인세(Körperschaftsteuer)를 간소화하기 위해 2001년에 자본 이득에 대한 이중과세가 기업과 분배된 이익을 받는 사람에게 다시 도입되었습니다. 그러나 분배된 이익의 절반만 수취인 측에 양도소득세가 부과되었고, 세율은 유보 또는 분배 이익에 대해 일률적으로 25%로 설정되었습니다.[269]

265   Beschluss des Bundesverfassungsgerichts vom 22. Juni 1995. 2 BvL 37/91.

266   Stefan Bajohr, Grundriss staatliche Finanzpolitik. Eine praktische Einführung, Opladen 2003, S. 105 – 110.

267   Deutscher Gewerkschaftsbund, Vermögenskonzentration macht Umverteilung nötig. Klartext Nr. 3 /2022, 21. Januar 2022.

268   Bundesverband der Deutschen Industrie, Vermögensteuer: Schwerer Schaden für den Standort Deutschland, April 2021.

269   Bajohr, Staatliche Finanzpolitik, S. 103 – 104.

통일 후 '연대 협약'(Solidarpakt)과 함께 동독과 서독의 생활 환경을 더 가깝게 만들기 위해 새로운 연방주에 광범위한 보조금이 도입되었습니다. 이를 위해 1995년부터 소득세와 법인세에 '연대추가요금'(Solidaritätszuschlag)이 부과되었습니다. 이전까지의 베를린 자금지원이 중단되었습니다. 그러나 베를린은 주재정평준화(Länderfinanzausgleich), '연대 협약'(Solidarpakt)에서, 그리고 특별한 수도 기능을 위한 배분을 받았습니다. 재정 평준화 확대로 연방주 간 재정력이 평준화되었을 뿐만 아니라 구조적으로 강한 주와 구조적으로 약한 주 간 관계가 역전되기까지 했습니다. 연방주들 간 재정적 연대에 대한 합당한 이유가 있었지만, 통일 이후 재정 평준화를 위한 대규모 자금은 경제정책 측면에서 잘못된 신호를 보냈습니다. 경제성장을 개선하고 재정력을 강화하려는 연방주의 노력은 세입손실로 제재를 받았습니다. 반면 재정 균등화를 통한 배분은 받는 수령연방주(Empfängerland)의 구조적 취약성과 낮은 재정 건전성의 영속화를 촉진했습니다. 부담이 커지자 기여연방주(Geberland)였던 바덴뷔르템베르크(Baden-Württemberg) 주는 불만을 토로했습니다. 1999년 바이에른주(Bayern)와 헤센주(Hessen)는 연방 헌법재판소에 기존 재정평등화 제도에 대한 헌법소원을 제기했습니다. 그들은 연방의 연대공동체(Solidargemeinschaft)의 정당성에 대해 이의를 제기하지는 않았지만, 주민 당 재정력 대한 과도한 보상은 주의 자율성과 연방의 경쟁에 모순된다고 주장했습니다. 그들은 재정평등화를 평균 이상의 재정력의 절반으로 제한해야 한다고 요구했습니다. 그러면 기여연방주(Geberland)에서는 연방 평균을 초과한 세입의 절반 이상을 보유하게 될 것이었습니다. 연방헌법재판소는 재정평등화가 각 주의 자율성과 연방 연대공동체 간 균형을 위해 노력해야 한다는 점을 확인했습니다. 따라서 수평적 재정평준화가 16개 연방주 간의 재정력 평준화 또는 재정력 역전으로 이어져서는 안 되었습니다. 수직적 재정평등화 역시, 정당한 예외적인 경우에만, 구조적으로 취약한 주가 평균 이상의 재정력을 확보할 수 있었습니다. 특히 통일의 영향을 근거로 한 이러한 예외는 시간적으로 제한되어야 했습니다.[270] 그 후 2001년에 재정평등

270　Urteil vom 11. November 1999. Entscheidungen des Bundesverfassungsgerichts 101, S. 158 – 238.

화 제도의 개혁이 채택되어 2005년에 시행되었습니다. 구조적으로 취약한 주의 평균 이상의 재정력 기반이 되었던 '연대협약'(Solidarpakt)은 매년 그 부담비율이 감소되고 2019년까지로 제한되었습니다.[271]

통일의 재정적 결과와 신용대출을 기반으로 한 경기부양 프로그램으로 인해 1990년대 이후 연방, 주 및 지방 정부의 예산은 상당한 적자를 기록했습니다. 부채는 늘어났고 경제성장은 국내총생산 대비 국가부채 비율로 정의되는 부채율을 낮출 만큼 충분히 강하지 않았습니다. 2005년 재정적자는 3.4%, 국가부채율은 국내총생산의 67%였습니다.[272] 따라서 유럽 통화연맹의 안정성 기준을 충족하지 못했습니다. 2007-2009년 위기는 국가 지출의 증가와 경기에 따른 수입감소로 재정문제를 악화시켰습니다. 2009년 국가부채율은 국내총생산의 73%까지 올랐습니다.[273] 대연정 정부는 국가부채가 통제 불능 상태가 될 것을 우려했습니다. 이에 따라, 독일 연방의회는, 2009년 7월 정부의 제안에 따라, 기본법에 정부 국가부채 제동장치(Staatsschuldenbremse)를 포함시킬 것을, 헌법 개정에 필요한 과반수로 결정했습니다. 국가가 투자 재원을 조달하기 위해 택할 수 있었던 대출, 즉 전통적인 '황금률'(goldene Regel)이 폐기되었습니다. 기본법 제109조에 새로운 안정성 규정(Stabilitätsregel)이 도입되었습니다. 연방과 주의 예산은 원칙적으로 대출소득 없이 균형을 이루어야 했습니다. 국내총생산의 0.35%에 해당하는 소액 대출은 계속 허용되었습니다. 1969년에 도입된 예외규정은 제한되었습니다. 대출은 천재지변 또는 '예외적인 비상 상황'의 경우에만 허용되어야 했습니다. 국가부채 제동장치(Staatsschuldenbremse)는 2011년부터 시작되어야 했습니다. 공적 예산 조정을 위한 과도기가 주어졌습니다. 균형 예산은 2016년부터 연방 정부에, 2020년부터는 주 정부에 구속력을 가졌습니다.[274] 국가부채

---

271   Gesetz zur Fortführung des Solidarpaktes, zur Neuordnung des bundesstaatlichen Finanzausgleichs und zur Abwicklung des Fonds „Deutsche Einheit". Vom 20. Dezember 2001. BGBl. 2001 I, S. 3955 – 3963.

272   Eurostat, Government finance statistics. Summary tables 1995 – 2017, Luxemburg 2018, S. 42.

273   Eurostat, Government finance statistics, S. 42.

274   Gesetz zur Änderung des Grundgesetzes (Artikel 91 c, 91 d, 104 b, 109 a, 115, 143 d). Vom 29. Juli 2009. BGBl.

제동장치(Staatsschuldenbremse)가 효과를 발휘했습니다. 재정 적자는 2011년부터 감소했으며 2012년부터 공적 예산이 균형을 이루었습니다. 약간의 흑자 경향을 보이는 균형 예산인 '흑자 제로'(Schwarze Null)는 대연정 정부와 곧이어 보수자유당 연정정부에서도 재정정책의 격언이 되었습니다. 국가부채율은 국내총생산 증가로 인해 감소했으며, 2017년에는 64%로 유럽통화의 안정성 기준에 근접했습니다.[275]

국가부채 제동장치(Staatsschuldenbremse)를 통해 국가는 경기안정화 수단으로서 재정정책의 가능성을 상당히 좁혔고, 국가가 대출을 통해 투자 자금을 조달할 수 있다는, 이전에는 일반적으로 받아들여졌던 '황금률'(goldene Regel)을 포기했습니다. 제로 금리 기간 동안 공공 채권의 실질 이자율이 하락하고 결국 마이너스가 되었을 때, 연방 정부는 인프라, 교육 및 기타 긴급한 공공 투자를 개선하기 위해 차입할 수 있는 유리한 신용조건을 활용할 수 없었습니다.[276] 공적 재정에 대한 열띤 논의에도 불구하고 국내총생산 대비 세금 수준은 장기적으로 안정적으로 유지되었습니다. 2018년 세금 비율은 국내총생산의 24%로 변동이 없었습니다.[277]

4.2 근로소득

사회적 파트너십의 핵심 영역인 임금 및 근로조건 협상은, 1990년대 이후 경제성장 둔화, 경제 구조변화, 노사관계 규제완화로 인해 더욱 어려워졌습니다. 임금이 상승하기는 했지만 더이상 이전만큼 강하지는 않았습니다.[278] 1995년부터 2019년까지 산업에서

2009 I, S. 2248 – 2250, Artikel 1.

275   Eurostat, Government finance statistics, S. 42.

276   Holtfrerich / Horstkemper / Tintemann, Staatsschulden.

277   Sachverständigenrat zur Begutachtung der gesamtwirtschaftlichen Entwicklung, Den Strukturwandel meistern. Jahresgutachten 2019/20, Wiesbaden 2019, S. 65.

278   Hartmut Görgens, Irrtum und Wahrheit über die Reallohnentwicklung seit 1990. Gegen den Mythos einer jahrzehntelangen Reallohnstagnation, Marburg 2018.

정규직 직원의 단체협약에 따른 평균 임금은, 소비자 물가 상승을 고려한 후, 실질적으로 매년 1.3%씩 증가했습니다. 따라서 2019년에는 1995년보다 약 3분의 1 증가했습니다.[279] 2019년 산업 및 서비스 분야의 정규직 직원은 월 평균 3994유로를 벌었습니다.[280]

자격과 소득에 따른 임금구조의 차등화가 심화되었습니다. 산업, 수공업 및 일부 서비스 직종의 까다로운 직업의 경우, 교육 및 자격에 대한 요구가 높았으며, 그에 상응하는 임금 또는 급여가 지급되었습니다. 자격 요구 사항이 낮은 단순 업무는 임금이 낮았습니다. 증가했던 시간제 노동은 오직 낮은 소득만을 가져왔습니다.[281] 시간당 8.50유로의 최저임금은 2014년에 도입되어 2015년 1월부터 적용되었습니다.[282] 최저임금은 점진적으로 인상되었습니다. 2019년에는 200만 명에 조금 못 미치는 근로자가 9.19유로의 최저임금을 받았습니다.[283]

노동과 자본 간 기능적 소득 분포는 큰 변동을 보였습니다. 국민소득에서 임금과 급여가 차지하는 비중은 근로자 수, 사회적 파트너의 협상 위치, 경기에 따라 달랐습니다. 1991년 임금 비중은 70%였습니다. 그 이후 소득 분배는 노동에서 자본으로 옮겨갔고, 2007년에는 임금 비중이 64%로 감소했습니다. 그 후 근로자의 분배지위가 개선되어, 2018년에는 임금 점유율이 69%까지 상승했습니다.[284]

근로 소득은 여전히 대부분 가구의 경제적 기반이었습니다. 2017년 전체 가구 평균에서 근로소득이 가계 소득의 64%, 공적이전소득이 22%, 자산소득이 10%, 예를 들면 퇴

279　Statistisches Bundesamt, Index der Tarife und Arbeitszeiten. Fachserie 16, Reihe 4.3, 1. März 2022; Statistisches Bundesamt, Verbraucherpreisindizes für Deutschland. Lange Reihen ab 1948, Wiesbaden 2022.

280　Statistisches Bundesamt, Datenreport 2021. Ein Sozialbericht für die Bundesrepublik Deutschland, Bonn 2021, S. 166.

281　Bundesministerium für Arbeit und Soziales, Lebenslagen in Deutschland. Der Sechste Armuts- und Reichtumsbericht der Bundesregierung, Berlin 2021, S. 207－268.

282　Gesetz zur Regelung eines allgemeinen Mindestlohns. Vom 11. August 2014. BGBl. 2014 I, S. 1348－1354.

283　Bundesministerium für Arbeit und Soziales, Sechster Armuts- und Reichtumsbericht, S. 219.

284　Statistisches Jahrbuch 2019, S. 333.

직연금 같은 기타 소득이 4%를 차지했습니다.[285] 따라서 임금과 급여는 가계 소득의 발전에도 영향을 미쳤습니다.

4.3 자산

통일 독일의 가계는 전체적으로 동독의 낮은 저축률 전통이 아닌 상대적으로 높은 저축률의 서독 전통을 이어갔습니다. 1991년 독일 전체 가계 저축률은 가처분 소득의 평균 13%에 달했습니다. 2000년에는 9%로 감소했습니다. 그 후 다시 다소 상승하여 2002년부터 2019년까지 10-11% 사이에서 등락을 거듭했습니다.[286] 경제성장으로 인해 가계 자산이 크게 증가했습니다. 1991년 부채를 공제한 후 평균 가계 순자산은 25만 독일마르크(DM)였습니다.[287] 2019년에는 233,000유로(Euro)로 증가했습니다. 이는 2017년 자산이 1991년보다 명목 기준으로는 112%, 물가 상승을 고려한 실질 기준으로는 36% 더 증가했음을 의미합니다. 높은 평균값은 주로 고액 자산가들을 통해 형성된 것입니다. 가구를 자산이 높은 가구와 낮은 가구로 나눈 중앙값은 2017년에 71,000유로에 불과했습니다.[288] 자산에서 가장 큰 비중을 차지하는 것은 부동산이었습니다. 독일 경제연구소 추산에 따르면 2017년 부동산은 총 자산의 61%를 차지했습니다. 저축 및 기타 계좌, 유가 증권, 보험 증권, 건물저축(Bausparguthaben) 형태의 금융 자산이 총 자산의 9%, 회사 주식이

---

285   Statistisches Jahrbuch 2019, S. 177 – 178.

286   Deutsche Bundesbank, Monatsbericht Januar 2003, Statistischer Teil, S. 66; Deutsche Bundesbank, Monatsbericht Januar 2008, Statistischer Teil, S. 67; Deutsche Bundesbank, Monatsbericht Januar 2014, Statistischer Teil, S. 69; Deutsche Bundesbank, Monatsbericht März 2021, Statistischer Teil, S. 72.

287   Deutsche Bundesbank, Zur Entwicklung der privaten Vermögenssituation seit Beginn der neunziger Jahre, in: Monatsbericht Januar 1999, S. 43; Statistisches Jahrbuch 1993, S. 70.

288   Deutsche Bundesbank, Vermögen und Finanzen privater Haushalte in Deutschland: Ergebnisse der Vermögensbefragung, in: Deutsche Bundesbank, Monatsbericht April 2019, S. 33; Statistisches Bundesamt, Verbraucherpreisindex für Deutschland. Lange Reihen ab 1948, Wiesbaden 2022.

14%, 자동차나 가구 같은 유형 자산이 5%를 차지했습니다.[289] 증권에 투자할 때 대부분의 저축자들은 연방채권이나 회사채와 같은 고정금리 증권을 선호했습니다. 2017년 전체 가구의 11%만이 주식을 소유하고 있었고, 투자 펀드에 대한 간접 주식 소유는 16%에 불과했습니다.[290]

국가는 더 광범위한 자산의 분배를 달성하기 위해 다양한 수단을 통해 개입했습니다. 중소형 자산 형성은 저축 보너스와 주택 보조금으로 지원되었습니다. 또한 자산의 집중은 상속세와 1996년까지 자산세를 통해 대응해야 했습니다.[291] 하지만 자산 정책은 그다지 성공적이지 못했습니다. 평균과 중앙값 사이의 넓은 범위가 보여주듯이 자산은 불균등하게 분배되었습니다. 자산이 거의 없거나 전혀 없는 가구가 많았고, 자산이 많은 가구는 거의 없었습니다. 2017년 자산 피라미드 하단에 위치한 가구는 전체 부의 3%만 소유한 반면, 자산 피라미드 상단에 위치한 10%의 가구는 전체 부의 55%를 소유했습니다.[292] 옛 독일 연방 공화국에서와 마찬가지로 큰 재산의 기준은 종종 백만 달러였습니다. 1995년에는 인구의 2%가 100만 독일마르크(DM) 이상의 자산을 보유한 것으로 추정되었습니다.[293] 유로화가 도입되면서 백만장자 기준이 상향 조정되었고 백만장자 그룹이 다소 줄었습니다. 2017년에는 인구의 1.3%가 100만 유로 이상의 자산을 보유한 것으로 추산되었습니다.[294] 자산의 불평등한 분배에는 몇 가지 원인이 있었습니다. 저축률은 소득에

289 Carsten Schröder / Charlotte Bartels / Konstantin Göbler / Markus M. Grabka, Johannes König, MillionärInnen unter dem Mikroskop: Datenlücke bei sehr hohen Vermögen geschlossen – Konzentration höher als bisher ausgewiesen, in: Deutsches Institut für Wirtschaftsforschung, DIW Wochenbericht, 29 / 2020, Tabelle 3.

290 Deutsche Bundesbank, Vermögen und Finanzen, S. 38.

291 M. M. Grabka / C. Halbmeier, Vermögensungleichheit in Deutschland bleibt trotz deutlich steigender Nettovermögen anhaltend hoch, in: Deutsches Institut für Wirtschaftsforschung, DIW-Wochenbericht, 40 / 2019, S. 736–745.

292 Deutsche Bundesbank, Vermögen und Finanzen, S. 23.

293 Bundesministerium für Arbeit und Soziales, Lebenslagen in Deutschland. Daten und Fakten. Materialband zum ersten Armuts- und Reichtumsbericht der Bundesregierung, Anhangtabelle I.39.

294 Schröder / Bartels / Göbler / Grabka / König, MillionärInnen unter dem Mikroskop, S. 512; Statistisches

따라 달랐습니다. 저소득 가정은 생계를 유지하기 위해 수입이 필요했고 거의 저축할 수 없었습니다. 소득이 증가하면 소비 증가에도 불구하고 상당한 정도로 저축할 수 있었습니다. 소유는 대대로 이어졌습니다. 2017년에 총 순자산에서 상속 자산이 차지하는 비율은 35%로 추정되었습니다.[295] 더 큰 자산은 주로 부동산, 주식 또는 기업참여에 투자되었습니다. 자산은 자본이득과 가치증가를 통한 경제성장 과정에서 증가했습니다. 주식은 2001-2003년, 2007-2009년 및 2018년의 가격 하락에도 불구하고 장기적으로 고정이자의 채권보다 높은 수익을 달성했습니다. 작은 자산은 주로 저축 계좌에 투자되었습니다. 그들은 수익이 거의 없었습니다. 실제로 2007-2009년 금융위기에 이은 제로금리 기간 동안 저축은 심지어 해마다 실질가치가 감소했습니다. 마지막으로, 구 연방주에서 새 연방주까지 지속적인 지역적 자산격차가 있었습니다. 동독 가계는 1990년 통화전환 당시 자산의 평가절하, 전환위기, 전반적으로 낮은 소득으로 인해 서독 가계에 비해 평균적으로 자산이 현저히 적었습니다.[296] 주민들의 자산분배를 결정하는 요인은 실적이나 저축 성향 같은 개인적 요인이 아니라 구조적 조건이었습니다. 2018-2019년에 실시한 설문조사에서 자산집중의 원인으로 응답자의 74%가 가족적 출발조건, 71%가 경제체제를 꼽았습니다.[297]

4.4 사회소득

4.4.1 복지국가 비판

1990년 7월 체결된 통화경제사회연합 조약(Vertrag über die Währungs-, Wirtschafts- und

---

Jahrbuch 2019, S. 31.

295   Bundesministerium für Arbeit und Soziales, Sechster Armuts- und Reichtumsbericht, S. 85.

296   Deutsche Bundesbank, Entwicklung der privaten Vermögenssituation, S. 47.

297   Sechster Armuts- und Reichtumsbericht, S. 191 - 192.

Sozialunion)으로 사회보장 분야에서는 이미 통일이 예견되어 있었습니다. 이로써 독일민주공화국은 서독의 사회보장 제도를 채택했습니다. 통합 사회보험이 해체되고 그 자리에 실업보험, 건강보험, 연금보험, 사고보험 등 별도의 사회보험 분과가 생겼습니다. 가족지원 및 사회부조 같은 국가 사회복지제도와 직업연금도 동독으로 이전되었습니다.[298] 동독의 사회보장 혜택과 기여금은 서독 모델을 따랐습니다. 전환위기로 인해 동독의 기여금 수입이 적었기 때문에 사회보험은 서독의 기여금 수입에서 보조금을 지급했습니다.

구 독일연방공화국에서는 이미 사회혜택비율(Sozialleistungsquote)이 상승했으며, 이러한 추세는 통일독일에서도 계속되었습니다. 1991년 사회혜택비율(Sozialleistungsquote)은 국민총생산의 25%에 해당했지만, 2002년에는 30%로 증가했습니다.[299] 높은 사회혜택(Sozialleistung)은 부대인건비(Lohnnebenkosten) 증가로 이어졌습니다. 사회보장기여금은 1992년 임금 및 급여의 평균 37%를 차지했으며 2002년에는 41%로 증가했습니다.[300] 비평가들은 높은 부대인건비(Lohnnebenkosten)를 투자, 경제성장 및 고용의 장애물이자 독일 경제의 국제 경쟁력을 위협하는 요인으로 간주했습니다.[301] 기여금의 증가로 인해 사회보장제도는 보존과 축소 사이에서 갈등을 겪게 되었습니다.

사회보험의 재정적 기반을 강화하기 위해, 1999년에 기여금납부의무가 한계고용까지 확대되었습니다. 하지만 이에 대해 상당한 항의가 있었습니다. 논쟁점은 무엇보다 연금보험에 대한 기여금이었습니다. 저소득 근로자들은 기여금 납입으로 소액의 연금 수급권을 획득했지만, 노년기에는 사회부조(Sozialhilfe) 수준 이하에 머물러 아무런 소용이 없을 것이기 때문이었습니다. 따라서 기여금의무(Beitragspflicht) 연장은 2002년에 폐지되었습

298   Der Bundesminister für Arbeit und Sozialordnung, Sozialbericht 1990, Bonn 1990, S. 14 – 20.

299   Bundesministerium für Arbeit und Soziales, Sozialbudget 2019, Bonn 2020, S. 8. – Die Sozialleistungsquote ist mit den Angaben für die alte Bundesrepublik nicht vergleichbar.

300   Deutsche Rentenversicherung, Rentenversicherung in Zeitreihen 2020, S. 260.

301   Ute Klammer, Reformbedarf und Reformoptionen der sozialen Sicherung vor dem Hintergrund der „Erosion des Normalarbeitsverhältnisses", in: Kai Eicker-Wolf / Ralf Käpenick / Torsten Niechoj / Sabine Reiner / Jens Weiß (Hrsg.), Die arbeitslose Gesellschaft und ihr Sozialstaat, Marburg 1998, S. 249 – 287.

니다.[302]

2003년 3월, 연방 정부는 '어젠다 2010'(Agenda 2010)이라는 개혁 프로그램을 발표했습니다. '어젠다 2010'(Agenda 2010)은 복지국가를 제한함으로써 사회적 시장경제의 경제질서를 안정화하려는 것이었습니다. 사회혜택비율(Sozialleistungsquote)을 낮추려면 사회적 지출의 증가 속도를 늦춰야 했습니다. 이로써 경제성장과 고용을 촉진해야 했습니다. '어젠다 2010'(Agenda 2010)은 체계적인 설계가 아니었습니다. 이미 시작된 개별 개혁 프로그램만 노동시장개혁, 연금개혁, 보건개혁이라는 눈길을 끄는 문구로 계속 진행되었습니다.[303] 긴축 정책으로 인해 사회 지출의 증가세가 둔화되었습니다. 2019년 사회혜택비율(Sozialleistungsquote)은 국내총생산의 29%에 달했습니다. 연금 보험과 건강 보험이 사회혜택(Sozialleistung)에서 가장 큰 비중을 차지했습니다.[304] 2019년 사회보장 기여금은 임금 및 급여의 40%로 2002년에 비해 약간 낮아졌습니다.[305]

4.4.2 사회보험

실업보험. 실업보험은 전환위기로 인해 높은 실업률이 발생한 후, 새로운 연방주에서 특히 중요했습니다. 그러나 구 연방주에서도 노동시장 위기가 지속되면서 실업지원(Arbeitslosenunterstützung)이 사회소득으로서 그 중요성이 커졌습니다.[306] 실업자는 이전 임금을 기준으로 12개월 동안 실업급여(Arbeitslosengeld)를 받습니다. 고령 실업자의 경우 실

302 Gesetz zur Neuregelung der geringfügigen Beschäftigungsverhältnisse. Vom 24. März 1999. BGBl. 1999 I, S. 388–395; Zweites Gesetz für Moderne Dienstleistungen vom 23. Dezember 2002. BGBl. 2002 I, S. 4621–4636.

303 Sitzung des Bundestages vom 14. März 2003. Verhandlungen des Bundestages. Stenographische Berichte, 15. Wahlperiode, Bd. 215, S. 2481.

304 Sozialbudget 2019, Bonn 2019, S. 8–14.

305 Rentenversicherung in Zeitreihen 2020, S. 260.

306 Gisela Plassmann, Der Einfluss der Arbeitslosenversicherung auf die Arbeitslosigkeit in Deutschland, Nürnberg 2002.

업급여가 32개월까지 연장될 수 있었습니다. 실업급여(Arbeitslosengeld) 이후 실업자는 기한제한 없이 실업부조(Arbeitslosenhilfe)를 받을 수 있었는데, 이 역시 이전 임금을 기준으로 하지만 실업급여(Arbeitslosengeld)보다 낮고 개별적으로 궁핍함을 증명해야 했습니다.

단기근로수당(Kurzarbeitergeld)은 1997년에 실업대책의 일환으로 도입되었습니다. 단기근로수당(Kurzarbeitergeld)은 기업이 일시적인 업무중단 시 근로자 해고를 방지하기 위한 조치였습니다. 이 경우 기업은 줄어든 노동력에 대한 임금만 지급하면 되었습니다. 전체 임금과의 차액은 연방노동청(Bundesanstalt für Arbeit)에서 보전해 주었습니다. 표준설정은 임금의 60%에 해당하며, 자녀가 있는 근로자의 경우 67%에 해당했습니다.[307]

2002-2003년 노동시장 개혁으로 실업지원(Arbeitslosenunterstützung)이 감소했습니다. 지원금 축소는 사회예산의 부담을 덜어줄 뿐만 아니라 실업자들이 취업에 나서도록 압력을 가하기 위한 것이었습니다. 고령 실업자의 실업급여(Arbeitslosengeld) 지급기간이 18개월로 단축되었습니다. 이 결정은 나중에 부분적으로 번복되어, 2008년에는 지급기간이 24개월로 연장되었습니다. 실업급여(Arbeitslosengeld) 이후, 궁핍한 실업자가 받던, 소득에 따라 차등화된 실업부조(Arbeitslosenhilfe)는 2004년 말에 중단되었습니다. 실업자를 위한 새로운 최저소득보장(Mindestsicherung)으로 사회부조(Sozialhilfe) 수준에 해당하는 '실업급여 II'(Arbeitslosengeld II)가 도입되었습니다.[308]

실업자들이 적극적으로 일자리를 찾아야 할 것으로 예상되었습니다. 실업자가 연방고용기관(Arbeitsagentur)의 요구사항을 준수하지 않은 경우, 이는 의무위반으로 간주되었습니다.[309] '실업급여 II'(Arbeitslosengeld II)는 의무위반의 경우 30%, 반복 위반의 경

---

307   Gesetz zur Reform der Arbeitsförderung. Vom 24. März 1997. BGBl. 1997 I, S. 594 – 721.

308   Viertes Gesetz für moderne Dienstleistungen am Arbeitsmarkt. Vom 24. Dezember 2003. BGBl. 2003 I, S. 2954 – 3000.

309   Viertes Gesetz für moderne Dienstleistungen am Arbeitsmarkt. Vom 24. Dezember 2003. BGBl. 2003 I, S. 2954 – 3000.

우 60%까지 감액될 수 있었으며, 그 이후에는 완전히 취소될 수 있었습니다.[310] 연방 헌법재판소(Bundesverfassungsgericht)는 2019년에 제재를 제한했습니다. 연방 헌법재판소(Bundesverfassungsgericht)의 판결에 따르면, 개인의 위법행위에도 기본법에 따라 복지국가 요건(Sozialstaatsgebot)과 인간존엄성 보호를 통해 품위 있는 최저생계 수준을 보장해야 했습니다. 이에 따라 실업급여(Arbeitslosengeld)의 감액은 최대 30%까지만 허용되었습니다.[311]

건강보험. 의료서비스(Gesundheitsversorgung)는 대부분 사회보험(Sozialversicherung)으로 충당되었습니다. 비용 상승의 결과로 공적 건강보험에 대한 기여율(Beitragssatz)을 몇 차례 인상해야 했습니다.[312] 의료비용 증가를 억제하기 위해 수많은 개혁 법안이 통과되었습니다. 공적 건강보험을 구성하는 수많은 일반 지역의료보험(Ortskrankenkassen), 대체의료보험(Ersatzkassen), 기업의료보험(Betriebskassen), 길드의료보험(Innungskassen) 및 직업의료보험(Berufskassen) 간에 더 많은 경쟁이 촉진되어야 했습니다. 환자들은 일부 치료에 대해 본인 부담금을 지불해야 했고, 일부 서비스는 공적 의료보험 프로그램에서 제외되었습니다. 일반 의료서비스의 격차를 줄이기 위해 2007년부터 모든 국민에게 의료보험 가입이 의무화되었습니다. 공적 의료보험을 통한 의무보험 또는 자발적 보험이 없는 경우, 민간 의료보험을 통해 보험에 가입해야 했습니다.[313] 그러나 개혁은 원하는 효과를 얻지 못했습니다.[314] 1992년 보험 기부금 비율은 12%였으나 2019년에는 15%로 증가했습니

---

310 Gesetz zur Fortentwicklung der Grundsicherung für Arbeitsuchende. Vom 20. Juli 2006. BGBl. 2006 I, S. 1706–1720, §31.

311 Urteil des Bundesverfassungsgerichts vom 5. November 2019. 1 BvL 7/16.

312 Sachverständigenrat zur Begutachtung der Entwicklung im Gesundheitswesen, Koordination und Integration – Gesundheitsversorgung in einer Gesellschaft des längeren Lebens. Sondergutachten 2009, Bonn 2009.

313 Gesetz zur Reform des Versicherungsvertragsrechts. Vom 23. November 2007. BGBl. 2007 I, S. 2631–2678. Art. 11, §193.

314 Sachverständigenrat zur Begutachtung der Entwicklung im Gesundheitswesen, Bedarfsgerechte Steuerung der Gesundheitsversorgung. Gutachten 2018, Berlin 2018.

다.[315]

민간 의료보험은 공적 의료보험에 가입하지 않은 사람을 위해 의료보험을 제공했습니다. 여기에는 소득이 의무보험 한도를 초과하는 사무직 근로자, 공무원 및 자영업자가 포함되었습니다. 2007년에 일반 의무보험이 도입된 후 민간 의료보험사들은 공적 의료보험의 혜택과 기여금에 상응하는 기본보험료(Basistarif)를 제공했습니다. 장기적으로 인구의 10-12%가 민간 의료보험에 가입했으며, 변동은 거의 없었습니다.[316]

요양보험. 사회보험의 새로운 분야인 요양보험(Pflegeversicherung)은 1994년 노동부 장관 노르베르트 블륌(Norbert Blüm)의 주도로 도입되었습니다. 요양보험의 혜택은 낮은 장애부터 가장 심한 장애까지 5가지 요양등급에 따라 차등화되었습니다. 기여율(Beitragssatz)은 임금 또는 급여의 1.7%였습니다.[317] 고령화 사회로 인해 요양보험 비용이 급격히 증가했습니다.[318]

연금보험. 공적 연금보험(Rentenversicherung)의 연금은 인생과정에서 중요한 사회소득(Sozialeinkommen)이었습니다. 고용에서 은퇴로의 전환은 장기적으로 인생 후반기에 이루어졌습니다. 근로자들은 1993년에는 60세, 2019년에는 62세에 은퇴하였습니다. 기대 수명의 증가로 은퇴기간(Ruhestand)이 길어져 1995년 평균 16년이었던 은퇴 기간이 2019년에는 20년으로 늘어났습니다.[319] 이 시기에는 안정적인 수입이 필요했습니다.

1989년 구 독일연방공화국에서 통과된 연금개혁은, 1991년 1월 1일 신연방주에서,

315　Rentenversicherung in Zeitreihen 2019, S. 254.

316　Uwe Bannenberg, Private Krankenversicherung, in: Eckard Nagel (Hrsg.), Das Gesundheitswesen in Deutschland. Struktur, Leistungen, Weiterentwicklung, 5. Aufl., Köln 2013, S. 111 – 119; Busse / Blümel / Ognyanova, Gesundheitssystem, S. 130 – 134; Rosenbrock / Gerlinger, Gesundheitspolitik, S. 126.

317　Jörg Alexander Meyer, Der Weg zur Pflegeversicherung. Positionen – Akteure – Politikprozesse, Frankfurt 1996; Heinz Rothgang / Anke Vogler, Die zukünftige Entwicklung der Zahl der Pflegebedürftigen bis zum Jahre 2040 und ihre Einflußgrößen, Bremen 1997; Ulrich Schneekloth / Udo Müller, Wirkungen der Pflegeversicherung, Baden-Baden 2000.

318　Bundesministerium für Arbeit und Soziales, Soziale Sicherung im Überblick, Bonn 2019, S. 135 – 154.

319　Rentenversicherung in Zeitreihen 2020, S. 131, 147, 158.

1992년 1월 1일 구 연방주에서 발효되었습니다. 가장 중요한 혁신은 임금 및 급여에 대한 연금을 총액조정(Bruttoanpassung)에서 순액조정(Nettoanpassung)으로 전환한 것입니다.[320] 1992년 연금보험에 대한 기여율은 17.7%였습니다.[321] 새로운 연방주에서는 연금 계산에서 국가사회주의 계획경제 기간 동안의 실제로 받은 낮은 임금과 급여를 적용하지 않고 서독 임금에 상응하는 등가소득(Äquivalenzeinkommen)을 적용했습니다.[322]

연금 개혁에도 불구하고 연금보험에 대한 기여율은 증가했습니다. 인구통계학적 변화로 인해 세대 간 소득 재분배가 더욱 어려워졌습니다. 근로 연령층이 좁아지면서 늘어나는 은퇴자 세대를 부양해야 했습니다. 기여율 20%는 초과해서는 안 되는 마법의 한도로 간주되었습니다. 기여율이 높아지면 보조인건비(Lohnebenkosten)가 높아져 실업률이 높아질 것이라는 주장이 제기되었습니다. 1997년에는 20.7%로 한도를 살짝 초과했습니다.

1997년 연금개혁으로 연금계산에 '인구통계학적 요소'가 도입되었습니다. 평균수명의 증가로 은퇴기간이 길어져 기여의무 근로자와 연금 수급자 간 비율이 달라진다면, 연금을 더 이상 임금 및 급여 인상 요인에 100%가 아닌 감소된 비율로 조정해야 했습니다.[323] 또한 비보험 혜택을 보상하기 위해 연금보험에 대한 국가 보조금이 인상되었습니다. 재원을 기부금에서 세금으로 전환한 것은, 총지출에는 변화가 없었지만, 보조인건비(Lohnebenkosten)를 낮추었기 때문에 합리적이라고 간주되었습니다.[324]

320   Gesetz zur Reform der gesetzlichen Rentenversicherung. Vom 18. Dezember 1989. BGBl. 1989 I, S. 2261 – 2395.

321   Rentenversicherung in Zeitreihen 2020, S. 192 – 193.

322   Detlev Merten, Rentenversicherung und deutsche Wiedervereinigung, in: Stefan Fisch / Ulrike Haerendel (Hrsg.), Geschichte und Gegenwart der Rentenversicherung in Deutschland. Beiträge zur Entstehung, Entwicklung und vergleichenden Einordnung der Alterssicherung im Sozialstaat, Berlin 2000; Winfried Schmähl, Alterssicherungspolitik in Deutschland. Vorgeschichte und Entwicklung von 1945 bis 1998, Tübingen 2018, S. 841 – 1133.

323   Bundestagssitzung vom 10. Oktober 1997. Verhandlungen des Deutschen Bundestages. Stenographische Berichte, 13. Wahlperiode, Bd. 189, S. 17847 – 17893.

324   Gesetz zur Reform der gesetzlichen Rentenversicherung. Vom 16. Dezember 1997. BGBl. 1997 I, S. 2998 – 3038; Gesetz zur Finanzierung eines zusätzlichen Bundeszuschusses zur gesetzlichen Rentenversicherung.

1998년 사회-자유 연정(sozial-liberale Regierung)은 처음에는 경기 호황에 의존하여 연금 보험의 혜택삭감을 해제했습니다.[325] 그러나 기여율은 1999년 초까지 20.7%로 변동 없이 유지되었습니다. 2001년에는 4년 전과 유사한 연금모델을 도입하여, 임금 및 급여에 대한 연금 조정 비율을 낮추는 개혁을 단행했습니다. 연금수준을 낮추면 많은 연금이 사회부조(Sozialhilfe) 수준으로 떨어질 것이라는 우려가 있었기 때문에 노령 또는 장애를 위한 "기본보장"(Grundsicherung)이 도입되었습니다. "기본보장"(Grundsicherung)은 연금 수급자를 위한 국가지원으로, 사회부조(Sozialhilfe)보다 높은 수준으로 지급하도록 되어 있었습니다. 사사회부조(Sozialhilfe)의 경우와 마찬가지로 "기본보장"(Grundsicherung)의 집행은 지방자치단체가 하였습니다.[326] 개혁의 결과로 고용에서 은퇴로 전환 시, 소득이 이전보다 더 급격히 감소했습니다.[327]

2001년 개혁이 기여율을 안정화하기에 충분하지 않자, 2004년에 연금 모델이 다시 수정되었습니다. 임금 및 급여에 대한 연금 조정은 더욱 축소되었습니다. 개혁 과정에서 연금보험의 제도적 구조도 현대화되었습니다. 2005년 노동자보험과 사무직보험이 통합되어 "독일연금보험"(Deutsche Rentenversicherung)이 탄생했습니다.[328] 추가 비용 절감 조치로 2007년에 인수 단계를 연장하기로 결정했습니다. 연금수령을 위한 표준연령은 2012년

Vom 19. Dezember 1997. BGBl. 1997 I, S. 3121 – 3126.

325   Gesetz zu Korrekturen in der Sozialversicherung. Vom 19. Dezember 1998. BGBl. 1998 I, S. 3843 – 3852.

326   Gesetz zur Ergänzung des Gesetzes zur Reform der gesetzlichen Rentenversicherung. Vom 21. März 2001. BGBl. 2001, S. 403 – 418; Gesetz zur Reform der gesetzlichen Rentenversicherung. Vom 26. Juni 2001, BGBl. 2001, S. 1310 – 1343.

327   Wolfgang Rombach, Anpassung mit Transparenz, in: Bundesarbeitsblatt, 6 – 7 / 2001, S. 37; Winfried Schmähl, Wem nutzt die Rentenreform? Offene und versteckte Verteilungseffekte des Umstiegs zu mehr privater Altersvorsorge, in: Die Angestelltenversicherung. Zeitschrift der Bundesversicherungsanstalt für Angestellte, 50 (2003), S. 354; Holger Viebrok / Ralf K. Himmelreicher / Winfried Schmähl, Private Vorsorge statt gesetzlicher Rente: Wer gewinnt, wer verliert? Münster 2004, S. 43 – 50.

328   Winfried Hain / Albert Lohmann / Eckhard Lübke, Veränderungen bei der Rentenanpassung durch das „RV-Nachhaltigkeitsgesetz", in: Deutsche Rentenversicherung, 6 – 7 / 2004.

부터 점진적으로 상향 조정되어, 2034년에는 근로자가 67세에 은퇴하게 되었습니다.[329] 평균 은퇴연령(Rentenalter)은 주로 노동력 감소에 따른 은퇴였기 때문에, 항상 연금수령을 위한 표준연령(Regelalter)보다 앞섰습니다. 다양한 혜택 삭감으로 연금 기여금이 20% 기준선 아래로 유지되었으며, 2019년에는 18.6%를 기록했습니다.[330]

연금은 고용에서 파생된 것이기 때문에 성별에 따라 상당한 차이가 있었습니다. 남성은 대부분 더 오래 일하고 더 높은 임금이나 급여를 받았기 때문에 노년기에 여성보다 훨씬 더 나은 삶을 살았습니다. 2019년 노령연금 또는 장애연금은 남성 평균 1153유로(Euro), 여성 평균 774유로였습니다.[331]

공적 연금보험은 공적 연금제도, 직업 연금제도 및 자영업자를 위한 특별 연금제도를 포함하는 직업 연금제도로 보완되었습니다.[332] 2001년 연금개혁을 통해 기업이 재원을 조달하는 것이 아니라 근로자 스스로가 재원을 조달하는 새로운 유형의 기업연금(Betriebsrente)이 도입되었습니다. 근로자는 기업에 임금의 일부를 퇴직연금 제도에 투자하도록 위임할 수 있었습니다. 연금 혜택은 정부보조금 또는 세금감면으로 지원되었습니다. 연금보험, 생명보험 또는 법적으로 독립된 연금기금을 통해 제도적으로 독립된 기업연금 제도에 대한 기업 또는 단체협약의 합의가 예상되었습니다.[333]

---

329 Gesetz zur Anpassung der Regelaltersgrenze an die demographische Entwicklung und zur Stärkung der Finanzierungsgrundlagen der gesetzlichen Rentenversicherung. Vom 20. April 2007. BGBl. 2007 I, S. 554 – 575.

330 Rentenversicherung in Zeitreihen 2021, S. 260.

331 Rentenversicherung in Zeitreihen 2020, S. 192 – 193, 260.

332 Harald Deisler, Die Alterssicherung der Landwirte, in: Jörg E. Cramer / Wolfgang Förster / Franz Ruland (Hrsg.), Handbuch zur Altersversorgung. Gesetzliche, betriebliche und private Vorsorge in Deutschland, Frankfurt 1998; Uwe Fachinger / Angelika Oelschläger / Winfried Schmähl, Alterssicherung von Selbständigen. Bestandsaufnahme und Reformoptionen, Münster 2004; Michael Jung, Berufsständische Versorgung, in: Jörg E. Cramer / Wolfgang Förster / Franz Ruland (Hrsg.), Handbuch zur Altersversorgung. Gesetzliche, betriebliche und private Vorsorge in Deutschland, Frankfurt 1998.

333 Gesetz zur Reform der gesetzlichen Rentenversicherung. Vom 26. Juni 2001, BGBl. 2001 I, S. 1310 – 1343.

4.4.3 가족지원

가족지원(Familienförderung) 혜택은 1990년대부터 개선되어 왔습니다. 아동수당 (Kindergeld)과 세금감면이 모두 인상되었습니다.[334] 다자녀가족에 대한 특별 지원과 함께 자녀 수에 따른 아동수당은 그대로 유지되었습니다. 2017년 첫째와 둘째 자녀에 대한 아동수당은 192유로, 셋째 자녀는 196유로, 넷째 자녀와 그 외 모든 자녀는 223유로였습니다. 가족에 대한 세제지원도 상대적으로 높은 소득세 누진율로 개선되어, 세액 공제액이 인상되었습니다.[335] 새로운 가족지원 제도인 부모수당(Elterngeld)으로 지원되는 육아휴직 (Erziehungsurlaub)이 확대되었습니다. 1992년부터 '부모시간'(Elternzeit)으로 불리는 육아 휴직과 육아수당 수급 기간이 연장되었습니다. 자녀 양육기간을 연금보험에서 기여기간 (Beitragsjahre)으로 인정하는 것도 확대되었습니다.[336]

어린이와 청소년의 생활수준은 주로 가족의 연대공동체를 기반으로 하였습니다. 가족 지원이 확대되었지만, 여전히 가족의 혜택이 청년 세대의 소득을 지배하고 있었습니다. 1990년대에는 자녀를 돌보는 시간을 고려했을 때, 성장 세대를 위한 총 지출의 평균 약 75%를 가족이 부담하는 것으로 추정되었습니다.[337]

---

334 Bernd Schäfer, Familienlastenausgleich in der Bundesrepublik Deutschland. Darstellung und empirische Analyse des bestehenden Systems und ausgewählte Reformvorschläge, Frankfurt 1996.

335 Bundesministerium für Arbeit und Sozialordnung, Sozialbericht 2017, S. 109; Mechtild Veil, Frauenarbeit, Steuern und Familie: Familienbesteuerung aus der Sicht von Frauen, in: Zeitschrift für Frauenforschung, 3 (1995).

336 Barbara Bertram / Gisela Erler / Monika Jaeckel / Jürgen Sass, Europa im Umbruch – Wo steht die Familie? Einstellungen von Eltern im Ost-West-Vergleich, München 1995.

337 Max Wingen, Familienpolitik. Grundlagen und aktuelle Probleme, Bonn 1997, S. 186.

4.4.4 주택정책

1990년대 초 주택 정책의 주요 임무는 동독 주택산업을 사회적 시장경제에 통합시키는 것이었습니다. 동독의 주택은 도시, 협동조합 또는 개인 소유주에게 속해 있었습니다. 상당한 배상 청구(Restitutionsansprüche)가 있었고 수용된 많은 주택이 이전 소유주나 상속인에게 반환되었습니다. 소유권 재편과 함께 새로운 연방주에서 강력한 건설붐이 시작되었습니다. 수년간의 노후화 끝에 많은 주택이 개조되거나 새로 지어졌습니다. 임대료는 시장경제로의 전환과 함께 크게 증가했습니다.[338]

실질 소득 증가에도 불구하고 독일은 여전히 임대인의 나라로 남아 있었습니다.[339] 2011년 전체 가구의 54%는 임대주택에, 46%는 소유주가 거주하는 주택 또는 아파트에 거주했습니다.[340] 주택시장에는 지역별로 큰 차이가 있었습니다. 대도시에서는 평균소득을 가진 가구가 살 수 있는 주택이 부족했습니다. 사회주택(Sozialwohnung) 재고가 감소하고, 일부 가구만이 주거수당(Wohngeld)을 통한 임대보조금을 받았습니다. 주택을 찾기가 어려웠고 임대료가 가계수입에서 차지하는 비중이 점점 커졌습니다. 반면 구조적으로 취약한 지역에서는 주택 공급이 과잉되어 공실률이 상당히 높은 경우가 많았습니다. 2018년에는 에너지를 포함한 주거비가 가처분 소득에서 차지하는 비중이 평균 23%에 달했습니다. 대도시의 경우 임대료 부담이 훨씬 더 높을 수 있었습니다. 17%의 가구가 소득의

---

338 Helmut Jenkis, Überführung der ostdeutschen Wohnungswirtschaft in die soziale Marktwirtschaft, in: Helmut Jenkis (Hrsg.), Kompendium der Wohnungswirtschaft, 4. Aufl., München 2001, S. 673 – 733; Stefan Kofner, Wohnungsmarkt und Wohnungswirtschaft, München 2004, S. 193 – 210.

339 Johann Eekhoff, Wohnungspolitik, 2. Aufl., Tübingen 2002, S. 196 – 205; Kofner, Wohnungsmarkt und Wohnungswirtschaft, S. 131 – 133; Annette Mayer, Theorie und Politik des Wohnungsmarktes. Eine Analyse der Wohnungspolitik in Deutschland unter besonderer Berücksichtigung der ökonomischen Theorie der Politik, Berlin 1998, S. 207 – 215.

340 Statistische Ämter des Bundes und der Länder, Zensus 2011. Gebäude- und Wohnungsbestand in Deutschland. Endgültige Ergebnisse, Hannover 2015.

40% 이상을 임대료로 지출하고 있었습니다.[341]

주택 정책은 대도시의 주택 부족에 뒤늦게 대응했습니다. 2015년 임대차개정법 (Mietrechtsnovellierungsgesetz)은 임대료인상을 억제하기 위한 법이었습니다. 주 정부는 '과열된 주택시장'(angespanntes Wohnungsmarkt)을 정의할 수 있었습니다. 과열된 주택시장에서는 임대료가 현시세 임대료의 최대 10%를 넘지 않아야 했습니다. 2014년 이후에 건설된 신축건물과 대규모 리노베이션 후 첫 번째 임대차 계약은 임대료제동(Mietpreisbremse)에서 면제되었습니다.[342] 임대료제동(Mietpreisbremse)은 우회할 수 있는 방법이 너무 많았기 때문에 특별히 성공적인 것으로 간주되지 않았습니다. 대도시에서는 경찰, 소방대, 행정 또는 소매업 등 도시공동체에 없어서는 안 될 직업 종사자들이 도심 지역의 주택을 더 이상 감당할 수 없어 외곽으로 이주해야만 했습니다.[343]

4.4.5 사회부조

사회부조(Sozialhilfe)혜택이 개선되고 사회부조(Sozialhilfe)에 대한 접근도 간소화되었습니다. 그럼에도 불구하고 사회부조는 사회보장 시스템에서 여전히 응급 프로그램 (Programm der Not)으로 남아있었습니다. 2003년 12월의 제4차 노동시장 개혁법에서는 실업부조(Arbeitslosenhilfe)를 폐지했습니다. 이제 다른 소득이나 자산이 없는, 일할 능력

---

341 Statistisches Jahrbuch 2019, S. 167, 338.

342 Gesetz zur Dämpfung des Mietanstiegs auf angespannten Wohnungsmärkten und zur Stärkung des Bestellerprinzips bei der Wohnraumvermittlung (Mietrechtsnovellierungsgesetz). Vom 21. April 2015. BGBl. 2015 I, S. 610–612.

343 Bundesministerium für Wirtschaft und Energie (Hrsg.), Soziale Wohnungspolitik. Gutachten des Wissenschaftlichen Beirats beim Bundesministerium für Wirtschaft und Energie, Berlin 2018; Dieter Rink / Björn Egner, Lokale Wohnungspolitik; Agenda, Diskurs, Forschungsstand, in: Dieter Rink / Björn Egner (Hrsg.), Lokale Wohnungspolitik. Beispiele aus deutschen Städten Baden-Baden 2019, S. 9–42; Sachverständigenrat zur Begutachtung der gesamtwirtschaftlichen Entwicklung, Vor wichtigen wirtschaftspolitischen Weichenstellungen. Jahresgutachten 2018/19, Wiesbaden 2018, S. 353–355.

이 있는 사람도 새로운 실업수당 II(Arbeitslosengeld II)를 받을 수 있게 되었습니다. 더 이상 이전 근로소득에 따라 차등 적용되지 않고, 사회부조(Sozialhilfe) 수준에 상응하였습니다.[344] 사회부조(Sozialhilfe)는 일할 능력이 없거나, 다른 소득이나 자산을 통해 스스로를 부양할 수 없는 사람들을 위한 최소보장(Mindestsicherung)이었습니다.

지속적인 경제성장에도 불구하고 많은 사람이 빈곤(Armut)으로 전락했습니다.[345] 빈곤은 다양한 기준에 따라 정의되어 왔고 지금도 정의되고 있습니다. 유럽연합에서는 '빈곤 위험'(Armutsgefährdung)이라는 지위가 도입되었습니다. 소득이 중앙값으로 측정한 평균 소득의 60% 미만인 경우 빈곤위험에 처한 것으로 간주되었습니다. 이 기준은 독일연방공화국에서도 종종 적용되었습니다. 그러나 '빈곤 위험'은 소득분포만 측정하고 소득수준은 측정하지 않습니다. 모든 실질소득이 두 배로 증가하더라도 '빈곤 위험'은 변하지 않을 것입니다.[346] 빈곤의 지표로서 생활환경에 더 가까운 것은 최소보장(Mindestsicherung)에 의존하던 사람들 수입니다. 2002-2003년 노동시장 개혁과 2001-2004년 연금개혁 이후 최소보장(Mindestsicherung)에는 실업수당 II(Arbeitslosengeld II), 사회부조 및 기초노령연금(Grundsicherung im Alter)이 포함되었습니다. 2018년에는 인구의 9%가 하나 혹은 여러 종류의 최소보장(Mindestsicherung)에 의존하고 있었습니다.[347]

편모 또는 편부가 있는 불완전 가족은 종종 제한된 근로소득, 공적 이전금 또는 사적 유지비로 생활하는 경우가 많았습니다. 그 결과는 성인과 어린이 모두의 상대적으로 낮

---

344 Viertes Gesetz für moderne Dienstleistungen am Arbeitsmarkt. Vom 24. Dezember 2003. BGBl. 2003 I, S. 2954 – 3000.

345 Berthold Dietz, Soziologie der Armut, Frankfurt 1997; Walter Hanesch, Armut im vereinten Deutschland. Konturen einer Armut im Umbruch, in: Wolfgang Glatzer / Heinz-Herbert Noll (Hrsg.), Getrennt vereint. Lebensverhältnisse in Deutschland seit der Wiedervereinigung, Frankfurt 1995; Stephan Leibfried / Lutz Leisering / Petra Buhr / Monika Ludwig / Eva Mädje / Thomas Olk / Wolfgang Voges / Michael Zwick, Zeit der Armut. Lebensläufe im Sozialstaat, Frankfurt 1995.

346 Bundesministerium für Gesundheit und Soziale Sicherung, Lebenslagen in Deutschland. Zweiter Armuts- und Reichtumsbericht der Bundesregierung, Berlin 2005, S. 44 – 46.

347 Statistisches Jahrbuch 2019, S. 244.

은 생활수준이었습니다. 부유한 사회 속에서 아동빈곤(Kinderarmut)이 증가한 주된 이유는 불완전한 가정의 증가였습니다. 2019년 소득이 중위소득의 60% 미만인 빈곤위험(Armutsgefährdung)은 전체 인구의 16%에 해당했지만, 18세 미만 청소년 세대의 경우 21%에 달했습니다.[348] 아동빈곤은 세대 간 소득분배의 문제로 학계와 정치권에서 점점 더 많은 관심을 받았습니다.[349]

4.5 소비

가계 소비는 소득이 증가함에 따라 변화했습니다. 예산의 작은 부분이 식비에 사용되었습니다. 반면에 주택은 비싸졌고, 주로 자동차 소유로 인해 교통비 지출도 증가했습니다. 2018년 가구는 소득의 23%를 주거, 난방 및 조명, 15%는 교통, 14%는 주류 및 담배를 포함한 식료품, 10%는 여가, 오락, 문화 및 교육, 7%는 가전제품 및 가구, 5%는 의류, 6%는 식당 및 호텔, 5%는 건강, 3%는 뉴스, 13%는 기타 기타 상품 및 서비스에 지출했습니다.[350]

소득이 높아짐에 따라 기술 소비재도 더욱 증가했습니다. 많은 제품에서 공급이 포화 상태에 가까워졌습니다. 2018년에는 일반적인 가전제품 중 냉장고를 보유한 가구가 100%, 자동 세탁기를 보유한 가구가 95%, 식기세척기를 보유한 가구가 72%에 달했습니다. 통신 및 정보용 제품으로는 전체 가구의 97%가 휴대전화를 보유하고 있었고, 점차 사양길로 접어들고 있는 유선전화는 85%, 컴퓨터는 90%가 보유하고 있었습니다. 교통수단 중 자동차는 전체 가구의 77%, 자전거는 78%가 소유하고 있었습니다. 오토바이나

---

348   Sechster Armuts- und Reichtumsbericht, S. 478.

349   Eva Reichwein, Kinderarmut in der Bundesrepublik Deutschland. Lebenslagen, gesellschaftliche Wahrnehmung und Sozialpolitik, Wiesbaden 2012, S. 271‒367.

350   Statistisches Jahrbuch 2019, S. 338.

스쿠터는 그다지 중요하지 않아 전체 가구의 11%만 보유하고 있었습니다.[351]

공공재(Öffentliche Güter)는 생활 수준에서 그 중요성이 커졌습니다. 교통수단, 건물, 기념물 같은 물질적 공공재는 일상생활을 형성했습니다. 교육, 의료, 행정 같은 서비스 분야도 큰 폭으로 증가했습니다. 냉전 종식 이후 공공재로서의 국방의 중요성은 감소했습니다. 1990년대 이후 독일연방공화국에 대한 위협상황은 더 이상 존재하지 않는다는 견해가 지배적이었습니다. 독일 연방군(Bundeswehr)의 중심은 국가방위에서 글로벌 외교정책과 안보정책으로 옮겨갔습니다.[352] 유럽통합의 심화로 인해 통화나 경쟁질서 같은 중요한 공공 서비스가 유럽기관에 의해 제공되었습니다.[353]

세계화 과정에서 국경을 넘나드는 공공재의 중요성이 커졌습니다. 중요한 글로벌 공공재는 기후보호와 천연자원 보존이었습니다. 더 넓은 의미에서 기아극복, 식수공급, 보건, 교육 등 전 세계 모든 지역의 생활조건의 안정화도 글로벌 공공재로 간주되었습니다. 생활조건의 안정화와 함께 대규모 이주의 원인도 극복되어야 했습니다.[354]

유엔은 2015년에 지속 가능한 경제발전을 위한 의제를 채택했습니다. 목표는 글로벌 발전을 경제적, 사회적, 생태적으로 지속 가능하게 만드는 것이었습니다.[355] 그러나 글로벌 공공재의 품질은 국가별 정치 시스템에 따라 달랐습니다. 민주주의 국가에서만 시민이 국가가 제공하는 공공재에 영향력을 행사할 수 있었습니다. 전제국가에서는 국가 활동이 시민들에게 등을 돌릴 수도 있었으며, 이러한 위험은 드물지 않았습니다. 베르텔스만재단이 집계한 '베르텔스만 변환지수'(Bertelsmann-TransformationsIndex)에 따르면 2022

---

351 Statistisches Jahrbuch 2019, S. 182.

352 Bundesministerium der Verteidigung, Weissbuch 2016, S. 88–93.

353 Richard Cornes / Todd Sandler, The theory of externalities, public goods and club goods, 2. Aufl., Cambridge 1996.

354 Achim Brunnengräber (Hrsg.), Globale öffentliche Güter unter Privatisierungsdruck, Münster 2003; Maththias Maring (Hrsg.), Globale öffentliche Güter in interdisziplinärer Perspektive, Karlsruhe 2012.

355 Bundesministerium für Umwelt, Naturschutz und nukleare Sicherheit, Umweltbericht 2019. Deutscher Bundestag, 19. Wahlperiode, Drucksache 19/13400, 19. September 2019, S. 163–164.

년 총 137개 국가 중 67개 국가만이 민주적 체제를, 70개 국가는 권위주의 체제를 유지하고 있었습니다.

제 5 장

위기

1. 팬데믹

2019년 12월, 중국 우한시(Stadt Wuhan)에서 폐 질환이 발생했습니다. 증상은 기침, 발열, 호흡곤란이었습니다. 대부분의 경우 가벼운 고통만 있었습니다. 그러나 이 질병은 심각한 폐렴과 사망으로 이어질 수도 있었습니다. 이 바이러스는 동물과의 접촉을 통해 인간에게 전염되었을 가능성이 높았습니다. 처음에는 바이러스가 사람 간에 전염되지 않는다고 여겨졌습니다. 그러나 곧 밝혀진 것처럼 이것은 치명적인 실수였습니다. 이 바이러스는 호흡, 기침, 재채기, 심지어 물체 접촉을 통해서도 매우 쉽게 전염되었습니다.

우한 지역 당국은 처음에 이 질병에 대한 정보를 은폐하려 했고, 베이징의 중앙 정부도 초기 징후에 대응하지 않았습니다. 그러나 질병이 확산된 후에는 은폐를 유지할 수 없었습니다. 2020년 1월 초, 신종 바이러스에 의한 감염병으로 밝혀졌습니다. 이 바이러스는 2002-2003년 중증급성호흡기증후군(Severe Acute Respiratory Syndrome/SARS)을 일으킨 바이러스와 유사했습니다. 이 신종 바이러스는 SARS-CoV-2 또는 코비드19(Covid-19)라는 이름이 붙여졌습니다. 현미경으로 관찰한 바이러스의 이미지가 왕관을 닮았다고 해서 코로나 바이러스(Corona Viren)라고 불리기 시작했습니다.

바이러스에 대한 치료제도 없었고 감염을 예방할 수 있는 백신도 없었습니다. 의사들은 치유를 돕기 위해 노력할 수밖에 없었습니다. 코비드19 증상을 보인 사람들은 병원에서 입원 환자로 치료받았습니다. 경미한 경우 짧은 시간 후에 퇴원할 수 있었습니다. 증상이 더 심한 환자들은 인공호흡이 가능한 중환자실에서 치료를 받았습니다.

바이러스에 대한 치료제나 백신이 없었기 때문에 사람들 간 사회적 접촉을 제한하는 것이 질병의 확산을 제한할 수 있는 유일한 방법이었습니다. 2020년 1월 22일, 중국 정부는 우한에 격리 조치를 취하고 도시를 외부 세계로부터 봉쇄했습니다. 며칠 후, 우한이 위치한 후베이성(Provinz Hubei) 전체로 봉쇄령이 확대되었습니다. 6천만 명의 주민이 격리 조치의 영향을 받았습니다.

그러나 질병을 효과적으로 통제하기에는 너무 늦었습니다. 2020년 1월 말부터 코비드19는 전 세계적으로 빠르게 확산되어 세계적 대유행인 팬데믹(Pandemie)이 되었습니다. 독일에서는 2020년 1월 27일에 코비드19 바이러스 감염자가 처음 발견되었습니다. 이 바이러스는 중국에서 온 방문자에 의해 전염되었습니다. 이 새로운 질병의 위험성은 처음에는 과소평가되었습니다. 2월에 로버트 코흐 연구소(Robert Koch-Institut)는 독일 인구의 위험도를 "낮음에서 중간 정도"로 평가했습니다. 그러나 질병 발생률은 빠르게 증가했습니다. 3월 초, 로버트 코흐 연구소(Robert Koch-Institut)는 평가를 수정하여 인구에 대한 위험도를 '높음'으로, 고령자나 기저질환자 등의 위험군에 대해서는 '매우 높음'으로 평가했습니다. 그 이후로 코로나 팬데믹은 사회의 모든 부문에 영향을 미쳤습니다.[1]

독일에서도 다른 국가와 마찬가지로 사회적 접촉을 줄임으로써 코로나 팬데믹의 확산을 제한하려는 시도가 이루어졌습니다. 2020년 3월, 앙겔라 메르켈(Angela Merkel) 독일 연방 수상은 각 주 장관들과의 회의 후 국민들에게 사회적 접촉을 최대한 피하고 불요불급한 모든 행사를 취소할 것을 요청했습니다. 흔히 사회적 접촉을 제한하는 '봉

---

1   Statistisches Bundesamt, Datenreport 2021. Ein Sozialbericht für die Bundesrepublik Deutschland, Bonn 2021, S. 463.

쇄'(Einschränkung)를 의미하는 첫 번째 '락다운'(Lockdown)이 있었습니다. 상점, 레스토랑, 호텔, 탁아소, 학교, 대학, 박물관, 교회, 유대교 회당, 이슬람 사원은 거의 예외 없이 문을 닫았습니다. 대규모 행사는 금지되었습니다. 사무실과 공장의 근로자는 작업 시 최소 1.5m 거리를 유지해야 했습니다. 독일 국경은 대부분 폐쇄되었으며 통근자와 물품 이동에 대해서만 예외가 적용되었습니다. 대다수 국민은 봉쇄 조치로 인한 사회적, 경제적 결과를 받아들였습니다. 기본법은 생명권과 신체적 완전성을 보장하고 있으며, 팬데믹에 대처하는 것은 헌법에 명시된 국가적 과제였습니다.[2] 하지만 비판도 있었습니다. 많은 사람이 코로나 팬데믹이 위험하다는 사실을 인정하고 싶어 하지 않았고 연방 및 주 정부에 접촉 제한을 완화할 것을 촉구했습니다.

2020년 5월 이후부터 감염 수치가 감소했습니다. 2020년 7월부터 '락다운'의 엄격한 규칙이 완화되었습니다. 소매점과 식당이 다시 문을 열 수 있었고, 더 넓은 지역에서 사회적 접촉이 허용되었습니다. 그러나 의료 전문가들은 사회적 접촉이 확대되면 감염 위험이 커지고 새로운 감염의 물결이 임박했다고 경고했습니다. 2020년 10월, 코로나 팬데믹의 두 번째 물결이 시작되었습니다. 감염, 중환자실 환자 수, 사망자 수가 다시 증가했습니다. 2020년 11월에 다시 접촉 제한 명령이 내려졌습니다. 업무상 필요한 호텔 숙박을 제외하고는 문화 행사 및 레스토랑 참석과 호텔 숙박이 금지되었습니다. 12월에는 소매점, 탁아소, 학교, 대학교도 다시 문을 닫아야 했습니다. 학교와 대학 교육은 온라인으로 진행되어야 했지만, 각국 교육 시스템은 이에 대한 준비가 충분하지 않았습니다.

코로나 팬데믹이 시작된 이래 제약 업계는 질병 퇴치를 위한 백신과 치료제 개발에 힘써 왔습니다. 새로운 백신에 대한 연구를 통해 불과 몇 달 만에 구체적인 결과를 기대할 수 있게 되었습니다. 2020년 6월, 유럽연합 회원국과 유럽연합위원회는 백신을 홍보, 주문 및 배포하기 위해 협력하기로 결정했습니다. 전문가로부터 프로젝트가 유망하다고 평

---

2   Grundgesetz für die Bundesrepublik Deutschland. Vom 23. Mai 1949. Artikel 2, Absatz 2. BGBl. 1949, S. 1 – 19.

가받은 제약 회사에 보조금이 지원되어야 했습니다. 유럽위원회는 백신이 의학적으로 승인되기 전에 이미 여러 제약회사와 대규모 공급 계약을 체결했습니다. 유럽의약품청 (Europäische Arzneimittelbehörde)의 승인을 받은 후 유럽연합의 모든 회원국은 동시에 백신을 도입하고 인구 규모에 따라 백신을 배포해야 했습니다. 2020년 12월 21일, 미국 제약 회사 화이자(Pfizer)와 협력한 독일 회사 바이오엔텍(BioNTech)의 백신이 승인되었습니다. 며칠 후, 유럽연합 회원국에서 코비드19 백신 접종이 시작되었습니다.[3]

2021년 1월, 미국 회사 모더나(Moderna)와 영국-스칸디나비아 회사 아스트라제네카 (AstraZeneca)가 유럽연합에서 두 가지 백신을 추가로 승인했습니다. 그러나 유럽위원회는 제약 회사들과 대단히 부족한 공급량을 합의했습니다. 독일에서 사용할 수 있는 백신 용량도 너무 적었습니다. 따라서 부족한 백신 용량을 분배하기 위한 우선순위가 결정되었습니다. 처음에는 노인이 감염에 특히 취약하고 치명적인 결과를 초래할 수 있기 때문에 제일 먼저 백신을 접종했습니다. 업무상 특히 위험에 노출된 의사, 간호사 및 기타 의료 진도 첫 번째 그룹에 포함되었습니다. 그 후 다른 연령대와 어린이집, 학교, 경찰, 소방대 등 직접 접촉을 피할 수 없는 직종에 종사하는 사람들에게도 백신을 접종하기로 했습니다.

2020년 12월 31일까지 독일에서는 33,000명이 코로나 19로 사망했습니다.[4] 2021년 초에는 감염이 감소했습니다. 접촉 제한과 백신 접종의 조합으로 팬데믹을 극복할 수 있다는 새로운 자신감이 생겼습니다. 하지만 2021년 3월에 반격이 있었습니다. 감염자 수가 다시 증가하여 코로나 팬데믹의 세 번째 물결이 시작되었습니다. 그 원인은 접촉 제한을 지나치게 낙관적으로 완화하고 백신 접종을 느리게 진행해 여전히 보호가 미흡했기 때문으로 간주되었습니다. 그러나 팬데믹의 세 번째 물결은 얼마 지나지 않아 지나갔습니다. 접촉 제한이 강화되고 백신 접종 횟수가 늘어난 것이 영향을 미쳤습니다. 2021

---

3   Adam Tooze, Welt im Lockdown. Die globale Krise und ihre Folgen, München 2021.

4   Robert Koch-Institut, Coronavirus SARS-CoV-2, Todesfälle, 3. Januar 2021.

년 4월 이후 감염, 질병 및 사망이 크게 감소했습니다. 제한이 완화되었습니다. 소매점, 레스토랑, 호텔, 음악 행사, 극장 및 박물관이 정상 운영으로 복귀했습니다. 하지만 팬데 믹 종식에 대한 기대는 시기상조였습니다. 2021년 7월 말부터 감염이 다시 증가했습니 다. 코로나 팬데믹의 네 번째 물결이 시작되었습니다. 감염이 빠르게 증가하고 중환자 실에 입원하는 환자가 다시 늘어났으며 사망자 수도 증가했습니다. 로버트 코흐 연구소 (Robert Koch-Institut) 연구에 따르면 네 번째 코비드19 유행은 불충분한 백신 접종보호 (Impfschutz)로 인해 촉발되었습니다.[5] 새로운 물결은 일관된 입과 코 보호, 거리두기 규칙 준수, 가능한 한 완전한 백신 접종으로 극복해야 했습니다. 사람들은 심각한 제한 조치의 재개를 피하길 원했습니다.

2021년 12월에 정권이 바뀌었지만 보건 정책에는 변화가 없었습니다. 사회적 접촉을 제한하고 백신 접종을 지속적으로 실시하는 등 지금까지 취한 조치를 계속해서 팬데믹의 네 번째 물결을 극복해야 했습니다.[6] 2021년 12월에는 감염자 수가 일시적으로 감소했습 니다. 2021년 말까지 독일에서 코로나 19로 인해 112,000명이 사망했습니다.[7]

2022년 1월, 코로나 팬데믹 3년 차가 시작되었습니다. 예방 접종이 증가했고 거리두기 규칙이 대체로 준수되었습니다. 그러나 감염 위험이 높은 새로운 변종 코로나 바이러스 가 등장했습니다. 감염자 수가 가파르게 증가했습니다. 팬데믹의 끝이 보이지 않았습니 다.[8]

5   Benjamin F. Maier / Angelique Bardinski / Pascal Clamser / Marc Wiedermann / Miriam A. Jenny / Cornelia Betsch / Dirk Brockmann, Die 4. Covid-19-Welle wurde durch fehlenden Impfschutz angestoßen. Was ist zu tun? In: Epidemiologisches Bulletin 49/2021, 9. Dezember 2021, S. 3 – 5.

6   Bundeskanzler Olaf Scholz, Regierungserklärung vom 15. Dezember 2021. Deutscher Bundestag, 20. Wahlperiode, 15. Dezember 2021, S. 333 – 335.

7   Robert Koch-Institut, COVID-19: Fallzahlen in Deutschland und weltweit, Stand 17. Dezember 2021.

8   Robert Koch-Institut, Coronavirus SARS-CoV-2. 7-Tage-Inzidenz. Stand 18. Juli 2022.

2. 경제위기

코로나 팬데믹은 글로벌 경제위기를 촉발했습니다. 독일에서는 접촉 제한 조치가 주로 대중과 밀접한 서비스에 영향을 미쳤습니다. 여행사, 버스 회사, 항공사, 레스토랑, 호텔, 영화관, 극장, 콘서트 주최사, 그리고 생활용품점을 제외한 소매업의 매출은 감소했습니다. 하지만 급여, 임대료, 대출금 상환 및 기타 비용이 계속 발생하는 경우가 많았습니다. 공급망이 중단되어 일부 지역에서는 산업 생산에 차질이 발생했습니다. 외국으로 향하는 국경은 일시적으로 승객 통행이 금지되고 통근자와 물품 배송만 허용되었습니다. 제약 산업이나 건설업 등 일부 산업 부문이 큰 폭으로 성장한 것은 위기 발전에서 예외였습니다.

코로나 팬데믹의 경제적, 사회적 영향을 흡수하기 위해 연방, 주 및 지방 정부는 광범위한 안정화 프로그램을 시행했습니다. 2020년 3월, 연방정부는 경제안정화기금(Wirtschaftsstabilisierungsfonds)을 조성하여 코로나 사태로 인해 특히 피해를 입은 대기업을 지원하기 위해 국가가 참여하거나 은행 대출을 보증하는 방식으로 지원했습니다. 경제안정화기금에서 예상한 사업 규모에 미치지 못한 중소기업과 자영업자는 위기 극복을 위한 보조금을 지원받았습니다.

2020년 6월, 경기부양책(Konjunkturprogramm)이 채택되었습니다. 공공 투자는 경기를 지원하고 일자리를 확보하며 미래 기술을 촉진해야 했습니다. 또한 다양한 세금 감면으로 경제 상황을 개선해야 했습니다. 재건은행(Kreditanstalt für Wiederaufbau)은 유리한 조건으로 특별 대출을 제공했습니다. 위기로 인한 사회적 충격을 완화하기 위해 단기근로수당(Kurzarbeitergeld) 수급기간을 연장했습니다. 연방정부 지원 외에도 주와 지방자치단체는 자체 경기부양프로그램을 시행했습니다.[9]

---

9   Bundesministerium für Wirtschaft und Energie, Jahreswirtschaftsbericht 2021. Corona-Krise überwinden, wirtschaftliche Erholung unterstützen, Strukturen stärken, Berlin 2021.

유럽연합은 특히 위기의 영향을 받은 회원국을 위해 보조금과 대출을 제공하는 자체 안정화 프로그램을 결정했습니다. 이 자원은 회원국이 미래기술, 지역지원 및 기타 장기 프로젝트에 자금을 지원하는 데 사용해야 했습니다. 이 프로그램은 유럽연합의 차관으로 재원을 조달해야 했습니다.[10]

독일 정부와 유럽위원회의 안정화 정책에도 불구하고 코로나 팬데믹은 심각한 경제위기를 초래했습니다. 2020년 실질 국내총생산은 4.6% 감소했습니다. 실업률은 5.9%로 상승했습니다. 물가는 수요 감소로 인해 안정세를 유지했으며 소비자 물가지수는 0.5% 상승에 그쳤습니다.[11] 경제위기로 인해 부채제동(Schuldenbremse)이 중단되었습니다. 다양한 안정화 프로그램으로 인해 국가지출은 급격히 증가한 반면 세수는 감소했습니다. 독일은 유럽연합에서 합의한 예산적자 및 부채한도를 초과했습니다. 2020년 재정적자 비율은 국내총생산의 4.1%, 부채 수준은 국내총생산의 70%에 달했습니다.[12]

위기의 영향으로 사회적 시장경제의 평판은 구 서독 지역보다 구 동독 지역에서 더 큰 타격을 입었습니다. 1년 동안 위기를 경험한 2021년 초, 코로나 위기에서 사회적 시장경제가 그 가치를 입증했는지에 대한 질문에 구 서독 지역의 54%가 동의한 반면 구 동독 지역은 36%만이 동의했습니다.[13] 이 비판은 자본주의 이후의 경제질서를 추구한다는 의미는 아니었고, 민주적 사회주의는 정치 영역에서 이슈가 되지 않았습니다. 그러나 대중은 개혁의 필요성을 분명히 인식하고 있었습니다.

---

10 Europäische Kommission, Europäischer Aufbauplan, Januar 2021.

11 Bundesagentur für Arbeit, Monatsbericht zum Arbeits- und Ausbildungsmarkt Januar 2021, Tabelle 6.1; Deutsche Bundesbank, Monatsbericht April 2022, Statistischer Teil, S. 71; Statistisches Bundesamt, Pressemitteilung vom 29. April 2022.

12 Bundesministerium der Finanzen, Vorläufiger Abschluss des Bundeshaushalts 2020. Monatsbericht Januar 2021.

13 Institut für Demoskopie Allensbach, Soziale Marktwirtschaft – Bewährungsprobe in der Krise, 29. März 2021, S. 9.

3. 주저하는 회복

위기의 첫해가 지나고 2021년부터 경제 회복이 시작되었으며, 이는 정부의 경기 부양 프로그램에 의해 뒷받침되었습니다. 2021년 하반기에는 상승세가 약화되었습니다. 국제 무역의 감소를 통해 많은 글로벌 공급망이 중단되었습니다. 주요 산업에서는 원자재 또는 공급업체 부품이 부족하여 생산량을 줄여야 했습니다.[14] 불안정한 경제 상황 속에서도 2021년 국내총생산은 2.9% 증가했습니다. 실업률은 5.7%로 소폭 하락하는 데 그쳤습니다.[15]

물가는 2021년 중반까지 안정적으로 유지되었습니다. 그러나 2021년 7월 이후 유로존(Eurozone)의 소비자 물가는 빠르게 상승하였습니다. 인플레이션, 급격한 에너지 가격 상승, 원자재 및 중간 제품의 공급 병목 현상, 운송 비용 상승, 독일의 부가가치세 인하 종료 등 여러 요인이 인플레이션에 영향을 미쳤습니다.[16] 전체적으로 소비자 물가는 2021년에 3.1% 상승했습니다.[17]

유럽중앙은행은 인플레이션의 원인이 일시적이라고 예상했습니다. 인플레이션율은 몇 달 후 하락하여 2022년 말까지 목표치인 2%에 도달할 것이었습니다. 따라서 중앙 은행은 물가 상승에 온건하게 반응했습니다. 금리 인상은 거부되었습니다. 금리가 높아지면 에너지 가격, 부가가치세 및 공급 병목 현상에는 영향을 미치지 않지만 초기 상승세는 둔화될 수 있었습니다. 채권 매입을 줄임으로써 경제의 유동성을 신중하게 줄여야 했습니

14 Deutsche Bundesbank, Perspektiven der deutschen Wirtschaft für die Jahre 2022 bis 2024, in: Monatsbericht Dezember 2021, S. 1 – 28.

15 Bundesagentur für Arbeit, Monatsbericht zum Arbeits- und Berufsausbildungsmarkt Januar 2022, Tabelle 6.1; Statistisches Bundesamt, Pressemitteilung vom 29. April 2022.

16 Deutsche Bundesbank, Monatsbericht Dezember 2021; European Central Bank, Economic Bulletin, Issue 7 / 2021, November 2021.

17 Deutsche Bundesbank, Monatsbericht März 2022, Statistischer Teil, S. 71.

다.[18]

2021년 말에는 다음 해의 더 강한 상승세가 예상되었습니다. 독일 5개 주요 경제연구소는 2021년 10월 공동 진단을 통해 2022년 실질 국내총생산이 4.8% 성장할 것으로 예상했습니다: 베를린 독일경제연구소(Deutsche Institut für Wirtschaftsforschung Berlin), 뮌헨 이포 경제연구소(ifo Institut für Wirtschaftsforschung München), 킬 세계경제연구소(Institut für Weltwirtschaft Kiel), 할레 경제연구소(Institut für Wirtschaftsforschung Halle), 에센 레니쉬-베스트팔렌 경제연구소(Rheinisch-Westfälische Institut für Wirtschaftsforschung/RWI).[19] 독일의 전반적인 경제발전평가를 위한 자문위원회(Sachverständigenrat zur Begutachtung der gesamtwirtschaftlichen Entwicklung)는 2021년 12월에 발표한 연례 보고서 2021-2022에서 2022년 GDP가 4.6% 증가할 것으로 예상했습니다.[20]

4. 이중 위기

2022년 2월, 독일 경제 호황은 우크라이나에 대한 러시아의 공격으로 중단되었습니다. 전쟁은 냉전종식 이후 관리되어온 분쟁 없는 협력의 이상을 파괴했습니다. 나토(NATO)는 전쟁에 개입하지 않았습니다. 그러나 독일을 포함한 나토 회원국은 침략자에 대한 방어를 위해 우크라이나에 무기를 공급했습니다. 또한 유럽연합, 미국 및 다른 여러 국가들은 러시아가 전쟁을 포기하도록 광범위한 제재(Sanktion)를 가했습니다. 주요 자본시장에 대한 러시아 중앙은행 및 상업은행의 접근이 제한되었습니다. 러시아에 대한 다양한 기

---

18 European Central Bank, Monetary policy decisions, 16 December 2021.

19 Deutsches Institut für Wirtschaftsforschung, Gemeinschaftsdiagnose Herbst 2021. Krise wird allmählich überwunden – Handeln an geringerem Wachstum ausrichten. Pressemitteilung vom 14. Oktober 2021.

20 Sachverständigenrat zur Begutachtung der gesamtwirtschaftlichen Entwicklung, Transformation gestalten. Bildung, Digitalisierung und Nachhaltigkeit. Jahresgutachten 2021 – 22, Wiesbaden 2021, S. 78.

술수출에 대해 수출금지(Exportverbote)가 부과되었습니다. 정치와 경제의 책임있는 사람들의 유럽연합 회원국 입국이 금지되었습니다.

러시아 경제는 대외무역과 자본관계를 통해 세계경제에 밀접하게 통합되었습니다. 따라서 경제제재는 심각한 결과를 초래할 수 있었습니다. 물론 경제제재는 제재를 가한 국가들에게도 영향을 미쳤습니다. 따라서 러시아로부터의 에너지수입에 대한 제재는 논란의 여지가 있었습니다. 미국은 2022년 3월 초 러시아산 석유수입을 금지했습니다. 유럽연합(EU) 일부 회원국들도 러시아로부터의 석유·가스·석탄 수입금지를 요구하였습니다. 독일을 포함한 다른 회원국들은 에너지수입을 제한했지만 일관된 금수조치(Embargo)는 거부했습니다. 미국과 달리 독일은 러시아의 에너지 공급에 의존했습니다. 2020년 독일은 1차 에너지의 71%를 수입하였습니다. 국내의 에너지원은 재생가능 에너지, 갈탄 및 원자력발전소의 남은 수명뿐이었습니다. 독일의 천연가스, 석탄 및 석유 수입에서 러시아는 1위를 차지했습니다.[21] 전체 수입에서 러시아가 차지하는 비중은 천연가스와 석탄이 50% 이상, 석유가 30% 이상이었습니다. 러시아로부터의 에너지 수입에 대한 의존도를 낮추기 위해서는 재생에너지 확대에 박차를 가해야 했습니다. 재생 에너지로 완전히 전환하는 데는 시간이 걸릴 수 있으므로 가교적 해결방법으로 남아프리카 또는 콜롬비아의 석탄, 네덜란드 또는 노르웨이의 가스, 카타르 또는 미국의 액화 가스, 미국, 사우디아라비아, 아랍에미리트 또는 카타르의 석유를 수입해야 했습니다.[22]

우크라이나에 대한 러시아의 전쟁은 독일정부 지출의 상당한 증가를 가져왔습니다. 우크라이나에서 온 많은 난민이 수용되어 지원을 받았습니다. 우크라이나는 광범위한 군사원조와 경제원조를 받았습니다. 기업과 가계는 에너지비용 상승에 대한 보상을 기대했습니다. 군비예산이 크게 증가했습니다. 전쟁으로 인한 새로운 요구와 병행하여 경제

---

21 Weltenergierat Deutschland, Energie für Deutschland. Fakten, Perspektiven und Positionen im globalen Kontext 2021, Berlin 2021, S. 102–111.

22 Claudia Kemfert, Energieimporte aus Russland sind nicht alternativlos, in: Deutsches Institut für Wirtschaftsforschung, DIW Wochenbericht 11/2022, S. 180.

적 여파를 수반하는 코로나 팬데믹은 계속되었습니다. 이중 위기(doppelte Krise)의 영향으로 2022년 경제전망이 크게 수정되었습니다. 독일경제전문평가협의회(Sachverständigenrat zur Begutachtung der wirtschaftlichen Entwicklung)는 3월 보고서에서 2022년 실질국내총생산(Bruttoinlandsprodukt)이 1.8% 증가할 것으로 예상했습니다.[23] 5대 경제연구소는 4월 공동평가서에서 보다 낙관적으로 2022년 실질 국내총생산(GDP)이 2.7% 증가할 것으로 예상했습니다.[24] 두 평가서 모두 코로나 팬데믹과 전쟁의 여파가 어느 정도 억제될 수 있다는 조건에서의 예상이었습니다.

거의 75년의 역사 동안 사회적 시장경제는 놀라운 안정성을 보여주었습니다. 사회적 시장경제는 사회적 파트너십을 기반으로 노동과 자본의 대립을 균형 있게 조정하였으며, 경제성장과 생활수준 향상을 촉진하여 수용 가능한 사회보장시스템을 구축했으며, 경제성장과 환경보호를 결합하는 시도를 하였습니다. 자본주의만큼이나 오래된 탈자본주의적 경제질서에 대한 기대는 정치권에서 밀려났습니다.

이러한 연속성은 사회적 시장경제의 경제질서가 변화하는 조건에 적응했기 때문에 가능했습니다. 사회적 시장경제의 초창기에 주도적이었던 산업사회는 후기산업 서비스사회로 대체되었습니다. 세계화 시대에 독일 경제는 세계무역, 국제적 자본연결과 무제한적인 통신 및 개인이동성 시스템에 밀접하게 통합되었습니다. 시장은 여전히 중요하지만 경제적 결정은 시장에서 국가로 상당한 정도로 이동했습니다.

2020-2022년은 사회적 시장경제 역사의 전환점이었습니다. 코로나 팬데믹과 우크라이나에 대한 러시아의 공격은 이전에는 볼 수 없었던 규모의 국가개입을 초래했습니다. 팬데믹이 극복되고 전쟁이 끝나면 사회적 시장경제는 더 이상 예전 같지 않을 것입니다. 사회적 시장경제의 경제적 질서는 그 역사 속에서 여러 번 바뀌었고 앞으로도 계속 바뀔 것입니다.

---

23 Sachverständigenrat zur Begutachtung der gesamtwirtschaftlichen Entwicklung, Aktualisierte Konjunkturprognose 2022 und 2023 vom März 2022, Wiesbaden 2022.

24 Deutsches Institut für Wirtschaftsforschung, Gemeinschaftsdiagnose Frühjahr 2022. Von der Pandemie zur Energiekrise – Wirtschaft und Politik im Dauerstress. Pressemitteilung vom 13. April 2022.

Archive

Bundesarchiv Berlin (BArchB)

Bundesarchiv Koblenz (BArchK)

Harry S. Truman Presidential Library, Independence MO.

Historisches Archiv der Europäischen Union.

Konrad-Ademauer-Stiftung, Archiv für Christlich-Demokratische Politik.

Ludwig-Erhard-Stiftung (LESt)

Stiftung Archiv der Parteien und Massenorganisationen der DDR im Bundesarchiv Berlin (SPMO)

Literatur

Abelshauser, Werner, Der Ruhrkohlenbergbau seit 1945, München 1984.

Abelshauser, Werner, Deutsche Wirtschaftsgeschichte. Von 1945 bis zur Gegenwart, 2. Aufl., München 2011.

Abelshauser, Werner, Wirtschaft und Rüstung in den fünfziger Jahren, in: Werner Abelshauser / Walter Schwengler (Hrsg.), Wirtschaft und Rüstung, Souveränität und Sicherheit. Anfänge westdeutscher Sicherheitspolitik 1945–1956, Bd. 4, München 1997, S. 1–127.

Ahrens, Ralf, Außenwirtschaftspolitik zwischen Ostintegration und Westverschuldung, in: Dierk Hoffmann (Hrsg.), Die zentrale Wirtschaftsverwaltung in der SBZ/DDR. Akteure, Strukturen, Verwaltungspraxis. Wirtschaftspolitik in Deutschland, Bd. 3, München 2016, S. 510–590.

Alber, Jens, Das Gesundheitswesen in der Bundesrepublik Deutschland. Entwicklung, Struktur und Funktionsweise, Frankfurt 1992.

Ambrosius, Gerold, Der Staat als Unternehmer. Öffentliche Wirtschaft und Kapitalismus seit dem 19. Jahrhundert, Göttingen 1986.

Ambrosius, Gerold, Die Durchsetzung der Sozialen Marktwirtschaft in Westdeutschland 1945–1949, Stuttgart 1977.

Ambrosius, Gerold, Wirtschaftsraum Europa. Vom Ende der Nationalökonomien, Frankfurt 1996.

Baar, Lothar / Uwe Müller / Frank Zschaler, Strukturveränderungen und Wachstumsschwankungen. Investitionen und Budget in der DDR 1949 bis 1989, in: Jahrbuch für Wirtschaftsgeschichte 1995, Heft 2, S. 47–74.

Bähr, Johannes, Tarifautonomie, Lohnentwicklung und Konfliktregelung. Die BDA und die tarifpolitischen Weichenstellungen min der Geschichte der Bundesrepublik, in: Reinhard Göhner (Hrsg.), 50 Jahre BDA – 50 Jahre Politik für die Wirtschaft, Korbach 1999, S. 33–63.

Bagwell, Kyle / Robert W. Staiger, The economics of the world trading system, Cambridge MA 2002.

Bajohr, Stefan, Grundriss Staatliche Finanzpolitik, Opladen 2003.

Bannenberg, Uwe, Gesetzliche Krankenversicherung, in: Eckhard Nagel (Hrsg.), Das Gesundheitswesen in Deutschland. Struktur, Leistungen, Weiterentwicklung, 5. Aufl., Köln 2013.

Barthel, Horst, Die wirtschaftlichen Ausgangsbedingungen der DDR, Berlin 1979.

Barton, John H. / Judith Goldstein / Timothy E. Josling / Richard H. Steinberg, The evolution of the trade regime. Politics, law, and economics of the GATT and the WTO, Princeton 2008.

Beier, Gerhard Der Demonstrations- und Generalstreik vom 12. November 1948, Frankfurt 1975.

Benz, Wolfgang, Auftrag Demokratie. Die Gründungsgeschichte der Bundesrepublik Deutschland und die Entstehung der DDR 1945–1949, in: Wolfgang Benz / Michael F. Scholz (Hrsg.), Deutschland unter alliierter Besatzung 1945–1949, 10. Aufl., Berlin 2009.

Bethlehem, Siegfried, Heimatvertreibung, DDR-Flucht, Gastarbeiter-Zuwanderung. Wanderungsströme und Wanderungspolitik in der Bundesrepublik Deutschland, Stuttgart 1982.

von Beyme, Klaus, Gewerkschaftliche Politik in der Wirtschaftskrise. 1973 bis 1978, in:

HansOtto Hemmer / Kurt Thomas Schmitz (Hrsg.), Geschichte der Gewerkschaften in der Bundesrepublik Deutschland. Von den Anfängen bis heute, Köln 1990, S. 339 – 374.

Blättel-Mink, Birgit, Innovationen in der Wirtschaft. Determinanten eines Prozesses am Beispiel des deutschen Maschinenbaus und Bekleidungsgewerbes, Frankfurt 1994.

Boldorf, Marcel, Planwirtschaft, Ordnungs- und Preispolitik, in: Dierk Hoffmann (Hrsg.), Die zentrale Wirtschaftsverwaltung in der SBZ/DDR. Akteure, Strukturen, Verwaltungspraxis. Wirtschaftspolitik in Deutschland 1917 – 1990, Bd. 3, Berlin 2016, S. 133 – 216.

Boldorf, Marcel, Sozialfürsorge in der SBZ / DDR 1945 – 1953. Ursachen, Ausmaß und Bewältigung der Nachkriegsarmut, Stuttgart 1998.

Boldorf, Marcel, Sozialpolitik, in: Wolfgang Benz (Hrsg.), Deutschland unter alliierter Besetzung 1945 – 1949/55, Berlin 1999.

Braunwarth, Henry, Die führenden westdeutschen Warenhaus-Gesellschaften, ihre Entwicklung nach dem Krieg und ihre heutigen Probleme, Nürnberg 1957.

Broosch, Karsten, Die Währungsreform 1948 in der sowjetischen Besatzungszone Deutschlands. Eine Untersuchung zur Rolle des Geldes beim Übergang zur sozialistischen Planwirtschaft in der SBZ/DDR, Herdecke 1998.

Buchheim, Christoph, Die Wiedereingliederung Westdeutschlands in die Weltwirtschaft 1945 – 1958, München 1990.

Buchheim, Christoph, Wirtschaftliche Hintergründe des Arbeiteraufstands vom 17. Juni 1953, in: Vierteljahrshefte für Zeitgeschichte, 38 (1990), S. 494 – 513.

Buck, Hannsjörg F., Mit hohem Anspruch gescheitert. Die Wohnungspolitik der DDR, Münster 2004. Bukowski, Gerd / Heinz Limmer, Vom Vorzeigebetrieb zur Spitzenraffinerie. Die Geschichte der Erdölraffinerie in Schwedt/Oder, Wettin-Löbejün 2011.

Bundesarchiv, Gedenkbuch. Opfer der Verfolgung der Juden unter der nationalsozialistischen Gewaltherrschaft in Deutschland 1933 – 1945, 4 Bde., 2. Aufl., Koblenz 2006. Bundesminister für Arbeit und Sozialordnung, Sozialbericht 1990, Bonn 1990.

Bundesministerium der Verteidigung, Weissbuch 2016. Zur Sicherheitspolitik und Zukunft der Bundeswehr, Berlin 2016.

Bundesministerium für Arbeit und Soziales, Lebenslagen in Deutschland. Der Sechste Armutund Reichtumsbericht der Bundesregierung, Berlin 2021.

Bundesministerium für Ernährung und Landwirtschaft, Agrarpolitischer Bericht der Bundesregierung 2019, Berlin 2019.

Bundesministerium für Wirtschaft, Wettbewerbspolitik in der Sozialen Marktwirtschaft, Bonn 1990.

Cini, Michell / Lee McGowan, Competition policy in the European Union, Basingstoke 2009.

Deutsche Bundesbank, Deutsches Geld- und Bankwesen in Zahlen 1876–1975, Frankfurt 1976.

Deutsche Bundesbank, Vermögen und Finanzen privater Haushalte in Deutschland: Ergebnisse der Vermögensbefragung, in: Deutsche Bundesbank, Monatsbericht April 2019.

Deutsche Bundesbank, Zur Entwicklung der privaten Vermögenssituation seit Beginn der neunziger Jahre, in: Monatsbericht Januar 1999.

Dickhaus, Monika, Die Bundesbank im westdeutschen Wiederaufbau. Die internationale Währungspolitik der Bundesrepublik Deutschland 1948 bis 19858, München 1996.

Diez, Willi, Wohin steuert die deutsche Automobilindustrie? 2. Aufl., Berlin 2018.

Ebbinghaus, Bernhard, Die Mitgliederentwicklung deutscher Gewerkschaften im historischen und internationalen Vergleich, in: Wolfgang Schroeder / Bernhard Weßels (Hrsg.), Die Gewerkschaften in Politik und Gesellschaft der Bundesrepublik Deutschland. Ein Handbuch, Wiesbaden 2003, S. 174–203.

Eggenkämper, Barbara / Gerd Modert / Stefan Pretzlik, Die Allianz. Geschichte des Unternehmens 1890–2015, München 2015.

Ehlert, Willi / Diethelm Hunstock / Karlheinz Tannert (Hrsg.), Geld und Kredit in der Deutschen Demokratischen Republik, Berlin 1985.

Eichengreen, Barry, Vom Goldstandard zum Euro. Die Geschichte des internationalen Währungssystems, Berlin 2000.

Erhard, Ludwig, Deutschlands Rückkehr zum Weltmarkt, Düsseldorf 1954.

Erhard, Ludwig, Gedanken aus fünf Jahrzehnten. Reden und Schriften, hg. Von Karl Hohmann, Düsseldorf 1988.

Erhard, Ludwig, Wohlstand für alle, Düsseldorf 1957.

Fäßler, Peter E., Durch den „Eisernen Vorhang". Die deutsch-deutschen Wirtschaftsbeziehungen 1949–1969, Köln 2006.

Falk, Waltraud / Horst Barthel, Kleine Geschichte einer großen Bewegung. Zur Geschichte der Aktivisten- und Wettbewerbsbewegung in der Industrie der DDR, Berlin 1966.

Falk, Waltraud / Gerhard Richter / Wilhelm Schmidt, Wirtschaft, Wissenschaft, Welthöchststand. Vom Werden und Wachsen der sozialistischen Wirtschaftsmacht DDR, Berlin 1969.

Farny, Dieter / Peter Ackermann / Rolf Ulrich / Norbert Vogel, Die deutsche Versicherungswirtschaft. Markt – Wettbewerb – Konzentration, Karlsruhe 1983.

Farrenkopf, Michael, Wiederaufstieg und Niedergang des Bergbaus in der Bunderepublik, in: Dieter Ziegler (Hrsg.), Geschichte des deutschen Bergbaus, Bd. 4, Münster 2013, S. 183 – 302.

Faulenbach, Bernd, Das sozialdemokratische Jahrzehnt. Von der Reformeuphorie zur Neuen Unübersichtlichkeit. Die SPD 1969 – 1982, Bonn 2011.

Feess, Eberhard, Umweltökonomie und Umweltpolitik, 3. Aufl., München 2007.

Fichter, Michael, Einheit und Organisation. Der Deutsche Gewerkschaftsbund im Aufbau 1945 bis 1949, Köln 1990.

Franke, Susanne / Rainer Klump, Offsetdruck als Herausforderung für innovatives Handeln: Die Innovationsaktivitäten der Druckmaschinenhersteller Koenig & Bauer AG (Würzburg) und VEB Planeta (Radebeul) in den sechziger Jahren, in: Johannes Bähr / Dietmar Petzina (Hrsg.), Innovationsverhalten und Entscheidungsstrukturen. Vergleichende Studien zur wirtschaftlichen Entwicklung im geteilten Deutschland 1945 – 1990, Berlin 1996, S. 215 – 249.

Frerich, Johannes / Martin Frey, Handbuch der Geschichte der Sozialpolitik in Deutschland. Bd. 2, Sozialpolitik in der Deutschen Demokratischen Republik, 2. Aufl., München 1996.

Frerich, Johannes / Martin Frey, Handbuch der Geschichte der Sozialpolitik in Deutschland. Bd. 3, Sozialpolitik in der Bundesrepublik Deutschland bis zur Herstellung der Deutschen Einheit, 2. Aufl., München 1996.

Führer, Karl Christian, Mieter, Hausbesitzer, Staat und Wohnungsmarkt. Wohnungsmangel und Wohnungszwangswirtschaft in Deutschland 1914 – 1960, Stuttgart 1995.

Fürst, Gerhard / Peter Deneffe, Der neue Preisindex für die Lebenshaltung, in: Wirtschaft und Statistik, 4 (1952).

Giersch, Herbert / Karl-Heinz Paqué / Holger Schmieding, The fading miracle. Four decades of market economy in Germany, Cambridge 1992.

Grabas, Margrit, 17 June 1953 – The East German worker's uprising as a catalyst for a socialist economic order, in: Vierteljahrschrift für Sozial- und Wirtschaftsgeschichte, 102 (2015).

Grosser, Dieter, Das Wagnis der Währungs-, Wirtschafts- und Sozialunion. Politische Zwänge im Konflikt mit ökonomischen Regeln. Geschichte der deutschen Einheit, Bd. 2, Stuttgart 1998.

Hardach, Gerd, Der Deutsche Industrie- und Handelstag 1861 – 2011. Der Spitzenverband der Industrie- und Handelskammern im Wandel der Zeit, Berlin 2011.

Hardach, Gerd, Der Marshall-Plan. Auslandshilfe und Wiederaufbau in Westdeutschland 1948 – 1952, München 1994.

Hardach, Gerd, Wettbewerbspolitik in der Sozialen Marktwirtschaft, in: Werner Abelshauser (Hrsg.), Das Bundeswirtschaftsministerium in der Ära der Sozialen Marktwirtschaft. Der deutsche Weg der Wirtschaftspolitik. Wirtschaftspolitik 1917 – 1990, Bd. 4, München 2016, S. 193 – 264.

Hertle, Hans-Hermann, Der Fall der Mauer. Die unbeabsichtigte Selbstauflösung des SEDStaates, Opladen 1996.

Heske, Gerhard, Volkswirtschaftliche Gesamtrechnung DDR 1950 – 1989. Daten, Methoden, Vergleiche. Historical Research Supplement 21, Köln 2009,

Hoekman, Bernard / Michael M. Kostecki, The political economy oft he world trading system, 2. Aufl., Oxford 2011.

Hoffmann, Dierk, Die Lenkung des Arbeitsmarktes in der SBZ/DDR 1945 – 1961. Phasen, Konzepte und Instrumente, in: Peter Hübner / Klaus Tenfelde (Hrsg.), Arbeiter in der SBZDDR, Essen 1999, S. 41 – 80.

Hoffmann, Walther G. / Franz Grumbach / Helmut Hesse, Das Wachstum der deutschen Wirtschaft seit der Mitte des 19. Jahrhunderts, Berlin 1965.

Holtfrerich, Carl-Ludwig, Geldpolitik bei festen Wechselkursen 1948 – 1970, in: Deutsche Bundesbank (Hrsg.), Fünfzig Jahre Deutsche Mark. Notenbank und Währung in Deutschland seit 1948, München 1998.

Holtfrerich, Carl-Ludwig, Wo sind die Jobs? Eine Streitschrift für mehr Arbeit, München 2007

Holtfrerich, Carl-Ludwig / Jonas Horstkemper / Ute Tintemann (Hrsg.), Staatsschulden: Ursachen, Wirkungen und Grenzen. Berlin-Brandenburgische Akademie der Wissenschaften, Berlin 2015.

Hübner, Peter, Das Tarifsystem der DDR zwischen Gesellschaftspolitik und Sozialkonflikt, in: Christian Führer (Hrsg.), Tarifbeziehungen und Tarifpolitik in Deutschland im historischen

Vergleich, Bonn 2004, S, 247 – 278.

Hübner, Peter, Konsens, Konflikt und Kompromiß, Soziale Arbeiterinteressen und Sozialpolitik in der
SBZ/DDR 1945 – 1970, Berlin 1995.

Hünemörder, Kai F., Die Frühgeschichte der globalen Umweltkrise und die Formierung der deutschen
Umweltpolitik 1950 – 1974, Stuttgart 2004.

Huff, Tobias, Natur und Industrie im Sozialismus. Eine Umweltgeschichte der DDR, Göttingen
2015.

Jordan, Andrew / Camilla Adella (Hrsg.), Environmental policy in the European Union. Actors,
institutions and processes, 3. Aufl., Abingdon 2013.

Kaiser, Monika, Der Machtwechsel von Ulbricht zu Honecker. Funktionsmechanismen der
SEDDiktatur in Konfliktsituationen 1962 bis 1972, Berlin 1997.

Kaminsky, Annette, Wohlstand, Schönheit, Glück. Kleine Konsumgeschichte der DDR, München
2001.

Kanzig, Helga / Hans Müller / Rolf Stöckigt (Hrsg.), Zur Wirtschaftspolitik der SED. Bd. 1, 1945 bis
1949, Berlin 1984.

Karlsch, Rainer, Energie- und Rohstoffpolitik, in: Dierk Hoffmann (Hrsg.), Die zentrale
Wirtschaftsverwaltung in der SBZ/DDR. Akteure, Strukturen, Verwaltungspraxis.
Wirtschaftspolitik in Deutschland, Bd. 3, München 2016.

Kinne, Helmut, Geschichte der Stahlindustrie der Deutschen Demokratischen Republik, Düsseldorf
2002.

Kirmße, Stefan / Olaf Scheer, Aktuelle Aspekte des Bankgeschäfts in Deutschland und Europa,
in: Stefan Kirmße / Olaf Scheer (Hrsg.), Aktuelle Studien zu den Entwicklungen des
Bankgeschäfts in Deutschland und Europa, Frankfurt 2011.

Kleinschmidt, Christian, Konsumgesellschaft, Göttingen 2018. Kleßmann, Christoph, Arbeiter im
„Arbeiterstaat" DDR. Deutsche Traditionen, sowjetisches Modell, westdeutsches Magnetfeld
(1945 – 1971), Bonn 2007.

Kleßmann, Christoph, Die doppelte Staatsgründung. Deutsche Geschichte 1945 – 1955, 5. Aufl.,
Göttingen 1991.

Kofner, Stefan, Wohnungsmarkt und Wohnungswirtschaft, München / Wien 2004.

Kopper, Christopher, Die Deutsche Reichbahn 1949 – 1989, in: Lothar Gall / Manfred Pohl (Hrsg.),

Die Eisenbahn in Deutschland. Von den Anfängen bis zur Gegenwart, München 1999, S. 281−316.

Krägenau, Henry / Wolfgang Wetter, Europäische Wirtschafts− und Währungsunion. Vom Werner−Plan zum Vertrag von Maastricht, Baden−Baden 1993.

Krelle, W. / J. Schunck / J. Siebke: Überbetriebliche Ertragsbeteiligung der Arbeitnehmer. Mit einer Untersuchung über die Vermögensstruktur der Bundesrepublik Deutschland, Tübingen 1968.

Krengel, Rolf, Anlagevermögen, Produktion und Beschäftigung der Industrie im Gebiet der Bundesrepublik von 1924 bis 1956. Deutsches Institut für Wirtschaftsforschung, Sonderhefte N.F. 42, Berlin 1958.

Krewer, Peter, Geschäfte mit dem Klassenfeind. Die DDR im innerdeutschen Handel 1949−1989, Trier 2008.

Lenhardt, Gero / Manfred Stock, Bildung, Bürger, Arbeitskraft: Schulentwicklung und Sozialstruktur in der BRD und der DDR, Frankfurt 1997.

Liebe, Horst, Agrarstruktur und Ernährungspotential der Zonen, in: Deutsches Institut für Wirtschaftsforschung (Hrsg.), Wirtschaftsprobleme der Besatzungszonen, Berlin 1948.

Lindlar, Ludger: Das mißverstandene Wirtschaftswunder. Westdeutschland und die westeuropäische Nachkriegsprosperität, Tübingen 1997.

Mai, Gunther, Der Alliierte Kontrollrat in Deutschland 1945−1948. Alliierte Einheit − deutsche Teilung? München 1995.

Malycha, Andreas, Die Staatliche Plankommission (SPK) und ihre Vorläufer 1945−1990, in: Dierk Hoffmann (Hrsg.), Die zentrale Wirtschaftsverwaltung in der SBZ/DDR. Akteure, Strukturen, Verwaltungspraxis. Wirtschaftspolitik in Deutschland 1917−1990, Bd. 3, Berlin 2016, S. 17−132.

Manz, Günter, Armut in der „DDR"-Bevölkerung. Lebensstandard und Konsumniveau vor und nach der Wende, Augsburg 1992.

Metz, Andreas, Die ungleichen Gründungsväter. Adenauers und Erhards langer Weg an die Spitze der Bundesrepublik, Konstanz 1998.

Mielke, Siegfried, Die Neugründung der Gewerkschaften in den westlichen Besatzungszonen 1945 bis 1949, in: Hans-Otto Hemmer / Kurt Thomas Schmitz (Hrsg.), Geschichte der Gewerkschaften in der Bundesrepublik Deutschland. Von den Anfängen bis heute, Köln

1990, S. 19 – 83.

Milward, Alan S., The reconstruction of Western Europe 1945 – 51, London 1984.

Monopolkommission, Mehr Wettbewerb ist möglich. Hauptgutachten 1973/75, Baden-Baden 1976.

Monopolkommission, Fortschreitende Konzentration bei Großunternehmen. Hauptgutachten 1976/1977, Baden-Baden 1978.

Monopolkommission, Fusionskontrolle bleibt vorrangig. Hauptgutachten 1978/1979, BadenBaden 1980. Müller, Werner, Die Gründung des DGB, der Kampf um die Mitbestimmung, programmatisches Scheitern und der Übergang zum gewerkschaftlichen Pragmatismus, in: Hans O. Hemmer / Kurt Thomas Schmitz (Hrsg.), Geschichte der Gewerkschaften in der Bundesrepublik Deutschland. Von den Anfängen bis heute, Köln 1990, S. 85 – 147.

Muscheid, Jutta, Die Steuerpolitik in der Bundesrepublik Deutschland 1949 – 1982, Berlin 1986.

Nickel, Hildegard Maria, „Mitgestalterinnen des Sozialismus" – Frauenarbeit in der DDR, in: Gisela Helwig / Hildegard Maria Nickel (Hrsg.), Frauen in Deutschland 1945 – 1992, Berlin 1993.

Nicodemus, Sigrid / Siglinde Dorn, Vom Zweirad zum Zweitwagen – Eine Gesellschaft wird mobil, in: Egon Hölder (Hrsg.), Im Zug der Zeit. Ein Bilderbogen durch vier Jahrzehnte, Wiesbaden 1989.

Nützenadel, Alexander, Stunde der Ökonomen. Wissenschaft, Politik und Expertenkultur in der Bundesrepublik 1949 – 1974, Göttingen 2005.

Paul, Stephan / Friederike Sattler / Dieter Ziegler, Hundertfünfzig Jahre Commerzbank 1870 – 2020, München 2020.

Paulus, Christoph G., Insolvenzrecht, Frankfurt 2007.

Petzina, Dietmar, Wirtschaft und Arbeit 1945 – 1985, in: Wolfgang Köllmann / Hermann Korte / Dietmar Petzina / Wolfhard Weber (Hrsg.), Das Ruhrgebiet im Industriezeitalter. Geschichte und Entwicklung, Bd. 1, Düsseldorf 1990.

Pierenkemper, Toni, Vierzig Jahre vergeblicher Mühen – die Beschäftigungs- und Arbeitsmarktpolitik, in: André Steiner (Hrsg.), Überholen ohne Einzuholen. Die DDRWirtschaft als Fußnote der deutschen Geschichte? Berlin 2006.

Plassmann, Gisela, Der Einfluss der Arbeitslosenversicherung auf die Arbeitslosigkeit in Deutschland, Nürnberg 2002.

Plumpe, Werner / Alexander Nützenadel / Catherine R. Schenk, Deutsche Bank. Die globale

Hausbank 1870 – 2020, Berlin 2020.

Politische Ökonomie des Sozialismus und ihre Anwendung in der DDR, Berlin 1969.

Pollems, Sebastian T., Der Bankplatz Berlin zur Nachkriegszeit. Transformation und Rekonstruktion des Ost- und Westberliner Bankwesens zwischen 1945 und 1953, Berlin 2006.

Radzio, Heiner, Unternehmen Energie. Aus der Geschichte der VEBA, Düsseldorf 1990.

Reckendrees, Alfred, Konsummuster im Wandel. Haushaltsbudgets in der Bundesrepublik Deutschland 1952 – 1998, in: Jahrbuch für Wirtschaftsgeschichte, 2007 II, S. 29 – 61.

Reichwein, Eva, Kinderarmut in der Bundesrepublik Deutschland. Lebenslagen, gesellschaftliche Wahrnehmung und Sozialpolitik, Wiesbaden 2012.

Reinberg, Alexander / Markus Hummel, Bildung und Beschäftigung im vereinigten Deutschland. Beiträge zur Arbeitsmarkt- und Berufsforschung 226, Nürnberg 1999.

Ricardo, David, On the principals of political economy and taxation (1817). Works and Correspondence, Bd. 1, Cambridge 1975.

Riegel, Wilhelm, Zur Frage der Berechnung des Realeinkommens, in: Wirtschaftswissenschaft, 4 (1956), S. 744 – 758.

Roesler, Jörg, Die Herausbildung der sozialistischen Planwirtschaft in der DDR. Aufgaben, Methoden und Ergebnisse der Wirtschaftsplanung in der zentralgeleiteten volkseigenen Industrie während der Übergangsperiode vom Kapitalismus zum Sozialismus, Berlin 1978.

Rothenberger, Karl-Heinz, Die Hungerjahre nach dem Zweiten Weltkrieg. Ernährungs- und Landwirtschaft in Rheinland-Pfalz 1945 – 1950, Boppard 1980.

Sachverständigenrat zur Begutachtung der gesamtwirtschaftlichen Entwicklung, Auf dem Weg zur wirtschaftlichen Einheit Deutschlands. Jahresgutachten 1990/91, Stuttgart 1990.

Sachverständigenrat zur Begutachtung der wirtschaftlichen Entwicklung, Für Wachstumsorientierung – gegen lähmenden Verteilungsstaat. Jahresgutachten 1992/93, Stuttgart 1992.

Sachverständigenrat zur Begutachtung der gesamtwirtschaftlichen Entwicklung, Zwanzig Punkte für Beschäftigung und Wachstum. Jahresgutachten 2002/03, Stuttgart 2002.

Sachverständigenrat zur Begutachtung der gesamtwirtschaftlichen Entwicklung, Konjunkturprognose 2021 und 2022 vom 17. März 2021, Wiesbaden 2021.

Sattler, Friederike, Unternehmensstrategien und Politik. Zur Entwicklung der mitteldeutschen Chemieindustrie im 20. Jahrhundert, in: Hermann-Josef Rupieper / Friederike Sattler /

Georg Wagner-Kyora (Hrsg.), Die mitteldeutsche Chemieindustrie und ihre Arbeiter im 20. Jahrhundert, Halle 2005.

van Scherpenberg, Jens, Öffentliche Finanzwirtschaft in Westdeutschland 1944 – 1948. Steuerund Haushaltswesen in der Schlussphase des Krieges und in den unmittelbaren Nachkriegsjahren, dargestellt unter besonderer Berücksichtigung der Entwicklung in der britischen Zone, Frankfurt 1984.

Scherstjanoi, Elke, SED-Agrarpolitik unter sowjetischer Kontrolle 1949 – 1953, München 2007.

Schevardo, Jennifer, Vom Wert des Notwendigen. Preispolitik und Lebensstandard in der DDR der fünfziger Jahre, Stuttgart 2006.

Schevardo, Jennifer, Von der Kartenwirtschaft zum „Exquisit": Verbraucherpreise, Lebensstandard und Herrschaftslegitimation in der DDR der fünfziger Jahre, in: André Steiner (Hrsg.), Preispolitik und Lebensstandard. Nationalsozialismus, DDR und Bundesrepublik im Vergleich, Köln / Weimar / Wien 2006, S. 87 – 127.

Scheybani, Abdolreza, Handwerk und Einzelhandel in der Bundesrepublik Deutschland. Sozialökonomischer Wandel und Mittelstandspolitik 1949 – 1961, München 1996.

Schiffer, Hans-Wilhelm, Struktur und Wandel der Energiewirtschaft in der Bundesrepublik Deutschland, Köln 1985.

Schröter, Harm G., Ölkrisen und Reaktionen in der chemischen Industrie beider deutscher Staaten. Ein Beitrag zur Erklärung wirtschaftlicher Leistungsdifferenzen, in: Johannes Bähr / Dietmar Petzina (Hrsg.), Innovationsverhalten und Entscheidungsstrukturen. Vergleichende Studien zur wirtschaftlichen Entwicklung im geteilten Deutschland 1945 – 1990, Berlin 1996.

Schulz, Günther, Die Sparkassen vom Ende des Zweiten Weltkriegs bis zur Wiedervereinigung, in: Hans Pohl / Bernd Rudolph / Günther Schulz, Wirtschafts- und Sozialgeschichte der deutschen Sparkassen im 20. Jahrhundert, Stuttgart 2005.

Schumpeter, Joseph A., Kapitalismus, Sozialismus und Demokratie (1942), 4. Aufl., München 1975.

Schlegel, Uta, Junge Frauen, in: Walter Friedrich / Hartmut Griese (Hrsg.), Jugend und Jugendforschung in der DDR. Gesellschaftliche Situationen, Sozialisation und Mentalitätsentwicklung in den achtziger Jahren, Opladen 1991.

Smith, Adam, An inquiry into the nature and causes of the wealth of nations (1776), 2 Bde., London 1976. Spoerer, Mark / Jochen Streb, Neue deutsche Wirtschaftsgeschichte des 20.

Jahrhunderts, München 2013.

Staritz, Dieter, Die Gründung der DDR. Von der Sowjetischen Besatzungsherrschaft zum sozialistischen Staat, München 1995.

Staritz, Dietrich, Geschichte der DDR, 2. Aufl., Frankfurt 1996. Statistisches Bundesamt, Bevölkerung und Wirtschaft 1872 – 1972, Stuttgart 1972.

Statistisches Bundesamt, Die deutschen Vertreibungsverluste. Bevölkerungsbilanzen für die deutschen Vertreibungsgebiete 1939/50, Wiesbaden 1958.

Steiner, André, Die DDR-Wirtschaftsreform der sechziger Jahre. Konflikt zwischen Effizienzund Machtkalkül, Berlin 1999.

Steiner, André, From the Soviet Occupation Zone to the „New Eastern States": A survey, in: Hartmut Berghoff / Uta Andrea Balbier (Hrsg.), The East German economy, 1945 – 2010. Falling behind or catching up? Cambridge 2013.

Steiner, André, Von Plan zu Plan. Eine Wirtschaftsgeschichte der DDR, 2. Aufl., Berlin 2007. Stier, Bernhard / Johannes Laufer (Hrsg.), Von der Preussag zur TUI. Wege und Wandlungen eines Unternehmens, 1923 – 2003, Essen 2005.

Streit, Manfred E., Die deutsche Währungsunion, in: Deutsche Bundesbank (Hrsg.), Fünfzig Jahre Deutsche Mark. Notenbank und Währung in Deutschland seit 1948, München 1998, S. 675 – 719.

Ströbele, Wolfgang / Wolfgang Pfaffenberger / Michael Heuterkes, Energiewirtschaft. Einführung in Theorie und Politik, 3. Aufl., München 2012.

Thieme, Jörg, Notenbank und Währung in der DDR, in: Deutsche Bundesbank (Hrsg.), Fünfzig Jahre Deutsche Mark. Notenbank und Währung seit 1948, München 1998, S. 609 – 653. Thränhardt, Dietrich, Geschichte der Bundesrepublik Deutschland, Frankfurt 1986.

Tomann, Horst, Monetary integration in Europe. The European Monetary Union after the financial crisis, 2. Aufl., Basingstoke 2017.

Tooze, Adam, Crashed. How a decade of financial crises changed the world, New York 2018. Tooze, Adam, Welt im Lockdown. Die globale Krise und ihre Folgen, München 2021.

Trappe, Heike, Emanzipation oder Zwang? Frauen in der DDR zwischen Beruf, Familie und Sozialpolitik, Berlin 1995.

Trittel, Günter J., Hunger und Politik. Die Ernährungskrise in der Bizone 1945 – 1949, Frankfurt

1990.

Ullmann, Hans-Peter, Interessenverbände in Deutschland, Frankfurt 1988.

Wandel, Eckhard, Banken und Versicherungen im 19. Und 20. Jahrhundert, München 1998.

Van der Wee, Herman, Der gebremste Wohlstand. Wiederaufbau, Wachstum, Strukturwandel 1945 – 1980. Geschichte der Weltwirtschaft um 20. Jahrhundert, Bd. 6, München 1984.

Weinert, Rainer, Wirtschaftsführung unter dem Primat der Parteipolitik, in: Theo Pirker / M. Rainer Lepsius / Rainer Weinert / Hans-Hermann Hertle (Hrsg.), Der Plan als Befehl und Fiktion, Opladen 1995, S. 285 – 308.

Weltenergierat Deutschland, Energie für Deutschland. Fakten, Perspektiven und Positionen im globalen Kontext 2021, Berlin 2021.

Weltz, Friedrich / G. Schmidt / J. Sass, Facharbeiter im Industriebetrieb. Eine Untersuchung in metallverarbeitenden Betrieben, Frankfurt 1974.

Wendt, Rudolf, Finanzhoheit und Finanzausgleich, in: Josef Isensee / Paul Kirchhof (Hrsg.), Handbuch des Staatsrechts der Bundesrepublik Deutschland, Bd. 4, Heidelberg 1990.

Wildt, Michael, Der Traum vom Sattwerden. Hunger und Protest, Schwarzmarkt und Selbsthilfe in Hamburg, Hamburg 1986.

Wirtschaftsstatistik der deutschen Besatzungszonen 1945 – 1949 in Verbindung mit der deutschen Produktionsstatistik der Vorkriegszeit. Dokumente und Berichte des EuropaArchivs, Bd. 3, Oberursel 1948.

Zimmermann, Horst / Klaus-Dirk Henke, Finanzwissenschaft, München 2001.

개념색인

· 역자 후기 ·

저자인 게르트 하다흐(Gerd Hardach) 교수님은 역자의 석사논문 지도교수셨습니다. 2022년 12월 31일 발간 예정이었던 "독일 동시대 경제사"를 기다리던 중이던 지난해 가을 교수님의 갑작스러운 부음 소식을 접하게 되었습니다. 동시에 "독일 동시대 경제사"가 예정보다 앞당겨 독일 통일 기념일인 10월 3일에 맞춰 출간되었다는 소식을 접하게 되었습니다.

출판사 사이트에 들어가 보니 교수님께서 돌아가시기 전에 저서를 누구나 무료로 다운로드할 수 있게 해놓고 가셨습니다. 돌아가시기 전 저서의 마지막 5장을 "위기"라는 제목하 따로 추가하여 팬데믹과 러시아-우크라이나 전쟁, 그리고 앞으로 맞이하게 될 이중위기에 대한 전망까지 언급하셨습니다.

1941년생이시니 82세 봄까지 마지막 유작을 저술하시고 가을에 떠나셨습니다. 교수님을 글로나마 급히 접하고 싶은 마음에 다음날부터 번역을 시작하였습니다. 지도교수님의 유작을 번역하게 되어 한편으론 빚을 조금 갚아드린 것 같기도 하나 한편으론 번역하며 배운 것이 많아 더욱 감사드리는 마음입니다.

이 책은 제2차 세계대전 이후 2020년까지 75년간의 독일 경제에 관한 책입니다. 책에 관한 대략적인 구성과 내용은 저자가 직접 앞부분 소개에서 간단명료하게 설명하고 있어

부연하지 않겠습니다.

단지 역자가 덧붙일 점은 소개 부분에서 저자가 아담 스미스(Adam Smith)와 카를 마르크스(Karl Marx)를 인용한 내용이 이 책을 관통하는 저자의 학문적 방향성을 암시한다는 점입니다.

아담 스미스의 경제의 원천은 노동이라는 통찰과 카를 마르크스의 사회적 토대로서의 경제질서 강조를 기반으로 저자는 전후 서독의 "사회적 시장경제"(Soziale Marktwirtschaft)와 동독의 "국가사회주의적 계획경제"(Staatssozialistische Planwirtschaft)라는 두 개의 경제질서를 비교 서술하고 통일독일의 경제질서로서 계승된 "사회적 시장경제"를 궁극적으로 성공한 경제질서로 자리매김하고 있습니다.

역설적으로 저자는 아담 스미스의 노동이 경제의 핵심이라는 관점에서 "사회적" 개념의 정당성을 암시하고 역시 역설적으로 카를 마르크스의 사회적 토대에 근거해 "시장경제"의 역사적 정당성을 암시하고 있는 것입니다.

이 책은 독일연방공화국 경제부의 의뢰로 저술된 게르트 하다흐 교수님의 유작으로서 의도적으로 독일 통일 기념일인 2022년 10월 3일에 맞추어 출간되었습니다. 분단국인 대한민국이 참고할 부분이 많은 책이라 여겨집니다. 특히 통일 이후 대한민국의 경제질서에 대한 고려에 있어 "사회적 시장경제"는 역사적으로 성공한 실제 예로서 충실한 시사점을 제공할 수 있다고 생각됩니다.

부록으로 첨부한 2022년 9월 20일 독일 유력 일간지 프랑크푸르터 알게마이네 차이퉁(Frankfurter Allgemeine Zeitung)에 실린 게르트 하다흐(Gerd Hardach)교수님 추모기사는 "이 분야에서 세계적인 업적을 남긴 그의 뒤를 이을 후계자는 누가 될까요?"라는 부제로 시작하고 있습니다.

이 책을 번역하기까지 많은 친구들의 격려와 김옥현, 이인용 학우의 진심 어린 조언에 감사드립니다.

1989년 역자 석사논문 심사후 게르트 하다흐(Gerd Hardach) 교수님 가족과 함께

게르트 하다흐(Gerd Hardach) 사망: 경제의 질서

프랑크푸르터 알게마이네 차이퉁(Frankfurter Allgemeine Zeitung)

게르트 하다흐(Gerd Hardach)교수님 추모기사

– 09/20/2022

마르부르크 경제사학자 게르트 하다흐(Gerd Hardach)가 사망했습니다.

이 분야에서 세계적인 업적을 남긴 그의 뒤를 이을 후계자는 누가 될까요?

게르트 하다흐(Gerd Hardach)는 1941년 9월 29일 에센(Essen)에서 태어났습니다.

당시 그의 가족은 막 쾰른(Köln)에서 에센(Essen)으로 이사를 왔고, 그의 아버지는 크룹(Krupp)의 경영진으로 자리를 옮겼습니다.

그의 아버지 프리츠 빌헬름 하다흐(Fritz Wilhelm Hardach 1902-1976)는 1927년 쾰른에서 경제전문협회의 기업관리 업무에 관한 논문으로 박사 학위를 받았습니다.

그는 1935년부터 1941년까지 베를린 공과대학교에서 경영학을 강의했습니다.

크룹그룹(Krupp-Konzern)의 마지막 단독 소유주였던 알프리드 크루프 폰 볼렌 운트 할바흐(Alfried Krupp von Bohlen und Halbach)는 1945년 4월 체포되어 11명의 고위경영진과 함께 뉘른베르크(Nürnberg)에서 재판을 받았습니다.

1943년부터 빌라 휘겔(Villa Hügel)에 거주했던 프리츠 빌헬름 하다흐(Fritz Wilhelm Hardach)는 1945년 9월 이사회의 일원으로 임명되었습니다.

그는 1953년부터 1963년까지 Hütten- und Bergwerke Rheinhausen AG의 이사회 멤버로 재직했습니다.

1951년 초에 프리츠 빌헬름 하다흐(Fritz Wilhelm Hardach)는 미국 통신사 Associated Press에 이렇게 말했습니다.

"언젠가 우리가 유럽 재무장을 방해했다는 비난을 받더라도 크룹(Krupp)공장은 다시는 군비 명령을 수행하지 않을 것입니다."

게르트 하다흐(Gerd Hardach)는 1973년 겨우 32세의 나이에 독일 타센부크 출판사(DeutscherTaschenbuch-Verlag)에서 볼프람 피셔(Wolfram Fischer)가 편집한 20세기 세계경제사 시리즈 중 하나인 '제1차 세계대전'(Der Erste Weltkrieg)을 출간하면서 필연적으로 크룹(Krupp) 및 무기산업을 다루었습니다.

다른 책의 저자로는 찰스 P. 킨들버거(Charles P. Kindleberger)와 앨런 S. 밀워드(Alan S. Milward)가 있습니다.

게르트 하다흐(Gerd Hardach)는 뮌스터, 베를린 자유 대학교, 파리의 에콜 데 오트 에튀드 앙 사콜(École des Hautes Études en Sciences Sociales)에서 공부했으며, 1968년에 완성한 논문에서 동급생 위르겐 코카(Jürgen Kocka)와 마찬가지로 노동계급의 역사에 주목하여 현대적 주제에 대한 안목을 이미 입증했습니다. 게르트 하다흐(Gerd Hardach)는 산업화 초기 프랑스 철강노동자의 사회적 지위를 조사했습니다.

그는 1972년 마르부르크 대학(Philipps-Universität Marburg)에서 교수직을 받았습니다.

펭귄(Penguin)출판사와 캘리포니아대학출판부(University of California Press)에서 영문판으로 출간된 '제1차 세계대전'(Der Erste Weltkrieg)과 1994년 독일 타셴부크 출판사(DeutscherTaschenbuch-Verlag)에서 오리지널 에디션으로 출간된 마셜플랜(Marshall-Plan)에 관한 그의 책은 오늘날에도 여전히 인용되는 표준저서(Standardwerk)입니다.

게르트 하다흐(Gerd Hardach)는 당시 이미 글로벌 맥락에서 독일경제사를 연구하고 있었고, 1982년부터 1984년까지 도쿄대학교에서 객원교수로 재직하며 독일식민지경제를 연구하기도 했습니다.

1990년 독일제국이 1899년 스페인으로부터 매입한 남해의 마리아나 제도(Marianen-Inseln)에 관한 책 '코프라왕'(König Kopra)이 출간되었습니다.

경제적으로는 지방, 양초, 비누를 만드는 기본 재료인 코코넛에서 얻은 코프라(Kopra)가 마리아나 제도(Marianen-Inseln) 매입을 매력적으로 만들었습니다.

게르트 하다흐(Gerd Hardach)는 실제 코프라(Kopra) 수출이 식민지운동의 광고 슬로건에 훨씬 못 미쳤다는 사실을 보여주었습니다.

그는 이 논문에서 식민지행정의 수립, 인구학적 변화, 라인웨스트팔렌에서 온 카푸친 수도회(Kapuziner)의 선교 노력도 다루었습니다.

게르트 하다흐(Gerd Hardach)는 아내인 사회학자 이레네 하다흐-핑케(Irene Hardach-Pinke)와 함께, "독일의 어린시절: 자서전적 증언 1700-1900"(Deutsche Kindheiten: Autobiographische Zeugnisse 1700-1900), 18세기와 19세기 아동의 역사에 관한 책을 출간했습니다.

노동운동과 사회과학

1970년대, 특히 에른스트 놀테(Ernst Nolte)가 마르부르크에서 베를린으로 떠난 후 세계경제위기와 국가사회주의라는 주제는 마르부르크의 역사가들보다는 마르크스주의자 볼프강 아벤드로스(Wolfgang Abendroth) 학파의 정치학자, 특히 라인하르트 퀴놀(Reinhard Kühnl)에 의해 더 많이 다루어졌습니다.

게르트 하다흐(Gerd Hardach)는 독일공산당(Deutsche Kommunistische Partei/DKP)계열 사인 팔-루겐슈타인 출판사(Pahl-Rugenstein Verlag)에서 출간된 라인하르트 퀴놀(Reinhard Kühnl)의 선집에 글을 발표하기도 했는데, 이로써 마르부르크의 학과동료들 사이에서 많은 친구를 사귀지는 못했습니다.

그는 1977년 볼프강 아벤드로스(Wolfgang Abendroth), 프랭크 데페(Frank Deppe), 게오르그 퓔베르트(Georg Fülberth)와 함께 마르부르크에 "노동운동과 사회과학"(Arbeiterbewegung und Gesellschaftswissenschaft)이란 출판사를 설립했습니다.

그는 동시에 1978년에 설립된 사회정책협회의 도그마역사 위원회(Dogmenhistorischer Ausschuss des Vereins für Socialpolitik)의 창립 멤버로도 참여하였습니다.

그가 데틀레프 카라스(Detlef Karras)와 함께 쓴 "사회주의경제이론입문"(Einführung in die sozialistische Wirtschaftstheorie)은 Wissenschaftliche Buchgesellschaft에서 출판되었으며, 영국 마르크스주의 역사학계의 거장 크리스토퍼 힐(Christopher Hill)이 "영국역사리뷰"(English Historical Review)에 소개했습니다.

게르트 하다흐(Gerd Hardach)의 어린시절 세계: 1938년 에센의 알텐도르퍼 스트라세에 지어진 크룹본사. 그의 아버지 프리츠 빌헬름 하다흐는 1941년부터 1963년까지 이 회사에서 근무했습니다. 대기업과 대기업의 경제정치적 역할은 경제사학자 게르트 하다흐(Gerd Hardach)에게 평생의 주제가 되었습니다.

　게르트 하다흐(Gerd Hardach)는 은퇴가 연구 및 출판활동의 종료를 의미하지 않는 인문학자의 대표적인 예입니다.

　그는 계속해서 글을 쓰고 출판했습니다.

　이 과정에서 화가 카를 호퍼(Karl Hofer)와 1942년 아우슈비츠에서 살해된 그의 아내 마틸데 샤인베르거(Mathilde Scheinberger)의 '평행 삶'(Paralleles Leben)과 같은 경제사 외적인 문제도 다루었습니다.

　전문가로서의 게르트 하다흐(Gerd Hardach)에 대한 수요는 여전히 계속되었습니다.

　예를 들어, 그는 연방경제부의 역사에 관한 역사위원회에서 경쟁정책을 연구했습니다.

　제1차 세계대전 발발 100주년을 맞아 경제사학자들은 국가사회주의와 제2차 세계대전의 그늘 속에 다소 가려졌던 이 주제에 더 많은 관심을 기울였고, 여러 출판물에서 게르트 하다흐(Gerd Hardach)의 전문 지식을 활용했습니다.

Gegenwartsgeschichte der deutschen Wirtschaft

Gegenwartsgeschichte der deutschen Wirtschaft © 2022 bei den Autorinnen und Autoren,
publiziert von Walter de Gruyter GmbH, Berlin/Boston
DOI https://doi.org/10.1515/9783110772746

Gegenwartsgeschichte der deutschen Wirtschaft

독일 동시대 경제사
1945-2020

초판인쇄 2024년 1월 31일
초판발행 2024년 1월 31일

지은이 게르트 하다흐(Gerd Hardach)
옮긴이 김형률
펴낸이 채종준
펴낸곳 한국학술정보(주)
주 소 경기도 파주시 회동길 230(문발동)
전 화 031-908-3181(대표)
팩 스 031-908-3189
홈페이지 http://ebook.kstudy.com
E-mail 출판사업부 publish@kstudy.com
등 록 제일산-115호(2000. 6. 19)

ISBN   979-11-6983-905-1 93320